अज्ञेय

आलोचना संचयन

सहयोग

सस्ता साहित्य मण्डल

नई दिल्ली

अज्ञेय
आलोचना संचयन

सच्चिदानन्द हीरानन्द वात्स्यायन 'अज्ञेय'

सम्पादक

ओम निश्चल

राजकमल प्रकाशन

नयी दिल्ली पटना इलाहाबाद

ISBN : 978-81-267-2268-6

मूल्य : ₹ 700

पहला संस्करण : 2012

प्रकाशक : राजकमल प्रकाशन प्रा. लि.
1-बी, नेताजी सुभाष मार्ग, दरियागंज
नई दिल्ली-110 002

शाखाएँ : अशोक राजपथ, साइंस कॉलेज के सामने, पटना-800 006
पहली मंज़िल, दरबारी बिल्डिंग, महात्मा गांधी मार्ग, इलाहाबाद-211 001

वेबसाइट : www.rajkamalprakashan.com
ई-मेल : info@rajkamalprakashan.com

आवरण : चंचल

मुद्रक : बी.के. ऑफसेट
नवीन शाहदरा, दिल्ली-110 032

AJNEYA : ALOCHANA SANCHAYAN
Edited by Om Nishchal

अज्ञेय की आलोचना : पाठ और प्रतिमान

अज्ञेय मूलत: कवि थे, यह बात मानने में शायद ही किसी को हिचक हो। यह और बात है कि 'शेखर : एक जीवनी' लिखकर उन्होंने औपन्यासिकता के प्रतिमानों को भी शिखर तक पहुँचाया। वे एक ऐसे व्यक्तित्व थे, जिनके भीतर कवि, कथाकार, उपन्यासकार, चिन्तक, निबन्धकार, नाटककार, पत्रकार–सभी अपने चरम रूप में प्रतिबिम्बित होते हैं। उनके निबन्धकार और चिन्तक व्यक्तित्व के भीतर एक आलोचक सदैव उपस्थित रहा है, यद्यपि उनकी आलोचना भी वैचारिक निबन्धों की कोटि में ही परिगणित की जाएगी। उनके निबन्धों में छितरे–बिखरे आलोचना के तत्वों को अलग कर सकना सहज नहीं है, क्योंकि वे उन अर्थों में आलोचक नहीं हैं जिन अर्थों में व्यावहारिक आलोचना और सैद्धान्तिक आलोचना के पाठ और प्रतिमान बनते हैं। वे आस्वाद्य गद्य के सर्जक तो हैं, ललित निबन्ध की खूबियाँ भी उनके यहाँ प्रचुर मात्रा में नज़र आती हैं, किन्तु आलोचना के वैचारिक और सैद्धान्तिक स्वरूप को उजागर–उद्‌घाटित करते हुए वे उसे आस्वाद्य स्वरूप न देकर सुतार्किक, सुव्यवस्थित और सम्यक् विमर्श का रूप देते हैं। ताज्जुब है कि आलोचना के प्रत्यक्ष–अप्रत्यक्ष आक्रमणों को सर्वाधिक सहने वाले अज्ञेय ने आलोचना और आलोचक पर कदाचित ही ऐसा कोई मुखर निबन्ध लिखा हो जिसमें स्पष्ट रूप से आलोचक और आलोचना की विशिष्टताएँ सामने आती हों या रचना और आलोचना के उत्तरदायित्व पर प्रकट रोशनी पड़ती हो। बल्कि एक भेंटवार्ता में इन पंक्तियों के लेखक द्वारा यह पूछे जाने पर कि आलोचकों, अध्यापकों द्वारा आपकी कविता पर प्राय: दुरूहता का आरोप लगाया जाता रहा है, इस पर आपका क्या कहना है, अज्ञेय जी ने कहा था, "ओम जी, मुझे इस सन्दर्भ में क्षेमेन्द्र द्वारा कवि के लिए दिया यह उपदेश याद आता है। उसने कहा था कि हर किसी के पास जाओ, हर किसी से सीखो, सीखने को मिलेगा और हर वर्ग के व्यक्ति के पास जाओ। लोक में भी जाओ, गँवार से गँवार आदमी से कुछ सीखने को मिलेगा। लेकिन दो आदमियों से बचो। एक तो वैयाकरण से, दूसरे तार्किक से।" तर्क के अध्यापक और व्याकरण के अध्यापक–इनसे कवि बचे, यह उपदेश उन्होंने दिया था। कदाचित यही वजह हो कि वे आलोचक कहलाने से बचते रहे।

तथापि अज्ञेय की कविता जिस तरह मनुष्य के आभ्यन्तरीकरण, आत्मविस्तार, आत्मान्वेषण, निर्माल्य, स्वाधीनता, प्रेम, लेखकीय स्वत्व, देश, काल, सभ्यता, संस्कृति और नैतिकता का अवबोध कराती हुई हमारे सामने आती है–वह अपने आप में किसी आलोचना से कमतर नहीं है–उसमें अज्ञेय के कवि–स्वभाव के साथ–साथ उनके चिन्तन–आलोचन की खूबियाँ भी दृष्टिगत होती हैं। अचरज नहीं कि पिछले दिनों नामवर सिंह ने अपने एक व्याख्यान में आलोचक की मुश्किलों और उसके आत्मसंघर्ष पर बात करते हुए अज्ञेय के संग्रह 'महावृक्ष के नीचे' की सुपरिचित कविता 'नाच' का उल्लेख किया। उनका मानना था कि 'नाच' केवल नट के ही नहीं, बल्कि आलोचक के आत्मसंघर्ष को भी उतनी ही गहराई से आइडेंटीफाई करती है। दूसरी ओर, उनके निबन्धों का विस्तार आत्मोन्मुखी न होकर समाजोन्मुखी है क्योंकि वह स्वयं से किया गया संवाद नहीं है। उसमें सभ्यता के संकट, सांस्कृतिक चेतना, भाषा और समाज, रूढ़ि और मौलिकता, सौन्दर्य बोध और शिवत्व, परम्परा और आधुनिकता, भारतीयता की साहित्यिक कसौटियों, राज्याश्रय और लेखक, इतिहास और स्वातंत्र्य बोध, लेखकीय स्वाधीनता, साहित्य की सामाजिक प्रतिबद्धता और सम्प्रेषणीयता पर सवाल उठाए गए हैं। साहित्य के प्रशस्त पर्यावरण में उठने वाले विभ्रमों को संज्ञान में लेते हुए संकीर्णता के छोरों को चीह्ना और उद्‌घाटित किया गया है। इन निबन्धों से अलग हट कर कुछ ऐसे निबन्ध भी अज्ञेय जी ने लिखे हैं, जिनसे व्यावहारिक समीक्षा–आलोचना के क्षेत्र में उनका गहरा हस्तक्षेप उजागर होता है। उदाहरणत: आधुनिक उपन्यास, प्रेमचन्द और परवर्ती उपन्यास, हिन्दी कहानी के परिवेश, कथा–भाषा और यथार्थ, समकालीन कविता के संकट, नई कविता, कविता–श्रव्य और पठ्य, छन्द बोध, गीत और चौपाई तक–अनेक प्रसंगों में अज्ञेय ने अपने समय में उपलब्ध और मूल्यांकन योग्य कृतियों के हवाले से अपनी आलोचना–दृष्टि का इज़हार किया है। सप्तकों की भूमिकाएँ भी उनकी आलोचना के परिप्रेक्ष्य को किंचित और समृद्ध करती तथा विस्तार देती हैं। प्रयोगवाद के प्रवर्तन का श्रेय पाने वाले अज्ञेय ने इन भूमिकाओं में अर्थ–सम्प्रेषण, प्रयोग के आयामों, काव्य सत्य तथा प्रतिदृष्टि को अपने चिन्तन के सारभूत अंशों के साथ ग्रहण किया है।

अज्ञेय हमारे समय के अग्रणी लेखकों में हैं। वे केवल अपने लिए राहें नहीं बनाते या चुनते हैं, वे औरों के लिए दिशाओं का संकेत करते हैं। वे पिछलगुआ चिन्तन के हामी नहीं हैं, बल्कि अपने साथ एक पूरी पीढ़ी और समय को प्रभावित करने वाले लेखक रहे हैं। कविता में उनकी अहम्मन्यता नहीं, उनका आह्वान बोलता है। अपनी विनम्रता का जगह–ब–जगह उल्लेख करने वाले अज्ञेय को भले ही हिन्दी साहित्य जगत ने आत्मकेन्द्रित लेखक मान रखा हो, उन्होंने अपने स्वभाव, कर्म और साहित्य से यह जताया कि लेखक का, कवि का अपना स्वाभिमान होता है–वह समय को दिशा देता

है, भाषा-संवेदना और सम्प्रेषण की पेचीदा गुत्थियों को सुलझाता है। इसीलिए वे लेखक की स्वाधीनता के हामी थे। सम्भवतः अज्ञेय ही ऐसे लेखक हैं जिन्होंने आधुनिकता की वैश्विक बहसों को हिन्दी में उतारा और व्याख्यायित किया। वे पश्चिम की तरफ से मुँह फेरे रहने वाले लेखक नहीं थे, बल्कि उससे सतत् संवाद रखने वाले लेखक थे। जिसके सरोकार कविता, कहानी, उपन्यास, यात्रावृत्त, संस्मरण, निबन्ध और पत्रकारिता के बड़े आयामों से टकराते हों, यह हिन्दी समाज की संकीर्णता ही कही जाएगी कि उन्हें आत्मकेन्द्रित लेखक के रूप में देखा और प्रचारित किया गया। उनके विरुद्ध फैलाए गए अपविरुद के चलते बिना उन्हें गम्भीरता से पढ़े व्यक्तिवादी ठहराया गया। जैसे कि व्यक्तिवादी होना व्यक्तित्व का कोई निम्नतर पहलू हो। उनके गद्य-संचयन 'कवि निकष' की भूमिका में विद्यानिवास मिश्र ने लिखा है-अज्ञेय का बहुआयामी व्यक्तित्व उन्हें जितना गम्भीर बनाता है, भावप्रवण बनाता है, उतना ही तर्क कर्कश, जितना उन्हें आधुनिक बनाता है, उतना ही उन्हें परम्परा के लिए जिज्ञासु बनाता है और जहाँ उसमें सातत्य हो, गतिशीलता हो, उसे ग्रहण करने का सहज स्वीकार्य भाव देता रहता है। उनके बारे में जो लोग एकांगी निर्णय लेते हैं कि वे व्यक्तिवादी थे, वे पश्चिम की ओर उन्मुख थे, प्रतिक्रियावादी थे, मनुष्य से मनुष्य के सरोकारों से अछूते थे-ये सभी भ्रम उनकी गद्य-रचनाओं से अपने आप दूर हो जाते हैं।

अज्ञेय के विपुल निबन्धों में आत्मपरक, व्यक्तिव्यंजक एवं यात्रा निबन्धों को छोड़ कर आलोचनापरक निबन्धों और मुक्त टिप्पणियों पर दृष्टिपात करें तो एक बात तो सत्य है कि अज्ञेय का *आत्म* हर जगह सक्रिय रहता आया है। वे *आत्म* से *अध्यात्म* की ओर प्रस्थान करते हैं। *स्व* से *निःस्व* की ओर तथा *निज* से *पर* की ओर। वे वैयक्तिक स्वाधीनता पर बल देने वाले लेखक हैं, इसलिए प्रतिबद्धता के चालू प्रतिमानों से अपने को अलग रखते हैं। वे पश्चिमी आधुनिकता और भारतीय आधुनिकता के बीच वैचारिक विनिमय की सूक्ष्म प्रक्रिया का अवलोकन करते हैं। शास्त्र की जड़ता में न उतरते हुए वे स्वचिन्तन की एक लीक रचना चाहते हैं। इसीलिए वे अपने को 'राही नहीं, राहों का अन्वेषी' कहते हैं-सतत् जिज्ञासु, अनुसन्धित्सु और यह उद्यम वे कविता, गद्य और अन्य कला रूपों के विवेचन-सब में अपनाते हैं। जिन अर्थों में मुक्तिबोध और अज्ञेय को आमने-सामने खड़ा कर देखने की प्रवृत्ति हिन्दी में पनपी है और शमशेर को एकान्तिक सौन्दर्य का कवि मानने की अधीरता बढ़ी है, उसने इन कवियों पर वैशिष्ट्य का लेबल तो मढ़ा है, लेकिन यह देखने की चेष्टा कम हुई है कि इन तीनों कवियों के यहाँ कविता एक वृहत्तर जीवनाशय की खोज कर पाने में इसलिए सफल रही है, क्योंकि जीवन के महाविस्तार की तरह इनके काव्य का धरातल चौड़ा है, उसमें जीवनानुभवों की अतल गहराइयाँ हैं, उतार-चढ़ाव हैं, आरोह-अवरोह हैं। तीनों कवियों की अद्वितीयता स्वयं सिद्ध है। इनकी प्रवृत्तियाँ और विशिष्टताएँ एक-

दूसरे से न तो टकराती हैं, न परस्पर पीछा करती हैं। इनमें कविता-कला के समस्त गुणसूत्र समाहित हैं। किन्तु आधी सदी से भी ज्यादा समय तक मध्यवर्गीय लेखक मानकर अज्ञेय की व्यक्तिवादिता को लांछित करने का जो अभियान चलाया गया है, वह उचित नहीं है। शताब्दि वर्ष में इसके पुनरवलोकन और परिमार्जन की आवश्यकता है।

अशोक वाजपेयी इस सन्दर्भ में तीनों को सहचर कवि मानते हुए इनके पारस्परिक वैशिष्ट्य को जिस तरह अलगाते हुए एक साथ गूँथते हैं, वह हिन्दी समाज के लिए विचारणीय है। वे कहते हैं, ''अज्ञेय नए व्यक्तित्व की खोज करते हैं, मुक्तिबोध नई सामाजिकता की और शमशेर सौन्दर्य की कोमल अमरता की। लेकिन अज्ञेय समाज-निरपेक्ष नहीं हैं, मुक्तिबोध में व्यक्ति की उपेक्षा नहीं है और शमशेर के यहाँ समाज और व्यक्ति के द्वन्द्व की चेतना का अभाव नहीं है। अज्ञेय परिपक्वता और परिणति के कवि हैं। सम्प्रेषण अज्ञेय के लिए बड़ा प्रश्न है, जबकि मुक्तिबोध को वह इतना बेचैन नहीं करता, न ही शमशेर को।...अज्ञेय तराशते हैं, शमशेर महीन बुनते हैं, मुक्तिबोध तोड़ते-बिखेरते हैं।'' (जनसत्ता, 26 सितम्बर, 2010) लेकिन अज्ञेय का वैचारिक क्षितिज बड़ा है। उनके काम बड़े हैं। साहित्य में आधुनिकता का ढाँचा खड़ा करने का बुनियादी काम अज्ञेय ने किया। अज्ञेय ने साहित्य में अपना कद ही बड़ा नहीं किया, अपने सहवर्तियों को स्थापित करने के लिए संगठित अभियान चलाया। 'प्रतीक', 'नया प्रतीक' और सप्तकों के सम्पादन के पीछे साहित्य में केवल अपना एजेंडा चलाना नहीं, एक बड़ा उद्देश्य अपने समकालीनों को मंच देना भी रहा है।

प्रगतिशीलों ने अज्ञेय के आभिजात्य को चुनौती देने के लिए उनके ही सम्मुख शमशेर और मुक्तिबोध की प्रतिमाएँ खड़ी कीं और अज्ञेय के व्यक्तित्व-भंजन का काम किया। अज्ञेय के व्यक्तित्व की लकीर इससे छोटी होने वाली नहीं थी। शमशेर और मुक्तिबोध के साथ जिस सहवर्तिता, सहिष्णुता और भ्रातृता का परिचय अज्ञेय ने दिया, इन्हें कविता के केन्द्र में स्थापित किया, वैसा काम बड़े संस्थानों के वश का नहीं है। बेशक हिन्दी के सँकरे परिसर में ऐसे पराक्रम का अभाव नहीं है, जिसके वशीभूत होकर अज्ञेय बनाम मुक्तिबोध, अज्ञेय बनाम शमशेर और रामविलास शर्मा बनाम नामवर सिंह जैसी सतही बहसें चलाई गई हैं। अज्ञेय के व्यक्तित्व में ही उनका कवित्व और उनका गद्य-कौशल छिपा है। आलोचना उनके लिए साध्य नहीं, आपद्धर्म थी। पर उसमें भी उनका शिकायती तेवर नहीं, उनका शाश्वत चिन्तन बोलता है। मुक्तिबोध ने उनकी सीमाओं की पहचान की थी, उन्हें नकारा नहीं था। अज्ञेय अनुकर्ता नहीं थे, आविष्कर्ता थे। जमात से अलग चलना उनके स्वभाव में था। कम बोलना उनकी रणनीति नहीं, उनकी आदत थी। इस तरह अज्ञेय के व्यक्तित्व की जो विशिष्टताएँ सहज लक्ष्य हैं, उन्हें केन्द्र में रखते हुए हम उनके आलोचक स्वरूप को एक बड़ी सीमा

तक अवलोकित-आकलित कर सकते हैं।

अज्ञेय एक बड़े लेखक हैं। वे आरम्भ में टी. एस. इलियट से प्रभावित अवश्य दीखते हैं, ख़ास तौर से परम्परा और ऐतिहासिक चेतना को लेकर इलियट के निबन्ध 'ट्रेडिशन एंड द इनडिविडुअल टैलेंट' का प्रभाव उनके सुपरिचित निबन्ध 'रूढ़ि और मौलिकता' में झलकता है तथा एकाधिक निबन्धों में एफ.आर. लीविस और डेनिस टॉम्सन के विचारों की छाया भी दीखती है। लेकिन यह प्रभाव धीरे-धीरे क्षीण पड़ता है और वे अपनी एक अलग पहचान के साथ सामने आते हैं। हाँ, यह बात अवश्य है कि यूरोपीय काव्य में एक नया मोड़ रचने में जो भूमिका इलियट की रही है, वही भूमिका हिन्दी कविता में अज्ञेय की है। न केवल 'क्रिटिसिज्म' के सम्पादक के रूप में, बल्कि एक कवि-रूप में 'फोर क्वार्ट्रेट्स' और 'द वेस्टलैंड' के जरिए इलियट नई कविता की नींव रखते हैं। यही काम अज्ञेय ने सप्तकों और 'प्रतीक' तथा 'नया प्रतीक' के सम्पादन के जरिए किया। कविता में आधुनिक सोच, नए शिल्प और नए प्रयोगों का आह्वान किया। उन्होंने सप्तकों के जरिए कविता के क्षेत्र में अपनी काव्य कला के सम्भावनाशील और अग्रगामी कवियों को हिन्दीभाषी समुदाय के सम्मुख रखा। अज्ञेय में अपार प्रश्नाकुलता है। किन्तु केवल प्रश्नाकुलता ही नहीं, उसे संगत निष्कर्षों तक पहुँचाने वाली परिणति और विचारशीलता भी है। उनमें भारतीयता की ओर उन्मुखता है और यह उन्मुखता निर्मल वर्मा की भारतीयता की अवधारणा से पृथक है। निर्मल वर्मा में भारतीय और पाश्चात्य की जैसी टकराहट है, जैसा द्वन्द्व है, वैसा अज्ञेय में नहीं है। निर्मल की भारतीयता का स्वरूप उतना सर्वांगीण और सघन नहीं है, जितना सर्वांगीण और सघन अज्ञेय के यहाँ। अज्ञेय समग्रता में भारतीयता को देखते हैं। उनके चिन्तन की एक बड़ी परिधि है। वे क्षण से लेकर काल के वृहत्तर अवबोध पर विचार करते हैं-समय को देखने की एक सम्यक् दृष्टि अज्ञेय देते हैं। यह बात ध्यातव्य है कि जब कोई कवि बहुत दूरी तय कर लेता है तो काल पर लिखता है, मृत्यु पर लिखता है, अवसान पर लिखता है। अज्ञेय ने काल को जीवन और साहित्य के एक बड़े परिप्रेक्ष्य में देखा और विवेचित किया है। 'काल का डमरू नाद' के अलावा कई जगहों पर उन्होंने समय को समझने और विवेचित करने का यत्न किया है। अज्ञेय ने पश्चिम से जो कुछ भी लिया, उसे उसी रूप में हिन्दी समाज को नहीं लौटाया। भारतीय चिन्तन के सारभूत निष्कर्षों के सापेक्ष उन्होंने उसे तराशा, माँजा और नए रूप में आविष्कृत किया है।

अज्ञेय व्यक्ति की स्वाधीनता, आत्मबोध और आत्मपरिष्कार पर बल देने वाले लेखक हैं। नए रूप और प्रयोगों के हिमायती हैं। आधुनिकता के पुरस्कर्ता लेखकों में हैं। भारतीय सभ्यता, संस्कृति और जीवन-मूल्यों के चिन्तक हैं। अज्ञेय के यहाँ सामाजिक प्रश्नों का बहिष्कार नहीं है, वह व्यक्ति के अस्तित्व का ही एक

आत्यंतिक स्वरूप है। अज्ञेय के जीवन और लेखन–दोनों में सुव्यवस्था और सुसंगतियों का सहकार है। एक सतत् परिष्कार और परिमार्जन का आग्रह उनमें सदैव रहा है। उनकी कविता में राजनीतिक और सामाजिक आग्रह भले ही प्रबल न रहे हों, दूसरे सम्प्रेषण माध्यमों से उन्होंने लगातार ऐसे प्रश्नों, समस्याओं पर विचार किया है, सहभागिता की है। इसका एक अर्थ यह भी है कि वे कविता को उन विषयों पर केन्द्रीभूत करना उचित नहीं मानते रहे होंगे जिसके लिए पत्रकारिता या जन–सम्प्रेषण के अन्य प्रभावी मंच उपयोग में लाए जा सकते थे।

अज्ञेय का चिन्तन अपने दौर के सभी जरूरी आस्तित्विक प्रश्नों से टकराता रहा है। वे कवि के रूप में जितने मितभाषी हैं, अपने विमर्शों में भी उतने ही टू द प्वाइंट। उन्हें नितान्त आत्म का कवि मान लेने पर हम उनके उस संकल्प को भुला बैठेंगे जो उन्होंने 'भग्नदूत का कवि' शीर्षक कविता में व्यक्त किए हैं–

एक तीक्ष्ण अपांग से कविता उत्पन्न हो जाती है
एक चुम्बन में प्रणय फलीभूत हो ज़ाता है
पर मैं अखिल विश्व का प्रेम खोजता फिरता हूँ
क्योंकि मैं उसके असंख्य हृदयों का गाथाकार हूँ

एक ही टीस से आँसू उमड़ आते हैं
एक झिड़की से हृदय उच्छ्वसित हो उठता है
पर मैं अखिल विश्व की पीड़ा संचित कर रहा हूँ
क्योंकि मैं जीवन का कवि हूँ

(सदानीरा, पृष्ठ 141)

स्पष्ट है कि अज्ञेय एक विराट वैश्विक बोध के कवि हैं। उनकी कविता उनकी अन्तरात्मा का गान नहीं है, बल्कि उनकी विश्वचेतस दृष्टि की–जीवन की फलश्रुति है। अज्ञेय का आलोचन–चिन्तन भी सभ्यता के संकटों से लेकर सांस्कृतिक चेतना, भाषा और समाज, रूढ़ि और मौलिकता, सौन्दर्य और शिवत्व, आधुनिकता, संवेदना और सम्प्रेषणीयता से होता हुआ भारतीय साहित्य की परम्परा, भारतीयता की कसौटी पर भारतीय साहित्य और लेखक तथा इतिहास और स्वातंत्र्य बोध के प्रश्नों से जूझता है। वह अपनी स्वाधीनता के साथ–साथ सबकी स्वाधीनता की फिक्र करता है। अज्ञेय ने साहित्य को सामाजिक प्रतिबद्धता और प्रासंगिकता की कसौटी पर भी रख कर देखा है। रचनात्मक भाषा और सम्प्रेषण की समस्याओं ने उन्हें उद्वेलित किया है।

यह सच है कि अज्ञेय सुपठित थे, पश्चिमी लेखकों–कवियों को ज्यादा पढ़ते थे। उनमें से बहुतों से उनका सान्निध्य भी रहा है। इसलिए स्वाभाविक है कि पाश्चात्य साहित्यावधारणा से उनकी किंचित आसक्ति बनी हो, उसका प्रभाव उन

पर पड़ा हो, किन्तु केवल इसी आधार पर यह मान लेना कि उनकी विचारधारा पश्चिम की नक़ल है, ठीक नहीं है। बेशक इसमें किंचित वास्तविकता का बल है फिर भी वह विचारों का अनुवर्तन नहीं है, बल्कि पश्चिम की वैचारिकी के सम्मुख भारतीय साहित्य को देखने-परखने का बुनियादी आधार है और यह बात तो अज्ञेय स्वयं कहते हैं कि उनके निबन्धों में प्रस्तुत किए गए विचारों के साथ मौलिकता का कोई दावा नहीं है। लेखक उस मत का है जो मानता है कि 'विचारों का अपना एक स्वायत्त जगत होता है : विभिन्न युगों और क्षेत्रों के चिन्तक/लेखक उन्हें अंशत: अथवा पूर्णत: अपनाते हुए नए सन्दर्भों में रख कर उनसे नए अर्थ पाते रहते हैं, उन्हें नई प्रासंगिकता देते रहते हैं-उनमें से नई चुनौतियाँ उभारते और दूसरों के समक्ष उजागर करते चलते हैं।' ('सर्जना और सन्दर्भ', भूमिका) एक कवि जब आलोचना के क्षेत्र में प्रवेश करता है तो उसके सम्मुख दो प्रमुख बाधाएँ होती हैं-पहली भाषा की, दूसरी वस्तुनिष्ठता की। वह सर्जनात्मक आलोचना तो लिखता है, क्योंकि उसमें काव्यात्मक प्रवाह होता है, पर जब ऐसा कवि सैद्धान्तिक या व्यावहारिक आलोचना लिखता है तो वह कहीं-न-कहीं उसके जरिए अपनी काव्यात्मक मान्यताओं की रक्षा भी कर रहा होता है। यह स्वाभाविक ही है। दूसरी ओर, एक कवि की यह सीमा है कि वह अकादमिक आलोचना में उतनी गम्भीरता से प्रवृत्त नहीं हो पाता, जितनी गम्भीरता से शुद्ध आलोचक। क्योंकि शास्त्र की माँगें भिन्न होती हैं। कवि-चिन्तक होने के कारण और विद्वत् परिवार में जन्म लेने की वजह से अज्ञेय की कवि-दृष्टि चिन्तन और मनन से संवलित है। उसमें अध्ययन की गहराई है। पठित सन्दर्भों की भरमार है। इसलिए प्रकट-अप्रकट ऐसे सन्दर्भ आते ही हैं। किन्तु उनकी आलोचना वस्तुत: एक थॉटफुल टॉक है। अज्ञेय बुनियादी सवाल उठाने वाले चिन्तक हैं। व्यावहारिक आलोचना के प्रति वे भले ही न्याय न कर सके हों, उनके निबन्धों, अन्त:प्रक्रियाओं, टीपों और जर्नल्स इत्यादि में अनौपचारिक आलोचना के सूत्र दिख जाते हैं। सच तो यह है कि उनके कवि और उपन्यासकार रूप की चर्चा तो हिन्दी में बहुत हुई है, पर विचारक-चिन्तक और आलोचक-रूप की चर्चा उतनी नहीं हुई। जबकि स्वाधीनता के बाद के लेखकों में सबसे बड़े विचारक अज्ञेय ही हैं।

नई कविता का आज एक बड़ा फलक है। इसने हिन्दी कविता को विरल संवेदना और भाषा की नई भंगिमाओं से परिचित कराया है। पर जो बात यहाँ कही जानी चाहिए वह यह कि इसका जो शास्त्र निर्मित हुआ, उसमें अज्ञेय की टिप्पणियों, सप्तकों की उनकी भूमिकाओं का योगदान है। सप्तकों की भूमिका तो वस्तुत: नई कविता के मूल्यांकन की कुंजी है। पूरे मनोयोग के साथ एक सर्जक और सम्पादक के रूप में जो सूत्र उन्होंने दिए हैं, यह उनके लेखक-व्यक्तित्व की एक बड़ी भूमिका है। उनके समय में जितने भी वैचारिक विमर्श हुए, उनकी टिप्पणियों और विचारणा ने उन्हें दूर

तक मथा और प्रभावित किया है। भारतीयता, स्वाधीनता, साहित्य और राजनीति तथा ऐसे अनेक बुनियादी विषयों पर उनके निबन्ध 'भवन्ती', 'शाश्वती', 'आलवाल', 'अद्यतन', 'अन्तरा', 'शेषा' इत्यादि संकलनों में संकलित हैं। इन कृतियों में समाविष्ट चिन्तन न केवल समकालीन साहित्य चिन्तन को परिपुष्ट करता है, बल्कि साहित्य को सम्यक दृष्टि से समझे जाने का एक वैज्ञानिक और तार्किक आधार भी उपलब्ध कराता है। देखा जाए तो परम्परा और आधुनिकता की व्यवस्थित चर्चा 'त्रिशंकु' में छपे 'रूढ़ि और मौलिकता' जैसे निबन्धों के बाद शुरू हुई। राजसत्ता और लेखक, राजनीति और साहित्य, परम्परा और आधुनिकता जैसे मुद्दों पर बहसें हिन्दी में शुरू करने का श्रेय अज्ञेय को ही जाता है। कहने में हिचक नहीं कि पिछले 60-70 वर्षों के हिन्दी चिन्तन को अज्ञेय ने बहुत प्रभावित किया है। दलित विमर्श और स्त्री विमर्श को छोड़कर कोई बुनियादी मुद्दा उस समय का ऐसा नहीं है, जिस पर अज्ञेय ने कलम न चलाई हो।

फिर भी, अज्ञेय क्योंकर विरोधों के केन्द्र में रहे हैं, इसकी कोई संगत वजह नहीं नज़र आती। जिस व्यक्ति ने जीवन के कई महत्त्वपूर्ण वर्ष जेलों में रह कर काटे हों, गुप्त क्रान्तिकारी संगठन की कार्रवाइयों में शामिल होकर बम बनाए हों, आपातकाल में सरकार से जिसके रिश्ते तनावपूर्ण रहे हों, उसे सत्ता प्रतिष्ठान का अंग कहा गया। जिसने जयप्रकाश नारायण की पत्रिका 'एवरीमैन' और 'विशाल भारत', 'प्रतीक', 'दिनमान' व 'वाक्' जैसी पत्रिकाओं का सम्पादन किया हो, जो महान मानववादी एम.एन. राय के सम्पर्क में रहा हो, उसे व्यक्तिवादी कहा गया। जिसने अन्तिम समय तक वर्जनाओं और रूढ़ियों का विरोध किया, उसे हमने परम्परावादी कहा। साहित्य में उनके ऐतिहासिक अवदान को जिस तरह नकारा गया, उससे वे आहत थे। आखिरकार, अपनी एक कविता में अपने असन्तोष का इज़हार भी उन्होंने किया–*जो पुल बनाएँगे/अनिवार्यतः पीछे रह जाएँगे/सेनाएँ हो जाएँगी पार/मारे जाएँगे रावण/जयी होंगे राम/जो निर्माता रहे इतिहास के/वे बन्दर कहलाएँगे।* जबकि वे आधुनिकता के अग्रदूत थे। यह आधुनिकता उनकी कविता में ही नहीं, उनके गद्य में भी पर्यवसित है। उन्होंने हिन्दी उपन्यासों के सामने 'शेखर : एक जीवनी' लिखकर एक प्रतिमान रखा–आधुनिक सोच, आधुनिक भाषा और शिल्प का प्रतिमान ही नहीं, रूढ़ियों, वर्जनाओं के पार जाने का दुस्साहस, जो उन्हें परम्पराभंजक लेखक के रूप में स्थापित करता है। क्योंकि ऐसा नहीं होता तो उसी दौर के लिखे गए अन्य उपन्यासों में ऐसी भाषा, ऐसी क्रान्तिकारी सोच देखने को नहीं मिलती। अज्ञेय को शायद इस बात का अहसास था कि हिन्दी में उनके दौर में जो कुछ भी लिखा जा रहा था, वह पश्चिमी लेखन से तुलनीय नहीं था। अज्ञेय ने उपन्यास को एक वैचारिक काया दी। कविता को प्रगतिवादी कविता के हल्ले से बचाते हुए नया साँचा दिया। आलोचना को तार्किक

संगति दी और नई भाषा–संवेदना को नया आलोक। कितने ही नए शब्द अज्ञेय ने दिए। प्रतीक, काल और मिथक पर नव्य दृष्टि दी। किन्तु वह चतुर्दिक विरोध का ऐसा दौर था कि प्रभुत्वशाली वर्ग की आलोचना के दबाव में निस्तेज अध्यापकों ने भी गतानुगतिकता की लीक अपनाई और अज्ञेय के लेखन पर दुरूहता, रूढ़िवाद विरोधी इत्यादि आरोप मढ़े। यह एक ऐसा दौर था जब एक ख़ास काट की शीतयुद्धकालीन भाषा में साहित्य का मूल्यांकन हो रहा था। अज्ञेय भी इसका शिकार हुए हैं। अज्ञेय का समूचा जीवन और साहित्य अपने समय की भाषा, संवेदना, शिल्प, रूढ़ियों और जड़ीभूत सौन्दर्याभिरुचियों के विरोध में खड़ा है। हम देखें कि इस अटूट भारतीय कवि-परम्परा में वे किन कवियों के साथ जुड़ते हैं। वे अपनी कवि-परम्परा से मैथिलीशरण गुप्त और हरिऔध को चुनते हैं। अनुवाद के लिए जर्मन कवि ब्रेख्त और रिल्के जैसे कवियों को चुनते हैं। अपने साहित्य के जरिए, आलोचना, अनुवादों, यात्रावृत्तों, साहित्यिक यात्राओं, लेखक-शिविरों आदि के जरिए वे एक बड़े लेखक का बिम्ब बुनते हैं और आलोचकों का प्रहार झेलते हुए जीवित रहते हैं। स्वाधीनता, मूल्यबोध और लेखकीय विवेक के लिए उनके लेखन में एक मार्मिक तड़प है।

जैसा कि मैंने कहा है, अज्ञेय पेशेवर समीक्षकों, आलोचकों की भंगिमाएँ न अपना कर एक अलग लीक पर चलते दीखते हैं। वे आलोचक का एक बड़ा वृत्त बनाते हैं जो देश और काल सहित सभ्यता, संस्कृति, भाषा, सौन्दर्य, आधुनिकता, परम्परा, इतिहास, स्वाधीनता, सम्प्रेषण, सामाजिक प्रतिबद्धता तथा प्रासंगिकता पर बेबाकी और गहराई से विचार करता है। ये उनके चिन्तन के बीज शब्द हैं। अज्ञेय का जीवन उनके जन्म से लेकर जिस तरह एकान्तिक, यायावर और अध्यवसायी रहा है, उसने उन्हें हर मामले में आत्मनिर्भर बनाया है। वे न केवल अपनी जरूरतों को लेकर बल्कि अपने विचारों और अपनी सैद्धान्तिकी को लेकर भी आत्मनिर्भर थे। अज्ञेय अपनी कविताओं में जितने कोमल और संवेदी दिखते हैं, उतने ही प्रचंड बौद्धिक वे अपने निबन्धों में नज़र आते है। छुटभैयों की परवाह उन्होंने कभी नहीं की। बढ़ईगीरी से लेकर बागवानी तक जितने भी शौक हो सकते हैं, सबमें महारत न सही, दक्षता तो प्राप्त थी ही। वे रचने वाले इनसान थे। भीतर और बाहर से मुकम्मल कलाकार थे, इसलिए उनकी कविता, कथा साहित्य, उपन्यास और कथेतर गद्य–सभी में उनका कला कौशल देखते ही बनता है। जिस तरह बढ़ई एक-एक खपच्ची को व्यर्थ नहीं जाने देता, दर्जी कतरन को भी कलात्मक उपयोग में लाता है, अज्ञेय इस ओर यत्नशील रहे हैं कि रचना में यह मितकथन और कलात्मकता अक्षुण्ण रहे। अज्ञेय अपने उपर्युक्त कुछ बीज शब्दों से एक आलोचक के गुरुतर उत्तरदायित्व से टकराते हैं और उसके समक्ष एक बड़ी कसौटी भी रखते हैं।

इससे पहले कि हम उनके बीज शब्दों के पीछे उनके अवधारण को समझने की

चेष्टा करें, यह कहना अत्युक्ति न होगी कि आलोचकों के एक बड़े वर्ग में हमारी सभ्यता और संस्कृति के विधायक तत्वों के प्रति वह जिज्ञासु प्रवृत्ति नहीं रही जो उनके और उनके समकालीनों–मुक्तिबोध, शमशेर और साही जैसे लेखकों में रही है। अज्ञेय पहली बार ऐसे पदों, प्रत्ययों को गहराई से संज्ञान में लेते हैं और समाज, व्यक्ति और राष्ट्र के साथ उनके अन्तस्सम्बन्धों को विवेचित करते हैं। सभ्यता और संस्कृति पर बात करते हुए वे सभ्यता को बाह्य और संस्कृति को आभ्यन्तर जीवन की अभिव्यक्ति मानते हैं। वे इसे विचारणीय मानते हैं कि क्या सभ्यता का विकास तकनालॉजी के विकास का पर्याय तो नहीं है। वे कहते हैं कि मानव पहला स्वाधीन प्राणी है क्योंकि उसके पास भाषा है, प्रतीक रचने की शक्ति है, अवधारणा करने की शक्ति है और इन्हीं शक्तियों के कारण वह सभ्य माना जाता है। अज्ञेय कहते हैं कि संस्कृति का सबसे पहला मूल्य स्वाधीनता है और यह खोज मनुष्य की अपनी है। वह मूल्यों का सर्जक है। गलत–सही का निर्णायक है। वह मूल्यों को जीवन से ज्यादा अहमियत देता आया है। संकट तब पैदा होता है जब हम पश्चिमी मुहावरों और संस्कृति का अनुवर्तन करते हुए अपने को आधुनिक और उसकी सांस्कृतिक दृष्टि को उन्नत मानने लगते हैं। जबकि जरूरी नहीं कि उन्नत देश की सांस्कृतिक दृष्टि भी अच्छी और वरेण्य हो। संस्कृति के क्षेत्र में तकनालॉजी का विकास भी एक अहम समस्या है। तकनालॉजी ने विकास का जो मॉडल हमारे सम्मुख रखा है, उसका उद्देश्य दुनिया में एकरूपता लाना है। एकध्रुवीय विश्व की तरह एकध्रुवीय संस्कृति का निर्माण और यही संस्कृति और सभ्यता के संकट हैं जिनकी ओर अज्ञेय आगाह करते हैं। इस तरह संस्कृति का सम्बन्ध मूल्यदृष्टि से भी जुड़ता है। अज्ञेय के शब्दों में मूल्यदृष्टि की चेतना मूल्यों की अर्थवत्ता की अनवरत खोज की प्रक्रिया है जो उनका पुनर्मूल्यांकन और प्रमाणीकरण भी करती चलती है। एक जीवन्त संस्कृति क्या है, इस पर विचार करते हुए अपनी एक टिप्पणी में अज्ञेय लिखते हैं, *संस्कृति जीवित हो, इसके लिए उसमें एक सजग नियतिबोध–सेंस ऑफ डेस्टिनी–होना चाहिए, वही आज हममें नहीं है। गाँधी के समय तक वह था, नेहरू में भी वह था। आज किसी नेता में ऐसा बोध नहीं है, न किसी समाज में है, न पूरे राष्ट्र–समाज में है, सारा देश एक टुक्कड़खोर जिन्दगी जी रहा है–क्या राजनीति में, क्या संस्कृति में, क्या धर्म में...* (कवि–मन, पृष्ठ 18) जो बात उन्होंने संस्कृति के बारे में कही, उसे ही वे आगे चल कर साहित्य में घटा कर देखते हैं। साहित्य के लिए भी उनका मानना है कि जो साहित्य या काव्य अपने समय की चिन्ताओं को, सन्देहों को व्यक्त करता है, मूल्यों का संकट पहचान कर उन नए मूल्यों को पाने को छटपटाता है जो इस संकट के पार बचे रह सकते हैं, वही आज का साहित्य है। सभ्यता और संस्कृति के तारों से जुड़ने वाली एक और महत्त्वपूर्ण चीज़ भाषा है। यह अभिव्यक्ति और बोलचाल का माध्यम है। किन्तु एक लेखक के लिए भाषा का वही

अर्थ नहीं है, जो आम पाठक के लिए या सर्वसाधारण के लिए। भाषा लेखक का आयुध है। अज्ञेय अपनी तहरीरों में भाषा के बारे में बहुत-सी बातें कहते हैं। उदाहरणत: भाषा अपने को पहचानने का साधन है। भाषा मूल्यों की सृष्टि करना सम्भव बनाती है। भाषा के द्वारा हम यथार्थ की एक नए ढंग की पहचान कर सकते हैं। संस्कृति के मूल में भी भाषा की उपस्थिति है और भाषा, सर्जनशीलता और समाज का अन्योन्याश्रित सम्बन्ध है। बकौल अज्ञेय, भाषा एक समग्र संस्कृति की आत्माभिव्यक्ति का साधन है। वे कहते हैं कि यदि हम संस्कृति की जड़ों तक नहीं पहुँच पाते तो हम उस सांस्कृतिक पर्यावरण की भाषा तक भी नहीं पहुँच सकते। अज्ञेय समाज की रचनाशीलता को भी भाषा से जोड़ कर देखते हैं। वे सच कहते हैं कि पूरा समाज जिस भाषा के साथ जीता है, उसमें और उसके साथ जीते हुए अगर हम उस जीवन सन्दर्भ को पहचानते हैं और उस भाषा में रचना करते हैं तो हमारा समाज भी रचनाशील हो सकता है। (केन्द्र और परिधि, पृष्ठ 140)

रूढ़ि और मौलिकता में अज्ञेय टी.एस. इलियट के विचारों को आधार बनाकर भारतीय मानस के प्रति जड़ीभूत अवधारणाओं की शल्य-क्रिया करते हैं। आधुनिकता की रौ में रूढ़ियों से दूरी बरतने का रिवाज रहा है जैसे कि रूढ़ियाँ नितान्त अग्राह्य हों। रूढ़ियों को परम्परा से जोड़कर देखने का चलन रहा है और परम्परावादी होना अतीतजीवी होना माना जाता रहा है। विडम्बना है कि हमने रूढ़ियों को इस रूप में देखा ही नहीं कि वे भी सौन्दर्य का वाहक हो सकती हैं और अज्ञेय तो आलोचना की उस प्रवृत्ति की ही आलोचना करते हैं जो परम्परा के नाम पर मुँह चिढ़ाती है। उनके लेखे रूढ़ियाँ मौलिकता की राह में रोड़े नहीं अटकाती बल्कि देखा जाए तो कभी-कभी अर्थ के उत्कर्ष का निमित्त बनती हैं। अज्ञेय इलियट के इस मत को उद्धृत करते हुए कि...*कविता अनुभूति की मुक्ति नहीं, अनुभूति से मुक्ति है, व्यक्तित्व की अभिव्यक्ति नहीं, व्यक्तित्व से मुक्ति है*...काव्य को व्यक्तित्व की नहीं, एक माध्यम की अभिव्यक्ति मानते हैं तथा परम्परा के महत्त्व को पुनर्स्थापित करते हुए कहते हैं कि वह वर्तमान के साथ अतीत की सम्बद्धता और तारतम्य का नाम है।

जहाँ अज्ञेय परम्परा और रूढ़ि पर विचार करते हैं, वहीं वे आधुनिकता को संवेदना के नए आलोक में अवलोकित करते हैं। आधुनिकता पर विचार करते हुए ज़माना गुजर गया फिर भी हम इसकी एक स्थिर परिभाषा नहीं गढ़ पाए, गढ़ भी नहीं सकते। आधुनिकता कोई स्थिर लक्षण नहीं है, यह पुनर्नवता का नाम है। शास्त्र में कहा गया है : *क्षणे क्षणे यन्नवतामुपैति तदैव रूपमरमणीयताया:*। साहित्य में आधुनिकता का बोध, काल के साथ आधुनिकता के बोध से भिन्न है। साहित्य में आधुनिकता का एक अर्थ संवेदना की आधुनिकता भी है। सभ्यता के आधुनिकीकरण को साहित्य की आधुनिकता से जोड़कर नहीं देखा जा सकता। हो सकता है, अत्यन्त आधुनिक समाज

में मानवीय संवेदना नितान्त अनाधुनिक और सतही हो। अज्ञेय आधुनिकता के इस परिप्रेक्ष्य को संवेदना के नए अर्थों में तलाशते हैं। भारतीय, भारतीयता, भारतीय साहित्य, भारतीय समाज में लेखक, लेखक और राज्याश्रय पर भी अज्ञेय जी ने गम्भीरता से विचार किया है। उनकी आलोचना की प्रशस्त भूमि पर ये सभी मुद्दे विचारणीय रहे हैं। उस दौर में अज्ञेय के अलावा शायद ही कोई लेखक रहा हो जिसने इस परिप्रेक्ष्य में भारतीयता को इतनी गहराई तक खँगाला हो। निर्मल वर्मा की बात उठाई जा चुकी है कि उनकी भारतीयता पश्चिम से अभिभूत दिखती है, जबकि अज्ञेय की भारतीयता भारतीय चिन्तन-मनन और भारतीय समाज के विश्वासों, आस्थाओं और अवधारणाओं पर आधारित है। अज्ञेय का मानना है कि *महाभारत काल से ही इस देश में यह समझ काम करती रही है कि भारत एक इकाई है, भौगोलिक इकाई भी एवं सांस्कृतिक इकाई भी और भारतीय रचना में भारत भूमि को एक इकाई के रूप में ही देखा गया है।* (सर्जना और सन्दर्भ, पृष्ठ 383) सांस्कृतिक समग्रता पर विचार करते हुए अज्ञेय ने लिखा है, *मेरे पात्र चाहे भारतीय हों, चाहे अभारतीय, और भारतीय होकर चाहे एक प्रदेश के हों, चाहे दूसरे-सम्प्रेष्य बात यह हो कि एक भारतीय उस तरह देखता, सोचता, भोगता और जीता है...कि इस तरह देखने, सोचने, भोगने और जीने वाले को भारत ने बनाया है...एक समग्र भारत ने।* (केन्द्र और परिधि, पृष्ठ 7) लेखक और राज्याश्रय कोई नया मुद्दा नहीं है बल्कि आज लेखकों को ज्यादा राज्याश्रय प्राप्त है। पद, पीठ, पुरस्कार, विदेश यात्राएँ और प्रलोभन के तमाम अवसर उपलब्ध हैं। आज के ज़माने में कोई बोरिस पास्तरनाक की तरह पुरस्कार ठुकराने का नैतिक साहस नहीं करता कि इससे उसका स्वत्व छिनता है या वह राज्याश्रयी लेखक बनकर अपनी स्वाधीनता का वैसा उपयोग न कर सकेगा जैसा वह पहले करता आया है। बल्कि आज लेखकों के समक्ष ऐसे बहुतेरे अवसर और प्रलोभन हैं, जिनसे वे उपकृत हैं। इसीलिए उनके विरोध में बल नहीं रहा। बाजार से अनुकूलित हैं वे। अज्ञेय उस लेखकीय स्वाधीनता के हिमायती हैं जो न तो राज्याश्रयी प्रलोभनों, दबावों को महत्त्व देती हो और न ही बाजार की शर्तों से अनुकूलित होती हो।

इतिहास और कला की समस्या पर अज्ञेय ने कई निबन्ध लिखे हैं। इतिहास को उन्होंने आत्मप्रत्यभिज्ञा का साधन माना है और उनका कहना है कि जिनमें यह आत्मप्रत्यभिज्ञा है, न उन्होंने अस्मिताबोध खोया है, न ही उन पर स्वतंत्रता का आतंक लक्षित हुआ है। संस्कृति और इतिहास को आमने-सामने खड़ा कर वे पाते हैं कि सांस्कृतिक सन्दर्भ के अभाव में इतिहास और ऐतिहासिक सन्दर्भ के अभाव में संस्कृति का कोई सार्थक अस्तित्व नहीं रह जाता। जिस स्वाधीनता की बात अज्ञेय के चिन्तन से जुड़ी है, वह सबकी स्वाधीनता में ही अन्ततः अपनी स्वाधीनता देखती है। वे कहते हैं, स्वाधीनता की सच्ची कसौटी 'मैं' नहीं, 'ममेतर' है। किन्तु यह भी

तय है कि यदि समाज स्वाधीन नहीं है तो ऐसे परिवेश में साहित्यकार भी स्वाधीन नहीं हो सकता। इसलिए सबकी स्वाधीनता की कामना के बिना स्वयं की स्वाधीनता भी अक्षुण्ण नहीं रह सकती।

जहाँ तक व्यावहारिक समीक्षा की बात है, इसमें अज्ञेय की ज्यादा दिलचस्पी नहीं रही। वे साहित्य को वस्तुत: विचार का विषय मानते थे, समीक्षा का नहीं। साहित्य उनके लेखे संवेदना के परिमार्जन का संसाधन है। उसे संस्कारित करने का उपक्रम है। फिर भी ऐसे बहुतेरे लेख लिखे हैं जिनसे उनकी व्यावहारिक समीक्षा-दृष्टि का पता चलता है। औपन्यासिक लेखन को लेकर उनके कई निबन्ध हैं। केवल हिन्दी ही नहीं, विश्व के स्तर पर किए गए औपन्यासिक लेखन के वस्तुगत मूल्यांकन से लेकर प्रेमचन्द और परवर्ती अनेक उपन्यासकारों–अश्क, भगवतीचरण वर्मा, इलाचन्द्र जोशी, रांगेय राघव, यशपाल, नागर के यहाँ शिल्प, तकनीक और अन्य प्रयोगों की पड़ताल करते हुए वे इस मत पर पहुँचते हैं कि आख्यान साहित्य ने प्रेमचन्द के आख्यान साहित्य से आगे का सफर तय किया है, किन्तु मुख्यतया शिल्प की दिशा में। प्राय: उससे बड़ी मानवीय संवेदना अभी हमारे बीच प्रकट नहीं हुई है। यह बात लगभग 60 के दशक की है। किन्तु आज भी क्या उपन्यास या कथा साहित्य में उतनी बड़ी और विलक्षण प्रतिभा हुई है जिसके आगे प्रेमचन्द की संवेदना कमतर जान पड़ती हो? यों आधुनिक उपन्यास की विधा भी तो पश्चिम से ही आयत्त है क्योंकि हमारे यहाँ तो हितोपदेश, पंचतंत्र या कथा सरित्सागर तुल्य कथा साहित्य की ही सर्जना की जाती रही है। अज्ञेय को इस बात की चिन्ता थी कि पाठक साहित्य से कट रहा है तो इसकी जवाबदेही कहीं-न-कहीं उस समय के अध्यापक-आलोचक वर्ग पर भी है जिसके द्वारा बनाए जा रहे समाज से न तो अच्छे पाठक निकल रहे हैं न अच्छे आलोचक या कवि। कुँवर नारायण यों ही नहीं कहते कि आज गुणग्राहक वर्ग या साहित्य और साहित्यकार के बीच पुल बनाने वाला रसिक सम्प्रदाय गायब है। एक दूसरी समस्या सम्प्रेषण की भी है। अज्ञेय बहुधा सप्रेषणीयता पर बल देते हैं, पर कहीं-कहीं उनके काव्य प्रयोग चमत्कृत तो करते हैं...सम्प्रेषित नहीं होते। यही समस्या अन्य कवियों को लेकर भी आती है। कथा भाषा तथा यथार्थ सम्प्रेषण की समस्या भी पाठक के समक्ष आती है जिसके कारणों पर अज्ञेय ने गहराई से प्रकाश डाला है। एक निबन्ध में अज्ञेय ने चौपाई की लोकप्रियता को रेखांकित करते हुए तुलसीदास के कवित्व की परख की है। भले ही रामचंद्र शुक्ल ने माना हो कि तुलसी की चौपाई के पीछे मुसलमान कवियों की मसनवी शैली की प्रेरणा रही है किन्तु अज्ञेय ने इसके सापेक्ष तुलसी के अप्रतिहत कद को सराहते हुए तत्कालीन देश, काल और परिस्थिति में तुलसी के छन्द-चयन की प्रशंसा की है।

कविता तो अज्ञेय का प्रमुख क्षेत्र है ही। प्रयोगवादी होने या कहे जाने के नाते

विवादास्पद भी रहे। सो कविता, नई कविता या नई कविता के गीत को लेकर कथोपकथन शैली में बातें रखी गई हैं। इनमें कविता के संकटों को लेकर तथा नई कविता के बारे में फैलाए गए विभ्रमों का निराकरण किया गया है। दिलचस्प यह कि नई कविता निबन्ध के प्रश्नोत्तर अज्ञेय ने खुद ही रचे हैं। उन्हेंने छायावादी और प्रोफेसर की शंकाओं का समाधान अध्येता के रूप में दिया है। नई कविता उन दिनों जो व्यंग्यबाण झेल रही थी, उसका एक विहंगम दृश्य यहाँ खिंच-सा जाता है। अचरज नहीं कि अज्ञेय ने नई कविता का काव्यशास्त्र रचने या परिभाषित करने की कोशिश अवश्य की किन्तु उसे प्रमाणित और पुष्ट करने वाली व्यावहारिक आलोचना का सम्यक आधार नहीं खड़ा कर सके। इसीलिए अशोक वाजपेयी ने उनके आचार्यसुलभ वर्गीकरणों और व्याख्याओं की सीमाएँ भी गिनाईं तथा यह पाया कि वे नए लेखक के लिए न तो उत्तेजक हैं, न नई। उनका मानना था कि अज्ञेय का चिन्तन भी कहीं-न-कहीं आचार्यों की चिन्तन रूढ़ियों और पद्धतियों का शिकार रहा है। केशव की कविताई भी वार्तालाप विधा में किया गया प्रश्नोत्तर ही है। कदाचित यह वह समय था जब अज्ञेय अपने आलोचकों को एक ओर प्रत्युत्तर भी दे रहे थे, दूसरी ओर साहित्य के मानक प्रश्नों से जूझ भी रहे थे। बहुतों को उनका काव्यचिन्तन आत्मग्रस्तता और समकालीन रचना और जीवन से असम्पृक्त जान पड़ता था।

कविता एक ज़माने से वाचिक और लिखित, दोनों रूपों में समादृत रही है। हमारी संस्कृति में भी एक समृद्ध वाचिक काव्य-परम्परा रही है। अव्वल तो हमारा प्राचीन काव्य वाचिक श्रुत परम्परा से ही आज लिखित रूप में उपनिबद्ध हो सका है किन्तु मुद्रण के आविष्कार के बाद कविता के वाचिक आस्वाद के साथ-साथ उसके पाठ्यबल पर भी लोगों का ध्यान गया और कहना न होगा कि कविता जितना अपने वाचिक पाठ में सँवरती है, आस्वाद के नए शिखर छूती है, सर्वसाधारण और रसिकों को आनन्दित करती है, उतना ही आस्वाद्य रूप उसके लिखित और मुद्रित पाठ में भी होता है। कविता की नानाविध व्यंजनाएँ चित्त को बाँध लेती हैं। कविता एक साथ सामाजिक और व्यक्ति के एकान्तिक उपयोग की वस्तु बनती और व्यवहृत होती है। अज्ञेय काव्यास्वाद के धरातल पर उसके श्रव्य और पठ्य, दोनों आयामों की गहराई में उतरते हैं और मेरे खयाल से पठ्य रूप के सापेक्ष श्रव्य रूप को कमतर नहीं आँकते। अज्ञेय के काव्य का प्रारम्भिक दौर छायावादी कविता से प्रेरित-प्रभावित रहा है। उनके प्रेरकों में मैथिलीशरण गुप्त तथा हरिऔध जैसे कवि रहे हैं। दूसरे, वह दौर गीत रचना और छन्दों के बहुविध प्रयोगों का भी था। लिहाजा, अज्ञेय ने बहुतेरे गीत लिखे हैं, पर आगे चलकर गीत की सीमित क्षमता का भान हुआ और वे कविता के नए आयामों की तरफ प्रवृत्त हुए। निराला मुक्त छन्द कविता का द्वार प्रशस्त कर ही चुके थे और कह चुके थे कि मुक्त छन्द का समर्थक उसका प्रवाह है। अज्ञेय के या पहले के कवियों

के यहाँ कविता और गीत, दोनों पृथक अस्तित्व न रखते थे। वे कविता के वृहत्तर स्वरूप में ही अन्तर्भूत थे। अज्ञेय द्वारा सम्पादित सप्तकों में केदारनाथ सिंह और मदन वात्स्यायन के गीत संकलित हैं और वे नई कविता के रूप में ही परिगणित किए जाते हैं। हाँ, इन गीतों का भाव बोध, अन्तर्वस्तु और शिल्प पारम्परिक गीतों से सर्वथा भिन्न हैं। अज्ञेय मानते थे कि गीत कविता की एक गौण विधा ही है, उसका सम्पूर्ण पर्याय नहीं। नई कविता के गीतों की भी सीमाबद्धता पहचानते हुए उनका मानना यही रहा है कि आज के जीवन का हर अनुभव गीत के द्वारा सम्प्रेष्य नहीं है। हम न भूलें कि अज्ञेय ने लेखन की तमाम विधाएँ छान ली थीं, सभी विधाओं की विशिष्टताएँ और सीमाएँ उनकी जानी-पहचानी थीं। यह तो थी गीत और छन्दों की बात, अपने उत्तरवर्ती काव्य-जीवन में तो उन्होंने कह ही दिया कि...*मैं सभी ओर से खुला हूँ/वन-सा, वन-सा अपने में बन्द हूँ/शब्द में मेरी समाई नहीं होगी/मैं सन्नाटे का छन्द हूँ* (सदानीरा, पृष्ठ 463)। अज्ञेय नित्यप्रति बदलते समय के मिजाज को पहचानने वाले कवि रहे हैं, इसीलिए उन्हें अन्त में आकर शब्द की सीमाएँ भी पहचान में आने लगी थीं।

अज्ञेय कविता की प्रयोजनीयता समझते हैं, सम्प्रेषणीयता पर बल देते हैं तभी उन्होंने इलाहाबाद में कविता पर हुई एक संगोष्ठी में विपिन कुमार अग्रवाल द्वारा उठाई गई कुछ बातों को लक्ष्य करते हुए दिए गए अपने अध्यक्षीय वक्तव्य में आत्मनिष्ठ और वस्तुनिष्ठ कविता के वर्गीकरण की प्रासंगिकता और औचित्य पर प्रकाश डालते हुए खरी-खरी बातें कही हैं। कविता को उन्होंने वैज्ञानिक आविष्कार की उपयोज्यता के सापेक्ष रखते हुए समाज में उसकी ग्राह्यता की आवश्यकता का समर्थन किया है। छन्द बोध पर दिए गए व्याख्यान में अज्ञेय की छन्द और लय पर महारत दिखती है। वे इस मत के हामी हैं कि न केवल छन्द या गीत लिखने में छन्द और लय का ध्यान रखना पड़ता है, बल्कि कविता लिखते हुए भी छन्द और लय का ध्यान रखना होता है। यह और बात है कि छन्द और लय का स्वरूप, अन्तर्वस्तु और शिल्प के आग्रहों पर आवश्यकताओं से तय होगा किन्तु छन्द न होगा, लय न होगी, यति, गति और सन्तुलन न होगा तो कविता आखिर कैसी होगी। क्योंकि अन्ततः कविता भी एक उत्पाद ही है, संप्रेषणीयता जिसकी आवश्यकता ही नहीं, आखिरी परिणति और चरितार्थता भी है।

अज्ञेय की आलोचना-दृष्टि पर दृष्टिपात करते हुए सप्तकों की भूमिकाएँ जरूर देखनी चाहिए। कविता के नए प्रयोगों के पुरस्कर्ता होने के नाते वे तमाम जरूरी बातें इन भूमिकाओं में कहते हैं। इस पर साहित्य में बहुत-सी बातें हुईं और दुहराई जा चुकी हैं। उनके पुनरावर्तन की आवश्यकता नहीं है। उस दौर की आलोचनाओं को अज्ञेय खुद उत्तेजनापरक मानते हैं और उनसे उलझते रहे हैं। नए कवि का मूल्यांकन करते हुए वे 'तीसरा सप्तक' की भूमिका में कहते हैं, जिन्होंने शब्द को नया कुछ

नहीं दिया है, वे लीक पीटने वाले से अधिक कुछ नहीं हैं–भले ही जो लीक वह पीट रहे हैं, वह अधिक पुरानी न हो, उनकी चिन्ता थी कि धातु उतनी खोटी नहीं है, जितनी कि कसौटियाँ ही झूठी हैं। इन नकली कसौटियों को पहचाना जाना चाहिए। वे दृढ़ मत थे कि नई कविता, केवल शिल्प, रूप विधान या फॉर्मेलिज्म का आन्दोलन भर नहीं है, वह जीवन को समग्रता में उपस्थित करने वाला नई भाषा संवेदना और नए ढंग का काव्य है जो अपने पूर्ववर्तियों से भिन्न है–यद्यपि अपनी परम्परा से विच्छिन्न नहीं। यह अचरज की बात है कि जिस '**मैं**' की बहुलता अज्ञेय काव्य में स्वयं रही है, वही अज्ञेय 'चौथा सप्तक' की भूमिका में कहते हैं, 'आज की कविता में '**मैं**' छा गया है, वह भी एक अपरीक्षित और अविसर्जित–'**मैं**'। आज की कविता बहुत बोलती है, जबकि कविता का काम बोलना है ही नहीं।'

कहा जा चुका है कि अज्ञेय के लिए साहित्य में प्रत्येक प्रश्न अनिवार्य है। चाहे वह भाषा की रचनात्मक शक्ति का हो, सम्प्रेषण का या सामाजिक प्रतिबद्धता का या फिर रचना की प्रासंगिकता का–वे जीवन में, समाज में साहित्य की उपयोगिता, प्रयोजनीयता की सम्भावनाओं पर विचार करते हैं और यह मानते हैं कि कोई भी रचना समाज-निरपेक्ष नहीं है। अज्ञेय कहा करते थे कि उनकी कुछ छोटी कविताएँ उनकी दृष्टि में ज्यादा मूल्यवान हैं। इसी तरह डायरी में दर्ज उनकी टीपें मुझे महत्त्वपूर्ण लगती हैं। वे उनके चिन्तन का सारगर्भित अंश हैं। एक टीप में वे लिखते हैं– *लेखक होने से मुझे सामाजिक उत्तरदायित्व से छुट्टी नहीं मिल जाती है क्योंकि लेखक हो जाने पर ऐसा नहीं है कि मैं नागरिक नहीं रहता। दूसरी ओर, कवि होने का अर्थ भी नहीं है कि मैं अपनी कविता के लिए भी समाज के प्रति उत्तरदायित्व मानने को बाध्य हूँ। क्योंकि कविता तो मुक्त मन की अभिव्यक्ति है। वह किसी बाध्यता की देन नहीं है।* (कवि-मन, पृष्ठ 36) अज्ञेय जीवन से भी, मृत्यु से भी बड़े मूल्य के बारे में लिखते हैं– *वही मूल्य जो जीवन-मरण से बड़ा है, पर मानव का ही गढ़ा है, मेरे लिए शोध्य हो सकता है।* कविता के खिंचाव को लेकर उनका कहना है– *कविता...जैसे दीठ में मैत्री बोलती है, स्पर्श में स्नेह अपनी बात कह जाता है, वैसे ही कविता सागर के पार तक बढ़ा हुआ वह हाथ है, जिसकी अचूक पकड़ अपनों को खींच लेती है।* (कवि-मन, पृष्ठ 47)

आजादी को लेकर अज्ञेय क्रिटिकल नज़र आते हैं...

> *मिला सब कुछ : सब बेपेंदी का। शिक्षा मिली, उसकी नींव, भाषा नहीं मिली। आजादी मिली, उसकी नींव, आत्मगौरव नहीं मिला; राष्ट्रीयता मिली, उसकी नींव, अपनी ऐतिहासिक पहचान नहीं मिली। यानी आजादी में जन्मे-पले मुझको–आजादी के आदिपुरुष को–चेहरा मिला, व्यक्तित्व नहीं मिला। और बिना व्यक्तित्व के चेहरा क्या होता है? स्पष्ट है–वह फकत*

चेहरा होता है। पहन लो, उतार लो, उस पर अलकतरा पोत दो, चूना लगा दो–और यही सब तो हम कर रहे हैं...हर कोई कर रहा है। (कवि मन, पृष्ठ 63)

लेखकों के लिए अज्ञेय की एक सीख :

कम लिखो। जब तक अनिवार्य न हो, मत लिखो। जितना बनाना–सँवारना है, मानस में ही करके तब रूप को कागज पर उतारो–जितना घना, छोटा, गठीला बनाकर सम्भव हो...और हमेशा पहले पेड़ को प्रणाम करके, क्योंकि वही तुम्हारी बलि है... (कवि मन, पृष्ठ 77)

कविता में अज्ञेय के सन्नाटे या मौन का जादू किस तरह बोलता है, उसकी एक बानगी–

आप चीखते हैं, चिल्लाते हैं
अपनी बात फिर फिर दुहराते हैं
मैं इशारा करके मुस्करा देता हूँ
अपना अपना तरीका है
न न–आप नाहक बौखलाते हैं
मैं तो अपनी कह भी चुका–
तो अब विदा लेता हूँ

(कवि मन, पृष्ठ 105)

सम्प्रेषण पर एक लघु टीप–

हम कहते हैं, रचना ने हमें छुआ–रचना हमारे भीतर बजती है–यह छूना, छुआ जाना, यह भीतर बजना ही सम्प्रेषण का आयाम है। (कवि–मन, पृष्ठ 111)

मिथक पर एक लघु टिप्पणी–

हर मिथक के भीतर एक गुठली होती है, गुठली के भीतर एक शक्तिबीज। जैसे कर्ण के कवच कुंडल सहजन्मा ही हो सकते हैं, वैसे ही गुठली भी मिथक की सहजन्मा होती है, उससे अलग नहीं हो सकती।... मिथक एक कहानी भर नहीं होता, एक चुनौती होता है। नए समाज कहानी को नया रूप नहीं देते, चुनौती की नई पहचान करते हैं। (कवि मन, पृष्ठ 113)

काव्यभाषा पर अज्ञेय कहते हैं–

कवि–भाषा सोना है, तो राजनीति की भाषा कागजी मुद्रा–बड़ी विस्फारित कागजी मुद्रा। सोना तो स्वयं अर्थ है (कितने अर्थों में) कागजी मुद्रा केवल एक वायदा। कवि–भाषा धन है, राजनीति की भाषा ऋण (फिर और अर्थ की गूँज!) हमारे राजनीतिक काव्यभाषा के

कबाड़िए हैं। (कवि मन, पृष्ठ 122)

उक्त टीपों और डायरी अंशों में अज्ञेय और निथरे रूप में सामने आते हैं–अपनी अवधारणाओं में अविचल, सोच में साफ और निर्मल, विरोधों की आँधी में भी निष्कम्प दीये-सी प्रज्वलित अज्ञेय की कवि-छवि जितनी बाँकी और अवेध्य है, उतनी ही सुन्दर वीथियाँ उनके गद्य के अनवगाहित संसार में दृष्टिगत होती हैं। उनके तर्क का लोहा मानना पड़ता है। साहित्य के प्रति, विभिन्न विधाओं के प्रति उनकी निष्ठा में कहीं सन्देह नहीं है। वे पिछली शती के साहित्यिक सांस्कृतिक पुनर्निर्माण के अगुवा कवियों-लेखकों में हैं। वे जिद्दी हैं तो इस अर्थ में कि उन्होंने अपना पथ स्वयं गढ़ा है, स्वाधीनता के लिए संघर्ष किया है, आरोपों की बौछार सही है, किन्तु सच्चाई से देखें तो वे पिछली अधसदी के विश्व के कुछ बड़े लेखकों में ठहरते हैं। ऐसा ही क्रान्तिकारी कवि इन शब्दों में चुनौती दे सकता है–

मैं मरूँगा सुखी
क्योंकि तुमने जो जीवन दिया था–
उससे मैं निर्विकल्प खेला हूँ
खुले हाथों मैंने उसे वारा है
धज्जियाँ उड़ाई हैं...
मैं मरूँगा सुखी
मैंने जीवन की धज्जियाँ उड़ाई हैं।

(पूर्वा, पृष्ठ 195)

यह चयन

अज्ञेय की आलोचना से चुनिन्दा निबन्धों का यह चयन उनकी कृतियों *त्रिशंकु, आलवाल, अद्यतन, स्रोत और सेतु, अन्तरा, भवन्ती, शाश्वती, शेषा, लिखि कागद कोरे, हिन्दी साहित्य : एक आधुनिक परिदृश्य, समकालीन कविता में छन्द* (सम्पादित), *केन्द्र और परिधि, सर्जना और सन्दर्भ, कवि निकष, लेखक का दायित्व, खुले में खड़ा पेड़ और सप्तकों की भूमिकाओं* इत्यादि से किया गया है। चयन में यह ध्यान रखा गया है कि इसमें अज्ञेय के आलोचन-चिन्तन की समस्त विशिष्टताएँ समाहित हो जाएँ। यह ध्यातव्य है कि आलोचना के वृत्त को प्रशस्त करते हुए अज्ञेय ने देश, काल, सभ्यता और संस्कृति-चर्चा को वृहत्तर विमर्श में बदला है। वे अन्तर्वस्तु, शिल्प और भाषा-संवेदना की दृष्टि से जितने गहरे और मार्मिक कवि हैं उतनी ही गहराई, मार्मिकता और विचार-गाम्भीर्य उनके आलोचनात्मक निबन्धों में है। उनके आलोचनात्मक निबन्धों का गद्य परिनिष्ठित और सृजनशील है। उसके भीतर प्रवाहित वैचारिकी विश्व-वैचारिकी का हिस्सा है। अज्ञेय केवल

अपने समय को नहीं, बल्कि एक साथ समूचे काल को सम्बोधित कते हैं। मैं सुपरिचित कवि-आलोचक अशोक वाजपेयी के प्रति आभारी हूँ कि उन्होंने अज्ञेय जन्मशती के अवसर पर **अज्ञेय की आलोचना से एक चयन** के बहाने हमारे समय के एक बड़े कवि से जुड़ने का अवसर दिया। डॉ. कुमार विमल एवं डॉ. विश्वनाथ प्रसाद तिवारी के प्रति भी कृतज्ञ हूँ जिनसे इस प्रसंग में समय-समय पर विचार-विमर्श कर लाभान्वित होता रहा हूँ। आशा करता हूँ, अज्ञेय के आलोचनात्मक निबन्धों के इस चयन से पाठक उनकी आलोचना के वृहत्तर क्षितिज और आशयों से परिचित हो सकेंगे।

–ओम निश्चल

क्रम-सूची

सभ्यता का संकट

विषय बहुत बड़ा है। वास्तव में सभ्यता की चर्चा करने के लिए समाजशास्त्री को, कलाकार को, वैज्ञानिक को, इतिहासकार को और नाना प्रकार के लोगों को इकट्ठे होकर उसका निरूपण करना चाहिए और उसके साथ ही अगर उस पर संकट है तो उस संकट का भी निरूपण करना चाहिए। कहा जाता है कि साहित्यकार ऐसा व्यक्ति है जो इतने बड़े पैमाने का काम कर सकता है। वास्तव में वह ऐसा कर सकता है या नहीं, यह मैं नहीं जानता। लेकिन शायद इस तरह का दु:साहस वही कर सकता है! या उसे दु:साहस न कहकर यों कहें कि साहित्यकार ऐसा सोच सकता है कि 'इस तरह का प्रयत्न होना चाहिए'–'किसी–न–किसी को करना चाहिए', और इससे आगे कि 'कोई न करे तो शायद मुझको ही करना चाहिए'– जैसा भी सफल या असफल वह बन पड़े!

यह दु:साहस करने से पहले एक बात मैं और कह देना चाहता हूँ। जानकारी के रूप में नया कुछ कहने को मेरे पास नहीं है। वास्तव में हमारे 'संकट' का एक रूप यह भी है कि दुनिया में शुद्ध जानकारी का, निरे तथ्यों का, इतना अम्बार लग गया है कि कभी–कभी ऐसा जान पड़ता है कि इनसान उनके नीचे दब जाएगा! अस्तु, जानकारियों के रूप में नया कुछ मेरे पास नहीं है। दुनिया में जितनी जानकारी उपलब्ध हैं उस सब तक भी मेरी पहुँच नहीं है। वास्तव में मैं जो प्रयत्न करूँगा वह यही कि जितनी जानकारी मुझको है या मेरे समाज को उपलब्ध हो सकती है, उसमें से और उसी के आधार पर कोई ऐसी दिशा खोज निकालूँ जिसमें से हमारे लिए प्रकाश की सम्भावना हो। जानकारियों के इस सागर में से कोई दिशा खोज निकालना ही हमारे लिए उचित है। फिर उस दिशा को पहचान कर यह पहचानने का प्रयत्न करना कि क्या बाधाएँ या संकट सामने हैं–फ़िलहाल यही काम मेरे लिए सम्भव है और इसी के परिणाम मैं उपयोगी मानकर पाठक के समक्ष प्रस्तुत कर सकता हूँ।

सबसे पहली बात मैं यह सोचता हूँ कि 'सभ्यता' एक ऐसा शब्द है जो यहाँ एक परिभाषा माँगता है, क्योंकि इसकी बहुत–सी परिभाषाएँ हैं। कोई एक हम स्वीकार कर लें या कोई दूसरी स्वीकार कर लें तो उसी से आगे चर्चा करने की दिशा

निरूपित हो जाती है। इस देश में पुराने ज़माने में सभ्यता की चर्चा अधिक नहीं होती थी और जब होती थी तो उसका बहुत सीमित अर्थ था–सभ्यता समाज में रहने का ढंग या व्यवहार जो कुछ है वही है, उससे अधिक कुछ नहीं है। आजकल इसका उपयोग उससे कहीं व्यापक अर्थ में होता है लेकिन उसके साथ-साथ एक तरह की सीमा उसके साथ रहती है जिसकी प्रायः हम उपेक्षा कर जाते हैं। अब भी सभ्यता मुख्यतः दूसरों के बीच रहने की विद्या या कौशल या हुनर या कला है। अब दूसरों से या समाज से या सभ्यता से आपका आशय क्या है, इस पर यह निर्भर करेगा कि सभ्यता की आपकी परिभाषा कितनी संकुचित या कितनी विस्तृत हो जाती है। अगर आप 'दूसरों' से मतलब समूची मानव जाति से लेते हैं, तब सभ्यता का अर्थ यह हो जाता है कि समूची मानव जाति के साथ एक होकर रहने के लिए जो ख़ास विद्या या ख़ास व्यवहार चाहिए; और अगर आप 'दूसरों' की परिभाषा को एक देश तक या एक जाति तक या वर्ग तक सीमित कर लेते हैं तो सभ्यता का अर्थ भी उसी तरह सीमित हो जाता है। तब 'भारतीय सभ्यता' भी कह सकते हैं, 'हिन्दू सभ्यता' भी कह सकते हैं, 'मारवाड़ी सभ्यता' भी कह सकते हैं, और दूसरी तरफ़ चलें तो 'मानव सभ्यता' और 'विश्व सभ्यता' आदि भी कह सकते हैं।

इसके साथ प्रश्न उठता है कि उस सभ्यता का उस क्षेत्र में संकट कैसे होता है? इसका व्यापकतर अर्थ ही अपने सामने रखें, तो भी ऐसा नहीं है कि हम संकट का निरूपण बड़ी आसानी से कर सकते हैं। क्योंकि या दूसरों के साथ या दूसरों के बीच रहने में दूसरा प्रश्न उठता है कि 'दूसरों के बीच रहने' से हमारा क्या अभिप्राय है? अगर हमारे सामने मुख्य रूप से एक आराम से रहने की बात है, सुख-सुविधाओं की बात है, तब सभ्यता मुख्य रूप से समाज में विकसित होती हुई यांत्रिक सुविधाओं की बात हो जाती है, टेक्नोलॉजी की बात हो जाती है; और सभ्यता का विकास टेक्नोलॉजी के विकास का पर्याय हो जाता है। तब जो कठिनाइयाँ होती हैं, वे टेक्नोलॉजी के क्षेत्र में होनेवाली कठिनाइयाँ हैं। क्योंकि जिस सभ्यता की, जिस मानव समाज की हम चर्चा कर रहे हैं उसमें कुछ आगे हैं या अधिक विकसित हैं, कुछ पीछे हैं या कुछ बीच में हैं। इसके साथ-साथ टेक्नोलॉजी की कई अवस्थाएँ हैं। कुछ समाजों के लिए यन्त्रों का विकास बहुत आगे तक हो चुका है, कुछ के लिए बहुत ही बुनियादी किस्म के यन्त्रों की आवश्यकता है और कुछ बीच में हैं। जो पिछड़े हुए हैं, वे चाहते हैं कि हमको अधिक-से-अधिक विकसित यन्त्र मिल जाएँ और इस बात पर विचार करने के लिए तैयार नहीं होते–या कि इतना धैर्य उनमें नहीं है–कि उस तरह के यन्त्रों का अपने समाज में सही उपयोग करने के लिए और भी बहुत तरह का विकास, जिसमें मानव का विकास भी शामिल है, होना चाहिए। अगर अधिक विकसित देश का कोई आदमी कम विकसित देश के आदमी से कहता है, 'हमारी टेक्नोलॉजी तुम्हारे काम

की नहीं होगी, क्योंकि तुम्हारा समाज अभी दूसरे ढंग का है', तो जो कम विकसित समाज का प्राणी है वह यही सोचता है कि हमको यह धोखा दिया जा रहा है ताकि हम पिछड़े ही रहें। वास्तव में यह बात सही नहीं है। हो सकता है, जो आदमी यह बात कहता है उसकी नीयत में कहीं यही हो कि हम आगे रहें; फिर भी इस बात में सच्चाई है कि किस समाज में कैसी टेक्नोलॉजी काम दे सकती है, यह एक पूछने का प्रश्न होता है। यह नहीं है कि किसी भी समाज में किसी भी समय सबसे उन्नत टेक्नोलॉजी का उपयोग हो सकता है। भारत में अभी बहुत से चिन्तक ऐसे हैं–गाँधी जी से लेकर जिनकी ऐसी विचारधारा रही है–जिसका मैं समझता हूँ आज भी महत्त्व है–कि यह नहीं मान लेना चाहिए कि पश्चिम की टेक्नोलॉजी क्योंकि पश्चिम की है, अधिक विकसित देशों की है, ज्यों-की-त्यों यहाँ लाई जा सकती है या उसका यहाँ सीधे उपयोग हो सकता है।

तो प्रश्न का यह एक रूप हो जाता है–संकट के अन्तर्गत एक बात यह भी आती है कि जिस सभ्यता का हमने इतना बड़ा रूप अपने सामने रखा है उसमें कई प्रकार की यन्त्र विद्याएँ हैं जिनमें कुछ हमारे लिए उपयोगी हैं और कुछ हमारे लिए उपयोगी नहीं हैं; भविष्य में हो सकती हैं, लेकिन अभी नहीं हैं। वे हमारे लिए उपयोगी हों, इसके लिए हम क्या कर सकते हैं? संकट का एक रूप यह भी है कि इन अनेक प्रकार की यन्त्र विद्याओं में कुछ हमारे लिए उपयोगी नहीं हैं; दुनिया में उपलब्ध हैं, लेकिन अभी हमारे लिए उपयोगी नहीं हैं। हमारी समस्या यह है कि जितना हम उनकी ओर आगे बढ़ते हैं जिनके पास वे हैं, वे भी उतना और आगे बढ़ जाते हैं। तो क्या उनके और हमारे बीच की जो खाई है, यह कभी पार नहीं हो सकती? यह भी इस संकट का रूप हो सकता है।

इसी दिशा में आगे बढ़ते हुए इसके आर्थिक पक्ष पर हम और अधिक बल दे सकते हैं। यह नहीं कहा जा सकता कि इनमें से कोई भी पक्ष ऐसा है जिसकी सभ्यता के विचार में उपेक्षा हो सकती है।

मैं जो मेरा क्षेत्र है उसमें रहते हुए इस बात को पहचानता तो हूँ कि मेरे जीवन के नाना संकटों में से एक यह भी है। लेकिन मैं उल्लेख से आगे इसकी चर्चा और अधिक न करके एक दूसरे पक्ष की चर्चा करना चाहता हूँ जिसका मुझसे अधिक निकट सम्बन्ध है। और वह यह है जिसको मैं 'सभ्यता का संकट' न कहकर 'संस्कृति का संकट' कह सकता हूँ। सभ्यता और संस्कृति में भेद भी नई बात है–इस देश में तो बहुत ही नई–क्योंकि पहले इन दोनों को अलग नहीं किया जाता था। और संस्कृति 'शब्द' का कुछ विशेष अर्थ ही पहले नहीं था; अब हो गया है। अब ज़्यादातर 'सभ्यता' की चर्चा करते हुए हम बाह्य उपकरणों की बात सोचते हैं और 'संस्कृति' की चर्चा करते समय आभ्यन्तर जीवन की।

संस्कृति के संकट की चर्चा भी कई तरह से हो सकती है जिनमें आस्था का संकट एक पहलू है, आस्था के भीतर फिर धार्मिक आस्था का या कि श्रद्धा का या ईश्वर में विश्वास का संकट एक रूप हो सकता है।

इस तरह के विभाजन की बात न बढ़ाकर मैं संस्कृति का एक ज़्यादा विस्तृत रूप आपके सामने रखना चाहता हूँ। मेरी समझ में वैसे रूप को सामने रखकर अपने सांस्कृतिक जीवन की सबसे व्यापक रचनात्मक सम्भावनाएँ हमारे सामने आ सकती हैं। उसकी चर्चा करने से पहले मैं मानव की ही एक परिकल्पना आपके सामने रखना चाहता हूँ। मैं ऐसा मानता हूँ कि अब तक जितने प्राणी हमारी जानकारी में आए हैं उनमें मानव श्रेष्ठ प्राणी है। मैं नहीं मानता कि विश्व का निरन्तर ह्रास होता गया है और हम निरन्तर नीचे गिरते गए हैं–जैसा कुछ संस्कृतियों में माना जाता है। मैं मानता हूँ, मानव उन्नत श्रेष्ठ प्राणी है। लेकिन जब मैं यह कहता हूँ तो इसे कुछ स्पष्ट करना चाहूँगा कि किस अर्थ में ऐसा कहता हूँ।

पश्चिम के एक विद्वान ने कहा है, 'मानव ही एकमात्र प्राणी है जो पहले से जानता है कि मैं मरूँगा।' जो बात मैं कहना चाह रहा हूँ, उसका यह एक छोटा-सा पहलू है। मानव के उन्नत होने के लक्षणों में एक बात यह है कि वह अपनी मृत्यु की परिकल्पना भी कर सकता है यानी **काल** का एक विशेष रूप उसके सामने आता है जिसका एक पक्ष **इतिहास** है। **मानव पहला इतिहासजीवी प्राणी** है। दूसरे कोई जीव-जन्तु इतिहासजीवी नहीं होते; अपने मरने की कल्पना नहीं कर सकते। लेकिन यह तो एक बहुत छोटी-सी और नकारात्मक बात है। मैं जो बात कहना चाहता हूँ उसमें कलाकार भी, इतिहासकार भी, वैज्ञानिक भी एक साथ हो सकते हैं। किसी भी प्राणी का ढाँचा या उसका अस्थिपिंजर देखकर हम उसकी सम्भावनाओं की कल्पना कर सकते हैं। आप छिपकली का पिंजर ले लीजिए या पक्षी का पिंजर ले लीजिए या मरी हुई तितली का शरीर ले लीजिए–शरीर की संरचना को देखकर ही हम उसकी सम्भावनाएँ सोच सकते हैं या एक चित्र बना सकते हैं कि इसका जीवन अमुक-अमुक प्रकार का हो सकता है, इसका विस्तार इन-इन दिशाओं में हो सकता है, इससे आगे नहीं। छिपकली का पिंजर देखकर हम सोच सकते हैं कि यह रेंगनेवाला प्राणी है, उड़ नहीं सकता, मोटर नहीं चला सकता–रेंग सकता है। **मनुष्य पहला ऐसा प्राणी है जिसके बारे में हमारी कल्पना बेकार हो जाती है।** और इसका कारण है। यों तो मनुष्य से मिलते-जुलते आकार के और भी प्राणी हैं और हम मान सकते हैं कि बहुत-सी चीज़ें जो मनुष्य कर सकता है वह बन्दर भी कर सकता है। बन्दर का पिंजर देखकर हम सोच सकते हैं कि वह कूद भी सकता है, चल भी सकता है, उसके हाथों और पैरों की रचना देख कर यह भी पहचान सकते हैं कि बन्दर पैर से भी पेड़ की डाल पकड़ सकता

है, इसलिए शायद पेड़ों पर रहता होगा। मनुष्य के पैर उसके हाथों से भिन्न प्रकार के हैं, इसलिए वह पैरों से वह काम नहीं ले सकता जो हाथ से ले सकता है और इसलिए पेड़ों पर नहीं चढ़ता होगा। लेकिन मनुष्य की चार उँगलियाँ और अँगूठा एक–दूसरे के सामने आकर चीज़ को पकड़ सकते हैं। बन्दर का अँगूठा उसी तरफ़ रहता है जिस तरफ़ उसकी उंगलियाँ। वह डाल को एक तरफ़ से पकड़ सकता है, लेकिन औजार को हमारी तरह नहीं पकड़ सकता।

यहाँ तक तो हम बन्दर और मनुष्य को साथ भी रख सकते हैं और उनका भेद भी कर सकते हैं। लेकिन एक चीज़ मनुष्य के पास है जिसकी जीवित मनुष्य को सामने देखे बिना हम कोई पूर्व कल्पना नहीं कर सकते; नहीं पहचान सकते कि मनुष्य में यह सम्भावना है। और वह है **भाषा की शक्ति**। मनुष्य पहला प्राणी है जो कि किसी चीज़ के बदले उस चीज़ का एक सांकेतिक पर्याय पा सकता है–उसको एक **सिम्बल मेकिंग एनिमल** भी कहा गया है–मनुष्य पहला ऐसा प्राणी है जो किसी चीज़ के बदले उसके नाम के सहारे आगे बढ़ सकता है। मनुष्य के शरीर में कोई ऐसा लक्षण नहीं है जिससे हम यह पहचान सकें कि उसमें अवधारणा की यह शक्ति है। यह पहली शक्ति है जिससे मनुष्य प्रकृति की सीमाओं से मुक्त हो जाता है। मेरी समझ में न सिर्फ़ यह मनुष्य के सबसे उन्नत प्राणी होने का प्रमाण है बल्कि उसकी मुक्ति का भी प्रमाण है। **मानव पहला स्वाधीन प्राणी है** क्योंकि उसके पास भाषा है, उसके पास प्रतीक रचने की शक्ति है, अवधारणा करने की शक्ति है। उससे पहले किसी प्राणी में यह शक्ति नहीं थी। जब से मनुष्य प्रतीक का स्रष्टा हो गया तब से वह स्वाधीन है, तब से वह सभ्य है, और इसके बाद से ही हम सभ्यता के विकास की या संस्कृति के विकास की चर्चा कर सकते हैं। इससे पहले जीव के विकास, जैविक विकास की चर्चा तो हम करते हैं, लेकिन संस्कृति के विकास की चर्चा इससे पहले संगत नहीं है। जब से मानवरूपी पहला स्वाधीन प्राणी आता है तभी से हम संस्कृति के विकास की चर्चा करते हैं।

इस बात को यों भी कह सकते हैं कि **संस्कृति का सबसे पहला मूल्य स्वाधीनता है**। मैं इस बात को मानता हूँ कि पहला सांस्कृतिक मूल्य स्वाधीनता है और मनुष्य ने उसका आविष्कार किया। इस कल्पनाजीवी प्रतीक स्रष्टा मनुष्य ने एक ऐसी चीज़ की कल्पना की जिसको हम स्वतंत्रता के नाम से पहचानते हैं। यह पहला मानव मूल्य है। मानव ने इसका विकास किया। मानव ने इसको पहचाना। मानव ही इसको खो भी सकता है; जन्तु नहीं खो सकता–यानी खोने का अनुभव नहीं कर सकता, उस रूप में जिस रूप में मानव करता है।

अभी मैंने यह कहा कि यह स्वतंत्रता पहला मानव मूल्य है, तो थोड़ा मूल्य शब्द भर भी विचार करना चाहिए, क्योंकि **संस्कृति** का आधार **मूल्य** है। और जब

हम संकट की चर्चा करेंगे तो यह पहचानना होगा कि संस्कृति का संकट वास्तव में मूल्यों या मूल्यों के आधार का संकट होता है।

मानव की जो परिकल्पना मैंने आपके सामने प्रस्तुत की, अगर वह संगत है या उचित है तो उससे यह सिद्ध होता ही है कि मानव पहला ऐसा प्राणी है–और अब तक एकमात्र प्राणी है–जो मूल्यों की सृष्टि करता है, जो ऐसे मूल्य भी रच सकता है जिनको वह अपने से बड़ा मानता है–ऐसे मूल्य, जिनके लिए वह प्राण देना भी उचित समझता है। अब आप देखिए कि जीवन का आधार बनाकर यह मनुष्य स्वयं ऐसी चीज़ रचता है जिसको जीवन से बड़ा मानता है। और कोई जानवर या प्राणी ऐसा नहीं है जो जीवन से बड़ी किसी चीज़ को जानता है–सही या ग़लत। यह सवाल भी उठ सकता है कि अधिकतर ऐसे मानव मूल्य सिर्फ़ धोखा होते हैं–वह भी हो सकता है कि वे धोखा हों। मानव ऐसा पहला प्राणी है जिसके सामने कोई ऐसी चीज़ होती है जिसको वह अपने जीवन से बड़ा मानता है, जिसके लिए वह जीवन दे सकता है, जिसके लिए उसकी समझ में आ सकता है कि ऐसा भी किया जा सकता है। उससे पहले तक हम मानते हैं कि जीना, बचे रहना, **सर्वाइवल**, सबसे बड़ा मूल्य है; लेकिन मनुष्य पहला ऐसा प्राणी है, स्वाधीन होने के नाते, जो कि बचे रहने से, बने रहने से, जीवित रहने से बड़ी चीज़ का आविष्कार करता है। इस बात पर मैं ज़ोर देना चाहता हूँ कि मनुष्य ही इसका आविष्कार करता है। हम नहीं जानते कि वास्तव में वे मूल्य ऐसे हैं या नहीं जिनके लिए जीवन देना उचित होगा, लेकिन मनुष्य ऐसा मानता है और मनुष्य ने ही यह आविष्कार किया कि इस तरह की चीज़ होती है जिसके लिए जीवन दिया जा सकता है। इसको मैं संस्कृति की बुनियाद कहता हूँ। यही मनुष्य मूल्यों का स्रष्टा है। पहला मूल्य स्वाधीनता है और उसके बाद यह कल्पना है कि मूल्य के लिए प्राण दिए जा सकते हैं; प्राण से बड़ा भी कोई मूल्य होता है। यह मानव की सृष्टि है, यही संस्कृति और सभ्यता का मूल स्रोत है। मेरी समझ में यहीं से संस्कृति आरम्भ होती है।

मैंने कहा था कि इस विषय के विचार में, दूसरी विद्याओं के दूसरे शास्त्रों के लोग भी भाग ले सकते हैं; और ऐसे भी होंगे जो संस्कृति की दूसरी परिभाषाएँ करेंगे जो अपनी जगह सही होंगी–जो उसको कलाओं से, आनन्द देनेवाली चीज़ों से भी जोड़ सकते हैं। पर मेरी समझ में संस्कृति का आरम्भ स्वतंत्रता की परिकल्पना से, और अपने जीवन से बड़ी किसी चीज़ की सम्भावना स्वीकार करने से होता है। तो अगर मैं संकट की बात पर विचार करूँ तो यहाँ से आरम्भ करता हूँ कि अगर संस्कृति यह है, अगर मनुष्य मूल्यों का स्रष्टा है और जीवन से बड़े कोई मूल्य पहचानता है, तो कब, कहाँ, ऐसी स्थिति आती है, और क्या आज वास्तव में ऐसी स्थिति है कि इस चीज़ पर संकट हो? क्या यह जो बुनियादी स्वतंत्रता है जिसमें

जैसा कि मैंने कहा, मनुष्य के लिए अनन्त सम्भावनाएँ हैं, क्या उसमें कोई बाधा है? और अगर है तो वह संकट है। और अगर नहीं है तो संकट नहीं है। जिसको वह मूल्य मानता है यदि उसमें स्वयं उसको सन्देह होने लगा है–कि क्या मूल्य है, क्या दुनिया में ऐसा कुछ भी है जिसके लिए प्राण दिए जा सकते हैं, तब यह भी एक संकट है। क्योंकि अब तक विकास की, पशु से सभ्य संस्कृत मानव तक की गति की, दिशा यही रही है। उसने स्वतंत्रता और मूल्य की भावना का आविष्कार किया, उसने पहले-पहल जाना या कल्पना की कि मूल्य नाम की कोई चीज़ होती है और जीवन से बड़े भी मूल्य होते हैं। अगर आज यह मानना उसके लिए असम्भव हो गया है, तो कहना होगा कि यह बहुत बड़ा संकट है, क्योंकि लाखों वर्षों के सांस्कृतिक विकास के अन्त में एक दीवार आ गई है और वहाँ से वह पीछे लौट रहा है। हो सकता है कि वह सिर्फ़ संकट ही हो, यानी चिन्ता का विषय ही हो और वास्तव में मूल्यों की उद्‌भावना या रचना असम्भव न हो गई हो। मैं नहीं मानना चाहता हूँ कि यह काम असम्भव हो गया है कि हम किन्हीं भी मूल्यों की स्थापना कर सकें, उनसे अपने जीवन को नियंत्रित कर सकें। लेकिन आज चारों तरफ़ दीखता है कि बहुत से लोग यही प्रश्न उठाते हैं–पश्चिम में भी, पूर्व में भी–कि क्या मूल्य कुछ होते भी हैं? जिन चीज़ों को हम मूल्य मानते आए हैं, क्या उनमें कोई सार भी है? क्या कोई भी ऐसी चीज़ है जिस पर विश्वास किया जा सकता है, जिस पर आस्था टिक सकती है? जिसमें श्रद्धा हो सकती है? या कि कुछ भी ऐसा नहीं है, सब धोखा है, आत्मप्रवंचना है?

समाज के जीवन में ऐसा भी समय आता है जबकि पूरा का पूरा समाज ही सन्देह की हवा में बह जाता है–एक अनास्था की हवा बहती है कि कुछ भी अर्थ रखनेवाला नहीं प्रतीत होता। कभी-कभी लगता है कि हम लोग आज जिस समाज में जी रहे हैं, शायद उसमें ऐसी ही कोई हवा–या कि कहें वबा–बह रही है, बीमारी फैल रही है; कोई मूल्य नहीं है बल्कि एक आपाधापी है, इसके सिवा दुनिया में कोई मूल्य नहीं है। यानी मैंने जिसको मानव जीवन की बुनियाद बताया, एक तरह से ऐसा लगता है वह सब सन्दिग्ध हो गया और पशु **जीवन** ही एकमात्र प्रामाणिक जीवन है, **सर्वाइवल** ही अन्तिम और चरम मूल्य है; जीवन से बड़ा कुछ नहीं है, उसके लिए जो करता है वही करो; जैसे बच सको, जैसे जी सको, आराम पा सको, वही एकमात्र उद्‌देश्य है। वही मेरे लिए, वही हर किसी के लिए–क्योंकि हर कोई यही कर रहा है।

मैं अपने को उन भाग्यवान लोगों में गिनता हूँ जो ऐसा नहीं मानते; क्योंकि अपने आसपास, थोड़े ही सही, कुछ ऐसे लोगों को जानता-पहचानता हूँ जिनके बारे में यह सन्देह नहीं होता कि सिवा अपने स्वार्थ और अपने लाभ के कोई मूल्य उनके सामने नहीं हैं। मैं भाग्यवान हूँ, क्योंकि मैं कह सकता हूँ कि मेरे जाने कुछ थोड़े

से ऐसे लोग हैं जिनके बारे में मैं कह सकता हूँ कि ये पहचानते हैं कि अपने सुख, अपनी सुविधा, अपने जीवन से भी बड़ा कुछ होता है और उसको वही बड़ा स्थान देने में अपनी सफलता मानते हैं। मैंने कहा कि यह मेरा सौभाग्य है–और इसलिए मैं यह भी कह सकता हूँ कि कम–से–कम निजी रूप से मेरे लिए संकट सीमित है, क्योंकि मेरे लिए जब तक एक भी आदमी ऐसा हो सकता है तब तक मैं मानता हूँ कि मनुष्य ने अब तक जितना विकास किया है, जहाँ तक वह पहुँचा है, उसका एक रक्षक मौजूद है और एक सम्भावना मेरे लिए बनी है; इस अर्थ में मैं कहूँगा कि संकट नहीं है। लेकिन दूसरी तरफ़ अगर देखता हूँ कि करोड़ों–अरबों आदमियों में थोड़े से गिने–चुने आदमी किसी भी देश में, किसी भी समाज में वैसे रहेंगे जो ऐसा करते हैं; तब एक दूसरा पक्ष यह सामने आता है कि हमने जो परिकल्पना की, जिस रूप में मैंने मानव के विकास और संस्कृति की परिभाषा की, उसमें यह नहीं था कि यह सम्भावना एक आदमी के लिए होगी; उसमें तो यह था कि मानवमात्र का जीवन ऐसा होगा। जब मैंने मानव के शरीर की रचना की बात कही थी तो किसी विशिष्ट मानव की बात नहीं कही थी, मानवरूपी जीवमात्र के शरीर की बात कही थी–कि हर शरीर में कुछ चीज़ें हैं जिनसे हम उसके जीवन की कल्पना कर सकते हैं और मानव में एक चीज़ है जो कल्पना से परे है–कि मनुष्य प्रतीकों की सृष्टि करता है, इसलिए मूल्यों की सृष्टि कर सकता है। तो यह विशिष्ट, इने-गिने प्राणियों के लिए नहीं था, मानवमात्र के लिए था। मानवमात्र ऐसा प्राणी है, इसलिए मानव सभ्यता में किसी को भी छोड़ नहीं सकते; अपवादों के सहारे ही बात आगे नहीं बढ़ सकती और इसलिए करोड़ों–अरबों के सामने अगर यह स्थिति है कि उन्हें नहीं दीखता कि कोई भी मूल्य ऐसे हैं जो कि जीवन को एक दिशा और एक अर्थ दे सकते हैं, तब मूल्यों को संकट है, तब संस्कृति को संकट है। इस अर्थ में मानना होगा कि संसार में यह संकट है।

यह कहने के बाद ऐसा भी आवश्यक जान पड़ सकता है कि अलग–अलग देशों और समाजों को और भाषा क्षेत्रों को भी देखें। क्योंकि प्रतीक स्रष्टा मानव ऐसा नहीं है कि हिन्दी में ही प्रतीकों की सृष्टि कर सकता है; वह अंग्रेज़ी में भी कर सकता है, भाषामात्र में कर सकता है और बोलनेवाले सब जगह हैं। तब ऐसा क्यों है कि कुछ में इस तरह की भावना प्रबल है–यानी उनकी कलाओं में या उनके साहित्य में दीखती है और कुछ में नहीं दीखती?

मेरे समकालीन और मुझ से नौजवान लेखक भी बहुत से ऐसे हैं जो कि मानते हैं कि आस्था के लिए कोई आधार नहीं है। हैं वे भी मनुष्य ही, उनके पास भी भाषा

है, उनमें से बहुत से ऐसे हैं जिसके पास वही भाषा है यानी हिन्दी; कुछ ऐसे हैं जिनके पास दूसरी भाषाएँ हैं। लेकिन वे ही लोग–या उनमें से बहुत से–यह भी कहेंगे कि यह देश कुछ समय पहले तक एक परम्पराजीवी देश रहा है, श्रद्धावान देश रहा है, धर्म में इसकी आस्था रही है, वग़ैरह–वग़ैरह। तो थोड़ी देर के लिए अगर हम मान लें कि कई हज़ार वर्ष से यह देश एक श्रद्धावान देश था–धर्म में इसकी श्रद्धा थी, ईश्वर में थी या कि देवताओं में थी या कि आचारशास्त्र में थी–बहरहाल, श्रद्धा थी, यानी ऐसा यह देश मानता था कि कुछ चीज़ें हमसे बड़ी हैं, उनके लिए प्राण भी दिए जा सकते हैं, उनको मानते हुए आचरण करना चाहिए और वही सफल जीवन होता है। वे लोग इसको मानते हैं कि ऐसा था; लेकिन साथ ही यह भी कहते हैं कि अब ऐसा कुछ नहीं है। अगर कभी था तो आज नहीं है, तो साधारण बात है कि कहीं–न–कहीं हमें यह पहचान सकना चाहिए कि यहाँ यह चीज़ टूट गई–एक दिन में न टूटी सही, एक पीढ़ी में टूटी या कि सौ वर्ष में टूटी, पर टूटने के कहीं तो लक्षण होने चाहिए और अगर कहीं लक्षण होंगे तो सबसे अधिक साहित्य में होंगे। तो इस देश के साहित्य में कहाँ है वह टूटन का साहित्य? एक तरफ़ तो भक्ति साहित्य है जो आस्था का, श्रद्धा का साहित्य है। दूसरी तरफ़ आज का वह साहित्य है जो कहता है कि मूल्य नाम की कोई चीज़ नहीं है, किसी चीज़ में आस्था नहीं होती, हम अनास्थावाले हैं। तो बीच में कहाँ पर संकट आया? कहाँ पर क्लेश हुआ इस बात को लेकर कि 'मैं विश्वास करना चाहता हूँ, क्योंकि मेरी परम्परा विश्वास की रही है लेकिन विश्वास नहीं कर पा रहा हूँ? यहाँ ऐसा कोई साहित्य नहीं मिलता।'

पश्चिम में भी इसी तरह का संकट है, इस तरह का अनास्था का युग है। लेकिन वहाँ पर लक्षण पहचान सकते हैं। भक्ति काल के पर्याय का या मध्य काल का जो साहित्य वहाँ है वह परम आस्तिक और आस्थावान कलाकार का, साहित्यकार का साहित्य है; और उसके बाद आज का जो नास्तिक साहित्यकार है, जो श्रद्धारहित है और **एब्सर्डिटी** की परिणति तक पहुँच गया है, जो मूल्य की बात तो दूर, किसी चीज़ का कोई अर्थ ही नहीं मानता; जिसके लिए सबकुछ अर्थहीन है और इस अर्थहीनता में ही उसे और हमें रहना है। लेकिन इन दोनों के बीच में हम एक–एक सीढ़ी पहचान सकते हैं। पहले–पहल संकट महसूस हुआ कि विश्वास हम करना चाहते हैं; हमारी परम्परा आस्था की रही है, लेकिन विश्वास हो ही नहीं पा रहा है; आपको अच्छे उपन्यास मिलेंगे जिनमें सिर्फ़ इसी क्लेश का वर्णन है कि हम विश्वास करना चाहते हैं लेकिन वह हमारे लिए सम्भव नहीं हो रहा है। गिरजाघर में जाते हैं लेकिन हमारे मन में श्रद्धा भाव, आस्था का भाव नहीं उदित होता। वहाँ इसका साहित्य है। तो वहाँ हम पहचान सकते हैं कि अगर एक

अनास्था का युग आता है तो उसके बीच में एक मानसिक ही नहीं, आध्यात्मिक क्लेश का भी युग आता है जहाँ पर आदमी को इस बात को लेकर तकलीफ़ होती है कि मेरे लिए अब आस्था सम्भव नहीं है। इसलिए वहाँ पर तो आस्था के टूटने की, परम्परा के नष्ट होने की एक परम्परा हम देखते हैं–कि यह था, फिर यह हुआ, फिर यह हुआ; फिर थोड़ी और टूटन और फिर अन्त में एक पूरा विघटित समाज। पश्चिम के हर साहित्य में आपको इसके प्रमाण मिल जाएँगे।

अगर ऐसा ही इस देश में हुआ है तो साहित्य में, किसी भी कला में, उसका प्रमाण कहाँ है? कहीं नहीं है। एक है और फिर दूसरा है; सन्धि या टूटन कहीं नहीं है, उसका क्लेश भी कहीं नहीं है। तब इसका हम क्या अर्थ लगाएँ? दो अर्थ हो सकते हैं–या तो यह कि वास्तव में आज वैसी अनास्था नहीं है जिसकी हम दुहाई दे रहे हैं, कि भारत का समाज आज भी प्रधान रूप से आस्थावान समाज है, मूल्यों का सम्मान करता है; और साहित्य ही घटिया है और एक हद तक झूठ है क्योंकि अपने ही समाज को नहीं पहचान रहा है। या तो हम इस परिणाम पर पहुँच सकते हैं या दूसरे परिणाम पर पहुँच सकते हैं कि आस्था नाम की कभी कोई चीज़ ही नहीं थी–शुरू से यह देश पाखंडी देश रहा है, मिथ्यावादी देश रहा है–आस्था यहाँ कभी थी ही नहीं इसलिए आस्था के संकट का कोई सवाल नहीं है, और इसीलिए साहित्य में उस संकट का कोई प्रतिबिम्ब नहीं आया। इससे तीसरी कोई सम्भावना नहीं हो सकती–अगर साहित्य में कहीं इस क्लेश का कोई लक्षण नहीं मिलता कि आस्था हमारे हाथ से छूटी जा रही है।

मैंने कहा कि भारत के किसी साहित्य में इसके प्रमाण नहीं मिलते। एक-आध जगह ऐसा थोड़ा-सा संकेत मिलता है–'निराला' की एक कथा में एक भक्त है जो मनौती मानता है और जब वह पूरी नहीं होती तो हनुमान की प्रतिमा उठाकर फेंक देता है कि तुमने मेरे साथ धोखा किया है। प्रेमचन्द में इस तरह के एक-आध स्थल हैं जहाँ पर कोई एक विशेष चीज़ देवता से माँगता है और वह चीज़ उसको नहीं मिलती है तो वह देवता के प्रति नाराज़ होता है। लेकिन आस्था की जो बात हम कह सकते हैं वह इससे अलग है। यह तो हम जानते रहे हैं कि यह ज़रूरी नहीं कि ईश्वर हर कोई माँग पूरी करे ही। हमारे माँगने से माँगी हुई चीज़ हमको मिल जाएगी, यह आस्था का आधार नहीं है यद्यपि बहुत-से भक्त लोग मनौतियाँ मानते हैं और किसी स्थूल फल लाभ के लिए प्रार्थना करते हैं कि वह उनको मिले–लेकिन भक्ति में, आस्था में, माँग की पूर्ति की बात नहीं। वह एक सम्बन्ध की बात होती है। आस्था इस बात से नहीं होती कि जो हम माँगेंगे वह हमको मिल जाएगा। वह एक विशेष प्रकार के सम्बन्ध की बात होती है जिसमें अपने जीवन से बड़े मूल्य की प्रतिष्ठा की बात होती है–वह मूल्य बना रहना चाहिए–हमें कुछ मिले या न

मिले। तो उस तरह के, जैसा मैंने कहा, दो–चार उदाहरण तो मिलेंगे; लेकिन जो यह क्लेश होना चाहिए इस बात को लेकर कि हम हमेशा से विश्वास करते रहे–कि हम मानते हैं कि मूल्य होते हैं, मानते हैं कि उनमें विश्वास होना चाहिए और नहीं कर पा रहे हैं–वह क्लेश नहीं लक्षित होता। 'संत्रास' की बहुत चर्चा है, लेकिन संत्रास किस चीज़ के कारण है, इसका पता नहीं लगता। संत्रास ही 'इम्पोर्टेड' नहीं है, संत्रास की शब्दावली भी इम्पोर्टेड है। हमारे साहित्य में, हमारी कलाओं में उसका अनुभव प्रत्यक्ष प्रमाण नहीं है।

तो मैं समझता हूँ कि यह प्रश्न उठाना चाहिए कि वास्तव में यह पूरा समाज, यह पूरा देश, यह संस्कृति आस्थावान है या नहीं? कि यह हमेशा से आस्थावान भी थी कि कभी नहीं थी? मैं यह नहीं मान सकता हूँ कि वह हमेशा से आस्थाविहीन थी। इसलिए मुझको दूसरी ही बात, चाहे जितनी अनिच्छापूर्वक माननी पड़ती है–कि हमारे साहित्य में एक बड़ी कमी है कि अपने ही जीवन, अपने ही समाज की पहचान हमें नहीं है। और हम जहाँ यह कह रहे हैं कि मूल्यों का कोई आधार नहीं है, यह बात हम उस समाज में कह रहे हैं जिसके पास अभी तक मूल्य है–जो अभी तक मानता है, पहचानता है कि जीवन से बड़ा कुछ होता है, कि ऐसी कुछ चीज़ें हैं जिसके लिए प्राण दिए जा सकते हैं। इस समाज में रहते हुए, उसको अमान्य करते हुए, हम यह बात कह रहे हैं। क्यों कह रहे हैं? क्योंकि हमने यह मान लिया है कि सभ्यता के विकास की एक सीढ़ी, प्रगति की एक सीढ़ी यह भी है कि हम कहें कि हमको किसी चीज़ में श्रद्धा नहीं है। श्रद्धाहीन होना हमने मान लिया कि आधुनिक या कि उन्नत होने का एक लक्षण है। इसीलिए हम वैसी बातें करते हैं। वास्तव में शायद हम वैसे नहीं हैं–और हमारा समाज तो सचमुच वैसा नहीं है।

यह बात अगर ठीक है तो शायद यह भी कहा जा सकता है कि संस्कृति का संकट वास्तव में यही है कि हम झूठ–मूठ का संकट बनाने के लिए अपने को बाध्य पा रहे हैं, वैसा संकट नहीं है। ऐसा मान लेना परिस्थिति को कुछ ज़रूरत से ज़्यादा सरल करके रखना तो होगा। वास्तव में यह बात इतनी आसान नहीं है। इतनी आसान होती तो मान लेना होता कि संकट नहीं है। लेकिन क्यों ऐसी स्थिति है कि हम ऐसा समझते हैं कि आस्थाहीन होना आधुनिक होना है? भले ही हमारा समाज आस्थाहीन नहीं है? हमारा समाज आधुनिक नहीं है, न हो, लेकिन **हम** उसमें आधुनिक हैं, इसलिए हम आस्थाविहीन मुहावरे को अपनाते हैं! अगर ऐसा है, तो यह अपने आप में एक संकट है कि हमारा साहित्यकार, हमारा कलाकार अपने समाज को अमान्य करके, उसको अनदेखा करके साहित्य रचने की कोशिश कर रहा है। अगर वह ऐसा कह रहा है तो किसके लिए कर रहा है?

यहाँ पर आकर यह समस्या एक व्यक्तिगत रूप में मेरी समस्या होकर मानस में आ जाती है, क्योंकि मैं भी लिखता हूँ। इसका कोई आसान उत्तर नहीं है, न मैं आसान उत्तर देना चाहता हूँ। उत्तर मैं दूँगा भी नहीं, लेकिन समस्या को कुछ और स्पष्ट रूप में रखने का प्रयत्न करूँगा।

हमारे देश के दुर्भाग्यों में एक है कि हमारा समाज अधिकांशतः निरक्षर है। एक समय था जबकि यह भी कोई ऐसा दुर्भाग्य नहीं था, क्योंकि छपाई नहीं थी, साक्षर न होने से कोई बहुत बड़ी कठिनाई नहीं आती थी; संस्कृति के जो अवदान थे, वे बिना अक्षर ज्ञान के, बिना पढ़े भी लोगों को उपलब्ध होते थे। मेरे बचपन तक यह स्थिति थी कि बहुत-से ऐसे लोग थे जिनको अक्षर ज्ञान नहीं था, जो अपना नाम भी नहीं लिख सकते थे, लेकिन जिनको **रामायण** याद थी, जिनको **महाभारत** की पूरी कथा मालूम थी; बहुत-से संस्कृत के श्लोक कंठस्थ थे; जो धर्म की चर्चा कर सकते थे, धर्म की सूक्ष्म विवेचना में भी भाग ले सकते थे, तो एक समय निरक्षरता उतना बड़ा संकट नहीं था जितना वह आज है, जबकि छपी हुई किताब सामने है। छपी हुई किताब ने संकट हमारे सामने प्रस्तुत किया है, जिसका एक पहलू यह है कि लेखक अपने समाज से दूर हट गया है। हमारे समाज के कम-से-कम दो-तिहाई लोग निरक्षर हैं। कुछ प्रदेशों में एक-तिहाई या केवल एक-चौथाई ही साक्षर होंगे और कुछ प्रदेशों में उससे भी कम। और साक्षर होने का मतलब यह नहीं है कि किताब पढ़ लेंगे, कवियों की लिखी हुई रचनाएँ पढ़ लेंगे। और आज के कवियों की बात तो ऐसी कदापि नहीं है।

तो जिस समाज का दस प्रतिशत या पाँच प्रतिशत व्यक्ति ही पुस्तक पढ़ सकता है, उस समाज में लेखक होना अपने आप में संकट मोल लेना है; यह मान लेना है कि मैं 100 में से 5 आदमियों के लिए लिख रहा हूँ। या फिर आदमी अपने को यह विश्वास दिला ले, यह कल्पना कर ले कि जो 95 आज अनपढ़ हैं, कल वे भी पढ़े-लिखे हो जाएँगे और मैं कल के पाठक के लिए लिख रहा हूँ। यह भी एक बहुत बड़ा धोखा है, क्योंकि अगर मैं आज के पाठक के लिए लिख रहा हूँ और नहीं जानता कि आज के पाठक तक मैं पहुँच सकता हूँ या नहीं, तो कल के पाठक के बारे में मेरा इस तरह का दावा एक आत्मप्रवंचना से अधिक कुछ नहीं हो सकता है लेकिन स्थिति तो यह है कि हम एक अधिकांशतः निरक्षर समाज के लिए छपी हुई किताब प्रस्तुत कर रहे हैं, तो क्या करें? या तो लिखना छोड़ें और सबको साक्षर करने का प्रयत्न करें-उसका मतलब है कि अपने सौ-पचास साल के लिए साहित्य की रचना न करें और साक्षरता का प्रसार करें। एक उत्तर अवश्य यह भी हो सकता है कि हाँ, ऐसा करो। अगर ऐसा करें तो कई पीढ़ियाँ ऐसी हो सकती हैं जिनके बारे में कुछ लिखा हुआ न बचे। क्या हम इसके लिए तैयार हैं और क्या यह

समाज के हित में भी होगा कि साक्षरता प्रसार के लिए कई एक पीढ़ियों के जीवन का कोई रचनात्मक साक्ष्य हम न इकट्ठा करें, उधर ध्यान न दें? स्पष्ट है कि यह उत्तर न हम स्वीकार कर सकते हैं, न हमारा पाठक मानेगा कि ऐसा करना चाहिए। हमारे जीवन का कहीं कोई लक्षण, कोई चिह्न, उसका कोई रचनात्मक रूप साहित्य में न बना रहे, यह हममें से कोई नहीं चाहेगा–साक्षर हो या निरक्षर हो।

तो आज के हमारे जीवन का साक्ष्य भी प्रस्तुत होना चाहिए जो कि साहित्य के माध्यम से हो सकता है; लेकिन आज के पाठक तक भी हम नहीं पहुँच सकते–यह आज के लेखक का संकट है जो संस्कृति के संकट का एक छोटा–सा लेकिन काफ़ी महत्त्वपूर्ण पहलू है। जिसको हम परम्परा कहते हैं उससे सजीव सम्बन्ध जोड़ने में और बनाए रखने में हमेशा से लेखक का योग रहा है और एक बड़ी और महत्त्वपूर्ण कड़ी वह हमेशा से रहा है। परम्परा में जो कुछ जीवित है या जीने लायक़ है उसको उबारने का, सामने ले आने का, जीवित बनाए रखने का और उससे एक ऐसा सम्बन्ध जोड़ने का जो अर्थवान हो, जीवन्त हो, यह काम लेखक कर सकता है और इसीलिए वह इस परिणाम पर पहुँच सकता है कि वह लिखना छोड़ कर सिर्फ़ शिक्षा के प्रसार में लग जाए। लेकिन स्थिति तो यह है कि जिस समाज में वह लिख रहा है, उसका अधिकतर निरक्षर है। यही कारण है कि जैसा मैंने पहले कहा, बहुत–से **इम्पोर्टेड** मुहावरों की चर्चा होती है। उसका कारण इस बात से जुड़ा हुआ है कि आज के अधिकतर लेखक समझते हैं–सारा समाज ही समझता है–कि पश्चिम क्योंकि सम्पन्नतर है, इसलिए सभ्यतर है, इसलिए उसका साहित्य भी अधिक अच्छा है, अधिक ऊँचा है और इसलिए वहाँ से हम ग्रहण करें तो पश्चिम की **अनुकृति** में दोष नहीं दीखता, अपने यहाँ की **कृति** में दोष दीखता है। पश्चिम का मुहावरा यहाँ बोलने में आदमी को कोई संकोच नहीं होता; यहाँ का मुहावरा बोलने में उसको यह डर लगता है कि इससे तो हम पुराने माने जाएँगे, यह हमारे देश की संस्कृति के संकट का एक अंग है।

पश्चिम हमसे ज़्यादा समृद्ध है, आर्थिक दृष्टि से समृद्ध है; उसके पास धन ज़्यादा है, पूँजी ज़्यादा है, यन्त्र ज़्यादा हैं। परन्तु यह ज़रूरी नहीं है कि उसकी सांस्कृतिक दृष्टि भी ज़्यादा अच्छी हो ही। लेकिन वैसा मान लिया जाता है। हमेशा से जिधर पैसा अधिक होता है, मान लिया जाता है कि उधर से जो कुछ आता है वह सभी अच्छा है। एक समय था कि हमारे देश की भी यह स्थिति थी–इतना अमीर था यह देश कि यहाँ से जो कुछ जाता था, संस्कृति में सबसे उत्तम उसी को माना जाता था। लेकिन यह काफ़ी पुरानी बात हो गई है। दो हज़ार साल पहले यूरोप रोता था कि हिन्दुस्तान नाम का एक देश है जिसका सब मुँह जोहने लगे हैं; उसके मानसिक ग़ुलाम हुए जा रहे हैं। क्योंकि यहाँ से सोना जाता था, यहाँ से रत्न जाते

थे, यहाँ से रेशमी कपड़ा जाता था; सभ्यता के स्थल पक्ष के जितने उत्तम उदाहरण हैं वे भारत से यूरोप जाते थे। इसलिए यूरोप भारत की ओर आँख उठाकर देखता था। भारत की उपज भी वहाँ सम्मान पा सकती थी। लेकिन डेढ़-दो हज़ार साल से ऐसी स्थिति नहीं है। अब हम उनका मुँह जोहते हैं। उनके जो रोग भी हैं उन्हें भी हम अपने रोगों से अच्छा मानते हैं, क्योंकि वे पश्चिम के रोग हैं; हमारे रोग घटिया रोग हैं, उनके रोग उन्नत रोग हैं। यह वास्तविक स्थिति है। और साहित्य में भी बहुत-से रोग हमने उनसे लेकर पाल लिए हैं, उनको अच्छे रोग इसलिए मान लेते हैं, क्योंकि वे पश्चिम से आए हुए रोग हैं, हमने उनको ईज़ाद नहीं किया। वास्तव में जिन लोगों को पश्चिम जाकर वहाँ कुछ समय रहने का, वहाँ के प्रबुद्ध लोगों से मिलने का अवसर मिला है वे यह पाएँगे कि पश्चिम को अपने प्रबल अहं के बावजूद ऐसा विश्वास नहीं है कि उनका चिन्तन, उनका दर्शन वग़ैरह सब पूर्व की अपेक्षा अच्छा है; बल्कि उनमें से जो कुछ दूर देखने वाले हैं उन्हें ऐसा दीखने लगा है कि उनका जो रास्ता रहा है उसके वे अन्त के निकट पहुँच रहे हैं; उसके आगे उनको एक दीवार मिलेगी। उस दीवार से टकराने से पहले वे यह खोज रहे हैं कि क्या कहीं किसी ने कोई दूसरा रास्ता देखा है जो हमारे लिए उपयोगी हो? भारत की ओर बहुत से लोग इस दृष्टि से देखते हैं। यह ठीक है कि उनमें बहुत से आत्मप्रवंचक भी हैं, बहुत से भोले लोग भी हैं, बहुत-से लोग **योगा तांत्रा** वग़ैरह की तरफ़ देखते हैं और 'हरे रामा, हरे कृष्णा' के आन्दोलन भी हैं जिनके नीचे एक लहर या एक हवा ज़्यादा है। फिर भी, वहाँ पर इस तरह का एक आभ्यन्तर क्लेश भी हम आज देख सकते हैं कि शायद हमारा रास्ता और आगे बहुत दूर नहीं जाता। क्या पूर्व के पास ऐसा कोई दूसरा रास्ता रहा या है जो अधिक दूर जाता हो? स्थूल उपकरणों की, सुविधाओं की, धन की माँगों को बढ़ाने की जो हमारी सभ्यता है, इससे भिन्न कोई रास्ता, जिससे हमें वह शान्ति या आनन्द मिल सके जिसको हम संस्कृति का लक्ष्य मानते हैं? या कि उनके पास भी नहीं है? उन लोगों में यह जिज्ञासा, चिन्ता, क्लेश भी दीखता है। उनके समाज में, उनके साहित्य में यानी हम कह सकते हैं कि उनका साहित्य इस दृष्टि से खरा है। हमारे साहित्य की अपेक्षा ज़्यादा खरा साहित्य है। जब आस्था का संकट आया तो उसका प्रतिबिम्ब उनके साहित्य में दीखा-बल्कि सबसे पहले दीखा। उनका संकट था, उनके साहित्य में उसका प्रतिबिम्ब था। उनको दूसरी जगह कहीं आशा दीखती है तो 'शायद कहीं दूसरी जगह आशा हो' ऐसी ललक या यह सम्भावना भी उनके साहित्य में हम देख सकते हैं।

हमारे साहित्य में न तो हमें अपनी अनास्था दीखती है, न अपनी आस्था दीखती है और न अपनी चिन्ता दीखती है। उनकी चिन्ता, उनकी अनास्था, उनका त्रास

हमको दीखता है और उस आधार पर हम अपने को आधुनिक मानते हैं। हर किसी को यह चिन्ता है कि मैं आधुनिक माना जाऊँ–इस अर्थ में कि मैं पश्चिम का मुहावरा बोल सकता हूँ, पश्चिम की चिन्ताओं की चर्चा अपनी चिन्ता के रूप में कर सकता हूँ। हमारी क्या चिन्ता होनी चाहिए, इसकी कोई चिन्ता हमको नहीं है।

संकट का जो वास्तविक रूप मेरे सामने है, वह यही है। मैं तो उन लोगों में से हूँ जो मानते हैं कि संकट को पहचानना उसके निराकरण की पहली सीढ़ी होती है, इसलिए मैं अपने लिए हताश नहीं हूँ। जब मैं यह कहता हूँ कि मेरे सामने यह संकट है तो यह एक हताश आदमी की उक्ति नहीं है, एक आशावान आदमी की उक्ति है, क्योंकि मैं यह पहचान रहा हूँ कि मेरी समस्या क्या है, और जब समस्या को पहचान रहा हूँ तो उसका निराकरण करने के लिए कुछ प्रयत्न कर सकता हूँ। और प्रयत्न के बारे में भी हताश इसलिए नहीं हूँ कि जैसा मैंने पहले संकेत किया, मैं उन भाग्यवान लोगों में से हूँ जिनके परिचय में ऐसे दूसरे लोग भी थोड़े-से आए जो मानते हैं कि मूल्य होते हैं, कि मानव जीवन से बड़े मूल्य होते हैं; मानव ने ही उनको ईजाद किया है, वे हमारी ही सृष्टि हैं, लेकिन हमसे बड़े हैं। हमने अपने से बड़ा कुछ बनाया, यह सम्भावना हममें है। तो मैं समझता हूँ कि यह आस्था का बहुत बड़ा आधार है कि हम मनुष्य होने के नाते अपने से बड़ा कुछ रच सकते हैं, हमने रचा है और यह सम्भावना अभी हम में है।

मैं नहीं जानता कि मैंने जो कुछ कहा, वह कहाँ तक उपयोगी हुआ। अगर वह उत्तेजक भी हुआ तो मैं समझता हूँ कि उपयोगी हुआ। अगर उससे आप इसी परिणाम पर पहुँचे कि संकट भी है, लेकिन उससे उबरने की सम्भावना भी है, तो मैं समझता हूँ कि मेरी बात सफल और सार्थक हुई। अपने संकटों से हम उबर सकते हैं, इससे बड़ी मानवीय आस्था और क्या होगी! वही तो हमें 'अपने से बड़े कुछ' के साथ लगातार जोड़े रहती है, और हमारी सर्जनशीलता के स्रोत को चुकने नहीं देती।

संस्कृति की चेतना

'संस्कृति' शब्द यों तो बहुत पुराना है, लेकिन जिस अर्थ में हम आधुनिक युग में उसका प्रयोग करते हैं उस अर्थ में उसका इतिहास लम्बा नहीं है। वास्तव में संस्कृति की वैसी परिकल्पना या अवधारणा का ही इतिहास बहुत लम्बा नहीं है–न इस देश में, न पश्चिमी संसार में। यह भी एक रोचक बात है कि आज हिन्दी और अंग्रेज़ी में जो दो शब्द पर्यायवाची माने जाते हैं, दोनों के मूल में भावना एक-सी है–मानव प्राणी को एक वांछित अर्थात् पहले से निर्दिष्ट आदर्श के अनुकूल रूप देने की। जैसे 'संस्कृति' मानव प्राणी को तो 'दिया हुआ' मानकर उसे मनोवांछित अर्थात् आदर्श संस्कार देना चाहता है, वैसे ही **कल्चर** शब्द भी मानव प्राणी को 'दिया हुआ' मानकर उसे अंकुरित होने वाले बीज की तरह देखभाल, गोड़ाई-सिंचाई, निराई-छँटाई आदि के द्वारा मनोनुकूल पौधे के रूप में विकसित देखना चाहता है। यहाँ मैंने खेती का मुहावरा जानबूझ कर अपनाया है–वास्तव में लातीनी मूल का शब्द 'कल्चर' मानव संस्कृति के लिए भी उसी अर्थ में प्रयुक्त होता है जिस अर्थ में वह **एग्रिकल्चर** अथवा **हॉर्टिकल्चर** में आता है। जिन्हें शब्दों के इतिहास में रुचि है उनके लिए यह तथ्य भी मनोरंजक होगा कि बंगाल में उस युग में जिसमें 'पुनरुत्थान' पश्चिम के समक्ष एक जवाबी आन्दोलन था, **कल्चर** के लिए भी संस्कृति के बदले **कृष्टि** शब्द का प्रयोग होता रहा था। स्वयं रवीन्द्रनाथ ठाकुर भी कुछ समय तक इसी शब्द के प्रति आकृष्ट रहे (देखिए, 'आकृष्ट' में भी वही धातु काम कर रही है–'खींचकर किसी दिशा में प्रभावित अथवा प्रेरित करने' की क्रिया के अर्थ में)। यह 'कृष्टि' शब्द भी कृषि से उसी तरह जुड़ा था जिस तरह अंग्रेज़ी में कल्चर **एग्रिकल्चर** के साथ; नहीं तो ऐसा कर्णकटु शब्द पसन्द करने का कोई कारण नहीं था।

लेकिन अगर संस्कृति मानव प्राणी को किसी पूर्व निश्चित आदर्श के अनुरूप ढालने की प्रेरणा अथवा प्रक्रिया का नाम है, तो वह पूर्व निश्चित आदर्श आता कहाँ से है? और क्या वह वास्तव में पूर्व निर्दिष्ट है या कि स्वयं मानव के या उसकी संस्कृति के साथ विकासमान है? और अगर संस्कृति की यह परिकल्पना आधुनिक है तो क्या इससे पहले मानव को आदर्शों के अनुकूल ढालने का प्रयत्न नहीं होता

था, अथवा कोई आदर्श नहीं होते थे जिनके अनुरूप उसे ढालने का प्रयत्न किया जाए?

जब आज तक भी अनेक पुराने आदर्श चरित्र हमारे सामने रखे जाते हैं और उनके इतिहासों का पुंज संस्कृति का एक प्रमुख अंग माना जाता है, तब अन्तिम प्रश्न उठाना तो स्पष्ट ही बात को विकृत करना होगा। प्रश्न से जो बात वास्तव में सूचित होनी चाहिए वह यह कि आधुनिक पूर्व युग में भी आदर्श थे, लेकिन उन्हें 'सांस्कृतिक' आदर्श नहीं कहा जाता था, क्योंकि संस्कृति की वैसी अलग (और हम कह सकते हैं कि सीमित) अवधारणा इस देश में नहीं की जाती थी। मानव चरित्र के विकास को दिशा देने वाले आदर्शों और संकेतों को 'संस्कृति' नाम देने की आवश्यकता नहीं थी, क्योंकि वे सब 'धर्म' का ही अंग थे–धर्म की जैसी व्यापक परिकल्पना यहाँ थी (और पश्चिमी शिक्षा के संस्कार में आकंठ डूबे हुए व्यक्ति को छोड़ दें तो बहुत दूर तक अभी है), वैसी अवधारणा संसार के इतिहास में अन्यत्र कहीं नहीं हुई। आधुनिक मुहावरे को अपनाते हुए, धर्म और संस्कृति के प्राचीन सम्बन्ध को बिलकुल उलटकर कहें तो धर्म की वैसी व्यापक परिभाषा संसार की किसी संस्कृति में नहीं मिलेगी।

लेकिन क्योंकि यह बात आधुनिक युग में कही जा रही है इसलिए, एक बार शब्दों के सम्बन्ध के उलट-फेर का उल्लेख कर देने के बाद, आधुनिक मुहावरे के भीतर रहना ही ठीक होगा और हम संस्कृति की ही बात करेंगे; धर्म की चर्चा जहाँ-तहाँ होगी तो संस्कृति को अनुप्राणित करनेवाली मूल भावना अथवा सृष्टिदर्शन के रूप में ही होगी। सृष्टिदर्शन और संस्कृति का कैसा अभिन्न सम्बन्ध है, इसकी चर्चा भी अनन्तर होगी ही।

यहाँ तक एक बात तो स्पष्ट हो ही गई होनी चाहिए–कि संस्कृति मूलत: एक मूल्यदृष्टि और उससे निर्दिष्ट होनेवाले निर्माता प्रभावों का नाम है–उन सभी निर्माता प्रभावों का जो समाज को, व्यक्ति को, परिवार को, सबके आपसी सम्बन्धों को, श्रम और सम्पत्ति के विभाजन और उपयोग को, प्राणिमात्र से ही नहीं वस्तुमात्र से हमारे सम्बन्धों को, निरूपित और निर्धारित करते हैं। संस्कृतियाँ लगातार बदलती हैं क्योंकि मूल्यदृष्टि भी लगातार बदलती है, क्योंकि भौतिक परिस्थितियाँ भी लगातार बदलती हैं। लेकिन संस्कृति केवल भौतिक परिस्थिति का परिणाम नहीं है, क्योंकि वह अनिवार्यतया भौतिक जगत और जीव जगत के साथ मानव जाति के सम्बन्ध पर आधारित है और वह सम्बन्ध ज्ञान के विकास और संवेदन के विस्तार के साथ-साथ बदलता है। संस्कृति उन सम्बन्धों का निरूपण भी करती है, निर्धारण भी करती है, मूल्यांकन भी करती है–और उन्हीं सम्बन्धों की अभिव्यक्ति भी है; अर्थात् वह एक साथ ही उनका परिणाम भी है और उनका आधार भी। और इस

कथन में कहीं कोई अन्तर्विरोध नहीं है–विरोध का जो आभास होता है वह सभी प्राणवान और विकासशील सम्बन्धों में दीखता है, क्योंकि वह दो प्रश्नों की परस्पर भेदकता का ही एक रूप है–यह गतिशील परस्पर भेदकता युग पक्ष की जीवन्तता का ही प्रतिफलन है।

आधुनिक युग में रहकर संस्कृति की चर्चा करते हुए उसे बुनियादी मानव मूल्यों से मूल्यदृष्टियों से जोड़ देने पर एक समस्या हमारे सामने आ जाती है। यह समस्या भी उसी आधुनिक युग की देन है जिसका मुहावरा हमने अपनाया है। इस युग को हम 'वैज्ञानिक युग' कहने के आदी हो गए हैं; और विज्ञान सौ वर्ष से अधिक से अपनी 'मूल्य निरपेक्षता' का दावा करता आया है–विज्ञान क्योंकि विषयी निरपेक्ष है, वस्तु सत्य से सम्बन्ध रखता है, इसलिए मूल्य निरपेक्ष है क्योंकि मूल्य तो मानव समाज की उपज हैं और इसलिए सर्वदा विषयी सापेक्ष और परिवर्तनशील हैं। इसी तर्क को आगे बढ़ाते हुए विज्ञान कहता आया है कि विज्ञान और वैज्ञानिक दृष्टि मूल्य निरपेक्ष है इसलिए वैज्ञानिक चिन्तन भी मूल्य निरपेक्ष होना चाहिए–वैज्ञानिक शिक्षा भी मूल्य निरपेक्ष होनी चाहिए। दूसरे शब्दों में, मूल्य अथवा चिन्तन से विज्ञान का कोई वास्ता नहीं है।

अर्थात् हमारी परिभाषा की संस्कृति से ही विज्ञान का कोई वास्ता नहीं है–अर्थात् विज्ञान के सन्दर्भ में संस्कृति अप्रासंगिक है, भले ही इससे उपपन्न तर्क यह निकलता हो कि तब फिर संस्कृति के सन्दर्भ में विज्ञान की कोई प्रासंगिकता नहीं है।

लेकिन क्या यह प्रतिज्ञा सच है? क्या सचमुच विज्ञान मूल्य निरपेक्ष है, या होता है, या कभी हुआ है? दो-एक दशक पहले तक पश्चिम के वैज्ञानिकों में जो एक विशेषण ज़ोरों से प्रचलित था–**वैल्यू फ़्री**–क्या उसमें वास्तव में कोई सार है? क्या वैज्ञानिक का अपना आग्रह–कि विज्ञान का सम्बन्ध सत्य के शोध से है–अपने आप ही इस तर्क की जड़ नहीं काट देता? क्या सत्य ही एक चरम मूल्य नहीं है? विज्ञान भी सत्य को चरम लक्ष्य और परम इष्ट मानता है और सभी धर्मों ने भी कहा है–**गॉड इज़ ट्रुथ**, 'एक सत्', 'सत्यमेव जयते', 'सत्यं वद, धर्मं चर...एषः आदेशः'। धर्मों ने प्रायः सत्य और धर्म में केवल भेद नहीं किया है बल्कि अभेद का भी आग्रह किया है–धर्म ही सत्य है और सत्य ही धर्म है। क्या बात वास्तव में यह नहीं है कि विज्ञान भी मूल्य निरपेक्ष नहीं है, केवल पूर्वग्रह निरपेक्ष है और कह सकते हैं कि भाव निरपेक्ष है? विज्ञान सत्य के शोध में प्रतिज्ञा और अनुमान लेकर तो चलता है, लेकिन यथासम्भव पूर्वग्रह लेकर नहीं, उसका प्रयत्न बराबर यह रहता है कि उसका सत्य और उसका शोध रागरंजित न हो; शोधकर्ता के अथवा उसके परिणाम में बाधक न हो। दूसरी ओर, संस्कृतियाँ राग सत्य अथवा भाव सत्य को भी उतना ही महत्त्व देती हैं; उनका सम्बन्ध केवल वस्तु जगत से नहीं बल्कि

वस्तु जगत के साथ अपने सम्बन्ध से होता है; और ये सम्बन्ध जितने भौतिक होते हैं उतने ही रागात्मक और आनुभविक, आस्तित्विक और आध्यात्मिक भी। यह तो कहा जा सकता है कि संस्कृति के सत्यों और विज्ञान के सत्यों में अन्तर होता है, लेकिन इस बात का कोई अर्थ नहीं है कि विज्ञान मूल्य निरपेक्ष होता है; यह वैसा हो ही नहीं सकता क्योंकि परिभाषा से ही वह एक विशेष प्रकार के मूल्य का शोध है। संस्कृति के लक्ष्य और विज्ञान के लक्ष्य समान्तर हो सकते हैं, परस्पर पूरक हो सकते हैं, लेकिन विरोधी नहीं हो सकते। और यद्यपि अभी तक यह कहना ही ठीक होगा कि विज्ञान का यह मूल्य निरपेक्षता का आग्रह आधुनिक मुहावरे में शामिल है, तथापि यह स्पष्ट हो चला है कि विज्ञान की इस परिभाषा का युग अपनी अन्तिम घड़ियाँ गिन रहा है। आज कोई भी बड़ा वैज्ञानिक विज्ञान की मूल्य निरपेक्षता का आग्रह नहीं करेगा, बल्कि जीव विज्ञान के विभिन्न क्षेत्रों के सभी वैज्ञानिक यह स्वीकार करेंगे कि आज विज्ञान के सामने मूल्यों का एक बहुत बड़ा संकट है, एक बहुत बड़ी चुनौती है जिसका सामना विज्ञान एक सफल मूल्य दृष्टि और एक अध्यात्मविज्ञान अपनाए बिना कर ही नहीं सकता। जब तक वैज्ञानिक के सामने यह सम्भावना नहीं थी कि वह सचमुच मूल्य निरपेक्ष मानव समाज का निर्माण कर सकता है–जीवकोश को ही प्रभावित करके प्राणिमात्र के विकास को मूल्य निरपेक्षता की दिशा में ठेल दे सकता है–तभी तक वह मूल्य निरपेक्ष और 'वैल्यू फ्री' उद्यम का दावा कर सकता था! आज यह सम्भावना उसके सामने है और वह सहम गया है। और वह सहमना उचित है, एक मूल्यदृष्टि का परिणाम है और मूल्यों की चुनौती है। जिस ज़िम्मेदारी का द्वार वैज्ञानिक के सामने खुल गया है उसके लिए वह तैयार नहीं है और उसे अपनाना नहीं चाहता। बल्कि उसके स्वीकार को वह ग़लत भी समझता है। क्यों और कैसे ग़लत समझता है? क्योंकि उसके पास एक मूल्यदृष्टि है। अगर विज्ञान मूल्य निरपेक्ष है तो यह मूल्यदृष्टि उसे कहाँ से मिली है? अगर संस्कृति से, तो विज्ञान अपनी मूल्य निरपेक्षता के बावजूद संस्कृति के घेरे में आ जाता है; और अगर स्वयं विज्ञान से तो फिर उसके मूल्य निरपेक्षता के दावे का क्या होता है? वास्तव में यही कहना आज सही होगा कि सारे संसार में बड़े वैज्ञानिक आज फिर एक नैतिक चुनौती की देहरी पर खड़े हैं–नैतिक चुनौती अर्थात् मूल्यदृष्टि की चुनौती। यह मानना सही नहीं है कि मूल्यदृष्टि केवल संस्कृति की देन होती है अथवा केवल विज्ञान की उपज होती है। लेकिन विज्ञान कभी मूल्य निरपेक्ष नहीं हो सकता और संस्कृति भी कभी उन सत्यों के प्रति एकान्त उदासीन नहीं हो सकती जिनका आधार भौतिक जगत है; यद्यपि उसका एक प्रमुख आग्रह उन सत्यों के प्रति बना रहेगा जो मानव के आभ्यंतर जगत से, उसकी कामना और आकांक्षा से, उसके सुख-दुःखों से, उसके सामाजिक परिवेश से और परिवेश के

बन्धनों से अपेक्षया मुक्त होने अथवा रहने की उसकी सहज प्रवृत्ति से सम्बन्ध रखते हैं। विज्ञान सदा भावग्रहों और रागबन्धों से मुक्त होना चाहता है। संस्कृति मुख्यतया अपने को रागबन्धों से जोड़ती है लेकिन यह भेद दोनों की समान्तर यात्रा का ही निरूपण करता है; विरोधी लक्ष्यों का नहीं।

आधुनिक मुहावरे के भीतर भी संस्कृति की एक से अधिक परिभाषाएँ प्रचलित हैं। समाजविज्ञानियों में भी संस्कृति की परिभाषा के बारे में मतैक्य नहीं है। एक परिभाषा वह है जो जन्म से लेकर मृत्यु तक मानव के समग्र कर्म और उसके तन-मन पर असर डालनेवाले सब प्रभावों को संस्कृति के अधीन ले आती है; अर्थात् जैविक या आनुवंशिक दाय के अतिरिक्त जो कुछ मानव प्राणी ग्रहण करता है वह सबका सब उसका संस्कार है और इसलिए उसे संस्कृति कहा जाना चाहिए; शिक्षा और परिवेश से मिलता है, जो स्वयं मानव समाज के कर्म के अधीन है, इसलिए उस सबको संस्कृति ही मानना चाहिए। एक दूसरी परिभाषा इतनी व्याप्ति से बचती हुई मानव के समग्र उद्यम को नहीं बल्कि केवल उसे निरूपित, निर्धारित और प्रेरित करने वाले मूल्यों के समूह को और समाज की मूल्यदृष्टि को संस्कृति की अभिधा देना चाहती है। एक तीसरी परिभाषा इस दृष्टि का खंडन न करते हुए भी अपने को केवल उन मूल्यों तक सीमित रखना चाहती है जिनका सम्बन्ध समाज के सौन्दर्यबोध से है। अपने समर्थन में वह यह भी कह सकती है कि संस्कृति का सम्बन्ध क्योंकि पारम्परिक 'तीसरे पुरुषार्थ' से है, इसलिए धर्म लाभ और अर्थ लाभ से सम्बद्ध 'उचित' और 'अनुचित' का विचार उससे अलग करना चाहिए; संस्कृति को नैतिक प्रश्नों से जोड़कर मुख्यतया उन्हीं बातों की ओर ध्यान देना चाहिए जो आनन्द, तृप्ति और मनोरंजन से सम्बन्ध रखती हैं। आज हमारे समाज में **कल्चरल एक्टिविटी अथवा कल्चरल प्रोग्राम** के नाम पर जो नृत्य, संगीत, चित्रकला प्रदर्शनी अथवा हास्य कवि सम्मेलन ही होते हैं उनके मूल में संस्कृति की यही परिभाषा होती है। निःसन्देह ऐसे कार्यक्रमों के संयोजकों के सामने यह बात रखी जाए तो उनमें से बहुत से चौंकेंगे, ऐसी संकीर्ण दृष्टि के आरोप का प्रत्याख्यान करेंगे। बहस होने पर कदाचित् वे संस्कृति की कोई अधिक व्यापक परिभाषा भी प्रस्तुत करना चाहेंगे। लेकिन यह तो हमारे समाज की साधारण बात है। तर्क-वितर्क के समय हम जो कहते हैं वह हम मानते नहीं हैं; और जिन अनकही मान्यताओं के आधार **पर काम करते हैं**, वे अलग-अलग होती हैं (उदाहरण के लिए, ऐसे ही कितने लोग होंगे जो आज के इस व्याख्यान को ही एक 'सांस्कृतिक आयोजन' मानेंगे!)।

संस्कृति की एक चौथी परिभाषा भी है जो अपने को केवल उत्पादन के उपकरण पर आधारित करना चाहती है। यों तो यह सबसे पहली परिभाषा के साथ जुड़ जाती है क्योंकि औज़ारों का विकास भी बहुत दूर तक समाज की शिक्षा पद्धति को, परिवेश को, श्रम-सम्बन्धों को और इसलिए उद्यम के दौरान होने वाले प्रभावों को निर्धारित करता है। लेकिन जिन्हें यह परिभाषा मान्य है वे दूसरे प्रभावों को और परिवेश के उस अंग को जिसे 'परम्परा' अथवा जातीय विश्वास कहा जा सकता है, अस्वीकार करते हैं और केवल औज़ारों के ऐतिहासिक विकास तक ही अपने को सीमित रखना चाहते हैं।

लेकिन यहाँ हमारे प्रयोजन के लिए यह आवश्यक नहीं है कि हम उनमें से कोई भी एक परिभाषा चुन लें अथवा इन सबसे अलग हटकर अपनी कोई परिभाषा प्रस्तुत करके उससे आगे बढ़ें। जहाँ तक संस्कृति की चेतना का प्रश्न है, ये परिभाषाएँ काम की हैं और हम चाहे जिस एक के अथवा सभी के सहारे आगे बढ़ सकते हैं। संस्कृति के अर्थ, उसके प्रभाव और उसके प्रति अपने समकालीन उत्तरदायित्व, अपने योगदान की सम्भावना के प्रति अगर हम सजग हैं, तो किसी भी एक परिभाषा से आरम्भ करने पर भी हम मानव के समग्र कर्मों की ओर जाने को बाध्य हो जाएँगे। अवश्य ही हर संस्कार का सम्बन्ध चेतना के भी संस्कार से है तो स्पष्ट है कि हमारे संवेदनों के क्षेत्र का जितना विस्तार होगा, हमारी संस्कृति भी उतनी ही सम्पन्नतर, व्यापकतर और अधिक ग्रहणशील होगी; और इस प्रकार हमारी मूल्यदृष्टि भी अपने क्षेत्र का विस्तार करने और अपने को विशदतर बनाने की ओर उन्मुख होगी। और हमारा आनन्दबोध भी एक तरफ़ व्यापकतर चेतना अपनाना सीखेगा, दूसरी तरफ़ अपने संवेगों को ज़्यादा बारीकी से देखना होगा, अधिक महीन छलनी से छानना सीखेगा।

यह भी ध्यान में रखना चाहिए कि संस्कृति की कोई भी परिभाषा हम अपनाएँ, संस्कृति की वर्तमान अवस्था की उपेक्षा हम नहीं कर सकते। बल्कि यों भी कह सकते हैं कि हमारा आरम्भ बिन्दु तो हमेशा हमारा वर्तमान क्षण ही होगा; वहीं पर खड़े होकर हम उसके अतीत का परिदृश्य और उसके भावी विस्तार की सम्भावनाएँ रखेंगे। इस बात को ध्यान में रखते हुए यह भी लक्ष्य किया जा सकता है कि अलग-अलग संस्कृतियाँ भी, और विभिन्न युगों में कोई एक संस्कृति भी, गोचर अनुभूतियों को बहुत अधिक (अथवा बहुत कम) महत्त्व दे सकती है-संवेदन के विचार को केवल ऐंद्रिय संवेदन तक सीमित रख सकती है। प्राचीन श्रमण संस्कृति एक छोर का उदाहरण है जिसमें ऐंद्रिय संवेदन को यथासम्भव नकारने का प्रयत्न किया गया था। दूसरी ओर जापान का उत्तर मध्यकालीन सौन्दर्यवाद अठारहवीं-उन्नीसवीं शती के यूरोप का **एस्थेटिसिज़्म** ऐंद्रिय संवेदन को चरम महत्त्व देते हुए नैतिक विचारों

को पूरी तरह नकारने का यत्न करता रहा। संस्कृति के कुछ समाजशास्त्रीय चिन्तक ऐसे भी हैं जो मानते हैं कि विभिन्न संस्कृतियों में ही नहीं, प्रत्येक संस्कृति के भीतर भी ऐसे विवर्तन होते रहते हैं : एक समय नैतिक मूल्यों को चरम महत्त्व दिया जाता है तो दूसरे समय ऐंद्रिय भोग को। ऐसे चिन्तकों के मत से पश्चिमी सभ्यता इस समय ऐंद्रियवाद के युग से गुज़र रही है। हम नहीं जानते कि यह बात कहाँ तक सही है; भारतीय समाज की वर्तमान प्रवृत्ति को देखें तो लगेगा कि पश्चिमी संस्कृति जो कुछ भी कर रही हो, जिधर भी जा रही हो, हम उसी दिशा में उससे दो क़दम बढ़ जाने पर भी उतारू हैं! लेकिन यह एक छोटा-सा प्रसंगान्तर है जिसका उल्लेख मात्र तो उपयोगी है पर जिसे और आगे बढ़ाना आवश्यक नहीं है। इतना प्रसंगान्तर भी इस बात का उल्लेख करने के लिए आवश्यक हो जाता है कि ऐसी स्थिति में विज्ञान और संस्कृति के परस्पर प्रभाव की अथवा कह लीजिए 'वैज्ञानिक संस्कृति' की बात भी सामने आ जाती है।

विज्ञान की दो प्रमुख धाराएँ लक्षित होती हैं। दोनों में विकास के जिस रूप अथवा जिन पहलुओं पर बल दिया गया है उनमें मानव मन अथवा मानव चेतना के मामले में एक विचित्र उदासीनता है। एक तरफ़ जैविक विकास का सिद्धान्त है जो जड़ से चेतन और फिर चेतन से अनेक जीव-जातियों और इस प्रकार जातियों के अविराम विकास को मानता है और इसी क्रम में चेतना के विकास को भी रखता है। लेकिन इस प्रश्न को बिलकुल अप्रासंगिक समझ लेता है कि यह सारा विकास किसलिए? किस ओर? किस प्रेरणा से? अर्थात् यह मान लेता है कि चेतना के विकास में भी कोई चेतना काम नहीं कर रही थी-विकास की अनिवार्य और अनवरत प्रवृत्ति तो है लेकिन वह अहेतुक और मनश्चेतना रहित ही है।

दूसरी धारा आर्थिक विकास की प्रवृत्ति पर बल देती हुई आर्थिक शक्तियों और बाह्य जगत का अस्तित्व स्वीकार करती है और आभ्यन्तर संसार को बिलकुल अमान्य कर देती है। उसके लिए यथार्थ वही है जो बाहर है। इस प्रकार यह अवधारणा भी मनश्चेतना को अमान्य कर देती है अथवा केवल एक गौण अथवा उपपन्न चीज़ मानती है। लेकिन आज हमारा सारा ज्ञान, सारा अनुभव और संवेदन इन अवधारणाओं के विरुद्ध विद्रोह करता है। हम कह आए हैं कि आज का श्रेष्ठ वैज्ञानिक भी ऐसी भंगिमा अपनाते संकोच करेगा बल्कि वह कदाचित् यह स्वीकार कर लेगा कि विज्ञान केवल यथार्थ के अंशों को लेकर उनके भीतर कार्यकारणत्व की परम्पराएँ स्थापित करने का उपक्रम करता है, यह समग्र का कोई ढाँचा या उसका हेतु नहीं प्रस्तुत करता, न वैसा कोई दावा करता है। और वैज्ञानिक की बात छोड़कर साधारण व्यक्ति तक भी आएँ तो कह सकते हैं कि प्रत्येक संवेदनशील मानव प्राणी जानता है कि यथार्थ जगत केवल बाहर का जगत नहीं है, भीतर भी

एक जगत है जो यथार्थ है। फलतः अगर संस्कृति की सौन्दर्यवादी परिभाषा से भी हम आरम्भ करेंगे तो भी हम ऐंद्रिय संवेदनों तक सीमित नहीं रह सकेंगे; एक आभ्यन्तर जगत में प्रवेश करेंगे। और वहाँ प्रवेश करने पर हमें मूल्यों की समस्या का भी सामना करना पड़ेगा। आभ्यंतर जगत अनिवार्यतया मूल्यों का भी जगत है, केवल वासनाओं का नहीं।

तो हम चाहे किसी परिभाषा से आरम्भ करें, हमें इस परिणाम पर पहुँचना पड़ता है कि संस्कृति अथवा हमारे संस्कार मात्र हमारे समाज में एक नियामक सत्ता का प्रभाव रखते हैं। 'अमुक काम ऐसा करना चाहिए क्योंकि उसे ऐसे करना ही ठीक है'–इसमें यह 'चाहिए' अथवा 'ठीक' का बोध क्या है? यों तो जहाँ भी 'चाहिए' है, वहाँ एक नैतिक कसौटी है : लेकिन उस कसौटी की नैतिकता को हम इतने भर से सिद्ध न भी मानें तो भी इसमें तो सन्देह नहीं रहता कि कोई-न-कोई मूल्य वहाँ पर काम कर रहा है : मूल्य ही तो कसौटी है जिसके आधार पर हम औचित्य का विधान करते हैं।

और चेतना का सन्दर्भ यही है। इस स्तर पर इससे भी फर्क नहीं पड़ता कि आप संस्कृति की परिभाषा कितनी व्यापक अथवा संकुचित रखते हैं, क्योंकि उसकी परिभाषा के अनुकूल ही चेतना का क्षेत्र विस्तार भी निर्धारित हो जाता है–क्षेत्र-विस्तार ही निर्धारित होता है, चेतना की बात नहीं बदलती। वास्तव में ऐसी स्थितियाँ जो आत्मचेतन नहीं हैं, सांस्कृतिक स्थितियाँ तो हो सकती हैं, लेकिन वह अपने आप में संस्कृति नहीं है। अच्छा संस्कार सिद्ध तभी होता है जब वह इतना गहरा और सहज हो जाए कि हमारा ध्यान इस बात की ओर न जाए कि हमारा कर्म संस्कारी कर्म है, उसकी हमें दीक्षा मिली है। लेकिन कर्म की यह सहजता संस्कृति की अचेतना नहीं है; केवल उसकी नियामक सत्ता की लक्ष्य-सिद्धि का प्रमाण है। सारी अच्छी शिक्षा का लक्ष्य यही होता है कि हम सही कर्म के दौरान यह न सोचें कि 'हम यह कर्म इसलिए कर रहे हैं कि हमें ऐसा करना सिखाया गया है।' इसी तरह संस्कृति का यह लक्ष्य है कि संस्कारी जीवन जीते हुए हमें अपने को यह याद दिलाने की ज़रूरत न पड़े कि ऐसा हम इसलिए कर रहे हैं कि हमारी संस्कृति में यही विधेय है। कर्म की सहजता ही धनुर्धर अर्जुन की लक्ष्यवेध वाली चिड़िया की आँख है : बाक़ी सब चिड़िया है।

संस्कृति की चर्चा सैद्धान्तिक आधार पर भी होती है तो भी उसमें कहीं-न-कहीं अपने देश की संस्कृति का वैचारिक सन्दर्भ निहित रहता है। इस देश के संस्कृति सम्बन्धी विमर्श में भी भारतीय संस्कृति की परिकल्पना निहित रहती है। लेकिन हम

भारतीय संस्कृति और भारतीयता का चिन्तन केवल निहित नहीं रखना चाहते हैं; सैद्धान्तिक चर्चा भी केवल भारतीय संवेदन और भारतीयता पर आधारित संस्कृति की चर्चा के लिए है, उसी की भूमिका है।

यह तो हमने पहले कहा कि हमारी संस्कृति मूलतः एक धार्मिक संस्कृति रही है और अब भी है। धार्मिक आधार का उल्लेख करते समय हर धर्म की परिभाषा का भी विचार कर सकते हैं, लेकिन उस सम्बन्ध में केवल इतना ही ध्यान में रखना काफ़ी है कि भारतीय परिभाषा में धर्म वह नहीं है जो पश्चिम एशिया अथवा यूरोप में समझा जाता है–अर्थात् उसकी जड़ किसी अनिवार्य मत-विश्वास में नहीं है जिससे इधर-उधर हटना **हैरेसी** अथवा **कुफ़्र** हो जाता है। मत-विश्वास एकान्तः व्यक्तिगत चीज़ मानी गई है और जीवन दृष्टि तथा तदनुकूल आचरण पर बल दिया गया है। बल्कि इसीलिए कभी-कभी यह भी कहा जाता है कि भारतीय समाज एक धर्मरहित किन्तु अत्यन्त धार्मिक समाज है–**ए रेलिजियस सोसायटी विदाउट ए रेलिजन**।

धर्म की इस विलक्षण और अद्वितीय परिभाषा को हम भारतीय परम्परा और दृष्टि की एक विशेषता मानते हैं। हम यह भी मानते हैं कि संसार के इतिहास में लगातार जो अत्याचार होते रहे और हो रहे हैं वे काफ़ी कम हुए होते यदि धर्म की यह परिकल्पना अधिक व्यापक रूप से अपनाई गई होती। हम यह भी मानते हैं कि आज भी इसकी प्रासंगिकता है। वर्तमान हिन्दू समाज के भीतरी दोषों और उसकी परिपाटियों की अनदेखी किए बिना भी हम इस परिकल्पना की उदात्तता पर बल दे सकते हैं।

लेकिन समाज के धार्मिक होने पर भी जब हम संस्कृति की बात करते हैं तो उसे देशीयता से अलग नहीं कर सकते–इसके बावजूद कि संस्कृति का आधार धर्म है। यह इसीलिए कि इस सन्दर्भ में धर्म पूरे समाज के कर्म मात्र को धारण करने वाला नियम है और यहाँ पर संस्कृति की वर्तमान दुरावस्था हमारे सामने आ जाती है। यह संस्कृति एक ढंग की 'धार्मिकता' तो आज भी लिए हुए है, लेकिन उसकी 'देशीयता' आज भारतीयता नहीं है; वह विखंडित होकर जातीय और प्रादेशिक कहीं अधिक होती है, बल्कि जातीय भी उस शब्द के सबसे घटिया अर्थ में–यानी जात-पाँत पर आधारित। आज न भारतीय समाज की चर्चा बिना उद्वेग और शंका के हो सकती है, न भारतीय संस्कृति की–ऐसी चर्चा उठते ही तुरन्त स्वयं अपने मन का चोर सामने आ जाता है। कभी-कभी तो ऐसा भी लगता है कि आज की परिस्थिति में वास्तव में भारतीयता की भावना विदेश जाने पर ही जागती है–उन्हीं लोगों में जगी है जो विदेश हो आए हैं या विदेश में रहे हैं, उन्हीं लोगों के द्वारा चर्चित हुई है और होती रही है जो लम्बे अरसे तक प्रवासी रहे हैं और

जिन्हें बार-बार अस्मिता की चुनौती का सामना करना पड़ा है-ऐसी चुनौती, जिसका सम्बन्ध धर्म विश्वास से नहीं बल्कि संस्कृति से है-उन संस्कारों के समूह से जो हमारे सारे कर्म व्यापार और हमारे चिन्तन को निरूपित करते हैं। कह सकते हैं कि भारतीय भाषाओं के सम्बन्ध में भी अस्मिता के आग्रह वास्तव में विदेशी चुनौती के सामने ही प्रकट होते हैं। निःसन्देह भारतेन्दु हरिश्चन्द्र के लिए विदेश यात्रा की नहीं, केवल विदेशी भाषा की चुनौती ही काफ़ी रही थी-**निज भाषा उन्नति अहै सब उन्नति कौ मूल**। लेकिन जिस हद तक यह चुनौती सीमित थी उसी हद तक सांस्कृतिक अस्मिता के सम्बन्ध में भारतेन्दु की सजगता भी सीमित रही-वह चुनौती उनके सामने आई ही नहीं जो एक-दूसरे प्रकार की जागरूकता की अपेक्षा रखती। राष्ट्रीय अस्मिताबोध के साथ भाषा का यह अभिन्न सम्बन्ध हम माइकेल मधुसूदन दत्त के समय से ही देखते आए हैं : माइकेल मधुसूदन दत्त उस व्यापक चुनौती का सबसे अधिक शिक्षाप्रद उदाहरण हैं जो एक नया सांस्कृतिक धरातल देती है-जिससे नई दृष्टि पुरानी के साथ नए सार्थक सम्बन्ध में जुड़ती है। क्योंकि मधुसूदन दत्त तो उन्नीसवीं शती के उन सम्पन्न और प्रतिभाशाली लोगों में से थे जिन्होंने केवल अंग्रेज़ी भाषा की शिक्षा पाना नहीं, संवेदन की जड़ों तक **अंग्रेज़ हो जाना** चाहा था और जिन्होंने फिर गहरी चोट खाकर पहचाना था कि यह प्रयत्न एक व्यर्थ और आत्मघातक प्रयत्न है।

लेकिन इस सन्दर्भ में केवल असाधारण व्यक्तियों के उदाहरण देना शायद सही नहीं है। क्योंकि ज़ोर देने की बात यह है कि संस्कृति केवल आभिजात्य अथवा उच्च वर्ग के सरोकार की बात नहीं है बल्कि पूरे समाज को अपने में समोती है। इसलिए एक छोटा-सा उदाहरण दूसरे छोर पर से देता हूँ-उस वर्ग से, जिसे आज के मुहावरे में 'आम आदमी' कहा जाता है। बचपन में जब मैं लखनऊ में था तब हमारे घर के साथ वाले घर में एक और परिवार रहता था जिसके गृहपति किसी दफ्तर में 'बाबू' अर्थात् क्लर्क थे। गर्मियों के दिनों में जब हम लोग अपनी अपनी छत पर सोने जाते थे तब बीच की दीवार के आर-पार की बात आसानी से सुनी जा सकती थी-ख़ास कर जब लोग उतना ऊँचा बोलें जितना आम आदमी बोलता है। हमें प्राय: ही सुनने को मिलता था-पड़ोसी गृहपति शाम को भोजन के बाद छत पर आकर अपनी तीन-चार वर्ष की लड़की से पूछते थे, 'मुन्नी, हम कौन होते हैं?' और जवाब में जब सम्बोधित 'मुन्नी' केवल खिलखिलाकर हँसती थी तो उसे समझाते हुए कहते थे, 'मुन्नी, तू कह, हम अरोड़े होते हैं।' यानी पड़ोसी मिस्टर अरोड़ा का सारा ज़ोर इस बात पर था कि उनकी मुन्नी अपनी विनोद-भरी उदासीनता छोड़कर अपनी अरोड़ा अस्मिता पहचाने और पूरी तरह ओढ़े। इसके अलावा किसी तरह की सांस्कृतिक चेतना अरोड़ा साहब ने अपनी मुन्नी के मन में

जगाने की कोशिश की हो, हमने नहीं सुना। अरोड़ा साहब पंजाबी थे और मुन्नी से उनका संवाद पंजाबी में ही होता था–उनके शब्द आज भी अक्षरश: याद हैं और जब कभी याद आते हैं तो उस विनोद की लहर ताज़ा हो आती है जिसका अनुभव हम सभी भाई-बहन तब भी करते थे। लेकिन जानता हूँ कि जो और जैसी शिक्षा पड़ोसी अरोड़ा साहब अपनी लड़की को दे रहे थे वह हँसी की चीज़ नहीं थी और न है : कह सकते हैं कि हमारे आज के समाज का ही नहीं, हमारी राजनीति और हमारी अर्थव्यवस्था का भी संकट इसी बात पर आधारित है कि कोई भी मुन्नी को 'हम कौन होते हैं' का जवाब यह नहीं सिखाता कि 'हम इनसान होते हैं' या कि 'हम भारतीय होते हैं'; यही सिखाता है कि 'तू कह, हम अरोड़े होते हैं'–या, हम ठाकुर होते हैं, हम यादव होते हैं, हम जाट होते हैं, ब्राह्मन होते हैं, कायस्थ होते हैं, अग्रवाल होते हैं–कुछ भी होते हैं, केवल भारतीय नहीं होते और अकसर इनसान भी नहीं होते जैसा कि आज लगभग रोज़ अख़बारों में हिंसा और बलात्कार के समाचारों से परिणाम निकाला जा सकता है।

लेकिन यह 'भारतीय होना' है क्या? क्या चीज़ या कौन-सी बातें, या संवेदन के कौन से संस्कार हैं जो एक संस्कारवान भारतीय को तुलनीय दूसरे बड़े देश के संस्कारी व्यक्ति से अलग करेंगे और पहचनवा सकेंगे? नि:सन्देह प्रश्न को इस रूप में रखने पर हम फिर बुनियादी मूल्यदृष्टि की ओर लौटेंगे : मानवीय संवेदन के घेरे के भीतर उन विशेष संस्कारों पर बल देते हुए जो भारतीय मूल्यदृष्टि का परिणाम है–उसी मूल्यदृष्टि के, जिस पर बल दिया गया और जिसकी छाप भारतीय समाज के हर सदस्य के सामाजिक व्यक्तित्व पर डालने की कोशिश परम्परा से होती रही। ये भारतीय मूल्य कहाँ पर दूसरी बड़ी संस्कृतियों के आधारभूत मूल्यों से भिन्न हैं? क्या वे बुनियादी तौर पर भिन्न हैं या केवल आग्रहों का और वरीयताओं का भेद है? क्या ऐतिहासिक परिस्थितियाँ भी वास्तविक भेद अथवा भेद के आभास का कारण रही हैं–अर्थात् क्या ऐसा नहीं है कि भारतीय संस्कृति आज भी कुछ चीज़ों को बुनियादी मूल्य का पद देती है जिन्हें–उदाहरण के लिए–मसीही सभ्यता भी मध्यकाल तक उतना ही महत्त्व देती थी लेकिन अब नहीं देती, जैसे तप और शरीर पीड़न? नि:सन्देह ऐतिहासिक परीक्षण के दौरान इस तरह की बातें सामने आएँगी, लेकिन यह भी तो सांस्कृतिक दृष्टि का ही परिणाम होता है कि कोई मूल्य किसी युग में अधिक महत्त्व पाते हैं और किसी दूसरे युग में कम। परिवेश या ऐतिहासिक परिस्थितियों का योग होता है; लेकिन यह तो कोई नहीं कहता कि संस्कृति का परिवेश अथवा ऐतिहासिक स्थितियों से कोई सम्बन्ध नहीं है।

मूल्यदृष्टियों पर बार-बार इतना बल देने का एक कारण यह भी है कि कदाचित् किसी दूसरी संस्कृति ने सजग और चेतन रूप में इस बात पर इतना बल

नहीं दिया कि सृष्टि मात्र में एक समग्रता लक्षित होनी चाहिए और संस्कृति को अनवरत रूप से उस समग्रता की ओर उन्मुख होना चाहिए। सभी कुछ धर्मशासित है, इसीलिए सभी कुछ में एक सांस्कृतिक चेतना क्रियाशील होनी चाहिए; और क्योंकि भारतीय दृष्टि में लगातार इस बात पर बल रहा है इसलिए यहाँ हमेशा यह भी सम्भव रहा है कि आप उस समग्रता की खोज में चाहे जिस छोर से अपनी यात्रा का आरम्भ कर सकते हैं–केन्द्र से परिधि की ओर बढ़ते या परिधि से केन्द्र की ओर जाते हुए। अन्य संस्कृतियों में ऐसी यात्रा में सम्बन्ध-सूत्र जगह-जगह टूटा हुआ दीखेगा तो वह टूटन आसानी से स्वीकार्य भी समझी जाएगी क्योंकि संस्कारी जीवन को, संस्कृत सामाजिक आचरण को निरूपित करने वाली दूसरी युगीन अथवा परिवेशगत शक्तियों को भी महत्त्व दिया जाएगा और यह ज़रूरी नहीं समझा जाएगा कि सबको एक समग्र मूल्यदृष्टि के अधीन ला सकना चाहिए। पश्चिम में साधारण शिष्टाचार और लोक व्यवहार को संस्कृति से जोड़ने का प्रयत्न लोगों को प्रायः कुछ अटपटा लगेगा और चौंकाएगा–या अनावश्यक किताबीपन लगेगा। भारत में अब भी ऐसा नहीं होगा, भले ही सांस्कृतिक मूल्यों की अवधारणा में और प्रचलित लोक व्यवहार में कोई सम्बन्ध न दीखे। प्रकट सम्बन्ध न होने पर भी माना यही जाएगा कि लोक व्यवहार और शिष्टाचार–सब हैं संस्कृति के अंग ही। कहा जा सकता है कि यह तो केवल पाखंड है और पाखंड को निबाहते चलने का सामर्थ्य या सहनशीलता हमारे समाज में अपेक्षया अधिक है। और यह आपत्ति एक हद तक उचित भी होगी। हर समाज में पाखंड की भी कुछ निर्धारित सीमाएँ होती हैं और माना जाता है कि सच और झूठ के बीच लोकाचार का एक धुँधला क्षेत्र भी होता है जिसमें कुछ मिथ्याचरण प्रीतिकर होने के कारण सम्मत होता है।

लेकिन हम आचरण के ऐसे 'समयों' की विस्तृत चर्चा में न जाकर मुख्य विषय पर ही रहें।

भारतीय चिन्तनधारा में समग्रता की खोज की बात मान लें तो संस्कृति की चेतना की अपनी पड़ताल में परिधि से केन्द्र की ओर यात्रा करते हुए हम बहुत-से बाहरी लक्षणों की पड़ताल कर सकते हैं जिनसे हमें भीतरी स्थिति का निदान करने में सहायता मिलेगी। इनमें कदाचित् समकालीन भारतीय गृह जीवन की ओर ध्यान देना ही सबसे अधिक फलप्रद होगा। उसमें भी हम पहले स्थूल वस्तुओं की ओर ध्यान दे सकते हैं और फिर उनसे अपने सम्बन्धों पर और अपने व्यवहार पर। कदाचित् स्थापत्य का प्रश्न सबसे पहले उठना चाहिए।

क्या आज भारतीय स्थापत्य नाम की कोई चीज़ है? प्रश्न उठते ही बहुत-से

लोगों का ध्यान प्राचीन मन्दिरों, महलों और दुर्गों की ओर जाएगा। लेकिन प्रश्न यह नहीं है कि भारतीय स्थापत्य कोई था या नहीं था, प्रश्न यह है कि भारतीय स्थापत्य है कि नहीं है। और यह भी ध्यान में रखने की ज़रूरत है कि संस्कृति और स्थापत्य के विचार मन्दिरों, महलों और दुर्गों तक सीमित रखने का कोई कारण नहीं है। जिन घरों में देश के करोड़ों जन रहते हैं उनका स्थापत्य भी संस्कृति में अपना महत्त्व रखता है। जो लोग प्राचीन मन्दिरों और महलों की ओर हमारा ध्यान दिलाएँगे, क्या वे यह भी हमें बता सकेंगे कि जिस युग के ये मन्दिर और महल हैं उस युग में साधारण जन कैसे घरों में रहते थे? कैसे उठते-बैठते थे? क्या कहीं ऐसे घरों के अवशेष भी देखने को मिलेंगे? कहा जा सकता है कि केवल विशालतर सार्वजनिक इमारतें ही सुरक्षित रह सकती थीं और घर जैसी सामग्री से बनते थे वह अधिक टिकने वाली नहीं होती थी। लेकिन सच्चाई यह है कि हम उन्नीसवीं शती के भी भारतीय जीवन के बारे में लगभग कुछ नहीं जानते। जो थोड़ा-बहुत जानते थे वह भी बड़ी तेज़ी से भूल रहे हैं। एक तरफ़ किसान और निर्धन आदिवासी का झोंपड़ा दो हज़ार वर्ष में ज़रा-सा भी नहीं बदला है; दूसरी ओर मध्य वित्त के और साधारण नागरिक के बारे में हमारी जानकारी के आधार सर्वथा लुप्त हो गए हैं, यहाँ तक कि हम यह भी नहीं जानते या देख सकते कि सत्रहवीं-अठारहवीं शती का धनी भारतीय भी कैसे रहता था! इस सम्बन्ध में प्रश्न पूछने पर हमें या तो संस्कृत काव्य और नाटक के वर्णनों की शरण लेनी पड़ेगी, या फिर फ़ारसी इतिहासकारों के वृत्तान्तों की, जिन्हें हम भारतीय जीवन का प्रतिनिधिक चित्र तो नहीं कह सकेंगे। और तो और, संग्रहालयों तक में हमें समाज जीवन के आनुक्रमिक ढाँचे देखने को नहीं मिलेंगे। जहाँ-तहाँ सत्रहवीं-अठारहवीं शती की जो इक्का-दुक्का हवेलियाँ बची भी थीं वे भी हमारे देखते-देखते नष्ट हो रही हैं या तोड़-फोड़कर पर्यटकों के हाथ बेच दी जा रही हैं। यह तो मान लिया जा सकता है कि यांत्रिक औद्योगिकी के विकास ने स्थापत्य की सारी पद्धतियाँ बदल दी हैं और नए इमारती सामान के कारण स्थापत्य शास्त्र में भी परिवर्तन आया है। लेकिन कोई भी प्राणवान संस्कृति नए उपकरणों को अपनी प्रतिभा से अपने अनुकूल ढालती है-अपनी नई शैलियों का विकास करती है। क्या भारत में ऐसा हुआ है? क्या एक भी बड़ी सार्वजनिक इमारत स्वाधीन भारत में ऐसी बनी है जिसे हम आधुनिक भारतीय स्थापत्य का नमूना मान सकें? क्या यही मानना ईमानदारी की बात नहीं होगी कि जितनी बड़ी इमारतें बनी हैं, सबमें विदेश की नक़ल की गई है-केवल विदेशी निर्माण पद्धतियों को ही नहीं अपनाया गया है बल्कि अकसर तो कोई-न-कोई विदेशी इमारत ध्यान में रखकर उसकी नक़ल की गई है क्योंकि ऐसी नक़ल में दिमागी मेहनत और भी कम करनी पड़ती है। और यह तो बड़ी सार्वजनिक इमारतों की बात है; साधारण

घरों पर विचार करें तो स्थिति का और भी दुःखद चित्र सामने आएगा। वहाँ तो केवल नक़ल नहीं, नक़ल की भी नक़ल है; और उसके साथ यह भी प्रयत्न है कि साधारण भारतवासी रहने-सहने, उठने-बैठने का अपना परिचित ढंग भी छोड़ दें और इन नक़ल की नक़ल इमारतों के अनुरूप अपने को बनाने का प्रयत्न कर सकें। और यह प्रक्रिया यहीं पर समाप्त भी नहीं हो जाती : नक़ल की नक़ल घर में रहने वाले नक़ल की नक़ल साहब को आदर्श मानकर उनकी भी बेसमझ नक़ल करने वाले देश में दिन-ब-दिन बढ़ते जा रहे हैं। इस तथाकथित आधुनिक भारतीय संस्कृति में भारतीय कुछ नहीं बचा है; संस्कृति भी लगभग नहीं बची है; आधुनिक कितना है यह बिलकुल सन्दिग्ध है; लेकिन इसी पर गर्व करने वालों की संख्या लगातार बढ़ती जा रही है। और ऐसे लोग यत्नपूर्वक अपनी जीवन परिपाटियों के सम्बन्ध में अपनी सारी जानकारी को मिटाने में भी लगे हुए हैं मानो नया संस्कार न मिला तो न सही, पुराना तो मिट ही जाना चाहिए!

पश्चिम में पुराने संस्कारों का मोह बिलकुल नहीं है, लेकिन उसका ज्ञान पूरा है और ज्ञान बनाए रखने की चिन्ता भी पूरी है। वहाँ आप जानना चाहें कि जो लोग पचास वर्ष पहले, सौ वर्ष पहले, दो सौ वर्ष पहले, तीन सौ, चार सौ, पाँच सौ, हज़ार वर्ष पहले कैसे रहते थे, कैसे उठते-बैठते थे, कैसे खाते-पीते थे, किन उपस्करों का इस्तेमाल करते थे, तो प्रत्येक की पूरी और प्रमाणयुक्त जानकारी आपको मिल जाएगी-किताबी जानकारी, चित्र, मॉडल और खुले संग्रहालयों में संगृहीत झोंपड़ी और गाँव-घर तक। और पुराने नगरों में जाएँ तो हर गली-कूचे, हर मकान, खिड़की-दरवाज़े का इतिहास भी मिल जाएगा। सब कुछ बदलता जाएगा-और परम्परा अटूट भी बनी रहती चली जाएगी; क्योंकि विकास भी एक सांस्कृतिक मूल्य है और ऐतिहासिक क्रमबोध भी एक ऐतिहासिक मूल्य है।

मगर यहाँ?

इस प्रश्न को अनुत्तरित छोड़ देना ही कदाचित् सच्चाई के पूरे विस्तार को सामने ला सकेगा!

सामाजिक शिष्टाचार भी संस्कृति का एक अंग है। निःसन्देह सामाजिक विषमता को कम करते हुए और समता की ओर बढ़ते हुए हम ऐसे बहुत से स्तरभेद छोड़ देंगे जो पहले आत्यन्तिक महत्त्व रखते थे। बन्धुजनों को नमस्कार करने का एक ढंग था, गुरुजनों को नमस्कार करने का दूसरा, ब्राह्मणों को तीसरा और देवता को चौथा; बिलकुल ज़रूरी नहीं है कि हम इस स्तरभेद का इस आधार पर आज निर्वाह करें। लेकिन समतावादी समाज में भी छोटे-बड़े का, व्यक्तित्व का और पद का भेद

पहचाना जाता है और आचरण को प्रभावित करता है। फिर जो था, वह आज वांछनीय न भी हो तो भी उसकी ऐतिहासिक जानकारी न केवल पाप नहीं है बल्कि हमें अपने वर्तमान की पहचान में सहायता करती है। ऐतिहासिक बोध से अलग वर्तमान, वर्तमान भी नहीं रहता, क्योंकि उसके परिदृश्य की पहचान हम खो चुके होते हैं।

फिर और भी सोचिए। हम लोग आपस में तो नमस्ते-नमस्कार कर लेते हैं; लेकिन आपको क्या कभी यह देखकर धक्का लगा है कि गाँव-देहात का अनपढ़ व्यक्ति भी उजले कपड़े पहने किसी शहरी को देखकर 'गुड मॉर्निंग' कहने में गर्व का अनुभव कर रहा है, बल्कि सुबह हो या शाम, दिन हो या रात, वह 'गुड मॉर्निंग' ही कहता है, क्योंकि नमस्कार का एक ही पर्याय उसने सीखा है-और इस एक अधूरी उपलब्धि के अहंकार में वह अपनी पुरानी सारी जानकारी गँवा बैठा है! फिर अगर आपको भारत में पूर्व के देशों की यात्रा का सुयोग मिला है तो क्या आपने यह भी लक्ष्य किया कि जहाँ स्वदेश में हम अंग्रेज़ी का विरोध करते हुए भी अंग्रेज़ी संस्कार के ग़ुलाम बने रहते हुए 'शुभ प्रभात' और 'शुभ रात्रि' जैसे अर्थहीन आविष्कार करते रहे, वहाँ कंबुजिया अथवा थाईदेश का व्यक्ति अभी तक 'प्रातः स्वस्ति' और 'सायं स्वस्ति' (अपने उच्चारण में **प्राट्सोस्टि** और **सायों सोस्टि**)-कहकर अभिवादन करता है? इसी तरह की छोटी-छोटी घटनाएँ जब हमें चौंकाती हैं तो भारतीयता की चेतना जागती है, मानसिक दासता के बहुत से सूक्ष्मतर संस्कार भी हमारे सामने उजागर हो उठते हैं जिनकी ओर हमारा ध्यान पहले नहीं गया था। अनुवादगन्धी भाषा को स्वीकार कर लेना केवल भाषिक स्तर पर दासता नहीं है बल्कि सांस्कृतिक हीनत्व का स्वीकार है-इतना गहरा स्वीकार कि हमें यह भी पहचान नहीं रहती कि हमने अपने साथ क्या कर लिया है-इसकी पहचान भी ऐसे ही झटकों से ताज़ा होती है।

संस्कृति और सांस्कृतिक चेतना का नारी से और समाज में नारी के स्थान से गहरा सम्बन्ध है, यह कहना मानो एक स्वयंसिद्ध बात को दोहराना है। लेकिन जब स्वयंसिद्ध बातें हमारे विवेक को थपकी देकर सुला देती हैं तब उनकी स्वयंसिद्धता पर भी प्रश्नचिह्न लगाना उपयोगी होता है। भारतीय संस्कृति का अभिमान करने वाले भी बड़ी आसानी से कह जाएँगे कि 'हमारा संस्कृति में तो नारी पूज्य है-**यत्र नार्यस्तु पूज्यन्ते**...वग़ैरह। लेकिन जो था या जो स्मृतियों और शास्त्रों में विधीत है, और जो आज प्रत्यक्ष है, उन दोनों के बीच का वैषम्य भी तो देखना होगा! और फिर अपने आप से यह भी तो पूछना होगा कि जितनी बुराइयाँ आज हमें दीखती हैं क्या

उन सबकी ज़िम्मेदारी पश्चिमी सभ्यता पर डालकर हम पल्ला झाड़कर अलग खड़े हो जा सकते हैं, या कि विकृतियों की जड़ कहीं हमारी मानसिकता में और, हाँ, हमारी सांस्कृतिक और पारंपरिक मूल्यदृष्टि में भी रही? क्या कारण है कि गली में दो पुरुष लड़ते हैं और तुरन्त हिंसा का लक्ष्य हो जाती हैं एक-दूसरे से सम्बद्ध नारियाँ, जिनका न उस लड़ाई से कोई वास्ता है, न जो मौक़े पर उपस्थित ही हैं? क्या हमारे समाज में व्यापक रूप से प्रचलित माँ-बहन की गालियाँ भी नारी-पूजा के सिक्के का दूसरा पहलू नहीं हैं? मन्दिर में भी देवता की खंडित मूर्ति की पूजा नहीं होती। मूर्ति के खंडित हो जाने पर मन्दिर भी उपेक्षित होकर खंडहर हो जाने दिया जाता है। हमारा परिवेश ऐसे खंडहरों से भरा पड़ा है। नारी को देवता बनाकर हमने उसे भी उतना ही असहाय बना रखा है और सदियों से उसके प्रति अन्याय करते आए हैं। उसकी प्रतिमा भी एक बार खंडित अथवा लांछित-चाहे झूठ ही-हो जाने पर न केवल पूज्य नहीं रहती बल्कि मानो गिनती से ही बाहर हो जाती है। फिर उस पर क्या-क्या अत्याचार हुए, उससे मानो किसी का कोई सरोकार ही नहीं रहता-उस इकाई को हमने अपने बोध के क्षितिज से परे ठेल दिया है।

भारतीय संस्कृति और उसमें नारी के स्थान पर गर्व करते हुए-और निश्चय ही गर्व करने के भी बहुत से कारण हैं-हमें यह भी पूछना चाहिए कि नारी को पूज्य मानने में और उसे हमेशा माँ-बहन, बहू-बेटी आदि के रूप में देखने में क्या हम वास्तव में उसके स्वतंत्र व्यक्तित्व को नकारने का ही रास्ता नहीं निकालते रहे हैं? हमने कहा कि पूजा और गाली एक ही सिक्के के दो रुख़ हैं। उसी तरह यह भी सच है कि नारी को हमेशा किसी रिश्ते में देखना जहाँ उसे आत्मीयता का गौरव देना है वहाँ उसके स्वतंत्र व्यक्तित्व का नकार भी है।

संस्कृति की चेतना उत्सवों और मनोरंजनों के प्रति भी एक नई दृष्टि देती है। सिनेमा और कॉमिक ही नहीं, बच्चों के खेल भी संस्कृति में अपना स्थान और प्रभाव रखते हैं, संस्कार देने और पाने के साधन होते हैं और इसलिए सांस्कृतिक प्रभाव के साधन भी बनाए जा सकते हैं। बच्चों के खेलों में ग्रीक भाषा के शब्द पहचान कर भाषाविज्ञानी तो स्फूर्ति का अनुभव कर सकते हैं, लेकिन संस्कृति के समाजशास्त्री को भी चौंकना चाहिए। संस्कृतियों में आदान-प्रदान हमेशा होता रहा है और होता रहेगा, होते रहना भी चाहिए, लेकिन बराबर के आदान-प्रदान एक चीज़ होते हैं और नक़ल दूसरी चीज़। अगर पंजाब के ठेठ देहात के बच्चे मंडली बाँधकर नाचते हुए खेल का जो गीत गाते हैं उसमें वृत्त के लिए प्राचीन ग्रीक शब्द 'कीकली' मिलता है तो उसका एक मूल्य है। और आज नर्सरी स्कूल के बच्चों को जब

सिखाया जाता है, 'भालू चढ़ गया पहाड़ पर' तो उसका मूल्य और अर्थ बिलकुल दूसरा है। इसी प्रकार जब आँखमिचौनी खेलते हुए बच्चे गाते हैं :

लुक-छिप जाना मकई दा दाना
राजे दा बेटा आऽया जेऽऽ!

तो इसमें हम उस सामाजिक स्थिति का प्रतिबिम्ब भी पहचान सकते हैं जिसमें राजे का बेटा राजस्व के रूप में अनाज बटोरने निकलता था, और किसान का वह पुराना संस्कार भी जिसमें वह मकई का दाना छिपाकर रखना सुरक्षा का एक सहज उपाय समझता था। समाजशास्त्री एक परिणाम निकालेगा कि अनाज को छिपाकर रखने की प्रवृत्ति हमारे किसान में पुराने ज़माने से चली आई है; हम एक दूसरा भी परिणाम निकालना चाहेंगे कि बहुत-से वर्णगत और वर्गगत संस्कार इसी तरह खेल-खेल में प्राप्त किए जाते हैं और इसलिए खेल-खेल में दिए भी जा सकते हैं। एक-दूसरे खेल में आमों की टोकरी में से एक-एक आम जब राजा के लिए, माली के लिए, चौकीदार के लिए, कोतवाल और सिपाही के लिए निकाल लिया जाता है और अन्त में किसान अगर एक आम बचा भी पाता है तो इसीलिए कि उसका कोई मालिक प्रकट होने से पहले वह उसे ले भागता है, तो यह एक तरफ़ बीते कल के ग्राम समाज के शोषण पर तीखी टिप्पणी तो है ही, साथ ही, यह खेल में आगामी कल की उन परिस्थितियों का गहरा संस्कार बैठा देना भी है, जिसमें खेलने वाले बच्चे अपने को पाएँगे। वास्तव में इस खेल की मूल स्थिति या **आर्किटाइप** वही है जो प्रेमचन्द के **गोदान** में ठाकुर और किसान के बीच प्रकट होती है जब ठाकुर दस रुपये का दस्तावेज लिखाकर किसान को पाँच रुपये देता है। किसान चकराकर पूछता है, 'यह तो पाँच हैं मालिक!'

'पाँच नहीं, दस हैं। घर जाकर गिनना।'

'नहीं सरकार, पाँच हैं।'

'एक रुपया नज़राने का हुआ कि नहीं?'

'हाँ, सरकार।'

'एक तहरीर का?'

'हाँ, सरकार।'

'एक कागद का?'

'हाँ, सरकार।'

'एक दस्तूरी का?'

'हाँ, सरकार?'

'एक सूद का?'

'हाँ, सरकार।'

'पाँच नकद, दस हुआ कि नहीं?'

'हाँ, सरकार! अब पाँचों भी मेरी ओर से रख लीजिए।'

'कैसा पागल है?'

'नहीं सरकार, एक रुपया छोटी ठकुराइन का नज़राना है, एक रुपया बड़ी ठकुराइन का। एक रुपया छोटी ठकुराइन के पान खाने को, एक बड़ी ठकुराइन के पान खाने को। बाक़ी बचा एक, वह आपकी क्रियाकरम के लिए!'

हम नहीं जानते, प्रेमचन्द बच्चों के उस खेल से परिचित थे; लेकिन उपन्यास में **आर्किटाइपल सिचुएशन** वही है; और अगर उन्होंने उसे किसान की ओर से परिस्थिति के स्वीकार का आधार न बनाकर तीखे व्यंग्य का आधार बनाया है, तो उस व्यंग्य को भी इस बात से अतिरिक्त बल मिला है कि किसान युग-युगों से शोषण के इस रिश्ते से परिचित रहा है और खेल में भी उसे अपनी नियति के रूप में स्वीकार करता आया है। और क्या आज भी स्थिति बहुत भिन्न है? किसान ही नहीं, कहीं से कुछ भी उपार्जन करने वाला राह में कितनी जगह लुटता है, कितने गिद्धों के लिए उसे गुंजाइश रखनी पड़ती है–आज किसी भी सरकारी दफ्तर से वास्ता रखने वाला हर व्यक्ति अपने अनुभव से जानता होगा!

संस्कृति और श्रम के रिश्ते भी चेतना के क्षेत्र में आने चाहिए। अलग-अलग संस्कृतियों में श्रम के बारे में अलग-अलग धरणाएँ रही हैं और उन धारणाओं को सम्पूर्णतया आर्थिक सम्बन्ध का परिणाम बताना वास्तव में सांस्कृतिक प्रक्रिया को अधूरा समझकर उसे विकृत करना है। निःसन्देह संस्कृतियों के विकास का और उस पर आधारित श्रम सम्बन्धों के परिवर्तन का अद्वितीय महत्त्व रहा है। लेकिन श्रम के मूल्य के विषय में संस्कृतियों की दृष्टि केवल इतने ही से नियंत्रित नहीं होती, यह पहचानना ज़रूरी है–आज के युग में तो और भी ज़रूरी है जब यांत्रिक औद्योगिकी के विकास के साथ जगह-जगह ऐसा मनोभाव भी पनपने लगा है कि श्रम मात्र एक बोझ और एक लाचारी है। समाजशास्त्री भी अपने विशेषीकृत ज्ञान से बँधकर इस बात को भूलने लगे हैं कि श्रम केवल लाचारी नहीं है बल्कि एक उत्कृष्ट कोटि का सुख भी है और होना चाहिए; कि जो सभ्यता श्रम मात्र को एक निरा बोझ, एक अनिवार्यता बना देती है अथवा मान लेती है–एक ऐसा काम जो करना ही है, जिसमें रस लेने का कोई सवाल नहीं है, जिससे कोई आत्मतोष नहीं हो सकता इसलिए जिसके साथ अच्छाई और बुराई का, अच्छे काम के गर्व का और घटिया काम के लिए कम मेहनताने का नहीं बल्कि एक आत्मभर्त्सना का भाव होने की कोई सम्भावना नहीं है–वह सभ्यता आत्मघात के रास्ते पर है। कदाचित् आज हम अलग-अलग डगरों-पगडंडियों से आत्मघात के इसी राजमार्ग पर आ गए हैं। गाँधी अथवा शूमाख़र जैसे इने-गिने व्यक्ति इस बात की ओर ध्यान दिलाकर

संस्कृति की हमारी चेतना को जगाने का प्रयत्न करते रहे हैं। यों तो हम भी अंग्रेज़ी के पुराने आदर्श वाक्य **वर्क इज़ वर्शिप** के मुकाबले शास्त्रों से बहुत-से प्रमाण वाक्य प्रस्तुत कर सकेंगे जिनमें श्रम को यज्ञ को महत्त्व दिया गया है। लेकिन, जैसा हम पहले भी कह आए, सांस्कृतिक चेतना केवल शास्त्र के प्रमाण से सिद्ध नहीं हो जाती : ऐतिहासिक साक्ष्य अथवा परम्परा उसका एक आधार मात्र है। चेतना तो चैतन्य होकर ही हो सकती है।

एक अन्तिम मूल्य की ओर ध्यान दिलाना उचित होगा। वह मूल्य है–स्वातंत्र्य। दर्शनशास्त्रियों में ऐसे अनेक होंगे जो कहेंगे कि यह मूल्य पश्चिमी सभ्यता का है; कि भारतीय सभ्यता में धर्म को और उसके अधीन विश्व मात्र से तादात्म्य और सामंजस्य को जो महत्त्व दिया गया है, पश्चिमी संस्कृति में उसी के समकक्ष स्वातंत्र्य का मूल्य रखा गया है; कि उसके अधीन व्यक्ति के अकेलेपन, उसके उत्तरदायित्व, नैतिक निर्णयों की आवश्यकता और इसलिए भूल होने पर पापबोध का संकट–ये सब पश्चिम के हैं। अवश्य ही सभ्यताओं और संस्कृतियों की तुलना और उनकी मूल दृष्टियों के विवेचन के लिए इस प्रतिज्ञा से भी आरम्भ किया जा सकता है और ऐसा विवेचन विभिन्न संस्कृतियों की विशेषता को उजागर करने में सहायक होगा। और अगर हम अपनी संस्कृति के अलावा दूसरी संस्कृतियों के मूल्यों को भी पहचान और समझ सकते हैं तो हमारे संवेदन का विस्तार बढ़ता है, हम अधिक संस्कारवान होने की अर्हता प्राप्त करते हैं और इसलिए अपनी संस्कृति को सम्पन्नतर बना सकने की स्थिति में आ जाते हैं। लेकिन 'मैं' और 'हम' के व्यष्टि और समष्टि के इस सापेक्ष महत्त्व की ओर संकेत कर देने के बाद हम यह आवश्यक नहीं समझते कि दोनों को विरोध के ही सम्बन्ध में जोड़कर रखा जाए। 'अकेले होने' और 'साथ चलने' की व्यापक परिकल्पनाओं ने विभिन्न संस्कृतियों को जो कुछ दिया है उसे अगर हम पहचान सकते हैं तो हम टकराहट की स्थिति से ऊपर भी उठ सकते हैं। और यह 'ऊपर उठ सकना' ही सारे सांस्कृतिक उपक्रम के मूल में होता है।

उपसंहार करते हुए कहें कि संस्कृति का अनिवार्य सम्बन्ध मूल्यदृष्टि से होता है और अगर हममें संस्कृति की चेतना है अथवा जागती है तो उसका अर्थ केवल इतना नहीं है कि हम परम्परा से चले आए मूल्यों को पहचान लें और स्वीकार कर लें। चेतना केवल स्वीकार भाव नहीं है। मूल्यदृष्टि की चेतना मूल्यों की अर्थवत्ता की अनवरत खोज की प्रक्रिया है। अर्थवत्ता की यह खोज मूल्यों की प्रत्यभिज्ञा तक ही सीमित नहीं रह सकती बल्कि उनका पुनर्मूल्यांकन और प्रमाणीकरण भी करती चलती है और वैसा करना अपना अनिवार्य कर्तव्य मानती है। दूसरे शब्दों में कहें कि कोई भी चेतनासम्पन्न संस्कृति (वास्तव में तो चेतनासम्पन्न न रहने पर उसे

संस्कृति कहना ही नहीं चाहिए, लेकिन संस्कृति की जड़ अवस्थाओं को भी संस्कृति समझने की भूल में पड़ जाना बहुत कठिन नहीं है!)–कोई भी चेतनासम्पन्न संस्कृति एक जिज्ञासु भाव अथवा प्रश्नाकुलता लिये रहती है। और प्रश्न पूछने का यह सामर्थ्य, इस आकुलता की मात्रा, उसकी जीवन्तता, उसके चैतन्य की माप हो सकती है। संस्कृति का विचार हम करें तो इस दृष्टि से अतीत परम्परा का मूल्य आँकें, इसी दृष्टि से भविष्य का पथ निर्धारण करें। तभी हम अपने वर्तमान को भी पहचान सकते हैं। बोधरहित वर्तमान भी है अवश्य–बाहर भौतिक जगत में बहुत घटित हो रहा है जिसे वर्तमान ही कहेंगे क्योंकि वह है; लेकिन 'वर्तमान' शब्द में ही बदलाव की पहचान का भी भाव निहित है। उस बदलाव के साथ हमारा सम्बन्ध क्या हो, कैसे हम केवल उसके साधन न बनकर उसे प्रभावित भी कर सकें, नियन्ता होकर उसे दिशा दे सकें, यह जानना ही संस्कृति की चेतना है।[1]

1. शाह गोवर्द्धन काबरा स्मृति व्याख्यान, जोधपुर, अगस्त, 1980

भाषा और समाज

मैं भाषाशास्त्री नहीं और पंडित भी नहीं हूँ। हिन्दी का लेखक अवश्य हूँ, और इस नाते वर्षों से हिन्दी भाषा की साधना करता रहा हूँ, अब भी करता हूँ। भाषा और समाज की चर्चा का आरम्भ मैं यहाँ से करना चाहता हूँ कि भाषा के बारे में मेरी क्या धारणा है, भाषा को मैं क्या समझता हूँ।

मेरी दृष्टि से भाषा मात्र मनुष्य के मनुष्य होने की पहचान और शर्त है। भाषा के बिना मनुष्य नहीं होता; पशु से मनुष्य के विकास में भाषा ही वह सीढ़ी है जिसको पार करके वह मनुष्यत्व प्राप्त करता है। अवधारणा करने की शक्ति और उसके साथ-साथ यह प्रश्न पूछने की शक्ति कि मैं कौन हूँ या कि मैं क्या हूँ या मैं क्यों हूँ–यही मनुष्यत्व की पहचान है; और यह शक्ति तब से प्रारम्भ होती है जब से जीव को भाषा मिलती है। भाषा मिलने के बाद यह मनुष्यरूपी जीव उसी प्रकार के सभी पशुरूपी जीवों से अलग हो जाता है।

अवधारणा करने की यह शक्ति मिलने के बाद, जैसा मैंने कहा, मनुष्य यह पूछ सकता है कि 'मैं कौन हूँ?' एक 'मैं' की भावना, 'मैं' की एक पहचान और तद्विषयक जिज्ञासा उसमें आती है। बिना इसके किसी समाज में अपनी अस्मिता की पहचान नहीं हो सकती। सबसे पहले **भाषा अपने आपको पहचानने का साधन है**। भाषा के बिना अस्मिता की पहचान नहीं होती और भाषा उसके साथ अनिवार्य रूप से जुड़ी हुई है। आज अगर किसी समाज को उसकी भाषा से काट दिया जाए तो इतना नहीं है कि उससे एक भाषा छीनकर हम उसको कोई दूसरी भाषा देते हैं; हम उसकी अस्मिता को भी खंडित कर देते हैं। हिन्दी के प्रति मेरा ज़ो लगाव है, उसकी बुनियाद में एक चीज़ यह भी है कि मैं केवल अपने मनुष्य होने को नहीं, भारत के आज के मनुष्य के रूप में अपने आपको पहचानने के लिए हिन्दी को अपनी पहली और मूल भाषा मानता हूँ। हिन्दी के बिना मैं मैं नहीं रहता, इसलिए मैं हिन्दी की साधना करता हूँ। क्योंकि मैं अपनी भाषा के साथ ऐसा सम्बन्ध जोड़ता हूँ, इसलिए दूसरी सभी भाषाओं के बोलने वालों का अपनी-अपनी भाषाओं के प्रति वैसा ही मनोभाव रखने का अधिकार भी स्वीकार करता हूँ।

दूसरी चीज़ जो भाषा करती है–उसी अवधारणा करने की शक्ति के आधार पर–वह यह कि **भाषा मूल्यों की सृष्टि करना सम्भव बनाती है**। सिर्फ़ अपनी अस्मिता की पहचान का नहीं, हम **क्यों** जीते हैं इसका भी कुछ आधार हमें भाषा के कारण मिलता है। उससे पहले के जितने जीव हैं वे जीते हैं तो जीते रहने के लिए जीते हैं; जिजीविषा ही अन्तिम और स्वयंसिद्ध तर्क होता है। लेकिन मनुष्य भाषा के नाते ऐसे मूल्यों की सृष्टि कर सकता है और करता है–और सृष्टि करने के बाद उनको अनिवार्य मानता है–जिनके लिए वह जीता है। मनुष्य पहला ऐसा प्राणी है जो सिर्फ़ जीवित बना रहने के लिए नहीं जीता, जो कि जीने के लिए कोई आधार चाहता है कि 'मैं इन मूल्यों के लिए भी जीता हूँ।' तो भाषा की दूसरी शक्ति और उसका दूसरा महत्त्व इसमें है कि वह हमारे मूल्यबोध का एक आधार हमें देती है। हम मनुष्य होने पर भाषा पाकर ऐसे मूल्यों की सृष्टि करते हैं जिन्हें हम अपने से बड़ा मान लेते हैं, जिनके लिए हम प्राण देना भी अनुचित नहीं मानते। अपने को बनाए रखने के लिए उन मूल्यों की सृष्टि करते हैं, लेकिन उन मूल्यों की रक्षा के लिए अपने को मिटा देने के लिए तैयार हो जाते हैं। यह सामर्थ्य, यह शक्ति हमें भाषा के साथ मिलती है।

तीसरी एक चीज़ और भी भाषा के साथ सम्भव होती है। **भाषा के द्वारा हम यथार्थ की एक नए ढंग की पहचान कर सकते हैं**। यों तो कोई भी पशु, कोई भी प्राणी जिस तरह की परिस्थिति में हों, एक तरह के यथार्थ की पहचान उसको होती है। भूख उसको लगती है, भूख के लिए भोजन खोजता है। डर उसको होता है, डर से वह भाग भी सकता है, आक्रमण भी कर सकता है, इत्यादि। तो परिस्थिति की इस तरह की पहचान को, किसी सहज प्रतिकृति की प्रेरणा को, मैं यथार्थ की पहचान नहीं कह रहा हूँ, इससे कुछ बड़ी, इससे कुछ गहरी–और कोई चाहे तो यह कह सकता है कि एक हद तक झूठी–**यथार्थ की पहचान हमको भाषा के कारण मिलती है**। जिस चीज़ को हम पहचान रहे हैं, उसको आत्मसात् करके उसके प्रति किसी तरह की भी विवेक पर आधारित प्रतिक्रिया हम भाषा के बिना नहीं कर सकते। भय की प्रतिक्रिया, अभिव्यक्ति और सम्प्रेषणा भी बिना भाषा के हो सकती है, लेकिन सोच-समझकर कोई भी क्रिया अगर हमें करनी है तो उसके लिए भाषा अनिवार्य हो जाती है और सोचना-समझना यथार्थ की पहचान का ही एक दूसरा नाम है। सोच का एक भाषातीत स्तर भी होता है, पर उसे भाषातीत होने का बोध भी भाषासम्पन्न प्राणी को ही हो सकता है। यों उस स्तर की चर्चा करना यहाँ विषयान्तर ही होगा।

यथार्थ की पहचान में भाषा एक और कार्य भी करती है। **भाषा यथार्थ की सिर्फ़ पहचान ही नहीं कराती, उसको एक व्यवस्था भी देती है**। भाषा का क्रम

यथार्थ की पहचान का एक क्रम हमें देता है और उससे हम इतना बँध जाते हैं कि हमारा सोचना उसी क्रम में हो सकता है, उससे बाहर नहीं हो सकता। इस प्रकार यथार्थ को एक रूप देने, एक व्यवस्था देने का काम भी भाषा करती है, यह बात भी हमें ध्यान में रखनी चाहिए। **नासदीय** स्थिति से भाषा हमें सबल **सदासीत्** की चेतना में लाती है, नहीं तो हम यह कहने योग्य भी न हो पाते कि **सो अङ्ग वेद यदि वा न वेद**!

ये तीन शक्तियाँ हैं-अपनी अस्मिता की पहचान, मूल्यबोध की सम्भावना और यथार्थ की पहचान। मैं समझता हूँ कि भाषा का महत्त्व हमारे जीवन में इसलिए है कि ये तीन रास्ते, और अन्तहीन रास्ते, भाषा हमारे सामने खोल देती है। इन तीनों को अलग-अलग करके एक बार देख लें तो उसके बाद मैं यह कहना चाहता हूँ कि इन तीनों का जोड़ हमारी संस्कृति होती है। संस्कृति में ये तीनों चीज़ें आवश्यक हैं-(1) कि हमें यथार्थ की पहचान हो, (2) कि हमें अस्मिता की पहचान हो और (3) कि हममें मूल्यबोध हो। ये संस्कृति की बुनियाद होती हैं और इसलिए यह कहना अनुचित नहीं होगा कि **भाषा संस्कृति की बुनियाद होती है**। तो एक समग्र अस्मिता का, एक आत्मभाव का, उपकरण, या साधन भी भाषा होती है। **संस्कृति वह सत्ता है जो कि उसमें भाग लेनेवाले सब लोगों को सिर्फ़ मिलाती ही नहीं, उनमें यह बोध भी जगाती है कि हम एक हैं**। भाषा के बारे में किसी विचार-विमर्श के मूल में, मैं सोचता हूँ, यह बात स्पष्ट या कि निहित रूप से मानी हुई होनी चाहिए। या तो हमें यह मानकर चलना चाहिए या पहले यह स्पष्ट कर लेना चाहिए कि इस समान प्रतिज्ञा से हमारी यात्रा आरम्भ होगी।

यों तो प्रस्तुत विषय में संस्कृति की चर्चा कहीं नहीं है, समाज की चर्चा है। लेकिन मैंने संस्कृति से आरम्भ किया है। वैसा करना मैं उचित और आवश्यक समझता हूँ, क्योंकि मैं समाज को संस्कृति से अलग करके भी नहीं देखता और न यही मानता हूँ कि समाज बड़ी चीज़ है और संस्कृति छोटी चीज़; बल्कि इससे ठीक उलटा मानता हूँ। मैं जानता हूँ कि बहुत-से लोग मेरे ऐसा सोचने का विरोध करते हैं, करेंगे। मैं यह समझता हूँ कि **समाज संस्कृति की किसी एक युग से बँधी हुई अवस्था का नाम है**। किसी एक युग में उस संस्कृति में जितने संस्थान हैं, उनकी जो व्यवस्थाएँ हैं, उनका जो मूल्यबोध है इत्यादि, उस सबको हम उस समय का समाज कहते हैं। मेरी दृष्टि में संस्कृति एक व्यापकतर चीज़ है और समाज उसका एक समय से बँधा हुआ रूप है। इस बात को भी आरम्भ में कहना मैं क्यों आवश्यक समझता हूँ, इसका महत्त्व क्रमशः प्रकट हो जाएगा। संस्कृति एक व्यापक और दीर्घकालीन ढांचा है जिसके अन्दर हमारे समाज की भावना उदित होती है और रूप लेती है। समाज के साथ भाषा का सम्बन्ध भी मैं इसी सन्दर्भ के

भीतर जोड़ता हूँ। जैसे समाज कहने पर मैं संस्कृति की समग्र और सतत् प्रक्रिया के किसी एक देशकाल में बँधे हुए रूप को सामने लाता हूँ, उसी तरह समाज के साथ जब भाषा को जोड़ता हूँ तो उसकी भी उसी काल सीमा के भीतर की अवस्था पर विचार करता हूँ।

मैंने आरम्भ में भाषा की जो तीन शक्तियाँ बताईं उनको भी हम उसी एक काल में बँधे हुए सन्दर्भ में देख सकते हैं। हमारी अस्मिता की पहचान भी समय-समय पर बदलती है, हमारा मूल्यबोध भी बदलता है, हमारे मूल्य भी बदलते हैं, अलग-अलग समय पर अलग-अलग होते हैं। और हमारी यथार्थ की पहचान भी समाज के साथ इस अर्थ में जुड़ी होती है कि एक व्यापक यथार्थ के साथ और उसकी परिधि के भीतर हम एक युगीन यथार्थ की पहचान करते हैं। अब भाषा भी एक तो वृहत्तर सांस्कृतिक ढाँचे के साथ जुड़ी हुई भाषा होती है और दूसरा उसका वह रूप होता है जो समय के साथ-साथ लगातार बदलता चलता है। एक स्थायी या कि अपेक्षया स्थिर रूप और एक उसका चलन्त और रोज़-रोज़ बदलने वाला रूप है। समाज में हम इन दोनों की भी पहचान करते हैं, जैसे कि किसी भी समाज में रहते हुए हम उसकी युगीन आवश्यकताओं को और उसकी लम्बी परम्परा को अपने सामने रखता हूँ।

यहाँ पर भाषा को लेकर एक और समस्या मेरे सामने आती है। समाज के साथ हम जब भाषा को जोड़ते हैं तो उसकी युगधर्मिता की ओर ध्यान देते हैं। अंग्रेज़ी शब्द की शरण लें तो उसका **फ़ंक्शनल** रूप हमारे सामने आता है। अब अगर भाषा का एक फ़क्शनल महत्त्व भी है तो अनिवार्यतया वह व्यवहार से जुड़ी हुई है। और भाषा को व्यवहार के साथ जोड़ने को मैं नहीं समझता कि 'व्यवहारवाद' कहना चाहिए। आख़िर हमारे सारे सामाजिक व्यवहार का आधार भाषा है और भाषा है भी सामाजिक व्यवहार के लिए। अगर यह बात सही है तो क्या ऐसा कहने को 'व्यवहारवादी दृष्टि' कहकर उसकी प्रकट या निहित भाव से निन्दा उचित है? व्यवहार और व्यवहारवाद अलग-अलग चीज़ें हैं। इस पर यहाँ ज़ोर देना इसलिए आवश्यक जान पड़ रहा है कि भाषा की चर्चा में प्राय: इसकी गुंजाइश रह जाती है कि हम इस बात को अनदेखा कर जाएँ। भाषा का एक **फ़ंक्शनल** या प्रयोजनमूलक उपयोग है, हमारे दैनन्दिन जीवन में उसका एक स्थान है, हमारे प्रयोजनों का वह साधन है। यह पहचान और उसके आधार पर भाषा से काम लेना एक बात है और भाषा के बारे में 'व्यवहारवादी दृष्टि' अपनाना दूसरी बात। भाषा से ऐसे काम लिया जा सकता है, इसको मैं व्यवहारवादी दृष्टि नहीं कहता, यद्यपि

हर व्यवहार के साथ भाषा अनिवार्यतः जुड़ी हुई है और हमें यह मानना होगा कि भाषा के बिना व्यवहार नहीं हो सकता और जिस भाषा का व्यवहार से सम्बन्ध नहीं है वह भाषा समाज से भी टूट जाएगी।

इस प्रयोजन को व्यवहारवाद से हम अलग कर सकें और भाषा के अवमूल्यन का प्रश्न सही सन्दर्भ में रख सकें, इसके लिए हमें भाषा का यह रूप पहचानना आवश्यक होता है। असल में व्यवहार के साथ भाषा को जोड़ने से ही उसका अवमूल्यन होता है और आज हो रहा है, उसकी चिन्ता हमें होनी चाहिए, यह बात तो सही है। लेकिन उसके कारणों को सही सन्दर्भों में रखकर देखना चाहिए। पूरी समस्या को आसान रूप में प्रस्तुत करने लगूँ तो कहूँगा कि जिस आविष्कार को आज की भाषा में **मीडिया** कहा जाता है, जहाँ से उसका आरम्भ हुआ है, जहाँ से व्यापक संचार माध्यमों का, विस्तृत लोक सम्पर्क, प्रचार विज्ञापन या **मास कांटैक्ट** के लिए इन दूर प्रभावी साधनों का उपयोग होने लगा है, वहीं से भाषा का अवमूल्यन होता है। यह समस्या व्यवहार की नहीं है। यह उससे व्यापकतर समस्या का एक पहलू है। भाषा का अवमूल्यन इसलिए होता है कि व्यापक जनसम्पर्क के नाम पर हम वास्तव में कुछ अन्य चीज़ों का, या सही बात कहें तो कुछ गहरे मूल्यों का अवमूल्यन कर रहे होते हैं। भाषा का अवमूल्यन हमारा लक्ष्य या कि उद्‌देश्य नहीं होता, उन मूल्यों का अवमूल्यन हमारा उद्‌देश्य होता है या कि उद्‌देश्य नहीं भी होता तो भी हम उनका अवमूल्यन जानते-बूझते करते हैं और उसकी प्रतिक्रिया या उसके परिणाम में भाषा का अवमूल्यन होता है। सबसे पहले प्रचार के और विज्ञापन के लिए जब हम इस बड़े पैमाने पर और इतना दबाव देकर भाषा का उपयोग करते हैं कि उस दबाव के नीचे हमारा विवेक सिर न उठा सके, तब भाषा का अवमूल्यन इसलिए होता है कि हम उन चीज़ों का अवमूल्यन करते हैं जिनके साथ भाषा जुड़ी हुई है। उदाहरण के लिए, राजनीतिक प्रचार को अगर सबसे पहले लें तो उसमें सबसे पहले सत्य का अवमूल्यन होता है। हम सत्य का अवमूल्यन करते हैं, हम यथार्थ का अवमूल्यन करते हैं; इसलिए भाषा का अवमूल्यन हो ही जाता है, क्योंकि भाषा इन चीज़ों के साथ जुड़ी हुई है। राजनीतिक प्रचारक भाषा का अवमूल्यन करने नहीं निकलता बल्कि वह तो यह भी सोच और कह सकता है कि वह तो भाषा को प्रभावशाली बना रहा है! वह लोगों में एक ख़ास तरह का मनोभाव या कि विश्वास या कि उत्साह पैदा करने निकलता है जिसके लिए वह सच्चाई को छोड़ता है, जिसके लिए वह यथार्थ की सम्पूर्ण या समग्र चेतना को भी छोड़ता है। वह एक ख़ास तरह का चित्र प्रस्तुत करना चाहता है। जब भाषा इसका साधन बन जाती है तब उसका अवमूल्यन अनिवार्यतया होता है।

विज्ञापन के जगत में विज्ञापन देने वाला भी राजनीतिककर्मी से कुछ भिन्न नहीं

है। वह भी आपको विश्वास दिलाना चाहता है कि अमुक एक कोई वस्तु अच्छी हैं। अच्छा होने के जितने कारण वह देता है, उनमें कोई भी सच्चा कारण नहीं भी हो सकता है। यह तो सम्भव है कि कोई चीज़ सचमुच अच्छी भी हो, लेकिन वह वास्तव में अच्छी है, इतने ही से विज्ञापन नहीं होता। वह अच्छी इसलिए है कि बहुत-से लोग उसका व्यवहार करते हैं। अब अगर सौ आदमी झूठ बोलते हैं तो एक सौ एकवें आदमी के लिए झूठ बोलना अच्छा हो जाएगा, ऐसा नहीं; लेकिन विज्ञापनदाता इस भावना को उभारता है कि इतने अधिक लोग जो करते हैं वही करना अच्छा है, सच्चा है, यथार्थ है, सात्त्विक है, सत्य है, बुद्धिमानी है, आधुनिक है, आदि आदि। और ऐसा भी सम्भव है कि वह यह भी न करे-कि विज्ञापन की 'लाइन' यह न होकर दूसरी हो। वह कहे कि 'समाज में जो सम्पन्न हैं या जिनकी ओर लोग आँख उठाकर देखते हैं वे अमुक चीज़ ख़रीदते हैं'-इसलिए आप भी वह ख़रीदिए। क्यों? इसलिए कि आप भी वही ख़रीदेंगे तो अपने को इस धोखे में रख सकेंगे कि आप भी उस सम्पन्न वर्ग में शामिल हो गए, उनमें से एक हो गए जिसके लिए लोगों का ऐसा सम्मान है? अमुक मिल के कपड़े पहनिए, क्योंकि बड़े आदमी उस मिल के कपड़े पहनते हैं। वे बड़े आदमी चोर हैं या उचक्के हैं, या आप जानते हैं कि वे क्या-क्या कर रहे हैं; इसके बावजूद विज्ञापनदाता यह कहता है कि बड़े आदमी या सफल एक्टर या कि कम्पनी एग्जिक्यूटिव ऐसे कपड़े पहनते हैं, इसलिए आप ऐसे कपड़े पहनिए। इससे उनका कोई प्रयोजन नहीं है; न वह आपका ध्यान इस ओर ले जाना चाहता है कि वे कपड़े टिकाऊ हैं या नहीं, अच्छे हैं या नहीं। बल्कि शायद टिकाऊ होना इस समाज में उसकी एक कमी मानी जाएगी-क्योंकि यह भी तो आवश्यक है, आप हर साल नया सूट ख़रीदें। इसलिए कपड़े टिकाऊ होना उसके हित में नहीं है-जिस बात को वह आपके सामने यों रखेगा कि 'हमेशा फ़ैशन के साथ चलिए-बल्कि उसके एक क़दम आगे रहिए-**ट्रेंडी** कपड़ा पहनिए बल्कि **ट्रेंडसेटर** बनिए'! यों आप का अहं फूलेगा-और भाषा की अर्थवत्ता का ग़ुब्बारा पिचकता जाएगा!

और भी नमूने ऐसे अवमूल्यन के आप लीजिए। आज हमारे देश के विज्ञापन में आप पिछले दस साल में विज्ञापनों के स्वभाव में जो परिवर्तन आया है उसको देखें तो आप पहचान सकेंगे कि कितने व्यापक और संगठित रूप से विज्ञापनदाता सारे समाज के मानस को विकृत करने में लगे हैं, क्योंकि उस विकृति के सहारे वे अपना माल बेच सकते हैं। फ़ैशन की अपील, सौन्दर्य की या सेक्स की अपील, चीज़ों के बड़े होने की अपील। आप छोटे को छोटा कहकर नहीं बेच सकते। विज्ञापन तो प्राय: सब अंग्रेज़ी में होता है या अंग्रेज़ी के अनुवाद में होता है; तो किसी चीज़ का जो छोटा साइज़ होता है उसको छोटा साइज़ नहीं कहते-विदेशों में तो

यह हाल है कि पेट्रोल की कमी के कारण लोग छोटी कार ख़रीदना चाहते हैं, लेकिन अमेरिका में छोटी गाड़ी को **स्माल कार** कहकर बेचना लगभग असम्भव है–या कम-से-कम विज्ञापनदाता ऐसा मानता है। वह उसको **बिगेस्ट कॉम्पेक्ट कार** या **बिगेस्ट लिटिल कम्पेक्टर कार** या **मिनी जायंट** या ऐसा कुछ कहता है। उसका बिगेस्ट होना ज़रूरी है। 'सबसे बड़ी पिद्दी गाड़ी' कहकर वह उसको बेच लेगा, लेकिन 'छोटी गाड़ी' कहकर उसको नहीं बेच सकेगा–क्योंकि छोटी गाड़ी तो छोटे आदमी लेते हैं! और भी उदाहरण लें–छोटे साइज़ को वह जम्बो साइज़ कहेगा–सबसे छोटा आकार हाथी का है! हाथी से आगे ही वह चलता है। उसके आगे **जायंट** हो जाएगा–या फिर **जायंट** पहले और **जम्बो** बाद में हो जाएगा, फिर **फ़ैमिली साइज़** हो जाएगा। कुछ चीज़ों के लिए **इकॉनोमी साइज़** भी कहेगा, यद्यपि उसको सन्देह है कि **इकोनॉमी साइज़** में सिर्फ़ क़िफ़ायत के आधार पर विज्ञापन करने से चीज़ बहुत दूर तक नहीं पहुँचती है। लेकिन ऐसा वह कह सकता है कि 'जितने बड़े आदमी हैं या कि सिनेमा स्टार हैं अमुक साबुन का इस्तेमाल करते हैं'–इसलिए आप भी कीजिए, हालाँकि आप सिनेमा स्टार नहीं हैं, न कोई ऐसा विश्वास आपको दिला रहा है कि आप वह साबुन लगाकर सिनेमा स्टार हो जाएँगे; लेकिन आपके मन में कहीं-न-कहीं इस तरह की कोई आकांक्षा है, ऐसी होड़ का भाव है और उसके सहारे वह अपना साबुन बेच ले जाएगा...

तो ये सब भाषा के अवमूल्यन के रास्ते हैं। लेकिन इनमें से कोई भी यह सोच कर नहीं चलता कि वह भाषा का अवमूल्यन कर रहा है। वास्तव में वह ऐसा करता है, लेकिन यह उसका लक्ष्य नहीं है। तो यह चीज़ हमें पहचाननी चाहिए कि भाषा का अवमूल्यन इसलिए होता है कि ये प्रचार के साधन, विज्ञापन के साधन सबसे हीनतर भावों के सहारे आगे बढ़ते हैं और विवेक को अवसन्न करते हुए चलते हैं। ये संस्कृति का अवमूल्यन करते हैं, इसलिए भाषा का अवमूल्यन होता है। अगर हमें भाषा के अवमूल्यन की चिन्ता है तो वास्तव में हमें संस्कृति के अवमूल्यन की चिन्ता होनी चाहिए। अगर हमारा ध्यान उधर नहीं है तो सिर्फ़ भाषा की चिन्ता करके हम कहीं नहीं पहुँचेंगे।

प्रचार और प्रसार करनेवाले या विज्ञापन देनेवाले ये लोग ही, जैसा मैंने कहा, सत्य का ही अवमूल्यन नहीं करते हैं, हमारी भावनाओं का भी अवमूल्यन करते हैं। हर एक छोटी-सी चीज़ के साथ बहुत बड़े भाव जोड़ दिए जाते हैं, इसलिए अपने मन पर हमारा विश्वास टूट जाता है और इसलिए हम विज्ञापन के लिए एक आसान शिकार बन जाते हैं। किसी चीज़ को सुन्दर या कि अपेक्षया सुन्दर कहना विज्ञापनदाता का काम नहीं है। वह **मोस्ट ब्यूटीफुल** से आरम्भ करता है; **लवलिएस्ट, मोस्ट ब्यूटीफुल** इत्यादि बहुत बड़े-बड़े शब्द, अतिरंजित शब्द, ऐसे

शब्द जो कि हम अपने साधारण संयत व्यवहार में लाते सकुचाते हैं, विज्ञापन की भाषा में वे सब आ जाते हैं। स्वीकार किया जाए कि पत्रकारिता की भाषा में भी ये आ जाते हैं। आज हम सब हर किसी का 'भाव भीना' स्वागत करते हैं, भाव भीनी विदाई देते हैं। इसके बिना विदाई की कल्पना ही नहीं होती। ये जो 'भाव भीना' या इस तरह के शब्द हैं, इनका अवमूल्यन इसी तरह होता है। ये ऐसे शब्द हैं जिनका साधारण संयत भाषा में व्यवहार नहीं होना चाहिए; साधारण व्यवहार में हम यों बात-बात में विभोर भी नहीं होते। लेकिन बार-बार इन शब्दों का ऐसे सन्दर्भ में व्यवहार होता है और इसलिए होता है कि ऐसे बहुत-से शब्द सुलभ होते जाते हैं-उनकी आवृत्ति करके हम उनका अर्थ नष्ट कर देते हैं और इस प्रकार भावों पर ज़्यादा ज़ोर डाले बिना ही इन शब्दों के सहारे काम चला लेते हैं-स्वागत या विदाई भाव भीनी इसलिए होती है कि भाव उसमें नहीं होते! तो इससे हम सिर्फ़ भाषा का या शब्द का अर्थ नष्ट नहीं करते, उसके पीछे जो भावना थी उसका भी अवमूल्यन हमारे जीवन में होता जाता है। फिर भावों का अधिक उद्रेक होना भी समाज में हीन दृष्टि से देखा जाता है। धीरे-धीरे हम अपने भावों पर अविश्वास करने लगते हैं, उनको भी घटिया, बाज़ारू विज्ञापन या प्रदर्शन की चीज़ मानने लगते हैं। फिर जब अपने प्रति हमारा विश्वास नहीं रहता तब अपनी भाषा के प्रति भी हमारा कोई आदर का भाव नहीं रहता। और तब हम सहसा निरस्त्र हो जाते हैं और उस असहाय परिस्थिति में प्रचार करने वाला, विज्ञापन करनेवाला, हमको अपना शिकार बनाता है, हमारी भाषा को भी अपना शिकार बनाता है।

तो अवमूल्यन की परिस्थिति में ध्यान देने की बात मूलतः यह है-यह नहीं कि भाषा का अवमूल्यन हो रहा है, यह कि हम जब ऐसे समाज में आ जाते हैं तब हम शोषण करने वाले के सामने निरस्त्र हो जाते हैं। जब तक संस्कृति की एक समग्र भावना बनी रहती है तब तक भाषा का अवमूल्यन नहीं होता। जहाँ हम संस्कृति और समाज को दो में बाँट लेते हैं और एक का दूसरे के साथ शोषण का रिश्ता हो जाता है, वहाँ से भाषा का अवमूल्यन शुरू हो जाता है, क्योंकि समाज का बड़ा हिस्सा छोटे हिस्से का शिकार हो जाता है और बड़े हिस्से की भावना भी छोटे हिस्से के मुहावरे का शिकार हो जाती है। इसलिए अगर हमें इस स्थिति का इलाज करना है तो वहाँ उसकी जड़ में जाकर कठिनाई को देखना चाहिए। **पूरी संस्कृति का अवमूल्यन होता है, इसलिए भाषा का अवमूल्यन होता है।**

अवमूल्यन के प्रश्न के बाद अपेक्षा की गई कि **भाषा और सर्जनशीलता का सम्बन्ध समाज के सन्दर्भ में**-इस विषय की चर्चा होगी। इस शीर्षक को लेकर

मैं सोचता रहा कि इसमें जो तीन पद हैं : भाषा, सर्जनशीलता और समाज, उन तीनों को हम चाहे जिस क्रम में रखकर विचार करें, क्या कोई बड़ा अन्तर पड़ता है? अगर हम कहें कि 'भाषा और सर्जनशीलता : समाज के सन्दर्भ में', 'भाषा और समाज : सर्जनशीलता के सन्दर्भ में', 'सर्जनशीलता और समाज : भाषा के सन्दर्भ में', तो क्या ये अलग-अलग विषय हो जाते हैं या कि फिर भी एक ही विषय रहते हैं? मैं इस सवाल को अभी खुला छोड़ देता हूँ। पाठक इन दोनों में से जो चाहे मान सकता है-कि अलग-अलग विषय हैं या कि एक ही विषय को अलग-अलग दिशाओं से देखना है। मेरे लिए महत्त्व की बात यह है कि इन तीन चीज़ों को अलग करके उन पर विचार नहीं हो सकता; अर्थात् विषय को हम यों भी प्रस्तुत कर सकते-**भाषा, सर्जनशीलता और समाज**।

यह भूमिका इसलिए आवश्यक है कि हम देखते हैं कि कई समाज ऐसे होते हैं जिनमें कि सर्जनशीलता का ऊँचा स्थान होता है और कई ऐसे होते हैं जिनमें कि एक ख़ास तरह की मानसिक जड़ता, गतानुगतिकता होती है और जो सर्जनशीलता को ख़तरनाक नहीं तो विलासिता ज़रूर समझते हैं। समाज ऐसे क्यों हो जाते हैं? मैंने अब तक संस्कृति के बारे में जो कुछ कहा, उसको अगर हम ध्यान में रखें तो इस परिस्थिति को हम समझ सकते हैं कि ऐसा क्यों होता है कि कभी-कभी संस्कृतियाँ ही अपेक्षया जड़ हो जाती हैं, जो बने-बनाए संस्थान हैं या रूढ़ियाँ हैं उन पर ज़्यादा ज़ोर देती हैं और किसी तरह की भी मौलिकता या सर्जनशीलता को अच्छी नज़र से नहीं देखतीं। जब संस्कृति की दृष्टि भी ऐसी होती है तो समाज तो उसी का एक प्रतिबिम्ब है। तब फिर यह सवाल उठाना चाहिए कि क्या बात वहीं तक सीमित है या इससे कुछ गहरा कारण भी है जिनसे सर्जनशीलता या तो समाज में रही नहीं और इसलिए भाषा में नहीं रही; या कि सर्जनशीलता के प्रति लोगों का विरोध या सन्देह का भाव है। मैं कहूँ कि हमारे आज के समाज में सर्जनशीलता के, ख़ासकर भाषा के मामले में सर्जनशीलता के प्रति एक सन्देह का भाव है जिसकी पड़ताल अपेक्षित है।

भाषा और समाज के सम्बन्धों की चर्चा में अनुवाद के प्रश्न का कोई आत्यंतिक स्थान नहीं है। आधुनिकीकरण के प्रश्न के बारे में भी यही बात कही जा सकती है। फिर भी भारत में आज उस विषय की चर्चा में ये दोनों प्रश्न आ ही जाते हैं, क्योंकि असल में जब हम भाषा और समाज की बात करने लगते हैं तो भाषाओं के सामने की और समाजों में टकराहट की बात भी हमारे ध्यान में होती है, चर्चा में भले ही हम उसे उभार कर न लाएँ। भाषा और समाज-एक तरफ़ हमारी भाषा

और हमारा समाज, दूसरी तरफ़ (परिश्रम की) आधुनिक समाज और उसकी आधुनिक भाषा (एँ)...और इसलिए आधुनिकीकरण का प्रश्न, और इसलिए अनुवाद का प्रश्न...लेकिन, यद्यपि ये दोनों प्रश्न विचार माँगते हैं–आधुनिकीकरण की समस्या (विशेष रूप से भारतीय भाषाओं के लिए) और अनुवाद की समस्या-तथापि इन दोनों को सीधे-सीधे जोड़ना, और अन्य बहुत-सी बातों को सन्दर्भ में न जोड़ना, कठिन भी है और अनुचित भी। ऐसा नहीं माना जा सकता कि अनुवाद के सहारे आधुनिकीकरण हो सकता है या होना है–यानी कि आधुनिकीकरण के लिए अनुवाद अनिवार्य है। मैं ऐसा बिलकुल नहीं मानता। ऐसा मान लेने में जो ख़तरा है, उसकी ओर पाठक का ध्यान आकृष्ट करना भी आवश्यक समझता हूँ।

हम लोग इस समय अनुवाद के युग में तो जी रहे हैं, लेकिन यह मानना ग़लत है, क्योंकि हम अनुवाद के युग में जी रहे हैं इसलिए क्रमशः आधुनिक होते जा रहे हैं। सच बात यह है कि अनुवादजीवी होकर हम आधुनिक हैं या नहीं हैं, इसकी पहचान भी धीरे-धीरे खो रहे हैं। मैंने आरम्भ में ही कहा था कि संस्कृति की पहचान के लिए तीन चीज़ें आवश्यक हैं और यहाँ पर उन तीनों का उल्लेख फिर कर देना उपयोगी होगा। ये तीन चीज़ें हैं–अस्मिता की पहचान, एक विशेष मूल्यबोध और यथार्थ की पहचान। संस्कृति के ये तीन आधार होते हैं और इनसे भाषा जुड़ी हुई है। लेकिन भाषा जब संस्कृति के साथ इतनी गहराई में जुड़ी है तो उसकी एक और विशिष्टता को भी पहचानना चाहिए जिसकी ओर मैंने अभी तक इशारा नहीं किया था। **भाषा एक समग्र संस्कृति की आत्माभिव्यक्ति का साधन है, लेकिन उसके साथ-साथ वह स्वरूप- रक्षा का भी एक साधन है।** कोई भी संस्कृति एक तरफ़ अपनी विशिष्टता को पहचानती है, दूसरी तरफ़ उस विशिष्टता को बनाए रखने के लिए दूसरी सब संस्कृतियों से अपने को अलग भी करती है। यह व्यूह रचना भी भाषा के सहारे होती है और सहज भाव से होती रहती है। तो भाषा जहाँ एक ओर उस संस्कृति में पूरे समाज को जोड़ती मिलाती है, वहाँ उस समाज को दूसरी संस्कृतियों के दूसरे समाजों से अलग भी करती है यानी हर संस्कृति की भाषा में एक बहुत बड़ा अंश ऐसा होता है जो कि दीक्षागम्य होता है। जब तक आप उस संस्कृति की जड़ों तक नहीं पहुँचते, तब तक उस भाषा के शब्दार्थ तक भी आप नहीं पहुँच सकते। इस प्रकार यह स्वरूप रक्षा का साधन हो जाता है। हर भाषा संस्कृति की अभिव्यक्ति करती है, आत्म-साक्षात्कार का भी साधन होती है, और हर संस्कृति के लिए अपने को सबसे अलग करके, वेष्टित करके छिपाकर रखने का भी साधन है।

अनुवाद की बुनियादी समस्या यहाँ होती है। अनुवाद के सहारे आप कभी इस दीवार के पार नहीं जा सकते। दो संस्कृतियों के बीच में अदृश्य मगर दुर्भेद्य दीवार

है, वहाँ किसी संस्कृति के प्रति विरोध का भाव नहीं है; जो अपना स्वत्व है उसकी रक्षा उसको बनाए और संजोए रखने, उसकी मूल्यवत्ता की पहचान का एक आधार है जिससे हर संस्कृति की भाषा में कुछ अंश ऐसा होता है जिस तक कोई दूसरी भाषा नहीं पहुँच सकती। हमारी हर भाषा की इस तरह की शब्दावली है। हम लोग अंग्रेज़ी के शब्दों के पर्यायों की चिन्ता तो करते हैं पर अपने शब्दों के अंग्रेज़ी पर्यायों का प्रश्न नहीं उठाते। क्योंकि सिर्फ़ एक ही दिशा में सोचते हैं, इसलिए हर बार अनुवाद करने बैठने पर इस परिणाम पर पहुँचते हैं कि 'अंग्रेज़ी' के बहुत-से शब्दों के पर्याय हमारे पास नहीं हैं। लेकिन उससे कम शब्द हिन्दी के नहीं हैं जिनका कोई अंग्रेज़ी पर्याय में आपको नहीं मिलेगा। इस बात को हम भूल जाते हैं जब अनुवाद की समस्या को लेकर बैठते हैं। काव्य के अनुवाद में लोगों को इस बात की थोड़ी-बहुत पहचान होती है, क्योंकि काव्य में हम यह भी जानते हैं कि उसी एक भाषा में भी एक शब्द के बदले दूसरा शब्द नहीं रखा जा सकता। काव्य का जो शब्द है उसका सही पर्याय उसी शब्द के सिवा दूसरा होता ही नहीं। क्योंकि हम यह जानते हैं, इसलिए कविता के सन्दर्भ में यह पहचान लेते हैं कि अनुवाद किसी भी एक भाषा से किसी भी दूसरी भाषा में कठिन है। लेकिन इसी का एक व्यापकतर सांस्कृतिक पहलू है कि हर संस्कृति की आत्मरक्षा का एक सनातन साधन है–उसकी भाषा। हर भाषा में बहुत-से शब्द ऐसे होते हैं जिस तक कोई दूसरी भाषा नहीं पहुँच सकती जब तक कि वह उसकी संस्कृति की गहराई में न पहुँचे? इस अर्थ में हर भाषा 'संझा भाषा' या सन्धि भाषा होती है। इस बात की हम उपेक्षा कर जाते हैं–और इस बात का बहुत महत्त्व है।

अनुवाद का जो संकट है उसका कारण सिर्फ़ इतना नहीं है कि हम शब्द का एक प्रतिशब्द खोज रहे हैं, अनुवाद के सहारे जी रहे हैं। हमारी सारी संस्कृति के सामने अनुवाद की समस्या है। हम अंग्रेज़ी का एक शब्द ले लेते हैं और मान लेते हैं कि उसका पूरा संस्कार हम जानते हैं, जब कि यह बात बिलकुल झूठ है–अच्छी अंग्रेज़ी जाननेवाले भी अंग्रेज़ी शब्द का पूरा संस्कार बड़ी कठिनाई से ही जान पाते हैं। और उस एक शब्द की ऐसी ग़लत-सलत समझ लेकर हम सिर्फ़ एक शब्द के बदले एक शब्द नहीं लाते; हम अपने सारे जीवन को उस ग़लत समझ के अनुरूप ढालना चाहते हैं। अनुवाद की समस्या वहाँ है जहाँ कि हम अपनी संस्कृति में विश्वास खोकर एक दूसरी संस्कृति के सामने हीन भाव से आते हैं और उससे जो कुछ मिलता है उसको एक छाते या कि संस्कृति के विस्तार को ध्यान में रखकर कह लीजिए, एक चँदोवे या पंडाल की तरह अपने सिर पर ओढ़कर समझते हैं कि हम उस संस्कृति का अंग हो गए, जबकि वास्तव में ऐसा नहीं होता। अनुवाद के सहारे हम उस संस्कृति में प्रवेश नहीं पा रहे हैं; उसको हमने ऊपर से एक तम्बू की

तरह ओढ़ भर लिया है, बस। अगर हम इस बात को पहचान लेते हैं तब अनुवाद की समस्या हमारे सामने सही रूप से आ सकती है और तब वह हमारे आत्मविश्वास को नष्ट करने वाली नहीं होगी। लेकिन अभी तक तो हम जब आरम्भ से ही यह मानकर चलते हैं–और हमारी सारी शिक्षा आरम्भ से ही हमें यह सिखाती है–विदेशी माध्यम से, विदेशी संस्कृति के प्रचार और प्रसार से–कि पश्चिम की संस्कृति अच्छी है, ज़्यादा विशाल है, और हमारी संस्कृति उससे हीनतर है, इसलिए उसके एक-एक शब्द के साथ और उसकी ग़लत समझ के साथ, हम बहुत कुछ ऐसा ओढ़ लेते हैं जिसे ओढ़ने का कोई कारण नहीं है। अनुवाद अपने आप में ख़तरा नहीं है, नहीं होता; बाधा नहीं होता आधुनिकीकरण में या किसी और चीज़ में या दूसरे की चीज़ को अपनाने में। संकट तब होता है जब हम इस बुनियादी बात को भूल जाते हैं; और उस भूल जाने का कारण होता है कि हम में आत्मविश्वास नहीं रहा। हम हमेशा जो दूसरे का है उसका पर्याय खोजते हैं और मान लेते हैं कि अगर वह पर्याय हमें नहीं मिलता तो कहीं-न-कहीं हम पीछे रह गए हैं। इस बात को भूल जाते हैं कि हमारी भी बहुत-सी ऐसी पूँजी है जिसका कोई पर्याय दूसरी संस्कृति के पास नहीं होगा अगर वह अनुवाद करने चले। अगर वह हमें पहचानने चले तो उसके लिए भी उतनी ही कठिनाई है जितनी कि हमारे लिए जब हम उसे पहचानने चलें। लेकिन हमारे लिए यह लाचारी है कि हम तो उसको पहचानने का प्रयत्न करें और वह हमें पहचानने का प्रयत्न भले न करे। अनुवाद की समस्या वहाँ है।

आधुनिकीकरण को अनुवाद से बिलकुल अलग करके देखना चाहिए। आधुनिकीकरण के लिए अनुवाद कभी उपाय नहीं हो सकता। अनुवाद के सहारे हम संस्कृति के मूल तक नहीं पहुँचते। अगर पहुँचते तो हमारा अनुवाद अच्छा या सच्चा या रचनात्मक भी हो सकता; लेकिन वास्तव में अनुवाद के सहारे हम वहाँ तक पहुँचते ही नहीं। वहाँ पहुँचकर अच्छा अनुवाद हो सकता है। इसलिए अगर हमें आधुनिक होना है तो आधुनिक सभ्यता के मूल तक हमें पहुँचना होगा और उससे हमारी अनुवाद की कठिनाइयाँ अपने आप हल हो जाएँगी, क्योंकि फिर हमको अनुवाद की भाषा की आवश्यकता नहीं रहेगी–हमें अपनी भाषा में उन परिस्थितियों के, उन भावनाओं के, उन मूल्यों के, उन बोधों के पर्याय मिल गए होंगे। एक नई पर्याय भाषा हमारे पास होगी जो कि अनुवाद की भाषा नहीं होगी।

हमने अभी तक सर्जनशीलता पर विचार किया–पहले साहित्य, विशेष रूप से काव्य के सन्दर्भ में और फिर उच्चतर वैज्ञानिक चिन्तन के सन्दर्भ में। लेकिन हमें यह नहीं भूलना चाहिए कि सर्जनशीलता यहीं तक सीमित नहीं है। हम उसे पूरे समाज के साथ जोड़ें, तभी भाषा की सर्जनशीलता या भाषा के सर्जनशील स्वभाव

की बात हमारे सामने स्पष्ट होगी। तभी यह भी स्पष्ट होगा कि कहाँ हमारी कठिनाई है, कहाँ हमने पूरे समाज के रूप में अपने को पंगु बना रखा है। काव्य में सर्जनशीलता हो, यह तो सभी आसानी से स्वीकार कर लेते हैं; उसकी कमी हो तो बड़ी आसानी से खटकती है। विज्ञान में सर्जनशीलता न हो तो कुछ कम खटकती है, उसकी तरफ़ कुछ कम ध्यान जाता है। लेकिन जब पूरे समाज में वह नहीं होती तो उसकी ओर किसी का ध्यान नहीं जाता!

ऐसा नहीं है कि नई परिस्थिति या कि कोई नया अनुभव या नई समस्या सिर्फ़ काव्य के सामने आती है, या कि नया विचार वैज्ञानिक के सामने आता है। हम बचपन से लेकर बढ़ते हुए निरन्तर नए अनुभवों से साक्षात्कार करते हैं और हमारे सामने यह समस्या होती है कि इस नई स्थिति को हम कैसे अपने काबू में ले आएँ, कैसे पहचानें, कैसे भोगें। हर जगह यह समस्या आती है। और अगर हमारे पास वैसी भाषा नहीं है, या कि भाषा के साथ हमारा वैसा सम्बन्ध नहीं है तो स्वयं जो अनुभव हमारे सामने है उसको ग्रहण करने के लिए भी हम दूसरी भाषा का मुँह जोहते हैं। यह बड़ी गहरी कठिनाई है। मैंने आरम्भ में मनुष्य की परिभाषा के रूप में ही कहा था कि अवधारणा करने की शक्ति मनुष्य में है–यहाँ पर हम अवधारणा करने के बारे में ऐसे लाचार हो गए हैं कि अवधारणा भी नहीं कर सकते, उसके लिए दूसरी भाषा की शरण लेते हैं। इसका मतलब यह है कि हम मनुष्य होने से भी लाचार हो रहे हैं, उसके लिए दूसरी भाषा का मुँह जोहने लगते हैं। जो समाज इस अवस्था में पहुँच गया है उसके सामने सर्जनशीलता की कितनी बड़ी चुनौती है, यह हमें निरन्तर पहचानना चाहिए। साहित्य में, काव्य में, उच्चतर चिन्तन में सर्जनशीलता की जो कठिनाई है यह रचनाशील भाषा–रचनाशील समाज की भाषा–अपूर्व या अतर्कित स्थिति में कोश का मुँह न जोहकर तुरन्त शब्द गढ़ती है; हाँ, वह नई गढ़न भाषा के समग्र संस्कार के अनुरूप ही होती है, क्योंकि वह संस्कार भी तो रचनाशीलता के लिए भंडार है। जिस भाषा के साथ हमारा ऐसा गहरा सम्बन्ध होता है उसमें हम आत्मविश्वास के साथ इस तरह के नए शब्द गढ़ते हैं जो पूरी बात कहने में समर्थ होते हैं, यद्यपि कोश में वे शब्द नहीं थे। अपनी भाषा के साथ जब और जहाँ हमारा ऐसा सम्बन्ध हो, वहाँ हम अपने अनुभव, अपने विचार, अपनी आशा–आकांक्षा–सब उस भाषा में व्यक्त कर सकते हैं। तब न हम अपनी भाषा का कोश देखने जाते हैं, न अंग्रेज़ी का कोश देखने दौड़ते हैं, न भाषा वैज्ञानिकों की समिति बैठाते हैं कि शब्द गढ़कर फिर छह महीने विमर्श करते रहें कि परिस्थिति के लिए शब्द पर्याप्त हुआ कि नहीं।

जिस परिस्थिति में हम रहते हैं उसमें हमें निरन्तर यह ध्यान में रखना चाहिए कि पूरा समाज जिस भाषा के साथ जीता है, उसमें और उसके साथ जीते हुए अगर

हम उस जीवन सन्दर्भ को पहचानते हैं और उस भाषा में रचना करते हैं तो हमारा समाज भी रचनाशील हो सकता है। नहीं तो वहाँ भी उसके सामने नई स्थिति एक चुनौती बनकर आती है–ज़रूरी नहीं है कि वह काव्य की कोई नई समस्या हो, ज़रूरी नहीं है कि विज्ञापन या रसायन की नई परिस्थिति हो। कोई भी नई चीज़ अनुवादजीवी समाज के सामने आती है तो वह तुरन्त दूसरे का मुँह देखने लगता है, क्योंकि अपनी शक्ति को पहचानना उसने सीखा ही नहीं। भाषा हमारी शक्ति है, उसको हम पहचानें–वह रचनाशीलता का उत्स है–व्यक्ति के लिए भी और समाज के लिए भी।

देशीयता और मौलिकता

साहित्य भाषा में लिखा जाता है, और भाषा एक निरन्तर बदलती हुई गतिमान चीज़ है। भाषा के परिवर्तनों का साहित्य के अध्ययन के लिए बहुत महत्त्व है, लेकिन भाषाविद् का सन्दर्भ एक है, साहित्य के प्रणेता और अध्येता का दूसरा।

साहित्य किसी-न-किसी विधा में लिखा जाता है, और विधाएँ भी विकासमान हैं, इसलिए साहित्य को पढ़ने और समझने के लिए विधाओं में आनेवाले परिवर्तनों और नई विधाओं के आविष्कार को समझना निहायत ज़रूरी है।

ये दोनों बातें साहित्य के अध्येता, अध्यापक और आलोचक मानते हैं। समकालीन साहित्य चर्चा में मुख्यतया इन्हीं दोनों का विवेचन होता है-भाषा की विशेषताएँ और भाषागत परिवर्तन तथा विधागत विशेषताएँ और परिवर्तन। लेकिन साहित्य भाषा अथवा विधा ही नहीं है। सबसे पहले वह एक सम्प्रेषण है। सम्प्रेषण है तो उसकी प्रक्रिया का एक माध्यम भी है-वह माध्यम, जिसमें सम्प्रेषण की वह प्रक्रिया सम्पन्न होती है।

यह बात इतने महत्त्व की है कि दुहराई जा सकती है। भाषा माध्यम है, विधा भी माध्यम है, पर ये दोनों इस अर्थ में माध्यम हैं कि उनके द्वारा सम्प्रेषण सम्पन्न होता है। उनके द्वारा वह सम्प्रेषण सम्पन्न होता है समाज में, और यह समाज एक-दूसरे अर्थ में सम्प्रेषण का माध्यम है, भाषा और विधा उसके निमित्त हैं।

इस माध्यम की, और उस पाठक समाज की ओर, जिसमें सम्प्रेषण की प्रक्रिया सम्पन्न होती है, मानो किसी का ध्यान नहीं है। इसके बावजूद कि समाज, सामाजिक परिवेश, सामाजिक परिवर्तन और सामाजिक प्रतिबद्धता आदि की इतनी चर्चा होती है, सम्प्रेषण के माध्यम के रूप में समाज इतना उपेक्षित है, मानो उसका अस्तित्व ही न हो, जबकि सच्चाई यह है कि समाज को इस रूप में देखे-समझे बिना वास्तव में साहित्य को भी नहीं समझा जा सकता। स्वयं भाषा का और विधाओं का विकास बहुत दूर तक इस पर निर्भर करता है कि सम्प्रेषण के माध्यम के रूप में समाज कहाँ और कैसे बदल रहा है। समाज केवल आर्थिक सम्बन्धों के जाल का नाम नहीं है, न केवल राजनीतिक संरचना है, समाज में संवेदनों का जाल और विभिन्न परिस्थितियों में विभिन्न

संवेदनों की अतिरिक्त अथवा संकुचित सजगता भी अपना महत्त्व रखती है, और इसे समझने के लिए हमें फिर मन:संस्कारों की ओर ध्यान देना पड़ता है, जो केवल ऐतिहासिक घटना अथवा तथ्य के आधार पर नहीं समझे जा सकते, भले ही उसे ध्यान में रखना आवश्यक हो। इस बात को मानो हिन्दी साहित्य का अध्यापक और आलोचक भूल ही गया है। इतना भूल गया है कि इन सम्बन्धों के प्राथमिक और मोटे उदाहरण भी उसके ध्यान से उतर गए हैं।

उदाहरण के लिए, भाषा की ही बात लें : भाषा बदलती है तो भाषा के परिवर्तन भाषा में से ही निकलते हैं। भाषा एक सामाजिक और युगीन समय है, जिससे आगे तो बढ़ा जा सकता है, पर सीढ़ी-दर-सीढ़ी और समाज को अपने साथ लेते हुए ही। भाषा को आमूल उखाड़ करके उसकी जगह नई भाषा हम नहीं दे सकते-नए शब्द, नए मुहावरे, नए प्रयोग हम कर सकते हैं तो एक जाने हुए, उभयपक्ष द्वारा स्वीकृत ढाँचे के भीतर ही। इसी प्रकार और इसी अर्थ में कविता भी कविता में से निकलती है-नई रचना अपने पूर्ववर्ती साहित्य को नकारती है तो उस नकार की भी लीकें वह पूर्ववर्ती साहित्य ही निर्धारित करता है, क्योंकि इसके बिना संवाद और सम्प्रेषण की स्थिति ही नहीं रहेगी। समाजरूपी माध्यम से संवाद के सूत्र टूट चुके होंगे और उसके लिए यह पहचानना भी कठिन हो जाएगा कि यह जो 'नया' है, यह उसी के साहित्य का नया है। पाठक निरन्तर नया कुछ चाहता है, आवृत्ति नहीं चाहता, नए को सहानुभूति भी दे सकता है और देता है। पर जो नया वह चाहता है, वह 'नया' ऐसा ही होगा, जिसे वह अपने पुराने ज्ञान और संस्कार के आधार पर पहचान और अपना सके-जिसके सामने वह केवल भौचक्का-सा न रह जाए!

हमने कहा कि यह प्राथमिक स्तर है, मोटी बात है; पर इसे भी आलोचक भूल गया है। यह भूल साहित्यकार के लिए कितनी घातक हो सकती है, इसकी ओर उसका ध्यान भला कहाँ जाएगा! साहित्यकार के लिए रचना सम्प्रेषण से अलग नहीं, नहीं हो सकती, इसलिए उसके लिए इस सम्प्रेषण माध्यम की स्थिति के बारे में लगातार सजग रहना, उस माध्यम की अपनी पहचान के अनुरूप अपनी भाषा को ढालना, विधाओं के अपने उपयोग-प्रयोग को परिवर्तित करना, सहज और स्वाभाविक (और अनिवार्य) कर्म है-इस बात को भी मानो आलोचक भूल गया है। 'रचना' 'परिस्थिति' में से उपजती है, और परिस्थिति सबसे पहले उस सम्प्रेषण माध्यम की स्थिति है, जिसमें रचना हुई है और जिसके बीच तथा जिसके द्वारा वह दूसरे तक पहुँचेगी, दूसरे तक पहुँचाई जाएगी। (और यह 'दूसरे' तक पहुँचना ही तो 'साहित्य' है।) पर यह बात भी आज हमारे समालोचक समाज में उपेक्षित है। कोई नई रचना हमारे सामने आती है तो हम विधा के रूप में उस पर विचार करते हुए इस खोज में दत्तचित्त होते हैं कि विदेशों में-(विशेष रूप से अंग्रेज़ी में, क्योंकि

वही तो है एक खिड़की हमारे घर में!)–उस विधा के स्रोत कहाँ हैं, वहाँ उनमें कौन से परिवर्तन हुए हैं, कौन सी नई बात आई है और उसका प्रभाव कहाँ तक हमारे रचना-कार्य पर पड़ा है! हमारे पास नया क्या आया, यह जानने के लिए हम यह खोजते हैं कि इसका कोई मॉडल विदेश में है या नहीं जिस पर हम उसे परख सकें, यानी हम यह मानकर चलते हैं कि हमारे साहित्य में कुछ भी नई बात होगी तो वह ज़रूरी तौर पर विदेशी प्रभाव का परिणाम होगी। अपने साहित्य में 'नया' हम उसी को मानेंगे, जिसका कोई विदेशी मॉडल हमें मिल जाएगा, यानी जिसे हम 'पुराना' पहचान लेंगे।

साहित्यकार के अपने परिवेश में, अपनी निकटतम परिस्थिति में भी ऐसे 'कई' कारण, ऐसी प्रवृत्तियाँ या ऐसे परिवर्तन हुए, जो उसे नई प्रेरणा दे सकते या नई दिशा में बढ़ने को बाध्य कर सकते–यह सवाल उठाना हमारे आलोचक को आज अनावश्यक जान पड़ता है। अनावश्यक ही नहीं, अनेक आलोचक ऐसे भी हैं, जो इस देशीयता का आग्रह कहकर इसे दकियानूसपन सिद्ध करना चाहते हैं : देशीय होना मानो आधुनिकता का ठीक उलटा है, और आधुनिक होना क्योंकि एक मूल्य है इसलिए देशीय होना एक दोष है।

दूसरे शब्दों में, यह भी कह सकते हैं कि केवल प्रभावों के मामले में नहीं, जीवन स्थितियों के मामले में भी हमने यह सम्भावना करना तक छोड़ दिया है कि हमारी स्थिति में ऐसा भी कुछ हो सकता है जो हमारा है, जो सिर्फ़ पश्चिम के प्रभाव या पश्चिम की नक़ल में से नहीं निकला है।

ऐसी आलोचना और ऐसे मूल्य निर्धारणों पर आधारित अध्यापन को मैं तो साहित्यबोध की और स्वयं साहित्य की हत्या का आयोजन ही कहूँगा। काफ़ी साहित्यकार और नवोदित लेखक इस अभियान के शिकार भी हो चुके हैं–कुछ मारे ही जा चुके हैं तो कुछ घायल होकर अपने को किसी तरह घसीट रहे हैं। अब समय है कि ऐसी सारी आलोचना और उस पर आधारित अध्यापन व्यवस्था एक तरफ़ रख दी जाए। खरी व्यक्तिगत अनुभूति भी मूल्यवान है, पर खरा भारतीय अनुभव किसी तरह कम मूल्यवान नहीं है, और दोनों एक-दूसरे की कसौटियाँ हैं। निःसन्देह बाहर के प्रभाव होते हैं, होने चाहिए, पर सांस्कृतिक प्रभावों की प्रक्रिया इतनी सरल और इकहरी नहीं होती, और प्रभाव ग्रहण करनेवाली संस्कृति जितनी प्राणवान होती है, उसकी ग्रहण की प्रक्रिया भी उतनी ही जटिल और अनेकायामी होती है–बल्कि वहाँ फिर मामूली-से प्रभाव की प्रक्रिया इतनी जटिल, उलझी हुई और दूरव्यापी होती है कि उसे समझने में आलोचक को बरसों लग सकते हैं।

रूढ़ि और मौलिकता

The more perfect the artist, the more completely separate in him will be the man who suffers and the mind which creates.[1]

टी.एस. एलियट

'भारतवासी रूढ़िवादी हैं,' यह कथन हम सबने कभी-न-कभी सुना है। प्राय: वह स्वीकार भी होता रहा है। एक दिन इस कथन में सराहना का भाव था-यह भारतीयों का गुण समझा जाता था कि वे रूढ़ियों को मानते हैं; आज जब चारों ओर 'प्रगति' की इतनी चर्चा है तब रूढ़ियाँ हमारे जीवन-नाटक के खलनायक के पद पर शोभित होने लगी हैं। साहित्य में भी, विशेषतया आलोचना के प्रसंग में, यह फ़ैशन-सा हो गया है कि रूढ़ि का तिरस्कार किया जाए। जब यह तिरस्कार इतना स्पष्ट नहीं भी होता, तब भी हम किसी आधुनिक लेखक की समकालीनता अथवा कि 'आधुनिकता' का मूल्यांकन इसी कसौटी पर करते हैं कि वह किस हद तक रूढ़ियों को मानता अथवा तोड़ता है। उदाहरणतया हम प्राय: कहते हैं कि 'हरिऔध' रूढ़िवादी हैं, तथा 'प्रन्त' और 'निराला' आधुनिक हैं यानी रूढ़ियों के प्रति विद्रोही हैं।

आलोचना के वर्तमान फ़ैशन की ओर तनिक ध्यान दें तो हम देखेंगे, आजकल हिन्दी में (हिन्दी में ही क्यों, प्राय: सर्वत्र ही) लेखक अथवा कवि की रचनाओं के 'मौलिक', 'व्यक्तिगत' विशेष गुणों पर ज़ोर देने की परिपाटी-सी चल पड़ी है। आजकल का साहित्यकार अपनी 'भिन्नता' के लिए ही प्रशंसा पाता है, 'मौलिकता' 'भिन्नता' का ही पर्यायवाची बन गया है। कवि को हम उसके पूर्ववर्तियों से, विशेषकर निकट पूर्ववर्तियों से, उच्छिन्न करके देख सकें तभी हमें सन्तोष होता है। आलोचकों के आगे यह कहना अपने को हास्यास्पद बना देना होगा कि कभी-कभी साहित्यकार का गौरव, उसकी रचना का महत्त्व इस बात में भी हो सकता है कि उसमें साहित्यकार के पूर्ववर्तियों की लम्बी परम्परा, उसके साहित्य की रूढ़ि, पुन:

1. कलाकार जितना ही सम्पूर्ण होगा, उतना ही उसके भीतर भोगनेवाले प्राणी और रचनेवाली मनीषा का पृथकत्व स्पष्ट होगा।

जी रही और मुखर हो रही है।

लेकिन हास्यास्पद बनने का ख़तरा उठाकर भी यही कहना आवश्यक जान पड़ता है कि रूढ़ि-परम्परा के विषय में अपनी धारणाओं की दोबारा जाँच करना अनिवार्य हो गया है। क्या हमारी धारणा ठीक है? क्या 'रूढ़ि' की परिभाषा 'पुराने साहित्य की अग्राह्य और खंडनीय परिपाटियाँ' ही है? क्या परम्परा को निबाहना, गई हुईं पीढ़ियों की रीतियों और सफलताओं के अन्धानुकरण का ही नाम है? रूढ़ि क्या है? परम्परा का साहित्य में क्या स्थान है, और साहित्यकार के लिए क्या मोल?

रूढ़ि की रूढ़िग्रस्त परिभाषा हमें छोड़नी होगी, हमें उदार दृष्टिकोण से उसका नया और विशालतर अर्थ लेना होगा। हमें सबसे पहले यह समझना होगा कि रूढ़ि अथवा परम्परा कोई बनी-बनाई चीज़ नहीं है जिसे साहित्यकार ज्यों-का-त्यों पा या छोड़ सकता है, मिट्टी के लोंदे की तरह अपना या फेंक सकता है। हमें यह किंचित् विस्मयकारी तथ्य स्वीकार करना होगा कि परम्परा स्वयं लेखक पर हावी नहीं होती, बल्कि लेखक चाहे तो परिश्रम से उसे प्राप्त कर सकता है, लेखक की साधना से ही रूढ़ि बनती और मिलती है। और हम यह भी सिद्ध करेंगे कि रूढ़ि की साधना साहित्यकार के लिए वांछनीय ही नहीं, साहित्यिक प्रौढ़ता प्राप्त करने के लिए अनिवार्य भी है।

रूढ़ि की साधना, परम्परा के प्रति जागरूकता कैसे प्राप्त हो सकती है और किस प्रकार साहित्यकार के मानस को, उसके कार्य के मूल्य को प्रभावित करती है? इस जागरूकता का मुख्य उपकरण है एक ऐतिहासिक चेतना-अर्थात् जो कालानुक्रम में बीत गया है, अतीत है, उसके बीतेपन की ही नहीं, उसकी वर्तमानता की भी तीखी और चिर-जाग्रत अनुभूति। साहित्यकार के लिए आवश्यक है साहित्य में जीवन में 'आसीत्' का और 'अस्ति' का, जो 'अचिर' हो गया है उसका और जो 'चिर' है उसका, और इन दोनों की परस्परता, अन्योन्याश्रयता का ज्ञान उसमें बना रहे। आधुनिक हिन्दी लेखक में यदि यह ऐतिहासिक चेतना होगी, तो उसकी रचना में न केवल अपने युग, अपनी पीढ़ी से उसका सम्बन्ध बोल रहा होगा; बल्कि उससे पहले की अनगिनत पीढ़ियों की, और उनके साथ अपनी पीढ़ी की संलग्नता और एकसूत्रता की भी तीव्र अनुभूति स्पन्दित हो रही होगी। जो 'है', उसकी साधना में ऐसा साहित्यकार उसे एक ओर हटाकर नहीं फेंक सकेगा जो 'था'; वह अनुभव करेगा कि 'अतीत' उसी का नाम है जो पहले से वर्तमान है, जबकि 'आज' वह है जो वर्तमान होना आरम्भ हुआ है। अतीत और वर्तमान के इस दोहरे अस्तित्व की, उनकी पृथक् वर्तमानता और उनकी एकसूत्रता की, निरन्तर अनुभूति ही **ऐतिहासिक चेतना** है; और इस चेतना का **अनवरत स्पन्दनशील विकास ही परम्परा का ज्ञान**। काल की प्रवहमानता के ऐसे ज्ञान के बिना साहित्यकार उस प्रवाह में अपना स्थान

भी नहीं जान सकता, आधुनिक क्या, किसी भी युग में जम नहीं सकता। ऐसे ज्ञान से हीन साहित्यकार ऐसा अंकुर है जो कहीं से भी प्राण-रस खींचने का मार्ग नहीं स्थापित कर सका; 'काल के महाप्रांगण' में कहीं भी अपनी जड़ें नहीं जमा सका, जो उच्छिन्न होकर ही फूटा है।

इस बात को उदाहरण द्वारा स्पष्ट करने का प्रयत्न किया जाए। इसके लिए हम आज का कोई भी कवि ले लें-'नूतन' अथवा 'विद्रोही' माना जाने वाला कवि ही-मान लीजिए, सूर्यकान्त त्रिपाठी 'निराला'। क्या इन्हें समझना, इनकी समीक्षा करना, साहित्य के विकास में इनका स्थान और महत्त्व निश्चित करना, इनकी रचना का मूल्य आँकना, केवल उन्हीं को अकेले-अकेले देखकर सम्भव है? क्या उनकी तथाकथित विशेषता, भिन्नता को देखने के लिए भी हम उन्हें उनके पूर्ववर्तियों के बीच नहीं रखेंगे, उनसे तुलना नहीं करेंगे? क्या उन पर, किसी भी कवि पर, कोई भी मत स्थिर करने से पहले हम उसके पूर्ववर्ती साहित्यकारों और कवियों के साथ उसके सम्बन्ध की जाँच-पड़ताल नहीं करेंगे?

इस प्रकार का अन्वेषण केवल 'ऐतिहासिक' विवेचन के लिए नहीं, कलात्मक विवेचन के लिए भी नितान्त आवश्यक है। कोई भी कला-वस्तु, चाहे कितनी भी नई क्यों न हो, ऐसी वस्तु नहीं है जो अकस्मात् अपने-आप 'घटित' हो गई है; वह ऐसी वस्तु है, जो अपने-आप में ही नहीं, अपनी पूर्ववर्ती तमाम कलावस्तुओं की परम्परा के साथ घटित हुई है। जितनी ही वह नई है, उतनी ही महत्त्वपूर्ण घटना कलावस्तुओं की परम्परा के साथ घटित हुई है; उतना ही परम्परा के साथ उस सम्बन्ध का अन्वेषण करना प्रासंगिक हो गया है! क्योंकि जो पहले से वर्तमान है, उसकी तो एक बनी-बनाई परम्परा थी, उसमें एक प्रवहमान स्थिरता, एक सामंजस्य था जो कि एक नई वस्तु के आविर्भाव से डाँवाडोल हो गया है। पुनः किसी प्रकार का सामंजस्य स्थापित होने के लिए एक नया तारतम्य प्राप्त करने के लिए समूची परम्परा को पुनः ज़माना होगा, फिर इसके लिए आवश्यक परिवर्तन चाहे कितना ही अल्प अथवा सूक्ष्म क्यों न हो।

परिणाम यह निकला कि प्रत्येक नई रचना के आते ही, पूर्ववर्ती परम्परा के साथ उसके सम्बन्ध, उनके परस्पर अनुपात और सापेक्ष्य मूल्य अथवा महत्त्व का फिर से अंकन हो जाता है, तथा 'पुरातन' और 'नूतन', 'रूढ़' और 'मौलिक', परम्परा और प्रतिभा में एक नया तारतम्य स्थापित हो जाता है। इसका अभिप्राय यह नहीं है कि हम वर्तमान को अतीत के मापदंड पर नाप रहे हैं, अथवा कि अतीत को ही वर्तमान द्वारा आँक रहे हैं। वास्तव में इस क्रिया द्वारा दोनों विभूतियाँ परस्पर एक-दूसरे के योग पर घटित होती हैं। आधुनिक साहित्यकार को मानना पड़ता है कि, वह चाहे या न चाहे, उसे अतीत द्वारा, रूढ़ि द्वारा उतना ही नियमित होना पड़ता है जितना

वह स्वयं उसे परिवर्तित अथवा परिवर्धित करता है।

नि:सन्देह ऐसा ज्ञान आधुनिक साहित्यकार के उत्तरदायित्व को बहुत बढ़ा देता है। बल्कि यह भी कहा जा सकता है कि इससे साहित्य-रचना में कठिनाइयाँ भी उत्पन्न होती हैं। क्योंकि इससे लेखक में यह चेतना उत्पन्न होती है कि एक विशेष अर्थ में वह अतीत द्वारा जोखा जा रहा है, उसके आगे परीक्षार्थी है। लेकिन उसे समझना चाहिए कि वह अतीत द्वारा जोखा ही जाता है, कुंठित नहीं होता। अतीत का निर्णय खंडित करनेवाला, बाँधनेवाला नहीं है–आधुनिक लेखक की आलोचना पूर्ववर्तियों जैसा या पूर्ववर्तियों से अच्छा या बुरा कहकर नहीं की जा सकती। न ही आधुनिक साहित्य का मोल पूर्ववर्ती आलोचकों की कसौटियों पर आँका जा सकता है। अतीत द्वारा जोखे जाने का अर्थ अतीत मानदंडों द्वारा जोखा जाना नहीं है। **अतीत के कृतित्व का अन्धानुकरण विघातक होगा। निरी गतानुगतिकता से कला की परम्परा की रक्षा कदापि नहीं होती; क्योंकि जो केवल आवृत्ति है वह नूतन नहीं है और नूतनता के चमत्कार के बिना वह कला ही नहीं है**। अतीत के द्वारा जोखे जाने का अभिप्राय इतना ही है कि नूतन रचना उसके साथ एक तारतम्य स्थापित कर सके, एकसूत्र हो सके, उसमें परम्परा की प्रवहमानता स्पन्दित हो। यदि ऐसा नहीं होता, और जब तक ऐसा नहीं होता–यदि नई रचना के साथ कला की रूढ़ि का कोई सम्बन्ध नहीं बनता, वह एक विलग, असम्बद्ध खंडित इकाई के रूप में रहती है–तब और तब तक, वह कला के क्षेत्र में महत्त्व नहीं रखती, प्राणवान् नहीं होती है। बिना एक गतियुक्त और वर्धमान (ऑर्गेनिक) परम्परा के एक जीवित रूढ़ि के कला का अस्तित्व टिक नहीं सकता। इस चौंका देनेवाली और किंचित् शंकनीय उक्ति को तनिक और स्पष्ट करके कहना होगा। इसका अभिप्राय यह नहीं है कि कोई रचना इसीलिए महत्त्व रखती है कि वह परम्परा के अनुकूल है; अभिप्राय केवल इतना ही है कि यह अनुकूलता अथवा तारतम्य उसके महत्त्व का सूचक हो सकता है। रूढ़ि के साथ सम्बन्ध अथवा तारतम्य स्वयं ही रचना का मूल्य अथवा महत्त्व नहीं है; मूल्य अथवा महत्त्व उस गतियुक्त और वर्धमान परम्परा में, रूढ़ि की सजीव प्रवहमानता में है जो इस तारतम्य से व्यंजित होती है।

यह परिभाषा, यह सूक्ष्म भेद इतना महत्त्व रखता है कि पुनरावृत्ति दोष का सामना करके भी इसे और स्पष्ट करने का प्रयत्न करना होगा। यों कहें कि कोई भी लेखक अतीत को ज्यों-का-त्यों सत्तू के गोले की तरह निगल नहीं सकता, लेकिन साथ ही वह अपनी रचना के लिए किसी एक-डेढ़ कलाकार को आदर्श बनाकर, अथवा किसी विशेष काल का अनुसरण करके भी नहीं चल सकता। एक कवि या कवि समुदाय को आदर्श मानकर उसके ढंग अथवा शैली की साधना करना वय:सन्धिप्राप्त लेखक के लिए रुचिकर या हितकर हो सकता है; एक युग की

अनुगतिकता साहित्यिक व्यायाम अथवा रुचि–परिष्कार के लिए उपयोगी हो सकती है लेकिन प्रौढ़ और बलिष्ठ साहित्य इस तरह नहीं चल सकता। साहित्यकार को कला की, साहित्य–सृष्टि की मुख्य प्रवृत्ति से, साहित्यिक परम्परा की निरन्तर विकासशील प्रवहमानता से परिचित होना ही होगा; अतीत में से निकट अतीत और उसमें से वर्तमान के विकास की भी परम्परा के प्रति ऐतिहासिक जागरूकता उसे पानी ही होगी। उसे अपने निजी, व्यक्तिगत, भिन्न, अकेले मन के प्रति ही नहीं, अपने साहित्य के, अपने समाज के, अपनी सांस्कृतिक परिवृति के, अपने देश के समष्टिगत मन के–यदि उसकी क्षमता उतनी है जो जन–मन, विश्व–मन के–प्रति भी सचेतन होना होगा; क्योंकि उसे इसका भी अनुभव करना होगा कि यह विशालतर मन उसके निजी मन से कहीं अधिक गौरव रखता है, और जितने ही बड़े मन की जितनी गहरी चेतना उसमें है, उतना ही अपने युग के साथ उसका सम्बन्ध फलप्रद है। इतना ही नहीं, उसे यह भी जानना होगा कि इस सामूहिक मन में परिवर्तन हो सकता है और होता है, वह विकासशील है, पर इस विकास और परिवर्तन में वह अपने किसी अंग का परित्याग अथवा बहिष्कार नहीं करता, उसके प्रति एक नई चेतना पैदा कर देता है। वाल्मीकि के लिए वेदों को, कालिदास के लिए वाल्मीकि को, तुलसीदास के लिए कालिदास को या मैथिलीशरण गुप्त के लिए तुलसीदास को, वह छोड़ नहीं देता; वह इन सबको अपनी प्रवहमानता के लम्बे सूत्र में पिरोता चलता है। उस मन में 'अतीत' कुछ भी नहीं होता, केवल 'पहले से वर्तमान' की वह परम्परा बढ़ती चलती है जिसमें 'नया आया हुआ वर्तमान' अपना स्थान बनाएगा। अचिर के साथ चिर के तारतम्य की यही बाध्यता, अचिर की माला में गुँथ जाने का चिर का अधिकार, साहित्यकार के लिए रूढ़ि अथवा परम्परा का यही 'शापमय वरदान' है।

शायद इतना भी पर्याप्त नहीं होगा, शायद साहित्यकार को इससे भी अधिक कुछ जानना होगा। एक तो उसे यह समझना होगा कि 'कला की, साहित्य रचना की मुख्य प्रवृत्ति' का युग के सबसे उल्लेखनीय कवियों की ही रचनाओं में प्रतिबिम्बित होना अनिवार्य नहीं है। बहुत सम्भव है कि एक युग की मुख्य चिन्ताधारा ऐसे कवियों में लक्ष्य हो जो अपने युग में या कभी भी प्रसिद्धि नहीं पा सके। इस कठिनाई का सामना करते हुए उसे युग की नब्ज़ पहचाननी होगी, युग की चेतना का विशालतर रूढ़ि की चेतना के साथ सम्बन्ध जोड़ना होगा।

दूसरी कठिनाई उसके आगे यह होगी कि यद्यपि सामूहिक मन निरन्तर बदल रहा है, तथापि यह प्रमाणित नहीं किया जा सकता कि यह परिवर्तन अनिवार्य रूप से 'उन्नति' का परिणाम है–कि इस परिवर्तन द्वारा हम कलात्मक दृष्टि से (अथवा मनोवैज्ञानिक दृष्टि से भी, कम–से–कम उस हद तक, जितनी की कल्पना की जा

सकती है) पहले से अच्छे हो गए हैं। निश्चयपूर्वक केवल इतना ही कहा जा सकता है कि **कला की सामग्री निरन्तर बदलती रहती है, कला शायद नहीं बदलती**। सम्भव है, सामूहिक मन का परिवर्तन केवल जीवन के संगठन की क्रमशः बढ़ती हुई उलझन का ही परिणाम है, और स्वयं एक अधिक उलझी (कॉम्प्लेक्स) विचार-संघटना का पर्यायवाची है। किन्तु वह चाहे जो हो, यह तो स्पष्ट ही है कि उस परिवर्तन द्वारा प्राचीन और नवीन में एक अन्तर आ जाता है। अतीत और वर्तमान के इस अन्तर को हम यों कह सकते हैं कि जागरूक वर्तमान, अतीत की **एक नए ढंग की और नए परिमाण में अनुभूति का नाम है, जैसी और जितनी अनुभूति उस अतीत को स्वयं नहीं थी**। वर्तमान में रहनेवाले साहित्यकार के लिए अतीत का, परम्परा का यही महत्त्व है।

आधुनिक साहित्यकार के लिए रूढ़ि के ज्ञान को, ऐतिहासिक चेतना को इतना महत्त्व देना पाठक को अनुचित जान पड़ सकता है। वह कह सकता है कि ऐसी चेतना के लिए बहुत पढ़ाई की, प्रकांड पांडित्य की आवश्यकता होगी और इतिहास का साक्ष्य दे सकता है कि कलाकार पंडित नहीं होते, न पंडित कलाकार। वह कह सकता है कि बहुत अधिक कोरे 'ज्ञान' से अनुभूति-क्षमता कम होती है। सरसरी दृष्टि से यह तर्क बहुत माकूल जान पड़ता है लेकिन सूक्ष्म दृष्टि से देखा जाए, तो इसमें एक भ्रान्त धारणा निहित है। ज्ञान अथवा शिक्षण केवल किताबी जानकारी का, परीक्षाएँ पास करने के लिए या रोब डालने के लिए इकट्ठे किए हुए इतिवृत्त का नाम नहीं है। निःसन्देह साहित्यकार को अपनी ग्रहणशीलता अक्षुण्ण बनाए रखते हुए अधिक-से-अधिक जानकारी प्राप्त करनी चाहिए,[1] लेकिन रूढ़ि के ज्ञान के लिए, परम्परा के सजीव स्पन्दन की चेतना के लिए निरी जानकारी और पांडित्य अनिवार्य नहीं है। ऐतिहासिक चेतना प्राप्त करने के लिए-निजी मन के साथ-साथ और उसके ऊपर, सामूहिक मन का अनुभव करने के लिए-कुछ को बहुत परिश्रम करना पड़ सकता है; कुछ उसे अनायास ही प्राप्त कर सकते हैं। भारत के ग्राम्य-मन की जो जीवित अनुभूति गाँधी में है, या हिन्दी साहित्य क्षेत्र में प्रेमचन्द में थी, वह पांडित्य के सहारे नहीं आई। जो सांस्कृतिक चेतना 'प्रसाद' में गूढ़ अध्ययन के सहारे जागी जान पड़ती है[2], वह अधिक स्वाभाविक और स्वच्छ रूप में सियारामशरण गुप्त में लक्षित होती है। कोई लोग घोख कर ज्ञान प्राप्त करते हैं, कोई

---

1. और हमारा अनुमान है कि आज के हिन्दी साहित्यकारों में अधिकांश में इतनी जानकारी नहीं है। जितनी उनकी ग्रहणशीलता अथवा अनुभूति-क्षमता है, उसे कम किए बिना भी निरी जानकारी बढ़ाने की बहुत काफी गुंजाइश है।
2. इस आयास-सिद्ध सांस्कृतिक चेतना के साथ 'प्रसाद' में एक प्रतिगामी चेष्टा भी है; अपने युग के साथ उनका तारतम्य नहीं स्थापित हुआ। देखिए 'परिस्थिति और साहित्यकार'।

अनायास सोख कर। पांडित्य पर हमारा आग्रह नहीं, आग्रह इस बात पर है कि **साहित्यकार में अतीत की चेतना होनी या आनी चाहिए**, और उसे आजीवन इसको पुष्ट और विकसित करने का प्रयत्न करना चाहिए।

किसी ने कहा है, 'The dead writers are removed from us because we *know* so much more than they did.' अर्थात् 'हम पूर्ववर्ती लेखकों से इसलिए अलग हैं कि उनसे कहीं अधिक जानते हैं।' वह अधिक क्या है? स्वयं हमारे पूर्ववर्ती लेखक, जिन्हें हम जानते हैं। यही परम्परा के निर्माण की क्रिया का खुलासा है। इसी बात को दूसरी तरह कहें, तो कह सकते हैं कि रूढ़ि के, परम्परा के विरुद्ध हमारा कोई विद्रोह हो सकता है तो यही कि हम अपने को परम्परा के आगे जोड़ दें।

और यह योग किस प्रकार होता है? साहित्यकार के आत्मदान द्वारा। कलाकार निरन्तर अपने व्यक्तिगत मन को, अपने तात्कालिक, अधिका क्षणिक अस्तित्व को, एक महानतर मन में और एक विशालतर अस्तित्व के ऊपर निछावर करता रहता है, अपने निजी व्यक्तित्व को एक वृहत्तर व्यक्तित्व के निर्माण के लिए मिटाता रहता है। यह आत्म-निवेदन मृत्यु नहीं है-ऐतिहासिक चेतना के सहारे कलाकार को जानना चाहिए कि **व्यक्तित्व का उत्सर्ग उसका विनाश नहीं है**, क्योंकि उसके द्वारा वह उस परम्परा को भी परिवर्धित कर रहा है जिस पर वह निछावर है।[1] छोटे व्यक्तित्व से निरन्तर बड़े व्यक्तित्व की ओर बढ़ते जाना-यही कलाकार की प्रगति और उन्नति है। और ऐतिहासिक चेतना-परम्परा के स्पन्दन की अनुभूति-इस उन्नति का साधन और मार्ग है।

2

Poetry is not a turning loose of emotion, but an escape from emotion; it is not the expression of personality, but an escape from personality.[2]

–टी.एस. एलियट

साहित्य के निर्माण को समझने के लिए, रूढ़ि के आगे व्यक्ति के आत्मोत्सर्ग की इस क्रिया का, जिसे ऊपर भी और अन्यत्र भी स्पष्ट करने का यत्न किया गया है, विशेष महत्त्व है। अतएव इसे और निकट से देखने का प्रयास असंगत न होगा।

---

1. इस सम्बन्ध में देखिए 'परिस्थिति और साहित्यकार'।
2. कविता भावों का उन्मोचन नहीं है बल्कि भावों से मुक्ति है; वह व्यक्तित्व की अभिव्यंजना नहीं बल्कि व्यक्तित्व से मोक्ष है।

आलोचना का विषय साहित्य है, साहित्यकार नहीं, कविता है, कवि नहीं; यद्यपि जैसा कि अन्यत्र भी सूचित किया गया है, साहित्य और काव्य की जाँच के लिए भी हमें निरन्तर उस मन के गुण (क्वालिटी) परखने होंगे जिससे साहित्य उद्‌भूत हुआ है। स्पष्ट रहे कि 'मन की परख' व्यक्तित्व की या व्यक्तिगत इतिहास की जाँच से बिलकुल भिन्न है क्योंकि 'अनुभव करने वाला प्राणी' और 'रचना करने वाला मन' अलग-अलग हैं या होने चाहिए। इस प्रकार किसी साहित्यिक कृति का मूल्यांकन करने के लिए हमें अन्य साहित्यिक कृतियों के साथ उसके सम्बन्ध की ओर तो ध्यान देना ही होगा, साथ-ही-साथ हमें यह भी जाँच करनी होगी कि रचना का उसके निर्माता के साथ-रचना करनेवाले मन के साथ-क्या सम्बन्ध है। 'प्रौढ़' और कच्ची कवि-प्रतिभा का अन्तर कवियों के 'व्यक्तित्व' के अनुपात में निहित नहीं है, इसमें नहीं है कि किसका 'व्यक्तित्व' कितना बड़ा अथवा कितना आकर्षक है, कौन अधिक रोचक है, अथवा किसके पास अधिक 'सन्देश' है। वास्तविक अन्तर की पहचान यह है कि कौन-सा कवि-मानस किन्हीं विशेष अथवा परस्पर भिन्न, 'उड़ती हुई' अनुभूतियों के मिश्रण और संयोग और चिरनूतन संगम के लिए अधिक परिष्कृत और ग्रहणशील माध्यम है।

अंग्रेज़ी कवि-आलोचक टी.एस. एलियट ने इस क्रिया की तुलना एक रासायनिक क्रिया से की है। सल्फ़र डाई-ऑक्साइड और ऑक्सीजन से भरे हुए पात्र में यदि प्लाटिनम का चूर्ण प्रविष्ट किया जाए तो वे दोनों गैसें मिलकर सल्फ्यूरस एसिड में परिवर्तित हो जाती हैं। यह क्रिया प्लाटिनम की उपस्थिति के बिना नहीं होती, तथापि बननेवाले अम्ल में प्लाटिनम का कोई अंश नहीं होता, न प्लाटिनम में किसी प्रकार का कोई परिवर्तन ही दीखता है-वह ज्यों-का-त्यों पड़ा रह जाता है। एलियट कवि-मानस की तुलना इस प्लाटिनम के चूर्ण से करता है। कवि-मानस भी किन्हीं विभिन्न अनुभूतियों पर असर डालकर उसके मिश्रण और संगम का माध्यम बनता है; उस संगम से एक कलावस्तु निर्मित होती है जो विभिन्न तत्वों का जोड़-भर नहीं, उससे कुछ अधिक है; एक आत्यन्तिक एकता रखती है; और जो बिना कवि-मानस के माध्यम के अस्तित्व नहीं प्राप्त कर सकती थी।

ध्यान रहे कि यद्यपि कवि-मानस ही इस संयोग से चमत्कार उत्पन्न करता है, और इस क्रिया में भाग लेनेवाले तत्त्व कुछ अनुभूतियाँ हैं जो कवि के अपने जीवन के घटित से भी उपजी हो सकती हैं (या उसके आत्म-घटित से बाहर की भी हो सकती हैं), तथापि कलावस्तु का निर्माण निरी निजी अनुभूतियों से नहीं होता-कलावस्तु बनती है उन अनुभूतियों से-उन अनुभूतियों और भावों के संगम से-जिनसे कवि स्वयं अलग, तटस्थ है, जिन पर उसका मन काम कर रहा है। एक दूसरी उपमा की शरण लें तो कवि का मन एक भट्ठी है जिसके ताप में विभिन्न धातुएँ

पिघलकर एकरस हो जाती हैं। ढली हुई धातु विभिन्न तत्वों से बनी है, उनमें से कुछ धातु स्वयं भट्टी के स्वामी की सम्पत्ति भी हो सकती हैं, तथापि भट्टी के स्वामी से भट्टी का, और भट्टी से धातु का अलगाव और स्वतन्त्र अस्तित्व अक्षुण्ण बना रहता है। कलाकार जितना ही बड़ा होगा, उतना ही व्यक्ति-जीवन और रचनाशील मन का यह अलगाव भी आत्यन्तिक होगा। उतना ही रचना करनेवाला कवि-मानस अनुभव करनेवाले मानव से दूर और पृथक् होगा; उतना ही चमत्कारपूर्ण उन अनुभूतियों और भावों का संगम होगा जो कवितारूपी प्रतिमा की मिट्टी है-फिर चाहे ये अनुभूतियाँ और भाव कवि के निजी अनुभव के, व्यक्तिगत जीवन के फल क्यों न हों। यों कहें कि जितना ही **महान कलाकार** होगा, उतनी ही उसकी माध्यमिकता परिष्कृत होगी।

जिस मिट्टी से काव्यरूपी प्रतिमा बनती है, जिन तत्त्वों द्वारा कवि-मानस का असर एक चमत्कारिक योग उत्पन्न करता है, वे तत्त्व क्या हैं? उन्हें दो श्रेणियों में बाँटा जा सकता है-स्थायी भाव (इमोशन) और संचारी भाव। कवि इनसे जो चमत्कार उत्पन्न करता है, पाठक के मन पर जो प्रभाव डालता है, वह कला के क्षेत्र से बाहर कहीं किसी तरह प्राप्त नहीं हो सकता-**कला का 'रस' कला ही में प्राप्तव्य** है; उस अनुभूति की कला के बाहर की किसी अनुभूति से तुलना नहीं की जा सकती। यह अनुभूति एक ही भाव के द्वारा उत्पन्न हो सकती है, या अनेक भावों के सम्मिश्रण से, या भावों और अनुभूतियों के संयोग से; और यह अनुभूति उत्पन्न करने के लिए कवि कई प्रकार के साधन काम में ला सकता है, कई प्रकार के चित्र खड़े कर सकता है। इस सृष्टि के साधक अनेक और उलझे हुए होते हैं, पर उन साधनों द्वारा उत्पन्न होनेवाले चमत्कार में एक आत्यन्तिक एकता होती है। वास्तव में कलाकार का मन एक भंडार है, जिसमें अनेक प्रकार की अनुभूतियाँ, शब्द, विचार, चित्र इकट्ठे होते रहते हैं उस क्षण की प्रतीक्षा में, जबकि कवि-प्रतिभा के ताप से एक नया रसायन, एक चमत्कारिक योग नहीं उत्पन्न हो जाएगा।

कविता, कलावस्तु की श्रेष्ठता उसमें वर्णित विषय की या भाव की श्रेष्ठता या 'भव्यता' में नहीं है; और लेखक के लिए उन विषयों या भावों के महत्त्व में, या उसके जीवन में उनकी व्यक्तिगत अनुभूति में तो बिलकुल नहीं है। **कविता का, कलावस्तु का गौरव उसकी 'भव्यता' है उस रासायनिक क्रिया की तीव्रता में, जिसके द्वारा ये विभिन्न भाव एक होते हैं और चमत्कार उत्पन्न करते हैं**। कविता की-काव्यानुभूति की-तीव्रता और कविता में वर्णित अनुभूति की तीव्रता, परस्पर भिन्न न केवल हो सकती है बल्कि अनिवार्य रूप से होती है। कला के भावों और व्यक्तिगत भावों का पार्थक्य अनिवार्य है। पाठक के लिए कवि या साहित्यकार का महत्त्व उसकी निजी भावनाओं के कारण उसके अपने जीवन के अनुभवों से पैदा हुए भावों के कारण नहीं है। यह दूसरी बात है कि काव्य-रचना की क्रिया में अन्य

भावों और अनुभूतियों के साथ, उसके अपने भाव और अपनी अनुभूतियाँ भी एक इकाई में ढल जाएँ–या कि केवल अपने भाव और अनुभूतियाँ ही उस क्रिया का उपकरण बनें। **रचयिता का महत्त्व रचना करने की क्रिया की तीव्रता में है।** यही बात ऊपर दूसरे ढंग से कही गई है–कि जितना ही कलाकार महान् होगा उतनी ही उसकी माध्यमिकता परिष्कृत होगी। वास्तव में काव्य में कवि का व्यक्तित्व नहीं, वह माध्यम प्रकाशित होता है जिसमें विभिन्न अनुभूतियाँ और भावनाएँ चमत्कारिक योग में युक्त होती हैं। **काव्य एक व्यक्तित्व की नहीं, एक माध्यम की अभिव्यक्ति है।**

काव्य की निर्वैयक्तिक परिभाषा में एक परिणाम और भी निकलता है। काव्य में नूतनता–और बिना नूतनता के कला कहाँ है?–लाने के लिए कवि को नूतन अनुभव खोजने की आवश्यकता नहीं है। ऐसी खोज–नूतन मानवीय अनुभूतियाँ प्राप्त करने की लहक–उसे मानवीय वासनाओं के विकृत रूपों की ओर ही ले जाएगी, और उस पर पुष्ट होनेवाला साहित्य या काव्य मानवीय विकृति (पर्वर्सिटी) का ही साहित्य होगा। कवि का कार्य नए अनुभवों की, नए भावों की खोज नहीं है, प्रत्युत पुराने और परिचित भावों के उपकरण से ही ऐसी नूतन अनुभूतियों की सृष्टि करना, जो उन भावों से पहले प्राप्त नहीं की जा चुकी हैं। वह नई धातुओं का शोधक नहीं है; हमारी जानी हुई धातुओं से ही नया योग ढालने में और उससे नया चमत्कार उत्पन्न करने में उसकी सफलता और महानता है।

यह स्थापना शंकनीय जान पड़ सकती है। लेकिन विश्व का महान् साहित्य उठाकर देख डालिए–हमारे परिचित भाव ही हमें मिलेंगे, किन्तु नूतन योगों में; और हम यह भी पाएँगे कि इस या उस महान् कलाकार की रचना का वैशिष्ट्य उसकी व्यक्तिगत अनुभूतियों की 'नूतनता' में नहीं, उसके उपकरणों के परस्पर अनुपात और योग के प्रकार की विभिन्नता में और सृजन की क्रिया की तीव्रता की भिन्नता में है। और यह क्रिया, इस प्रकार की तीव्रता–विभिन्न परिचित उपकरणों से नूतन चमत्कारिक वस्तु का निर्माण–चेष्टित नहीं है, वह स्वयं चमत्कारिक है।

इसका यह अभिप्राय नहीं है कि कला–वस्तु के निर्माण में चेष्टित अथवा आयास–सिद्ध कुछ भी नहीं है। निःसन्देह कवि–कर्म का बहुत बड़ा अंश चेष्टित है, आयासपूर्वक सिद्ध होनेवाला है, किन्तु वह अंश उपर्युक्त क्रिया की तीव्रता से सम्बन्ध नहीं रखता। बल्कि छोटे कवि में दोष यही होता है कि जहाँ परिश्रम आवश्यक है वहाँ वह 'प्रतिभा' पर निर्भर करता है और जहाँ 'प्रतिभा' का क्षेत्र है वहाँ आयासपूर्वक तीव्रता लाना चाहता है। ये दोनों बातें उसकी रचना को 'व्यक्तिगत' बनाती हैं और हमारी निर्वैयक्तिक परिभाषा के अनुसार दोष हैं।

व्यक्तिगत अनुभूति की दृष्टि से देखा जाए, तो लेख के इस खंड के ऊपर दी

गई टी.एस. एलियट की उक्ति से कोई छुटकारा नहीं है–कि कविता निजी अनुभूति की मुक्ति–अभिव्यक्ति–नहीं, वह अनुभूति से मुक्ति है; व्यक्तित्व का प्रकाशन नहीं, व्यक्तित्व से छुटकारा है। यद्यपि जैसा कि एलियट ने कहा है, इनसे छुटकारा पाने का अर्थ वही समझ सकते हैं जिनके पास अनुभूतियाँ और व्यक्तित्व हैं।

3

काव्य के लिए महत्त्व रखने वाले भावों का अस्तित्व कवि के जीवन या व्यक्तित्व में नहीं, स्वयं काव्य में होता है। व्यक्तिगत भावों की अभिव्यक्ति प्रत्येक पाठक समझ सकता है, 'टेकनीक' की खूबियाँ भी अनेक पहचान सकते हैं, जबकि काव्य के निर्वैयक्तिक को परखनेवाले व्यक्ति थोड़े ही होंगे–यह कहने से उपर्युक्त स्थापना खंडित नहीं होती। कला के भाव व्यक्तित्व से परे होते हैं; निर्वैयक्तिक होते हैं। और कवि इस निर्वैयक्तिक भावों का ग्रहण और आयासहीन अभिव्यंजना तभी कर सकता है जब वह व्यक्तित्व की परिधि से बाहर निकलकर एक महत्तर अस्तित्व के प्रति अपने को समर्पित कर सके, अर्थात् जब उसका जीवन वर्तमान क्षण ही में परिमित न रहकर अतीत की परम्परा के वर्तमान क्षण में भी स्पन्दित हो; जब उसकी अभिव्यक्ति केवल उसी की अभिव्यक्ति न हो जो जी रहा है, बल्कि उसकी भी, जो पहले से जीवित है। **कवि का जीवन आज में बद्ध नहीं है,** वह त्रिकाल–जीवी है।

इन स्थापनाओं से कुछ लोग चौंक सकते हैं। उन्हें लग सकता है कि यह आलोचना का एक नया फ़ैशन भर है, जिसमें सार कुछ नहीं, क्योंकि आधुनिकता केवल परम्परा को मुँह बिचकाने का ही दूसरा नाम है। इन लोगों से हमारा निवेदन है कि हम परम्परा की अवज्ञा करना तो दूर, परम्परा के महत्त्व पर आग्रह कर रहे हैं। इस पर आपत्ति किसी को हो सकती है तो उनको, जो परम्परा का अस्तित्व ही मिटा डालना चाहते हैं; यद्यपि होनी उन्हें भी नहीं चाहिए।

हम यह कहेंगे कि हमारी स्थापनाओं पर आपत्ति करनेवाले वे ही लोग होंगे जो स्वयं अपनी परम्परा से परिचित नहीं हैं–फिर आपत्ति चाहे परम्परा के नाम पर हो चाहे प्रगति के। क्योंकि ये स्थापनाएँ ऐसी नई नहीं हैं; हमारे ही शास्त्र का विकास हैं। कुप्पी नई है, लेकिन आसव पुराना है।

हमारे आचार्यों ने भी रूढ़ियों के अध्ययन पर ज़ोर दिया है। यह भी उन्होंने माना है कि यद्यपि काव्य का सरोकार सभी मानवीय अनुभूतियों से है, साधारण भी और असाधारण भी, तथापि कला की खोज नूतन, अवर्णित और अज्ञात भावों के लिए नहीं है, जैसा कि देश और विदेश के कई आधुनिक कवि समझते रहे हैं। यह भी उन्होंने प्रतिपादित किया है–प्रत्यक्ष सिद्धान्त के रूप में नहीं तो अप्रत्यक्ष

उपसिद्धान्त के रूप में-कि कला के भाव निरे मानवीय भास नहीं हैं, वे उन भावों के चमत्कारिक योग से उत्पन्न होनेवाले और उनसे भिन्न तत्त्व हैं। काव्यानुभूति की नूतनता इस योग की नूतनता है। काव्य का 'रस' कवि में, या कवि के जीवन में, या वर्ण्य विषय अथवा अनुभूति में, या किसी शब्द विशेष में नहीं है वह काव्य-रचना की चमत्कारिक तीव्रता में है।

प्रगति-पक्ष से भी आपत्ति हो सकती है-कि इस स्थापना द्वारा प्रगति को धक्का पहुँचेगा। लेकिन इस आपत्ति पर उत्तर लेख के पूर्वार्द्ध में है-**परम्परा का निकट परिचय उसका अन्धानुकरण नहीं है, बल्कि उसे विकसित करने की तत्परता है।**

हम अतीत को मिटाना नहीं चाहते, उसे छोटा भी करना नहीं चाहते, लेकिन हम उसकी दुहाई भी नहीं देते, परास्त होकर उसके आगे झुकते भी नहीं। हम अतीत के प्रति एक नए दृष्टिकोण की माँग करते हैं; वर्तमान में उसके स्थान की एक नई परिकल्पना करते हैं; हमारे लिए वयस्कता, शैशवावस्था का खंडन नहीं है; उससे सम्बद्ध और प्रस्फुटनशील विकास का बोध है। हम परम्परा की एक विकसित परिभाषा करते हैं-कि वह **वर्तमान के साथ अतीत की सम्बद्धता और तारतम्य का नाम है।**

सौन्दर्य-बोध और शिवत्व-बोध

आलोचना कई प्रकार की होती है–क्योंकि वह कई उद्देश्यों से की जा सकती है। सब आलोचना मूल्यवान् नहीं होती: उसका उद्देश्य प्रभाव उत्पन्न करना या व्याख्या करना भी हो सकता है। लेकिन अन्ततोगत्वा समालोचक को कहीं-न-कहीं मूल्यों का विचार भी करना ही पड़ता है–कृति का मूल्यांकन वह न भी करे तो भी स्वयं उसकी रसास्वादन की प्रक्रिया में उसके स्वीकृत मूल्यों या प्रतिमानों का महत्त्व होता है। समालोचक क्या पाता है, यह अनिवार्यतया इस पर निर्भर करती है कि वह क्या लेकर चलता है।

और मूल्यांकन–प्रत्यक्ष या परोक्ष–बिना मूल्यों या प्रतिमानों के नहीं हो सकता; मानदंड के बिना माप कैसे हो सकती है? यहाँ पर हम समालोचना की मूल समस्या के सामने आ खड़े होते हैं।

मूल्य किसे कहते हैं? यह प्रश्न निःसन्देह बहुत व्यापक है, और यह भी कहा जा सकता है कि युग-युगान्तर से दार्शनिकों और साधकों, दोनों की मूल जिज्ञासा यही रही है : वह अन्तिम कसौटी क्या है जिस पर कसकर हम किसी भी कृति के धातु को पहचान सकते हैं। किन्तु अपनी जिज्ञासा को सीमित रखना असम्भव नहीं है, और न ऐसी सीमित पड़ताल अनुपयोगी ही होगी।

समीक्षक को जैसा सुपठित, शास्त्र-निष्णात होना चाहिए वैसे हम नहीं हैं, इसका हमें पूरा ज्ञान है। आचार्यत्व की न हममें पात्रता है, न आकांक्षा। किन्तु मूल्यों का प्रश्न केवल आचार्यों के लिए महत्त्व रखता हो, ऐसा नहीं है; साहित्य के प्रत्येक अध्येता के लिए वह एक गुरुतर प्रश्न है, और लेखक के लिए तो उसकी मौलिकता असन्दिग्ध है, क्योंकि कृतिकार अपनी कृति का सबसे पहला और कदाचित् सबसे अधिक निर्मम परीक्षक है। (लेखक को अपनी रचना का मोह भी होता है; पर मोह और निर्ममत्व के अलग-अलग स्तर हैं; और मूल्यों का विचार उसी स्तर पर होता है जिस पर लेखक ममता को एक ओर रख देता है।) निष्ठावान् लेखक और अध्यवसायी पाठक के नाते हम आशा करते हैं कि मूल्यों या प्रतिमानों के सम्बन्ध में हमारे विचार अन्य पाठकों के लिए उपयोगी हो सकेंगे। यह भी सम्भव है कि वे अपने साधारणत्व के कारण ही

उनके लिए अधिक ग्राह्य हों, पुरोहित की बात से पड़ोसी की बात अधिक ध्यान से सुनी जाती है और अधिक गहरे जाकर छूती है।

हम मानते हैं कि सब प्रतिमानों का, सब मूल्यों का स्रोत मानव का विवेक है। वही उसे सदासद् का ज्ञान देता है–फिर उस सत् और असत् का क्षेत्र चाहे जो हो। इस साधारण स्थापना पर कदाचित् अधिक लोगों को आपत्ति न होगी–कम-से-कम आज के मानववादी युग में, जिसमें यह नहीं समझा जाता कि मानव के विवेक की दुहाई देना प्रकारान्तर से शाश्वत अथवा पारलौकिक सनातन मूल्यों के अस्तित्व का खंडन करना मात्र है। किन्तु इससे हम सौन्दर्य के विषय में जिस उपपत्ति तक पहुँचते हैं, वह भी ऐसी सहज-ग्राह्य होगी, ऐसी आशा हमें नहीं होती। कदाचित् कुछ बुद्धिजीवी भी उस पर आपत्ति करेंगे। यद्यपि हमें ऐसा जान पड़ता है कि जब हम सौन्दर्य-बोध की चर्चा करते हैं तब हम उसे स्वयंसिद्ध ही मान लेते हैं, क्योंकि बुद्धि को हेय मानकर बोध को महत्त्व नहीं दिया जा सकता।

यदि यह कहना उचित है कि मूल्यों का स्रोत मानव का विवेक है तो यह कहना भी ठीक है कि सौन्दर्य-बोध मूलतः बुद्धि का व्यापार है। सौन्दर्य क्या है, हम नहीं जानते; सौन्दर्य की परिभाषा बड़े-बड़े मर्मज्ञ नहीं कर सके और हम 'गहि-गहि गरब गरूर' इस कंटकाकीर्ण पथ पर चलनेवाले नहीं हैं। किन्तु सौन्दर्य क्या है, यह न बता पाकर भी सुन्दर क्या है यह हम जानते हैं, पहचानते हैं; बता सकते हैं कि क्या सुन्दर होता है। और सुन्दर क्या है, यह बता सकने का अर्थ यह है कि हम कुछ ऐसे गुणों को पृथक् कर सकते हैं जिनके कारण सुन्दर-सुन्दर होता है–जिनकी उपस्थिति की पड़ताल करके हम कहते हैं कि सुन्दर-सुन्दर है। ये तत्त्व क्या हैं, उनकी तालिका प्रस्तुत करना अनावश्यक है। यहाँ आग्रहपूर्वक यही दोहराना यथेष्ट है कि सौन्दर्य-बोध बुद्धि का व्यापार है : बुद्धि के द्वारा ही हम उन तत्त्वों को पहचानते हैं; मानव का अनुभव ही उन तत्त्वों की कसौटी है।

यह स्थापना विवादास्पद तो हो ही सकती है, यह आपत्ति भी की जा सकती है कि बुद्धि के साथ हठात् अनुभव का उल्लेख करना वास्तव में बुद्धि के नाम पर सौन्दर्य की भोगवादी व्याख्या करना है। वास्तव में ऐसा नहीं है, परन्तु यह स्पष्ट करने से पहले एकाध उदाहरण लेना उपयोगी होगा। हम कहते हैं लय अथवा 'रिद्म'। शैशवकाल से ही हम जानते हैं कि हृदय का लययुक्त सम स्पन्दन आरोग्य और सहजावस्था की निशानी है, स्वस्थ होने की निशानी है; और असम स्पन्दन या लय-भंग उद्वेग, परेशानी, असुख के चिह्न हैं। तब, यदि हम मानते हैं कि लयमयता कला का अथवा सुन्दर का एक मूल गुण है, तो क्या यह अपने अनुभूत सत्य का निरूपण ही नहीं है? इसी प्रकार हम मानते हैं कि सीधी रेखा सुन्दर नहीं होती, वक्र रेखाएँ सुन्दर होती हैं : यहाँ क्या फिर हम अपना अनुभव नहीं दुहरा रहे हैं? हमारे अंगों का कोई भी सहज निक्षेप वक्रता

या गोलाई लिये होता है–अबोध शिशु भी जब हाथ–पैर पटकता है तो मंडलाकार गति से–सहज गति से सीधी रेखा में होती ही नहीं, और सीधी रेखा में अंग–संचालन अत्यन्त क्लेश–साध्य होता है। अतः वक्रता को कला–गुण या सौन्दर्य–तत्त्व मानने में हम फिर अपना अनुभव दोहरा रहे हैं : गोचर अनुभव का कार्य–कारण–ज्ञान के सहारे (बुद्धि द्वारा) प्राप्त किया हुआ निचोड़ ही हमारे सौन्दर्य–बोध का आधार है। और चित्र या मूर्ति में जो रेखा की वक्रता है, अर्थात् जो दृश्य, स्पृश्य अथवा स्थूल है, वही यदि काव्य में आकर उक्ति की वक्रता का परम सूक्ष्म रूप ले लेती है, तो क्या हमारी बुद्धि उसे पकड़ नहीं सकती? गोचर अनुभव से पाया हुआ सूक्ष्म बोध क्या वहाँ हमारा सहायक नहीं होता?

ये सरलतम उदाहरण हैं–क्योंकि गति का बोध सबसे पहला बोध है। किन्तु हम क्रमशः जटिलतर प्रतिमानों की परीक्षा करते चलें तो भी इसी बात की पुष्टि होगी–स्थिरता, सन्तुलन; परिचिति और नव्यता; गाम्भीर्य, सूचकता, सार्वभौमता–सर्वत्र हम पाएँगे कि जिस गुण को भी हम कला का प्रतिमान मानते हैं, वह हमारे अनुभव से उद्‌भूत है, और हमारे विवेक द्वारा प्राप्त किया गया है। प्रतिमान–रूपी कोई भी अमृत–घट हमारे अनुभव के महासागर को मथ कर ही निकल सकता है, और हमारी बुद्धि ही हमारी मन्थानी है।

भोगवाद–सम्बन्धी आपत्ति का यहाँ निराकरण हो जाता है। कला–मूल्य हमें अनुभव के सागर से ही प्राप्त होते हैं–किन्तु अनुभव अपने–आप में एक प्रतिमान नहीं है। अनुभव की भित्ति पर बुद्धि द्वारा प्रतिष्ठित तत्त्व ही प्रतिमान हो सकता है। प्रतिमान की उपलब्धि हमें बुद्धि द्वारा ही होती है, यद्यपि उसके लिए हम अनुभव के सागर की थाह लेते हैं। और क्योंकि ये प्रतिमान हमें बुद्धि के द्वारा उपलब्ध होते हैं, इसलिए सुन्दर से हमें जो उपलब्धि होती है उसे हम आनन्द कहते हैं और केवल गोचर अनुभव से मिलनेवाले सुख से अधिक गौरव देते हैं।

तो सौन्दर्य के तत्त्व बुद्धि पर आधारित हैं, और सुन्दर का आस्वादन बुद्धि का व्यापार है। इससे और परिणाम निकलते हैं। बुद्धि अनुभव के सहारे चलती है–अनुभव व्यक्तिगत, समाजगत, जातिगत, युग–युगान्त संचित। और अनुभव कोई स्थिर और जड़ पिंड नहीं है, वह निरन्तर विकासशील है। अतः बुद्धि भी विकासशील है–मानव का विवेक भी विकासशील है। इस अर्थ में शाश्वत मूल्यों की बात अनुचित अथवा अर्थहीन हो जाती है किन्तु विकास का सही अर्थ समझना चाहिए। बुद्धि का नए अनुभवों के आधार पर क्रमशः नया स्फुरण और प्रस्फुटन होता है और नया अनुभव पुराने अनुभव को मिटा नहीं देता, उसमें जुड़कर उसे नई परिपक्वता देता है। अनुभव के गणित में जोड़ ही जोड़ है, बाक़ी नहीं है। साहित्य के क्षेत्र में हम परम्परा की चर्चा इसी अर्थ में करते हैं–तरतमता उसमें अनिवार्य है।

तो मूल्य या प्रतिमान शब्दार्थ की दृष्टि से शाश्वत भले ही न हों, स्थायी अवश्य होते हैं, और उनमें जो परिष्कार या नया संस्कार (परिवर्तन उसे न कहना ही समीचीन होगा) होता है, उसमें शतियाँ लग सकती हैं। निस्सन्देह दूसरे भी मूल्य हैं–सामाजिक मूल्य–जो सामाजिक परिवर्तनों के साथ अपेक्षया अधिक तेज़ी के साथ बदलते हैं; किन्तु यहाँ हम उनकी चर्चा नहीं कर रहे हैं, उनसे अधिक गहरे मूल्यों की बात कर रहे हैं। इन अधिक गहरे मूल्यों में भी यदि हम देखते हैं कि कभी अपेक्षया अधिक द्रुत गति से संस्कार होता है, तो उसका कारण यही है कि जहाँ हमारी तर्कना या बुद्धि निरन्तर हमारे अनुभव को माँजती और सायास विश्लिष्ट-संश्लिष्ट करती चलती है, वहाँ कभी संचित अनुभव का दबाव सहसा हमें नई दृष्टि भी दे देता है–अर्थात् बुद्धि का यह व्यापार एक प्रखरतर आलोक से दीप्त हो उठता है। यद्यपि ऐसा भी जब होता है तो अकारण नहीं होता; जो बुद्धि उस आलोक से उठाकर नई प्रतिपत्ति करती है, वह फिर उसके आविर्भाव का कारण भी खोजती और खोज लेती है।

मूल्यों की चर्चा में यहाँ तक हमने अपने को सौन्दर्य के प्रतिमानों तक सीमित रखा है किन्तु जब हमने कहा कि सब प्रतिमानों का, सब मूल्यों का स्रोत मानव का विवेक है, तब स्पष्ट ही हमने ऐसी कोई मर्यादा नहीं निर्दिष्ट की। उस कथन से अवश्य ही यह परिणाम निकलता है कि शिवत्व के प्रतिमान–नैतिक प्रतिमान भी–मानव के विवेक से उद्भूत होते हैं। यहाँ एक साथ ही दो प्रश्न उठते हैं। क्या हम ऐसा मानते हैं, और क्या सौन्दर्य के और शिवत्व के प्रतिमानों में कोई अनिवार्य सम्बन्ध या कोई भी सम्बन्ध है?

पहले प्रश्न का उत्तर आवश्यक नहीं है। स्पष्ट ही हमारी पहली स्थापना से वह परिणाम निकलता है और अगर हमें वह स्वीकार्य न होता तो हमारे लिए अपनी पहली बात को ही अधिक मर्यादित करके कहना अनिवार्य हो जाता। यदि हम मानते हैं कि सब प्रतिमानों का स्रोत मानव का विवेक है, तो हम सहज ही यह मानते हैं कि नैतिक प्रतिमानों का स्रोत मानव का विवेक है। और कदाचित् इसे स्वीकार करना किसी के लिए भी कठिन न होना चाहिए क्योंकि विवेक को नैतिक भावना का पर्याय ही मान लिया जाता है। सौन्दर्य और विवेक का सम्बन्ध ही अधिक कठिनाई उत्पन्न किया करता है।

किन्तु सुन्दर के प्रतिमान और नैतिक के प्रतिमान में क्या सम्बन्ध है? क्या दोनों एक हैं? क्या समालोचना में एक के विचार में ही दूसरे का विचार निहित होता है, और एक का स्वीकार स्वतः दूसरे का भी स्वीकार हो जाता है? या कि दोनों अलग-अलग हैं? और अलग-अलग हैं, तो समालोचना के मूल्यांकन में क्या दोनों का विचार होना चाहिए, या केवल एक का?

प्रश्न सरल नहीं है। और उत्तर असन्दिग्ध या विवादातीत है, यह कहना धोखा होगा। किन्तु प्रश्न अनिवार्य है, और किसी भी गम्भीर पाठक के लिए और विशेषकर किसी भी लेखक के लिए, उसका कुछ-न-कुछ उत्तर-भले ही एक अस्थायी और काम-चलाऊ उत्तर-अवश्यंदातव्य है। क्योंकि लेखक के सम्मुख यह प्रश्न यदि आता है, तो उसकी सृजन-प्रेरणा का ही प्रश्न बनकर आता है, और बिना इसका उत्तर दिए (या पाए) उसका रचना में प्रवृत्त होना असम्भव हो जाता है-बल्कि उसका प्रवृत्त होना स्वयमेव प्रश्न का उत्तर बन जाता है। और यदि कृति के मूल में उस प्रश्न का उत्तर निहित है, तो पाठक अथवा अध्येता के लिए भी उस उत्तर को जानना आवश्यक है, क्योंकि उसे जानकर ही वह कृति के मूल्यांकन की ओर अग्रसर हो सकता है। लेखक के उत्तर को ज्यों-का-त्यों मान लेना उसके लिए अनिवार्य नहीं है, लेकिन उसे जानना आवश्यक है। किन्तु यहाँ भी केवल सिद्धान्त-चर्चा में न रहकर उदाहरण लेकर चलना सुविधाजनक होगा।

पुराना आख्यान-साहित्य ले लीजिए-प्रबन्ध-काव्य ले लीजिए, गाथाएँ ले लीजिए। कथाकार कथा कहता था, घटनाओं का परात्पर घटित होना ही वहाँ सबसे अधिक महत्त्व रखता था। यह नहीं कि कथाकार में नैतिक बोध नहीं होता था, या कि वह अपनी नैतिक मान्यताओं को प्रकट नहीं करता था, अपने स्वीकृत नैतिक मूल्यों का इंगित नहीं देता था। इसके विपरीत वह पहले से ही कुछ अच्छे और बुरे पात्र लेकर चलता था-नैतिक मान्यताएँ बिलकुल स्पष्ट करके, और कभी-कभी अन्त में निष्कर्ष के रूप में किसी नैतिक मूल्य को साग्रह दोहरा भी देता है। बल्कि कभी यह नैतिक स्थापना पहले कर दी जाती थी और कथा केवल इसके दृष्टान्त के रूप में प्रस्तुत की जाती थी। पंचतन्त्र आदि में पग-पग पर नैतिक मूल्यों का आग्रह है : कहानी मानो उन्हें वहन करने का माध्यम-भर है।

अब ज़रा इधर के आख्यान-साहित्य पर विचार कीजिए। घटना उसमें बिलकुल न हो, ऐसा तो नहीं है। पर उनका घटित कभी-कभी बिलकुल आभ्यन्तर भी रहता है-स्थूल जगत् में कोई घटना घटे बिना भी उसमें संघर्षों के तूफ़ान उठते और लय हो जाते हैं। आज का लेखक किसी भी घटना में कर्ताओं के उद्देश्यों को देखता है। 'अमुक हुआ' उसके लिए पर्याप्त नहीं है; 'अमुक किया गया' वह कहता है, और 'क्यों किया गया' पर ही उसकी समूची जिज्ञासा केन्द्रित हो जाती है। कभी वह 'अमुक किया गया' की अवस्था तक भी नहीं जाता; केवल सूचित कर देता है कि 'अमुक-अमुक कारण क्रियाशील है' और यह पाठक पर छोड़ देता है कि वह समझ ले कि परिणामतः 'क्या किया जाएगा'।

यह परिवर्तन साधारण या ऊपरी नहीं है, घटना से घटना-हेतु की ओर जाना साहित्यकार की बौद्धिक प्रवृत्ति की एक बहुत बड़ी क्रान्ति का सूचक है।

कुछ लोगों की धारणा है कि बुद्धि के बढ़ते वैभव के साथ मानव का नैतिक ह्रास हुआ है। हम ऐसा नहीं मानते–नहीं मान सकते। हमारी पहली प्रतिज्ञा ही इस परिणाम को असम्भव बना देती है क्योंकि हम मानते हैं कि नीति–ज्ञान, विवेक, स्वयं बुद्धि का वैभव है। निरी आस्था के सहारे भी अनीति से बचा जा सकता है, अनैतिक कर्म न करने की अवस्था प्राप्त की जा सकती है, किन्तु नैतिकता के प्रति ऐसा नकारात्मक, अकर्मण्य दृष्टिकोण आज नैतिक बन्ध्यत्व का ही सूचक माना जाएगा। साहित्य की उपर्युल्लिखित नई प्रवृत्ति नैतिक शिथिलता या नैतिक मूल्यों के ह्रास की नहीं, नैतिक बोध की परिपक्वता की सूचक है। ईसा ने जब कहा था, 'जज नॉट, लेस्ट यी बी जज्ड' तब इसीलिए नहीं कि वह नैतिक प्रतिमानों को तिलांजलि दे रहे थे, वरन् इसीलिए कि वह आभ्यन्तर के घटित को उचित महत्त्व दे रहे थे–कोई नैतिक निर्णय बाह्य कर्म के आधार पर नहीं हो सकता, आभ्यन्तर उद्देश्यों का विचार होना चाहिए, यही उनके उपदेश का हेतु था। या कम–से–कम एक हेतु, क्योंकि दूसरा तो यह था ही कि जो अपराधी है उसे दंड न दो, समवेदना दो–मानवीय समवेदना तो सबसे बड़ा नैतिक मूल्य है ही।

आख्यान–साहित्य यहाँ केवल उदाहरण के लिए लिया गया है। क्योंकि दृष्टि का जो परिवर्तन (संस्कार) दिखाना हमें अभीष्ट था, वह इसमें सबसे अधिक आसानी से और स्पष्ट देखा जा सकता है। समूचे साहित्य की यह प्रवृत्ति रही है कि कर्म के हेतु को पहचानो, निर्णय देने या दंड–व्यवस्था करने मत दौड़ो। और हेतु को पहचान कर भी रुको मत, आगे बढ़कर समवेदना भी दो। हाँ, समवेदना देने के लिए बहुत बड़ा हृदय चाहिए, वह सबके पास नहीं भी हो सकता है, इसलिए समवेदना न भी दे पाओ तो कम–से–कम निर्णय की उतावली तो न करो!

हमने कहा कि यह समूचे साहित्य की प्रवृत्ति रही है। इस कथन में अतिव्याप्ति दोष है। उसे मर्यादित करने के लिए कहना चाहिए कि समूचे नहीं, किन्तु सारे मानववादी साहित्य की यह प्रवृत्ति रही है। क्योंकि इधर एक ऐसी प्रवृत्ति भी है जो इस हेतु–परीक्षण को अस्वीकार करती है, मानवीय समवेदना के व्यापक प्रदान को अपव्यय मानती है। नैतिक मानदंड उसके पास नहीं है अथवा उसे तर्क से पुष्ट नहीं किया जाता, ऐसा तो नहीं कहा जा सकता; पर उसका नीति–निरूपण ही द्वन्द्वात्मक और अवसर–सेवी है। कह सकते हैं कि वह विवेकाश्रित नहीं, तर्काश्रित है। यह प्रवृत्ति कर्म–प्रेरणाओं की पड़ताल को प्रवंचना कहती है, क्योंकि वह कर्ता के कर्तृत्व को भावना और अनुभूति की प्राथमिकता को अस्वीकार करती है। जिसे हम आभ्यन्तर कारण कहते हैं उसे वह स्थितिजन्य परिणाम मानती है। एक प्रकार से वह साहित्य की अब तक की प्रवृत्ति को उलट रही है : जहाँ अब तक साहित्य मानव को बँधी–बँधाई नैतिक लीकों से उबारकर कर्ता का गौरवपूर्ण पद देने की ओर प्रवृत्त

था, वहाँ यह नई प्रवृत्ति फिर से बँधी–बँधाई लीकें लेकर उसमें मानव को डालने का उपक्रम कर रही है। अब तक की प्रवृत्ति यह थी कि साहित्य का पात्र एक नैतिक मानचित्र पर दौड़नेवाला जीव–मात्र न रहकर खुली भूमि पर राह बनानेवाला मानव हो; नई प्रवृत्ति उसे शतरंज का प्यादा बनाए दे रही है। कदाचित् उतना भी नहीं! मानव मानो छोटे–बड़े कई आकारों के कंकड़ हैं जिन्हें अपनी मोटी और बारीक चलनियों में से छानकर वह या तो गिट्टी बनाकर अपनी किसी इमारत की नींव में दाब देगी, या रोड़ी बनाकर अपनी सड़क पर बिछा देगी–और कितनी कृतज्ञ होगी रोड़ी इस प्रकार पथ को प्रशस्त करने के काम में लाई जाकर! किन्तु इस नई नैतिक संकीर्णता की चर्चा का यह स्थान नहीं है; यहाँ उसकी और पड़ताल प्रासंगिक भी नहीं है।

प्रश्न अभी वहीं का वहीं है; एक उदाहरण से उसे स्पष्ट भले ही किया गया हो, उसका उत्तर नहीं दिया गया है। कलाकृतियों में, उनके द्वारा, नैतिक मूल्यों का विस्तार होता है, ऐसा हम कह सकते हैं। इसलिए यह भी हम कह सकते हैं कि समालोचना के लिए भी नैतिक मूल्यों पर और उनके विकास अथवा विस्तार पर विचार करना आवश्यक है–अर्थात् उस समालोचना के लिए, जो मूल्यांकन में प्रवृत्त है। पर प्रश्न यह है कि क्या यह विचार सौन्दर्य–मूल्यों के विचार से अलग है, उसका समान्तर है या उसी में निहित है?

कहते हैं कि जो सुन्दर है वह शिवेतर हो ही नहीं सकता। इसे हम मानते हैं, किन्तु यह ध्यान रखना होगा कि इससे यह ध्वनि होती है कि दोनों पर्यायवाची और परस्पराश्रित हैं। ऐसा दावा करना कठिन है। जो यह मानते हैं कि जो सुन्दर है वह शिव भी होता ही है, वे भी कदाचित् अलग से ऐसा दावा करने में संकोच करेंगे। ऐसा ही होता तो आचार्यों को एक अलग उद्देश्य के रूप में 'शिवेतरक्षय' चर्चा करना क्यों आवश्यक जान पड़ता? जो सुन्दर है वह अनैतिक नहीं होगा, यह एक बात है पर उससे शिवेतर–क्षय की माँग करना एक अतिरिक्त शक्ति या प्रभाव की माँग करना है। एक प्रकार से यह साहित्य में लक्षित होनेवाले संस्कार के समान्तर समालोचना का संस्कार करना है, क्योंकि जैसे साहित्य में घटित से आगे बढ़कर हम आभ्यन्तर हेतु अथवा प्रेरणा की छान–बीन देखते हैं, वैसे ही समालोचना में भी रूप–विचार से आगे बढ़कर कृतिकार के उद्देश्य और कृति के प्रभाव की भी कसौटी करना चाहते हैं। और जिस प्रकार आभ्यन्तर हेतु के ज्ञान को हम अपने–आप में एक लक्ष्य नहीं मानते, समझते हैं कि उसका महत्त्व इसमें है कि वह हमें जीवन के प्रति नई और गहरी दृष्टि देता है, उसी प्रकार कृति के उद्देश्य और प्रभाव को पहचानना भी हम अपने–आप में एक लक्ष्य नहीं मानते, समझते हैं कि वह हमें मानव–जगत् का एक सम्पन्नतर अंग बनाता है।

विश्लेषण को चरम अवस्था तक ले जाएँ तो मानना होगा कि नैतिक मूल्य यानी शिवत्व के मूल्य और सौन्दर्य के मूल्य अलग-अलग हैं और अलग विचार माँगते हैं। विशुद्ध तर्क के क्षेत्र में यह भी मान लेना होगा कि ऐसा हो सकता है कि कोई कलाकृति सुन्दर हो और अशिव हो, या कम-से-कम शिव न हो। यह मानकर भी पहली बात कैसे मानी जा सकती है? स्पष्ट ही यहाँ विरोधाभास है। वास्तव में उच्च कोटि का नैतिक बोध और उच्च कोटि का सौन्दर्य-बोध, कम-से-कम कृतिकार में प्राय: साथ-साथ चलते हैं। क्यों? क्योंकि दोनों बोध मूलत: बुद्धि के व्यापार हैं, मानव का विवेक ही दोनों के मूल्यों का स्रोत है और दोनों के प्रतिमानों या मानदंडों का आधार। विवेकशील मानव की–विशेषकर उस विवेकशील मानव की, जिसमें सर्जनात्मक शक्ति या प्रतिभा भी है–ग्राहकता दोनों को ही पहचानती है। बुद्धि, और जिस पर बुद्धि आधारित है वह अनुभव–निरन्तर विकासशील और संस्कारशील है। निरन्तर सूक्ष्मतर होती हुई संवेदना एकांगी भी हो सकती है, पर जहाँ सर्जनात्मक शक्ति है वहाँ एकांगिता की सम्भावना कम है और पुष्ट सौन्दर्य-बोध के साथ पुष्ट नैतिक बोध भी होता ही है। जिस प्रकार कृतिकार सुन्दर का स्रष्टा होकर असुन्दर के सायास परित्याग के द्वारा सुन्दर की उपलब्धि नहीं करता, उसी प्रकार वह नैतिक द्रष्टा होकर सायास अनैतिक के विरोध द्वारा नैतिक को नहीं पाता; उसकी परिपुष्ट संवेदना सहज भाव से दोनों को पाती है–और देती है। इसीलिए कला हमें आनन्द भी देती है, हमारा उन्नयन भी करती है। आज का समालोचक इस बात को नाना वादों के आवरण में छिपा चाहे सकता है, इसे अमान्य नहीं कर सकता।

साहित्य-बोध : आधुनिकता के तत्त्व

शीर्षक में यह स्वीकार कर लिया गया है कि लेख का विषय 'साहित्य-बोध' है; पर वास्तव में इस अर्थ में इसका प्रयोग चिन्त्य है। यह मान भी लें कि लोक-व्यवहार बहुत-से शब्दों को ऐसा विशेष अर्थ दे देता है जो यों उनसे सिद्ध न होता, तो भी अभी तक ऐसा जान पड़ता है कि समकालीन सन्दर्भ में 'साहित्य-बोध' की अपेक्षा 'संवेदना-बोध' ही अधिक सारमय संज्ञा है। इसलिए शीर्षक में प्रचलन के नाम पर साहित्य-बोध का उल्लेख करके लेख में वास्तव में आधुनिक संवेदना की ही चर्चा की जाएगी।

क्या संवेदना के साथ 'नई' या 'पुरानी'-ऐसा कोई विशेषण लगाना उचित है? क्या संवेदना ऐसे बदलती है? क्या मान मात्र एक नहीं है और इसलिए क्या उसकी संवेदना भी एक नहीं है? क्या यह एकता देश और काल, दोनों के आयास में एक-सी अखंडित नहीं रहती?

निःसन्देह मानव एक है। किन्तु जब हम विकासशील जीव-तत्त्व की बात करते हैं तब परिवर्तन के सिद्धान्त को भी मान लेते हैं। चेतना स्वयं विकासशील है। संवेदना वह यन्त्र है जिसके सहारे जीव-व्यष्टि अपने से इतर सब कुछ से सम्बन्ध जोड़ती है-वह सम्बन्ध एक साथ ही एकता का भी है और भिन्नता का भी, क्योंकि उसके सहारे जहाँ जीव-व्यष्टि अपने से इतर जगत् को पहचानती है वहाँ उससे अपने को अलग भी करती है।

मानव-प्राणी की संवेदना न केवल दूसरे जीवों से और जड़ परिस्थिति से प्रतिक्रिया करती है, बल्कि अपनी प्रतिक्रियाओं का मूल्यांकन भी करती है। जीव अपने को परिस्थिति के अनुकूल बनाता है, मनुष्य परिस्थिति को अपने अनुकूल बनाने का चेतन और अवचेतन प्रयत्न करता है। ज्यों-ज्यों उसकी संवेदना विस्तार करती है, अर्थात् ज्यों-ज्यों जगत् से उसके सम्बन्ध नए-नए क्षेत्रों में प्रवेश करते जाते हैं, त्यों-त्यों उसका विवेक विकसित होता जाता है और निरी संवेदना के साथ एक अनिवार्य नैतिक बोध भी जुड़ जाता है। अच्छा और बुरा, ऊँचा और नीचा, मंगलमय और अमंगल, समाज-हितकारी और असामाजिक-ऐसी अनेक कोटियों के विचार उसके कर्म को ही नहीं, उसकी संवेदना को भी नियन्त्रित करने लगते हैं

क्योंकि वह अपनी भावनाओं को भी बुद्धि और विवेक की कसौटी पर परखने लगता है।

मानव और मानवेतर के सम्बन्ध में विकास का अर्थ से आज तक अध्ययन करना यहाँ अनावश्यक है। यहाँ इतना ही कहना यथेष्ट होगा कि विज्ञान की उन्नति के साथ-साथ मानव का मूल्य बढ़ता गया है और मानवेतर का मूल्य घटता गया है। विज्ञान ने नैतिकता को ईश्वरपरक न मानकर मानव-सापेक्ष मान लिया है, मानव की उसकी परिकल्पना चाहे कितनी भी विस्तीर्ण हो। ईश्वर के दरबार में सब प्राणी समान हो सकते थे; मनुष्य के दरबार में स्वभावत: वैसा नहीं हो सकता क्योंकि वह मनुष्य का दरबार है। इस प्रकार संसार का मानदंड मनुष्य को मानते ही हमारी नैतिकता के आधार में बहुत-से अवश्यम्भावी परिवर्तन होने लगते हैं। दूसरे शब्दों में, हमारी संवेदना का रूप बदल जाता है।

यह नहीं कि संवेदना नैतिक बोध का पर्याय है। किन्तु पाप-पुण्य की भावना बदलते ही हमें सुख या पीड़ा देनेवाली परिस्थितियों का रूप भी बदल जाता है, हमें चिन्तित करने वाले या उत्साह देनेवाले तत्त्व भी दूसरे हो जाते हैं। पुराने आदर्श हास्यास्पद या दुर्बोध हो जाते हैं; जो बातें एक समय नगण्य थीं वे जीवनादर्श का सामर्थ्य ग्रहण कर लेती हैं। एक समय था जबकि चींटी या खटमल के लिए अपने प्राणों को जोखिम में डालने वाला पुण्यात्मा होता था, एक समय है कि कौओं और बन्दरों को रोटी खिलाने वाला समाजद्रोही गिना जाता है क्योंकि मानव के लिए रोटी की कमी है। एक समय था जबकि धर्म के लिए जान गँवाने वाला सर्वोच्च सम्मान पाता था, एक समय है कि थोड़े-थोड़े समय के लिए दो-तीन बार धर्म-परिवर्तन कर लेना भी अनुचित नहीं समझा जाता, बल्कि कुछ परिस्थितियों में अनुमोदित भी होता है।

वास्तव में जहाँ तक साहित्य या किसी भी कला का प्रश्न है, संवेदना से हमारा अभिप्राय निरी ऐन्द्रिय चेतना से बिलकुल भिन्न कुछ होता है। गर्म और ठंडा, उजला और अँधेरा, सादा और रंगीन, खट्टा और मीठा, नरम और कठोर, कर्कश और मधुर-यह सब भी इन्द्रिय-संवेद्य है। और संवेदना का यह स्तर नैतिकता से परे है। यह कह लीजिए कि यह उसका जैविक स्तर है, मानवीय स्तर नहीं। इस कोटि की संवेदना जीव मात्र में होती है और मानव में भी उसके जीव होने के नाते ही। किन्तु जो संवेदना उसके नैतिक बोध के साथ गुँथी हुई है, वह दूसरे स्तर की है। वह अनन्य रूप से मानव की है और उसी के कारण जीवों में मानव अद्वितीय है। इसी बात को हम दूसरे शब्दों में कह सकते हैं : संवेदना का सम्बन्ध जैविक परिस्थिति से नहीं, सांस्कृतिक परिस्थिति से है। जिस संवेदना की बात हम कर रहे हैं, जिसे 'साहित्य-बोध' का या और व्यापक स्तर पर कला-बोध का नाम दिया गया है, वह वास्तव में सांस्कृतिक बोध ही है और इसलिए संस्कृति के साथ-साथ बदलता भी रहता है।

2

प्रत्येक संस्कृति के मूल में एक जीवन-दर्शन होता है। इसीलिए प्रत्येक कला के मूल में भी एक जीवन-दर्शन होता है। आवश्यक नहीं कि उसके प्रति कला सचेत भी हो; वह अंशतः या सम्पूर्णतया अवचेतन भी हो सकता है, पर उसका होना अनिवार्य है। कलाकार का विवेक उसी पर आश्रित है, उसी से उसके मूल्य या प्रतिमान निःसृत होते हैं। कलाकार या साहित्यकार की शिक्षा अथवा संस्कार के कारण यह जीवन-दर्शन कम या अधिक चेतन हो सकता है। उसी के साथ-साथ उस दर्शन की उस कलाकार द्वारा की गई व्याख्या भी उतनी ही कम या अधिक विश्वसनीय होती है।

जैसे-जैसे जीवन-दर्शन बदलता है वैसे ही संवेदना भी बदलती जाती है।

ऊपर जीव के प्रति सम्मान के बदलते रूप का संकेत किया गया है। मानव का जीव किसी आत्यन्तिक स्तर पर पशु के जीव से अधिक मूल्यवान् है, यह सिद्ध करना कठिन है। किन्तु फिर भी मानव का वध हत्या है; इसके लिए प्राणदंड की व्यवस्था है। जीव के वध के लिए केवल कुछ परिस्थितियों में दंड की व्यवस्था है जबकि वह वध के लिए नहीं, बल्कि उससे सम्बद्ध अनावश्यक क्रूरता के लिए दिया जाता है। और हम स्वीकार करते हैं कि यह व्यवस्था-भेद उचित और नैतिक और न्यायसंगत और धर्म-सम्मत है। एक दूसरे स्तर पर जीव-दया के आदर्श में हम एक नए प्रकार का अन्तर्विरोध देखते हैं। एक ओर करुणा अर्थात् पर-दुःख-कातरता का आदर्श है तो दूसरी ओर दुख को माया मानकर एक सामाजिक दृष्टि से निष्करुण भाव का प्रदर्शन भी, जिसके कारण सभी पश्चिमी लोग सभी पूर्वीय लोगों को हृदयहीन मानते हैं।

नैतिकता की भावना बदलने का पहला कारण हुआ है–धर्म-भावना का अथवा ईश्वर की परिकल्पना का रूप-परिवर्तन। जिसके कारण सृष्टि का, या कम-से-कम मानव के उससे सम्बन्ध का केन्द्र ईश्वर न रहकर स्वयं मनुष्य हो गया है। इस परिवर्तन को धर्मवान् मनुष्य ने भी स्वीकार कर लिया है, चंडीदास की प्रसिद्ध उक्ति इसका एक उदाहरण है।

परिवर्तन का दूसरा कारण है–प्रकृति की नई परिकल्पना। विज्ञान की पहली प्रगति ने मनुष्य को यह विश्वास दिया कि बुद्धि सब प्रश्नों का उत्तर दे सकती है। निःसन्देह ऐसा अखंड विश्वास विज्ञान की भी आधुनिक परिस्थिति में नहीं पाया जाता, किन्तु अनुसन्धान और परीक्षण की परम्परा अब भी विज्ञान की मुख्य पद्धति है। फिर भौतिक और जैविक विज्ञान की प्रगति की जो दो उपलब्धियाँ थीं, उन्होंने विकास की क्रिया को कुछ ऐसा यांत्रिक रूप दे दिया कि वैज्ञानिक चिन्तन भी एक प्रकार का यांत्रिक चिन्तन हो गया। जड़ से चेतन की उत्पत्ति, और प्राथमिक

जीवकोष से क्रमशः जटिलतर भीतरी रचनावाले जीवों की रचना की लम्बी शृंखला के अन्त में मानव-जीवन का विकास : ये विज्ञान की मुख्य उपलब्धियाँ रहीं जिन्होंने परवर्ती मनोविज्ञान को भी एक यान्त्रिक ढाँचा दे दिया। अगर मन भी एक यन्त्र है, और बाहरी प्रभावों को नियन्त्रित करके उसकी सभी क्रियाओं को अनुशासित और निर्दिष्ट किया जा सकता है, तो नैतिक बोध भी केवल एक यन्त्रशासित कल्पना है। कोई मूल्य आत्यन्तिक अथवा स्वयंसिद्ध मूल्य नहीं है; जैसे किसी मशीन को संचालित करनेवाले कंट्रोल की अलग-अलग सुइयाँ या बटन अमुक एक स्थिति में रख देने से उस यन्त्र का काम अमुक स्तर पर सम्पूर्ण रूप से निर्दिष्ट हो जाता है, उसी तरह मन के भी अलग-अलग कंट्रोल निश्चित करके उसकी सभी क्रियाओं, उसके मूल्य-बोध और नैतिक बोध आदि को नियन्त्रित किया जा सकता है; और यह नियन्त्रण गुण और मात्रा, दोनों पर एक-सा लागू हो सकता है।

नैतिकता सापेक्ष है, इस परिणाम तक पहुँचने के दूसरे कारण भी हुए। सापेक्षवाद के सिद्धान्त ने देश-काल के ही नहीं, पदार्थ मात्र को एक संशयास्पद रूप दे दिया। पदार्थ के छोटे-से-छोटे अविभाज्य अंश को अणु मानकर इस परिभाषा पर अपना सारा शोध-कार्य आधारित करनेवाला भौतिक विज्ञान जब उस बिन्दु पर पहुँचा जहाँ यह भी सन्दिग्ध हो गया कि अणु अनिवार्यतया पदार्थ ही है और यह सम्भावना सामने आई कि पदार्थ और शक्ति, दोनों अनवरत एक-दूसरे में परिवर्तित होते रहते हैं और एक ही तत्त्व कभी स्थूल रूप में अणु हो जाता है और कभी सूक्ष्म रूप लेकर विशुद्ध वैद्युतिक आवेश अथवा शक्ति हो जाता है, तब वैज्ञानिक का यान्त्रिक चिन्तन भी सन्दिग्ध हो गया और एक नए प्रकार के अनिश्चय ने जन्म लिया। स्फट (क्रिस्टल) की रचना के अनुसन्धान ने पदार्थ की असारता को और भी स्पष्ट किया। स्फट की आन्तरिक रचना की परीक्षा ने जहाँ इस बात को क्रमशः और स्पष्ट किया कि उसके भीतर अनेक स्तर और 'चेहरे' होते हैं, वहाँ इस प्रश्न का कोई उत्तर नहीं दिया कि वे चेहरे, स्तर, कटाव और कोण होते किस 'पदार्थ' के हैं। अर्थात् स्फट के शोध ने रचना या गठन का और गति का प्रमाण तो दिया, किन्तु इसका कोई संकेत नहीं दिया कि वह रचना या गति किस तत्त्व की है। बल्कि यह भी कहा जा सकता है कि उसे यह संकेत मिला कि तत्त्व कुछ है ही नहीं, रचना ही रचना है और गति ही गति है। परवर्ती भौतिक शोध ने पदार्थ के साथ 'प्रति-पदार्थ' की उद्भावना करके स्थिति को और उलझाया है। हम जानते हैं कि ऊर्जा की निरन्तर स्वल्प या अनत्यल्प काल के लिए द्रव्य-रूप लेती रहती है। वास्तव और अवास्तव के अलावा आज एक 'प्रति-वास्तव' भी हमारे सामने है!

वास्तव में शोध ने इस प्रकार जिस नई अवास्तविकता को जन्म दिया, उसमें संवेदना के प्रकार का बदल जाना स्वाभाविक है।

3

पदार्थ मात्र की हमारी कल्पना में परिवर्तन तक जाना कदाचित् अनावश्यक है, यद्यपि जीवन-दर्शन का यह एक आवश्यक तत्त्व है क्योंकि मम और ममेतर का परस्पर सम्बन्ध जीव और जीवेतर के सम्बन्ध के व्यापकतर क्षेत्र का एक छोटा-सा हिस्सा-भर है। फिर भी यदि हम उतनी गहराई तक न जाकर अपने को प्राणि-समाज तक ही नहीं, बल्कि उसके एक अंग मानव-समाज तक ही सीमित रखें, तब भी हम देख सकते हैं कि समाज-विज्ञान और अर्थ-विज्ञान की प्रगति ने कैसे सृष्टि में मनुष्य के स्थान को क्रमश: बदल दिया है।

मनुष्य जाति का वैज्ञानिक नाम 'होमो सेपिएंस' (ज्ञान-विज्ञान प्राणी) ही इस बात को स्पष्ट कर देता है कि विज्ञान ने मनुष्य को उसके विवेक के कारण दूसरे जीवों से विशिष्ट माना है। भारतीय परम्परा 'धर्मो हि तेषामधिको विशेष:' मानती आई थी; किन्तु विज्ञान ने जहाँ मनुष्य की बुद्धि को आत्यन्तिक माना, वहाँ धर्म को सापेक्ष मान लिया क्योंकि विवेक या नैतिक भावना परिस्थितिजन्य और प्रभावों के अनुशासन द्वारा परिवर्तनीय मान ली गई। इस प्रकार इतर जीवों से मनुष्य को विशिष्ट करनेवाली बुद्धि ने मनुष्य की बुद्धि के लिए एक नया संकट उत्पन्न किया; विशिष्ट करनेवाली बुद्धि ही यह बताने लगी कि मानव किसी तरह भी पशु से भिन्न नहीं है। कहा जा सकता है कि पशु से मनुष्य को पृथक् करनेवाला विज्ञान मनुष्य को पशु बनाने लगा-यन्त्र से मनुष्य को अलग करनेवाला विज्ञान मनुष्य को यन्त्र बनाता गया, और नैतिक बोध को निरूपित करनेवाला विज्ञान नैतिकता को सन्दिग्ध करता गया।

वह इस प्रगति का परिणाम है कि आज मानव की स्थिति को इस प्रकार निरूपित किया जाता है कि वह 'एक नीतिविहीन अथवा अतिनैतिक (क्योंकि यान्त्रिक) समाज में रहनेवाला नैतिक जीव' है। वास्तव में आज के सामाजिक रोग इसी **अन्तर्विरोध** के परिणाम है। यदि आधुनिक मानव व्यक्ति भी आधुनिक यन्त्र की भाँति **नैतिकताविहीन** या अतिनैतिक होता तो भी उसकी चेतन में गुत्थियाँ न पड़ती, और यदि समाज नैतिक होता तो भी यह परिस्थिति न आती।

आधुनिक मनोवैज्ञानिक उपचारों का भी आधार यही है। वे नैतिकता के किसी प्रश्न का हल नहीं बताते, न समाज को परिवर्तित करने के सम्बन्ध में कोई संकेत देते हैं। वे केवल अनैतिक समाज में रहने के तनाव को दूर कर देते हैं-यह सम्भव बना देते हैं कि नैतिकता-सम्पन्न व्यक्ति बिना अनावश्यक क्लेश के उस अनैतिक समाज में रह सके। मनोविज्ञान की परिभाषाओं के अनुसार मानव-समाज को बदलने या सुधारने की, समाज-कल्याण की कोई भी चेष्टा ऐसा मन या व्यक्तित्व नहीं कर सकती जिसे स्वस्थ या साधारण (नॉर्मल) कहा जा सके, समाज को आगे

ले जाने वाले व्यक्ति का अस्वस्थ और असन्तुलित होना उन परिभाषाओं के अनुसार अनिवार्य है–इससे मनोवैज्ञानिकों को कोई चिन्ता या उलझन नहीं होती। उन्हें यह नहीं दीखता कि यदि ऐसा है तो कहीं उनका मनोविज्ञान अधूरा है या उनका 'एप्रोच' ग़लत है।

साहित्यकार को, साहित्यिक कृतिकार को, शायद यह सब थोड़ा-थोड़ा दीखता है, भले ही धुँधला और स्पष्ट दीखता हो।

4

जिसे यहाँ आधुनिक संवेदना कहा गया है, और जिसको ही लेख के शीर्षक में आधुनिक साहित्य-बोध की संज्ञा दी गई है, उसकी पृष्ठिका में कहीं यह सब कुछ है। ऐसा नहीं है कि ये सब विचार और तर्क-वितर्क सभी आधुनिक लेखकों के चेतन में हों, या कि सब में समान रूप से हों। बल्कि यह भी नहीं कहा जा सकता कि सब में विचार हैं ही। किन्तु इतना अवश्य है कि आज का लेखक अपेक्षया अधिक चेतन है और इसलिए परिस्थिति के प्रभावों को अधिक तेजी से और अधिक मात्रा में ग्रहण करता है।

कहा जा सकता है कि इस ढंग की परिस्थिति-चेतना कृतिकार के लिए हितकर नहीं है। एक प्रकार से आत्मचेतस (सेल्फ-कॉन्शस) होना आधुनिक साहित्यकार का अभिशाप है। अभिशाप नहीं तो दंड तो है ही! उसकी लाचारी ही है कि वह अपनी संवेदना और प्रतिभा में होनेवाली उपलब्धि भर पाठक, श्रोता अथवा ग्राहक के सामने रखकर सन्तोष कर लेना चाहे तो भी नहीं कर सकता, वह बाध्य होता है कि इससे आगे वह यह भी स्वयं समझाए कि आधुनिक संवेदना क्या है और क्यों है–वह आधुनिक क्यों है और संवेदना भी क्यों है!

5

जीवन की प्रक्रिया का यह बढ़ता हुआ ज्ञान, जीवन-यन्त्र की यांत्रिक गति का बढ़ता हुआ परिचय अपने-आप में एक समस्या है। जितना ही अधिक हमारा जीवन सतह पर आता जाता है उतना ही सतह बढ़ती जाती है; अर्थात् उसके अनुपात में आभ्यन्तर जीवन उतना ही छोटा होता जाता है। जितना ही अधिक हम सतह पर जीते हैं, उतना ही सतह पर भीड़ होती जाती है। जीवन-स्फटिक रचना ही रचना है, गति ही गति है; तत्त्व कुछ है या नहीं, हम नहीं जानते!

हम बार-बार गहरे उतरे–
कितना गहरे! –पर

जब-जब जो कुछ भी लाए
उससे बस
और सतह पर भीड़ बढ़ गई।
सतहें –सतहें –
सब फेंक रही हैं लौट-लौट
वह कौंध
जिसे हम भर न रख सके
प्याले में।
छिछली, उथली, घनी चौंध से अन्ध
घूमते हैं हम
अपने रचे हुए
मायावी उजियाले में।

आधुनिक साहित्यकार के लिए इस परिस्थिति की अनदेखा करना असम्भव है। लेकिन देखकर स्वीकार कर लेना भी असम्भव है। जितना ही यह दीखती है उतना ही उसे भेद कर भीतर गहराई में पैठना और अनावश्यक हो जाता है।

इस प्रकार संवेदना में द्विभाजन हो जाता है। एक तो संवेदना नई, उस पर एक प्रकार द्विभाजित, यह बात आधुनिक साहित्यकार की समस्या का और अपने पाठक से उसकी दूरी की एक नया आयाम देती है।

द्विभाजन को दूर करना, सतह और गहराई के विरोध को हल करना, यह साहित्यकार की भीतरी समस्या है–गहराई की समस्या है। अपने इस प्रयत्न को अपने सामने रखना, चेतन रखना, यह उसकी बाहरी समस्या है–सतह की समस्या है। किन्तु भीतरी और बाहरी का यह भेद उसके लिए अत्यन्त महत्त्वपूर्ण और उसकी दृष्टि से आत्यन्तिक होकर भी पाठक के साथ उसके सम्बन्ध को अन्तिम रूप से निरूपित नहीं करता है। क्योंकि प्रयत्न करने और प्रयत्न को सामने रखने के अलावा पाठक के सन्दर्भ में एक और उत्तरदायित्व भी उसका है कि वह अपने प्रयत्न को ही अपने सामने न रखे बल्कि उस खंडित यथार्थ को भी सामने रखे जिसके कारण वह प्रयत्न है और जो पाठक के और उसके बीच सम्बन्ध का आधार है।

6

इस सन्दर्भ में हिन्दी के बारे में क्या कहा जा सकता है? हिन्दी और हिन्दी मात्र का लेखक होते हुए उसके बारे में कुछ कहने में संकोच करना स्वाभाविक है। एक तो कृतिकार का समकालीन साहित्य के बारे में कुछ भी कहना जोखिम का काम होता

है जब तक कि पाठक इतना सतर्क और उदार न हो कि कृतिकार और समीक्षक की बातों का मूल्यांकन करने की अलग-अलग कसौटियाँ रख सके और यह समझ सके कि यह अलगाव पाखंड नहीं, बल्कि दृष्टि है। दूसरे, यह व्यक्ति-विशेष न तो अपने को हिन्दी की ओर से व्यापक रूप से कुछ कहने का अधिकारी मानता है, न साधारणतया दूसरों ने ही कभी उसमें इसकी पात्रता देखी है! अपने विचारों में वह अकेला तो कदाचित् नहीं है, पर बहुत ही अल्प मत का है और उस अल्प मत का भी अधिभाग कदाचित् हिन्दीतर भारतीय भाषाओं में पाया जाएगा, यह सम्भावना उसके सम्मुख रहती है।

हिन्दी के विषय में यहाँ जो कुछ कहा गया है, वह इस मर्यादा के साथ ही ग्रहण किया जाना चाहिए और मान्य अथवा अमान्य ठहराया जाना चाहिए।

हिन्दी की दृष्टि भारत की दूसरी भाषाओं की अपेक्षा अधिक व्यापक, अधिक 'भारतीय' दृष्टि रही है। इसके ऐतिहासिक कारण रहे हैं किन्तु आज वह दृष्टि अधिक वैज्ञानिक भी है, ऐसा नहीं कहा जा सकता। यों कह लीजिए कि ऐसा नहीं जान पड़ता कि आधुनिक विज्ञान की प्रगति का प्रभाव उस पर अधिक पड़ा है या उसमें अधिक लक्षित होता है। हिन्दी का पाठक अभी तक केवल हिन्दी का या मुख्यतया हिन्दी का है। हिन्दी का आलोचक भी केवल हिन्दी का, या अधिक-से-अधिक संस्कृत के परिवेश को लेकर हिन्दी का आलोचक है। ऐसा मानने का कारण है कि हिन्दी का लेखक इन दोनों की अपेक्षा कुछ अधिक खुला है। यह भी दीखता है कि कुछ दूसरी भारतीय भाषाओं के लेखक हिन्दी लेखक की अपेक्षा अधिक खुले हैं। अपवाद प्रत्येक वर्ग में और प्रत्येक भाषा में होंगे; किन्तु यहाँ न अपवादों की बात की जा रही है, न कोई निरपवाद की स्थापना की जा रही है। गुण-दोष, अच्छाई-बुराई की बात भी यह नहीं है, केवल वैज्ञानिक प्रगति के प्रभावों के प्रति खुलेपन की बात है और विनयपूर्वक यह स्वीकार करना चाहिए कि विज्ञान की उपलब्धियों को ग्रहण करने, उनका चिन्तन और मनन करने के प्रति हिन्दी का लेखक उतना सजग नहीं है जितना वह हो सकता है; और हिन्दी का पाठक या समीक्षक तो उतना ही सजग नहीं जितना कि लेखक है।

7

आधुनिक साहित्यकार की संवेदना का कुछ-कुछ निरूपण इन बातों से हो गया होगा। आधुनिकता जो परिवर्तन लाई है, और उसके कारण सम्प्रेषण की जो समस्याएँ उत्पन्न हो गई हैं, उनका कुछ अनुमान भी इनसे हो गया होगा। आधुनिक लेखक और आधुनिक पाठक के बीच जो समस्या है, या दूसरे शब्दों में, साहित्यकार

की समस्या लेखक और पाठक के सम्बन्ध के क्षेत्र में जो रूप लेती है, उसके बारे में कुछ शब्द और कहे जा सकते हैं।

मूल्यों की परिवर्तनशीलता अथवा शाश्वत मूल्यों के मतवाद और विवाद यहाँ प्रासंगिक नहीं हैं। यह नहीं कहा जा रहा है कि शाश्वत मूल्य कुछ नहीं हैं, न ही यह कहा जा रहा है कि मूल्यों में कोई परिवर्तन नहीं आया है। प्रेषणीयता अब भी बुनियादी साहित्यिक मूल्य है और सम्प्रेषण साहित्यकार का बुनियादी काम, किन्तु बदलती हुई परिस्थितियों में प्रेष्य वस्तु और प्रेषण के साधन, दोनों बदल गए हैं। यह लेखक को जानना है, पाठक को समझना है और आलोचक को मानना है और सभी को यह यत्न करना है कि जहाँ वे दूसरे पक्ष से यह माँग करें कि उनका काम कम कठिन बनाया जाए, वहाँ स्वयं भी अपनी क्षमता बढ़ाने की ओर दत्तचित्त हों।

संस्कृति के सम्बन्ध में जो भ्रान्त धारणाएँ फैली हुई हैं वे समस्या को और उलझाती हैं। हमारे अनेक पूर्वग्रह कुछ बुनियादी असत्यों पर आधारित हैं। जब तक सत्य का शोध न किया जाए तब तक इन पूर्वग्रहों से मुक्ति पाना कठिन है। जो लोग भारतीय संस्कृति की दुहाई देते हैं वे प्रायः भूल जाते हैं कि अन्य सभी संस्कृतियों की भाँति भारतीय संस्कृति भी एक मिश्र अथवा सामाजिक संस्कृति है–कि संस्कृति मात्र समन्वित होती है क्योंकि एक समन्वित दृष्टि ही उसकी एकता का आधार होती है। दोनों में अभिन्न सम्बन्ध होने पर भी 'परम्परा' केवल इतिहास अथवा घटनाक्रम नहीं है; वह घटनाक्रम से मिलनेवाला जातिगत अनुभव है–अनुभव ही नहीं, बल्कि उस अनुभव का ऐसा जीवित स्पन्दन, जो जाति को अभिप्रेरित करता है। हम भारतीय साहित्य के सन्दर्भ में पश्चिम के प्रभाव की चर्चा करते हैं अथवा दूसरे एशियाई देशों पर भारत के प्रभाव की बात करते हैं; लेकिन यह भूल जाते हैं कि प्रभावित होने या प्रभाव ग्रहण करने भी एक प्रतिभा होती है और कुछ अवदानों का श्रेय दाता को नहीं, प्राप्ता को मिलना चाहिए। जो सांस्कृतिक दाय दूसरों को हमसे मिला, किन्तु उसके बाद दूसरों के जातिगत अनुभवों में जीवित रहा और हम में खो गया, उसका श्रेय लेने का हमें क्या अधिकार है? या उन्हें क्यों उसे परदेशीय मानना चाहिए? वह मूलतः भारतीय होकर भी जब उनकी परम्परा का अंग हो गया है तब उनका है, हमारे इतिहास का होकर भी जब हमारी परम्परा से च्युत हो गया है और हम में क्रियमाण नहीं है तब हमारा नहीं है। पश्चिम के रोमांटिक आन्दोलनों में हमारा बड़ा प्रभाव रहा, किन्तु वह प्रभाव वहाँ क्यों और कैसे प्रकट हुआ, इसका उत्तर वहीं के जातीय जीवन और अनुभव से मिलेगा। वह पूर्व से आया होकर भी हमारा दान नहीं, उनका उपार्जन था। इसीलिए हमने जब फिर उस प्रभाव को ग्रहण किया तब यह भाव हम में नहीं था कि यह अपनी ही खोई या बहुत दिनों की भूली वस्तु हमें मिल गई। और आलोचक वर्ग तो आज भी आग्रहशील है कि

हमने पश्चिम का अनुकरण किया! दूसरी ओर, छायावाद में पश्चिम का प्रभाव जिस रूप में प्रकट हुआ उसका उत्स पश्चिम से होकर भी पश्चिम को अधिकार नहीं है कि वह उस पर गर्व करे, वह हमारी उपलब्धि है।

संस्कृति की भाँति ही हमारी भाषा भी मिश्र भाषा है। इसका परिणाम यह हुआ कि अलग-अलग वर्गों में अलग-अलग प्रकार की भाषा बोली जाती है और साहित्य-समीक्षा के क्षेत्रों में भी कई परिभाषाएँ हो गई हैं जो अपने-अपने व्यवहार करनेवालों में परस्पर संवेद्य नहीं होती हैं। आचार्य-वर्ग में ऐसा कहने वाले अनेक हैं कि 'आज की आलोचना दुर्बोध अथवा अबोध्य है। किन्तु क्या आज के पाठक के लिए शास्त्रीय आलोचना कम दुर्बोध अथवा अबोध्य है?' इतना ही नहीं, क्या वह अपर्याप्त और बहुत-कुछ अप्रासंगिक अथवा अनुपयोगी भी नहीं हो गई है?

हमारा उद्देश्य किसी को ललकारने, चुनौती देने या किसी पर आरोप करने या अभियोग लगाने का नहीं है। वादी या पक्षधर या किसी पक्षधर का पैरोकार होना हमें अभीष्ट नहीं या अधिक-से-अधिक साहित्यकर्मी मात्र का पैरोकार होना अभीष्ट है और इस संज्ञा की परिधि के भीतर लेखक, पाठक और आलोचक-तीनों को ग्रहण कर लिया गया है। आधुनिक संवेदना का प्रश्न तीनों के लिए समान रूप से महत्त्व रखता है क्योंकि तीनों का अपना-अपना प्रश्न है। आधुनिकता की, आधुनिक जीवन की चुनौती सबके लिए एक-सी है और उसका सामना वे सहकर्मी होकर ही कर सकते हैं।

आधुनिकता : संवेदन और सम्प्रेषण

आधुनिकता के विषय में आपके समक्ष कुछ कहना मैंने स्वीकार कर लिया लेकिन अब अपनी बात एक स्वीकारोक्ति से ही आरम्भ करना चाहता हूँ। सच बात यही है कि आधुनिकता क्या है, मैं नहीं जानता। यह भी सच है कि मुझे कभी इस बात की विशेष चिन्ता भी नहीं हुई कि मैं आधुनिक हो ही जाऊँ, या कि यह पड़ताल करूँ कि मैं आधुनिक हूँ या नहीं हूँ। अपने इस अज्ञान को आरम्भ से ही स्वीकार कर लेना मुझे इसलिए आवश्यक जान पड़ता है कि आगे जो कुछ कहूँ उसके बारे में ग़लतफ़हमी आपको न हो। यह भी स्वीकार कर लूँ कि इस अज्ञान के बावजूद मैंने यहाँ आकर बोलने का निमंत्रण क्यों स्वीकार कर लिया, इसका जवाब यही है कि मुझ प्रकृत यायावर को एक नया और अपरिचित प्रदेश देखने का चाव था और यह आशा भी थी कि विद्वानों के बीच थोड़ी देर बैठकर आधुनिकता के बारे में कुछ सुन और सीख सकूँगा।

यों ऐसा तो हुआ है कि लेखकों के बीच, और कभी-कभी लेखकों तथा पंडितों के बीच, आधुनिकता को लेकर गर्मागर्म बहस सुनने का अवसर मुझे मिला है। वैसी बहसें प्रायः निष्परिणाम होती रही हैं—अगर इसी को परिणाम न माना जाए। उनके बाद मैं स्वयं इस प्रश्न से जूझता रहा हूँ कि आधुनिकता आख़िर है क्या? जैसा मैंने कहा, इस प्रश्न का उत्तर मैं नहीं जानता; अपने सामने ही प्रश्न रखते समय मैं उसका निरूपण कुछ बदलकर यों करूँ कि 'आधुनिकता क्या है' इसकी परिभाषा में न जाकर हम क्यों न यह सवाल पूछें कि आधुनिकता हो तो क्या होनी चाहिए? और विशेष रूप से साहित्य में किन लक्षणों से हम पहचानेंगे कि आधुनिकता वहाँ है या नहीं? यों तो मैं भी कह सकता हूँ कि यह प्रश्न पूछने लगना ही एक तरह की आधुनिकता है। उस पहली सीढ़ी के बाद दूसरी सीढ़ी यह है कि हम उसकी अपरिभाषेयता स्वीकार करके उसके प्रभावों और लक्षणों के बारे में ही सजग हो जाएँ।

ईसाई सन्त आगुस्तीन ने काल के बारे में विचार करते हुए एक बड़े मार्के की बात कही थी, 'जब तक कोई मुझसे नहीं पूछता कि काल क्या है तब तक मैं इस प्रश्न का उत्तर जानता हूँ। लेकिन जब कोई पूछता है तो मैं नहीं जानता।' कदाचित्

आधुनिकता के बारे में भी यह कहा जा सकता है। आधुनिकता के सन्दर्भ में ईसाई सन्त की यह बात याद करना एक और दृष्टि से भी उपयोगी है। यह तो है ही कि आधुनिकता का सवाल युग अथवा काल के विषय में ही है–आधुनिक होना किसी-न-किसी विशेष अर्थ में युगीन अथवा समकालीन होना ही है। लेकिन आधुनिकता के सन्दर्भ में काल की बात उठाना उसे सिर्फ़ ऐतिहासिक सन्दर्भ से जोड़ना नहीं है। काल के साथ आधुनिकता का सम्बन्ध इससे कहीं अधिक गहरा है–या अपने अज्ञान को याद रखते हुए इसी बात को एक स्थापना के रूप में न कहकर अनुमान के रूप में कहूँ कि आधुनिकता का काल से सम्बन्ध कहीं अधिक गहरा होना चाहिए। यह कहने में मैं बात को ऐतिहासिक सन्दर्भ से और गहरे ले जाकर संवेदन के क्षेत्र में ले जाता हूँ। निःसन्देह एक ऐतिहासिक संवेदन भी होता है; वह संवेदन का केवल एक आयाम है जबकि आधुनिकता के विचार में हमें इससे आगे भी बढ़ना चाहिए।

तो यों कहूँ कि मेरी समझ में आधुनिकता **काल के साथ नए प्रकार का सम्बन्ध है या होना चाहिए**। आधुनिकता मूलतः एक नए ढंग का कालबोध है और हमारे संवेदन का उस पर आधारित रूपान्तर बड़े दूरव्यापी परिणाम रखता है। काल के साथ सम्बन्ध बदल जाने से बहुत-सी चीज़ों के साथ हमारे सम्बन्ध अनिवार्यतया बदल जाते हैं–इतिहास के साथ, सामाजिक परिवेश के साथ, तंत्र और श्रम के साथ, पूँजी के साथ, शासन व्यवस्था के साथ तथा कला और साहित्य और उनके सौन्दर्यशास्त्र के साथ। मेरा यह अनुमान कोई नई बात नहीं है, लेकिन आधुनिकता के विचार में संवेदन और कालबोध के प्राथमिक महत्त्व पर ज़ोर देना इसलिए आवश्यक जान पड़ता है कि आधुनिकता की चर्चा में प्रायः लोग इस आधारभूमि की उपेक्षा कर जाते हैं और केवल ऊपर की संरचनाओं और संस्थानों की ओर ध्यान देते रह जाते हैं। समाजशास्त्री और अर्थशास्त्र के पंडित शायद इस दिशा में सबसे अधिक भटकते हैं; लेकिन आज क्योंकि आधुनिकता को आधुनिक वैज्ञानिक चिन्तन के साथ जोड़ा जाता है, और समाजशास्त्र तथा अर्थशास्त्र, दोनों को विज्ञान की बिरादरी में नया-नया प्रवेश मिला है, इसलिए बहुत से साहित्यकार भी समाजशास्त्रियों और अर्थशास्त्रियों के पीछे चलते हुए अपने रास्ते से भटक जाते हैं, यद्यपि उन्हें तो संवेदन के प्राथमिक महत्त्व की उपेक्षा नहीं करनी चाहिए।

मैं कह सकता हूँ कि कालबोध पर मैं इतना ज़ोर इसीलिए दे रहा हूँ, और एक नए कालबोध पर आधारित संवेदन को आधुनिकता के विचार के केन्द्र में इसीलिए रख रहा हूँ कि आधुनिकता का प्रश्न प्रथमतः समाजशास्त्रियों और अर्थशास्त्रियों ने ही उठाया है जिनके दिग्भ्रमित हो जाने की मैंने चर्चा की है। निश्चय ही दर्शनशास्त्री को भी इस विषय पर कहने को बहुत कुछ है, लेकिन उसकी दृष्टि समाजशास्त्री और

अर्थशास्त्र के पंडितों से इसलिए भिन्न हो जाती है कि आगमों को वह कुछ दूसरे रूप में देखता है और इसलिए, चाहे आनुषंगिक रूप में ही, संवेदन की उपेक्षा नहीं करता– संवेदन के विचार के परम्पराओं से गहरे सम्बन्ध को वह कुछ अधिक महत्त्व देता है। समाजशास्त्री के पीछे चलते हुए साधारण व्यक्ति–पढ़ा–लिखा व्यक्ति भी–प्राय: यह भूल कर बैठता है कि आधुनिकता, जो कि एक दृष्टि है, संवेदन का एक संस्कार है, और आधुनिकीकरण, जो कि समाज का अथवा आर्थिक संस्थान का बाहरी रूपान्तरण है, दोनों को पर्यायवाची मान लेता है। आधुनिकीकरण, शहरीकरण, यांत्रिकीकरण और यहाँ तक कि पश्चिमीकरण–इनको पर्यायवाची मानते हुए आधुनिकता के साथ जोड़ लेने की भूल प्राय: सभी करते हैं, भले ही इन सब प्रक्रियाओं की ओर ध्यान दिलाने पर उन्हें यह भी पहचान लेने में कोई कठिनाई नहीं होगी कि ये अलग–अलग हैं; और ऐसा भी सम्भव है कि इनमें से किसी एक की अनुपस्थिति में भी दूसरी सम्पन्न हो जाए–बल्कि किन्हीं दो में विरोध का भी निर्वाह होता रहे। उदाहरण के लिए, यह बिलकुल सम्भव है कि बाहर से हम पूरी तरह शहरी साहब हो जाएँ, हर आधुनिक यांत्रिकीकरण उपकरण घर में लगा लें और फिर इस आधुनिकीकरण, शहरीकरण, यांत्रिकीकरण और पश्चिमीकरण के बाद भी हमारा संवेदन और हमारी दृष्टि घोर रूप से अनाधुनिक रह जाए–चेतना के स्तर पर हम किसी प्राचीनकाल में ही जीते रहें। ऐसा तो नहीं है कि इस बाहरी रूपान्तर का कोई प्रभाव हमारे संवेदन पर नहीं होगा, लेकिन वैसा प्रभाव जो तनाव पैदा करेगा उसे हम लम्बे अरसे तक आसानी से झेलते चले जा सकते हैं, इसका प्रमाण आज आपको किसी भी भारतीय शहर के जीवन में दीख जाएगा। मनसा और संस्कारत: घोर रूढ़िग्रस्त लेकिन ऊपर से आधुनिक–हमारा शहरी भद्रवर्ग ऐसे लोगों से भरा पड़ा है। और इस स्थिति का तनाव लगातार झेला जाकर भी प्रभावरहित नहीं होता। यह हम प्रतिदिन अख़बारों से समझ सकते हैं–घरों में स्त्रियों का कथित 'आत्मदाह' उसका केवल एक विस्फोट है।

दूसरी ओर, यह भी सम्भव है कि संवेदन के स्तर पर एक पढ़ा–लिखा व्यक्ति आधुनिकता का पूरा संस्कार ग्रहण कर ले, लेकिन उसके बाह्य जीवन में इन दूसरी प्रक्रियाओं के लक्षण न दीखें। नि:सन्देह इसके उदाहरण उतनी आसानी से नहीं मिलेंगे और यह भी है ही कि उन्हें पहचानना भी कुछ कठिनतर होगा, क्योंकि बाहरी वास्तविकता तो तत्काल दीख सकती है और नए कालबोध के लिए व्यक्ति के आभ्यंतर से परिचय आवश्यक होगा जो समयसाध्य ही होगा। लेकिन दुर्लभ होकर भी ऐसे उदाहरण जब सामने आते हैं तो चौंका जाते हैं। उदाहरण के लिए, परम्परावादी परिवारों से सार्वजनिक जीवन में आनेवाली अनेक स्त्रियों ने अपनी आत्मविश्वास–भरी आधुनिक दृष्टि से लोगों को चकित किया है।

यदि एक बार इस बात को हम अच्छी तरह समझ लें और गाँठ बाँध लें कि आधुनिकता संवेदन का एक संस्कार है और बाह्य रूपान्तर की जिन प्रक्रियाओं का उल्लेख मैंने किया है उनसे सर्वथा अलग है, तो आधुनिकता को नए कालबोध के साथ जोड़ना कठिन नहीं रहेगा और उसके सभी विस्तारों को समझना भी आसान हो जाएगा।

क्या संवेदन और सम्प्रेषण की बात को जोड़ना आवश्यक है? मानना होगा कि आवश्यक नहीं है, लेकिन फिर यह भी देखना होगा कि यदि हम आधुनिकता की चर्चा साहित्य के अथवा कलाओं के सन्दर्भ में करनेवाले हैं तो इन दोनों को जोड़कर रखना अनिवार्य हो जाएगा। साहित्य-कला मात्र-मूलतः एक सम्प्रेषण है; अभिव्यक्ति भी है तो दूसरे पर अपनी अभिव्यक्ति है, दूसरे तक पहुँचना है; इसलिए कला और साहित्य जगत में संवेदन का विचार सम्प्रेषण से अलग रखकर किया ही नहीं जा सकता। अब अगर हम आधुनिकता की मेरी दी हुई परिभाषा को ध्यान में रखते हुए संवेदन और सम्प्रेषण की चर्चा करेंगे, तो प्रश्न का रूप कुछ यों बन जाएगा कि 'एक नए प्रकार के कालबोध को कवि अथवा कलाकार कैसे दूसरे तक पहुँचाता है और दूसरे को कैसे उसमें दीक्षित करता है?' इसी प्रश्न का विस्तार यह होगा कि क्या काल के नए बोध के साथ वस्तु भी बदलती है, यथार्थ भी बदलता है और सम्प्रेषण की परिस्थितियाँ भी बदलती हैं? बदली हुई परिस्थिति के साथ क्या सम्प्रेषण की पद्धतियों और प्रक्रियाओं का भी रूपान्तर होता है? इन सभी प्रश्नों का उत्तर स्वीकारात्मक है; लेकिन इस बदलाव की स्वीकृति से स्वयं अनेक समस्याएँ कलाकार अथवा साहित्यकार के सामने उठ खड़ी होती हैं। इन्हें हम केवल आधुनिकता की समस्या न कहकर सन्दर्भ के साथ जोड़ते हुए देख सकते हैं-आधुनिक कला की समस्याएँ, आधुनिक काव्य की समस्याएँ, आधुनिक उपन्यास की समस्याएँ इत्यादि। क्योंकि प्रत्येक क्षेत्र में नया कालबोध यथार्थ की नई पहचान कराता है, उसके साथ नए सम्बन्ध जोड़ता है; और उन सम्बन्धों की पहचान कराने की, उनके सम्प्रेषण की नई समस्याएँ खड़ी करता है; हर विधा का आधुनिक कलाकार अपनी विधा के भीतर इन नई चुनौतियों का सामना करने और अपनी कठिनाइयों का हल निकालने के लिए नई शिल्पविधियों का आविष्कार करता है, नए 'समय' (Convention) स्थापित करता है। अगर हम नई परिस्थिति को और उससे उत्पन्न होने वाली चुनौतियों को नहीं पहचानते तो हम विभिन्न कलाओं और कला-विधाओं में आने वाले परिवर्तनों को भी ठीक-ठीक नहीं समझ सकते, उनके मूल कारणों के साथ नहीं जोड़ सकते। और ऐसी स्थिति में हमारी आलोचना भी

सतही लक्षणों के पंजीकरण तक सीमित रह जाएगी। वास्तव में आलोचना के साथ ऐसा ही हुआ भी है। अधिकतर समीक्षाओं और विद्यालयों में पढ़ाई जाने वाली आलोचनाओं में भी यही देखने को मिलेगा कि सतही लक्षणों और परिवर्तनों के आधार पर श्रेणियाँ और वर्ग बना दिए जाते हैं, श्रेय दे दिया जाता है अथवा उससे वंचित कर दिया जाता है, और किसी भी लक्षण अथवा परिवर्तन के लिए सर्जक कलाकार के निजी परिवेशगत तनावों की ओर ध्यान न देकर उसके लिए कोई-न-कोई विदेशी **मॉडल** खोजने का प्रयत्न किया जाता है। यह बात प्रसंगान्तर जैसी दीखती है, लेकिन वास्तव में है नहीं। अगर हमारे आलोचक और आलोचनाशास्त्र के अध्यापक काल के साथ नए सम्बन्ध को पहचानते और उसकी उपपत्तियों को समझते तो समालोचना की इस विकृति से बच सकते, पाठक और अध्येता को बचा सकते। वह नहीं होता इसीलिए हमारा आधुनिकीकरण, शहरीकरण और यांत्रिकीकरण आदि तो सब कुछ होता जाता है पर आधुनिकता ही हमें उपलब्ध नहीं होती–संवेदन का ही संस्कार हमें नहीं मिलता। शंकर ने कभी दूसरे सन्दर्भ में कहा था, 'मंत्रविद् ही रह गया, आत्मविद् नहीं हुआ'–हम कहें कि हम लगातार यन्त्रविद् ही होते जा रहे हैं, आत्मविद् नहीं होते।

मैंने प्रश्न के स्पष्ट प्रस्तुतीकरण की दृष्टि से उसे यों रखा है कि 'क्या काल के नए प्रकार के बोध के साथ वस्तु भी बदलती है, यथार्थ भी बदलता है और सम्प्रेषण की स्थितियाँ और विधियाँ भी बदलती हैं?' मेरा उद्देश्य संवेदन और सम्प्रेषण को केन्द्र में रखने का भी है। किन्तु यह तो स्पष्ट होना चाहिए–न हो तो मैं ही उसे स्पष्ट स्वीकार करूँ–कि ये सारे सम्बन्ध ऐसे हैं कि किसी एक को कारण और अन्य सबको कार्य नहीं माना जा सकता। सांस्कृतिक प्रक्रिया में ऐसे सरल कारण कार्य सम्बन्ध नहीं होते, परस्पर प्रमादों का एक जटिल विस्तार होता है। अतः परिस्थिति के बदलने से कालबोध बदलता है; सम्प्रेषण की कोई नई युक्ति उपलब्ध हो जाने से सम्प्रेष्य यथार्थ भी बदलता है इत्यादि। बल्कि इसी अन्योन्य आश्रय के कारण ही समाजशास्त्री के लिए यह सम्भव होता है कि वह सामाजिक परिवेश के आधार पर आधुनिकता की बात करे, या अर्थशास्त्री को यह सुविधा रहती है कि वह आर्थिक सम्बन्धों को और उनके परिवर्तनों को आधार बनाकर आधुनिकता की परिभाषा करे। वैसे निरूपण ग़लत नहीं होते, केवल तदर्थ होते हैं; अपनी परिधि में उपयोगी भी होते हैं और भविष्य के अनुमान में, परियोजनाओं में सहायक भी हो सकते हैं। साहित्य के अथवा कला के लिए ये निरूपण अपनी तदर्थता के कारण ही अप्रासंगिक हो जाते हैं। साहित्य भविष्य नहीं बनाता, न उसका परियोजन करता है : साहित्य में भविष्य जीता है तो इसी अर्थ में अतीत भी उसमें जीता है। वर्तमान की उस अचूक पहचान में जिसमें अतीत और भविष्य, दोनों

अनुक्षण बदलते जाते हैं। क्योंकि हमारा प्रत्येक अनुभव, ऐसा नहीं है कि हमारे अतीत को ही बदलता है; अतीत का हर बदलता मूल्यांकन, स्मृति अथवा इतिहास का हर पुनःसंगठन, भविष्य की हमारी अपेक्षाएँ और सम्भावनाएँ भी बदल देता है; इस प्रकार हमारे कर्म की दिशा बदल जाती है अर्थात् भविष्य बदल जाता है। हमारी स्मृतियों की यह गत्यात्मक परस्पर भेदकता एक शक्ति है जिसके सहारे हम अनुक्षण अपने को भी जानते हैं; घटनाक्रम में अथवा 'इतिहास' में अपने को स्थापित करते हैं; केवल गोचर अनुभूतियों से आगे बढ़कर मानवीय संवेदन की परिधि में आते हैं। और इसीलिए एक अनिवार्य और अविराम पुनःसंगठन में लगे रहने के कारण ही हमें समाजशास्त्री की अथवा अर्थशास्त्री की तदर्थ परिभाषाएँ अग्राह्य हो जाती हैं। वे लोग एक अनुक्रमिक ऐतिहासिक काल को मानते हुए उसके किसी एक बिन्दु पर ठहर कर अपने अनुमान गढ़ते हैं, साहित्य-सर्जक एक गत्यात्मक आनुभविक काल को पहचानते हुए उसकी धारा के बीच तैरना चाहता है।

और अपनी पहले प्रस्तुत की गई कामचलाऊ परिभाषा की ओर लौटकर कहूँ कि आधुनिकता जिस नए प्रकार का कालबोध है, वह दोनों प्रकार के काल की अवधारणा को स्वीकार करता है और समान्तर रखता है, समपदीय महत्त्व देता है और इतना ही नहीं, यह भी समझता है कि विज्ञान की प्रगति ने ही यह सम्भव बनाया है कि हम काल की इतने प्रकार की गतियों को पहचानें और एक साथ स्वीकार करें। और कालगति का यह स्वीकार ही वास्तव में आधुनिक संवेदन है, आधुनिकता है। **आधुनिकता सब कुछ को सापेक्ष बनाती है**। लेकिन इस प्रकार सापेक्ष बनाना, मूल्यों अथवा मूल्यदृष्टियों को नष्ट कर देना नहीं है जैसा कि कुछ लोग समझते हैं। इस काल सापेक्षता में ऐसा नहीं है कि काल एक स्थिर तत्त्व है जिसकी कसौटी पर सब बदलती हुई चीज़ों की पैमाइश हो रही है; बल्कि काल स्वयं एक बदलती हुई और सापेक्ष चीज़ है : एक साथ ही एक काल भी है और अनेक काल भी हैं जिन सभी पर हम लगातार परखे जा रहे हैं, जिन सभी पर हम अपने प्रत्येक अनुभव और विश्वास के परखने को बाध्य हैं। इस प्रकार 'आधुनिक' हो जाने पर यह नहीं कि मूल्यों की प्रेरकता अथवा समाज नियामकता नष्ट हो जाती है या कि मूल्य निरपेक्ष हो जाना ही आधुनिक हो जाना है, बल्कि मूल्यों के प्रति सतर्कता की हमारी ज़िम्मेदारी बढ़ जाती है—लगातार उनका परीक्षण करते रहना हमारा कर्तव्य हो जाता है जिससे ऐसा न हो कि हम ऐसे मूल्यों की दुहाई देते रहें—या उनके अनुशासन में जीने का उपक्रम करते रहें—जो गतिहीन होकर निष्प्राण हो गए हैं और अब धारा को अवरुद्ध ही करते हैं।

विज्ञान की प्रगति ने हमें काल की नई अवधारणा दी, नया कालबोध दिया।

विमान ने पहले हमें अन्धविश्वासों के बीच एक निश्चयात्मकता दी–और फिर स्वयं अपनी प्रत्येक ध्रुवता पर प्रश्नचिह्न लगाकर हमें संशयात्मा बना दिया–लेकिन वहाँ तक लाकर जहाँ हम इस डर से भी मुक्त रह सकें कि संशयात्मा विनश्यति। वैज्ञानिक संशय विनाश की देहरी नहीं है, केवल जिज्ञासा की देहरी है, प्रश्नाकुलता है जो कि आधुनिक बोध का एक मुख्य आयाम है। विज्ञान ने बताया कि दिक्काल का एक सातत्य है, इसलिए एक के बिना दूसरे की पहचान नहीं हो सकती; फिर उसने यह बताया कि काल अनिर्णीत और वास्तव में अप्रमेय है, इस प्रकार काल के साथ दिक् भी अनिश्चित हो गया और इसी अनिश्चय के द्वीप पर हम लगातार जीते हैं–यही हमारी आधुनिकता है।

थोड़ी देर अपनी इस अवस्थिति पर विचार करें जो हमारे संवेदन को गढ़ती है। निश्चय ही एक समय था जब हम एक दूसरे प्रकार के काल में जीते थे : हमारे संवेदन की आधार भित्ति दूसरी थी। समाज अपेक्षया स्थिर था–कभी वह स्थितिशील और रूढ़िवादी भी था, लेकिन वैसा आग्रह नहीं रखने पर भी उसमें परिवर्तन की गति बहुत धीमी थी, समाज संस्थान भी स्थिर था, उसमें भी कुछ बदलता लक्षित नहीं होता था, न कहीं कोई डगमगाहट थी, उस संस्थान को टेक देकर चलाने वाले विश्वास भी स्थिर और निष्कम्प थे। आज वैसा समाज नहीं है, आज वैसा काल भी नहीं है, न वैसे विश्वास हैं। आज हम स्थिर संस्थान और अभ्यस्त कर्म की बात नहीं सोचते, नए फ़ैशन की बात सोचते हैं। चीज़ों के साथ हमारा सम्बन्ध दूसरा है, क्योंकि काल के साथ सम्बन्ध दूसरा है। आज बच्चा भी 'बोर' होना समझता है, पारंपरिक समाज में लोग जानते ही नहीं थे कि बोरियत क्या होती है!

यह दोहरा देना अनुचित न होगा कि इनमें से किसी एक को कारण मानना भूल होगी; भौतिक स्थितियों से लेकर अस्मिताबोध तक सभी चीज़ें बदलीं और सबने एक-दूसरे को प्रभावित किया। हम संवेदन को केन्द्र में रखते हैं क्योंकि हम साहित्य सर्जन की प्रक्रियाओं को केन्द्र में रखते हैं–अन्य अनेक प्रक्रियाओं और प्रमादों का उल्लेख और स्वीकार काफ़ी है। ऐतिहासिक और आर्थिक प्रक्रियाएँ भी रही हों, यन्त्रविकास की प्रक्रिया भी रही जिसका वैज्ञानिक पक्ष अपना महत्त्व रखता है और सत्ताधिकरण पक्ष अपना–और कहने की ज़रूरत नहीं कि सत्ताधिकरण पक्ष में फिर ऐतिहासिक और आर्थिक प्रक्रियाओं पर चाहें तो अलग-अलग विचार कर सकते हैं।

संवेदन **किसी भी प्रक्रिया के प्रभाव से अछूता नहीं है**। लेकिन फिर भी

ध्यान रखने की बात है कि संवेदन प्रभावित उतनी जल्दी नहीं होता जितनी जल्दी वह कर्म को प्रभावित करता है और दूसरे, प्रभावित होता भी है तो सीधे-सीधे नहीं। इस प्रकार अगर आधुनिक संवेदन मौजूद है तो यह अपेक्षा हम रख सकते हैं कि वह आधुनिकीकरण की ओर प्रेरित करेगा; पर आधुनिकीकरण होने से ही हम आधुनिक संवेदन होना भी निश्चित नहीं मान सकते-बल्कि यह भी निश्चित नहीं मान सकते कि संवेदन में जो परिवर्तन होगा वह आधुनिकीकरण का समर्थन करनेवाला ही होगा।

बदले हुए संवेदन के अन्य प्रभावों और कर्म प्रेरणाओं से हमें यहाँ प्रयोजन नहीं है किन्तु साहित्य में या कलाओं के क्षेत्र में आधुनिकता कैसे क्रियाशील हुई और किन समस्याओं का सामना करती है, वह अवश्य हमारे लिए प्रासंगिक है।

आधुनिकता-बदले हुए कालबोध-की सबसे महत्त्वपूर्ण समस्याएँ आख्यान साहित्य (फ़िक्शन) में प्रकट होती हैं क्योंकि नई दृष्टि एक ओर समाज को नए ढंग से देखती है, समाज में नई चीज़ों की ओर देखती है अर्थात् नया यथार्थ देखता है, दूसरी ओर वह उसे सम्प्रेषण करना चाहती है-सम्प्रेषण तो उसका अनिवार्य कर्तव्य है बल्कि **सम्प्रेषण हो तो साहित्य है**। और काल की नई पहचान अपने आप में सम्प्रेषण की अनेक समस्याएँ हमारे सामने ले आती थी-जिनमें सबसे पहली तो यही थी कि हमारे अनुभव में काल ऐतिहासिक क्रम से उलटे क्रम में चलता है-परिणाम पहले आता है और कारण बाद में। इस प्रकार अनुभव की 'यथार्थ घटना' इतिहास की घटना से उलटी चलती है। दूसरे, यह भी हमने जाना कि हमारा संवेदन घटनाओं के अनेक स्तरों और आयामों को एक साथ ग्रहण करता है-अर्थात् बाहर की एक घटना संवेदन के संसार में असंख्य घटनाओं का संघट्ट है जो सब अनुक्रम नहीं, एक साथ घटित हुई है। इस प्रकार यथार्थ अनुभव का यथार्थ सम्प्रेषण तभी हो सकता है अगर कथा भी उसी तरह कही जा सके-यानी क्रम से नहीं, समूची एक साथ-जो कि असम्भव है-अपने आप में असम्भव है और भाषा की सीमा के कारण भी असम्भव है-भाषा भी अनिवार्यतया पूर्वापर क्रमिकता माँगती है जबकि अनुभव क्रमातीत होता है। उपन्यास की विधा में जो परिवर्तन आए, उन्हें हम चाहें तो केवल कालबोध के नए विस्तार का सम्प्रेषण करने की समस्या के निराकरण की प्रक्रिया के रूप में देख सकते हैं। यह बात उपन्यास पर सबसे अधिक लागू होती है, क्योंकि वही सबसे आधुनिक विधा है और आधुनिकता के सम्प्रेषण की चुनौती सबसे अधिक उसके सामने आई। उपन्यास से भी अधिक आधुनिक विधा सिनेमा मानी जा सकती है-और नए कालबोध के सम्प्रेषण की चुनौती उपन्यास से अधिक तीव्रता से कहीं अनुभव की गई तो सिनेमा में ही। किन्तु किसी भी कला में आधुनिकता की विकास प्रक्रिया देखने चलें तो हम पाएँगे कि उसके

मूल में यह नया कालबोध ही है, काल के साथ नया सम्बन्ध ही है। मानस का विखंडन, खंडित बिम्ब, अमूर्तन, अतियथार्थ की प्रस्तुति, मिथक और फ़ैंटेसी, कारण और कार्य में विपर्यय अथवा 'अहेतुक' घटना, मुक्त छन्द, ताल और लय की टकराहट अथवा संकर–किसी भी कला में कोई नई प्रवृत्ति लीजिए तो वह कहीं-न-कहीं नए कालबोध से और उसके सम्प्रेषण के प्रयत्न से जुड़ जाएगी। कहा जा सकता है कि ये सब बातें तो रूपाकार अथवा शिल्प से सम्बद्ध हैं और आधुनिकता अवश्य ही शिल्प से आगे की भी चीज़ है : यह बात निश्चय ही सच है कि आधुनिकता के सामाजिक आयाम दूसरे भी हैं। पर उनका कलागत अथवा साहित्यगत प्रस्तुतीकरण अनिवार्यतया रूपाकार और शिल्पीय युक्तियों के प्रश्न सामने लाता है कि जिन्हें कलाकार को हल करना ही होगा, नहीं तो वह दूसरे तक पहुँच ही नहीं सकता–और प्रस्तुतीकरण तो नाम से स्पष्ट कर देता है कि वह दूसरे तक पहुँचना है!

मैंने जिस आत्मस्वीकार से आरम्भ किया था, एक बार फिर आपको उसका स्मरण दिलाकर कहूँ कि अपने अज्ञान को अपने सामने रखते हुए मैंने इस बात का प्रयत्न नहीं किया कि आधुनिकता की कोई सर्वसम्मत परिभाषा आपके सामने रखूँ : मेरा प्रयत्न यही रहा कि अगर आधुनिकता हो तो वह क्या होनी चाहिए, इस विषय में अपनी अटकलें आपके समक्ष रखूँ। और अगर वैसी आधुनिकता होगी तो उसके क्या प्रभाव और परिणाम भी होने चाहिए, उसकी भी एक रूपरेखा प्रस्तुत करूँ।

मेरे अनुमान यदि युक्तिसंगत हैं तो आधुनिकता को–क्योंकि वह नए कालबोध पर आधारित एक दृष्टि है–नएपन और परिवर्तन को न केवल स्वीकार करना चाहिए बल्कि अनिवार्य मानना चाहिए। **आधुनिकता परिवर्तन के प्रति अनुकूलता और लगातार उसका प्रयत्न है**। लेकिन उसके साथ ही वह केवल क्षणिक नए के मोह में भी नहीं पड़ेगी–काल के साथ **नया सम्बन्ध अविवेकी अथवा आलोचना बुद्धिरहित नहीं होगा**। और यह परिवर्तन मूल्यदृष्टि में होगा, सामाजिक संस्थान में होगा, आत्मदर्शन में होगा–और दूसरों के साथ सम्बन्धों की परिकल्पना के बदलाव के कारण सम्प्रेषण की हर विधा और प्रक्रिया का परिवर्तन भी होगा।

नए काल का एक और पक्ष भी विचारणीय है। यह केवल परिवर्तन को ही स्वीकार नहीं करता, उसकी द्रुततर गति को भी स्वीकार करता है। लेकिन क्या द्रुततर परिवर्तन को स्वीकार करना हर चालू फ़ैशन को स्वीकार करना है? मैं कहना चाहूँगा कि नहीं, पर यह तो देखना होगा कि हमारे समाज में ऐसे समीकरण की सम्भावना काफ़ी है : उन सभी देशों में है जो आज 'नवविकासमान' देश कहलाते हैं और जो कल तक विकसित यन्त्रोद्योग वाले पश्चिमी देशों के उपनिवेश थे। औपनिवेशिक इतिहास का एक अवशेष यह है कि हम अभी तक उधर से आने

वाले प्रभावों के सामने निरस्त्र और अरक्षित हैं–हमारी खिड़कियाँ इधर से आने वाली हवा के लिए खुली ही रहती हैं, भले ही वह हवा कितनी ही दूषित क्यों न हो। इस स्थिति से हमारा समाज मुक्त हो सकेगा या नहीं, या कब मुक्त हो सकेगा, इसके बारे में कोई भविष्यवाणी मैं नहीं करूँगा–न वह मेरा काम है, न उसके लायक़ मेरा ज्ञान है। इतना ही कह सकता हूँ कि जाग्रत विवेक-बुद्धि के सिवा कोई दूसरा प्रतिरोध नहीं हो सकता।

पर द्रुततर गति की एक बात इससे आगे भी बनी रहती है। विज्ञान का नियम है कि ऊर्जा के प्रवाह की मात्रा या गति बढ़ती है तो वैविध्य कम होता है। इस प्रक्रिया को हम प्रतिमानीकरण कहकर उसका स्वागत करें, या एकरूपता कहकर उसे संकट मानें–यह प्रक्रिया औपनिवेशिक अतीत से बिलकुल अलग है : उस कोटि का वैज्ञानिक सत्य है जिसे काल निरपेक्ष कहा जा सकता है। इस प्रक्रिया को हम विकास की **निम्नतर** सीढ़ी के वानस्पतिक अस्तित्व से लेकर समकालीन मानव निर्मित शहरी यन्त्र संस्कृति तक सर्वत्र देख सकते हैं। व्यापार में भी **रेपिड टर्न ओवर** तथा **स्टैंडर्डाइज़ेशन** का सम्बन्ध इसी प्रक्रिया का एक पहलू है। तो क्या आधुनिक होने में हम क्योंकि श्लथप्रवाही ऊर्जा की व्यवस्था से एक द्रुतप्रवाही ऊर्जा व्यवस्था में आ रहे हैं, इसलिए हमें जीवन का और संस्कृतियों का वैविध्य खोकर एक सर्वग्रासी एकरूपता का शिकार हो जाना होगा? यह प्रश्न आज कितना संगत है, यह संकट कितना निकट आसन्न, इसे हम केवल हर शहरी घर में नहीं, गँवई झोंपड़े तक में देख सकते हैं : खेत में काम करते किसान के हल से टँगे ट्रांज़िस्टर का गीत तक इस आसन्न संकट का संकेत देता है। क्या प्रगति ज़रूरी तौर पर एकरूपता लाएगी? इस प्रश्न का भी उत्तर मैं नहीं दूँगा–नहीं दे सकता–पर यह प्रश्न हर उस व्यक्ति से सामने रहना चाहिए जो अपने को आधुनिकता की देहरी पर खड़ा पाता है या समझता है। कदाचित् इसका भी कोई एक उत्तर नहीं है : सवाल एक सन्तुलन का होगा जिसका एक समाजव्यापी रूप होगा तो एक बिलकुल निजी रूप भी होगा : और शायद यही उसका उत्तर है, क्योंकि यह उसे फिर बाहरी स्थितियों और उपकरणिक परिवेश से ऊपर उठाकर संवेदन के घेरे में ले आता है। आधुनिकता है तो संवेदन का एक नया आयाम है–काल के साथ एक नया सम्बन्ध है–निरा ऐतिहासिक सम्बन्ध नहीं, एक आनुभाविक और आस्तित्विक सम्बन्ध।

भारतीय साहित्य-परम्परा : संघर्ष का उपयोग

अपनी साहित्यिक परम्परा को एक आधुनिक सन्दर्भ देने में–या साहित्य की अद्यतन प्रवृत्तियों को अपने साहित्यिक दाय के चौखटे में रखकर देखने में–हम प्राय: एक बात की उपेक्षा कर जाते हैं जो वास्तव में अत्यन्त महत्त्व की है। वह यह कि साहित्यिक कृति के मूल्यांकन के लिए यह जानना नितान्त आवश्यक है कि कृतिकार का अपने पाठक या गृहीता समाज के साथ कैसा सम्बन्ध रहा? क्योंकि जैसा यह सम्बन्ध होगा, या इस सम्बन्ध की जैसी अवधारणा कृतिकार करेगा, उसी के अनुकूल सम्प्रेषण की परिपाटी वह (कृतिकार) अपनाएगा–वैसी ही 'रचना' वह करेगा।

पारम्परिक भारतीय ग्राहक, श्रोता अथवा पाठक समाज–विशेषण छोड़कर जिसे समाज कहना वर्तमान सन्दर्भ में पर्याप्त होना चाहिए–साधारण अर्थ में 'लोकतन्त्र' अथवा 'प्रतिनिधि' समाज नहीं था। फिर वह समाज चाहे काव्य का गृहीता हो, चाहे चित्र अथवा मूर्तिकला का, चाहे किसी अन्य कलारूप का। वह समाज भी उतना ही और उसी अर्थ में विशिष्ट अथवा 'अभिजात' समाज था जितना और जिस अर्थ में कलाकार एक विशिष्ट वर्ग का प्राणी था। यह विशिष्टतता अधिकारों की या सामाजिक सुविधाओं की विशिष्टता उतनी नहीं थी जितनी संस्कारों की या संस्कारी मन की विशिष्टता : एक अनुशासन की, संवेदनशीलता की विशिष्टता। ग्रहण के सामर्थ्य का अभिप्राय था–बुद्धि और भावना के गुणों से निर्मित वह क्षमता, जो गहराई में पहुँचकर आनन्द के स्रोत को पा सके–उस केवल-तत्त्व को जो वहाँ है, जिसका वहाँ होना जाना हुआ और पहले से माना हुआ है; जिसकी पहचान और जिससे एकात्मता ही कला का लक्ष्य और उद्देश्य है। जिसमें यह क्षमता नहीं थी वह ग्राहक नहीं था : ऐसे लोगों का समुदाय 'समाज' नहीं था। उनके लिए अन्य प्रकार के मनोरंजन सम्मत थे : नाना प्रकार की उप-कलाएँ, उप-काव्य, उप-नाटक...

सहृदयता का यह गुण अथवा सामर्थ्य अगर समाज से अपेक्षित अथवा वांछित था जो कलाकार–कृतिकार–के लिए नितान्त अनिवार्य था। कवि अथवा

कलाकार के लिए सहृदय होने का अर्थ था–सहज-बोध और प्रतिभा से सम्पन्न होना, तन्मय हो सकना : आनन्द के उस केन्द्र तक पहुँचकर उसे पहचान और ग्रहण कर सकना, जो कि हर कलानुभूति में होता है (–बल्कि जो ही कलानुभूति होता है, जो उसे यथार्थ अनुभूति से पृथक् करता है–), और उसका सम्प्रेषण कर सकना, उसे संवेद्य बना सकना। दूसरे शब्दों में, कलाकार उस अनुभूति से ग्राहक समाज के एकात्म हो सकने की पूर्वपीठिका प्रस्तुत करता था।

यों कला सम्प्रेषण से कुछ अधिक थी : सम्पृक्ति का वह स्तर योग का ही रूप था। इस अन्योन्याश्रय में केवल कुछ मूल सिद्धान्तों पर मतैक्य-भर नहीं, उससे कहीं गहरी प्रतिश्रुति होती थी। कला दो अजनबियों का आलाप न होकर एक समान निधि के दो भोक्ताओं का संलाप होती थी और यह संलाप एक की पहचान दूसरे से नहीं बल्कि दोनों की पहचान उनकी साँझी सम्पत्ति से कराता था।

लेखक और पाठक के, कलाकार और कला-ग्राहक के बीच ऐसी स्थिति अथवा दोनों के सम्बन्ध के ऐसे निरूपण से कई महत्त्वपूर्ण परिणाम निकलते हैं।

पहला परिणाम तो स्पष्ट ही है : कि काव्य की भावानुभूतियाँ यथार्थ जीवन की अनुभूतियों से सर्वथा भिन्न और विशिष्ट होती हैं। वे सर्वदा सुखद होती हैं : काव्य के क्रोध, शोक, पीड़ा और जुगुप्सा से भी आनन्द मिलता है जबकि यथार्थ जीवन में वैसा नहीं होता। परिभाषा से ही काव्यानुभूति आनन्दोन्मुख है, तो दूसरा कोई परिणाम हो ही कैसे सकता है!

दूसरे : काव्य वास्तविक जीवन की अनुभूतियों के रेचन का मार्ग-भर नहीं है। रेचन (कैथार्सिस) की बात अप्रासंगिक हो जाती है : कला आनन्द देती है तो अनुभूतियों से छुटकारा दिलाकर नहीं, बल्कि उनके मूल स्रोत की पहचान करा कर।

तीसरे : हर किसी में–अर्थात् हर सहृदय में–यह सहज क्षमता अथवा योग्यता है कि वह काव्यानुभूति में प्रवेश पा सके, भले ही उसने उस अनुभूति के यथार्थ जीवन के पर्याय का अनुभव या 'भोग' किया हो या नहीं। इस सहजात योग्यता के द्वारा व्यक्ति सामूहिक अथवा संचित अनुभवों के उस भंडार तक पहुँच जाता है, जिससे होता हुआ वह उन काव्यानुभूतियों में प्रवेश पा सकता है जो अब तक उसके अनुभव की परिधि में नहीं आई थीं। (इस सहजात क्षमता को समझने के लिए कई सिद्धान्तों को आधार बनाया जा सकता है; उनकी चर्चा यहाँ अनावश्यक है। युग की 'सामूहिक अवचेतन' की परिकल्पना भी इसे समझने में सहायक हो सकती है।)

चौथे : वास्तविक अनुभव, अर्थात् वास्तविक जीवनानुभूति, केवल स्थूल जगत् से सम्बन्ध, चीज़ों से, इदं से सम्बन्ध जोड़ते हैं, भले ही वह इदं चरम तात्कालिक महत्त्व रखता हो। दूसरी ओर, काव्यानुभव–काव्य-यथार्थ से सम्बद्ध काव्य-भावों का अनुभव–हमारा सम्बन्ध बृहत्तर यद्यपि कम तात्कालिक जगत् से जोड़ता है : वह जगत् 'इदं' का नहीं, 'सर्वं' का है।

पाँचवें : काव्य अथवा कला 'वस्तु' में या कृति में नहीं होती; वह वस्तु अथवा कृति और ग्राहक के बीच, या कवि-कलाकार और समाज के बीच घटित होती है।

छठे : और यह कदाचित् सबसे अधिक महत्त्वपूर्ण परिणाम है : काव्य अथवा कला कवि-कलाकार या कृतिकार में तो और भी नहीं होती। जो कलाकार 'अपना आप' होना चाहता है, अपने को अभिव्यक्ति देना चाहता है, वह कला की बुनियादी शर्त को पूरा नहीं कर सकता : वह अनुभूति के भीतर छिपे आनन्द के स्रोत तक के सेतु नहीं बनाता। और चरम महत्त्व उस सेतु का ही है, उससे इधर या उधर के प्रदेश का नहीं; और सेतु को भी उसकी सार्थकता उस स्रोत से मिलती है जिस तक वह हमें पहुँचाता है–हर अनुभव के भीतर सतत् प्रवहमान आनन्द के स्रोत से।

कलाकार के लक्ष्य, कला के उद्देश्य और कवि तथा समाज के सम्बन्ध के इस निरूपण की भारतीय परम्परा ईसवी संवत् से कुछ अधिक लम्बी है। निःसन्देह इसके उपलब्ध सर्वप्रथम शास्त्रीय प्रमाणों का विषय नाट्य और नृत्य रहा; किन्तु उसमें जब काव्य की प्राथमिकता स्वीकार करते हुए नाटक को दृश्य काव्य माना गया, तब यह कहने में अतिव्याप्ति दोष न होगा कि वह कला-सम्प्रेषण का एक सिद्धान्त था।

तब से सत्रहवीं शती तक–अर्थात् आधुनिक-पूर्व काल तक–इस सिद्धान्त का विकास, व्याख्या और अलंकरण होता रहा, और कुछ व्याख्याताओं ने आश्चर्यजनक प्रतिभा और सूक्ष्म चिन्तन का परिचय दिया। उसके विस्तार में न जाकर इतना ही लक्ष्य करना काफ़ी होगा कि इस सबसे कलाकार और समाज के परस्पर सम्बन्ध की परिकल्पना में कोई मौलिक अन्तर नहीं आया; न यह सिद्धान्त ही बदला कि कवि-कलाकार का काम समाज अथवा गृहीता को उस सत् तक ले जाना है जो सत्यों के मूल में है–आनन्द के अन्तरतम कोश तक। यह सब कुछ नहीं बदला; बदली तो यथार्थता की अवधारणा ही। आध्यात्मिक चिन्तन के समान्तर और उससे प्रभावित चलते हुए काव्यशास्त्र भी यथार्थ की कोटियों से बढ़कर स्थूल यथार्थ के सम्पूर्ण खंडन तक पहुँच गया और वहाँ से फिर उसके सीमित स्वीकार तक लौटा। स्वभावतः इसके साथ-साथ कलाओं का–और विशेष रूप से काव्य का–पहले ह्रास हुआ और फिर नया उत्थान।

नाट्यशास्त्रकार के लिए यथार्थ काफी सत्य ही था। यह नहीं था कि घटित का जगत् असत्य था; केवल इतना था कि वह द्वैत का एक आभास था। आनन्द भी सत्य था, बल्कि वही परम सत्य था, उसी की सत्यता अन्य सब कुछ को यथार्थता प्रदान करती थी। काव्य की समस्या इतनी ही थी कि दोनों की आत्यन्तिक एकता प्रत्यक्ष करा दे : इस समस्या का हल पाना ही कवि की खोज थी।

नाट्यशास्त्र की इस परिकल्पना से 'संघर्ष' की उस अर्थ में कोई सम्भावना नहीं थी जिसमें पश्चिम उसे समझता है : बल्कि पश्चिम की दृष्टि से तो यह परिकल्पना नाटक की सम्भावना ही मिटा देती है। अद्वैत में आस्था–और वह भी आनन्द–रूप अद्वैत में–तनाव की उस धुरी को ही मिटा देती है जिसके आस–पास ही पश्चिमी नाटक घूम सकता है।

किन्तु जगत् की यथार्थता का खंडन आनन्द की यथार्थता का भी खंडन था। बौद्ध चिन्तन में तो ऐसा स्पष्ट ही कहा गया : दुख के भ्रम से मोक्ष, आनन्द की प्राप्ति नहीं था, केवल मोक्ष था, निरनुभव था, उसमें आत्यन्तिक कुछ था तो आत्यन्तिक शून्य। यह दर्शन काव्य-सृष्टि को क्या प्रेरणा दे सकता जबकि इससे सृष्टि मात्र असत्य हो जाती थी? और यों भी, अगर संसार केवल दुख ही हो, तो उसका असत्य होना ही अच्छा है क्योंकि तब दुख असत्य हो जाता है...हिन्दू चिन्तन में आनन्द को असत्य नहीं माना गया और अन्तिम, आत्यन्तिक सत् आनन्द का निकेत ही रहा; पर जगत् को उस आत्यन्तिक की हेतु–रहित, 'लीला' मान लेने पर उससे धार्मिक तादात्म्य ही सम्भव रह जाता था, काव्यमूलक तादात्म्य अत्यन्त कठिन होता था। प्राचीन नाटककार यथार्थ के मंचीय या नाट्य–रूप के द्वार से एक बृहत्तर यथार्थ की ओर ले जाता था; इस नए दर्शन के अधीन उसे एक भ्रान्ति (और वह भी अहेतुक!) के नाट्यरूप के माध्यम से बृहत्तर सत्य तक पहुँचना और पहुँचाना होता था–जो कि बिलकुल दूसरी स्थिति थी। यह आश्चर्य का विषय नहीं रहता कि इस काल में धार्मिक साहित्य के अलावा कोई महान् साहित्य नहीं रचा गया। काव्य को तात्कालिकता से जूझने के लिए सत्य चाहिए जिसमें उसकी आस्था हो सके–और उस समय ऐसा सत्य केवल धार्मिक सत्य रह गया था–केवल परमेश्वर!

इस समाधि–स्वप्न से हम जब जागे तो हमने अपने को आधुनिक जगत् में पाया। इस साक्षात्कार के आघात का असर व्यापक और चिर–स्थायी हुआ। नए यथार्थ का सम्पर्क काल और मात्रा, दोनों की दृष्टि से पश्चिम के सम्पर्क का पर्याय बन गया था, इस बात ने पश्चिम से हमारे सम्बन्धों पर भी गहरा प्रभाव डाला है, वह प्रभाव अच्छा रहा हो या बुरा। इस नए यथार्थ में बड़ा लचकीलापन और जीवन्तता थी, वह गोला–बारूद से और निरन्तर अधिक प्रभावशाली होते हुए हथियारों से सम्पन्न था, और वह अनवरत नई चीज़ें, जिन्सें, नया माल पैदा करता

जा रहा था...चीज़ों की इस बाढ़ के सामने 'लीला' में विश्वास बनाए रखना कठिन था, और उसे अहेतुक मानना असम्भव। एक निर्धन, निःसाधन और अनाश्वस्त जीवन-परिपाटी पर एकाएक चीज़ों और अधिक चीज़ों की बाढ़ छा गई थी; विश्व की 'वस्तुमयता'-बल्कि जिन्सियत-ने एकाएक उसे एक नई और तीव्र वास्तविकता दे दी थी! निःसन्देह भारत की सम्पत्ति की लूट से ही इंग्लैंड अपनी औद्योगिक क्रान्ति के साधन जुटा पाया था, पर उपनिवेशवाद का यह तथ्य भारतीय चेतना में धीरे-धीरे ही बैठा-जब बैठा, तब उसकी तेज़ाबी कटुता ने वास्तविकता की गाँस और गहरी ही चुभा दी।

उसके बाद के आधुनिक काल के इतिहास में जाना आवश्यक नहीं है। यूरोप के तीन सौ वर्षों के अनुभव का दाह हमें तो पीढ़ियों में ही भोग लेना पड़ा। कलाकार और गृहीता के सम्बन्ध पर उसका गहरा प्रभाव पड़ा-प्राचीन शास्त्रीय सम्बन्ध का स्थान आधुनिक सम्बन्ध ने ले लिया। हम कलाकारवाद से परिचित हुए : उस नए रोमांटिक विद्रोही वीर से, जो अपने सिवाय किसी के प्रति उत्तरदायी नहीं था। ऐसे कलाकार का स्पष्ट बिम्ब देश में अभी बना भी नहीं था कि मार्क्सीय चिन्तन के प्रभावों ने उसे फिर मिटा दिया। साथ ही, हमने लोकतन्त्रवाद के विक्टोरियाई आदर्श भी अपना लिए। दूसरे क्षेत्रों में इस लोकतन्त्रवाद का चाहे जो असर हुआ हो, कवि और सहृदय के-कलाकार और गृहीता के सम्बन्धों के क्षेत्र में इसने सबको समानता दे दी-सिवाय कवि-कलाकार के 'सभी इनसान समान हैं'-पर कवि कुछ कम समान था। सभी इनसानों को पाठक, दर्शक, आलोचक बन जाने का जन्मसिद्ध अधिकार हो गया, सहृदयता की शर्त अनावश्यक हो गई। कला का सम्प्रेषण न हो तो कलाकार ही अवश्यमेव दोषी था। पुस्तक से माथा टकराने पर खोखली आवाज़ हो तो वह ज़रूरी तौर पर पुस्तक से ही आती होगी, टकरानेवाली खोपड़ी से कभी नहीं!

पर इस 'कम समानता' को दूर करना आवश्यक था-लोकतन्त्र सभी तरह के भेदभाव को मिटाने को प्रतिज्ञाबद्ध जो है! परिणाम यह हुआ कि कवि-कलाकार का स्थान क्रमशः लोक-सम्पर्क विशेषज्ञ लेता गया। और लोक-सम्पर्क का कर्मी निहित भाव से वह मानता था जो स्पष्ट स्वीकार करना वह कभी न चाहता : कि समानता का मतलब है एकरूपता, इयत्ता की कदर्थता; स्वरूप अथवा व्यक्तित्व की रूपरहित इकाई। उसके लिए प्रतिभा, रचना, उन्मेष-ये सब अस्वस्तिकर शब्द थे जिनका अर्थ भी अनिश्चित था; उसका प्रयोजन था केवल एक महत्तम समापवर्त्तक से, जिसे वह 'सम्प्रेषित' करता था और जिसके सम्प्रेषण के लिए वह चरम कुशलतापूर्वक सामूहिक सम्प्रेषण के सभी उपकरणों का उपयोग करता था।

यह था ऐतिहासिक अनुभव का और परम्परा का वह दाय, जिसकी पृष्ठिका पर आधुनिक भारतीय लेखक ने अपने विचारों को बाँधने, अपनी प्रतिक्रियाओं को समकालीन अर्थवत्ता के साँचे में ढालने का प्रयत्न आरम्भ किया। यह दुनिया यथार्थ है, असन्दिग्ध रूप से वास्तविक है; इतना भर कोई नया सिद्धान्त भी नहीं है। पर नया यह है कि आज ऐसा मानना संघर्ष की अनिवार्यता स्वीकार करना जान पड़ता है और वह मानने का मतलब है–निरन्तर पक्षधर होने को बाध्य होना। वरण की नैतिक निर्णयों की, बाध्यता भी कोई नई बात न होती; पर पक्षधर होकर चलने की लाचारी अखरती है। प्रयत्न, पुरुषार्थ, पहले भी था, पर शिव की वृद्धि और शिवेतर के क्षय की कामना सम्पूर्ण का ही वरण था; संघर्ष का सतही आभास तले की एकता को और पुष्ट ही करता था। पर अब–अब मानो सतह–ही–सतह रह गई, नीचे मानो केवल अतल शून्य है...

परिस्थिति की यह ललकार मूल्यों का एक नया निरूपण और एक नई व्याख्या माँगती है। संघर्ष की एक नई परिभाषा चाहिए; इस प्रश्न का उत्तर चाहिए कि संघर्ष का निवारण करने, उसे फलप्रद या रचनात्मक बनाने के लिए उसके साथ कैसा सम्बन्ध स्थापित किया जाए–या अगर वह अनसुलझा हो तो उसका शमन या निरसन करने के लिए क्या किया जाए?

क्योंकि नए यथार्थ का आघात पश्चिम के आघात के साथ–साथ ही आया था; इसलिए यह शायद स्वाभाविक था कि संघर्ष की परिभाषा करने के लिए पश्चिम से साक्षात्कार को ही स्पष्ट निरूपित किया जाए। उपन्यास में यह प्रयत्न करनेवालों में रवीन्द्रनाथ ठाकुर अग्रणी थे। उन्हीं के प्रयत्नों से पश्चिम थोड़ा–बहुत परिचित भी है। लक्ष्य करने की बात है कि उस समय भी पश्चिम की अपेक्षा पूर्व की दृष्टि कहीं कम पूर्वग्रह–दूषित और संकुचित थी। पूर्व यह मानने को तैयार था कि मूल मानव-प्रकृति पूर्व या पश्चिम, दोनों में एक ही है; कि दोनों का अन्तर बुनियादी वैषम्य के कारण नहीं था बल्कि इसलिए था कि प्रत्येक संस्कृति में कुछ ऐसे गुण या प्रवृत्तियाँ उभरकर आ गई थीं जो कि दूसरी संस्कृति में भी नितान्त अजनबी नहीं थीं। पूर्व ने यह भी पहचाना कि किसी एक राष्ट्रीय या जातीय समाज की अनैच्छिक सदस्यता, व्यक्ति को कुछ मूल्यों में आस्था रखने को बाध्य करती थी, भले ही इससे व्यक्ति के भीतर संघर्ष उत्पन्न हो जाए। पश्चिम में ई.एम. फॉर्स्टर को छोड़कर शायद ही कोई लेखक मिलेगा जिसने पूर्व–पश्चिम सम्बन्धों के कठिन और विस्फोटक निजी स्तर की पड़ताल करने की हिम्मत की हो–फॉर्स्टर भी बहुत सफल नहीं हुए लेकिन उनके प्रयत्न का खरापन असन्दिग्ध है।

किन्तु रवीन्द्रनाथ ठाकुर के लिए भी पूर्व–पश्चिम का साक्षात्कार–मुख्यतः भारत की उदीयमान राष्ट्रीयता का ही एक पक्ष था। ठाकुर ने राष्ट्रीयता को विश्व–मानवता के एक विशालतर चौखटे में ज़माने का प्रयत्न (विशेषतया अपने निबन्धों

में) तो किया, पर एक कवि–कलाकार के नाते उनका ध्यान मुख्यतया व्यक्ति के विवेक और समष्टि के साथ व्यक्ति के सम्बन्ध की ओर ही था। इस संघर्ष के निरूपण का एक पहलू उनके शुरू के उपन्यास 'गोरा' में मिलता है, जिसका विषय एक रहस्यवादी राष्ट्रीयता के साथ-साथ धर्म-विश्वास की समस्या है। इस प्रकार कह सकते हैं, पूर्व-पश्चिम का साक्षात्कार हुआ ही नहीं; पूर्व ने साक्षात् पश्चिम को नहीं, स्वयं अपने में प्रतिबिम्बित उसके रूप को ही देखा। समस्या फिर भी निजी और भीतरी ही रही–सम्पूर्ण की एक कुंजी की खोज; यह माना जाता रहा कि सम्पूर्ण न केवल है, बल्कि पकड़ में भी आ सकता है।

हमारी धारणा है कि ठाकुर सही रास्ते पर थे। कम-से-कम इतना तो था ही कि वह जिस रास्ते पर थे, उसी पर चलने के लिए भारत के संचित अनुभव ने पर्याप्त पाथेय जुटाया था, और उसी पर बढ़ते हुए कुछ मूल्यवान पा सकने की आशा हो सकती थी। किन्तु अन्य लेखक उस पथ पर नहीं चले; महायुद्धों के बीच के काल में शीघ्र ही सामाजिक-आर्थिक संघर्ष उपन्यास का मुख्य विषय हो गया और फिर बहुत जल्दी साधारण समाजवादी अथवा प्रारम्भिक मार्क्सीय चिन्तन ने लेखक के लिए उस संघर्ष के निरूपण और वर्णन की लीकें भी बाँध दीं। व्यक्ति-आत्मा अथवा व्यक्ति का विवेक अप्रासंगिक मान लिया गया, बल्कि व्यक्ति ही लगभग लापता हो गया; आर्थिक संघर्ष के साँचे-ढले चरित्र सब ओर छा गए–साहूकार, किसान, मिल-मालिक, मज़दूर (कौशलरहित), उपनिवेशवादी-साम्राज्यवादी गोरे, उनके गुरगे या हरावल के रूप में मिशनरी–ऐसे साँचे-ढले चरित्रों के लिए पहले एक प्रतिमान तो होना ही चाहिए जिस पर साँचा बन सके, अतः इन चरित्रों को न तो यथार्थ में बिलकुल झूठा कहा जा सकता था, न कलात्मक सत्य से बिलकुल रहित; फिर भी निरूपण का अतिसरलीकरण और बचकानापन उन्हें एक अयथार्थता दे देता था। और जब आर्थिक-सामाजिक संघर्ष का यह हाल था, जिसका कि अनुभव में सबसे अधिक तात्कालिक स्थान होता है, तो मानव की सम्पूर्ण अवस्थिति के बारे में कितनी चिन्ता थी (या नहीं थी!), इसका अनुमान सहज ही किया जा सकता है। केवल थोड़े-से और मुख्यधारा से कुछ अलग पड़ गए व्यक्ति ही मानव की समग्र अवस्थिति के बोझ से उत्पन्न होनेवाले प्रश्नों को लेकर बेचैन थे; बाकी सबके लिए तो आर्थिक शोषण के साँचे की मूर्तियाँ ही इष्ट देवता के आसन पर प्रतिष्ठित थीं।

यह तो तीसी के अन्तिम वर्षों में–दूसरे महायुद्ध से तत्काल पहले–हुआ कि उपन्यासकार ने अपना चश्मा बदला; तब पूर्व और पश्चिम, दोनों के आकार

बिलकुल बदलकर अधिक सच्चे और यथार्थ हो गए और फलतः दोनों के सम्बन्ध का परिदृश्य भी बिलकुल दूसरा हो गया। तब कलाकार घर की ओर भी बदली हुई नज़र से देखने लगा। दूसरे शब्दों में कहें कि उसकी नज़र एक ही चीज़ को देखने से पड़ने वाले ज़ोर से मुक्त होकर बड़े परिवेश को और अधिक सही परिपार्श्व में देखने लगी। और उसे जो दीखा, उसका नया मूल्यांकन करने को भी वह तैयार हुआ–केवल पश्चिम से पाई हुई विश्लेषण-पद्धति की कसौटी पर ही नहीं बल्कि अपने पुराने अनुभव की कसौटी पर भी। उस समय से अब तक के तीन दशकों ने केवल पश्चिम से ही नहीं, सारे संसार से हमारे सम्बन्धों का और उन सम्बन्धों को कला में आत्मसात् करने की हमारी प्रक्रिया का ढाँचा तैयार किया है।

हमने दो युद्धों के बीच की अवधि के आर्थिक-सामाजिक संघर्ष के उपन्यास-साहित्य की और उसके सामान्य मार्क्सीय ढाँचे की बात की है। पश्चिम ने भारतीय लेखक के सामने संघर्ष के तीन मुख्य रूप रखे हैं, जिन्हें हम नाम की सुविधा के लिए क्रमशः डार्विनी, मार्क्सीय और फ्रायडीय कह सकते हैं। यह बहुत मोटा विभाजन है; इसमें सन्देह नहीं कि जैविक, आर्थिक-सामाजिक और मनोवैज्ञानिक संघर्ष की बात करना अपेक्षया अधिक सही होता। प्रत्येक रूप के उत्साही समर्थक या व्याख्याता प्रकट हुए, पर जल्दी ही यह लेखक की समझ में आ गया कि इससे आगे भी कुछ कहने को है। भारत में इस बोध में यह ज्ञान भी शामिल है कि बहुत-से कहे को अनकहा करना होगा; अर्थात् ऐसे निरूपणों की कई प्रतिज्ञाएँ भारतीय अनुभव से और भारतीय जीवन-परिपाटी से मेल नहीं खातीं।

अब यह सम्भव तो है कि इस सारी प्रतिक्रिया को अयथार्थवादी, निराधार या पूर्वग्रह-दूषित मानकर उसकी उपेक्षा कर दी जाए पर उस उपेक्षा से कुछ परिणाम नहीं निकलेगा क्योंकि स्थिति का यह पक्ष यों भी अप्रासंगिक है। क्योंकि संघर्ष स्वयं यथार्थ का क्षेत्र नहीं, यथार्थ की प्रतिक्रिया का ही क्षेत्र है, वह प्रतिक्रिया जैसी भी हो। 'मनुष्य वही है जो वह करता है', यह मानकर चलने से भी हम उसके मूल या वास्तविक स्वभाव या सत्य को पाने में उतने ही सफल या असफल हो सकते हैं जितने इसके प्रतिकूल सिद्धान्त को मानकर–कि 'मनुष्य वही कर सकता है जो वह है।' बल्कि पहला सिद्धान्त, जिसे हम सहज ही 'वैज्ञानिक' मान लेते हैं, उस परिस्थिति में और भी कम विश्वसनीय हो जाता है जब हम 'मनुष्य क्या करता है या करेगा' यह जानने के लिए अपने शोध का आधार इसे बनाते हैं कि विलायती चूहे या कुत्ते या बन्दर क्या करते हैं या करेंगे!

मानववाद के प्रधान व्यापक प्रतिज्ञा को लीजिए : मनुष्य विकास-क्रम का

चरम-बिन्दु है-इतर प्राणी अपने को प्रकृति के अनुकूल बदलते हैं पर मनुष्य अपने परिवेश को अपने अनुकूल बनाता है। इसी बात को दूसरी तरह कहकर उसके प्रासंगिक महत्त्व को तीव्र रूप में सामने लाया जा सकता है : इतर प्राणियों में संघर्ष नहीं होता, 'केवल मनुष्य में संघर्ष होता है।'

यानी संघर्ष सम्भाव्य की पहचान में से उत्पन्न होता है। जहाँ संघर्ष मौजूद है, वहाँ महत्त्व यह पहचानने का नहीं है कि परिवेश में परिवर्तन लाया जा सकता है; महत्त्व की बात यह है कि अपने भीतर एक नई क्षमता पहचानी जा सकती है, यह और यही मात्र संघर्ष का रचनात्मक उपयोग है : जब संघर्ष एक उच्चतर आत्म-चेतना और ज्ञान की खिड़की का काम दे। संघर्ष को केवल विजिगीषा के, प्रभुत्व पाने या हावी हो जाने के प्राकृतिक संग्राम का लक्षण मानना केवल विध्वंसात्मक ही हो सकता है : इस संघर्ष में हार एक गहरा घाव छोड़ जाती है और दूसरी ओर विजय अहं को फुलाकर नए विनाशकारी संघर्ष की स्थिति पैदा कर देती है।

संघर्ष व्यथा का तुल्यार्थी है। व्यथा रोग नहीं है, रोग का लक्षण है; और लक्षण केवल शरीर के स्वास्थ्य-प्रयास के प्रमाण होते हैं। (मृत्यु लक्षण नहीं है; वह प्रयास की पराजय में निष्पत्ति है।) संघर्ष भी व्यक्ति और परिवेश के बीच सामंजस्य के प्रयत्न का लक्षण है। अब एक तो लक्षण को दबा देने से ही इलाज नहीं हो जाता जबकि रोग की नींव दूसरी जगह है। दूसरे, अगर सामंजस्य ही प्राप्त करना है तो उसके लिए सम्पूर्ण विजय की अपेक्षा समीचीन जीवनोपाय की खोज ही शायद अधिक उपयोगी हो सकती है विशेषतया उस स्थिति में, जब संघर्ष का और उसके हल की खोज का सम्बन्ध दूसरे व्यक्तियों से भी हो। यानी यहाँ फिर महत्त्व अपने से बाहर निकलने के प्रयत्न का हो जाता है; अहं-केन्द्रित व्यक्तित्व केवल अपने लिए नई बाधाएँ ही खड़ी कर सकता है।

निःसन्देह प्राकृतिक परिवेश और मानवीय परिवेश में अन्तर है लेकिन दोनों ही में अगर संग्राम में सम्पूर्ण विजय अथवा प्रभुत्व को शर्त बना लिया जाए तो संघर्ष का हल कठिनतर ही हो जाएगा।

साधारणतया पूर्वीय संस्कृतियों में, और विशेष रूप से भारतीय संस्कृति में, मानसिक-आध्यात्मिक शक्तियों के अस्तित्व का और योग अथवा तपस् के मूल्य का आग्रह रहा है। पश्चिम की-जिस हद तक इस बिल्ले का कोई अर्थ है-दृष्टि को एक सूत्र द्वारा अभिव्यक्त किया जा सकता है : 'अधिक माँग; अधिक सुख!' जहाँ पूर्व की खोज शान्ति की अथवा आनन्द की खोज है, वहाँ पश्चिम का आग्रह सुख अथवा परितृप्ति का है। ऐसा नहीं है कि पूर्व या पश्चिम, दोनों में से कोई भी पक्ष दूसरे की खोज से नितान्त अपरिचित है या कि एक का कोई भी सदस्य दूसरे की दृष्टि से नहीं देख सकता रहा। बल्कि ऐसा नहीं है इसीलिए समकालीन भारतीय

लेखक के लिए भारतीय परिस्थितियों पर पश्चिमी मनोवृत्ति के प्रभाव के उदाहरण प्रस्तुत कर सकना सम्भव हुआ। अहं को आप्यायित करने की भूमिका में इन्द्रियों को आप्यायित करने के व्यापक आन्दोलन-रूपी पश्चिमी प्रयत्नों से हम सभी परिचित हैं। रसना को, हाथों को, त्वचा को, हर अवयव और इन्द्रिय को परचाना और उसकी वासना को तृप्ति देते हुए और बढ़ाते चलना उस वर्तुल का आरम्भ करना है जिसकी अन्तिम परिणति एक भयानक और अत्यन्त घातक संघर्ष में हो सकती है। 'प्रभुत्व के लिए संघर्ष' के दृष्टिकोण की यही बुनियाद भूल है : वह पहले तनाव का वातावरण पैदा करता है और उस पर विजय का अभियान आरम्भ करता है।

कुछ लोग पूर्वी दृष्टि की समीचीनता स्वीकार करते हुए भी मध्यकालीन यूरोप से उसके तुल्य उदाहरण देंगे, और फिर यह तर्क प्रस्तुत करेंगे कि तकनीकी विकास की गति के कारण मानव की अवचेतन जीवन-शक्तियाँ अब इतनी क्षीण हो गई हैं कि उन्हें रचनात्मक काम में नहीं लगाया जा सकता। पर गति का तर्क अधिक-से-अधिक सुविधा या सामयिकता का तर्क है, और यह आसानी से सिद्ध किया जा सकता है कि सुविधा के लिए अपनाए गए 'सामयिक' उपाय जितनी उलझनें सुलझाते हैं, उतनी ही और पैदा भी कर देते हैं। यह तो तय है कि मानव-व्यक्तित्व की उलझनें तो ऐसे उपायों से कभी नहीं सुलझ सकतीं; और संघर्ष को दमित करके बहुत गहरे छिपा देने का परिणाम यही हो सकता है कि उसे परिश्रमपूर्वक फिर सतह पर लाया जाए ताकि उसका उपचार किया जा सके!

यह भी सुझाया जाता है कि तकनीकी प्रगति मानव-मात्र को एकरूपता की ओर ले जा रही है, और एक नई संस्था का निर्माण कर रही है, जिसकी तुलना पूर्वी सभ्यताओं की नींव, उनकी परिवार अथवा बिरादरी की संस्थाओं से की जा सकती है। यह तर्क भी सत्य नहीं है; इस नए संस्थागत जीवन में न तो परिवार अथवा बिरादरी की-सी घरेलू आत्मीयता होती है, न उसका अन्तरंग निजीपन और विशिष्टता। न ही यह संस्थागत जीवन उस अर्थ में 'प्राइवेट' जीवन होता है जिस अर्थ में परिवार के एक व्यक्ति का जीवन होता है। पूर्वी परिपाटी में व्यक्त अकेला भी समूह का अंग बना रहता है; आधुनिक पश्चिमी तकनीकी मानव संस्थागत होकर और भी अकेला, अजनबी 'परिवार से कटा हुआ' हो जाता है।

सामाजिक नृतत्वविदों ने अपराध-भाव और अपमान-भाव वाली संस्कृतियों में भेद किया है ('गिल्ट कल्चर' और 'शेम कल्चर'), और यह एक हद तक उचित है। किन्तु भारतीय अनुभव का मूल्यांकन करने के लिए केवल अपमान-बोध के

नियन्त्रक प्रभाव की बात काफ़ी नहीं होगी। भारतीय संस्कृति में व्यक्ति और समूह के सम्बन्ध में एक महत्त्वपूर्ण अन्तर है। भारतीय समाज–भारत का धार्मिक समाज या सम्प्रदाय भी–व्यक्ति से कर्म के क्षेत्र में निर्धारित प्रकार के आचरण की अपेक्षा करता है पर विश्वासों के मामले में उसे पूरी छूट देता है, यह अत्यन्त महत्त्व की बात है। यही बात है जिससे संघर्ष कम–से–कम हो जाता है, और अपराध–बोध को उदित होने का अवसर ही नहीं मिलता। विश्वास और आचरण में सामंजस्य हो इसके लिए कोई दबाव नहीं रहता, क्योंकि विश्वास क्या हो इसके बारे में कोई नियम नहीं होता। न ही विश्वास की कमी या अश्रद्धा को छिपाने की लाचारी होती है। एकान्तिक विश्वास के असहिष्णुता–भरे आग्रह से इन दोनों प्रकार के दबाव प्रकट होते हैं, और अपराध–भाव उनका अनिवार्य परिणाम होता है। निःसन्देह भारतीय स्थिति में पाखंड की सम्भावना बनी रहती है, पर इस प्रकार का पाखंड कम खतरनाक होता है। विश्वास की कठिन लाचारी की स्थिति में एक दूसरे प्रकार का अवचेतन पाखंड उत्पन्न हो जाता है; दमित अन्तर्विरोध से तीव्र हिंसाएँ, वैर–भाव और विनाशक प्रवृत्तियाँ उभरती हैं।

मानव की अवस्थिति की पश्चिमी अवधारणा में अपराध–बोध, अजनबियत और उखड़ेपन का भाव प्रकट होना अनिवार्य जान पड़ता है। कोई मानवी समीकरण उसमें नहीं मिलता; 'हम' और 'मैं' सम्पूर्ण विरोध का ही सम्बन्ध स्थापित किया जाता है, और इस विरोध का हल किसी एक पक्ष की सम्पूर्ण पराजय द्वारा ही हो सकता है। ऐसा विरोध–सम्बन्ध ही परस्पर बाधा और वैर–भाव का, अजनबियत का कारण बनेगा और संघर्ष की लीक डाल देगा।

भारतीय दृष्टि मानव की अवस्थिति को यों नहीं देखती। वह एक व्यापक समीकरण प्रस्तुत करती है : बल्कि उसमें दो सम्भाव्य समीकरणों में निरन्तर आदान–प्रदान होता रहता है। 'मैं' कभी 'हम' का प्रतिरोधी होकर नहीं आता; प्रश्न इतना ही रहता है कि दोनों के जोड़ से एक ही योगफल निकलता है या कि भिन्न–भिन्न योग फल हो सकते हैं। इस बात को गणित के समीकरणों का रूप दें तो कहें कि या तो

मैं + हम = **क**, जहाँ **क** एक स्थिरांक है,

अथवा

मैं + हम = **व**, जहाँ **व** एक जटिल चल–राशि है।

व्यक्ति और समूह के बीच ध्रुविता कभी नहीं होती, विरोध का भूगोल उनके बीच नहीं बनता।

समकालीन हिन्दी साहित्यकारों में कुछ ने इस विचारधारा को आगे बढ़ाने का प्रयत्न किया है। इस प्रयत्न की अवहेलना कर देना भी सम्भव है, और उसे अमर्यादित महत्त्व देना भी उतना ही सम्भव है। उचित यही होगा कि इसे सही सन्दर्भ में रखकर देखा जाए, क्योंकि एक संस्कृति की उपलब्धि का दूसरी के लिए मूल्य पहचानने के लिए उस उपलब्धि को अनुभव की कसौटी पर परखना चाहिए जो उसका आधार रहा।

निःसन्देह आधुनिक साहित्य में इन विचारों का पुनरुदय पश्चिम से सम्पर्क के कारण हुआ है किन्तु इसी से उन्हें अनुकृति, उधार माल या प्रतिक्रिया मान लेना भूल होगा। जिस परम्परा में अनुभव द्वारा सत्य को साक्षी होनेवाले का उतना ही मूल्य रहा जितना उसका, जो अकस्मात् या मेधा या दैव कृपा से सत्य का आविष्कर्ता हो सका, उसमें अनुभव-साक्ष्य का मूल्य आज भी कम नहीं है और इन आधुनिक लेखकों ने यही साक्ष्य पाने या देने का प्रयत्न किया है। पश्चिम से सम्पर्क मूल्यवान् सिद्ध हुआ है; हमारा विश्वास है कि पश्चिम के लिए भी वह उतना ही उपयोगी सिद्ध हो सके यदि संस्कृतियों के साक्ष्य को उनके सही सन्दर्भ में देखा जा सके। क्या कहा जा रहा है, किसके सम्बन्ध में कहा जा रहा है–इसे ठीक-ठीक समझ सकने के लिए यह पहचानना आवश्यक है कि वह किस प्रसंग में कहा जा रहा है और किस अनुभव के आधार पर कहा जा रहा है।

कृति-साहित्य में इन विचारों की स्पष्ट अभिव्यक्ति हुई हो या उन्हें तर्क द्वारा सिद्ध किया गया हो, ऐसा नहीं है। कृति-साहित्य में ऐसे प्रबन्ध-लेखन के लिए बहुत गुंजाइश भी नहीं होती–थोड़ी-बहुत उपन्यास में ही हो सकती है। कहीं-कहीं अवश्य ही एक विचार को लेकर ही कहानी 'रची' गई है : घटना भी और चरित्र भी सृष्टि न होकर उसी विचार-सूत्र में टाँगे गए हैं। उदाहरण के लिए जैनेन्द्र कुमार का उपन्यास 'सुनीता' ही अविरोध द्वारा संघर्ष के शमन और निरसन पर एक प्रबन्ध है। अहिंसा की परम्परा में अविरोध का सिद्धान्त नया नहीं है; किन्तु 'सुनीता' में उसे एक समकालीन परिस्थिति पर चस्पाँ किया गया है। यह परिस्थिति भी नई नहीं है; ठीक ऐसे ही त्रिकोण को लेकर रवीन्द्रनाथ ठाकुर एक उपन्यास लिख चुके थे। किन्तु ठाकुर के 'घरे-बाहिरे में' 'घर' पर 'बाहिर' का आक्रमण शमित अथवा निरस्त नहीं होता; आक्रान्ता की मृत्यु से वह समाप्त हो जाता है। इस प्रकार सिद्धान्त की दृष्टि से संघर्ष का कोई हल उस उपन्यास में नहीं है। ऐसा ही हल प्रस्तुत करना जैनेन्द्रकुमार का लक्ष्य है। 'बाहिर' के मन में अपराध-भाव किसी तरह उदित न होने दिया जाए; विरोध उसे अजनबी बनाकर उसे ध्वंस की ओर प्रेरित कर देगा–सुनीता

को उसके पति के आदेश का यही तत्वांश है। जो विकल्प उपन्यास में प्रस्तुत किया गया है वह कारगर होता है; आत्म-साक्षात्कार द्वारा आक्रमण का निरसन करा दिया जाता है। सिद्धान्त की प्रतिष्ठापना पूरी हो जाती है। यह प्रश्न बना रह जा सकता है कि कहानी कहाँ तक विश्वसनीय बनती है? क्या ऐसे पति होते हैं-हो सकते हैं? कोई यह भी आपत्ति कर सकता है कि 'इसके लिए अनन्त धैर्य और असीम साहस की आवश्यकता है।' लेखक का उत्तर यही होगा कि उसने यह कभी नहीं कहा कि यह आसान उपाय है; उसका कहना यह है कि यह स्थायी उपाय है और यह भी कि यह रचनात्मक उपाय है जो सम्बद्ध सब व्यक्तित्वों को सम्पन्नतर बनाता है और क्षति किसी को नहीं पहुँचाता।

व्यक्ति के वरण-स्वातन्त्र्य की-अहं की परितुष्टि खोजने के अधिकार की विशद चर्चा एक उपन्यास[1] में की गई है। यहाँ भी सिद्धान्त यही है कि दुर्दम दावेदार अहं के लिए वरण का एक ही मार्ग खुला हो सकता है-मृत्यु के वरण का : यही उसका अन्तिम दावा हो सकता है। अहं की परितुष्टि का अधिकार मान्य समझा गया है, पर यह भी स्पष्ट कहा गया है कि वह अनिवार्यतया स्वघातिनी ही हो सकती है। यह स्पष्ट नहीं कहा गया, पर लेखक के उद्देश्य में निहित अवश्य है कि पश्चिमी की दृष्टि ऐसी ही दृष्टि है। इसके बराबर एक दूसरी दृष्टि के संकेत भी दिए हैं; मान लिया जा सकता है कि वह दूसरी दृष्टि पूर्व की दृष्टि है-या कि उस रूप में प्रस्तुत की गई है।

पिग्मैलियन की ग्रीक कथा को उलटकर कलाकार की स्वतन्त्रता के बारे में भी एक नया दृष्टिकोण प्रस्तुत किया गया है।[2] इसमें कलाकार पिंगमाल्य प्राणाविष्ट मूर्ति को स्वीकार नहीं करता, बल्कि उसके दुबारा शिथिल किए जाने पर उसे तोड़ डालता है-और इस प्रकार मुक्त हो जाता है। यह मुक्ति क्या है? अहं के विसर्जन के साथ-साथ देवता की कृपा के भी परिव्रजन का अन्तिम नंगापन : वह नंगापन, जो मुक्ति की पूर्वप्रतिज्ञा है। वह विसर्जन, जो कला को कालातीत बनाती है। कहानी के अनुसार पिंगमाल्य सच्चा मूर्तिकार इसके बाद ही बना, इससे पहले नहीं था, पहले जो कुछ हुआ केवल तैयारी थी।

दूसरे भी प्रबन्ध या सिद्धान्त प्रस्तुत किए गए हैं। कुछ में संघर्ष के प्रति दृष्टिकोण केवल निहित है, और उसके निरसन के उपाय केवल व्यंजित किए गए हैं या संवेदनशील पाठक की पहचान पर ही छोड़ दिए गए हैं। केवल एक उदाहरण देकर

1. 'अज्ञेय' : अपने-अपने अजनबी।
2. 'अज्ञेय' : कलाकार की मुक्ति।

सन्तोष किया जाए : रघुवीर सहाय की कहानी 'एक जीता-जागता व्यक्ति' में नायक, जो स्वयं वृत्त सुनाने वाला भी है, सड़क के किनारे तारकोल से अपने को छुड़ाने का प्रयत्न करती हुई चिड़िया को देखता है और साथ ही अपनी भाव-प्रतिक्रियाओं का भी अध्ययन करता चलता है। उसमें सहायता करना चाहने की करुणा है, पर अपने सामर्थ्य का दर्प उस करुणा को रँग रहा है, और एक आत्म-प्रशंसा का भाव भी उसकी ओट है : 'मैं कितना समर्थ हूँ, और चिड़िया को छुड़ाने का कैसा नेक काम मैं करनेवाला हूँ!' सहायता करने की इच्छा ग़लत नहीं है; ग़लत है-अहं-तुष्टि का भाव। निकट आते हुए मानव प्राणी से चिड़िया और घबरा जाती है; उसकी पहले ही जी-तोड़ कोशिशें एक तात्कालिक डर से और प्रबल हो जाती है और एकाएक वह अपने को छुड़ा लेती है। वह चिड़िया ही नायक, कर्ता, वह 'जीता-जागता व्यक्ति' है जिसने अपने-आप को छुड़ाया है; सहायता करने आया वृत्तकार अपने को थोड़ा-सा कुंठित ही अनुभव करता है, पर इतना कुंठित नहीं कि पक्षी से मिली शिक्षा को ग्रहण न कर सके। अन्त में जब वृत्त सुनाने वाला कहता है कि उसे जो मिला था उसे चिड़िया लेकर उड़ गई, तब हम जानते हैं कि वह उसका फूला हुआ अहं ही था जो चिड़िया ले गई; और जो उसे मिलकर उसके पास रह गया वह अहम्मुक्ति की शान्ति ही है।

निःसन्देह ऐसी बहुत-सी स्थितियाँ हैं जिन पर ये विचार लागू नहीं हो सकते। उदाहरण के लिए, आधुनिक राज्य-सत्ता के या यन्त्र के साथ मानव के सम्बन्ध। लेकिन वह एक दूसरे ही प्रकार का संघर्ष है जो कि व्यक्ति और व्यक्तियों के बीच नहीं, व्यक्ति और निर्वैयक्तिक के बीच का संघर्ष है : जीव और जड़ का संघर्ष है। उसे यदि निर्वैयक्तिक स्तर पर ही ग्रहण किया जाए तो उसकी तुलना प्राकृतिक शक्तियों से संग्राम के साथ की जा सकती है। और यदि उसे व्यक्ति-स्तर पर लाने का प्रयत्न किया जाएगा तो फिर उसको ऐसा रूप देना पड़ेगा जिसकी परिभाषा व्यक्ति-सम्बन्धों के स्तर पर की जा सके। यन्त्र-सभ्यता का सर्व-नियन्त्रक राज्य सत्ता के मुकाबले मानव व्यक्ति का जो व्यर्थीकरण या अकिंचनीकरण आज देखने में आता है (प्रक्रिया का यह नाम उतना ही कृत्रिम है जितनी वह प्रक्रिया है!), जिस प्रक्रिया से उसे एक जिन्सी इकाई बनाकर न-कुछ के बराबर कर दिया जाता है, उसके प्रति विद्रोह से एक नया आत्म-साक्षात्कार हो सकना चाहिए। वैसा साक्षात्कार और इसके बाद ऐसी नई आत्म-चेतन इकाइयों का नया संलाप और परस्पर-सम्पृक्ति-इससे संघर्ष की नई खाई न बनकर उसके पार एक नया सेतु बन सकेगा। भविष्य की आशा इसी में हो सकती है।

निर्वैयक्तिक के विरुद्ध संग्राम का एक पहलू ऐसा भी है जो अभी तक पूर्व और पश्चिम, दोनों में निराशाजनक दीखता है : या अगर पूर्व में अभी कम निराशाजनक

दीखता है तो केवल इसलिए कि समय की दौड़ में पूर्व उतना पीछे है। लेकिन जिस संग्राम का परिणाम पहले से जाना हुआ है, वह अवांछित भी हो तो भी उस स्थिति को संघर्ष की स्थिति शायद नहीं कहना चाहिए : हम पहले कह आए हैं कि 'सम्भाव्य की पहचान' ही संघर्ष की शर्त है। और ऐसी स्थितियों में (बिना उन्हें अपनाए हुए) हम उन उपायों को स्मरण करते हैं जो अतीत अनुभव ने समय-समय पर सुझाए। वास्तव में ये सब उपाय एक ही औषध के रूप हैं–एक ऐसे 'राम-बाण' के, जिसको केवल विज्ञापन के लिए अलग-अलग युगों में अलग-अलग नाम दिए जाते रहे हैं। वह सनातन और विश्वजनीन औषध है साहस अथवा धैर्य। प्राचीन निरूपण था दुख अथवा ट्रैजेडी के समक्ष साहस; मध्यकाल में इसका रूप हुआ वाम अथवा प्रतिकूल के समक्ष साहस; आधुनिक निरूपण शायद होगा अमानुषी के समक्ष साहस। या यह भी कदाचित् आधुनिक-पूर्व निरूपण है, और अन्तिम प्रतिज्ञा होगी निरर्थक के समक्ष साहस...।

साहित्य की भारतीय कसौटी

जब से भारत को आज़ादी मिली है और भारतीय राष्ट्र की पुनः प्रतिष्ठा हुई है, तब से राष्ट्रीय भावना की चर्चा बहुत होती रही है। चीनी आक्रमण के बाद के दो वर्षों में तो यह चर्चा एक व्यापक कोलाहल की सीमा तक पहुँच गई थी लेकिन वास्तव में हमारे चिन्तन में राष्ट्रीय भावना अधिक पुष्ट हुई है या नहीं, यह एक ऐसा प्रश्न है जो हमें स्वयं अपने आपसे बार-बार पूछते रहना चाहिए। क्योंकि राष्ट्रीय भावना का उदय निरी चर्चा से कभी नहीं होगा, वह निरन्तर आत्म-परीक्षण और आत्म-शोध से ही प्राप्त हो सकता है। चर्चा से हम ऐसी भावनाओं को अवश्य उत्तेजित कर सकते हैं जो राष्ट्रीयता के नाम पर इतर राजनीतिक लक्ष्यों की प्राप्ति में सहायक हो सकें; लेकिन इस तरह का राजनीतिक तनाव कुल मिलाकर कोई शुभ परिणाम नहीं छोड़ जाता।

हमारे भाषा-सम्बन्धी विश्वासों में राष्ट्रीय भावना की समस्या विशेष रूप से लक्षित होती है। भाषा सांस्कृतिक अभिव्यक्ति का सबसे अधिक समर्थ माध्यम है इसलिए इससे लगाव होना स्वाभाविक है। लेकिन भारत एक सर्वव्यापी भाषा के न रहते हुए भी इतना भाग्यवान तो है कि एक सजीव राष्ट्रीय संस्कृति पा सका हो। राष्ट्रीय भावना जितनी राजनीतिक एकता को प्रतिबिम्बित करती है, उससे कहीं अधिक ही राष्ट्रीय सांस्कृतिक भावना को वाणी देती है। अंग्रेज़ी इस देश में उस उत्तरदायित्व का निर्वाह आज नहीं कर सकती और कभी नहीं कर सकेगी। तब प्रश्न यह रह जाता है कि राष्ट्रीय संस्कृति की जो निधि आज हमें उपलब्ध है उसे क्या हम अधिक सुरक्षित और सम्पन्नतर बनाएँगे, या कि बाँट-बिखेरकर सांस्कृतिक क्षेत्र में भी इस प्रकार विपन्न हो जाएँगे जिस प्रकार ज़मीन का बँटवारा करके अन्न-उत्पादन के क्षेत्र में हो गए?

मैं हिन्दी को राजभाषा बनाने का तर्क नहीं दे रहा हूँ। उसे सिद्ध करने में मेरी कोई दिलचस्पी नहीं है। हमारा काम अंग्रेज़ी से नहीं चल सकता, इतना हम मान लें तो उससे आगे के तर्क स्वयंसिद्ध हो जाते हैं। कोई भी भारतीय भाषा अंग्रेज़ी का स्थान ले ले, यह मुझे स्वीकार्य है। कौन-सी भारतीय भाषा के लिए इसकी

सम्भावना सबसे अधिक है? किसको यह स्थान देने में देश को, प्रदेशों को, इतर भाषाएँ बोलनेवालों को सबसे कम परिश्रम करना पड़ेगा? इन प्रश्नों के उत्तर जो संकेत करते हैं मैं उससे सन्तुष्ट हूँ।

लेकिन कुछ राष्ट्रीय संस्थाओं को सभी भारतीय भाषाओं को प्रोत्साहन देते हुए और भी कुछ सोचना चाहिए। साहित्य अकादेमी ऐसी राष्ट्रीय संस्थाओं का एक उदाहरण है। यह संस्था प्रतिवर्ष सभी भारतीय भाषाओं के श्रेष्ठ साहित्य को पुरस्कृत करती है। पुरस्कार देने की पद्धति में और भी त्रुटियाँ हैं जिनकी आलोचना होती रहनी चाहिए, लेकिन यहाँ मैं एक बुनियादी सवाल उठाना चाहता हूँ जिसका सम्बन्ध राष्ट्रीय चेतना से है। अकादेमी सब भाषाओं को 'समान दृष्टि से' देखना चाहती है। लेकिन जो माँ अपनी सभी सन्तान को समान दृष्टि से देखती है वह विकासशील किशोर और वयस्क युवक को एक-सी मात्रा में भोजन देने में आग्रह नहीं करती। **समान दृष्टि** से देखना ही **असमान व्यवहार** को अनिवार्य बना देता है। उससे भी बढ़कर महत्त्व की बात यह है कि समान दृष्टि आ कहाँ सकती है अगर आप किन्हीं दो को एक साथ देखने को ही तैयार न हों? मेरा आग्रह यह रहा है और अब भी है कि भाषाओं के पुरस्कारों के अतिरिक्त और ऊपर, कम-से-कम एक पुरस्कार ऐसा होना चाहिए जो कि सच्चे अर्थ में 'राष्ट्रीय पुरस्कार' हो-भाषाओं के विचार से ऊपर हो और शुद्ध साहित्यिक प्रतिमानों के आधार पर दिया जाए। इसमें और भाषावार पुरस्कारों में कोई विरोध नहीं है, बल्कि ये परस्पर पोषक हैं।

साहित्य अकादेमी, जो अपने को 'नेशनल एकेडमी ऑफ़ लैटर्स' कहती है, तब तक 'नेशनल' नहीं हो सकती जब तक कि वह प्रादेशिक बुद्धि से ऊपर उठकर राष्ट्रीय बुद्धि से भी विवेक नहीं कर सकेगी। केवल मात्र प्रादेशिक आधार पर साहित्य को देखना और इसलिए दूसरों को भी उसी संकुचित दृष्टि से देखने को प्रेरित करना राष्ट्रीय कसौटियों के निर्माण में बाधक होना है और व्यापकतर साहित्य-दृष्टि के प्रति अपने उत्तरदायित्व से भागना है। 'अमुक ग्रन्थ कश्मीरी का या असमिया का या हिन्दी का या बांग्ला का या तमिल का श्रेष्ठ ग्रन्थ है'-यहाँ तक न रहकर हम क्यों न यह भी सोचने को बाध्य किए जाएँ कि इन सीमित दृष्टियों से श्रेष्ठ ग्रन्थों का व्यापकतर भारतीय साहित्य के परिप्रेक्ष्य में क्या स्थान है? अगर हम अपने साहित्य को भारतीय दृष्टि से देखने तक भी नहीं बढ़ा सकते तो किस आधार पर यह आशा कर सकते हैं कि हमारे साहित्यों को विश्व-साहित्य में कोई स्थान मिलेगा?

मेरी समझ में तो इस संकुचित ढंग से सोचने का-और यह संकुचन हम हर स्तर पर पाते हैं, प्रादेशिक साहित्यकारों में, भाषाओं की संस्थाओं में, प्रादेशिक अकादेमियों में, राज्यों की सरकारों में और केन्द्र की साहित्य और शिक्षा की

संस्थाओं में–ही परिणाम यह है कि एक ओर हम प्रादेशिकता के कूपमंडूक बने रहते हैं और दूसरी ओर विदेशी प्रभावों को अन्धाधुन्ध ग्रहण करते जाते हैं और कृतिकार की बजाय अनुकृतिकार होते जाते हैं।

विश्व-साहित्य की पंक्ति में वही भारतीय साहित्यकार बैठ सकेगा जो पहले राष्ट्रीय साहित्यकार हो–जिसकी कृति में समूची भारत जाति और समन्वित भारतीय संस्कृति बोलती हो। बाकी सब साहित्यकार अपनी पंक्तियों में पड़े रह जाएँगे (भले ही उस पंक्ति में शीर्ष स्थान उन्हें मिलता रहे) या फिर नकलचियों की या छायाग्राहियों की पंक्ति में आ जाएँगे (वह व्यावसायिक दृष्टि से जितनी भी लाभकर हो)।

मैं यह स्वप्न देखता हूँ कि सभी भारतीय भाषाओं के कृतिकार इस व्यापकतर दृष्टि को अपना सकेंगे और साहित्य अकादेमी को इतनी प्रेरणा और इतना बल दे सकेंगे कि कम-से-कम एक ऐसे राष्ट्रीय पुरस्कार की प्रतिष्ठा हो सके। उसमें व्यवहार और पद्धति सम्बन्धी कई कठिन समस्याएँ उठेंगी, लेकिन कोई समस्या असाध्य नहीं होगी अगर सही सिद्धान्त से आरम्भ किया जाए। हम 'विश्व-शान्ति-पुरस्कार' की कल्पना कर सकते हैं और समझते हैं कि उसके निर्णय के लिए हम सारे संसार के शान्ति-कर्मियों के कामों का मूल्यांकन कर सकेंगे; हम 'अन्तर्राष्ट्रीय फ़िल्म प्रतियोगिता' कर सकते हैं और विश्वास करते हैं कि हम न केवल अन्तर्राष्ट्रीय दृष्टि से देख और सोच सकते हैं बल्कि उसकी कसौटी पर स्वयं भी खरे उतर सकते हैं; तब क्या एक साहित्य का ही क्षेत्र ऐसा है जिसमें हम रेंग कर चलना आवश्यक मानते रहेंगे?

'कावेरी' पत्रिका के लिए फरवरी 1965 में लिखित। ज्ञानपीठ के साहित्य-पुरस्कार की स्थापना से एक पुरस्कार तो ऐसा हुआ है जो कि भाषा-प्रदेशों से ऊपर उठकर सार्वदेशिक लक्ष्य सामने रखता है। व्यवहारतः वह कहाँ तक 'राष्ट्रीय' पुरस्कार बन पाया है, साहित्येतर विषयों से अप्रभावित रह सका है, 'भाषाओं के विचार से ऊपर' उठ सका है और 'शुद्ध साहित्यिक प्रतिमानों के आधार पर' निर्णीत होने का अविचल लक्ष्य सामने रख सका है, और जन-साधारण में ऐसी प्रतिष्ठा पा सका है, पाँच निर्णयों के बाद भी ऐसा नहीं है कि ये प्रश्न शमित हो गए हों। भाषा और साहित्य में प्रादेशिक आग्रह कम नहीं हुए हैं बल्कि सरकारी संस्थाओं से फैलकर विश्वविद्यालयों में भी जड़ पकड़ गए हैं–या यों भी कहा जा सकता है कि विश्वविद्यालयों को ही सरकारी संस्थाएँ बनाने और मानने की प्रवृत्ति बढ़ती गई है।

आज के भारतीय समाज में लेखक

अपने समाज में अपने 'रोल' की चर्चा करना लेखक को अच्छा लग सकता है : एक भूमिका अदा कर रहे होने की कल्पना से उसका अहं विस्फारित होता है। पर समकालीन भारतीय समाज के सन्दर्भ में लेखक का अपने रोल की नहीं, अपनी हालत की चर्चा करना ही शायद अधिक संगत है। आज जो लेखक पैग़म्बरी का सपना देखता है वह वास्तव में करुणा का पात्र है।

पहला सवाल तो यही उठता है कि 'समाज' से हम क्या समझते हैं? यह सवाल उठाना पाठक को केवल परिभाषा की वायवी दुनिया में भटका देना नहीं है : वर्तमान परिस्थिति में विशेष अभिप्राय रखता है। समाज का अंग होने, 'सोसायटी' को 'बिलांग' करने का क्या अर्थ है? पास्तर्नाक द्वारा नोबेल पुरस्कार के पहले स्वीकार और फिर प्रत्याख्यान के सन्दर्भ में उसके द्वारा इन शब्दों का प्रयोग हम स्मरण करें : "जिस समाज का मैं अंग हूँ (**द सोसायटी टु व्हिच आइ बिलांग**) वह इसे पसन्द नहीं करेगा..." पास्तर्नाक का आशय क्या था? क्या वह 'सोसायटी' को 'बिलांग' करता था–समाज का था? यदि था, तो क्या वह उसी समाज का था, और केवल उस समाज का था? यदि नहीं, तो क्या समाज का अंग होने की बात करके वह छल कर रहा था? स्पष्ट ही ऐसा नहीं था। पर समाज का और समाज का अंग होने का, लेखक के लिए क्या महत्त्व है, यह सदैव एक महत्त्वपूर्ण प्रश्न रहा है और आज के भारतीय सन्दर्भ में और भी महत्त्वपूर्ण है। निःसन्देह सारे संसार में, समाज में बौद्धिक का स्थान, सम्मान और प्रभाव काफी गिर गया है : आज उसकी वह प्रतिष्ठा नहीं है जो कभी थी। और बौद्धिक (इंटेलेक्चुअल) की दुनिया में फिर लेखक या कलाकार का प्रभाव और भी कम हो गया है। भारत में भी यही स्थिति है, यद्यपि सन्दर्भ में थोड़ा अन्तर है जिसे स्पष्ट देख लेना उपयोगी होगा। पश्चिम में बौद्धिक अथवा कलाकार की समाज में क्षीण-प्रभाविता का धर्म की गिरती हुई प्रतिष्ठा से निकट सम्बन्ध रहा। पश्चिम में रेनेसाँ (पुनरुज्जीवन) के साथ ही कलाकार की अप्रतिष्ठा का आरम्भ हुआ : उसकी निगति का अध्ययन इस सन्दर्भ में किया जा सकता है। पर इसी प्रक्रिया को एक दूसरे कोण से देखें तो रेनेसाँ से ही कलाकार

के एक व्यक्ति के रूप में उत्कर्ष को भी जोड़ा जा सकता है, अर्थात् कलाकार एक ओर व्यक्ति के रूप में अधिकाधिक महत्त्व पाता गया, दूसरी ओर समाज में उसकी अवस्थिति हीनतर होती गई। दूसरे शब्दों में हम कह सकते हैं कि कला में व्यक्ति और व्यक्तित्व का विकास और समाज में बौद्धिक का ह्रास, ये दोनों क्रियाएँ समान्तर चलती रहीं।

यह केवल विरोधाभास है; क्योंकि मूलतः दोनों क्रियाएँ अन्योन्याश्रित हैं। भारत के लिए इस प्रक्रिया का एक विशेष महत्त्वपूर्ण पहलू यह भी है कि जब हमारा पश्चिमी साहित्य और संस्कृति से वास्तविक निकट परिचय हुआ तब वहाँ लेखक बौद्धिक जगत् के नेतृत्व का अपना पद खोकर कलाकार (चित्रकार अथवा मूर्तिकार) के बाद दूसरा स्थान ले रहा था : यानी पश्चिमी संस्कृति से अपने घनिष्ठ परिचय के दौरान हमने यही पाया कि बौद्धिक जगत् में पहला स्थान चित्रकार-मूर्तिकार का है और लेखक का पद उससे नीचा है। इसके प्रतिकूल, भारत के इतिहास और साहित्य की परम्परा में सदैव काव्य को मूल कला का पद मिलता रहा और संस्कृति-सम्बन्धी चिन्तन-मनन की धारा सर्वदा कवि-मानस से ही कलाकार के जगत् की ओर बहती रही। कवि ही मनीषी था : एक ओर धर्म-गुरु और दार्शनिक, दूसरी ओर कलाकार की दुनिया के बीच मध्यस्थ के पद पर कवि आसीन था। पश्चिम में भी मध्यकाल में ऐसी ही स्थिति रही; पर हमसे निकट परिचय होने तक-18वीं-19वीं शती तक-परिस्थिति बदल चुकी थी। वह काल कला, साहित्य और सौन्दर्य-तत्त्व सम्बन्धी बहुत से नए चिन्तन-अनुशीलन का काल था; पर नए विचारों-सिद्धान्तों का विकास लेखक द्वारा नहीं, चित्रकार-मूर्तिकार द्वारा किया जा रहा था। और ये विचार या सिद्धान्त काव्य-साहित्य से प्रसूत होकर मूर्ति-चित्रकला की ओर नहीं, मूर्ति-चित्रकला से निरूपित हो काव्य-साहित्य की ओर बह रहे थे, अर्थात् पारम्परिक गंगा उलटी बह रही थी। इस प्रतिलोम गति का इस बात से सम्बन्ध है कि कला व्यक्तित्व की अभिव्यक्ति के रूप में विकसित हो रही थी।

दूसरा प्रश्न यह है कि कवि का सीधा सम्बन्ध क्या समाज से, सोसायटी से है, या कि सामजिक से-ऑडिएंस से? यह भेद केवल शब्दों का नहीं है। कवि और सामाजिक का सम्बन्ध सम्प्रेषण या बुनियादी सम्बन्ध है जिसकी कभी उपेक्षा नहीं हो सकती-कम-से-कम कवि के द्वारा तो कदापि नहीं। प्राचीन काल में कवि एक अभिजात पुरुष था और एक अभिजात श्रोतृवर्ग को काव्य-निवेदन करता था: वह साधिकार माँगता था कि उसका श्रोता सामाजिक सहृदय रसिक हो। इसका भान उसे था कि इस सहृदय सामाजिक वर्ग के बाहर भी दूसरे लोग हैं; इसलिए हम चाहें तो

कह सकते हैं कि समाज का अस्तित्व तब भी था। पर कवि को समाज से प्रयोजन नहीं था, सामाजिक वर्ग से ही था–ऑडिएंस से था। उसे यह भी ज्ञात था कि एक दूसरे (उसकी दृष्टि में निम्नतर) स्तर पर, लोक–स्तर पर, काव्य प्रस्तुत करने वाले दूसरे कवि भी हैं जिनका अपना सामाजिक वर्ग है। लोक–सामाजिक के सम्मुख काव्य प्रस्तुत करने वाले लोक–कवि की एक समान्तर दुनिया थी। एक अर्थ में दोनों प्रकार के कवि एक ही समाज के अंग थे, एक ही 'सोसायटी' को 'बिलांग' करते थे; पर वास्तव में ये दो अलग संसार थे और समाज अथवा सोसायटी केवल एक पारिभाषिक अवधारणा थी जिसकी सत्ता नहीं थी, या थी भी तो न शास्त्रीय कवि और उसके अभिजात श्रोतृवर्ग के लिए प्रयोजनीय थी, न लोक–कवि और उसके लोक–सामाजिक वर्ग के लिए।

अगर सभी कलाओं का मूलोद्‌गम यज्ञ संस्था से हुआ, तो इस बात का अपना विशिष्ट महत्त्व है। पारिप्लव में भूत को पुनः प्रस्तुत अथवा पुनरुज्जीवित किया जाता था।[1] और अतीत के इस आह्वान में सभी प्रकार के शिल्पी–कलाकारों को अपना कौशल प्रदर्शित करने का अवसर मिलता था–कवि, नाटककार, नट, नर्तक, बाज़ीगर[2] और युवजन, वृद्ध, नाग, बहेलिये, साहूकार, धीवर, केवट–सभी समाज में भाग लेते थे; लेकिन उल्लेख यह है कि इस सारे आयोजन में बल दिया जाता था पौराणिक घटना के मूर्त्तन और नवीकरण पर। अर्थात्, एक जीवित अतीत तो सदैव उपलब्ध था, पर वर्तमान की वास्तविक सत्ता नहीं थी। संस्कृत वाङ्मय की विशेषताएँ इसी विलक्षण परिस्थिति की देन थीं; इसी से उत्तरकालीन भारतीय लेखकों की समस्याएँ सम्बद्ध हैं। हमारी पीढ़ी और हमसे पहले की दो–तीन पीढ़ियों के सामने सीधी समस्या यह थी कि परम्परा हमारे पास थी और सामाजिक हमारे पास थे–समाज हमारा नहीं था। प्राचीन काल के कवि के लिए इसमें कोई विसंगति न होती, क्योंकि उसके लिए प्रयोजनीय थे उसके सामाजिक और उसकी परम्परा, जिसे वह निरन्तर पुनरुज्जीवन करता चलता था। पर हमारा काम इससे नहीं चल सकता था। एक ही उदाहरण ले लीजिए : अभी दो पीढ़ियों पहले तक स्थिति यह थी कि कवि को महाकवि की प्रतिष्ठा दी जाए इससे पहले उससे अपेक्षित था कि प्राचीन काल के कवियों की परम्परा दुहराए–अतीत का नव–मूर्त्तन करे। सभी महाकवियों ने **रामायण–महाभारत** या उसके कुछ अंश फिर से लिखे : मैथिलीशरण गुप्त ने

1. यज्ञ में सुनहले मंच पर आसीन अध्वर्यु कहता है : भूतानि आसक्ष्व। भूतेषु इमं यजमानं अध्यूह। दे. शतपथ ब्राह्मण 13.4.3
2. दे. शतपथ ब्राह्मण, ऊपर उल्लिखित, तथा हिरण्यकेशी श्रौतसूत्र में 'अश्वमेध'।

रामायण की वस्तु को **साकेत** में, **महाभारत** की वस्तु को **जयभारत** में रूपान्तरित किया : कुछ छोटे आयाम में **श्रीमद्भागवत** भी **द्वापर** में प्रतिमूर्त्त हुआ। उनसे एक पीढ़ी पहले के बांग्ला कवि मधुसूदन दत्त ने भी, जिन्हें आधुनिक बांग्ला साहित्य का प्रवर्तक माना जाता है, **रामायण** की वस्तु को रोमांटिक प्रबन्धकाव्य के रूप में **मेघनाद-वध** में प्रस्तुत किया। यह भी पारिप्लव के अध्वर्यु के आदेश भूतं आचक्ष्व का पालन करते हुए अतीत का प्रतिमूर्त्तन ही था : अगर वह साथ ही युगानुरूप कुछ भिन्न भी दीखा, और कवि के व्यक्तित्व को प्रतिबिम्बित करता हुआ विदेशी परम्परा से परिचय का प्रमाण भी दे गया, तो इससे हमारी स्थापना खंडित नहीं होती। अनन्तर 'निराला' ने भी **रामायण** से एक घटना लेकर **राम की शक्ति पूजा** की रचना की; किन्तु वह परम्परा का नवीकरण नहीं है : वह उस काल और उस संवेदना की कृति है जिसके लिए परम्परा और सामाजिक-भर पर्याप्त नहीं रहे थे ('निराला' की वस्तु न वाल्मीकि की है, न तुलसी की!) कवि समाज में आ गया था जिसकी वह एक व्यक्ति-वैशिष्ट्य सम्पन्न इकाई था।

काल के एकाधिक आयाम में जीने की बात हमने पहले कही है। निरवधि, निरन्तर प्रवहमान, आवर्ती काल से सावधि, खंडित और अनावर्ती काल तक की यात्रा काव्य की पारम्परिक परिकल्पना से आधुनिक परिभाषा तक की यात्रा है। एक आयोग से दूसरे में संक्रमण, परम्परा से वास्तविकता में प्रवेश है, जिसके साथ सामाजिक से अलग समाज की प्रयोजनीयता कवि के सामने आ जाती है। छायावाद और प्रगतिवाद का इस सन्दर्भ में महत्त्व है। छायावाद ने यह पहचाना कि कविता अब वैयक्तिक अभिव्यक्ति होती जा रही है। प्रगतिवाद ने यह पहचाना और साग्रह कहा कि समाज एक सत्ता है। हिन्दी काव्य-विकास में इन आन्दोलनों का यह धन-पक्ष था। इसके समान्तर विकास अन्य भारतीय भाषाओं में भी हुआ। शाश्वत और निर्वैयक्तिक आयाम में रहने के बदले हम एक युगीन और व्यक्तिपरक आयाम में जीने लगे; इसकी पहचान के साथ एक नई भाषा और नए मुहावरे की आवश्यकता हुई जो हमें छायावाद ने, और प्रमुखतः 'निराला' तथा सुमित्रानन्दन पन्त ने दिया। यह नया मुहावरा व्यक्तिगत था; उन्होंने यह सम्भव कर दिया कि व्यक्तित्वपरक, अर्थात् मुद्रणीय कविता लिखी जा सके। उन्होंने कवि को व्यक्तित्व की सत्ता दी, जिसका परम्परा में न स्थान रहा था न महत्त्व। इसी प्रकार प्रगतिवाद ने हमें सामाजिकों के बदले एक वास्तविक समाज की सत्ता दी। छायावाद ने अन्तर्मुख होकर एक वास्तविक व्यक्ति के भीतर झाँका; प्रगतिवाद ने बहिर्मुख होकर एक वास्तविक समाज की ओर ताका। इन दोनों आन्दोलनों से यह दोहरा सत्ता-बोध-या परवर्ती मुहावरे का आसरा लें तो अस्तित्व-बोध अथवा अस्ति-बोध पाकर ही हमारे लिए वैसी काव्य-रचना सम्भव हुई जैसी हमने की। यह अलग बात है कि

सत्ता-बोध अपने-आप में दिशा-बोध नहीं है, और गन्तव्य का संकेत उससे मिल जाना ज़रूरी नहीं है-वह एक अलग अभियान है।

वाचिक से लिखित काव्य तक की यात्रा की बात हम पहले कर चुके हैं। इस यात्रा से उत्पन्न होनेवाली संकट-स्थितियों का, उनके अल्पकालीन समाधान का और इससे उत्पन्न नई समस्याओं का उत्तम उदाहरण हरिवंशराय 'बच्चन' की कविता है। संक्रमण-युग में, जब लोग कविता पढ़ना नहीं, सुनना चाहते थे, पर साथ ही छपी पुस्तक से इतने परिचित हो चुके थे कि भाषा का नया मुहावरा उनका अभ्यस्त हो गया था, 'बच्चन' ने वह काव्य लिखा जो एक तरफ़ तो नए मुहावरे में था, दूसरी तरफ वाचिक-श्रुत परिस्थिति के लिए-सामूहिक श्रवण के लिए-रचा गया था। 'बच्चन' अकेले नहीं थे, औरों ने भी ऐसी रचना की और सभा में प्रस्तुत की; पर भाषा, मुहावरे, वाचिक परम्परा और समकालीन स्थिति का सर्वोत्तम और सर्वाधिक सफल परिपाक उनकी कविता में हुआ। उसका सम्मान भी वैसा ही हुआ। 'बच्चन' उस काल के सर्वाधिक लोकप्रिय कवि रहे; लोकप्रियता और गरिमा का जो विरोध बहुधा देखा जाता है उसका कोई प्रश्न ही उनके सामने नहीं आया।

परन्तु एक पीढ़ी बाद? 'बच्चन' अब भी लोकप्रिय हैं, पर आज उनकी लोकप्रियता की भित्ति वह काव्य नहीं है जो वह अब लिख रहे हैं, वही है जो उन्होंने पच्चीस वर्ष पहले लिखा था। आज भी लोग उनसे उनकी कविता सुनना चाहते हैं, पर इधर की लिखी कविता नहीं, उनका आग्रह उसी कविता के लिए रहता है जो उनकी पुरानी परिचित है। यह नहीं कि वह कविता इधर की रचनाओं से श्रेष्ठतर है-कम-से-कम सदैव तो नहीं!-पर वह कविता कान के लिए, वाचिक परिस्थिति के लिए लिखी गई थी। श्रोताओं में से अधिकतर सुपठित होंगे, विद्वान् होंगे, विदेशी काव्य से-विशेषतया अंग्रेज़ी काव्य से-परिचित होंगे; अंग्रेज़ी कविता वे पुस्तकों से ही पढ़कर ग्रहण करते होंगे और पढ़ना ही पसन्द करते होंगे-ब्रितानी कवि द्वारा सुनाई गई आधुनिक अंग्रेज़ी कविता उनके कानों को कष्टग्राह्य जान पड़ेगी पर 'बच्चन' की कविता वे सुनना ही चाहेंगे, और वही कविता जो वाचिक परिस्थिति के लिए लिखी गई थी। इस स्थिति को ज़रा कवि की ओर से देखिए : कवि ने तो छपाई-युग के तर्क को स्वीकार कर लिया और उसी के अनुरूप कविता लिखने लगा; पर सामाजिक की स्थिति में द्वैध रह गया। एक हद तक इस द्वैध को इस बात से भी जोड़ा जा सकता है कि शिक्षित पाठक की शिक्षा का माध्यम अंग्रेज़ी रहा, पर एक हद तक ही; और फिर कारण जो भी रहा हो, कवि और गृहीता के बीच जो बाधा खड़ी हो गई वह तो हो ही गई।

आधुनिक भारतीय भाषा और अंग्रेज़ी के बीच जो खाई है, वह इस बाधा को और कठिन बनाती है इसकी चर्चा हम अन्यत्र कर चुके हैं। अंग्रेज़ी में शिक्षित-दीक्षित होकर, अंग्रेज़ी-परिचित पाठक-वर्ग के लिए भारतीय भाषाओं में ही रचना करने का निर्णय एक गम्भीर निश्चय है; एक जाग्रत विवेक द्वारा किया हुआ संकल्प है। यों तो हम नहीं मानते कि वास्तव में दूसरा कोई विकल्प भारतीय लेखक के सामने है; अगर विकल्प नहीं है तो कहा जा सकता है कि स्वेच्छया वरण का भी कोई प्रश्न नहीं है। पर इस स्थिति को पहचान कर उसे और उसके परिणामों को स्वीकार करना अवश्य एक वरण है, और यह क्योंकि सजग, सचेत रूप से किया गया है इसलिए स्पष्ट है कि इससे उद्‌भूत लेखक भी आत्मचेतन (सेल्फ़-कांशस) लेखन है। यहाँ फिर कह सकते हैं कि सभी आधुनिक लेखक सेल्फ़-कांशस हैं–पर आधुनिक भारतीय लेखक में यह आत्म-चेतना अधिक सजग और क्रियाशील है क्योंकि उसमें अपने पाठक के साथ सम्बन्ध की एक नए प्रकार की चेतना है। यहाँ फिर यह भी कह सकते हैं कि आज सारे संसार में लेखक, कलाकार, बौद्धिक एक परायेपन की भावना से त्रस्त है–पर भारत में यह अधिक सच है और उसके कारण अधिक दुखद हैं। इस स्थिति में हम इस पर गर्व भी कर सकते हैं कि आत्मचेतन होकर भी वह आत्म-निर्वासन की भावना से पीड़ित नहीं होता; अपने को निर्वासित वह नहीं मानता। आत्मचेतना उसमें है, अकेले होने का उत्कट बोध भी बहुधा उसे होता है; पर साधारणतया वह अपने को अपने ही समाज में निर्वासित के रूप में नहीं देखता। बल्कि यह सम्पूर्ण परायेपन का, निर्वासन का, बोध उन्हीं लेखकों में अधिक पाया जाएगा जिन्हें 'इंडो-एंग्लियन' संज्ञा दी जाती है, यानी उन भारतीय लेखकों में, जो अंग्रेज़ी में रचना करते हैं। भारतीय भाषा का कृतिकार इसमें अपना सौभाग्य मान सकता है। जो हो, एक तनाव का बोध उसे निरन्तर रहता है–कई स्तरों पर क्रियाशील कई प्रकार के तनावों का–और लेखक की स्थिति का एक ख़ास पहलू यह भी है कि इस तनाव को ही वह सम्पृक्ति का एक सिद्धान्त बनाता है। तनाव से हम किसी जोड़ने वाली नहीं, विघटित करनेवाली शक्ति का अर्थ लगाते हैं; पर भारतीय लेखक की अवस्थिति में इस तनाव का बोध ही उसे एक बनाए रखता है, टूटने से बचाता है। भारतीय भाषा बनाम अंग्रेज़ी, पूर्व बनाम पश्चिम, स्व-चेतना बनाम आधुनिकता...'आइडेंटिटी' और 'मॉडर्निटी' का विवाद रह-रहकर फूट पड़ता है।

ऐसे में आधुनिक भारतीय लेखक के 'रोल' का निरूपण क्या किया जा सकता है? या उस निरूपण की भूमिका के रूप में इतना कहकर सन्तोष कर लेना चाहिए? वह

'रोल' क्या है? एक नट का 'रोल' है शायद : ऐसे नट का, जो खम्भे पर चढ़कर अपना करतब भी दिखा रहा है और स्वयं खम्भे को थामे हुए भी है। इतना ही नहीं, खम्भा वहाँ रहे इसकी ज़िम्मेदारी भी उसी की है; और साथ ही यह भी उसे ही दर्शाना और प्रभावित करना है कि यह सब शक्य है और उसके अकेले के बस का है। समझ लीजिए कि भारतीय भाषा में लिखना एक प्रकार की अग्नि-परीक्षा है। भारतीय लेखक अगर कोई 'रोल' अदा कर रहा है तो यह दिखाने का कि वह कर सकता है। क्योंकि यह वह अगर नहीं कर सकता और नहीं दिखा सकता, तो और कोई यह नहीं कर सकेगा, जिसका अर्थ यह होगा कि तब कोई भारतीय साहित्य नहीं होगा–कोई साहित्य ही नहीं होगा। भारत में भारतीय साहित्य नहीं होगा तो कोई साहित्य ही नहीं होगा, इस कथन के विषय में शायद कुछ और कहना अपेक्षित है। यह अन्ध देशभक्ति या भाषा सम्बन्धी दुराग्रह मात्र नहीं है। हम मानते हैं कि साहित्य एक अनन्य संस्कृति की अनन्य निजी अभिव्यक्ति होता है। अगर हम मान लेते हैं कि साहित्य की आवश्यकता नहीं है, तो हम यह स्वीकार कर रहे हैं कि संस्कृति की आवश्यकता नहीं है। दूसरे शब्दों में, हम यह स्वीकार कर लेते हैं कि व्यक्तित्व की–विविक्त मानवीय इकाई की–आवश्यकता नहीं है। निःसन्देह दुनिया में ऐसा माननेवाले भी लोग हैं : हम उनमें से नहीं हैं।

आरम्भ में हमने कहा था कि आज समाज में बौद्धिक उतना कारगर नहीं है जितना प्राचीन काल में रहा। लेकिन उसकी अवस्थिति के इस विवेचन के बाद कहा जा सकता है कि ज्यों-ज्यों बौद्धिक के 'रोल' की कार्यक्षमता घटती जाती है, उतनी ही उसकी आवश्यकता बढ़ती जा रही है।

अन्त में, आवश्यकता के सन्दर्भ में एक बात और। इधर हमसे एकाधिक बार यह प्रश्न पूछा गया है कि "अब तो कम्प्यूटर से भी कविता हो सकती है और संगीत रचा जा सकता है; अब कवि या संगीतकार की क्या आवश्यकता है?"

विज्ञान की जो थोड़ी-बहुत शिक्षा पाई है, उसके कारण यह तो हम मानने को बाध्य हैं कि कम्प्यूटर के द्वारा कोई कविता बनाई जा सकती है। 'कोई' कविता। कोई राग भी बनाया जा सकता होगा। लेकिन यह मान लेते हैं तो यही स्पष्ट करने के लिए कि कम्प्यूटर जो बनाता है और कवि जो रचता है उसमें अन्तर क्या है। कम्प्यूटर तो नई चीज़ है, पर जिस आंकिकीय तर्क पर वह आद्धृत है उस तर्क की सुघड़ाई-सफ़ाई, उसके सौन्दर्य की चर्चा उन्नीसवीं शती के गणितज्ञ भी कर रहे थे : आप कह लें कि आंकिकी की काव्यमयता तभी पहचान ली गई थी। हम मान लेते हैं कि उसमें काव्यमयता हो सकती है, सौन्दर्य हो सकता है। पर जहाँ तक कम्प्यूटर

द्वारा कविता के निर्माण की बात है, यह स्मरण रखना आवश्यक है कि वैसी आयोजित कविता पहले से निर्धारित विकल्पों के आधार पर बनती है : कम्प्यूटर के हर निर्णय का आधार ऐसे निर्णयों की एक लम्बी कड़ी है जो पहले से किए जा चुके हैं। कवि की रचना एक द्रष्टा की सृष्टि है : विकल्प और वरण वहाँ सृजन-प्रक्रिया का ही अंग है। काव्य-कृति पहले से किए जा चुके निर्णयों पर आधारित निर्मिति नहीं है और यह कम्प्यूटरों के सामर्थ्य के परे की बात है क्योंकि **यन्त्र पूर्व-निश्चित विकल्पों के आधार पर ही काम कर सकता है, कवि सृजन-कर्म के दौरान विकल्प और वरण करता है**। इस अर्थ में कवि वास्तविकता की सृष्टि करता है : कम्प्यूटर केवल उसे प्रस्तुत करता है। जब-जब अच्छा काव्य रचा जाता है, तब-तब यह सर्जनात्मक वरण होता है; अर्थात् तब-तब मानवता का नवीकरण बल्कि पुनः सर्जन होता है। और अनवरत नवीकरण की यह घटना नहीं तो सम्भावना ही आज साहित्य की प्रयोजनीयता का प्रमाण है। अगर किसी कर्म को आज लेखक के 'रोल' का पद दिया जा सकता है तो इसीलिए कि वह मानव मात्र के अविराम नवीकरण की सम्भावना हमारे सामने प्रस्तुत करता रहे।

भारतीय साहित्य : तुलनात्मक दृष्टि

हम लोग लगातार 'तुलनात्मक भारतीय साहित्य' की चर्चा करते रहे हैं, लेकिन मुझे लगातार ऐसा अनुभव होता रहा है कि एक प्रश्न हम सभी के मन में रहा है, जिसे कहकर सामने ले आने से हम कतराते रहे हैं। मुझे जान पड़ता है कि उस प्रश्न को निरूपित करने का काम मुझको ही करना होगा और वह मैं करूँगा भी। लेकिन उससे पहले मैं एक बहुत साधारण उदाहरण से आरम्भ करना चाहता हूँ।

कल और आज अतिथियों ने हमें बड़ी उदारता से भोजन कराया। भोजन भारतीय शैली का था, परोसने और खाने का ढंग पश्चिमी, जैसा कि संस्थानों में प्राय: होने लगा है। हम लोग अच्छे भारतवासी हैं और मैंने लक्ष्य किया कि हम सभी ने रोटी दाहिने हाथ से तोड़ी और खाई। छुरी-काँटे लगे हुए थे, लेकिन कोई ख़ास आवश्यकता नहीं पड़ी; अगर किसी ने काँटे या छुरी से काम भी लिया तो दाहिने हाथ से ही। और जिन्होंने हम लोगों के लिए मेज लगाई थी वे भी यह जानते थे कि हम सब रोटी दाहिने हाथ से खाते हैं और यहाँ भी दाहिने हाथ से भी खाएँगे। फिर भी रोटी रखने की छोटी तश्तरी बड़ी प्लेट की बाईं तरफ़ रखी गई थी; और शायद ही किसी ने उसे वहाँ से उठाकर प्लेट के दाहिनी तरफ़ रखा जिससे दाहिने हाथ से रोटी उठाने में उसे सुविधा होती।

यह किस बात का उदाहरण है? हम लोग पीढ़े-थाली के बदले मेज़-कुर्सी और चीनी की प्लेट के अभ्यस्त हो गए हैं; **हमने अपने को तश्तरी के अनुकूल ढाला है, तश्तरी को अपने अनुकूल नहीं बनाया**।

पश्चिम का आदमी बाएँ हाथ से रोटी तोड़ता-खाता है। उसके लिए छोटी तश्तरी प्लेट के बाईं तरफ़ रखना ठीक है। हम लोग दाहिने हाथ से खाते हैं; और छोटी तश्तरी बाएँ से उठाकर दाहिने रख लेना या दाहिनी ओर ही लगाना कोई मुश्किल काम नहीं है। लेकिन प्लेट तश्तरी के दो सौ साल के प्रचार के बावजूद और अंग्रेज़ी शासन से आज़ाद हुए तीस वर्ष हो जाने के बावजूद अभी तक हमारी हिम्मत नहीं हुई कि छोटी तश्तरी को बाएँ से उठाकर दाहिने रख लें।

तुलनात्मक भारतीय साहित्य के लिए यह उदाहरण एक विशेष अर्थ रखता है।

हम साहित्य में भी प्रभाव, नक़ल, अनुकूलन आदि की चर्चा करते हैं। वहाँ भी ऐसी स्थितियाँ आती हैं कि अनुकूलन के नाम पर या किसी विदेशी विधा या तत्त्व या प्रभाव को अपने लिए उपयोज्य बनाने के लिए, हमें एक छोटी तश्तरी बाएँ से उठाकर दाहिने रखनी पड़ती हो–और यह इतना छोटा–सा परिवर्तन हम नहीं करते या कर पाते।

किसी विशेष व्यक्ति या विश्वविद्यालय को आलोचना का विषय बनाना मेरा अभीष्ट नहीं है; और ऐसे व्यक्ति या ऐसे विश्वविद्यालय को तो और भी नहीं जिसने तुलनात्मक अध्ययन में मूल्यवान् पहल की है। मैं बार–बार देखता हूँ कि तुलनात्मक भारतीय साहित्य की चर्चा करते हुए भी अधिकतर विद्वान् विभिन्न भारतीय साहित्यों के बीच तुलना करने से न सिर्फ़ कतराते हैं बल्कि वैसी तुलना करने की मानो उन्हें बात ही नहीं सूझती। वे इसलिए भारतीय भाषाओं में से किसी एक भाषा का साहित्य ले लेते हैं–उदाहरण के लिए, बांग्ला का–और उसके बाद सीधे देश–सीमा के पार छलाँग लगाकर पश्चिम पहुँच जाते हैं। छोटी तश्तरी के अभ्यास की तरह हम सबका यह अभ्यास या संस्कार है कि समग्र भारतीय साहित्य की बात न सोचकर एक भारतीय साहित्य की बात सोचें–एक प्रादेशिक भाषा–साहित्य को लें और उसके समकक्ष पश्चिम का साहित्य रखें। 'पश्चिम' न तो कोई भौगोलिक इकाई है, न कोई भाषात्मक इकाई है; वह एक शिथिल बन्धन में बँधा हुआ एक सांस्कृतिक समूह है जिसके भीतर बड़े तीखे विभाजन और तनाव हैं जिन्हें हम अच्छी तरह पहचानते हैं। फिर भी, यह सब जानते हुए भी हम 'पश्चिम' की बात करते हैं। यह पश्चिम स्वयं एक पश्चिमी गुट और एक पूर्वी गुट में विभाजित है और प्रत्येक में अलग–अलग भाषाओं के अपने–अपने साहित्य हैं; और कई जगह ऐसा भी है कि उनमें समानताएँ कम हैं और भेद अधिक। फिर भी हम अभ्यासवश और आलस्यवश एक ओर पश्चिम को रखते हुए दूसरी ओर किसी एक प्रदेश–भाषा के साहित्य को रखकर तुलनाएँ करते हैं और धड़ल्ले से साधारण स्थापनाएँ करते चलते हैं।

इंग्लैंड में कोई 'वेल्श साहित्य और पूर्व' शीर्षक के अधीन साहित्य चर्चा करे या साहित्य पढ़ाए तो हमें यह हास्यास्पद लगेगा। लेकिन 'बांग्ला साहित्य और पश्चिम' की चर्चा करते हुए हमें हँसी नहीं आती। मेरा आशय यह नहीं है कि इस तरह के शीर्षक आत्यन्तिक रूप से हास्यास्पद हैं, लेकिन दो तरह के शीर्षकों को बराबर–बराबर रखने से कुछ अन्तर्विरोध स्पष्ट होकर सामने आता है। निःसन्देह एक पश्चिमी साहित्य भी है और उसकी चर्चा असंगत नहीं है। निःसन्देह एक यूनानी, हेलेनिक अवधारणा है, एक यूरोपीय संस्कृति है और एक यूरोपीय साहित्य है। लेकिन ऐसे बड़े वृत्त के भीतर अनेक अलग–अलग साहित्य भी हैं। इसी प्रकार एक पूर्व भी है–उतनी ही असन्दिग्ध एक इकाई या जीवन–दृष्टि या चिन्तन–धारा।

लेकिन यह हमारा दुर्भाग्य है कि जब हम 'पूर्व' की चर्चा करते हैं तो उसकी वही अवधारणा करते हैं जो उन्नीसवीं शती का पश्चिमी करता था जब वह 'ओरिएंट' की चर्चा करता था। **एग्ज़ॉटिक** का अर्थ है– विदेशी, पराया, देशावर से आया हुआ, लेकिन हम पूर्व को **एग्ज़ॉटिक ईस्ट** कहते हैं–हम स्वयं कहते हैं! यूरोपीय टूरिस्ट की देखा-देखी हम भारतीय भोजन को **एग्ज़ॉटिक** कहते हैं और उसी रूप में देखते हैं! फिर हम हेलेनिक या यूनानी आदि की जीवन-दृष्टि और चिन्तन-धारा की बात करते हैं और यह लक्ष्य नहीं करते कि जैसे एक 'पश्चिम' है ठीक वैसे एक 'पूर्व' है, जैसे एक यूनानी जीवन-दृष्टि है वैसे एक भारतीय जीवन-दृष्टि भी है; और जैसे यूनान के भीतर पूर्वापर या विभिन्न प्रदेशों में समवर्ती भाषाएँ, संस्कृतियाँ, जीवन-दृष्टियाँ, साहित्यिक प्रवृत्तियाँ रहीं, उसी तरह भारत में भी रहीं। हम भारतीय साहित्य और जीवन-दृष्टि की भी बात कर सकते हैं और विभिन्न कालों या प्रदेशों की प्रदेश-भाषाओं के साहित्य की भी; ठीक वैसे ही जैसे कि पश्चिम अथवा यूरोप की परिधि के भीतर हम जर्मन या स्लोवीनी या नॉर्वेज़ी साहित्य की चर्चा कर सकते हैं।

हम सभी निजी तौर पर भी और औपचारिक अवसरों पर भी दावा करते हैं कि हमारा एक राष्ट्रीय साहित्य संस्थान है। साहित्य अकादेमी का संविधान इस दावे से आरम्भ करता है कि ''भारतीय साहित्य एक है यद्यपि कई भाषाओं में लिखा जाता है।'' लेकिन कहाँ है वह भारतीय साहित्य? और साहित्य अकादेमी ने इस भारतीय साहित्य के अस्तित्व का क्या प्रमाण दिया है? जब से वह बनी है तब से निरन्तर वह हमें उन्हीं साहित्यों का उदाहरण देती आई है जो भारत के होकर भारतीय नहीं हैं या नहीं माने जा रहे हैं। साहित्यों को एक समग्र भारतीय मंच या कसौटी पर लाने में उसे हमेशा जोखिम दीखा है। हम सब भी अकादेमी की भाँति ही दावा करते रहते हैं और अपने को समझाते रहते हैं कि एक भारतीय साहित्य है; लेकिन हम मानते हैं यही और सोचते हैं यही कि एक-एक प्रदेश-भाषा का अपना-अपना अलग साहित्य है और उसे हम पश्चिम के साथ मिलाकर देखना चाहते हैं–ऐसे पश्चिम के, जिसकी तुलना वास्तव में उतने ही व्यापक 'पूर्व' से होनी चाहिए। संस्कृत, हिन्दी या बांग्ला साहित्य को हम यूनानी जीवन-दृष्टि से देखना चाहते हैं। यूनानी जीवन-दृष्टि का याथार्थ्य है, लेकिन उतना ही याथार्थ्य भारतीय जीवन-दृष्टि का है।

एक और बात भी लक्षित होती है। हम जब भारतीय लेखकों या भारतीय साहित्य की बात करते हैं तब हमारा ध्यान या तो संस्कृत की ओर होता है जिसकी परम्परा काफ़ी समय पहले रुक गई–बारह सौ वर्ष पहले या छह सौ या तीन सौ या तीस वर्ष पहले, इसका कोई महत्त्व नहीं है–या फिर हम पश्चिम के संघात के बाद के भारतीय लेखन को ध्यान में रखते हैं यानी अंग्रेज़ी में लिखनेवाले भारतीय

लेखकों की बात सोचते हैं। यानी दूसरे सब तो हिन्दी या पंजाबी या बांग्ला या गुजराती लेखक हैं; प्रादेशिक भाषा के लेखक हैं; भारतीय लेखक या तो वह है जो किसी ज़माने में संस्कृत में लिखता था या फिर आज वह है जो अंग्रेज़ी में लिखता है। अगर ऐसा सोचना संगत हो तो प्रश्न उठता है कि संस्कृत के ह्रास और भारतीय अंग्रेज़ी साहित्य के उदय के बीच के हज़ार-बारह सौ वर्षों में देश में क्या होता रहा है? क्या वह भी एक 'अन्धकार युग' है? क्या उसमें भी न कोई भारतीय परम्परा है, न कोई भारतीय संस्कृति ही है? बल्कि यों कहें कि न कोई भारत ही है-क्योंकि भारत तो एकाएक तब प्रगट हुआ जब पश्चिम एक संकट के रूप में क्षितिज पर आ गया! या कि हमारे चिन्तन में कहीं एक बुनियादी भूल है कि हम कोई महत्त्व की बात भुलाए दे रहे हैं या अपनी उपेक्षा के कारण मिट जाने दे रहे हैं? मैं तो मानता हूँ कि एक भारतीय जीवन-दृष्टि थी और है, सदैव रही, कि वह संस्कृत से भी पहले से चली आई है, संस्कृति में बनी रही। मैं मानता हूँ कि संस्कृत के 'ह्रास' के साथ वह विकीरित हुई और फिर पश्चिम से टकराहट होने तक पुनः सम्पुंजित हो गई-कि वह कभी नष्ट नहीं हुई, बिखरी और संचित हुई लेकिन निरन्तर बनी रही। यह तो है कि इस मत के समर्थन के लिए पूरी सामग्री प्रस्तुत करना आज कठिन है क्योंकि वह सामग्री अधिकांशतः वाचिक परम्परा में रही और वाचिक परम्परा की हम लगातार उपेक्षा करते रहे-उसमें भी अपने पश्चिम के नक़लचीपन के कारण। लेकिन मेरा विश्वास है कि उस साक्ष्य का संग्रह अभी सम्भव है और मैं यह भी मानता हूँ कि तुलनात्मक भारतीय साहित्य के लिए भी और एक-एक भाषा के अनुशीलन में भी इस वाचिक साक्ष्य का संग्रह करके उसकी रक्षा की समुचित व्यवस्था करनी चाहिए।

यूनानी जीवन-दृष्टि के बरअक्स अगर हम भारतीय जीवन-दृष्टि की ओर ध्यान दें तो पाएँगे कि समूची भारतीय परम्परा में एक भारतीय जीवन-दृष्टि और विश्व-दर्शन रहा है। किसी संस्कृति की मूल दृष्टि की पहचान के लिए हम कौन-कौन से तत्त्व खोजेंगे? स्पष्ट है कि एक विश्व-दर्शन का उसमें महत्त्वपूर्ण स्थान होगा। और भारतीय परम्परा में संस्कृत से लेकर सभी प्रादेशिक अथवा आधुनिक भारतीय भाषाओं में वह समग्र दर्शन हमें मिलता है। संस्कृत के ह्रास के साथ यह उन प्राकृतों और अपभ्रंशों में फैल गया जो कालान्तर में आधुनिक भारतीय भाषाएँ बनीं। फिर एक विश्व-दर्शन के साथ एक आत्म-दर्शन अथवा अस्मिता-बोध भी है; और यह भी संस्कृत के साथ आरम्भ हुआ और लगातार बढ़ता चला है और आज आधुनिक भारतीय भाषाओं को अनुप्राणित करता है। तो एक समान विश्व-दर्शन, एक समान आत्म-दर्शन, एक समान अस्मिता-बोध से आरम्भ करके हम आगे बढ़ते हुए देख सकते हैं कि और भी कई समान तत्त्व हैं जिनके आधार पर भारतीय अवधारणा की चर्चा करना संगत होता है।

भारत की दिक् और काल की अवधारणा भी अपना विशिष्ट महत्त्व रखती है : देश-काल की अपनी परिभाषा के आधार पर ही हम विश्व में अपना विशिष्ट स्थान निर्धारित करते हैं। खेद की बात है कि भारतीय साहित्य के अध्ययन-अध्यापन में हम लोग इन तत्त्वों की उपेक्षा करते रहे हैं।

हम उपन्यास की बात करते हैं। हम समझते हैं कि उपन्यास एक ऐसी विधा है जो पश्चिम से आई। सभी भारतीय भाषाओं के अध्यापन में यही पढ़ाया जाता है कि उपन्यास की विधा पश्चिम से आई। अवश्य ही यह एक प्रकार का सत्य है लेकिन यह तो नहीं है कि कहानी कहना पश्चिम में शुरू हुआ और हमने पश्चिम से सीखा। कहानी कहने-सुनने की प्रक्रिया से हम प्राचीन काल से ही परिचित हैं। उपन्यास या कथा **काल में घटित होती है**; फलत: किसी संस्कृति का काल-बोध अलग होगा तो उसकी कहानी का रूप भी अलग होगा। और कहानी का एक भारतीय रूप है जो इतना विशिष्ट भारतीय है कि वह संसार में कहीं और नहीं मिलता या जहाँ मिलता है वहाँ इस बात का प्रमाण है कि वह भारत से पहुँचा। हमने काल की वृत्ताकार अवधारणा की; हमारी कहानी भी वृत्ताकार है। ऐसी वृत्ताकार या शृंखलित कथा सारे संसार में भारत से ही फैली। और ऐसा नहीं है कि यह पुराना वृत्ताकार आख्यान मर चुका है और आज उसकी कोई सम्भावनाएँ नहीं हैं। आधुनिक लेखकों ने बार-बार इस वृत्ताकार गति की विधि को अपनाया है-भारत में भी और यूरोप में भी।

नाट्य के बारे में एक पूर्वी और भारतीय अवधारणा है। यह भी हमारा दुर्भाग्य है कि इसका भी पुनरुद्धार पश्चिम ने ही किया है और उसका उपयोग भी पश्चिम कर रहा है। अभी भी नाट्य और रंगमंच के लिए भी हम पश्चिम का मुँह देखने को तैयार हैं; उसके मूल स्रोतों की ओर देखने को तैयार नहीं हैं-या कि वैसा करना हमें सूझता ही नहीं। कोई रूपाकार या प्रयोग भारतीय या पूर्वी मूल के थे तो उन्हें सीधे वहीं देखना आसान होना चाहिए बजाय पश्चिम के मुकुर में उसका प्रतिबिम्ब खोजने के। यह नहीं कि मुकुर में भी उसका प्रतिबिम्ब देखने में कोई दोष है; अवश्य ही मुकुर की रंगत का भी उस पर रोचक प्रभाव पड़ सकता है लेकिन मूल स्रोत से हम अपने को क्यों काट लें?

देश में हम प्रतीकवादियों की बहुत चर्चा करते रहे हैं। फ्रांसीसी प्रतीकवादियों का प्रभाव सभी भारतीय भाषाओं में लक्ष्य है। किसी भारतीय लेखक की तुलना किसी फ्रांसीसी प्रतीकवादी कवि से की जाती है तो वह इसे गर्व की बात समझता है लेकिन इस फ्रांसीसी और यूरोपीय प्रतीकवाद का कितना अंश पूर्व की कला से फ्रांस के सम्पर्क का परिणाम था-चीन और जापान की कला से, जिस तक हम सीधे भी पहुँच सकते थे? फिर भी, आज सत्य यह है कि जहाँ फ्रांसीसी प्रतीकवादी

से तुलना होने पर भारतीय लेखक गर्व का अनुभव करता है, वहाँ उन फ्रांसीसियों के भी पूर्ववर्ती जापानी मूल के कवियों से तुलना होने पर उसके मन में यह संकोच बना रहेगा कि यह प्रशंसा की बात है या कि उसकी कोई कमी!

हमें यह पहचानना चाहिए कि इस प्रकार लगातार एक पक्ष में पश्चिम नाम की रूप-शिथिल इकाई को रखकर दूसरी ओर एक प्रादेशिक साहित्य की चर्चा करते रहने से हम स्वयं अपने को पंगु बनाते हैं, अपने हाथ-पैर बाँधकर पश्चिम के सामने खड़े रहते हैं और एक हीन आत्म-रक्षात्मक भंगिमा अपनाए रखते हैं। यह बिलकुल अनावश्यक है, ऐसा कहना राष्ट्रीय या भाषा-सम्बन्धी अहम्मन्यता नहीं है। वास्तव में तुलनात्मक अध्ययन में प्रभावों और प्रवाहों में एक ही दिशा तक सीमित न रहकर दोनों दिशाओं का अध्ययन करना चाहिए। तभी हमें सन्तुलित दृष्टि प्राप्त हो सकती है। तभी हम एक ओर अहम्मन्यता और दूसरी ओर हीन-भावना से बच सकते हैं। एक पूर्व है, एक भारतीय दृष्टि है। ऐसी भारतीय अवधारणाएँ हैं जिन्होंने विभिन्न भारतीय भाषाओं के भारतीय साहित्य को प्रेरणा दी है और साथ ही देश में अलग-अलग भाषाएँ भी हैं और उनके साहित्य भी हैं।

तुलनात्मक अध्ययन पर विचार-विमर्श करते समय इतना तो मान लेता हूँ कि अध्यापन में एक त्रुटि भी है। लेकिन जिस चीज़ की ओर मैं इशारा कर रहा हूँ वह केवल त्रुटि नहीं है। त्रुटि उसे कहेंगे जिसकी मरम्मत हो सके या जिसे भर दिया जा सके। लेकिन दिशा-ज्ञान का न होना ऐसी कमी है जो टाँके-थिगली लगाकर दूर नहीं की जा सकती। वास्तव में जिस प्रश्न से कतराने की बात मैंने आरम्भ में कही, वह प्रश्न हमारे सामने आज़ादी से भी पहले आ गया था, लेकिन उसकी चुनौती का हमने कभी सामना ही नहीं किया। **क्या कोई भारतीय साहित्य है या नहीं है? भारतीय साहित्य में भारतीय क्या है**? मैंने चलते-चलते थोड़े-से उदाहरण दे दिए हैं; यह सूची बढ़ाई जा सकती है, लेकिन उसकी यहाँ आवश्यकता नहीं होनी चाहिए।

'तुलनात्मक साहित्य' पद का व्यवहार पहले-पहल किसने किया, यह जानना उपयोगी भी हो सकता है और रोचक भी। मैं यह भी मान लेता हूँ कि इसकी खोज भी उपयोगी है कि किसने सबसे पहले ऐसा संकलन किया जो तुलनात्मक अध्ययन की भूमिका प्रस्तुत कर सके। इस तरह के ऐतिहासिक तथ्य अपनी जगह काम के हैं, लेकिन वही तुलनात्मक अध्ययन की इति नहीं है। यह भी असल प्रश्न नहीं है कि तुलनाएँ सदैव होती रही हैं, या कि साहित्य के अध्ययन में तुलना की कोई नई प्रवृत्ति नहीं है। साहित्येतिहास का एक महत्त्वपूर्ण स्थान है, लेकिन सभी कुछ को केवल ऐतिहासिक अनुक्रम के अधीन कर देना अनावश्यक संकीर्णता है।

तुलनात्मक अध्ययन का इस आधार पर भी विरोध किया गया है कि कला एक स्वायत्त व्यवस्था है, प्रत्येक कला-वस्तु या रचना एक स्वायत्त वस्तु है और इसलिए

तुलना का कोई प्रयोजन या अर्थ ही नहीं होता। लेकिन क्या स्वायत्त व्यवस्थाओं की तुलना नहीं कर सकते? यह आपत्ति एक पंडित ने की है, और रचना की स्वायत्तता के पक्ष में की है। मैं पंडित नहीं हूँ और लेखक के नाते न्यूनाधिक मात्रा में 'रचनाशील' लेखक के नाते यह प्रश्न पूछता हूँ कि क्या स्वायत्तता के कारण दो व्यवस्थाएँ तुलना से परे चली जाती हैं? मैं भी कृति की या कला-वस्तु की स्वायत्तता में विश्वास रखता हूँ; लेकिन मैं लेखक और लेखक, रचना और रचना, युग और युग, तनाव और तनाव, प्रेरणा और प्रेरणा, यहाँ तक कि एक मानसिक विकृति और दूसरी मानसिक विकृति और दोनों के कारणों तक की तुलना करने को तैयार हूँ और मानता हूँ कि ऐसी तुलना उपयोगी हो सकती है : कृतियों को और कृतिकारों की मनोरचना को समझने में ही नहीं, बल्कि रचना-प्रक्रिया मात्र को समझने के लिए भी। मुझे 'कविकंठाभरण' में क्षेमेन्द्र द्वारा कवियों को दिया गया परामर्श याद आता है : क्षेमेन्द्र का सत्परामर्श है कि कवि सभी के पास जाए-प्राचीन कवियों के पास भी और नए कवियों के पास भी, अभिजात कवि के पास भी और लोक-कवि के पास भी, ऊपर की ओर भी देखे और नीचे की ओर भी, सभी की सुने और सभी से सीखे, लेकिन वैयाकरण और तार्किक से बचे! मैं समझता हूँ कि रचनाशील लेखक के लिए यह परामर्श बहुत मूल्यवान् है, क्योंकि जैसे तर्क के बिना विवेक नहीं हो सकता, वैसे ही तर्क के सहारे किसी भी विवेचन को अर्थहीन भी बना दिया जा सकता है।

इन्हीं सब बातों को ध्यान में रखकर मैंने आरम्भ में यह सन्देह प्रकट किया कि हम वास्तव में विचार-विमर्श को वहाँ समाप्त कर देते हैं जहाँ से आरम्भ करना चाहिए क्योंकि उस प्रश्न से कतराते हैं जो हमारे सामने आ खड़ा होता है। हमें स्वीकार करना चाहिए कि भारतीय साहित्य के अध्ययन में तुलनात्मक पद्धतियों का एक उपयोगी स्थान है और हमें उस चुनौती को भी स्वीकार करना चाहिए जो भारत की भारतीयता हमारे सामने उपस्थित करती है। 'एकता में अनेकता' की बात कर देने-भर से कुछ नहीं सिद्ध होता बल्कि बहुत-से लोगों के मुँह से यह पद सुनते ही मुझे सन्देह हुआ कि इसके बहाने वे अनेकता के लिए ही हीला खोज रहे हैं; एकता के लिए आधार नहीं! जहाँ तक भारतीय साहित्य का सवाल है, एकता एकता में है और सदा से रही है। हमने ही अपनी बुद्धि के सामने एक दीवार खड़ी कर रखी है और अब हमें उसके ऊपर चढ़कर उसके पार देखना है। मैं एक 'हिन्दी लेखक' के नाते जो कुछ कह रहा हूँ-अर्थात् हिन्दी में लिखनेवाले भारतीय लेखक के नाते जो कुछ कह रहा हूँ-मैं आशा करता हूँ कि आप भारतीय साहित्य के बारे में मेरे विचारों से सहमत न होते हुए भी उसके कारण यह देख सकेंगे कि **सभी भारतीय भाषाओं में एक भारतीय आदर्श काम कर रहा है**। यह भारतीय दृष्टि कभी-कभी अवचेतन

भी हो सकती है, पर बनी रहती है अवश्य। और अगर भारत में एक भारतवासी द्वारा एक भारतीय भाषा में लिखी गई रचना में आपको एक प्रादेशिक अथवा स्थानीय दृष्टि के ऊपर एक भारतीय दृष्टि मिलती है, तो कोई कारण नहीं है कि ऐसी रचना को आप भारतीय साहित्य न कहें, चाहे वह किसी भाषा में लिखी गई हो।

मैं चाहूँगा कि विश्वविद्यालय में या उनके बाहर इस दिशा में अध्ययन आरम्भ हो और विकास करे। किसी विश्वविद्यालय में अगर तुलनात्मक साहित्य का विभाग है तो वह अपना विकास और रूपान्तर करके यह नई दृष्टि अपनाए; जिन विश्वविद्यालयों में ऐसा विभाग नहीं है उनमें से जो समर्थ हैं वे तुलनात्मक अध्ययन पद्धति की स्थापना करें। अवश्य ही वर्तमान परिस्थितियों में यह काम काफ़ी कठिन है। अनेक भाषाओं के साहित्यिक ज्ञान की बात तो दुर्लभ है ही, अभी पर्याप्त अनुवाद भी सुलभ नहीं हैं। निश्चय ही हिन्दी में दूसरी भाषाओं की अपेक्षा अधिक अनुवाद मिल जाएँगे। किसी विश्वविद्यालय में हिन्दी माध्यम से तुलनात्मक अध्ययन का आरम्भ करना आज भी दु:साध्य नहीं है।

तुलनात्मक अध्ययन के लिए अनुवादों की उपयोगिता की सीमाएँ मैं जानता हूँ, लेकिन अनुवादों की उपयोगिता भी असन्दिग्ध है। मैं स्वयं निरन्तर अनुवाद-कार्य करता रहा हूँ। विदेशी विश्वविद्यालयों में मैंने अनुवाद की शिक्षा भी दी है और ऐसे शिक्षा-क्रम के दौरान अंग्रेज़ी से अंग्रेज़ी में अनुवाद भी कराए हैं। मैंने सदैव यह भी प्रयत्न किया है कि ऐसे कार्यक्रमों में अनेक साहित्यों के लोग भाग लें–उदाहरण के लिए, ग्रीक और संस्कृत, जर्मन और फ्रेंच साहित्य के विद्वान्। अनुवाद के एक प्रशिक्षण कार्यक्रम के दौरान एक अमेरिकी विद्यार्थी की बात मुझे याद आती है जिसने जयदेव के कुछ पदों का अंग्रेज़ी अनुवाद किया था। उस विद्यार्थी ने क्योंकि अनुवाद-कार्य को उपाधि के लिए एक विषय माना था, इसलिए उसका परीक्षा में बैठना भी अनिवार्य था। उसने जयदेव के पदों के अनुवाद ही परीक्षा के लिए प्रस्तुत किए, लेकिन यह तर्क भी प्रस्तुत किया कि जयदेव के पदों का अनुवाद तभी सार्थक हो सकता है जब वह गेय हो और संगीत के साथ प्रस्तुत किया जाए। मैंने उसे इस सूचना के साथ, कि अपने अनुवादों के समर्थन में जो तर्क वह देगा वे भी परीक्षा के अधीन आ जाएँगे और उसे उनके समर्थन के लिए तैयार रहना होगा, उसे परीक्षा के समय अपना गिटार भी लाने की अनुमति दे दी–बल्कि यह भी अनुमति दे दी कि वह चाहे तो एक और वादक भी अपने साथ ला सकता है। उसका प्रस्तुत किया हुआ अनुवाद बहुत अच्छा तो नहीं सिद्ध हुआ, लेकिन कुल मिलाकर अनुवाद का यह अनुभव रोचक और आगे विमर्श के लिए उपयोगी रहा। (बल्कि परीक्षा के लिए उसने दो-एक पदों का जो अनुवाद संगीत के साथ गाकर प्रस्तुत किया, उसे मैंने टेप पर अंकित भी कर लिया था और वह अभी मेरे पास सुरक्षित है।)

यह उदाहरण मैं इसलिए दे रहा हूँ कि अनुवाद के साथ इस तरह की समस्याएँ भी जुड़ी रह सकती हैं। इधर मैं स्वयं एक यूरोपीय भाषा से हिन्दी में अनुवाद कर रहा हूँ और मेरा भी प्रयत्न है कि गीत का अनुवाद गीत में ही हो और वह युग की संवेदना की दृष्टि से भी पर्यायता प्राप्त कर सके। मेरी योजना है कि कभी इन अनुवादों को मंच से भी प्रस्तुत करूँगा–मूल यूरोपीय गीत यूरोपीय संगीत के साथ और हिन्दी अनुवाद भारतीय संगीत के साथ। यह थोड़ा-सा विषयान्तर हो गया, लेकिन आशा है कि इससे मेरे इस तर्क की पुष्टि ही होगी कि पश्चिम से आयातित परिभाषा और उसके समान्तर शब्दावली का उपयोग करने से पहले हमें अच्छी तरह सोच लेना चाहिए और पर्यायता अथवा समान्तरता का समुचित विचार करना चाहिए। इस प्रकार 'पश्चिम' के समकक्ष 'पूर्व' है, यूरोप के समकक्ष एशिया है, ग्रीक दृष्टि के समकक्ष भारतीय दृष्टि है–एक साहित्य के समकक्ष दूसरा एक साहित्य है।

हमारे देश में अनेक भाषाएँ हैं, यह न तो चिन्ता की बात है न लज्जा की। न ही यह तुलनात्मक अध्ययन में कोई दुर्लंध्य बाधा उपस्थित करती हैं। हम भारत की तुलना यूरोप के किसी एक देश से न करके समूचे यूरोप से कर सकते हैं। यूरोप में जितनी भाषाएँ हैं, भारत में उससे अधिक तो नहीं हैं! भौगोलिक दृष्टि से हमारा देश इंग्लैंड से बीस गुना बड़ा होगा; इंग्लैंड में भी कम-से-कम उतनी ही बोलियाँ प्रचलित होंगी जितनी किसी भी भारतीय भाषा की हैं। लेकिन इससे क्या होता है? ये सभी बोलियाँ भी अध्ययन का विषय बन सकती हैं। और किसी ने यह युक्ति नहीं दी कि इन बोलियों के कारण अंग्रेज़ी साहित्य का अध्ययन अंग्रेज़ी साहित्य के रूप में नहीं हो सकता। हम इस आलोचना से क्यों आतंकित हों कि हमारे पास कई भाषाएँ हैं? बल्कि अगर हम देख सकें कि कई भाषाओं के रहते हुए हमारे पास एक समग्र दृष्टि भी है तो हमें उसे गौरव का विषय मानना चाहिए। यहाँ और उदाहरण देने की आवश्यकता नहीं है, लेकिन **महाभारत** काल से ही इस देश में यह चेतना रही है कि भारत एक इकाई है–भौगोलिक इकाई भी और सांस्कृतिक इकाई भी। भारतीय रचना में सर्वदा एक केन्द्रोन्मुख प्रवृत्ति रही है जिसने भारत-भूमि को एक इकाई के रूप में देखा है जो कि 'स्वर्गादपि गरीयसी' है, जिसके गीत देवता भी गाते हैं, और जिसमें जन्म लेने के लिए सुर-गण स्वर्गापवर्ग छोड़कर धरा पर उतरते हैं।[1]

---

1. दिल्ली विश्वविद्यालय में आयोजित 'तुलनात्मक साहित्य संगोष्ठी' में भारतीय साहित्य-सम्बन्धी गोष्ठी के अध्यक्षीय समापन का लिखित रूप।

साहित्य सर्जना और राजकीय संरक्षण

राजकीय संरक्षण बाधक है या साधक, इसका उत्तर खोजते समय कुछ बातें साहित्यकार को अपने सामने रखनी होंगी।

पहली बात तो यह कि राज्य-संरक्षण साहित्य का नहीं, साहित्यकार का होता है। उससे जो सम्भाव्य लाभ भी हो सकता है, वह साहित्यकार का ही। उसकी दैनन्दिन आवश्यकता की पूर्ति, स्वास्थ्य की रक्षा, बुढ़ापे में वृत्ति; पुस्तक न छपती हो तो छपाने के लिए सहायता, या छपने पर कम बिकती हो तो पूर्ति के लिए अनुदान या पुरस्कार–यही राज्य-संरक्षण का क्षेत्र और उसकी मर्यादा है। और इसका कोई प्रमाण नहीं है कि आराम की ज़िन्दगी से साहित्य-सर्जन अधिक या अच्छी कोटि का होता है। अच्छा साहित्य गरीबी में भी लिखा गया; अमीरी को छोड़कर भी लिखा गया; सुविधा का ही नहीं, प्राणों तक का जोखिम उठाकर लिखा गया। और सुविधा पाकर या समृद्ध जीवन में अपेक्षतया कम लिखा गया।

इसलिए न तो यह कहा जा सकता है कि राज्य-संरक्षण से लाभ होने का कोई प्रमाण है; न ही यह कहा जा सकता है कि संरक्षण न होने से क्षति होने का कोई प्रमाण है।

दूसरे : संरक्षण से क्षति होना ही अधिक संभव बल्कि अनिवार्य है, यह सिद्ध किया जा सकता है। राज्य-सत्ता अनिवार्यतया स्थायित्व चाहती है–बने रहना, अपने को बनाए रखना चाहती है–बल्कि उसका धर्म है कि ऐसा वह चाहे, नहीं तो और वह है किसलिए? स्थायित्व की यह माँग उसे स्थितिशील बनाती है, चालू व्यवस्था की और चालू सामाजिक, नैतिक आदि मूल्यों की रक्षा की ओर प्रवृत्त करती है। सरकार कंज़र्वेटिव होती है, वैसी ही हो सकती है। क्रान्ति के द्वारा प्रतिष्ठित होने वाली सरकारें भी प्रतिष्ठित होते ही मर्यादावादी हो जाती है क्योंकि तब मर्यादा की रक्षा उनके अपने अस्तित्व की रक्षा का पर्याय हो जाती हैं। तब राज्य-संरक्षण यदि साहित्य को प्रोत्साहन दे भी, तो उसके एक अंग या पक्ष को देगा, एक प्रकार की प्रवृत्ति को ही पुष्ट करेगा। अर्थात् न केवल सर्वतोमुखी विकास में बाधा देगा बल्कि किसी भी नई प्रवृत्ति के विरुद्ध अपने अधिकार-बल का प्रयोग करेगा।

इसके प्रमाण विदेशों में भी अनेक मिलेंगे, स्वदेश में भी, दूसरे युगों में भी और आज भी।[1] केन्द्र की और प्रदेशों की सरकारों द्वारा नियुक्त सब साहित्यिक परामर्श समितियाँ, सब पुरस्कार समितियाँ **निरपवाद रूप से इसकी** उदाहरण हैं; सरकार द्वारा मनोनीत एक-एक सदस्य तक इसका उदाहरण है। कभी-कभी तो ऐसा जान पड़ता है कि अगर हम सरकार द्वारा पुरस्कृत होने को ही इस बात का लक्षण मान लें कि साहित्यकार का सर्जनकाल समाप्त हो चुका, तो अधिक भूल न करेंगे! जो जीवन-रत है वह इसी कारण पुरस्कार का अपात्र होता है (न जाने यह आगे क्या लिख बैठे!)-पुरस्कार उसे मिलता है जो जीवन क्षेत्र से हटकर इतिहास में चला गया है। इतिहास का सम्मान ग़लत नहीं है, पर उसे **आज का या आगामी कल का जीवन** मानना भूल है।

साहित्य-कोई भी कला **स्वाधीनता का वातावरण** माँगती है। जितना कम शासन, उतनी ही अधिक कला-सर्जन की सम्भावना। पर आज की राज्य-सत्ता की प्रवृत्ति अनिवार्यतया केन्द्रोन्मुख संचय की है, वह अनिवार्यतया अपने क्षेत्र का और अधिक विस्तार और उसके साथ पकड़ की मज़बूती चाहती है। जब छोटे खेत तक अनुपयोगी और आर्थिक दृष्टि से अपव्ययशील पाए जाते हैं, तब सरकार भी अगर पाती है कि सत्ता का अधिक से अधिक विस्तार ही कम पूँजी से अधिक मुनाफा पाने का मार्ग है, तो क्या आश्चर्य? सरकार ही नहीं, आज हर सरकारी कर्मचारी अधिक से अधिक शासन चाहता है। इधर सरकार ने अपने ऊपर जो यह भी नया अधिकार ओढ़ लिया है कि वह देखेगी कि सरकारी नौकर पति अपनी पत्नियों के साथ कैसा बर्ताव करते हैं, वह इस का एक सूचक है। सरकार निर्णय करेगी कि पति अपनी पत्नी को अपने पद की मर्यादा के अनुसार रखता है या नहीं। सरकार पहले से ही यह निर्णय कर रही है कि कितना वेतन पाने वाले कितने कमरों वाले घर में रहेंगे-पद-मर्यादा के अनुसार नौकरों को क्वार्टर में बिजली के प्रकाश का अधिकार नहीं है। अब पद-मर्यादा के अनुसार शायद उसे यह निर्णय करने का भी अधिकार होगा कि गजेटेड अफसर सन्तान द्वारा अपने को **डैडी जी** कहलावें, क्लर्क पिताजी और चपरासी बाबू। क्योंकि अन्यथा सिद्ध हो जाएगा कि वह परिवार को पद-मर्यादानुसार नहीं रख रहे हैं और उन्हें नौकरी छोड़ देनी होगी! या शायद हर मन्त्रालय में एक **'पत्नी-परिवार अधिकारी'** नियुक्त हो जो देखे कि कौन अधिकारी अपने परिवार से कैसा व्यवहार करता है।

यह अधिकारी कम-से-कम **डिपुटी सेक्रेटरी** के पद का तो होगा ही, फिर स्वयं इन अधिकारियों की निगरानी के लिए एक परिवार-कल्याण मन्त्रालय भी

---

1. हाल के भयानक अतिचार को असाधारण आपत मान भी लें तो भी।

खुलेगा और पत्नियाँ कहीं आतंकवश चुप तो नहीं हैं, इसकी पड़ताल के लिए विशेष पुलिस का एक 'पत्नी-रक्षा स्क्वॉड' भी बनेगा! यह सब विषयान्तर है भी और नहीं भी। इस उदाहरण का अभिप्राय यह है कि सरकार की सरकारियत को मर्यादित रखना भी एक नागरिक कर्तव्य है, जिसमें साहित्यकार अपनी **विशेष स्थिति** के कारण योग दे सकता है। राज्य-संरक्षण स्वीकार करके वह यह अधिकार खो देता है। नागरिक की बढ़ती हुई पराधीनता या वैसा न कहें तो किंकरता का विरोध करने की क्षमता नष्ट कर देता है।

जन-सम्पर्क के नए साधन-रेडियो, सिनेमा आदि-जो शिक्षा और संस्कृति के प्रसार के साधन भी हो सकते हैं पर अनिवार्यतया हों ही, ऐसा नहीं है-एक नई स्थिति पैदा कर रहे हैं जिसमें कलाओं और साहित्य का उपयोग किया जाता है। जहाँ ये साधन 'मुक्त' हैं, वहाँ इन्हें व्यवसाय-बुद्धि से चलाया जाता है और इस प्रकार कलाकार व्यापारिक हानि-लाभ का दास हो जाता है। जहाँ ये साधन सरकार के एकाधिकार में हैं वहाँ इन्हें शासन बुद्धि से चलाया जाता है और कलाकार सरकारी नौकर बन जाता है। किस अहंकार से आज सूचना मन्त्रालय के बड़े अधिकारी कहते हैं कि आज वे साहित्य के सबसे बड़े संरक्षक (**पैट्रन**) हैं। उनका अहंकार उन्हें मुबारक हो, पर इतने अधिक साहित्यकारों का जीविका के लिए प्रचार-यन्त्र पर निर्भर करना किसी तरह भी साहित्य का संरक्षण नहीं है। साहित्य-सर्जना का तो कदापि नहीं है। क्योंकि सर्जन प्रतिभा-प्रसूत है, स्वेच्छयाकृत है, स्वान्तः सुखाय है (चाहे स्वान्तः सुख को आप कितने भी सामाजिक अर्थ में ले लीजिए।) पर प्रसार-यन्त्र के लिए जो लिखाया जाता है, वह सर्जन नहीं, **पैदावार** है, क्योंकि वह विशेष समय पर विशेष उद्देश्य के लिए और बहुधा इच्छा न रहते भी, सुख न मिलने पर भी तैयार कराई गई चीज़ है। कलाकार जो उसकी दृष्टि में अच्छा न हो उसे फेंक देता है पर साहित्य का उत्पादक इसके लिए भी स्वतन्त्र नहीं है क्योंकि उसे जो समय पर देना है वह काम-चलाऊ हो तो भी यथेष्ट है। और क्या जाने, 'अधिकारी' को वह अच्छा भी लग जाए-प्रसार तो अधिकारी की राय से होता है, स्रष्टा की राय से थोड़े ही! जो नैतिक बोध से कुछ अधिक पीड़ित हैं वे मानते रहते हैं कि प्रसारण को कोई सुनेगा नहीं-वह आकाश में प्रशिप्त होकर खो जाएगा।

सारे संसार में आज साहित्यकार की, कला-सर्जक की यह स्थिति है कि या तो व्यवसायी या सरकारें, उसका उपयोग चाहती हैं। या तो वह अपना उपयोग होने दे या फिर वह अविश्वनीय है। जो साहित्यकार केवल मुनाफे के लिए अपना उपयोग नहीं होने देना चाहता, वह एक पक्ष के लिए 'बेकार' है, जो केवल तत्कालीन व्यवस्था की पुष्टि के लिए अपना उपयोग नहीं होने देना चाहता वह दूसरे

पक्ष के लिए शंकनीय या खतरनाक है। (जो दोनों से सतर्क है उसका तो राम रक्षक है!) ऐसी स्थिति में सरकारी संरक्षण पर साहित्य की प्रगति के लिए निर्भर करना वैसा ही है जैसा कि लोकतन्त्र पद्धति की रक्षा के लिए सेना पर निर्भर करना। उसमें तात्कालिक लाभ तो दीखता है, और एक प्रतिपक्ष से बचाव भी, पर आगे चलकर दवा ही रोग से अधिक ख़तरनाक होती है।[1]

व्यवसाय-बुद्धि से जो ख़तरा है उसको मैं अनदेखा नहीं कर रहा हूँ। पर व्यवसाय तो संरक्षक होने का वैसा दावा नहीं करता और उसके खतरे सभी पहचानते भी हैं। सरकारी संरक्षण का ख़तरा उतना पहचाना हुआ नहीं रहा और इस छलनामृग का रूप भी अधिक आकर्षक है, इसलिए इसके विरुद्ध चेतावनी अधिक आवश्यक है।

---

1. यह टिप्पणी 1960 में लिखी गई थी। पर 1975-76 में इसकी सच्चाई कैसी उजागर हो गई!

भारतीय लेखक और राज्याश्रय

लेखकों की समस्याओं का कोई एक ऐसा उत्तर प्रस्तुत करना, जो सब लेखकों पर सब परिस्थितियों में समान रूप से लागू हो सके, केवल एक नए प्रकार का सर्वसत्तावाद होगा। उससे उन प्रवृत्तियों का सामना नहीं किया जा सकेगा जो शासन को पहले ही ऐसी दिशा में प्रेरित करती रही हैं। लेखक की समस्याओं और उनके सम्भाव्य समाधान पर विचार करने के लिए उन समान सूत्रों की पहचान अवश्य उपयोगी होगी जो अतीत में लेखकों की परिस्थितियों को संचालित करते रहे हैं, लेखक के मानसिक संस्कारों का आधार बने रहे हैं और जो उसकी भविष्यत् प्रवृत्तियों का संकेत दे सकते हैं।

यह स्वीकार करना उचित ही होगा कि भारतीय परम्परा में यह प्रवृत्ति निरन्तर रही है कि साहित्यकार, कवि, कलाकार एक संरक्षक खोज ले और उस पर निर्भर करे। परम्परा में ऐसा संरक्षण अथवा अभिभावकत्व साहित्यकार के हित में ही माना जाता रहा है।

दूसरी ओर यह भी स्वीकार करना चाहिए कि पश्चिम में लेखक अथवा कलाकार का संस्कार इससे भिन्न रहा है। वह परम्परा से ही यह दावा करता आया है कि उसे अपना रास्ता खोजने का स्वतन्त्र अधिकार है और रहना चाहिए। देश में हमारे लेखकों ने दोनों प्रवृत्तियों पर बल दिया है और इस भेद अथवा विरोध को हमारे सामने रखा है। लेकिन क्या इसकी ओर संकेत करके रह जाना काफी है? क्या इससे आगे यह पहचान भी आवश्यक नहीं है कि आज का भारतीय लेखक इन दोनों परम्पराओं का उत्तराधिकारी है कि वह लेखन आरम्भ करते ही इन दोनों की टकराहट के क्षेत्र में आ जाता है? संरक्षण के मामले में कोई सिद्धान्त स्थापित करने का या कार्यक्रम निर्धारित करने के लिए उसे अवश्य ही यह ध्यान में रखना होगा कि इन परस्पर-विरोधी मूल्यों के समान उत्तराधिकार का वह क्या करे।

परम्परा से भारतीय लेखक संरक्षण का अभ्यस्त रहा है, लेकिन संरक्षक पा लेने पर भी संरक्षण का स्वभाव और विस्तार कितना रहा है? लेखक के समक्ष कई सम्भाव्य संरक्षक रहे हैं, उसके सामने विकल्प और पसन्द की सम्भावना रही है।

लेखक ने साधारणतया ऐसा संरक्षक चुना है–ऐसा संरक्षक वह स्वेच्छा से चुन सका है जिसके साथ उसकी अपनी मूल्य-दृष्टि मेल खाती रही है। कभी अगर ऐसा हुआ है दृष्टियों की यह समानता अस्थायी रही और कालान्तर में बदल गई है, तो वहाँ लेखक को अधिकार रहा है कि दूसरा संरक्षक खोज ले जैसे कि संरक्षक को अधिकार रहा है कि किसी दूसरे लेखक का आश्रयदाता बन जाए। संरक्षण की स्थिति में ऐसा कोई दावा नहीं रहा है कि कोई एक मूल्य-दृष्टि सार्वभौम और निरपवाद रूप से स्वीकार हो गई।

आज संरक्षण की यह स्थिति नहीं है। आज संरक्षण का क्षेत्र ऐसे कला-प्रेमी राजाओं-महाराजाओं का वह क्षेत्र नहीं है जिसमें आपस में प्रतियोगिता भी हो सकती हो। आज संरक्षण का क्षेत्र एक देशव्यापी, निर्वैयक्तिक राज्यसत्ता के अधीन है और आज के राष्ट्र-राज्य में विकल्प की सम्भावना नहीं है। मूल्य-दृष्टियों की विविधता के लिए गुंजाइश नहीं है। स्पष्ट अथवा निहित भाव से यह माना जाता है कि केवल एक ही मूल्य-दृष्टि शासकीय अनुमोदन पा सकती है। जो लेखक यह स्वीकार नहीं करता उसे इतनी छूट तो है कि वह संरक्षण अस्वीकार कर दे। लेकिन संरक्षण का कोई दूसरा विकल्प उसके सामने नहीं है। इसके लिए राज्य को दोष देना व्यर्थ है। यह परिस्थिति का एक तथ्य है। यह भी कहना चाहिए कि वह स्थिति भी लोकतन्त्र राज्य में ही पाई जाएगी जिसमें अस्वीकार का अधिकार बना रहता है। सर्वसत्तावादी राज्यों में यह अधिकार भी मान्य नहीं होता। (और हमने देखा है कि भारत में वैसी स्थिति की ओर बढ़ना कितना आसान हो गया था!) सर्वसत्तावादी शासन में विकल्प की सीमा यही होती है कि कोई लेखक भी न बना रहे–लिखना ही छोड़ दे।

प्रायः सवाल उठाया जाता है कि सरकार नए लेखकों को प्रोत्साहन क्यों नहीं देती? यह प्रश्न भी कुछ विवेक-रहित चिन्तन का परिणाम जान पड़ता है। शासन की स्थिति में यह निहित है कि वह उन्हीं लेखकों का सम्मान कर सके जिन्हें प्रतिष्ठा मिल गई है। जो है, उसी को सरकार मान दे सकती है। भविष्यत् प्रतिभा को, या विवादास्पद व्यक्तियों को मान्यता देना सरकार के लिए स्वभावतः कठिन होगा। उससे अधिक से अधिक इतना चाहा जा सकता है कि विवाद और मतभेद के लिए उदार वातावरण बना रहने दे। सम्पूर्ण स्वाधीनता और आत्म-निष्ठा के लिए लेखक का सभी सरकारी सम्मान अस्वीकार करना ही उचित होगा। यह भी स्मरण रखना चाहिए कि शासन भविष्यत प्रतिभा को सम्मान नहीं दे सकता और अतीत उपलब्धियों और सेवाओं को मान देता है, इसलिए सरकार की इस आधार पर आलोचना बहुत संगत नहीं है कि 'वह ऐसे व्यक्तियों का सम्मान कर रही है जो आज रचनाशील नहीं है'–यदि ऐसे व्यक्तियों का अतीत कार्य सर्वत्र सम्मानित है। यहाँ पर यह लेखक की इच्छा पर ही है कि अगर वह अपने को रचनाशील नहीं

समझता तो सम्मान न ग्रहण करे। अवश्य ही कुछ साहित्यकार ऐसे होंगे जो इस मामले में समझौता न करना चाहें लेकिन यह भी सम्भव है कि लेखक यह तो मानता हो कि उसकी रचनाशीलता का युग समाप्त हो चुका है पर विश्रान्ति-काल के लिए सम्मानित पद स्वीकार कर लेना चाहे। ऐसे चिन्तन को हम किस आधार पर ग़लत कह सकते हैं जब और सभी क्षेत्रों में सेवा-निवृत्ति के समय सुविधा और सम्मान दिया जाना हमें ठीक जान पड़ता है?

और संरक्षण लेखक को भ्रष्ट करता है या नहीं, इस प्रश्न का भी विवेचन कई स्तरों पर होना चाहिए। हम यह स्वीकार करते हैं कि सभी युगों में कुछ साहित्यकार ऐसे हुए जो (राज्य के निकट रहकर भी) भ्रष्ट नहीं हुए। हमें यह मानना होगा कि अब भी ऐसे साहित्यकार हो सकते हैं जो भ्रष्ट नहीं हुए हैं और जिन्हें भ्रष्ट नहीं किया जा सकता क्योंकि अगर हम ऐसा नहीं मानते तो फिर साहित्यकार के लिए हमारी सारी चिन्ता ही अर्थहीन हो जाती है। जो भी ऐसे साहित्यकार हों, उनको हम सब समुचित सम्मान दें। ऐसे साहित्यकारों का अस्तित्व और उनके अस्तित्व की सम्भावना स्वीकार करके ही हम प्रश्न की आगे चर्चा कर सकते हैं, भले ही यह मानकर कि जिस समस्या पर हमें विचार करना है वह उस साहित्यकार की समस्या नहीं है जिसे भ्रष्ट भी किया जा सकता है लेकिन जिन्हें भ्रष्ट होने से बचाया भी जा सकता है।

पर एक बात ध्यान में रखने की है। जब कोई लेखक किसी विशेष प्रकार की पुस्तक इस आशा से लिखता है कि उसे पुरस्कार मिल जाएगा अथवा जिन चीज़ों में उसकी आस्था है उनके बारे में लिखने से इसलिए अपने को रोक लेता है कि लिखने से पुरस्कार की सम्भावना कम हो जाएगी तो यह नहीं है कि वह पुरस्कार मिलने के बाद ही भ्रष्ट होगा। वास्तव में तो वह वहीं और तभी भ्रष्ट हो चुका है जब उसने अपने साहित्यिक मूल्यों को एक दूसरी कोटि के मूल्यों के प्रलोभन के कारण छोड़ दिया है। और यह बात केवल साहित्यिक पुरस्कारों के बारे में ही लागू नहीं है बल्कि पाठ्यक्रम की पुस्तकें लिखने पर भी लागू होती हैं। उन सभी चीज़ों पर लागू होती है जहाँ यह किसी भी रूप में आ सकती है–अधिक बिक्री, थोक खरीद, सलाहकार के पद पर नियुक्ति, ऐसे पद पर प्रतिष्ठा जहाँ लेखक स्वयं पुरस्करण-यन्त्र का एक पुर्जा बन जाता है या दूसरे प्रकार की सुविधाएँ या लाभ पा सकता है इत्यादि। ऐसे पदों के मोह में भी साहित्यकार ऐसी बातें कह सकता है जिनमें उसका सच्चा विश्वास नहीं है और ऐसी बातें कहने से अपने को रोक ले सकता है जिनमें उसकी पूरी आस्था है लेकिन जिन्हें कहने से ये पद और सुविधाएँ जोखिम में पड़ जाएँगी। (पिछले कुछ वर्षों में हमने इसके अनगिनत उदाहरण देखे हैं।) लेकिन यहाँ फिर क्या सारा दोष सरकार पर डाल देना उचित है? सरकार किसी एक क्षेत्र में

किसी व्यक्ति की सर्वमान्य योग्यता के कारण उसकी सलाह चाहती है। ऐसे व्यक्ति की दुर्बलता के लिए क्या सरकार ही उत्तरदायी है? क्या वह स्वयं भी उत्तरदायी नहीं है? किसी व्यक्ति को उसकी अपनी दुर्बलता से बचने की ज़िम्मेदारी हम कैसे ले सकते हैं?

इसीलिए हमने कहा कि विचारणीय प्रश्न दो चरम कोटियों के बीच के अधिसंख्य लेखकों का हो जाता है। जो प्रलोभन से परे हैं वे भी हमारे क्षेत्र से बाहर हैं यद्यपि वरेण्य हैं और जो अपनी दुर्बलता के कारण भ्रष्ट होंगे ही या हो गए हैं उनको भी स्वयं उनसे बचाने का काम हमारा नहीं है। बीच में वे सब साहित्यकार हैं जो भ्रष्ट नहीं हुए हैं लेकिन प्रलोभन जिनके सामने हैं। तो हम स्वीकार करें कि अधिसंख्य लेखक प्रलोभनीय हैं। मानव विवेकवान प्राणी है, लेकिन उसकी विवेक-रहित कर्म करने की क्षमता असीम है।

इस विशाल वर्ग के लिए हमें एक ओर इस बात पर बल देना चाहिए कि लेखक की निष्ठा की ज़िम्मेदारी अन्ततोगत्वा स्वयं उसी पर है और अपने भ्रष्टाचार के लिए वह किसी दूसरे की आड़ नहीं ले सकता। दूसरी ओर, हमें इस बात पर ज़ोर देना चाहिए किसी किसी संस्था या संगठन को यह अधिकार नहीं है कि साहित्यकार के काम को कठिनतर बना दे या बनाता रहे। राज्य से कोई माँग करने में या उसकी आलोचना करने में हमारा प्रयत्न यह नहीं होना चाहिए कि ज़िम्मेदारी अपने से हटा कर उस पर डाल दें। हमारा प्रयत्न यह होना चाहिए कि हर पक्ष के लिए अपनी ज़िम्मेदारी का **स्वतन्त्र और समुचित** निर्वाह करने के लिए अनुकूल परिस्थितियों की माँग करें।

साहित्यकार व्यक्ति, समाज और राज्यसत्ता के परस्पर सम्बन्धों का प्रश्न न तो केवल स्वतन्त्रता का प्रश्न है, न केवल सुविधा का। लेखक भी समाज का एक सदस्य है, एक नागरिक है और नागरिक होने के नाते परस्पर आदान-प्रदान और अनुकूलन के एक सम्बन्ध में है; इससे उसका निस्तार नहीं है। समाज से और राज्य से कुछ भौतिक सुविधाओं की गारंटी चाहने का उसका पूरा अधिकार है। इसके जवाब में शासन और समाज का भी अधिकार है कि उसके कुछ कर्तव्य निर्धारित करे। यहाँ तक समस्या साहित्यकार अथवा कलाकार की नहीं है बल्कि उस व्यक्ति की है जो कलाकार अथवा साहित्यकार है। यह कहना अनुचित नहीं है कि एक व्यक्ति और एक नागरिक होने के नाते प्रत्येक कलाकार को समाज अथवा राज्य को कुछ-न-कुछ 'देना' होगा जिसके बदले में वह कुछ 'पाने' का अधिकारी होगा। समुचित जीवन-परिस्थितियों के बदले में श्रम की अमुक मात्रा, इत्यादि। इस परस्पर व्यापार को हम विनिमय कहते हैं या बिक्री या समझौता, इससे विशेष अन्तर नहीं पड़ता।

लेकिन प्रश्न के इस पहलू का विचार करते समय भी हमें कुछ सीमाएँ पहचाननी होंगी। ग्राहक को खरीद का माल चुनने या उसके दाम निर्धारित करने का कोई **आत्यन्तिक** अधिकार है, ऐसा नहीं माना जा सकता। उसके अधिकार की कुछ नैतिक सीमाएँ हैं। इसी तरह बेचने का अधिकार भी आत्यन्तिक अधिकार नहीं है। उसकी भी नैतिक सीमाएँ हैं। दुर्भिक्षों में माता-पिता ने अन्न के लिए अपनी सन्तान बेचना चाहा है, इसे मानवीय सभ्यता की पराजय माना जा सकता है। लेकिन ऐसी बिक्री और ख़रीद का समर्थन नहीं किया जा सकता। श्रम की भी बिक्री और ख़रीद के लिए कुछ बुनियादी नैतिक आधार होते हैं। भले ही समय-समय पर इन नैतिक आधारों में परिवर्तन होते रहे हैं।

साहित्यकार अथवा कलाकार की स्थिति इस बेच-ख़रीद के मामले में क्या होगी? और जिस साहित्यकार के पास बिक्री के लिए केवल उसका साहित्य है, उसका क्या होगा? ऐसे लेखक के समक्ष राज्यसत्ता क्या करेगी? और अगर लेखक के पास अपनी रचना के अलावा कुछ भी बिक्री या विनिमय के लिए नहीं है और उसी के बदले में वह साहित्यकार वे आर्थिक-भौतिक गारंटियाँ चाहता है जो उसके जीवन के लिए आवश्यक हैं, तब? अपने साहित्य को छोड़कर किसी दूसरे उत्पादन में वह असमर्थ है अथवा उसे हेय समझता है, तब? स्पष्ट है कि ऐसे लेखक को स्वयं उससे बचाने का हमारा प्रयत्न व्यर्थ होगा।

साहित्यकार का सरकार से यह कहना संगत होगा : "तुमसे मुझे कुछ न्यूनतम भौतिक सुविधाओं की गारंटी चाहिए। इसके बदले में मैं उस कार्य का अपना अंश देने को तैयार हूँ जो तुम्हें समान गारंटी के रूप में चाहिए, जिससे कि तुम उस समाज के एक उपकरण के रूप में अपना काम समुचित ढंग से कर सको जिस समाज का मैं एक गणक हूँ। इस आदान-प्रदान के आगे मेरे साहित्य से तुम्हारा कोई सरोकार नहीं है।" हमने कहा कि लेखक की ओर से सरकार से ऐसी माँग सर्वथा उचित होगी। दूसरी ओर, सरकार के लिए भी एक जवाबी प्रस्ताव उतना ही उचित होगा : "सरकार जिस समाज का उपकरण है उसकी समृद्धि के लिए सरकार को स्थिरता और सुरक्षा की आवश्यकता होती है। इस लक्ष्य के लिए तुम जो श्रम दोगे उसके बदले सरकार तुम्हें कुछ भौतिक सुविधाओं की गारंटी देती है-सन्तोषजनक जीवन-परिस्थितियों की, रोजगार की इत्यादि। रही तुम्हारी कला की बात, सो वह तुम्हारा अपना मामला है। सरकार को उससे कोई प्रयोजन नहीं है।"

यह असम्भव नहीं है कि विनिमय के समझौते के लिए साहित्यकार के पास साहित्य से इतर कुछ भी हो। दूसरे प्रकार का श्रम-दान देकर वह उपयुक्त गारंटी पा सके तो वैसा समझौता दोनों पक्षों के लिए सन्तोषजनक होगा और समाज की समृद्धि में भी योग दे सकेगा। कला का मूल्य बढ़ेगा और कला की स्वायत्तता के लिए सम्मान

भी समाज का एक प्रतिष्ठित मूल्य होगा। विनिमय का क्षेत्र कला के क्षेत्र से जितनी दूर होगा, विनिमय उतना ही सन्तोषजनक होगा। लेकिन ऐसा भी हो सकता है कि विनिमय और समझौते का क्षेत्र रचना के क्षेत्र के अत्यन्त निकट का क्षेत्र हो। उदाहरण के लिए पत्रकारिता, फ़िल्मी लेखन, रेडियो और दूरदर्शन के लिए लेखन, प्रचार और विज्ञापन के लिए लेखन और यहाँ तक कि जानकारी और प्रसार के लिए लेखन तक। यह सारा सन्धि-क्षेत्र बड़ा नाजुक बल्कि ख़तरनाक क्षेत्र है, लेकिन यह भी सम्पूर्ण निराशा का क्षेत्र नहीं है।

इन क्षेत्रों में काम करने वाला साहित्यकार भी अपनी दृष्टि को निर्मल रखकर मर्यादाएँ बाँध सकता है कि उसके श्रम और उद्यम का कौन-सा अंश बिकाऊ होगा और किस अंश की उसे अपने अवदान के रूप में रक्षा करनी होगी, इन दोनों के गुणात्मक भेद को बनाए रखकर वह अपने को सुरक्षित रख सकता है। यदि लेखक के पास बेचने को केवल उसका लेखन है और वह उसे अंशतः या पूर्णतः बेचना चाहता है या नहीं बेचना चाहता है तो अपने निर्णय के परिणाम उसे भोगने ही होंगे। एक सूरत में वह भी बाजार में आ जाता है और पूरी तरह बाजार के नियमों की अधीनता स्वीकार कर लेता है। दूसरी सूरत में वह मान लेता है कि वह एक नागरिक के रूप में अनुपयोगी है या कम उपयोगी है और उस क्षेत्र के लाभों पर अपना दावा छोड़ देता है। वह केवल साहित्यिक मूल्यों की भूमि पर खड़ा रह जाता है। यह सम्भव नहीं है कि वह दोनों घोड़ों पर सवार रह सके। यह दावा वह नहीं कर सकता कि जिस चीज़ को वह स्वयं जिन्स बनाकर बेचता है उसी के लिए वह दैवी वरदान का-सा सम्मान भी पाए। यदि वह भगवत्-कृपा या देवदूत या पैग़म्बर बनकर समाज में आता है तो अपने पैगाम के लिए दाम या इनाम माँगने का उसका अधिकार नहीं रहता। यह तर्क भले ही दिया जा सकता है कि उसे यह अधिकार तो रहना चाहिए कि सरकार को और समाज को यह उपदेश दे यह विश्वास दिलाए कि कला भी नागरिक जीवन की भौतिक समृद्धि का एक उपकरण हो सकती है। पर स्पष्ट है कि यह तर्क नागरिकता के क्षेत्र-विस्तार का तर्क है, अलौकिक के लिए विशेष पद की माँग नहीं है।

इन दो स्थितियों में जो भेद है, उस पर बल देने का आशय यह नहीं है कि जो व्यक्ति अपनी आजीविका के लिए श्रम करता है उसकी अवहेलना की जाए; बल्कि आशय इससे ठीक उल्टा है। कला की प्रतिष्ठा के साथ-साथ श्रम की प्रतिष्ठा पर भी समान बल देना चाहिए। इसी आधार पर हम एक ओर लेखक के प्रति सरकार के कर्तव्य की बात कर सकते हैं और दूसरी ओर यह माँग भी कर सकते हैं कि सरकार लेखक के काम में हस्तक्षेप न करे। ईसा की उक्ति 'राजा की वस्तुएँ राजा को सौंपो और ईश्वर की वस्तु ईश्वर को' यहाँ भी लागू होती है। भले ही आज राजा न हों और सब लेखक भी ईश्वर में विश्वास न करते हों!

शासनाधिकारी, प्रशासन के कर्मचारी अथवा कारखानों के श्रमिकों और तकनीकी कर्मचारियों के श्रमदान की परिस्थितियों में और लेखक के श्रम की स्थिति में कुछ अन्तर अनिवार्यतया होता है। लेकिन इस श्रम को नियन्त्रित करने वाले नियमों की अवधारणा भी कठिन नहीं होगी अगर दोनों के लक्ष्य स्पष्ट देखे जा सकें।

लेखक अथवा कलाकार की कोटि में किसे रखा जाए और उस कोटि के लिए विशेष विचार माँगने से भ्रष्टाचार की सम्भावना कितनी है, हम नहीं समझते कि यहाँ पर कोई ऐसी कठिनाई है जिसका निराकरण हो सकता हो क्योंकि जो लोग जल्दी और भारी आर्थिक परिणाम चाहेंगे वे कदाचित यह भी आसानी से देख सकेंगे कि इसके लिए दूसरे क्षेत्रों में अधिक और अच्छे अवसर होते हैं–साहित्यिक क्षेत्र में नहीं।

हमारे देश में सर्वसत्तामूलक शासन नहीं है। लेकिन हमें इस मामले में सतर्क रहना चाहिए कि अच्छे पदों पर, सत्ता के केन्द्रों में, ऐसे अनेक लोग हैं जिनकी मनोवृत्ति उस दिशा में झुकती है और जिन्होंने ऐसे विचार भी व्यक्त किए हैं। हमें यह पहचानना होगा कि सर्वसत्तावादी चिन्तन से आने वाले खतरे का जवाब हमारी यह शक्ति में ही हो सकता है और हमें यह भी पहचानना होगा कि हमारी यह शक्ति उसी वर्ग या कोटि की सत्ता नहीं है जिसमें सरकार की सत्ता आती है। इन शक्तियों में गुणात्मक भेद है। हमारी शक्ति का आधार हमारी आत्म-बल ही हो सकता है। कह सकते हैं कि इस संघर्ष में दोनों पक्ष 'समान' नहीं होंगे, लेकिन दूसरे पक्ष के अधिक बल से भी अधिक जोखिम इस बात में होगा कि हम यह निश्चय करने का आधार उस दूसरे पक्ष को सौंप दें कि लड़ाई किन हथियारों से लड़ी जाएगी। हथियारों और लड़ाई के साधनों का फैसला सरकारी पक्ष पर छोड़ देने का अर्थ यह होगा कि हम आरम्भ से ही हारी हुई पाली के सदस्य हो गए होंगे। हमारा सबसे बड़ा बल यही होगा कि उनके चुने या उनके बताए हथियारों का इस्तेमाल करने के प्रलोभन में हम न पड़ें।

बाहरी शक्तियों के अलावा हमें अपने मामले में भी सतर्क रहना होगा। सरकारी मूर्खता से ही नहीं, अपने वर्ग के भोलेपन से भी हमें बचना होगा। यदि सरकार बड़ी आसानी से अपने अधिकार प्रयोग के प्रलोभन में पड़ती है और निर्देशों-फरमानों के सहारे चलना चाहती है, यदि अधिकारी वर्ग खुशामद से भ्रष्ट होता है तो लेखक का अहंकार और दम्भ भी कुछ कम खतरनाक नहीं होता। शासन जिन प्रलोभनों और सम्मानों से लेखकों में फूट डाल सकता है उनसे कम कारगर लेखक वर्ग की अपनी कमज़ोरियाँ नहीं होतीं।

ऐसी निराशा का कोई कारण नहीं है कि हम अधिकारी वर्ग को कुछ समझा नहीं सकते अथवा कि जनमत को अपने पक्ष में नहीं कर सकते। हमारे देश में

लोकतन्त्र की कई कमज़ोरियाँ समय-समय पर उभरकर आती रही हैं। फिर भी इस बात में कोई सन्देह नहीं है कि हमारा लोक-समाज स्वस्थ और समर्थ सिद्ध हुआ है। केन्द्र की सर्वसत्तावादी प्रवृत्तियों को जनता का समर्थन नहीं मिलता रहा है और यह विश्वासपूर्वक कहा जा सकता है कि लेखक और कलाकार स्वयं अपनी दृष्टि स्वच्छ रखें और अपने चरित्र की दृढ़ता बनाए रखें तो उन्हें समाज का पूरा समर्थन भी मिलता रहेगा। तभी साहित्यकार एक ओर अपने पाठक-समाज को और दूसरी ओर शासक वर्ग को सही दीक्षा देने के अपने दायित्व को निभा सकेंगे।

2

सतर्कता की इस पृष्ठभूमि पर साहित्यकार के दावों का रूप स्पष्ट उकेरने का प्रयत्न किया जा सकता है। यहाँ जो रूपरेखा प्रस्तुत की जा रही है उस पर सभी भाषाओं के साहित्यकार आगे विचार-विमर्श कर सकते हैं। ऐसे विमर्श से लाभ ही हो सकता है।

1. शासकीय पुरस्कार और सम्मान वर्तमान रूप में लेखकों के लिए स्वीकारणीय नहीं हो सकते और उसके स्वाधीन कर्म में बाधक भी हो सकते हैं। राजकीय संरक्षण का यह रूप वांछनीय नहीं है और इस सम्मान तथा पुरस्करण व्यवस्था का मौलिक पुनः संगठन होना चाहिए।
2. लेखक-कलाकार के व्यक्तित्व-विकास के लिए सुविधाएँ राज्यों को देनी चाहिए लेकिन इन सुविधाओं को सुविधा ही समझना चाहिए, सम्मान का विषय नहीं। और ये सुविधाएँ स्वायत्त साहित्य संस्थाओं के माध्यम से अथवा शिक्षा अथवा शोध संस्थानों के माध्यम से वितरित होनी चाहिए, प्रशासन द्वारा नहीं।
3. विद्या परिषदों (अकादमियों) को पूरी तरह स्वतन्त्र और स्वायत्त होना चाहिए और उनका संचालन और निदेशन विद्या अथवा कला के प्रतिनिधियों के हाथ में रहना चाहिए। आवश्यकता होने पर राज्य सरकारें सलाहकार के रूप में विशेषज्ञों को मनोनीत कर सकती है लेकिन कार्य-संचालन सरकारी सलाहकारों के हाथ में नहीं होना चाहिए। वर्तमान परिस्थिति इससे ठीक उलटी है। कार्य-संचालन सरकारी अधिकारियों के नियन्त्रण में है और कलाकार, लेखक तथा विद्वान केवल सलाहकार-समितियों में होते हैं।
4. पुरस्कार की सर्वोत्तम व्यवस्था यह होगी कि विवेकवान और उत्तरदायी लेखक स्वयं मिलकर एक 'साहित्यिक पुरस्कार' की प्रतिष्ठापना करें। साहित्यकारों की अनुशंसा से दिए गए पुरस्कार की प्रतिष्ठा का आधार उससे सम्बद्ध रकम नहीं होगी बल्कि यह बात होगी कि चुने हुए निर्णायक

(जिनके नाम भी पुरस्कार देते समय घोषित किए जाएँगे।) कितनी निष्ठा से अपना काम करते रहे हैं और उनकी अनुशंसाएँ कहाँ तक कसौटी पर खरी उतरती हैं। पुरस्कार की प्रतिष्ठा इस बात से भी बढ़ेगी कि लेखकों अथवा प्रकाशकों की सहकार संस्थाओं के माध्यम से पुरस्कृत पुस्तक की और उसके अनुवादों की बिक्री बहुत बड़ी संख्या में हो सके। जब तक हम इस भ्रान्त धारणा को उन्मूलित नहीं कर देते (और इसका शिकार पुरस्कार पाने वाले और देने वाले, दोनों ही हुए हैं) कि पुरस्कार की प्रतिष्ठा उसके साथ जुड़ी हुई रकम से होती है, तब तक पुरस्कारों से साहित्य का लाभ नहीं होने वाला है।

5. जब तक ऐसे पुरस्कार अथवा पुरस्कारों की प्रतिष्ठापना नहीं होती, तब तक यह प्रयत्न करना चाहिए कि अकादमियाँ कृति-साहित्य और आलोचना-साहित्य (अथवा शोध-साहित्य) के लिए अलग-अलग पुरस्कार दें।
6. जो साहित्य-परिषद अथवा अकादमी राष्ट्रीय संस्था होने का दावा करती है उसे पुरस्कारों का निर्णय भाषिक आधार पर न करके राष्ट्रव्यापी साहित्यिक आधार पर करना चाहिए। प्रादेशिक अकादमियाँ अथवा भाषा-संस्थान भाषिक आधार पर अलग-अलग भाषाओं के साहित्य को पुरस्कृत किया करें लेकिन राष्ट्रीय संस्थान को व्यापकतर कसौटी अपनानी चाहिए। पुरस्कारों की घोषणा के साथ निर्णायकों के नाम और उनकी अनुशंसाएँ भी अनिवार्यतया प्रकाशित होनी चाहिए।
7. रेडियो और टेलीविजन के संगठनों में बुनियादी परिवर्तन अपेक्षित हैं। ये दोनों संचार के मामले में सरकार के एकभोग के क्षेत्र से मुक्त होकर लोकतन्त्र समाज के माध्यम के रूप में प्रतिष्ठित होने चाहिए। उसी के अनुरूप इनसे साहित्यकारों के सम्बन्ध में भी परिवर्तन होना चाहिए इत्यादि।
8. सांस्कृतिक विनिमय यथा-सम्भव कलाकारों और सांस्कृतिक संस्थाओं के बीच होना चाहिए। जहाँ तक हो सके, उसे राज्य और राज्य के बीच विनिमय का रूप लेने से बचाना चाहिए। सांस्कृतिक प्रतिनिधिमंडलों को यात्रा की सुविधा सरकार दे सकती है और अतिथि प्रतिनिधि मंडल के लिए आतिथ्य की व्यवस्था में भी योग दे सकती है। यह तो स्पष्ट है कि वर्तमान परिस्थिति में भारत में सांस्कृतिक विनिमय के लिए संस्थाओं को सहायता की आवश्यकता होगी लेकिन यह भी स्पष्ट होना चाहिए कि ऐसी सहायता सांस्कृतिक संस्थाओं, विश्वविद्यालयों और शोध प्रतिष्ठानों को मिलनी चाहिए, न कि 'मैत्री संघ' नाम से संगठित की गई राजनैतिक समितियों को।

यह भी ध्यान रखना चाहिए कि सांस्कृतिक विनिमय का उद्देश्य अधिक से अधिक देशों से सांस्कृतिक सम्पर्क स्थापित करने का होना चाहिए। यह नहीं समझ लेना चाहिए कि सांस्कृतिक विनिमय उन्हीं देशों से हो सकता है जिनसे सरकारी स्तर पर विनिमय समझौता हो या जिन देशों में संस्कृति पूरी तरह सरकार द्वारा नियन्त्रित है। ऐसी सीमा को स्वीकार कर लेना सांस्कृतिक विनिमय की पूरी परिकल्पना को ही दूषित कर देना है–बल्कि संस्कृति की ही एक दूषित परिभाषा स्वीकार कर लेना है।

9. सरकारी प्रकाशन संस्थाओं के कार्य-क्षेत्र पर भी नए सिरे से विचार होना चाहिए। साधारणतः समकालीन कृति साहित्य का प्रकाशन सरकारों द्वारा नहीं होना चाहिए और इस क्षेत्र में सरकार के बढ़ते हुए प्रभाव को रोकना चाहिए। साहित्य की कसौटियाँ निर्धारित करने अथवा समकालीन साहित्य की समीक्षा करने अथवा उसके मानदंड स्थिर करने का अधिकार भी सरकार को नहीं होना चाहिए। इसी से यह निष्कर्ष निकलता है कि साहित्यिक पत्र-पत्रिकाएँ निकालने का काम सरकार का नहीं है और न ही समकालीन साहित्य की समीक्षा की पत्रिकाएँ शासन को निकालनी चाहिए। ऐसी पत्रिकाएँ हों तो साहित्यकार को उनके साथ सहयोग नहीं करना चाहिए। **समकालीन साहित्य-रचना और आलोचना कर्म में शासकीय प्रभाव केवल हानिकर ही हो सकता है।** उसका कोई रचनात्मक योग नहीं हो सकता।

10. तब तक पूरा प्रयत्न होना चाहिए कि लेखकों की सहकार-संस्थाएँ बनें। वर्तमान परिस्थिति में पुस्तकों की थोक खरीद का क्षेत्र भी दूर तक सरकारी नियन्त्रण में आ गया है जो कि स्वयं चिन्ता की बात है। लेकिन इससे भी अधिक चिन्ता की बात यह है कि इस स्थिति का स्वाभाविक परिणाम यह हो सकता है कि पुस्तकों के थोक उत्पादन का काम भी सरकार या सरकारी संस्थाओं के नियन्त्रण में आ जाए, साहित्य का उत्पादन और वितरण एक सरकारी क्रिया हो जाए। इस भयानक परिस्थिति से बचने के लिए लेखकों का स्वतन्त्र सहकार ही एकमात्र उपाय हो सकता है।

11. ऊपर जितने सिद्धान्त प्रतिपादित किए गए हैं उनका प्रभाव पाठ्यक्रम की पुस्तकों के उत्पादन पर भी पड़ता है। उसका ब्योरेवार विवेचन यहाँ अपेक्षित नहीं है। यहाँ इतना ही संकेत पर्याप्त होगा कि इन्हीं सिद्धान्तों के आधार पर उसके बारे में सही नीति निर्धारित की जा सकती है। सदैव और सर्वत्र ध्यान में रखने की बात यह है कि साहित्यकार और शासन के सम्बन्धों का विषय केवल किताबी सिद्धान्तों का विषय नहीं है। वह हमारे

दैनन्दिन व्यवहार का विषय है और हमारे हर कर्म को प्रभावित करने वाली है। जब तक हम इस समस्या को आपकी और अपने दैनन्दिन व्यवहार की समस्या के रूप में नहीं देखते, जब तक हम यह मानते रहते हैं कि साहित्यकार का स्वातन्त्र्य एक शास्त्रीय चर्चा का विषय है जिसके लिए जब-तब किसी बड़े सम्मेलन में एकत्र होकर उदात्त विचार प्रकट कर देना काफी है, तब तक न केवल साहित्य और साहित्यकार की स्थितियों में कोई सुधार नहीं कर सकते, बल्कि ऐसी परिस्थितियाँ लाने के लिए भी कुछ नहीं कर सकते जिनमें राजनीतिक दबाव के समक्ष हम सीना तान कर खड़े हो सकें। रचना-स्वातन्त्र्य शास्त्रीय चर्चा का विषय नहीं है, जैसे कि साँस लेने का स्वातन्त्रय शास्त्रीय चर्चा का विषय नहीं है। वह हमारी दैनन्दिन आवश्यकता है और उसकी पूर्ति का अनुदान प्रयत्न करते रहने की ज़िम्मेदारी हमारी है।[1]

---

1. 'लेखक और राज्याश्रय' विषय पर इलाहाबाद में समायोजित तक सम्मेलन के समापन-भाषण का लिखित रूप।

इतिहास और स्वातंत्र्यबोध

'विज्ञान के युग में जीने' के अनेक परिणामों में से यह भी है कि हम यह भूल सकते हैं कि किसी भी युग में हम अन्ततोगत्वा एक मानव युग में जीते हैं। परिवेश के, और परिवेश के प्रभावों के अध्ययन का दबाव इस संकट को और विकट रूप दे देता है, क्योंकि उसके भार से एक और महत्त्वपूर्ण बात भी दब जाती है। निःसन्देह परिवेश मानव जाति को प्रभावित करता है और करता रहा है; पर इतिहास उन प्रभावों का ब्यौरा नहीं है, इतिहास यह है कि मानव जाति कैसे **अपने परिवेश को अपने प्रयोजन में लाती रही है**। जहाँ इतिहास की दृष्टि मानव की स्वतंत्रता और परिस्थिति को वश में करने के उसके उद्यम से हटती है, वहीं इतिहास अमानवीय हो जाता है। कहना चाहिए कि ऐसा इतिहास–जिसने मानव को केन्द्र में न रखने के कारण उसे अप्रासंगिक बना दिया है–मानव के लिए अप्रासंगिक हो जाता है। केवल तथ्यों का समूह घटनाओं का क्रम विवरण भी–इतिहास नहीं होता। घटनाक्रम के सन्दर्भ में मानव की अनवरत आत्मप्रत्यभिज्ञा ही इतिहास है। निरे तथ्यों के संग्रह में, 'वैज्ञानिक' जानकारियों के भी संग्रह में, जहाँ इतिहास की दृष्टिच्युत होती है वहीं वह इतिहास नहीं रहता; मानव की अपनी पहचान में न केवल कोई योग नहीं देता, बल्कि उसमें इस हद तक बाधक बन सकता है कि मानव का अस्मिता बोध ही नष्ट हो जाए। आधुनिक मानव का अस्मिता बोध कई ओर से कई प्रकार के आक्रमणों से संकटग्रस्त हुआ है, पर एक कारण यह भी है कि इतिहास का अमानवीकरण आत्मचिन्तन के लिए कोई रन्ध्र भी नहीं छोड़ता। न आदमी अपने बारे में सोचता है, न अपने को पहचानता है और न अपनी अस्मिता के प्रति किसी तरह के उत्तरदायित्व के बोध की गुंजाइश उसे रहती है। मानव के मानवीय उत्तरदायित्व का मूल इस बोध में है कि वह अपनी स्वतंत्रता और उस स्वतंत्रता की मर्यादाएँ पहचाने।

यहाँ हम याद दिला सकते हैं कि पश्चिम के शब्द **हिस्टरी** अथवा **इस्टोरिया** से स्वभावत: भिन्न भारतीय शब्द **इतिहास** इस सत्य को सामने रखता था–मानव की आत्मप्रत्यभिज्ञा के लक्ष्य से उसकी दृष्टि कभी विचलित नहीं होती थी। इति ह

हास–'ऐसा होता आया है'–इतिहास की यह परिकल्पना घटनाक्रम को केवल मानवीय सन्दर्भ नहीं देती थी; मानव को केन्द्र में रखती हुई उसके अपने को अपने परिवेश के साथ सर्जनात्मक रूप में जोड़ने के उद्यमों का परिप्रेक्ष्य प्रस्तुत करती रहती थी। पर जिस 'वैज्ञानिक युग में जीने' की बात से हमने आरम्भ किया, उसमें इतिहास की इस प्राचीन परिकल्पना पर बल देना केवल 'परम्परावाद' समझा जाएगा, उस परम्परा की **मानवीयता** की ओर ध्यान कदाचित् न खींच सकेगा।

फिर भी यह तो कहा ही जा सकता है कि जिन लोगों या जिन जातियों में इतिहास और अन्तर्ज्ञान का जीवित सम्बन्ध रहा है–जिनके लिए इतिहास आत्मप्रत्यभिज्ञा का साधन रहा है–उन्होंने न अस्मिता बोध खोया है, न उनमें वह 'स्वतंत्रता का आतंक' लक्षित हुआ है जिसकी चर्चा विज्ञानवादी पश्चिम में इधर इतनी होती रही है। इतिहास ही नहीं, महाकाव्यों ने–बल्कि महान साहित्य मात्र ने आत्मबोध और स्वतंत्रता के उपयोग तथा उपभोग को सम्भव बनाने और पुष्ट करने में योग दिया है–आत्मप्रत्यभिज्ञा को **व्यावहारिक** बनाया है।

क्या स्वतंत्रता की रक्षा के लिए–मानव मात्र की आत्मप्रत्यभिज्ञा की रक्षा के लिए–इस 'वैज्ञानिक जानकारी के युग' में नए सिरे से इतिहास की मानवीय परिकल्पना और परिभाषा करनी होगी? क्या विज्ञान भी न केवल इसकी सम्भावना करता है, बल्कि इस पर बल देता है? क्या मानवीय इतिहास ही नहीं, जीव का समूचा विकास ही इस बात पर बल नहीं देता कि वह स्वातंत्र्य साधना ही जीव मात्र की प्रवृत्ति है?

छोटी से छोटी जीव कोशा भी ऐसा **सप्राण** संगठन होती है जो अपने को परिवेश से इस रूप में जोड़ती है कि परिवेश के तत्त्व उस संगठन अथवा प्राणकोश की आवश्यकताओं की पूर्ति कर सकें, उसके भरण, पोषण, वर्धन में योग दे सकें। इसके लिए उपकरणों के चयन का, चुनाव और वरण का तत्त्व उस **प्राणकोशा में ही वर्तमान** है। इस चयन का क्षेत्र ही, उस प्राणकोशा की स्वतंत्रता का क्षेत्र और उसकी मर्यादा है। चयन का लक्ष्य अथवा साध्य आत्मभरण, सातत्य, विकास, संवर्धन। और एक क्षेत्र की सीमा पार करके एक वृहत्तर, व्यापकतर क्षेत्र में प्रवेश–एक मर्यादा का अतिक्रमण कर जाना ही **लोकोत्तर** प्रवेश नहीं है?

आत्मप्रत्यभिज्ञा की चर्चा के साथ कठिनाई यह है कि आज के युग में 'आत्म' और 'प्रत्यभिज्ञा', दोनों पर ही न केवल प्रश्नचिह्न लगा दिए गए हैं, बल्कि दोनों में से किसी एक का भी उल्लेख एक विकृत मुस्कान का निमित्त बना लिया जाता है और वह विकृति अपना प्रमाण 'आधुनिकता', 'वैज्ञानिकता' आदि में खोजती है–जबकि वास्तव में है वह उसी संकट का परिणाम और लक्षण, जिसकी चर्चा हम

कर रहे हैं–उस नकारवाद का परिणाम और लक्षण, जो आत्मविस्मृति और अपने बारे में सोचने की योग्यता खो बैठने का फल होता है।

आत्मप्रत्यभिज्ञा ही नहीं, स्वातंत्र्य की परिकल्पना को भी एक व्यापकतर सन्दर्भ में देखने का प्रयत्न करना चाहिए जिसकी परिधि में जीव मात्र आ जाए। बुद्धि का एक अनिवार्य आत्मचेतन पक्ष है–वह परिवेश चेतन ही नहीं, प्रत्यक्षत: आत्मचेतन भी होती है और यह आत्मचेतना भी दोहरी होती है–उसमें आभ्यन्तर प्रक्रिया का बोध भी होता है और **चेतन होने की भी चेतना होती है** जो स्वत:प्रमाण और स्वलक्षण है। यह स्वत:प्रमाणता और स्वलक्षणत्व ही चेतना को विषयी सापेक्षता से मुक्त कर सकता है, उस विषयी सापेक्षता से जिसका आरोप अपने को 'वैज्ञानिक' और इसलिए 'विषयी निरपेक्ष' अथवा केवल 'वस्तु सापेक्ष' मानने वाले लोग इतनी आसानी से किसी भी तरह के आत्मतत्त्व की चर्चा कर देते हैं।

परिवेश की, बाहर की चेतना; प्रक्रिया की, भीतर की चेतना; और चेतना की चेतना–वैचारिक जगत के इतिहास का क्षेत्र और लक्ष्य इससे निरूपित हो जाता है। मानवीय संस्कृति, मानव के अतीत चिन्तन, आत्मनिरूपण, लोकोत्तर जिज्ञासा और इन सबके साधनों उपकरणों का अध्ययन इस चेतना प्रक्रिया का अंग है।

एक और महत्त्वपूर्ण बात भी कहने की है–और वह 'वैज्ञानिक जानकारी' की स्वायत्तता से सम्बन्ध रखती है। जो भी जानकारी चेतना की इस प्रक्रिया का अंग और प्रतिफलन नहीं है, वह मानवीय प्रयोजनों में नहीं लगेगी, मानव के स्वातंत्र्य में योग नहीं देगी। असम्भव नहीं बल्कि नितान्त सम्भाव्य है कि वह उस स्वातंत्र्य को खतरे में डालती रहे क्योंकि आत्मप्रत्यभिज्ञा से रहित मानव उत्तरदायित्व रहित मानव होता है। विज्ञान अगर अतिनैतिक है, नीत्यतीत है और हमने कितनी बार नहीं देखा कि वैज्ञानिक आविष्कार मानव के हित में उपयोज्य हो सकता है वही उतनी ही आसानी से मानवघाती प्रयोजनों का साधन भीं बन सकता है? विज्ञान में अगर कोई नैतिक प्रेरणा निहित नहीं है, तो वैज्ञानिक मानव पर कोई भी नैतिक दायित्व उसकी वैज्ञानिकता से नहीं आता। **नैतिक** मानव की अवधारणा कम-से-कम अभी तक की वैज्ञानिकता से तो सिद्ध नहीं है; और यांत्रिकता पर आधारित समाज व्यवस्थाएँ अभी तक अनैतिक ही नहीं, अमानवीय भी हैं। यन्त्रों की सुखद **सम्भावनाओं** को हम नहीं नकारते, जैसे कि विज्ञान की कल्याणकारी सम्भावना को हम नहीं नकारते। पर एक नीति निरपेक्ष जानकारी अनैतिक लक्ष्यों का साधन बनकर कल्याणकारी आयोजनों में लगायी जाए, इसका आश्वासन स्वयं उस जानकारी से नहीं मिलता; वह जिस आत्मप्रत्यभिज्ञा से मिलता है उसी को प्रेरित करने वाले इतिहास की हम वकालत कर रहे हैं और यह इतिहास मानव की स्वतंत्रता साधन का इतिहास ही हो सकता है।

इतिहास और अभिजात पूर्वग्रह

मैं इतिहासकार नहीं हूँ। इतिहास का विद्यार्थी होने के नाते भी मेरी विशेष रुचि साहित्य के इतिहास में रही है, लेकिन इतिहास के, ख़ासकर समकालीन इतिहास के, कुछ ऐसे पक्ष हैं जिनका हर भारतीय नागरिक के लिए महत्त्व है। समकालीन साहित्य के प्रति उपेक्षा केवल इतिहासकार के लिए समस्याएँ पैदा करती है, ऐसा नहीं है। वह पूरे समाज की कमज़ोरी की ओर इशारा करती है और यह मानना होगा कि भारतीय समाज में यह कमज़ोरी है। अखंडकाल अथवा महाकाल की चर्चा से खंड काल की यह उपेक्षा छिपाई नहीं जा सकती और इतिहास के दबाव में जीनेवाले आज के संसार में इस उपेक्षा से भारत का स्थान कैसे कमज़ोर पड़ जाता है, यह भी सोचने की बात है। समकालीन इतिहास की उदासीनता से समकालीन संसार की गति और दिशा का बोध भी धुँधला पड़ जाता है।

लेकिन जब मैंने मान लिया कि मैं इतिहासकार नहीं हूँ तब ऐतिहासिक चेतना के उस बड़े आयाम की चर्चा न करके साहित्य के इतिहास के सन्दर्भ में ही कुछ बातें कहना चाहता हूँ। यह भी साधारण नागरिक और साधारण पाठक को ध्यान में रखते हुए ही–यह मानकर कि साधारण पाठक साहित्य का भी साधारण पाठक है और उसकी रुचि, उसकी समझ साहित्य को भी प्रभावित करती है।

भारतीय समाज आज भी प्रायः दो-तिहाई अनपढ़ है। यह तो एक तथ्य है जिससे हम ऊब भी सकते हैं, लेकिन इसी तथ्य का एक दूसरा पहलू भी है। भारतीय समाज बीसियों शतियों से श्रुति परम्परा में पला है; साहित्य को और सांस्कृतिक संवेदन को वह सुनकर ही ग्रहण करता आया है और इसलिए आज भी यह स्थिति है कि निरक्षरों में बहुत से लोग ऐसे मिल जाएँगे जो संस्कारवान भी हैं और साहित्य विवेक कर सकने वाले भी; जबकि दूसरी ओर साक्षरों में ऐसे लोग कम नहीं हैं जिनमें संस्कारिता का अभाव है।

साहित्य के इतिहास के सन्दर्भ में इस बात का बहुत महत्त्व है और जिस उदासीनता की बात मैंने कही है वह यहाँ पर सबसे अधिक चिन्त्य हो जाती है, क्योंकि श्रुति परम्परा की व्यापक उपेक्षा साहित्य के इतिहास के एक अत्यन्त

महत्त्वपूर्ण स्रोत की उपेक्षा है। वाचिक साक्ष्य को उसका उपयुक्त महत्त्व दिए बिना समकालीन साहित्य का कोई सही इतिहास नहीं लिखा जा सकता और खेद की बात यह है कि सभी इतिहास वाचिक साक्ष्य की उपेक्षा करते आए हैं।

यों तो एक तरह के साहित्यिक साक्ष्य का उपयोग इतिहासकार करते रहे हैं। विशेष रूप से अपने अनुमानों की पुष्टि के लिए उन्होंने साहित्य की ओर ध्यान दिया है और फिर उन अनुमानों अथवा प्रतिज्ञाओं को पुरातत्व की खोजों और प्राचीन अभिलेखों से पुष्ट किया है। इसी प्रकार पुराने अभिलेखों, ताम्रपत्रों इत्यादि में पाए जाने वाले नामों को सही काल में स्थापित करने के लिए साहित्य का उपयोग किया गया है। उदाहरण के लिए, राजवंशों के क्रम तथा काल निर्धारण में साहित्यिक और पौराणिक सामग्री का महत्त्वपूर्ण उपयोग हुआ है। इधर भाषाशास्त्रीय साक्ष्य का भी उपयोग बढ़ता गया है।

लेकिन इस सबके बावजूद इतिहासकारों में वाचिक साक्ष्य के प्रति एक अजीब सन्देह अथवा अविश्वास का भाव लक्षित होता रहा है। यह सन्देहभाव इसलिए और भी अजीब जान पड़ता है कि ये इतिहासकार पूरक साक्ष्य के लिए साहित्यिक सामग्री पर विचार करने को तैयार हैं, और जानते हैं कि जिस साहित्यिक सामग्री को वे प्रमाण रूप में स्वीकार कर रहे हैं वह स्वयं मुख्यतया वाचिक परम्परा में ही सुरक्षित रही। क्योंकि यह तो सभी जानते हैं कि बहुत-सा साहित्य हस्तलिखित ग्रन्थों में लिखा जाने से पहले कई शतियों तक वाचिक परम्परा में चला आता रहा और स्मृति में ही सुरक्षित रहा।

श्रुति द्वारा सुरक्षित साक्ष्य में वेदों का तो अद्वितीय स्थान है ही। वेदों को स्मृति में अक्षुण्ण और अविकृत बनाए रखने के लिए जिस अध्ययन परम्परा का आविष्कार भारत में हुआ, वह संसार के इतिहास में अद्वितीय है। संसार के किसी देश में इसका कोई और उदाहरण नहीं मिलेगा कि कोई पाठ बिना एक अक्षर के भी परिवर्तन के देश के विभिन्न भागों में केवल श्रुति के आधार पर हज़ारों वर्ष तक सुरक्षित रखा जा सका हो। लेकिन वेदों का उदाहरण मैं केवल श्रुति परम्परा के सामर्थ्य और उसकी विश्वसनीयता के लिए दे रहा हूँ; जिस तरह के ऐतिहासिक साक्ष्य की बात मैं करना चाहता हूँ, वेद संहिताएँ उससे अलग हैं।

भारत की वाचिक परम्परा में मेरी अपनी रुचि जागने के दो विशेष कारण रहे। एक तो यह था कि काव्य के विकास में जो बातें लक्षित हुईं, उनको समझना और उनका ठीक महत्त्व आँकना इस बात के विचार के बिना सम्भव नहीं था कि वाचन और श्रवण की स्थिति से मुद्रण और पठन की स्थिति में आने पर सम्प्रेषण की परिस्थिति में कैसा आमूल परिवर्तन आ जाता है, कवि का समाज और उस समाज से कवि का सम्बन्ध कैसे बदल जाता है। हम लोग आर्थिक और राजनीतिक कारणों

पर बहुत बल देते रहे हैं; निःसन्देह उन प्रभावों का भी महत्त्व है, लेकिन जो अनिवार्य परिवर्तन सम्प्रेषण की स्थिति और सम्बन्ध बदल जाने से होते हैं–और जो हर देश में उसी स्थिति में उन्हीं कारणों से हुए हैं–उनकी हम उपेक्षा करते रहे हैं। फलतः हमने ऊपर से रोपे गए प्रभावों को उचित से अधिक महत्त्व दिया है और रचना-प्रक्रिया के भीतर से उत्पन्न प्रेरणाओं को कम। इससे साहित्य की और विशेष रूप से काव्य की प्रवृत्तियों की हमारी समझ विकृत हुई है।

दूसरा कारण यह था कि आधुनिक भारतीय भाषाओं के और विशेष रूप से हिन्दी साहित्य के अध्ययन में मुझे जब-जब 17वीं-18वीं शती की साहित्यिक सामग्री की ओर जाना पड़ा तब-तब वाचिक साक्ष्य के महत्त्व का बोध हुआ और उसके प्रति इतिहासकारों के अवज्ञा भाव पर अचरज हुआ। 17वीं शती में भारत में मुद्रण यन्त्र नहीं आया था, लकिन दूसरी तरफ़ इस काल में छोटे और बड़े अनेक पुस्तकालयों और निजी संग्रहों में अनेक हस्तलिखित ग्रन्थ सुरक्षित थे। 18वीं शती के उत्तरार्द्ध में देश में छपाई के यन्त्र का आविर्भाव हुआ और उसके साथ ही वह प्रक्रिया आरम्भ हो गई जिसके द्वारा छपाई की संस्कृति वाचिक संस्कृति को अपरिहार्य रूप से नष्ट करती चलती है। लेकिन विनाश की यह प्रक्रिया 20वीं शती के मध्य तक पूरी नहीं हुई। (और शायद यह कहा जा सकता है कि इस देश में अब भी यह विनाश क्रिया पूरी नहीं हुई, क्योंकि अधिसंख्य जनता अभी निरक्षर है और निरक्षर होते हुए भी संस्कारहीन नहीं है, वाचिक संस्कृति में जीती है।)

17वीं से 19वीं शती के अन्त तक विकास की जो गति रही उसमें इतिहासकारों का ध्यान इस सम्भावना की ओर जाना चाहिए था कि बहुत-सा ऐतिहासिक साक्ष्य वाचिक परम्परा में ही सुरक्षित रहा हो सकता है, लेकिन इतिहासकारों ने इस स्रोत की घोर उपेक्षा की। यह बार-बार देखा गया है कि 19वीं शती के किसी तथाकथित समाचारपत्र में प्रकाशित दो-चार पंक्तियों के समाचार को भी अत्यन्त महत्त्व दिया जा रहा है और उसे अकाट्य प्रमाण माना जा रहा है–केवल इसलिए कि वह छपा हुआ है; और दूसरी ओर समवर्ती किन्तु भिन्न साक्ष्य के बहुत बड़े भंडार की केवल इसलिए उपेक्षा की जा रही है कि उसे छपाई में नहीं उतारा गया और केवल वाचिक परम्परा में सुरक्षित रखा गया। इस बात का महत्त्व भी अनदेखा किया गया कि ऐसा बहुत-सा साक्ष्य देश के विभिन्न भागों में भी एक ही रूप में सुरक्षित है। और यह सब इसके बावजूद कि इतिहासकार यह मानते हैं कि हमारे देश में विभिन्न प्रदेशों में और समाज के विभिन्न स्तरों पर कई समान्तर परम्पराएँ बड़ी निष्ठापूर्वक सुरक्षित रखी जाती रही हैं!

दो-एक उदाहरण लीजिए। पहला उदाहरण छपे हुए साक्ष्य से लें। मेरे पास एक पुस्तक है जो इस शती के पहले दशक में छपी थी–लिथो से छपी थी। कई

खंडों में तैयार की गई यह पुस्तक एक पद्य संकलन है। इसके संकलनकर्ता स्कूल के अध्यापक थे और अनन्तर शायद उपनिरीक्षक के पद तक पहुँचे थे। इस संकलन के पद्य तरह-तरह के गाने, ग़ज़लें और गीत हैं। साहित्यिक दृष्टि से उनका महत्त्व अधिक नहीं है लेकिन एक दूसरे कारण से उनका मूल्य बहुत अधिक हो जाता है। बहुत कम गाने ऐसे हैं जिनके रचयिता का नाम दिया गया है। इस छपी हुई पुस्तक का अंग हो कर भी ये गाने वास्तव में वाचिक परम्परा के हैं। वाचिक परम्परा की और लोकसाहित्य की असल कसौटी पर वे खरे उतरते हैं-वे अनाम भी हैं और लोक प्रचलित भी। संकलनकर्ता ने पुस्तक के मुख पृष्ठ पर ही यह स्पष्ट कर दिया है कि उसने उन्हीं गानों का संकलन किया है जो उसने सुने और जिन्हें सुनकर उसने जाना कि वे समाज में प्रिय और प्रचलित हैं। इस प्रकार यह संकलन लोकप्रिय वाचिक रचनाओं का संकलन है। इससे भी अधिक महत्त्व की बात यह है कि संगृहीत प्रत्येक ग़ज़ल और गीत के साथ एक और उल्लेख भी है। रचयिता अथवा कवि का नाम तो उसके साथ नहीं दिया है, लेकिन किसी-न-किसी गाने वाले का नाम उसके साथ जोड़ दिया गया है-'बतर्ज़ अमुक धुन' अथवा 'अमुक गायक/गायिका अथवा तवायफ़ द्वारा गाये गए अमुक गाने की धुन।'

यह तो कहा जा चुका है कि काव्य साहित्य की दृष्टि से इन गीतों का अधिक महत्त्व नहीं है। उनका असली महत्त्व उनके साहित्यिक गुण में नहीं बल्कि एक उल्लिखित सम्बन्ध में है। यह उल्लेख क्या सूचित करता है? स्पष्ट है कि ये गाने संकलन के तुरन्त पहले के युग में समाज में प्रचलित और प्रिय थे। इतना ही नहीं, यह संग्रह हमें यह भी बताता है कि उस समय के अथवा उस समाज के प्रिय गायक-गायिकाएँ (और तवायफ़ें) कौन थीं। संकलन इससे अधिक भी कुछ बताता है। इन विशेष गायिकाओं द्वारा गाये गए ये विशेष गाने उस समाज में इतने लोकप्रिय थे कि उस समाज के विभिन्न स्तरों के कवि अपने गाने उन्हीं की तर्ज़ पर रचते थे। केवल कोई भी लोकप्रिय धुनें नहीं, एक विशेष गायिका द्वारा गायी गई विशेष धुन का सहारा लेकर वे रचना करते थे।

अब अगर ऐसा मान लेना ठीक है कि इन गीतों का रचनाकाल इस संकलन के प्रकाशन से तुरन्त पहले का दशक (या दो दशक) रहा होगा-और ऐसा मानना सर्वथा तर्कसंगत है-तो हमें एक महत्त्व की जानकारी मिलती है कि बीसवीं शती में प्रवेश करते समय हिन्दुस्तानी (हिन्दी-उर्दू) बोलनेवाले समाज की किस प्रकार की रुचि थी और क्या साहित्य उन्हें उपलब्ध था और कैसी प्रेरणाएँ कवियों के सामने थीं।

अब सन् 1890-1910 के साहित्य और साहित्यिक रुचि के इस संकेत के बाद साहित्य के इतिहासों की ओर मुड़ें। हिन्दी, उर्दू अथवा हिन्दुस्तानी साहित्य के जो

इतिहास विश्वविद्यालयों में पढ़ाए जाते हैं और सम्मान पाते हैं उनमें क्या इस युग की चर्चा में कहीं भी इस कोटि के साहित्य का उल्लेख है?

उस युग के समाज में किस तरह का साहित्य सबसे अधिक प्रचलित और लोकप्रिय था, इसकी जानकारी को क्या ये इतिहासकार उचित महत्त्व देते हैं? क्या इस उपेक्षा का कारण यही नहीं है कि यद्यपि आज यह मुद्रित रूप में उपलब्ध है, फिर भी वास्तव में तो वाचिक साहित्य ही है? क्या इससे यह परिणाम नहीं निकाला जा सकता कि साहित्य के सभी इतिहासकार समकालीन साहित्य के इतिहास के बारे में एक अभिजातवर्गीय दृष्टि रखते हैं–बल्कि इतिहासकार तथ्यों की जानबूझ कर उपेक्षा करते हुए इतिहास का विकृत चित्र प्रस्तुत करते हैं? इस युग का इतिहास लिखने के लिए इतिहासकारों ने तत्कालीन समाचारपत्रों और पत्रिकाओं के मामूली सन्दर्भ खोज निकालने में बड़ा परिश्रम किया है और उनका पूरा ऐतिहासिक परिदृश्य छापे में उपलब्ध सामग्री पर ही आधारित रहा है। दूसरे भी सन्दर्भ हैं जिनका अपना महत्त्व हो सकता है और जिनसे इस छपी हुई सामग्री का मूल्य बिलकुल बदल सकता है, यह बात मानो उन्हें सूझी ही नहीं!

अब एक दूसरे प्रकार का साक्ष्य लीजिए। आज भी सारे राजस्थान, हरियाणा, पंजाब, हिमाचल प्रदेश, पर्वतीय उत्तर प्रदेश, उत्तरी बिहार, पूर्वी और दक्षिणी मध्य प्रदेश आदि में वाचिक परम्परा की ऐसी रचनाएँ सुनी जा सकती हैं और प्रायः सुनाई जाती हैं जो अभी तक छपी नहीं हैं, लेकिन जो कई पीढ़ियों से लगातार बड़े-बड़े श्रोता समूहों का मनोरंजन करती हैं–और केवल मनोरंजन ही करती आई हैं ऐसा नहीं है, उनका ज्ञानवर्द्धन भी करती रही हैं और उन्हें साहित्यिक, ऐतिहासिक और सामाजिक संस्कार भी देती रही हैं–मोटे तौर पर कहें कि उनकी संस्कृति का अविच्छिन्न अंग हैं। इस लोकसाहित्य में अनेक ऐसी ऐतिहासिक घटनाओं का उल्लेख आता है जिनके छपे हुए दस्तावेज हमें भले ही न मिलते हों, लेकिन जिनका उस लोकसमाज पर गहरा प्रभाव पड़ा जिसमें उनकी गाथाएँ इस गेय में सुरक्षित रहीं। क्या इतिहासकार का यह भी कर्तव्य नहीं है कि इस कोटि के साक्ष्य को ग्रहण और स्वीकार करे, उसमें उल्लिखित घटनाओं के पहलुओं का नया मूल्यांकन करे, जिस समाज ने अपनी स्मृति में उन्हें बनाए रखा है उस समाज के लिए उनके महत्त्व का मूल्यांकन करे?

एक और कोटि के साक्ष्य पर भी विचार कीजिए। **आल्हा** को इतिहास में स्थान मिला है, लेकिन क्या इतिहासकार इस तथ्य का पूरा अभिप्राय भी समझते हैं कि उसका जो लिखित (और अब मुद्रित) रूप हमें मिलता है वह एक अंग्रेज़ सैनिक अफ़सर द्वारा सिपाहियों से सुनकर लिखवाए जाने से पहले चार-पाँच सौ वर्ष लोकसमाज की स्मृति में ही सुरक्षित रहा था? निःसन्देह इस काल में लगातार

उसका रूप कुछ-न-कुछ बदलता गया और एक अंग्रेज़ अफ़सर के पुरुषार्थ से लिखवाया जाकर वह जिस रूप में सुरक्षित है उसकी भाषा निश्चय ही वह भाषा नहीं जिसमें जगनिक ने पहली बार यह वीरगाथा सुनाई होगी। लेकिन बदलती हुई भाषा की ओट में भी जो चीज़ अविचल रूप से लोकसमाज की स्मृति में बनी रहती है और उसके पूरे संवेदन को एक संस्कार देती है, उसकी उपेक्षा कैसे की जा सकती है?

अंग्रेज़ सैनिक अफ़सर का नाम आया तो एक और बात का उल्लेख भी किया जाए। एक और अफ़सर ने एक बार अपने जवानों की सांस्कृतिक पूँजी का सर्वेक्षण किया था। सैनिकों को जो भी काव्य-रचनाएँ याद थीं, जिनसे वे अपना और एक-दूसरे का मनोरंजन करते थे और अपने स्तर पर एक सहृदय समाज बनाते थे, उन रचनाओं का संग्रह इस अफ़सर ने किया था। इस दुर्लभ लेकिन अभी उपलब्ध संग्रह से यह प्रकट होता है कि इन अनपढ़ सैनिकों की सांस्कृतिक सम्पत्ति में **तुलसी रामायण** और **आल्हा** जैसी चीज़ें तो थीं ही, कवित्त, सवैया और अनेक प्रकार के मुक्तकों का बहुत बड़ा भंडार भी था। विलक्षण बात यह कि अनेक सैनिकों को केशवदास के अनेक छन्द याद थे-उसी केशवदास के, जिसे पढ़े-लिखे लोग भी **कठिन काव्य का प्रेत** कहकर याद करते हैं! क्या इस तरह के साक्ष्य पूरे साहित्य समाज के बारे में हमारी धारणा बदल नहीं देते? क्या उनमें यह स्पष्ट चुनौती नहीं है कि केवल छपे हुए या ग्रन्थों में सुरक्षित सामग्री की ओर ध्यान दिए बिना साहित्य का कोई इतिहास पूरा नहीं हो सकता?

इसमें सन्देह नहीं रह जाता कि इस तरह के साक्ष्य और श्रुति-परम्परा से सुरक्षित सामग्री की ओर हमारे इतिहासकारों के उपेक्षा भाव का एकमात्र कारण यह है कि वह साक्ष्य वाचिक है। दूसरे शब्दों में, यों कहा जा सकता है कि अपने को इतिहासकार कहने वाला पंडित केवल इस नाम के आधार पर देश की दो-तिहाई जनता और उसकी पूरी साहित्यिक सम्पदा की उपेक्षा करने का अधिकार अपने ऊपर ओढ़ लेता है!

आरोप तो अतिरंजित लग सकता है, लेकिन अगर सच्चाई का बीज उसमें है तो अतिरंजना का छिलका उतार कर भी उसे ग्रहण किया जा सकता है। मैं इतिहासकार नहीं हूँ, लेकिन चाहता हूँ कि जिस सच्चे साहित्येतिहास की सामग्री देश में उपेक्षित बिखरी पड़ी है वह साहित्येतिहास साहित्य के पाठकों को उपलब्ध हो। 'आम आदमी' की बात करते हुए ही हम लगातार जिस आम आदमी की उपेक्षा करते हैं, उसे हम उसका उचित और अधिकृत स्थान दें।

संस्कृति बनाम इतिहास : कला की समस्या

आज जिस दुनिया से हम गुज़र रहे हैं उसमें अंग्रेज़ी पढ़े-लिखे–और 'पढ़े-लिखे' लोग अधिकतर अंग्रेज़ी पढ़े-लिखे लोग ही हैं–यह मानकर चलते हैं कि संस्कृति का आज कुछ मतलब नहीं है; आज ऐतिहासिकता का युग है और इसमें संस्कृति की बात करना अप्रासंगिक है, प्रगतिविरोधी है, कठमुल्लापन है। सब पढ़े-लिखे बात को यों साफ़-साफ़ नहीं भी कहेंगे लेकिन 'संस्कृति' का नाम लेते ही उनके स्वर में जो सूक्ष्म परिवर्तन आ जाएगा उसके मूल में यही धारणा होगी।

देश के कुछ विश्वविद्यालयों में तथाकथित संस्कृति के विभाग हैं, लेकिन यह लक्षणीय है कि जहाँ भी संस्कृति को एक विषय माना गया है वहाँ उसे प्राचीन इतिहास के साथ और आनुषंगिक रूप में ही रखा गया है। ऐसे विभाग 'प्राचीन भारतीय इतिहास और संस्कृति' के विभाग होते हैं। इस गठबन्धन से वह पूर्वग्रह और भी पुष्ट हो जाता है–संस्कृति अर्थात् प्राचीन ऐतिहासिक मूल्य और मान्यताएँ, जिनका आधुनिक जीवन और प्रगतिशील चिन्तन से भला क्या सम्बन्ध हो सकता है!...

यों तो सरकारी क्षेत्रों में संस्कृति की जो गति हुई है वह भी इस पूर्वग्रह के प्रभाव का एक पहलू है। देश आज़ाद हुआ तो एक मंत्रालय को नाम दिया गया 'शिक्षा और संस्कृति' अथवा 'शिक्षा, विज्ञान और संस्कृति', लेकिन फिर संस्कृति इधर-उधर धक्के खाती रही और उसका स्थान कभी-कभी खेलकूद और कभी शरीर विज्ञान लेता रहा। संस्कृति के कुछ अवशेष शिक्षा मंत्रालय में बचे तो उनका विभाजन करके मुख्य अंश विदेश मंत्रालय के ज़िम्मे कर दिया गया (एक्सटर्नल कल्चर, जिसे शायद एक्सपोर्ट कल्चर भी कहा जा सकता है!) और अल्पांश शिक्षा के साथ जुड़ा रहा–जो आज साहित्य, चित्रकला, संगीत, नाटक, रंगमंच से सम्बद्ध अकादेमियों की निगरानी करता है। पर सरकार का उल्लेख हमारा मुख्य विषय नहीं है : मुख्यतया हम इतिहास और संस्कृति के सम्बन्धों और उनकी अवधारणों की ही बात करना चाहते हैं।

विदेशी अध्येता प्राय: कहता था कि भारतीयों में इतिहासबोध नहीं होता और

इतिहास को महत्त्व देनेवाली मानसिकता पश्चिम की विशेष देन है। और हमारी पश्चिमी शिक्षा क्योंकि मुख्यतया तोतारटन्त विद्या थी इसलिए हमारे शिक्षाशास्त्रियों में आज भी बहुत से इस बात को मानते हैं। यों ऐसा नहीं है कि इस बात का कोई आधार नहीं है या कि पश्चिमी विद्वान केवल एक पूर्वग्रह प्रकट कर रहा था। लेकिन आधार क्या था, बात किस सन्दर्भ में सच अथवा उपयोगी है, यह हमें समझाना उसका काम नहीं था, यह समझना हमारा अपना काम था जो हमने नहीं किया (हम अपना काम करने योग्य हों, यह सिखाने की ज़िम्मेदारी भी पश्चिम की नहीं थी, हमारी थी।)।

वास्तव में पश्चिम के इस आरोप अथवा मूल्यांकन का सही अभिप्राय क्या है, यह ठीक-ठीक समझने के लिए हम उसी तरह का एक प्रत्यारोप पश्चिम पर लगा सकते हैं–वह भी उतना ही सत्य अथवा पूर्वग्रह दूषित होगा जितना पश्चिम का फ़तवा अगर हम उसे सही सन्दर्भ में न रखें अथवा उसके आधार पर इतिहास और संस्कृति के सम्बन्ध का पुनर्विचार न करें। हम कह सकते हैं कि 'आधुनिक पश्चिम में संस्कृतिबोध नहीं है।' यदि इसका अर्थ यह लगाया जाएगा कि इतिहास और संस्कृति दो परस्पर विरोधी तत्त्व हैं और एक की उपस्थिति दूसरे के बहिष्कार द्वारा ही सिद्ध होती है तो यह परिणाम भी उतना ही ग़लत होगा जितना वह परिणाम, जो पश्चिम की सूक्ति से निकाला जाता रहा है।

यह ठीक है कि ऐसे विषयों की चर्चा सिर्फ़ भाववाचक संज्ञाओं के स्तर पर बहुत अधिक फलप्रद नहीं होती–कम-से-कम शास्त्रीय चर्चा के बाहर उसका उपयोग नहीं रहता। अच्छा होगा कि हम भी व्यवहार पक्ष से ही उनका विचार करें।

आप भारतीय पारम्परिक चित्रकला को लीजिए। पारम्परिक भारतीय चित्रकार में इतिहासबोध नहीं था। चित्रकारों में तो बहुत से ऐसे भी थे जो आज की परिभाषा में कलाकार न होकर कारीगर अथवा शिल्पी थे और जिनकी शास्त्रीय शिक्षा न के बराबर थी। लेकिन इतिहासबोध न रहते भी ये चित्रकार अपने चित्रों में करते क्या थे? आप पहाड़ी अथवा राजपूत क़लम के चित्र देखिए। चित्रकार बना तो रहा है **रामायण**, **महाभारत** और **भागवत** के चित्र, लेकिन रामायण के युद्ध में सैनिकों की पोशाक लगभग वही है जो चित्रकारों के समकालीन भारतीय सैनिक की होती थी–घुटन्ने या कहीं-कहीं तंग पाजामे भी, बंडी, कसा हुआ फेंटा, पगड़ी अथवा सिली हुई टोपी...या युद्ध महाभारत का है और उसमें सेनाओं के बीच कहीं-कहीं आपको दीख जाएगी एक-आधा फ़िरंगी टोपी! बन्दूक़ अथवा छोटी तोप का भी चित्रित होना कोई आश्चर्य का विषय नहीं है।

निःसन्देह इससे कई तरह के परिणाम निकाले जा सकते हैं। एक तो यही कि

उस बेचारे चित्रकार में इतना भी ऐतिहासिक बोध नहीं था कि रामायण-महाभारतकालीन सैनिक को उत्तर मध्यकाल की वर्दियाँ न पहनाए, उत्तर मध्यकाल के अथवा यूरोपीय सम्पर्क के बाद के हथियार न दे, प्राचीन व्यूह रचना के बदले मध्यकालीन मोर्चेबन्दी न दिखाए। लेकिन यही चीज़, जिसे उस चित्रकार का अज्ञान अथवा भोलापन बताया जा सकता है, इस बात का भी लक्षण है कि वह चित्रकार अपनी युगातीत सामग्री को एक समकालीन मुहावरे में प्रस्तुत कर रहा था और ऐसा करने में कोई संकोच नहीं करता था, क्योंकि युगातीत वस्तु समकालीन पोशाक में ही सार्थक रूप में दिखाई जा सकती है...दूसरे शब्दों में, जहाँ उस चित्रकार में ऐतिहासिकता बोध की कमी थी, वहीं यह बात भी उतनी ही स्पष्ट है कि उसका स्थितिबोध और व्यवहारबोध लगातार उसकी 'पुरानी' जानकारी का नवीकरण करता चलता था। इतिहासबोध उसे नहीं था तो एक युग सन्धिबोध से वह उसकी कमी पूरी कर लेता था। यही बात हम रामलीला अथवा भागवतलीला में देख सकते हैं। ये कथाएँ भी युगातीत बल्कि कालातीत वस्तु प्रस्तुत करती थीं, लेकिन प्रस्तोता उसके बीच बिलकुल निःसंकोच भाव से समकालीन वस्तु भी भर देता था। कंस के अत्याचारी शासन की बात होती और उसमें वस्तु भर दी जाती अपने समकालीन मुगल अथवा रियासती अथवा स्थानीय ज़मींदारी शासन के अत्याचारों की। यहाँ भी लगातार कालातीत सामग्री का नवीकरण समकालीन मुहावरे के आधार पर होता जाता था : महत्त्व ऐतिहासिक तथ्यगत सच्चाई का नहीं था बल्कि अनुभवगत युगीन सच्चाई का। दक्षिण में देवासुर संग्राम के एक प्रस्तुतीकरण में तो सुब्रह्मण्य कार्तिकेय (मुरुगन्) देवताओं को बचाने आते हैं, बाइसिकिल पर सवार होकर। देहाती लीला में देवताओं के चमत्कारी विमानों के निकटतम आनेवाला कोई यन्त्र वहाँ उनका परिचित था तो बाइसिकिल थी। पश्चिम का पंडित अध्येता इस पर हँसता है और ऐतिहासिकता बोध की इस कमी को नृतत्वशास्त्र की परिधि में बाँधना चाहता है, लेकिन नृतत्व विद्या का विषय जो जीवन्त नर है उसके लिए प्रमाण किताब में नहीं, बल्कि उसके जीवनानुभव में है।

दृष्टियों के इस अन्तर का एक विलक्षण उदाहरण ईसा के जीवन से सम्बद्ध धार्मिक चित्रों में भी मिलता है। ईसाई धर्म संसार के अनेक देशों में फैल गया है, लेकिन उनके धार्मिक चित्रों के पीछे जो प्रबल ऐतिहासिक आग्रह रहा है उसने ईसा की छवि को भरसक बदलने नहीं दिया, बल्कि एक देशकाल से बाँधे रखने का पूरा प्रयत्न किया है। लेकिन भारत में आकर उनका यह ऐतिहासिक आग्रह हार गया : भारत के चित्रकारों ने उतनी ही गहरी और सच्ची श्रद्धा भावना से ईसा के चित्र बनाए हैं लेकिन उसे भारतीय देहाती पोशाक और सन्दर्भ में ढालकर! ये चित्र फिर पूरी तरह अनैतिहासिक हैं; लेकिन जिस सत्य को प्रस्तुत करते हैं वह क्योंकि स्वयं

ऐतिहासिकता से बड़ा है इसलिए इतिहास के पिंजरे से बाहर निकलकर ही उसे अपने पूरे आयाम में प्रस्तुत किया जा सकता है।

तो कला–किसी भी कला, चित्र, मूर्ति, काव्य, नाटक, नृत्य–के लिए तथ्यमूलक इतिहास का बन्धन बिलकुल आवश्यक नहीं है : उसके लिए महत्त्व उस भाव सत्य का होता है जो कालातीत होता है, यानी **कला के लिए मानवताबोध इतिहासबोध से बड़ा है**।

लेकिन इस सच्चाई का भी सन्दर्भ है। बात वहीं और वहीं तक सत्य है जहाँ हम उस भाव सामग्री को प्रस्तुत कर रहे हैं जो कालातीत है। जब हम ऐसा विषय प्रस्तुत करते हैं जिसके आयाम तो महाकाव्य के से हों लकिन जिसकी भावगत सत्यता ज़रूरी तौर पर इतिहास की परिधि के भीतर रहनेवाली हो, तब ऐसे प्रस्तुतीकरण के समय तरह-तरह की समस्याएँ उपस्थित होंगी। रामलीला, कृष्णलीला अथवा ईसाचरित की बात दूसरी है, क्योंकि ये चरित्र (विशेष रूप से ईसा की ऐतिहासिकता के आग्रह के बावजूद) इतिहास से बड़े हो गए हैं : उनका एक वैश्विक आयाम है जिसे काल नहीं बाँधता। लेकिन हमारी सांस्कृतिक ऐतिहासिकता परम्परा में ऐसी घटनाएँ आईं जिनके आयाम महाकाव्यों वाले हैं, लेकिन जिनके प्रस्तुतीकरण में ऐतिहासिकता का बोध (अथवा उसकी कमी) कई समस्याएँ खड़ी कर देता है। इन समस्याओं का विचार आज की कलाओं के लिए अनिवार्य है–आधुनिक काव्य, नाटक, रंगमंच और चित्रकला के लिए तो अनिवार्य है ही, रामायण, महाभारत आदि की लीला के प्रस्तुतीकरण में भी समस्याएँ पैदा करता है।

इस तरह की घटनाओं अथवा कथा-वस्तुओं में, जिनके आयाम तो महाकाव्योचित हों लेकिन जिन्हें ऐतिहासिक सन्दर्भ से काटकर देखना उन्हें अर्थहीन कर देना होगा, हमारे स्वाधीनता आन्दोलन से बढ़कर क्या चीज़ होगी? अभी तो ऐसे बहुत से लोग जीवित हैं जिनके लिए स्वाधीनता संग्राम अपने निजी अनुभव की बात थी। ऐसे लोग उस संग्राम को और उसकी भावस्थितियों को आज स्मरण में चाहे जितनी रोमानी रंगत देकर देखें, इस बात से तो छुटकारा न पा सकेंगे, न पाना चाहेंगे कि वह एक महत्त्वपूर्ण ऐतिहासिक घटना थी। अपने ही प्रत्यक्ष अनुभव से थोड़ा हटकर दूसरी विराट ऐतिहासिक घटनाओं की बात सोचें तो हिरोशिमा-नागासाकी का अणुबम विस्फोट अथवा रूसी क्रान्ति अथवा चीनी क्रान्ति भी ऐसी घटनाएँ हैं जो अगर काल की दृष्टि से हमारे इतने निकट न होतीं तो बड़ी आसानी से महाभारत का सा रूप ले सकती थीं। उनके आयाम उतने ही बड़े और महत्त्वपूर्ण हैं, लेकिन साथ ही उन्हें हम किसी तरह ऐतिहासिक सन्दर्भ से काटकर मिथकीय अथवा पौराणिक सन्दर्भ में नहीं रख सकते। दूसरे शब्दों में, उन्हें तो उनके आयाम की

विशालता एक मिथकीय संयोजन माँगती है, लेकिन ऐतिहासिक आग्रह पूरी तरह उसकी अनुमति नहीं देते।

इस तनाव को जीवन्त कलात्मक अभिव्यक्ति देना आज की कला की एक समस्या है–केवल काव्य अथवा उपन्यास कला की नहीं, सभी कलाओं की।

जहाँ इस स्तर की कला समस्याएँ होती हैं वहाँ कोई बने-बनाए समाधान या नुस्ख़े काम नहीं करते। यों तो कला में कहीं भी नुस्ख़े काम नहीं करते, लेकिन इस सन्दर्भ में यह बात विशेष रूप से सही है कि समस्या को बेलौस रूप में रख देने के बाद सारी प्रतिक्रिया कलाकार की सर्जनात्मक प्रतिभा पर छोड़ देनी चाहिए। आलोचक का काम फिर तभी शुरू होता है जब यह सर्जक प्रतिभा अपना काम कर चुकी हो। उसके परिणाम पर ही आलोचक टिप्पणी कर सकता है, उससे पहले सर्जक को यह बताने का कोई अधिकार उसका नहीं है कि उसकी प्रतिक्रिया क्या रूप ले।

राजा राव ने अपने छोटे उपन्यास 'कंठपुरा' में राष्ट्रीय जागरण की ऐतिहासिक सच्चाई को मिथकीय आयाम का संस्पर्श देते हुए प्रस्तुत करने का प्रयत्न किया है। इसी में उस उपन्यास की शक्ति है। कहीं भी उसे इतिहास के रूप में ग्रहण नहीं किया जा सकता; वैसा करना चाहने पर उपन्यास की सारी वस्तु हल्की और हास्यास्पद जान पड़ने लगेगी। लेकिन दूसरी ओर कहीं भी इस बात को भुलाया नहीं जा सकता कि वह एक विराट ऐतिहासिक घटना को उसी रूप में प्रस्तुत करने का प्रयत्न कर रहा है जिस रूप में उसने ग्राम-मानस को प्रभावित किया होगा यानी एक मिथकीय आयाम देते हुए। सच्चाई की रक्षा की यह एक औपन्यासिक युक्ति है। रंगमंच पर बड़ी सत्ताएँ मुखौटे पहनकर प्रकट होती थीं और इस प्रकार एक साथ ही अनुभव यथार्थ को और अनुभव सामर्थ्य से बड़े सत्य को प्रस्तुत करती थीं। एक तरह से यह उसका औपन्यासिक पर्याय है। फणीश्वरनाथ 'रेणु' के छोटे और बड़े सभी उपन्यासों में भी इसी युक्ति के सफल प्रयोग देख सकते हैं : वहाँ भी इतिहास नहीं है लेकिन इतिहास सत्य है एक मिथकीय संस्पर्श लिये हुए, जो रंगमंच के मुखौटे की तरह ही सत्य के विराट रूप की रक्षा करता है और उसे स्वर देता है।

हमने कहा कि यह समस्या सभी कलाओं के सामने होगी और उपन्यास के सामने समस्या का रूप स्पष्ट करने के लिए हमने रंगमंच का उदाहरण भी दिया। स्वयं रंगमंच से भी इसके उदाहरण दिए जा सकते हैं, लेकिन हम नहीं जानते कि ऐसे कौन से उदाहरण होंगे जिन्हें हिन्दी के साधारण पाठक का परिचित मान लिया जा सके। हिन्दी का रंगमंच उतना समर्थ, सम्पन्न और प्रयोगशील नहीं रहा है जितना मराठी अथवा बाँग्ला अथवा कन्नड़ का भी। इधर हिन्दी में कुछ हलचल ज़रूर है, लेकिन उसका भी कुछ श्रेय इन्हीं तीनों भाषाओं के रंगमंच अथवा रंगकर्मियों को है। उनके रंगमंच में अवश्य यह देखने को मिलेगा कि बड़ी घटना के बड़प्पन को

कैसे प्रस्तुत किया जा सकता है–ऐतिहासिक सत्यता और मिथकीय आयाम दोनों का निर्वाह करते हुए।

समस्या उतनी ही चित्रकला के सामने भी है, लेकिन भारतीय चित्रकार एक-आध अपवाद को छोड़कर इससे बिलकुल कतरा कर निकल गया है। बाबू हैरूर ने सन् 42 के आन्दोलन के कुछ चित्र प्रस्तुत किए थे जिनमें हम इस विराट आयाम को छूने का प्रयत्न देख सकते हैं। कृपाल सिंह शेखावत ने पारम्परिक चित्रकला की युक्तियों का निर्वाह करते हुए फिर एक बार उस रास्ते की याद दिलाई थी जिस पर चलकर चित्रकार अपनी समस्या का सामना कर सकता है और उसका समाधान खोज सकता है। लेकिन उस रास्ते पर कोई चले नहीं, न हमारे आलोचकों में कोई ऐसे निकले जो कला के समाधानों को इस व्यापक भूमि पर रखकर उनका सामना कर सकें। ले-दे कर उनके सामने पिकासो का एक चित्र **गैर्निका** ही रह गया। निःसन्देह यह महान कलाकृति है, लेकिन उसकी नक़ल भी महान कलाकृति होगी, ऐसा तो नहीं है। न यही कहा जा सकता है कि अपनी वस्तु के साथ पिकासो के संघर्ष को कोई दूसरा चित्रकार अपने ऊपर ओढ़कर वहीं पहुँच सकता है जहाँ पिकासो पहुँचा। हर कलाकार अपनी वस्तु से लड़कर ही उस पर जय पाता है। लड़ाई भीतर लड़ी जाती है, लेकिन इसका यह मतलब नहीं है कि किसी की लड़ाई ओढ़ी जा सकती है या कि सिर्फ़ अभिनय से जीती जा सकती है।

नृत्य नाट्य के लिए–और यह विधा भारतीय प्रतिभा की विशेषता रही है–यह समस्या और भी उग्र रूप लेकर सामने आती है। पारम्परिक नृत्य नाट्य में लोक नर्तक उसी तरह समकालीन वस्तु भी ले आता था जिस तरह पारम्परिक चित्रकार अथवा लीलामंच का नट। लेकिन आज के नाट्य नर्तक को इसमें घबराहट होती है? उसकी घबराहट निराधार भी नहीं है क्योंकि उसकी कला चित्रकला की अपेक्षा कहीं अधिक सामाजिक है और ग्रहण के लिए एक व्यापक सामाजिक संस्कार माँगती है। सूनी रंगशाला में या चार-छह सहृदयों के सामने कला प्रदर्शन का जोख़िम वह नहीं उठाता–उसे तो भरा-पूरा प्रेक्षक समाज चाहिए। इप्टा की वे प्रस्तुतियाँ जो एक समय मर्म को छू सकती थीं, आज क्यों निरर्थक हो गईं? 'इप्टा' की **भारत की खोज** आज क्यों नीरस हो जाएगी? ऐसा क्यों है कि शान्तिवर्धन द्वारा निर्मित **रामायण** और **पंचतंत्र** आज भी इसके बावजूद जीवन्त और प्रभावशाली होते हैं कि उनकी वस्तु भी पारम्परिक है और प्रस्तुतीकरण की पद्धति भी, जबकि आधुनिक इतिहास प्रस्तुत करने वाली रंगकृतियाँ उन्नत कौशल और तकनीक के बावजूद असर नहीं रखतीं? यह बात सोचने की है और सोचकर अपनी स्थापनाएँ सभी कलाओं पर लागू करके देखने की है। उससे हमारी कलाओं को भी लाभ होगा और हमारी आलोचना में भी कुछ जान आएगी।

प्रभात गांगुली ने शान्तिवर्धन की परम्परा को आगे बढ़ाते हुए **पशुशाला** रची; नृत्य रचना और मंचन कौशल की दृष्टि से यह एक अद्वितीय कृति है और फिर उसे जॉर्ज ऑरवेल की विख्यात रचना **एनिमल फार्म** की पृष्ठिका भी उपलब्ध है। फिर उसका वैसा प्रभाव क्यों नहीं होता जैसा एक कुशल प्रस्तुति का होना चाहिए और जैसा ऑरवेल के उपन्यास का आज भी है? क्या इसका कारण यही नहीं है कि नृत्य-नाट्य की परिकल्पना में कहीं उस तनाव की कमी है जो ऐतिहासिक सत्य और उसी के मिथकीय आयामवाले प्रतिरूप के बीच होना चाहिए?

वास्तव में यह प्रश्न हमारे युग का एक व्यापक और आधारभूत प्रश्न है, बल्कि यह बहुत से आधारभूत प्रश्नों का स्रोत है क्योंकि इसी में से यह प्रश्न भी निकलता है कि क्या अब ऐसी कृतियों को बचाया जा सकता है जिन्हें हम आधुनिक **क्लासिक** मानने के आदी हो चले हैं–फिर वे कृतियाँ चाहे काव्यकला की हों, चाहे चित्रकला की, चाहे रंगमंच की, और क्या उन्हें बचाना चाहिए भी और क्या यह चाहना अपने आप में अतीत मोह है? और सवाल आधुनिक क्लासिक तक ही नहीं रह जाएगा, हमें फिर यह भी पूछना पड़ेगा कि क्या रामलीला, कृष्णलीला और दूसरी भागवत लीलाएँ भी बचाई जा सकती हैं–लीला रूप में अथवा मंचीय रूप में–या कि उन्हें भी नष्ट हो जाने देना होगा? या कि वे नष्ट हो ही चुकी हैं और अब केवल व्यावसायिक उपयोगिता की चीज़ रह गई हैं?

हमारा विश्वास है कि उन्हें केवल बचाया जा सकता है बल्कि बचाना चाहिए, क्योंकि वे राष्ट्र की सांस्कृतिक सम्पत्ति हैं और इस रूप में समग्र मानव जाति की सम्पत्ति हैं। उपेक्षित सम्पत्ति अवश्य हैं, लेकिन उद्धार करके उन्हें फिर मानव कल्याण में निश्चय ही लगाया जा सकता है लेकिन इसके लिए उनमें परिवर्तन ज़रूरी है। एक तो यह कि हम फिर से उन्हें ऐतिहासिक सन्दर्भ से प्रस्तुत करें और लगातार उनकी ऐतिहासिक प्रासंगिकता का परीक्षण करते रहें। दूसरे यह कि हम स्वयं अपनी इतिहास सम्बन्धी धारणा को बदलें। उसकी तथाकथित 'वैज्ञानिकता' की संकीर्णता को छोड़कर उसे वृहत्तर सांस्कृतिक और मानवीय आयाम में रखने का साहस करें।

क्योंकि जैसे इसमें कोई सन्देह नहीं कि **संस्कृति का एक ऐतिहासिक सन्दर्भ होता है जिसकी उपेक्षा नहीं हो सकती, उसी तरह यह भी सच है कि इतिहास का भी एक सांस्कृतिक सन्दर्भ है जिसकी उपेक्षा नहीं हो सकती। ऐतिहासिक सन्दर्भ खोकर संस्कृति मरुस्थल में भटकने लगती है, उसे दिशा-ज्ञान नहीं रहता। लेकिन सांस्कृतिक सन्दर्भ खोकर इतिहास तत्काल मर जाता है क्योंकि उसका संवेदन ही नष्ट हो जाता है।**

मेरी स्वाधीनता : सबकी स्वाधीनता

स्वाधीनता की अवधारणा उतनी ही कठिन और धुँधली होती है जितना उसका अनुभव प्रत्यक्ष और स्फूर्ति देनेवाला। यह नहीं कि स्वाधीनता का अनुभव भी कुछ कम जटिल होता है; कदाचित् वास्तविक अन्तर इस बात में है कि उस अनुभव के लिए शब्द अनावश्यक होते हैं।

मेरे लिए स्वाधीनता एक विविधता भरा रंगीन अनुभव रहा है। शायद इसी बात को पलटकर यों कहूँ तो सच्चाई के निकटतर होगा कि बहुत से परस्पर भिन्न और रंगीन अनुभवों ने मिलकर मेरे भीतर धीरे-धीरे स्वाधीनता का एक समग्र बोध जगाया है। एक प्रकार की स्वाधीनता का बचकाना और अचिरजीवी अनुभव मुझे तब हुआ था जब बचपन में मैं घर से भाग गया था और निकट के जंगल में जा छिपा था। घर छोड़ा था तब मन विद्रोह से भरा हुआ था। वन में घूमता हुआ कुछ समय तक तो मैं नाना प्रकार के उत्तेजक और रोमांचक अनुभवों का संग्रह करता रहा, लेकिन तीसरे पहर तक स्थिति कुछ बदलने लगी और साँझ होते-न-होते मैं थका-हारा, हतप्रभ और भूख से व्याकुल घर लौट आया। अनन्तर स्वाधीनता के और भी पहलुओं से परिचय होता गया और स्वाधीनता की खोज की आकुलता भी मैंने जानी-एक गुप्त षड्यन्त्रकारी संगठन के सदस्य के रूप में, एक भूमिगत क्रान्तिकारी आन्दोलन के उद्यमकर्मी के रूप में, एक राजनीतिक बन्दी के रूप में और फिर, हाँ, एक सैनिक अधिकारी के रूप में। सैनिक अधिकारी के रूप में स्वाधीनता की एक नए ढंग की पहचान हुई, क्योंकि मुझे यह काम सौंपा गया था कि भारत के पूर्वी प्रदेशों में जापानी आक्रान्ता के घुस आने की स्थिति में (और उस समय इसे केवल सम्भावना नहीं, एक आसन्न संकट माना जा रहा था), उसका विरोध करने के लिए सेना को जिस तरह के भूमिगत नागरिक सहयोग की आवश्यकता होगी, उसके संगठन की ज़मीन तैयार करना। यूरोप में नात्सी जर्मनी के विरुद्ध जिस तरह के प्रतिरोध संगठन काम करने लगे थे, और जिनकी सहायता से ही मित्र शक्तियों की सेनाएँ फिर यूरोप को मुक्त कर सकीं, उसी ढाँचे के प्रतिरोध आन्दोलन के गुप्त संगठन का काम मेरी टोली को सौंपा गया था। स्वाधीनता से मेरी

पहचान वहीं समाप्त नहीं हुई; इससे आगे कवि, कृतिकार और सम्पादक के रूप में उससे परिचय बढ़ा–और इन सबके अन्त में एक घुमन्तू, निर्बन्ध, प्रकृत संस्थान विरोधी के रूप में भी–जो रूप, ऐसा कहा जा सकता है, आज भी मेरा है। ठीक अराजकतावादी तो नहीं हूँ; लेकिन अनुशासन की वही स्थिति मुझे आदर्श के रूप में काम्य है जिसे संस्कारवान व्यक्ति स्वेच्छा से ओढ़ता है, क्योंकि उसमें समष्टि का कल्याण पहचानता है।

इन विविध और कभी-कभी परस्पर विरोधी अनुभवों ने स्वाधीनता की मेरी समझ को ही गहराई नहीं दी, जिस स्वाधीनता का मैं अनुभव कर रहा था और लगातार जिसकी खोज में रत था उसको भी नई गहराई दी; यद्यपि यह मैं फिर भी नहीं कह सकता कि इन सारे अनुभवों से स्वाधीनता की अवधारणा अथवा परिभाषा का काम कुछ सरलतर हो गया। जो बात मैंने सीखी, और जो दावे के साथ कह सकता हूँ, वह यह थी कि स्वाधीनता कोई स्थिर अथवा स्थावर वस्तु नहीं है; ऐसी सम्पत्ति या ऐसा रत्न नहीं है जिसे कोई एक बार प्राप्त करके कहीं सँजोकर रख दे सकता है। बल्कि इसके विपरीत, स्वाधीनता एक ऐसी चीज़ है जो निरन्तर आविष्कार, शोध और संघर्ष माँगती है, यहाँ तक कि उस शोध और संघर्ष को ही, स्वाधीनता की अन्तहीन ललक को ही स्वाधीनता का सार सत्त्व कह सकते हैं।

जिस अनेक अनुभवों से स्वाधीनता की मेरी समझ बढ़ी और जिन्होंने समझ को ही नहीं, स्वाधीनता को भी एक नई गहराई दी, उनमें से कुछ तो ऐसे थे कि इलहाम या दिव्य दर्शन जैसे जान पड़े...उनका आविर्भाव इतना अचानक, इतना अप्रत्याशित, इतना चौंकानेवाला और इतना स्मरणीय था। इन्हीं अनुभवों में से एक को यहाँ ज्यों-का-त्यों रख देना शायद स्वाधीनता की सबसे अच्छी परिभाषा होगी।

मैं इंग्लैंड के एक उद्यान में घूम रहा था। एक हरी घाटी पार करके एक दूसरी हरियाली के शिखर तक पहुँचते-न-पहुँचते मैंने एकाएक सामने देखा–खुली हरियाली में खड़ा अकेला पेड़। बस, केवल एक पेड़–एक महाकाय वृक्ष, एक ओर धूप सनी हरियाली के बीचोंबीच अपने भव्य अकेलेपन में सीधा खड़ा हुआ। महज एक पेड़; लेकिन 'खुले में खड़ा पेड़' देखकर मुझे एक अद्‌भुत प्रतीति हुई। उस बोध से मुझे रोमांच हो आया। उससे पहले मैंने ऐसा पेड़ कभी नहीं देखा था–एक पेड़, जो बिना किसी बाधा, बिना किसी क्षति के अपने सम्पूर्ण परिपक्व विकास चोटी तक पहुँचा हो। इस वृक्ष की डालियों और फुनगियों को उसकी किशोरावस्था में गाय-बकरियों ने कुतरा नहीं था; उसकी डालियों से भोर के सैलानियों ने दन्तवनें नहीं बनाई थीं; लकड़हारों ने ईंधन के लिए उसकी डालें नहीं काटी थीं, न ही सड़क या बिजली मजदूरों ने सड़क की सीध या बिजली के तारों के बचाव के लिए उसकी कपाल-क्रिया की थी...एक पेड़–केवल एक पेड़–लेकिन उसे वह आकार पा

लेने दिया गया था जो प्रकृति ने उसके लिए आयोजित किया था–एक वृक्ष, जो अपने आत्यन्तिक वृक्षत्व की चरम सम्भावनाओं को प्राप्त कर चुका था। भारत में हम लोग हर बढ़ती, विकसित चीज़ के लिए सम्मान का दर्शन बघारते हैं; पेड़-पौधों की हम पूजा करते हैं, लेकिन भारत में कदाचित् ही कभी ऐसा पेड़ देखने को मिलता है जिसे स्वाधीन बढ़ने दिया गया हो। मैं ठिठककर बहुत देर तक उस पेड़ की ओर ताकता रहा, इतना निश्चल होकर, मानो स्वयं मैंने वहाँ जड़ें डाल दी हों। उस समय कोई शब्द मेरे मन में नहीं मँडराए, लेकिन एक शब्दहीन विचार वहाँ गूँजता रहा–स्वाधीन विकास, स्वाधीनता में विकास, स्वाधीनता की ओर विकास, अपनी चरम सम्भावनाओं की सम्पूर्ण उपलब्धि...

अनन्तर मैं किसी तरह वहाँ से हट आया। कह सकता हूँ कि मैं एक विशेष अर्थ में उस पेड़ को अपने साथ लेता आया और तब से वह सर्वदा मेरे साथ रहा है और मेरे भीतर पनपता रहा है। यह बात अगर बहुत अधिक काव्यमय अथवा रूपकमय जान पड़ती है तो इसके बदले यह कहूँ कि वहाँ से स्वाधीनता की एक परिभाषा मुझे मिली जो तब से सर्वदा मेरे साथ रही है। **स्वाधीन होना अपनी चरम सम्भावनाओं की सम्पूर्ण उपलब्धि के शिखर तक विकसित होना है।**

लेकिन पेड़ से ऐसी समझ लेकर चले आना–पेड़ को साथ लेते हुए चले आना–आसान काम नहीं है। और एक बोझ धारण किए रहना भी आसान नहीं है क्योंकि पेड़ को साथ ले आने का मतलब है एक बहुत बड़ा बोझ और एक उत्तरदायित्व साथ ले आना। कई बार मैंने अपने भीतर उस पेड़ को पनपकर फैलते हुए अनुभव किया है; और उस अनुभव का दबाव और तनाव कभी-कभी असह्य जान पड़ा है, क्योंकि उस महावृक्ष का वाहन होने का एक अर्थ यह भी है कि उसके बोध के साथ-साथ उन असंख्य बौने और बुच्चे पेड़ों के जंगल का भी एक बोध भीतर धधक उठता है और छटपटाहट पैदा करता है जिनसे हम निरन्तर घिरे रहते हैं–जिन्हें निरन्तर अपने आस-पास देखते हुए हर कोई अपने से ही यह पूछने को लाचार हो जाता है, 'तब क्या मैं भी अपने को स्वाधीन मान सकता हूँ? क्या कोई अकेला स्वाधीन हो सकता है?' क्योंकि कोई भी व्यक्ति अपनी सम्पूर्ण सम्भावनाओं को ऐसे ही परिवेश में पा सकता है जिसमें दूसरे भी अपनी चरम सम्भावनाओं को पूरी तरह प्राप्त करने के लिए समान रूप से स्वाधीन हों। और ठीक यहीं पर स्वाधीनता का ऐसा बोध मानो तपस्या की यन्त्रणा बन जाता है, क्योंकि वह मानव मात्र की समान स्वाधीनता के प्रयत्न की अनिवार्यता बन जाता है। किसी ने कहा है, 'मानव स्वाधीन जन्म लेता है, लेकिन सर्वत्र बन्धनों में जीवन बिताता है–' यह भी कहा जा सकता है कि 'मानव करुणासम्पन्न प्राणी है, लेकिन सर्वत्र ऐसे समाज में जीता है जो निष्करुण और अन्यायपूर्ण है।' यह भी कहा जा सकता है, 'मानव

मूल्यों का स्रष्टा है, लेकिन प्रतिदिन मूल्य मात्र को पैरों तले रौंदा जाता देखने को बाध्य है।' इस प्रकार स्वाधीनता एक सुविधा अथवा विलासवस्तु न रहकर युयुत्सा बन जाती है। जो एक बार उसका अनुभव करता है वह सनातन काल तक उसके लिए संघर्ष करने को बाध्य हो जाता है। स्वाधीन होना संक्रमण का सिपाही बन जाना है और यह सैनिक कर्म बोझ नहीं है, बाधा नहीं है, बल्कि स्वाधीनता बोध का एक अनिवार्य अंग है।

गौतम बुद्ध के जीवनवृत्त से मेरा परिचय बहुत जल्दी हो गया था–बुद्ध से, तथागत से, महाभिनिष्क्रमण की देहरी पार करके निकल जाने वाले उस ज्योतिपुरुष से। उस बोधिसत्त्व की कथा कई वर्षों बाद सुनी जिसने मानवमात्र की मुक्ति के लिए स्वयं अपनी मुक्ति का उत्सर्ग कर दिया था। और यह तो इसके भी कुछ वर्ष बाद समझ में आया कि यह उत्सर्ग ही सच्चा और एकमात्र स्वाधीन कर्म है, या शायद इस बात की समझ आ गई होने का दावा करना भी बड़बोलापन है। शायद इतना ही कहना सच्चाई के अधिक निकट होगा कि ज्यों-ज्यों वर्ष बीतते जाते हैं, त्यों-त्यों मैं क्रमशः इस समझ की ओर बढ़ रहा हूँ कि बोधिसत्त्व के समक्ष विकल्प क्या था और उसने जो स्वतंत्र वरण किया, वह क्या था? बोधिसत्त्व का स्वाधीन कर्म, उसका स्वतंत्र वरण एक ऐसा कर्म था जिसके द्वारा स्वाधीनता अपने आप में एक अनिवार्यता बन जाती है। किशोरावस्था में मेरे विचार एक ऐसे युग में से गुजरे जिसमें मैं समझता था कि करुणासम्पन्न होना एक झंझट मोल लेना ही है, क्योंकि करुणा से व्यक्ति की कर्म की स्वाधीनता मर्यादित हो जाती है। या उतना नहीं तो कम-से-कम इतना तो अवश्य कि जिस व्यक्ति को युद्ध लड़ना है उसके लिए करुणा एक मुसीबत ही होती होगी। **आज** वयस्कता में जो जानता हूँ कि वह इससे कुछ भिन्न है; और मैं आशा करता हूँ कि आज जो जानता हूँ कि वह अधिक सत्य है। **करुणारहित योद्धा केवल स्वयं आततायी हो सकता है, या आततायी का उपकरण हो सकता है।** स्वाधीनता के योद्धा को सबसे पहले एक करुणासम्पन्न स्वाधीनकर्मी होना होगा, जो दूसरे की स्वाधीनता के लिए अपनी स्वाधीनता का बलिदान करने को सदैव प्रस्तुत है। **स्वाधीनता की सच्ची कसौटी 'मैं' नहीं, 'ममेतर' है।** ममेतर के दर्पण में ही मुझे मेरी अपनी अस्मिता का सच्चा प्रतिबिम्ब दीख सकता है। शायद मसीही धर्मग्रन्थ में जब यह कहा गया कि **ईश्वर ने अपनी प्रतिच्छवि में मानव को बनाया** तब आशय यही था कि ईश्वर को भी अपने को पहचानने के लिए उस प्रतिच्छवि की ज़रूरत महसूस हुई।

शायद इतनी बात पढ़कर कोई पाठक अपने आप से ही पूछ सकता है। 'लेकिन अगर यह व्यक्ति लेखक है और कवि है तो क्या स्वाधीनता के नाम पर उसे बौद्धिक स्वातंत्र्य की बात नहीं करनी चाहिए?' शायद करनी चाहिए। लेकिन मैंने प्रायः

लक्ष्य किया है कि जब हम बौद्धिक व्यक्ति की बात करते हैं तो केवल कवि या लेखक तक सीमित न रहकर डॉक्टरों, वकीलों, इंजीनियरों, वैज्ञानिकों और सभी प्रकार से यन्त्रविदों की बात सोच रहे होते हैं; लेकिन जब बौद्धिक की स्वाधीनता की बात करते हैं तब दो चीज़ों को अलग-अलग कर लेते हैं-वैज्ञानिक और दर्शनशास्त्री या अध्यापक की स्वाधीनता एक तरफ़ और साहित्यकार, कलाकार की स्वाधीनता दूसरी तरफ़? डॉक्टर की या वकील की या इंजीनियर की स्वाधीनता की चर्चा करते हुए लोगों को शायद ही कभी सुना गया हो! तब क्या यह एक प्रकार का पाखंड है कि साहित्यकार, सर्जक और कलाकार को बौद्धिकों के वर्ग में रख लिया जाता है, जबकि वास्तव में हम उसे उस कोटि का नहीं मानते? या कि ऐसा भी हो सकता है कि उसकी स्वाधीनता एक विशेष प्रकार की स्वाधीनता है-दूसरे शब्दों में, क्या कलाकार की स्वाधीनता एक विशेष प्रकार का उत्तरदायित्व है?

वैज्ञानिक की स्वाधीनता की सीधी परिभाषा हो सकती है-'सत्य के शोध की स्वाधीनता'। लेकिन जहाँ तक लेखक अथवा कलाकार का प्रश्न है, यह स्पष्ट है कि इतनी परिभाषा काफ़ी नहीं है। कलाकार की स्वाधीनता में अनिवार्यतया मूल्य के शोध की स्वाधीनता भी सम्मिलित होनी चाहिए। यह नहीं कि सत्य एक मूल्य नहीं है। तात्पर्य यह है कि कलाकार अथवा कवि का सत्य निरा 'विषयी निरपेक्ष' सत्य नहीं है-इस पद का वैज्ञानिक के लिए जो भी आशय होता हो। कलाकार का और कवि का सत्य विषयी का सत्य है। कलाकार एक विशेष रूप से संवेदनशील और ग्रहणशील यन्त्र है जिसके लिए सत्य 'विषयी का सत्य' होकर भी केवल उसका अपना सत्य नहीं है, बल्कि दूसरे का सत्य भी है; केवल मम नहीं, ममेतर का सत्य भी है। और मुझे जान पड़ता है कि इससे अनिवार्यतया यह बात भी निकलती है कि कलाकार की विशेष स्वाधीनता यह है कि उसका यह विशेष अधिकार और उत्तरदायित्व है कि वह 'असहमति के अधिकार' का संरक्षक हो।

वैज्ञानिक एक ऐसे समाज में भी स्वाधीन हो सकता है जो समाज स्वाधीन नहीं है। वह कैसे समाज में अपने को पाता है, इस बात से तटस्थ होकर भी वह सत्य के शोध में रत हो सकता है-'वैज्ञानिक' अथवा 'विषयी निरपेक्ष' सत्य के शोध में। यहाँ तक कि शासन भी उसके लिए ऐसी परिस्थितियाँ सुरक्षित कर दे सकता है कि वह इस शोध कर्म में लगा रहे। लेकिन **साहित्यकार ऐसे समाज में स्वाधीन नहीं हो सकता जो समाज स्वाधीन नहीं है**। न ही शासन उसकी स्वाधीनता की सुरक्षा की गारंटी दे सकता है। शासन ऐसा तभी कर सकता है जब वह स्वयं समाज की स्वाधीनता को प्रतिबाधित करे-जिसका अर्थ है कि शासन दोनों ही पक्षों को धोखा देता रहा होगा। यह लेखक का विशेष उत्तरदायित्व हो जाता है कि वह स्वाधीनता के परिमंडल के लिए संघर्ष करे। और यही उत्तरदायित्व है जो उसे दूसरे

प्रकार के बौद्धिकों से अलग करता है। उसकी स्वाधीनता केवल उसकी नहीं होती, बल्कि जिस समाज का वह अंग होता है उस पूरे समाज के हर सदस्य की स्वाधीनता को भी वह अपने में सम्मिलित करता है। और यह अधिकार ऐसा नहीं है कि जिसकी सुरक्षा सरकार या शासन के अधीन हो। शासन उदार और विवेकवान हो तो यह कर सकता है कि लेखक के पक्ष की बाधाएँ यथासम्भव कम करता रहे। जहाँ तक लेखक के उत्तरदायित्व अथवा अधिकार की बात है, वह शासन के मुकाबले में खड़े होकर ही सार्थक हो सकता है–कभी-कभी सरकार से लड़कर भी। मैंने पहले कहा कि मैं अपने को एक निर्बन्ध प्रतिपक्षी के रूप में देखता हूँ; मेरी समझ में यह अधिकार, या गौरव, आप चाहें तो कह लीजिए, यह प्रतिष्ठा, मेरे लिए स्वाधीनता का निचोड़ है।

और मैं यहाँ यह भी कह सकता हूँ कि यही मुझको मिल सकने वाली एकमात्र ऐसी स्वाधीनता है **जो किसी दूसरे पर निर्भर नहीं करती**। इस अर्थ में वह एकान्त और सम्पूर्ण मेरी है और यह मेरा एक स्वेच्छित कर्म है कि मैं, कलाकार मैं, अपने आपको समूचे समाज के लिए उत्तरदायी बनाता हूँ, अपनी स्वाधीनता को अपने समूचे समाज की स्वाधीनता के साथ जोड़ देता हूँ। यह एक स्वेच्छापूर्वक वरा गया कर्म है, एक **स्वाधीन कर्म** है। मैं इसलिए स्वाधीन हूँ कि मैं स्वाधीनकर्मी हूँ, कर्ता हूँ।

आधुनिक उपन्यास की पृष्ठभूमि

आधुनिक उपन्यास की चर्चा करते समय विषय को मुख्यतया अंग्रेज़ी उपन्यास तक ही सीमित रखना विश्व-साहित्य में उपन्यास के विकास को एकांगी रूप देना है और स्वयं अंग्रेज़ी उपन्यास को भी अधूरा देखना है क्योंकि विशेषतया उत्तरकाल में, वह दूसरी भाषाओं के साहित्यों और साहित्यिक आन्दोलनों से अत्याधिक प्रभावित होता रहा है। फिर भी, जहाँ तक हिन्दी उपन्यास का प्रश्न है, उसकी गतिविधि बहुत-कुछ अंग्रेज़ी उपन्यास के समान्तर ही रही और दूसरे साहित्यों का, यथा रूसी और फ्रांसीसी साहित्यों का, प्रभाव उसने अंग्रेज़ी के माध्यम से ग्रहण किया। इसके अतिरिक्त हिन्दी पाठक अंग्रेज़ी साहित्य से न्यूनाधिक मात्रा में परिचित होता ही है और इतर साहित्य का उसका ज्ञान न इतना विस्तृत होता है न इतना व्यवस्थित। इसलिए उपन्यास सम्बन्धी साधारण स्थापनाओं के उदाहरण देने के लिए अंग्रेज़ी साहित्य को सामने रखना कदाचित अधिक उपयोगी होगा।

आधुनिक उपन्यास के लक्षण पहचानने और उसे पूर्ववर्ती काल के अथवा विक्टोरियन युग के उपन्यास से पृथक करने के लिए थोड़ा ऐतिहासिक प्रत्यवलोकन आवश्यक है।

विक्टोरियन उपन्यास के विकास की पहली सीढ़ी डिकेन्स और थैकरे को माना जा सकता है। दोनों में बहुत अन्तर है, फिर भी दोनों पर साथ विचार किया जा सकता है क्योंकि दोनों का उद्देश्य समाज को तद्वत् और सम्पूर्ण चित्रित करने का था। दोनों ने अपने-अपने ढंग से समाज की सजीव गतिमयता का चित्र खींचा। डिकेन्स बौद्धिक नहीं था, उसने डार्विन नहीं पढ़ा था और विकासवाद के सिद्धान्त से वह अपरिचित था। फिर भी, समाज के विकास अथवा गतिमयता के प्रति उसकी दृष्टि सजग थी। पात्रों का घटनाओं के द्वारा चरित्र-विकास दिखाने में डिकेन्स असमर्थ है और उसके चरित्र आरम्भ में जैसे आते हैं अन्त तक वैसे ही चलते हैं किन्तु उसके उपन्यास में लोककथा की-सी शक्ति है और उसके अनेक चरित्र ऐसे लोक-चरित्र हैं जो अंग्रेज़ी पाठक के साधारण जीवन और बातचीत के मुहावरे का अंग बन गए हैं। जैसा किसी ने कहा है, 'जीवन में वैसे चरित्र नहीं होते, लेकिन

उससे जीवन ही घाटे में रहता है। मिकॉबर और मिसेज गैम्प आदि जैसे पात्र अगर विधाता ने नहीं बनाए होते तो हमारा मन यही कहता कि उसे बनाने चाहिए थे।' थैकरे ने जीवन का गम्भीर चित्र खींचने का प्रयत्न किया। उसका 'वैनिटी फेयर' इस समय तक के अंग्रेज़ी साहित्य में समाजालोचना का सबसे महत्त्वपूर्ण उदाहरण है।

वास्तव में डिकेन्स और थैकरे को ही आधुनिक उपन्यास के आदि-प्रवर्तक माना जा सकता है, लेकिन फिर भी आधुनिक उपन्यास उनके उपन्यासों से बिलकुल भिन्न हैं, जैसा कि हम अभी देखेंगे।

विक्टोरियन उपन्यास के विकास का दूसरा चरण ऐंटनी ट्रॉलप, जॉर्ज एलियट और मेरेडिथ में लक्षित होता है। ट्रॉलप को थैकरे का अनुयायी माना जा सकता है यद्यपि वह स्वयं एक अच्छा उपन्यासकार था। तथापि यह भी कहा जा सकता है कि वह उपन्यासकार का उत्तम उदाहरण था क्योंकि वह शुद्ध उपन्यासकार था। ऐसा उपन्यासकार नहीं जो साथ-साथ कवि या आलोचक या समाज-शास्त्री या सुधारक भी हो। उसके लिए मुख्य बात कहानी कहना था। युवक और युवतियों के मनोरंजन के लिए साधारण जीवन का ऐसा चित्र जिसमें हास्य का पुट और करुणा की मिठास हो, यह ट्रॉलेप के उपन्यास की परिभाषा है। उसके उपन्यासों में चरित्र के मनोविश्लेषण का अनुपात कुछ अधिक था लेकिन फिर भी उसकी मूल प्रवृत्ति समाज-चित्रण की ही थी। स्वभाव से वह परम्परावादी था और धार्मिक तथा नैतिक रूढ़ियों की ओर उसकी प्रवृत्ति सहज स्वीकार कर ली थी। जॉर्ज एलियट, मेरेडिथ और हेनरी जेम्स मुख्यतया चरित्र का विश्लेषण करते थे। जॉर्ज एलियट अपने समकालीनों की अपेक्षा अधिक बौद्धिक थी। नैतिक मान्यताओं के प्रति विद्रोह तो उसमें नहीं था तथापि परम्परागत धर्म-विश्वास पर उसे सन्देह था। वह ईसाई नीति-शास्त्रों को मानती और उसकी रक्षा करना चाहती थी लेकिन साथ ही उसे आधिदैविक या अति-प्राकृतिक आधारों से अलग भी करना चाहती थी।

मेरेडिथ में दार्शनिक जिज्ञासों का भाव और उभरकर आया। वह जॉर्ज एलियट की अपेक्षा कहीं अधिक मौलिक विचारक था, जीवन के तथा धर्म के गम्भीरतर प्रश्नों के प्रति सजग और उचितानुचित, पाप-पुण्य आदि की समस्याओं से उलझा हुआ। जिन प्रश्नों को थैकरे ने अपने समाजालोचन में कभी छुआ भी न था उन्हें मेरेडिथ मुख्य रूप से सामने लाता था। मेरेडिथ ने ही पहले पहल समकालीन तथा विक्टोरियन उपन्यास की अपर्याप्तता घोषित की और जीवन-दर्शन की आवश्यकता पर ज़ोर दिया। 'यह भविष्यवाणी की जा सकती है कि यदि हम शीघ्र ही उपन्यास में जीवन-दर्शन का समावेश नहीं करते तो वह कला अपने बहुसंख्यक उपासकों के रहते हुए भी नष्ट हो जाएगी।'

तीसरा चरण विक्टोरियन समाज के विघटन का समय है और इस चरण के

उपन्यासों में जिज्ञासाएँ तीव्र हो उठती हैं। दूसरी ओर, इस काल के लेखक में भाषा की अलंकृति भी बहुत देखी जाती है। इस चरण के मुख्य और महान उपन्यासकार टॉमस हार्डी हैं। मेरेडियन ने जिन समस्याओं को सूचित ही करके छोड़ दिया था, हार्डी उनकी गम्भीरता से आतंकित हो उठता है। वह समस्याओं को ही गम्भीर और विचारपूर्ण ढंग से उपस्थित नहीं करता बल्कि उनके सुलझाने या उत्तर की ओर संकेत करता है। 'टेस' में पतिता नारी के जीवनाधिकार का प्रश्न उठाया गया है। 'जूड–द ऑब्सक्योर' में समाज के अन्दर व्यक्ति की समस्याओं को उठाया गया है।

लेकिन हार्डी की आलोचना को सामाजिक नहीं कहा जा सकता, वह जागतिक (कॉस्मिक) ही है क्योंकि उसका आक्रोश समकालीन समाज–व्यवस्था की रूढ़ियों के प्रति नहीं, समूचे जीवन–विधान के प्रति है। उसके अनुसार, एक ओर मानव–प्राणी है जो अपनी इच्छाओं, आकांक्षाओं और आयोजनों को समझता है। दूसरी ओर जड़ प्रकृति है जिसमें न चेतनता है, न विवेक। इस प्रकार मानवीय प्रवृत्तियाँ तो बोध–गम्य हैं लेकिन घटना–क्रम तर्कातीत और विसंगत है–जड़ जगत का संगठन विवेकपूर्ण नहीं है। मानव और प्रकृति का यह विरोध, मानवीय उद्योग और विधि के विधान का यह वैषम्य या असंगति ही मानव की ट्रेजेडी का मूल है।

हार्डी का साहित्य लोक–परम्परा और लोक–विश्वासों पर निर्भर करता हुआ चलता है। लोक–गाथा, लोक–कला, लोक–विश्वास और लोक–धर्म उसके साहित्य में इतना महत्त्व रखते हैं कि उपन्यास को विशिष्ट प्रदेश और उस प्रदेश की लोक–परम्परा से पृथक करके पूरी तरह समझा नहीं जा सकता।

हार्डी को 'अन्तिम विक्टोरियन' कहा जाता है। लेकिन उसे इतनी ही सार्थकता के साथ 'अन्तिम एलिज़ाबीथियन' भी कहा जा सकता क्योंकि हार्डी शेक्सपीयर के साहित्य में डूबा हुआ है और शेक्सपीयर का या एलिज़ाबेथ–कालीन नाटककारों का प्रभाव उसके साहित्य में स्पष्ट लक्षित होता है। उदाहरणतया हार्डी के देहाती पात्र शेक्सपीयर के पात्रों से बहुत–कुछ मिलते हैं। वही पार्थिवता और वही काव्यमयता उनमें होती है। इसी प्रकार दैव–संयोग (कोइंसिडेंस) और हास्य का वैसा ही उपयोगी हार्डी में है जैसा कि एलिज़ाबेथ–कालीन नाटक में। वैचित्र्य और वैषम्य का एलिजाबेथ–कालीन आकर्षण हार्डी को भी आकृष्ट करता है। 'रिटर्न ऑफ द नेटिव' के अंशों की तुलना वेब्स्टर के 'द व्हाइट डेविल' से और 'मेयर ऑफ कास्टरब्रिज' की तुलना शेक्सपीयर के 'किंग लियर' से की जा सकती है।

हार्डी का समकालीन एक और उपन्यासकार अंग्रेज़ी उपन्यास की परम्परा में विशेष स्थान रखते हुए भी प्राय: उपेक्षित होता रहा है, वह है–जॉर्ज गिसिंग। इसका कारण कुछ तो हार्डी का नैकट्य हो सकता है, कुछ यह कि गिसिंग की सत्यवादिता में एक रूखापन और कटुता है। वास्तव में गिसिंग 'मोह–भंग' का पहला

उपन्यासकार है। शैली और विधान की दृष्टि से यद्यपि वह परम्परानुगामी है, तथापि वस्तु की दृष्टि से वह भविष्योन्मुख है–रूमानी प्रभावों से मुक्त, स्पष्टवादी, धार्मिक और राजनैतिक मान्यताओं के विषय में सन्देहवादी गिसिंग ने इसका तीव्र अनुभव किया कि उपन्यास को अपना विस्तार नए वर्गों और नई गहराइयों में ले जाना चाहिए। 'अनक्लास्ड' (वर्ग च्युत) नामक उपन्यास में वह कहता है, ''रोजमर्रा जीवन का उपन्यास अब घिस गया है। अब हमें और गहरे खोदना होगा और अछूते सामाजिक स्तर तक पहुँचना होगा। इसका अनुभव डिकेन्स ने किया था लेकिन उसमें अपने विषय का सामना करने का साहस नहीं था।''

गिसिंग के इस मोह–भंग में नए अथवा आधुनिक उपन्यास का बीज निहित है।

विक्टोरिया के युग के बाद एड्वर्ड का काल केवल एक अन्तराल है। विक्टोरियन से परिवर्तन वास्तव में प्रथम विश्व–युद्ध से ही आया जिसने सहसा भारी उथल–पुथल कर दी और नए उपन्यास को जन्म दिया। आधुनिक उपन्यास वास्तव में युद्धोत्तर–काल का उपन्यास है। यह दूसरी बात है कि उस के बीज जैसा ऊपर बताया गया है, पूर्ववर्ती कुछ उपन्यासों में ही निहित थे और आधुनिक उपन्यास की परम्परा का विवेचन बिना विक्टोरियन युग में इन प्रवृत्तियों के मूल–स्रोतों को पहचानने को हो ही नहीं सकता।

विक्टोरियन उपन्यास मध्यवर्ग का, मध्यवर्ग की भावना का बुर्जुआ संस्कृति का उपन्यास था। उसका विकास इंग्लैंड की औद्योगिक क्रान्ति के समान्तर चला किन्तु विश्व–युद्ध ने बुर्जुआ जगत को जड़ से हिला दिया। उसकी संस्कृति लड़खड़ा कर टूट गई। उसके प्रतिमान सहसा संदिग्ध हो उठे।

''सभी मानवीय सम्बन्ध परिवर्तित हो गए हैं–स्वामी और भृत्य के, पति और पत्नी के, माता–पिता और सन्तति के। और जब मानव–सम्बन्धों में परिवर्तन आता है तब धर्म, आचार, राजनीति और साहित्य में भी साथ–साथ परिवर्तन होता है।'' (वर्जीनिया वूल्फ)

साहित्यकार की दृष्टि अब वर्गों के संघर्ष को स्पष्ट देखने लगी। इतना ही नहीं, उसने देखा कि वर्गों के जीवन के वृत्त के भीतर भी अनेक दरारें पड़ गई हैं, वर्ग-संघर्ष के भीतर जातियों या घरानों के एक अलग संघर्ष की लीकें पहचानी जा सकती हैं। महायुद्ध ने मध्यवर्ग के जीवन को तो हिलाया ही, घरानों के जीवन पर भी गहरा आघात किया। महायुद्ध की चपेट में एक समूची युवा पीढ़ी को खोकर ये मध्यवर्गीय घराने अपने भविष्य की अनिश्चितता से आतंकित हो उठे क्योंकि युवा पीढ़ी के मिट जाने से उनकी सम्पत्ति का उत्तराधिकार और कुल का स्थायित्व जोखिम में पड़ गया। सम्पत्ति–मात्र खतरे में है, यह दुश्चिन्ता मध्यवर्गीय जीवन को घुन–सी खाने लगी।

गाल्सवर्दी और किपलिंग इस संकट के उपन्यासकार हैं। गाल्सवर्दी के 'फोर्साइट सागा' की उपन्यास-परम्परा घराने के जीवन के विस्फोट का ही चित्र है। 'मैन ऑफ प्रॉपर्टी' का नाम ही अभिप्राय-भरा है, और 'प्रॉपर्टी' की रक्षा की व्याकुलता गाल्सवर्दी के पात्रों का मुख्य मनोभाव है : वर्गीय या कुलगत मर्यादाओं की रक्षा का आग्रह सम्पत्ति उस चिन्ता का ही प्रक्षेपण है।

वर्जीनिया वूल्फ और गाल्सवर्दी-किपलिंग में एक बड़ा अन्तर है। ये दोनों उपन्यासकार बुर्जुआ उपन्यासकार हैं किन्तु वर्जीनिया वूल्फ बुर्जुआ नहीं है, यद्यपि उसे बुर्जुआ-विरोधी भी नहीं कहा जा सकता। उसकी बौद्धिकता और सूक्ष्म अनुभूति उसे इससे ऊपर उठाते हैं। प्रतिमानों के बुर्जुआ होते हुए भी उसका दृष्टिकोण अधिक बौद्धिक और उसकी संवेदना का वृत्त अधिक विस्तृत है।

इनके अनन्तर जो महत्त्वपूर्ण नाम सामने आता है और इस नाम के साथ अंग्रेज़ी उपन्यास संक्रान्ति काल पार करके 'आधुनिक युग' में आ जाता है वह डी. एच. लॉरेंस का है। लॉरेंस स्पष्टतया बुर्जुआ-विरोधी था। अपने युग की वह एक अद्‌भुत अनमिल उपज था : उसका दृष्टिकोण रूमानी था परन्तु बुर्जुआ-विरोधी, क्योंकि उसमें एक नास्तिक अभिजात्य था उसकी चरमवादी प्रवृत्ति इस बनी-बनाई घटिया दुनिया को सह नहीं सकती थी। उसका विद्रोह इस 'रेडीमेड' बुर्जुआ जगत की विरसता के विरुद्ध अभिजात का विद्रोह था और समकालीन नैतिक मानदंडों के प्रति उसका अस्वीकार एक अनीश्वरवादी या सर्वदेवतावादी (पैगन) की स्वच्छन्दता की घोषणा थी। भौतिक जीवन के साथ चेतना का ऐसा नया सम्बन्ध स्थापित करने के लिए, जो बुर्जुआ जीवन के ओछेपन से बँधा हुआ न हो, उसकी अभिजात मनोभावना संसार की सभी जानी हुई संस्कृतियों का तिरस्कार करके उनके घेरे के बाहर जाने को तैयार थी : ग्रीक, यहूदी, रोमी, मध्ययुगीन, पुनरुत्थान-कालीन सभी संस्कृतियों को अपर्याप्त पाकर लॉरेंस नई खोज के लिए कहीं भी जाने को आतुर था। भूली हुई प्राक्-सभ्यताओं की ओर भी-'आई वांट टू टर्न माई बैक ऑन द होल ब्लास्टेड पास्ट।' मैं समूचे अभागे अतीत की ओर पीठ फेर लेना चाहता हूँ-यह लॉरेंस की उक्ति थी और यूरोप को छोड़कर वह मेक्सिको गया था तो संवेदना के किसी पुराने अर्द्ध-विस्मृत प्रकार की खोज में। मेक्सिको-विषयक अपने उपन्यास 'द प्लम्ड सर्पेंट' में वह लिखता है : "मैं मूलभूत भौतिक यथार्थताओं के प्रति संवेदना का पुनः संस्कार करना चाहता हूँ।"

विक्टोरियन काल की प्रवृत्तियाँ लॉरेंस के परवर्ती युग में भी लक्षित होती हैं और लॉरेंस के पूर्वसूचक विक्टोरियन युग में थे पर लॉरेंस से स्पष्ट युग-परिवर्तन माना जा सकता है।

इस ऐतिहासिक अवलोकन के बाद अब इस पर विचार किया जा सकता है कि

आधुनिक उपन्यास की कौन-सी प्रवृत्तियाँ उसे विक्टोरियन उपन्यास से पृथक करती हैं।

1. जो है उसके प्रति, समवर्ती, नैतिक, सामाजिक, राजनैतिक मूल्यों के प्रति, अस्वीकार और नए प्रतिमानों की प्रतिष्ठा की आकुलता यही वह मौलिक भेद है जो विक्टोरियन और आधुनिक का काल-विभाजन करता है। नए प्रतिमानों और मूल्यों की यह खोज लॉरेंस और ट्रॉलप की तुलना करने से स्पष्ट उभरकर सामने आती है। लॉरेंस सर्वथा आधुनिक है। ट्रॉलप सम्पूर्णतया विक्टोरियन : दोनों का न केवल मुहावरा भिन्न है वरन अनुभूति-क्षेत्र ही अलग-अलग है।

नए मूल्यों की खोज को लॉरेंस भावना के और काम-सम्बन्धों के क्षेत्र में भी ले जाता है। उसके पात्र अभूतपूर्व हैं। उनमें हम उनकी चेतना से पृथक उनकी संवेदनाओं का प्रवाह और आदान-प्रदान देखते हैं। चेतन भावनाओं और अवचेतन संवेदनाओं के स्तर अलग-अलग हैं। दोनों में तीव्रता और प्रवाह है। लॉरेंस के पात्रों का भाव-जीवन उतना ही गतिमय है जितना हेनरी जेम्स के पात्रों का बुद्धि-जीवन : 'जानना रक्त से होता है, केवल मन से नहीं।' डी. एच. लारेंस। दोनों में ऐन्द्रिय संवेदनाओं का वर्णन करने और उन्हें पाठक तक पहुँचाने की असाधारण क्षमता थी और दोनों ने उपन्यास की पहुँच और गहराई को बढ़ाया।

जेम्स जॉयस अंशतः ही आधुनिक है। भाषा और मनोविज्ञान के क्षेत्र में उसके प्रतिमान आधुनिक हैं, किन्तु उसकी नैतिक और सामाजिक मान्यताएँ कैथोलिक हैं। इसी प्रकार एल्डस हक्सले और वर्जीनिया वूल्फ भी सम्पूर्णतया आधुनिक नहीं है, क्योंकि वे केवल कुछ ही क्षेत्रों में नए प्रतिमा खोजते या चाहते हैं और अन्य क्षेत्रों में पुराने प्रतिमानों को ही मानते चलते हैं। हक्सले ने प्रायः ऐसे समाज या काल का चित्रण किया है जिसमें कोई प्रतिमान ही नहीं है। कोई ऐसे आधार ही नहीं हैं जिन पर कर्म या आचार की कसौटी हो सके। 'पाएंट काउंटरपाएंट' में लॉरेंस के पथ की ओर थोड़ा-सा झुकाव है किन्तु अनन्तर हक्सले रहस्यवादी या आध्यात्मिक अन्वेषण की ओर झुक जाता है, जिसके प्रथम संकेत 'दोज़ बैरन लीव्स' में मिलते हैं और अधिक विकसित रूप 'आइलेस इन गाज़ा' में और 'टाइम मस्ट हैव ए स्टॉप' में। इस दृष्टि से हक्सले वास्तव में अर्ध-आधुनिक भी नहीं, छद्म आधुनिक ही है।

नए मूल्यों की खोज ने जो अनेक दिशाएँ ग्रहण कीं, उनमें कुछ का संक्षेप में निरूपण कर देना अनुचित न होगा :

(क) धर्म और नीति के क्षेत्र में-मानववाद, करुणा के आदर्श की पुनः प्रतिष्ठा।

(ख) सहज बोध बनाम बुद्धि-मन के विरुद्ध 'रक्त' का सहारा।

(ग) समाज-संगठन के क्षेत्र में-बुर्जुआ सामाजिक ढाँचे का तिरस्कार, घरानों और परिवारों के जीवन का विघटन।

(घ) काम-सम्बन्धों के क्षेत्रों में-सेक्स की नई परिभाषा, जो उसे न निरा शरीर-सम्बन्ध मानती है, न केवल सामाजिक बन्धन या व्रत, बल्कि एक 'गतिशील-सम्पृक्त भाव' (डाइनैमिक कम्यूनिकेशन)[1]।

2. आधुनिक विज्ञान के आविष्कारों ने जो नई समस्याएँ खड़ी कर दी हैं, उनके कारण जो अवस्था उत्पन्न हुई है, वह आधुनिक उपन्यास की दूसरी विशेषता है।

वैज्ञानिक आविष्कारों ने मानव को नई दृष्टि दी है, पर उसके कारण हमारी मान्यताओं में और उनके आधारों में जो परिवर्तन आते हैं उन्हें हम पूर्णतया स्वीकार नहीं कर सके हैं, जीवन और आचार में आत्मसात करना तो दूर की बात है। ज्ञान और आचार की अवस्थाओं का यह विपर्यय अनेक समस्याएँ और संघर्ष उत्पन्न करता है जो आधुनिक जीवन का एक मूलभूत सत्य हैं और जिनका प्रभाव आधुनिक उपन्यासकार पर पड़ना अनिवार्य है।

मार्क्सवाद इन समस्याओं का निराकरण नहीं करता। वह जीवन का एक वैज्ञानिक जड़वादी आधार उपस्थित करना चाहता है, पर यह आधार अपर्याप्त है और इसलिए असह्य हो उठता है। यह नहीं कहा जा सकता कि आधुनिक उपन्यासकार ने विज्ञान को जीवन का आधार मान लिया है। निःसन्देह कई नए उपन्यासकार दावा करते हैं कि हमारी संवेदनाएँ बिलकुल बदल गई हैं और उनका आधार सम्पूर्णतया वैज्ञानिक है, पर वास्तव में यह दावा निराधार है। यह तो ठीक है कि वे डी. एच. लॉरेंस से भिन्न हैं पर कलाकार के रूप में वे कुंठित हैं और अपनी मान्यताओं के ढाँचे के अन्दर असन्तोष और कुंठा का अनुभव भी करते रहते हैं। डी. एच. लॉरेंस का आमूल विद्रोह या नकारात्मक आग्रह उनका नहीं है। वे उसे भ्रान्त मानते हैं पर स्वयं शान्ति या स्थिरता पाने में वे असमर्थ हैं। काव्य में मायाकोव्स्की या उपन्यास में एरेनबुर्ग इसके अच्छे उदाहरण हैं। स्वयं अपनी मान्यता और अपने जीवन का अन्तर्विरोध उन्हें बेचैन कर देता है। यह बेचैनी और उद्भान्ति उनकी रचना में अभिव्यक्त होती है। भिन्न-भिन्न कारणों से उत्पन्न यह उद्भ्रान्ति क्या मार्कसिस्ट लेखकों में और क्या अन्य लेखकों में-आधुनिक उपन्यास की विशेषता है।

आधुनिक उपन्यासकार वर्तमान परिस्थिति या परिवेश को अस्वीकार करता है किन्तु नए स्तर पर किसी परिवेश का स्वीकार या उसके समन्वय की स्थापना नहीं कर पाया। इससे जो शून्य उत्पन्न होता है, वह आधुनिक उपन्यास का एक विशेष

---

1. डी. एच. लॉरेंस ने कहा है : ''मैन मस्ट बी सुप्रीम, अदरवाइज़ रिलेशनशिप इज़ फ़िलियल, दैट इज़, इट इज़ इनसेस्ट।''

लक्षण है। आधुनिक उपन्यास नया उपन्यास है, लेकिन उसका नयापन न तो विषय-वस्तु का नयापन है, न विधान का, न कथानक का, न रूपाकार का। वह मूलतः जीवन के प्रति दृष्टिकोण का नयापन है। यद्यपि वस्तु, शैली, विधान, कथा आदि का नयापन उसमें हो सकता है और होता भी है, तथापि उसकी आधुनिकता की कसौटी वह नहीं है। कसौटी उसका नया दृष्टिकोण ही है।

3. समय या काल के प्रश्न को लेकर आधुनिक उपन्यासकार की व्यस्तता कदाचित् उसके विज्ञान-सम्बन्धी उहापोह का ही एक पहलू है।

काव्य में टी. एस एलियट और गद्य में वर्जीनिया वूल्फ बार-बार 'अतीत की वर्तमानता' की बात करते हैं। वर्जीनिया वूल्फ के लिए व्यक्ति का सम्पूर्ण जीवन ही 'अतीत की खोज' है।[1] उसका एक चरित्र-नायक ऑर्लैंडो तीन सौ वर्ष तक जीता है। एलिजाबेथ के युग में वह बच्चा है, तीस वर्ष की आयु में वह पोप के युग में प्रवेश करता है और सन् 1929 में अभी वृद्धावस्था को प्राप्त नहीं हुआ है। किसी ने इसे 'आइन्स्टाइन के सिद्धान्त का काव्यरूप' कहा है। एल्डस हक्सले भी काल के प्रश्न को लेकर व्यस्त है : इसके संकेत उसके प्रारम्भिक उपन्यासों में भी मिलते हैं और 'टाइम्स मस्ट हैव ए स्टॉप' का शीर्षक (यद्यपि वह हैमलेट की एक उक्ति से लिया गया है) इस व्यस्तता को स्पष्ट प्रकट करता है।

किन्तु यह आधुनिक उपन्यास का एक अपेक्षया कम महत्त्वपूर्ण पहलू है। वास्तव में उसकी वास्तविक कसौटी उसका दृष्टिकोण ही है। यही उसे पूर्ववर्ती उपन्यास से पृथक करता है और उसे समझने के लिए इसके ऐतिहासिक विकास और कारणों को समझना आवश्यक है। जैसा कि हम पहले कह आए, विक्टोरियन प्रवृत्तियाँ आधुनिक युग तक भी चली आती हैं और आधुनिक प्रवृत्तियों के बीच पूर्ववर्ती युग में पाई जाती हैं। तथापि दोनों युगों का अन्तर इतना स्पष्ट है कि उसके बारे में भूल हो ही नहीं सकती, और यह भी समझ में आ जाता है कि दृष्टिकोण के इस आमूल परिवर्तन के बाद फिर पीछे लौटना तो असम्भव है, भले ही पाठकों को विक्टोरियन उपन्यास अधिक रोचक लगते रहें-जैसा कि वे निःसन्देह अनेकों को लगते हैं। यह परिवर्तन एक प्रौढ़ता का द्योतक है जिससे पीछे नहीं लौटा जा सकता। और किसी को क्यों लौटना चाहिए, इनका कारण कम-से-कम कोई आधुनिक तो नहीं सोच सकता।

---

1. 'रेशर्शे टु ताँ पेर्दू' -खोए हुए समय की खोज-मार्सेल प्रूस्त की एक उपन्यासमाला का शीर्षक है।

आधुनिक उपन्यास और दृष्टिकोण

समकालीन साहित्य-विधाओं में उपन्यास शायद सबसे अधिक विशिष्ट और महत्त्वपूर्ण है। यह भी इसकी विशेषता का अंग है कि इसकी परिभाषा इतनी कठिन है। इतना ही नहीं, इसका उपयुक्त नाम भी नहीं है। 'उपन्यास' से केवल फैलाव की सूचना होती है, 'आख्यान' में बत-कही की ध्वनि मुख्य है। अंग्रेज़ी नॉवेल (और उसी से उत्पन्न मराठी 'नवलिका') में नएपन पर बल है और फ़िक्शन से मनगढ़न्त की ध्वनि होती है। ये सभी नाम न केवल अनुपयुक्त हैं बल्कि आधुनिक उपन्यासकार की भावना और प्रवृत्ति के प्रतिकूल भी जाते हैं।

किसी ने कहा है कि 'उपन्यास की सबसे अच्छी परिभाषा उपन्यास का इतिहास है।' इस उक्ति में गहरा सत्य है। ऐतिहासिक दृष्टि से देखें तो उपन्यास मानव के अपनी परिस्थितियों के साथ सम्बन्ध की अभिव्यक्ति के उत्तरोत्तर विकास का प्रतिनिधित्व करता है। मानव का मानसिक विकास जैसे-जैसे इस सम्बन्ध की परीक्षा की ओर उत्तरोत्तर अधिक आकृष्ट हुआ है, वैसे ही इस सम्बन्ध की अभिव्यक्ति भी उत्तरोत्तर उसके प्रति मानव के दृष्टिकोण की अभिव्यक्ति होती गई है। इसलिए कहा जा सकता है कि उपन्यास में दृष्टिकोण या जीवन-दर्शन का महत्त्व उपन्यास की परिभाषा में ही निहित है।

उपन्यास सबसे पहले कहानी के रूप में आरम्भ हुआ–वह घटनाओं अथवा कर्मों का वृत्तान्त था, जिन घटनाओं में कोई परस्पर सम्बन्ध आवश्यक था अर्थात उपन्यास सबसे पहले इतिवृत्त था। लेकिन इतिवृत्त में भी घटना-वस्तु का चुनाव और आकलन आवश्यक होता है और घटनाओं का परस्पर सम्बन्ध विभिन्न दृष्टियों से देखा जाने पर विभिन्न महत्त्व रख सकता है, इसलिए यहाँ भी इतिवृत्त-लेखक की दृष्टि महत्त्व रखती है।

दृष्टि का महत्त्व प्रत्येक साहित्य-विधा में है लेकिन काव्य में इसको अपेक्षया अधिक आसानी से स्वीकार कर लिया जाता है क्योंकि काव्य स्पष्टतया एक 'सब्जेक्टिव' अभिव्यक्ति है लेकिन उपन्यास-कला को अधिक वस्तुपरक (ऑब्जेक्टिव) माना जाता है। इसलिए औपन्यासिक की दृष्टि से प्रासंगिकता इतनी

आसानी से स्वीकार नहीं कर ली जाती लेकिन वास्तव में उपन्यास में भी दृष्टि का महत्त्व कम नहीं है।

उपन्यास में समाज की प्रगति का हर पहलू प्रतिबिम्बित होता है। अभिजात या सामन्तिक समाज का विघटन और आधुनिक युग का आरम्भ, आधुनिक युग के आन्तरिक संघर्ष की बढ़ती हुई तीव्रता और पूँजीवाद के विकास से संयुक्त परिवार-प्रथा का ह्रास इत्यादि, सभी का प्रतिनिधित्व उपन्यास में मिलेगा। लेकिन उनके वर्णन में भी उपन्यासकार की दृष्टि क्रमशः व्यक्ति पर केन्द्रित होती गई है। आरम्भ में वृत्तान्त में एक नायक होता था जिस पर या जिसके द्वारा घटनाएँ घटित होती थीं। लेकिन उपन्यासकार यहाँ से निरन्तर बढ़ता हुआ नायक के व्यक्तित्व और चरित्र को प्रधानता देता गया और अन्त में चरित-नायक व्यक्ति-प्रकार (टाइप) न होकर विशिष्ट व्यक्ति होने लगे। पुरानी घटनाओं के नायकों की भाँति आधुनिक उपन्यास के नायक को धीर, धीरोदात्त या शान्त आदि वर्गों में रख देना पर्याप्त नहीं है। प्रत्येक व्यक्ति का एक विशेष और अद्वितीय चरित्र होता है।

व्यक्ति और परिस्थिति के संघर्ष के अध्ययन ने चरित्र (मानव-चरित्र) के उपन्यासों को जन्म दिया। टॉमस हार्डी के उपन्यास व्यक्ति और परिस्थिति (या नियति) के संघर्ष के उपन्यास हैं। उनका संघर्ष विश्व-संघर्ष है। जिस अर्थ में ग्रीक दुखान्त नाटक का संघर्ष विश्व संघर्ष था-मानवीय उद्योग और मानवेतर परिस्थिति या नियति का चिरन्तन संघर्ष। इस मूल संघर्ष के अलावा और अनेक प्रकार के संघर्ष भी उभरकर हमारे सामने न आए होते तो उपन्यास का विकास यहीं तक आकर रुक जाता। लेकिन समाज के भीतर वर्ग और वर्ग का संघर्ष, फिर वर्ग के भीतर कुल और कुल का, कुल में परिवार और परिवार का, और अन्ततोगत्वा परिवार के भीतर व्यक्ति और व्यक्ति का संघर्ष-इन सब पर टिककर उपन्यास की दृष्टि विकसित होती रही और उपन्यास में सामाजिक वस्तु का अनुपात बढ़ता गया। इस विकास की चरम परिणति व्यक्ति-चरित्र के उपन्यास में हुई। यहाँ 'व्यक्तित्व के या व्यक्ति चरित्र के उपन्यास' और 'चरित्र के अथवा मानव-चरित्र के उपन्यास' का अन्तर समझ लेना उचित होगा। मानव-चरित्र और व्यक्ति-चरित्र में यह अन्तर है कि मानव-चरित्र में मानव-मात्र की चारित्रिक विशेषता पर बल दिया जाता है जबकि व्यक्ति-चरित्र में केवल उस एक और अद्वितीय व्यक्ति पर ध्यान केन्द्रित होता है जिसे हम दूसरे मानवों से पृथक करके चुनते हैं। अर्थात् पहले में हम मानवेतर जीव से मानव प्राणी को पृथक करके उसकी मानवता को परिस्थिति के परिपार्श्व में देखते हैं, दूसरे में हम एक व्यक्ति-मानव को इतर मानव-व्यक्तियों से पृथक करके उसके व्यक्तित्व को मानव-समाज के परिपार्श्व में देखते हैं।

उपन्यास का यह विकास डार्विन और मार्क्स के आविर्भाव और प्रचार के साथ-साथ हुआ। नए वैज्ञानिक अनुसन्धान और ज्ञान ने उपन्यास की दृष्टि बदल दी। उसका लिखना ही बदल गया क्योंकि उसकी दृष्टि बदल गई। उसके बाद एक और बहुत बड़ा परिवर्तन फ्रायड के साथ आया। उसकी मनोविश्लेषण-पद्धति ने व्यक्ति-मानस और व्यक्ति चेतना की गहनताओं पर नया और तीखा प्रकाश डाला। इससे उपन्यासकार को व्यक्ति-मानस को समझने में बड़ी सहायता मिली, बल्कि एक नई दृष्टि और पैठ मिली जिसके सहारे वह विशेष व्यक्ति के मन के भीतर होने वाले संघर्ष को पहचान सका। चेतना-प्रवाह (स्ट्रीम ऑफ कॉन्शसनेस) अथवा स्वागत-भाषण (इंटर्नल मोनोलॉग) के उपन्यास इस दृष्टि के परिणाम हैं। और आधुनिक उपन्यास में मानसिक संघर्ष का विश्लेषण विशिष्ट महत्त्व रखता है।

मानव-चरित्र से व्यक्ति-चरित्र की ओर बढ़कर भी उपन्यास रुक नहीं गया है। आधुनिक सामाजिक परिस्थिति में यह प्रश्न भी अधिकाधिक महत्त्वपूर्ण होता गया है कि मानव-व्यक्ति का व्यष्टि-रूप में क्या स्थान है-वह सामाजिक इकाई के रूप में बचा भी है और बचा रह भी सकता है या नहीं? यह प्रश्न व्यक्ति के भीतर के संघर्ष के और नए आयाम हमारे सामने लाता है। संघर्ष की चरम परिणतियों के चित्रण में स्वाभाविक है कि विघटन के चित्र भी आएँ, न केवल खंडित व्यक्तित्यों के बल्कि ऐसी इकाइयों के भी, जिनका अपने इकाई होने में विश्वास भी डगमगा गया हो। व्यक्तित्व की, अस्तित्व की, अपनेपन की, 'आइडेंटिटी' की खोज की पुकार इसी का मुखर रूप है।

उपन्यासकार की दृष्टि की गहराई और विस्तार बढ़ने के साथ-साथ स्वाभाविक था कि 'संघर्ष' अथवा 'घटना' की उसकी परिकल्पना भी बदल जाए। और संघर्ष क्या है, अथवा घटना किसे कहते हैं, इसकी नई परिभाषा के साथ संघर्ष के चित्रण और घटना के वर्णन का रूप भी बिलकुल बदल गया। बाह्य परिस्थिति से संघर्ष, मानव और नियति का संघर्ष इतना महत्त्वपूर्ण न रहा क्योंकि व्यक्ति-मानस स्वयं सदैव एक तनाव की स्थिति में रहता है और वह तनाव ही संघर्ष है। व्यक्ति-मानस बनाम परिस्थिति, इस विरोध का कोई अर्थ नहीं रहा क्योंकि **मानस स्वयं ही एक परिस्थिति हो गया**। इसी प्रकार बाह्य घटना का इतना महत्त्व नहीं रहा क्योंकि जिस प्रकार संघर्ष भीतर-ही-भीतर उभरता और निर्वासित होता रहता है, उसी प्रकार भीतर-ही-भीतर घटना भी घटित होती रहती और रह सकती है।

इस प्रकार कलाकार की दृष्टि का विकास क्रमशः जीवन के प्रति उसके दृष्टिकोण का महत्त्व बढ़ाता चलता है और विकास के साथ-साथ उपन्यास भी उत्तरोत्तर अधिक स्पष्टता से दृष्टिकोण का उपन्यास होता जाता है। उपन्यास के

रूपाकार के परिवर्तन भी इसी से सम्बद्ध हैं। आधुनिक उपन्यास स्पष्ट रूपाकार और वर्णन, घटना-वृत्तान्त की स्पष्टता और सहजता को खो रहा है। उसमें वक्रता और व्यंजना बढ़ती जाती है और उसका रूपाकार भी धुँधला और उलझा हुआ होता जा रहा है।

इस नई दृष्टि अथवा दृष्टिकोण के महत्त्व का एक उदाहरण आधुनिक उपन्यास में काम-जीवन अथवा सेक्स का वर्णन है। आधुनिक उपन्यास में सेक्स पहले से अधिक महत्त्व भी रखता है और कम भी। अधिक इसलिए कि अब हम पहले की अपेक्षा कहीं अधिक अच्छी तरह उसके प्रभाव की गहराई और विस्तार को समझते हैं और यह भी जानते हैं कि आधुनिक युग में काम-जीवन का असामंजस्य और विषमता आधुनिक समाज में बहुत दूर तक फैला हुआ एक रोग है।

उन्नीसवीं सदी से पहले न तो उपन्यासकार यह बात अच्छी तरह जानता था कि काम-प्रेरणाएँ न केवल स्त्री-पुरुषों की दैहिक प्रवृत्तियों से सम्बन्ध रखती हैं बल्कि उनके सामाजिक जीवन के सभी पहलुओं को प्रभावित करती हैं और उनकी धार्मिक, आध्यात्मिक, नैतिक, सांस्कृतिक और कला-सम्बन्धी मान्यताओं और विश्वासों का रूप निश्चित करती हैं। न वह यही जानता या मानता था कि समकालीन सामाजिक परिस्थिति में काम सम्बन्धों में कितनी विषमता आ गई है। प्राचीन काल में राजकुमार और राजकुमारी का मिलन और प्रेम होता था, फिर विवाह हो जाता था और वे शेष जीवन सुख से काट देते थे। आज ऐसा लगभग कभी नहीं होता और दाम्पत्य जीवन अगर सुखी होता है तो बड़ी साधना और परस्पर समझौते के आधार पर ही होता है। इन सब कारणों का ज्ञान होने से आधुनिक उपन्यासकार की दृष्टि में सेक्स का महत्त्व बहुत अधिक बढ़ गया है। दूसरी ओर नई परिस्थितियों में उसका महत्त्व कम भी हो गया है क्योंकि उसका अस्तित्व सहज भाव से स्वीकार किया जा सकता है। साथ ही, काम-जीवन में 'पवित्रता' का वह अर्थ या महत्त्व नहीं रहा है जो पहले था।

आज का उपन्यासकार (या साधारण समाज) यह नहीं मानता कि दाम्पत्य जीवन के सुखी होने के लिए यह अनिवार्य शर्त है कि पुरुष और स्त्री को इससे पहले कोई कामज अनुभूति न हुई हो या वे वासना से अपरिचित रहे हों। बल्कि कोई पूर्वग्रह लेकर वह चलता है तो इससे उलटा ही। न आज विवाह-पूर्व ऐसी अनुभूति या संसर्ग जीवन का अभिशाप बन जाता है, जैसा कि पश्चिम में उन्नीसवीं शती के उत्तरकाल तक होता था-टॉमस हार्डी की 'टैस' जिसका एक ज्वलन्त उदाहरण है-या कि भारतीय साहित्य में पहले महायुद्ध के समय तक होता था। आज यह माना जाता है कि स्त्री एक बार भूलकर के भी सँभल सकती है, नागरिक जीवन में स्थान पा सकती है, समाज की उपयोगी सदस्य हो सकती है और जीवन के साथ

काम-चलाऊ समझौता करके सुखी भी हो सकती है। आज पहले की अपेक्षा ऐसे व्यक्ति बहुत अधिक हैं जिनके सेक्स जीवन में विषमता हो, लेकिन ऐसे अपेक्षया बहुत कम जिनका जीवन सेक्स के कारण नष्ट हो जाता है। इसका कारण सेक्स के सम्बन्ध में समाज का नया दृष्टिकोण है और आधुनिक उपन्यास में यह दृष्टिकोण सम्पूर्ण रूप से प्रतिबिम्बित होता है।

अभी तक हम दृष्टिकोण के महत्त्व की बात करते आए हैं लेकिन दृष्टिकोण के महत्त्व के साथ-साथ दृष्टिकोण की एक समस्या भी खड़ी हो जाती है। जीवन के प्रति दृष्टिकोण आत्मरक्षा की एक शर्त बन सकता है-हमारी अस्तित्व रक्षा हो सकती है या नहीं, इसका उत्तर इसी पर निर्भर कर सकता है कि जीवन के प्रति हमारा दृष्टिकोण क्या है। पश्चिम की सभी सभ्यताओं का विकास अन्ततोगत्वा इसी प्रश्न पर आकर अटका है और आधुनिक (पाश्चात्य) सभ्यता के सामने भी आज यही प्रश्न है; जीवन को हम कैसे देखें कि उसका दबाव हम सह सकें; जीवन के प्रति हमारा दृष्टिकोण क्या हो जिससे हम उसकी कठिनाइयों के बावजूद अपना अस्तित्व बनाए रह सकें? यह प्रश्न नया तो नहीं है और प्रत्येक सभ्यता एक प्रकार से इसी प्रश्न का संगठित और सामूहिक उत्तर होती है लेकिन इस समस्या का पूरा दबाव, इसकी पूरी तीव्रता आधुनिक युग का व्यक्ति ही समझ सकता है। इसका कारण केवल यही नहीं है कि इसकी सबसे नई और आशावादी सभ्यता भी पूर्ववर्ती सभ्यताओं की तरह एक प्रश्न-विराम के सामने आ खड़ी हुई है। एक कारण यह भी है कि वैज्ञानिक विश्वस्तता और स्पष्टता की ओर इधर जो वेगवती प्रगति हो रही थी और जिससे उसे आशा हो चली थी कि वह जीवन के सत्य को हस्तगत कर लेगी, वह प्रगति भी मानो रुद्ध हो गई है और अनुसन्धान एक सूनी दीवार से टकराकर रह गया है। सापेक्षवाद की चोट ने यों तो हमारी बुद्धि को ही धक्का पहुँचाया और हमारी वैचारिक भूमि को कँपा दिया, लेकिन हमारे भौतिक-सामाजिक जीवन की जड़ों को भी उसने बुरी तरह हिला दिया। मानव अभी नए वैज्ञानिक यथार्थ को सही ढंग से स्वीकार नहीं कर सका है और न नए वैज्ञानिक अनिश्चय को सम्पूर्णतया अपना सका है। नए वैज्ञानिक ज्ञान के आधार पर अपने विश्वास और मान्यताओं का पुन:परीक्षण और समन्वय वह अभी नहीं कर सका है।

परिस्थिति इसलिए और भी शोचनीय है कि बहुत-से लोग अब मानने लगे हैं कि किसी भी वस्तु में विश्वास करना या किसी भी विश्वास में आशा केन्द्रित करना विपज्जनक है। दूध का जला छाछ फूँककर पीता है; पुरानी निश्चयात्मकता खोकर मानव सभी चीज़ों के बारे में शंकित हो उठे तो क्या आश्चर्य? इस प्रकार एक ओर निश्चयात्मकता की माँग सबसे अधिक प्रबल है, (विश्वासों का होना ही पर्याप्त नहीं

है, विश्वास भी होना चाहिए)[1] तो दूसरी ओर भूतपूर्व निश्चयात्मकता और विश्वास से निराशा भी चरमबिन्दु पर है। (मैं समूचे झुलसे अतीत से मुँह मोड़ लेना चाहता हूँ।[2] काश कि समय की दिशा में कोई नई आँधी उठे और मुझे बहा ले जाए।)[3]

इस अनिश्चय, उलझन और अव्यवस्था में, जिसे एक व्यक्ति के भीतर अनेक या बहुमुखी व्यक्तित्व का उभार और भी जटिल बना देता है, अस्तित्व रक्षा का एकमात्र साधन जीवन के प्रति दृष्टिकोण ही हो जाता है। वह दृष्टिकोण क्या हो, उसके बारे में अनेक मत हैं। एक मत यह भी है कि दृष्टिकोण क्या है, इसका महत्त्व उतना नहीं है जितना इसका कि दृष्टिकोण है क्योंकि दृष्टिकोण होना ही सूचित करता है कि उपन्यासकार एक ऐसे सुविधापूर्ण स्थल पर है जहाँ से वह विश्व की व्यापक अव्यवस्था के परिदृश्य का अवलोकन कर सकता है!

इस नए युग की इस नई अवस्थिति का वाहन, उसकी अभिव्यंजना का माध्यम उपन्यास ही क्यों है, कविता, नाटक या निरे दार्शनिक प्रबंध क्यों नहीं? क्योंकि परिस्थितियों के आधुनिक निरूपण का एक अंग यह भी है कि इस स्थिति को जीवित विस्तार में 'इन द फील्ड' ही दिखाना चाहिए। ये सब समस्याएँ और परिस्थितियाँ किस प्रकार जीवन-व्यापार को प्रभावित या निरूपित करती हैं, इसी का अध्ययन होना है और जीवन-व्यापार तो उपन्यास का विषय है ही। उपन्यास साहित्याभिव्यंजना का सर्वश्रेष्ठ आधुनिक माध्यम है क्योंकि वह एक मिश्रित या संगठित माध्यम है, न तो काव्य की भाँति 'शुद्ध' और न नाटक की भाँति सीमित।

कवि मूलतः अपने लिए लिखता है, नाटककार मूलतः सामाजिक या दर्शक के लिए। लेकिन उपन्यासकार एक साथ ही कलाभिव्यंजना के कई स्तरों पर विचरण कर सकता है। वह एक साथ ही सबके लिए लिख सकता है : जन-साधारण के लिए 'अमुक घटित हुआ या हो रहा है।' दूसरे लेखकों के लिए 'अमुक विषय-वस्तु को मैंने तो ऐसे लिया है, आप क्या करते या शेक्सपियर या तुर्गनेव क्या करता?' या स्वयं अपने लिए 'हाँ, यह तो दृष्टिकोण हुआ, समस्या का हल क्या है?' एक साथ कई स्तरों पर अभिव्यक्ति आधुनिक उपन्यास का एक लक्षण है। आन्द्रे जीन्द का 'जालसाज' (ले फ़ो मॉनेयर्स) इस प्रकार के उपन्यास का बहुत रोचक उदाहरण है। रूप-विधान की दृष्टि से यह इधर की महत्त्वपूर्ण साहित्यिक कृतियों में स्थान रखता है। एक साहित्यिक माध्यम के रूप में उपन्यास

---

1. 'इट इज़ नॉट इनफ़ टू हैव कनविक्शन्स, वन मस्ट ऑल्सो हैव कनविक्शन।
–ए. एस. एम. हचिनसन, 'इफ़ विन्टर कम्स'

2. 'आई बट टू टर्न माई बैक ऑन द होल ब्लाइटेड पास्ट।' –डी. एच. लॉरेंस

3. 'ओ फॉर ए विंड टू ब्लो इन द डायरेक्शन ऑफ टाइम एंड कैरी मी अवे।'
–डी. एच. लॉरेंस

जो विशिष्ट और अद्वितीय अवसर देता है, उसका इसमें भरपूर उपयोग किया गया है। एल्डस हक्सले, जॉन डोस पैसोस, चार्ल्स मॉर्गन–पश्चिम साहित्यों से और अनेक उदाहरण दिए जा सकते हैं। एक साथ एकाधिक स्तर पर अभिव्यंजना और दो–तीन अलग–अलग कालों के निर्वाह के हिन्दी से एक उदाहरण के रूप में 'शेखर' का नाम लिया जा सकता है। उपन्यास की अच्छाई–बुराई का यहाँ प्रश्न नहीं है, केवल रूप–विधान के एक आधुनिक प्रयोग की बात हो रही है।

यहाँ कदाचित 'दृष्टिकोण' और 'ढंग' में भेद करना उचित होगा। ऑस्कर वाइल्ड का एक ढंग 'पोज़' था जिसे जीवन के प्रति दृष्टिकोण नहीं कहा जा सकता। कहा जा सकता है कि ढंग एक 'बनावटी दृष्टिकोण' होता है और उपन्यासकार उसे तभी ग्रहण करता है जब वह जीवन को सतही नज़र से देखकर उसे लुभावने रूप में प्रस्तुत करके सन्तुष्ट हो जाने वाला हो। लेकिन आधुनिक उपन्यासकार वास्तविक जगत से कहीं अधिक गहरा सम्पर्क रखता है। उसके लिए दृष्टिकोण मनोरंजन या रोचकता का साधन नहीं बल्कि जीने के लिए एक व्यावहारिक दार्शनिक आधार है। जीवन के लिए ऐसा आधार खोजने को वह एक समस्या और कर्तव्य के रूप में लेता है और गम्भीरतापूर्वक उस समस्या और कर्तव्य का सामना करता है। यही उसकी आधुनिक कसौटी है।

प्रेमचन्द और परवर्ती उपन्यास

आज का विदेशी साहित्य पढ़नेवाला भारतीय पाठक आसानी से कह दे सकता है कि प्रेमचन्द महान उपन्यासकार नहीं हैं और अपने कथन की पुष्टि के लिए प्रेमचन्द के समकालीन और परवर्ती विदेशी उपन्यासकारों के नाम गिना सकता है। कहानी के क्षेत्र में तो कुछ लोगों ने हिन्दी में ही ऐसे दस-दस लेखकों की सूचियाँ बनाई हैं जो 'प्रेमचन्द से कम-से-कम दस वर्ष आगे हैं।' इस तरह की तुलना करनेवाले अपने अहंकार अथवा पूर्वाग्रह का ही प्रदर्शन करते हैं। जिन साहित्यकारों की तुलना की जाती है उनमें से किसी का भी हित-साधन नहीं करते-न तो प्रमाण पक्ष का न प्रमेय का। किसी भी साहित्यिक कृति की समीक्षा करते समय सबसे पहले साहित्य और समाज की अर्थात उसके समाज की परिधि में देखना चाहिए। जड़ों के बिना पत्ता नहीं होता और पौधे की पत्तियाँ देखकर हम उस मिट्टी का गुण-दोष पहचान सकते हैं जिसमें वह पौधा उत्पन्न हुआ। इस दृष्टि से देखें तो हम जान सकते हैं कि प्रेमचन्द का आविर्भाव हिन्दी-साहित्य के लिए कितनी बड़ी घटना है।

प्रेमचन्द के पहले का हिन्दी आख्यान-साहित्य आख्यान तो है पर आज जिसे अंग्रेज़ी में 'फ़िक्शन' कहते हैं वह नहीं है। प्रेमचन्द हिन्दी के पहले आधुनिक आख्यान-लेखक हैं। आधुनिक इस अर्थ में कि उन्हें आधुनिकता का, समकालीनता का, अपने समवर्ती समाज-जीवन की अन्तःशक्तियों का जीवित बोध है। निःसन्देह राष्ट्रीयता की चेतना हिन्दी में उनसे पहले भी थी और बांग्ला में तो थी ही, लेकिन राष्ट्रीय भावना सामाजिक चेतना का केवल एक अंग है। प्रेमचन्द के उपन्यासों में राष्ट्रीय चेतना है, लेकिन यहाँ जिस बात की चर्चा की जा रही है वह उससे कहीं बड़ी चीज़ है। ऐयारी, तिलिस्मी और मालिनों-भटियारिनों के किस्सों से, या पुराने आख्यानों के पुनः संस्करणों से 'सेवा सदन' तक कितनी बड़ी मंजिल है, इस पर थोड़ी देर विचार करने से प्रेमचन्द की देन पर चकित रह जाना पड़ता है।

यह भी प्रेमचन्द की समकालीनता का केवल ऐतिहासिक पहलू है। कहा जा सकता है कि ऐतिहासिक दृष्टि से तो प्रेमचन्द का महत्त्व है, पर इतिहास 'जीवित सत्य' नहीं है। वह अतीत का सत्य है। और प्रेमचन्द का साहित्य हमारी साहित्य-

परम्परा में स्थान तो रखता है लेकिन वह एक पिछड़ा हुआ स्थान है क्योंकि आज हम उससे आगे निकल आए हैं। ऐसा होता तो बड़े सन्तोष की बात होती क्योंकि ऐसा होने से प्रेमचन्द का महत्त्व तो किसी तरह कम न होता और साथ ही हम अपनी प्रगति पर गर्व भी कर सकते। कालिदास या श्रीहर्ष पुराने हैं, आज कोई उनके ढंग की चीज़ लिखे तो इसे काल-विपर्यय ही मानना होगा। फिर भी यह कहने का साहस कौन करेगा कि कालिदास या श्रीहर्ष के साहित्य का आज महत्त्व नहीं रहा। किन्तु प्रेमचन्द के उपन्यासों से परिवर्ती उपन्यास-साहित्य की तुलना करने पर क्या यह दावा किया जा सकता है कि परवर्ती साहित्य सचमुच प्रेमचन्द से बहुत आगे है? और अगर बहुत न सही, कुछ भी आगे होने का दावा किया जा सकता है, तो यह ठीक किस अर्थ में? यह प्रश्न निश्चय ही अन्वेषणीय है और अध्ययन के बाद कदाचित इसी परिणाम पर पहुँचना होगा कि ऐसा दावा अगर किया भी जा सकता है तो उसे बहुत सी शर्तों और मर्यादाओं से वेष्टित करके ही।

असल में परवर्ती युग में शिल्प का, तकनीक का महत्त्व बहुत बढ़ गया है। शिल्प-शैली की चकाचौंध के कारण ही हम कई नई कृतियों को वह महत्त्व देने लगे हैं जिनकी वे वास्तव में पात्र नहीं हैं और जो भविष्य उन्हें नहीं देगा। दूसरी ओर, यथार्थवाद के नाम पर प्रगतिवादी आन्दोलन ने जहाँ साहित्यकारों को नई दिशा की ओर मोड़ा, वहाँ एक-दूसरे परिदृश्य से उसे हटा भी दिया। अंग्रेज़ी में कहावत है कि 'पेड़ों के कारण जंगल नहीं दीखता, इसी बात को यों कहना कि जंगल के कारण पेड़ नहीं दीखते' किसी नए सत्य का आविष्कार करना नहीं है। केवल बलाघात को स्थानान्तरित कर देना है।

सामन्त-कालीन साहित्य में अगर उच्च वर्ग के पात्रों का ही यथार्थ वर्णन होता था और इतर लोग केवल एक परिपाटी के साँचे में ढली हुई छायाएँ मात्र रह जाती थीं तो आज की आग्रही साहित्य-दृष्टि भी कम संकुचित नहीं है अगर इसने भुलुआ धोबी और मनुआ चमार को व्यक्ति-चरित्र देकर भद्र और उच्चवर्गीय व्यक्तियों को पुतले बना दिया है। न ही यह उसका प्रतिकार है, जैसा कि कुछ बाद के लेखकों में देखा जाता है कि पूरे समाज में एक वर्ग का वास्तविक रूप-चित्र और दूसरे के केवल साँचे-ढले पुतले न दिखाकर समाज के एक बहुत छोटे-से दैशिक वृत्त को एक 'अंचल' को लेकर उसको पूरा देखा जाए और उस वृत्त के बाहर के समाज को छोड़ दिया जाए। फिर वह दैशिक वृत्त चाहे एक देहाती अंचल का हो, चाहे एक कस्बे का, चाहे महानगर के एक जीर्ण होकर टूटते हुए मुहल्ले का।

यों तो एक हद तक प्रेमचन्द के साहित्य में भी यह दोष है। उनके देहाती निम्नवर्गीय (या निचले मध्यवर्गीय भी) पात्रों का चित्रण तो खरा और सर्वांगीण सच्चा है, पर शिक्षित मध्यवर्गीय या उच्चवर्गीय पात्रों का चित्रण सतही और अविश्वसनीय। किन्तु

प्रेमचन्द में यह दोष अनुभव की सीमा का दोष है। संकुचित सहानुभूति, उदारता की कमी, पूर्वग्रह या इच्छा से उत्पन्न होने वाला नहीं। जबकि इसके प्रतिकूल अधिकांश प्रगतिवादी साहित्य को संकल्पपूर्वक संकुचित रखी गई दृष्टि से देखते हैं। उसका यथार्थ एक खंडित यथार्थ रहा है जिसे वह खंडश: ही देखना चाहता रहा है क्योंकि वह कुछ खंडों को अनदेखा करना चाहता है जो उसके सैद्धान्तिक ढाँचे में सही नहीं बैठते। जीवन को अविचल दृष्टि और सम्पूर्ण देखना–**टू सी लाइफ स्टेडिली एंड टू सी इट होल**–न उससे बन पड़ा है, न उसने चाहा है। प्रेमचन्द का दृष्टिकोण मानववादी था। समाज के वर्ग–विभाजन को और उससे उत्पन्न होने वाले उत्पीड़न और शोषण को वह न देखता हो, ऐसा नहीं था किन्तु इस बात को वह अनदेखी नहीं कर सकता था, न करना चाहता था कि जन्म, कर्म या घटना–चक्र से किसी वर्ग के हितों से सम्बद्ध हो जाना सामाजिक जीवन की एक घटना अथवा वास्तविकता है, जबकि मानव होना उसके जीवन की ही बुनियादी वास्तविकता है और उस बुनियादी वास्तविकता के नाते मानव–मात्र सहानुभूति का पात्र है।

कह सकते हैं कि प्रेमचन्द सामाजिक आदर्शवादी थे। आज के युग में किसी को आदर्शवादी कहना एक प्रकार से उसे गाली देना ही है। 'प्रेमाश्रम' के आदर्श समाज का और 'प्रेमाश्रम' ही क्यों, 'सेवा–सदन' के सेवा–सदन पर ही क्या आज के विदग्ध पाठक को प्रत्यय हो सकेगा? हवाला देकर प्रेमचन्द के आदर्शवाद को काल्पनिक और असार बताया जा ही सकता है। पर उपन्यासकार की समाज–परिकल्पना अपर्याप्त भी मान ली जाए तो उतने भर से यह सिद्ध नहीं किया जा सकता कि उसके आदर्श में प्राण–शक्ति नहीं है, या कि उसके आदर्शवाद में रचनात्मक सम्भावनाएँ बिलकुल नहीं हैं। साधारणतया हम यह नहीं मान लेंगे कि समाजोन्नति या सुधार ही साहित्यकार का लक्ष्य है या होना चाहिए, पर संकल्पित लक्ष्य एक बात है और प्रभाव की दिशा दूसरी बात। और यह कहना असंगत न होगा कि प्रेमचन्द के उपन्यासों में रचनात्मक प्रभाव की सम्भावना अधिक है क्योंकि प्रेमचन्द का आदर्शवाद मानवता में आसक्ति रखता है और वह आसक्ति रचनात्मक प्रणालियों में बाँधी जा सकती है।

इन साधारण और व्यापक प्रतिपत्तियों के स्पष्टीकरण के लिए परवर्ती उपन्यास–साहित्य से कुछ उदाहरण लेना उचित होगा। प्रेमचन्दोत्तर सब उपन्यासों की पड़ताल का असम्भव प्रयत्न न करके उन्हीं उपन्यासों को सामने रखा जाए जिनका उल्लेख सामान्यत: पहले भी हो चुका है। (दे. साहित्य प्रवृत्तियों की सामाजिक पृष्ठभूमि): भगवतीचरण वर्मा का 'टेढ़े–मेढ़े रास्ते', उपेन्द्रनाथ अश्क का 'गिरती दीवारें', इलाचन्द्र जोशी का 'निर्वासित', यशपाल का 'देशद्रोही', रांगेय राघव का 'घरौंदे', रामचन्द्र तिवारी का 'सागर, सरिता और अकाल' तथा

अमृतलाल नागर का 'बूँद और समुद्र'। यह नहीं कि परवर्ती उपन्यासों में केवल ये महत्त्व के समझे गए हैं। उल्लेखनीय उपन्यास और भी हैं लेकिन ऐतिहासिक उपन्यास या अतीत के युग-चित्र यहाँ प्रासंगिक नहीं हैं। समकालीन सामाजिक वस्तु वाले उपन्यास ही यहाँ सामने रखने हैं। इस दृष्टि से जैनेन्द्र कुमार के दो-एक उपन्यास भी लिए जा सकते हैं पर 'त्यागपत्र' भी अन्ततः व्यक्ति-चित्र है और 'सुनीता' के लिए तो स्वयं लेखक की ओर से ही वास्तविकता का दावा नहीं है। उसके पात्र सामाजिक व्यक्ति नहीं, रचना-संघटित मानव-यन्त्र हैं जिनके द्वारा लेखक एक उपकल्पित मानसिक संघर्ष को मूर्त रूप देना चाहता है। इनमें लेखक की सफलता सबसे पहले तकनीक की विजय है और उसी सन्दर्भ में इनका अध्ययन विशेष उपयोगी हो सकता है।

उल्लिखित सभी उपन्यास समकालीन सामाजिक घटना से सम्बन्ध रखते हैं और उसी के द्वारा मानव-जीवन का चित्रण और अध्ययन करते हैं। चार-पाँच वर्ष की अवधि में इतने और इस कोटि के सामाजिक उपन्यासों का प्रकाशन सन्तोष का विषय होगा[1], यद्यपि इनमें से किसी को सर्वथा परिपक्व निर्दोष कलाकृति नहीं माना जा सकता और सभी में न्यूनाधिक मात्रा में सिद्धान्तों और मतवादों का आरोप है। वह एकप्राणता नहीं है जो साहित्यिक कृति में होनी चाहिए।

'टेढ़े-मेढ़े रास्ते' राजनैतिक आन्दोलन के तीन रास्तों के-गांधीवादी, कम्युनिस्ट और आतंकवादी सम्प्रदायों के अध्ययन के नाम पर वास्तव में राजनैतिक संघर्ष के परिपार्श्व में व्यक्तियों का ही चित्रण है। उस राजनैतिक संघर्ष में लेखक का पूर्वग्रह भी बिलकुल स्पष्ट है। दृढ़-चरित्र और शासनप्रिय ताल्लुकेदार के तीन बेटे तीन पंथ चुनते हैं। गाँधीवादी पुत्र किसी हद तक लेखक की सहानुभूति पाता है। आतंकवादी का चित्र घटिया रोमानी उपन्यासों जैसा है और बिलकुल ही झूठ हो जाता अगर जहाँ-तहाँ मनोवैज्ञानिक विश्लेषण की पैठ उसमें प्राण नहीं डाल देती।

कम्युनिस्ट को तो लेखक ने स्पष्टतया विद्रूप और तिरस्कार का पात्र बनाया है और उसके साथ लेखक के बर्ताव में उतनी ही सच्चाई है जितनी की सर्कस के विदूषक की पटापट बजने वाली चमड़े की लाठी की मार में होती है। तीन पन्थियों में कोई भी यथार्थ और सामाजिक मानव-चरित्र नहीं है, न उनके द्वारा तय किए गए टेढ़े-मेढ़े रास्ते ही वास्तविक, यथार्थ और विश्वसनीय हैं। उपन्यास का सबसे अधिक विश्वसनीय और खरा चित्र ताल्लुकेदार का ही है और उसके बाद गाँव के बूढ़े झगड़ू का। और इसका कारण यही है कि इन्हीं दो पात्रों को लेखक की मानवीय सहानुभूति मिली है, इन्हीं के मन को उसने संवेदना के सहारे समझा और ग्रहण किया

1. इस निबन्ध में स्वातंत्र्य-युग के उपन्यासों की चर्चा नहीं की गई है, स्वतन्त्रता-प्राप्ति से पहले प्रकाशित उपन्यासों पर ही विचार किया गया है।

है। निःसन्देह उपन्यास रोचक है और लेखक की प्रतिज्ञा की सीमाओं को समझ लेने के बाद उपन्यास के बौड़मपन पर हँस सकना भी सम्भव है। लेकिन क्या यह उपन्यास यथार्थवादी है? इस प्रश्न का उत्तर खोजने पर और भी प्रश्न ही हाथ आते हैं : क्या उपन्यास का समाज हमारा समाज है या कि कोई भी मानव-समाज है? क्या उसके पात्र हमारे समाज के मानव-पात्र हैं? संक्षेप में-क्या उसकी वस्तु समकालीन और अर्थगर्भ है, 'सिग्निफिकैंट' है?

इसकी तुलना में 'गिरती दीवारें' कहीं अधिक सच्चा और यथार्थ है। उसका सच बहुत संकुचित है क्योंकि उसकी दृष्टि भी बहुत संकुचित अणुवीक्षक दृष्टि है और जीवन के प्रसार और बहाव को नहीं देखती। जिस तरह मूर्ति पर चलता हुआ चींटा उसकी रचना की एक-एक बारीकी और सतह के खुरदुरेपन को देखता है लेकिन मूर्ति को नहीं देख सकता और उसके रूप की तो कल्पना ही नहीं कर सकता, उसी तरह 'गिरती दीवारें' का लेखक उसके नायक के साथ आत्मसात होकर उस परिपार्श्व को नहीं देखता जिसमें कि नायक एक स्वल्प इकाई-भर है। उपन्यास में कहीं-कहीं बहुत ही मार्मिक चित्रण है, और कभी-कभी दृष्टि के सूक्ष्म आविष्कार के कारण कोई स्थान अथवा पात्र अत्यन्त सजीव होकर उभर आया है।

लेखक की सांसारिक बुद्धि के कारण जहाँ-तहाँ पैनी और चुभती हुई उक्तियाँ मिलती हैं जिनकी दाद देनी पड़ती है। किन्तु कुल मिलाकर उपन्यास पूरे समाज का एक संघटित चित्र नहीं होता। इतना ही नहीं, उपन्यास के नाम से जो अनुमान होता है, वस्तु के सहारे पाठक समाज की गिरती हुई दीवारों की जो कल्पना करता है, उसे स्वयं लेखक उपन्यास के अन्त में झुठला देता है। छह सौ पृष्ठ पढ़कर अन्त में यह निष्कर्ष निकलता देखकर बड़ी निराशा होती है कि उपन्यास की दीवारें मानव-समाज की दीवारें नहीं, पंजाबी निम्न भद्र-वर्ग की भी दीवारें नहीं, केवल यौन-कुंठा की दीवारें हैं। असल में उपन्यास में फैलाई गई वस्तु के आन्तरिक महत्त्व और अर्थ को लेखक स्वयं पूरी तरह ग्रहण नहीं कर सका, पाठकों को ग्रहण कराने की बात तो दूर रही।

'गिरती दीवारें' में जितनी वस्तु है, वह पंजाब के हिन्दू निम्न भद्र-वर्गीय जीवन के ओछेपन का सर्वांगीण चित्र उपस्थित करने के लिए काफी है और लेखक में अगर पसारा फैलाने और समेटने का सामर्थ्य होता तो यह पुस्तक थियोडोर ड्राइजर की 'अमेरिकन ट्रैजेडी' का उत्तर भारतीय प्रतिरूप हो सकती। लेकिन लेखक एक तो बार-बार प्रसंगान्तर में पड़ गया है, इस या उस पात्र पर दो-चार छींटे कसने के हल्के लोभ में पड़ गया है या फिर निम्न भद्र-वर्ग की बहुमुखी आकांक्षाओं में से केवल एक के-यौन-तृप्ति की आकांक्षा के और उसके खंडन से उत्पन्न होने वाले विकारों के साथ उलझा रह गया है। निःसन्देह यह खंडन जिन वर्जनाओं के कारण

होता है उन वर्जनाओं का आधार समकालीन आचार की मर्यादाएँ ही होती हैं और ये मर्यादाएँ तत्कालीन सामाजिक जीवन की उपज होती है, इसलिए वर्जनाओं से हम तत्कालीन समाज-स्थिति को भी समझ सकते हैं। लेकिन इस द्रविड़ प्राणायाम के लिए पाठक क्यों तैयार हो? उपन्यासकार का आधा काम वह स्वयं क्यों करे?

इलाचन्द्र जोशी का 'निर्वासित' भी अन्ततोगत्वा व्यक्ति-चरित्र का उपन्यास है। एक ही व्यक्ति, और वह भी ऐसा व्यक्ति जिसका व्यक्तित्व अनेक मानसिक कामज वर्जनाओं से कुंठित और विघटित हो गया है, उपन्यास का केन्द्र है। उस व्यक्ति को लेखक की सहानुभूति तो मिली है लेकिन पाठक की सहानुभूति इसलिए नहीं मिलती कि उसकी अकारण अस्थिरता के साथ पाठक नहीं चल सकता। उपन्यास की एक यह विशेषता जरूर है कि हिन्दी में एकमात्र इस उपन्यास में एटम बम के आविष्कार की महत्ता और उसकी दूरव्यापी सम्भावनाओं पर ज़ोर दिया गया है। इतना ही नहीं, उपन्यास के घटनाक्रम में यह आविष्कार एक धुरी का काम करता जान पड़ता है लेकिन वास्तव में चरितनायक पहले ही जिस सम्पूर्ण पराजय और कुंठितावस्था तक पहुँच चुका है। उसी को पाठक पर अभिव्यक्त कर देने के लिए एटम बम निमित्त बना लिया गया है। अगर मानव की उन्नति पर चरित-नायक का विश्वास पहले ही टूटा हुआ न होता-(वास्तव में अहंकारी नायक का मानव में विश्वास कभी रहा ही नहीं और घटना-चक्र से जो कुंठित हुआ, वह केवल उसका आत्मविश्वास है)-तो एटम बम की घटना उसे तोड़ देने के लिए काफी न होती। जिन्हें मानवता पर विश्वास रहा उन्हें आज भी है, और यह नहीं कहा जा सकता कि वे सब मूर्ख हैं और एटम बम की महत्ता से परिचित नहीं हैं।

यह न समझा जाए कि यहाँ मानवता नाम की किसी रहस्यपूर्ण सत्ता की दुहाई दी जा रही है। हम मानते हैं कि अगर कोई नया रहस्यपूर्ण सत्य आविर्भूत होता है तो वह पहले व्यक्ति-चेतना के माध्यम से ही प्रकाश में आता है। समाज, समष्टि, मानवता-ये भी जटिल और परिवर्तनशील तथ्य हैं और वैज्ञानिक अन्वेषण की उपयुक्त सामग्री हैं। हमारे विकास-पथ की दिशा इनके अध्ययन से सूचित और निर्दिष्ट भी होती है। लेकिन उस पथ पर बढ़ते हुए पूर्व-निर्दिष्ट अथवा विज्ञान के सहारे अनुमेय, उन्नति से अलग जो कुछ भी होता है वह व्यक्ति की देन है। अर्थात् समष्टि की तरह व्यक्ति भी बहुत दूर तक पूर्व-निर्देश्य और अनुमेय है, लेकिन उससे आगे जब हम अनुमेय और रहस्यमय के क्षेत्र में प्रवेश करते हैं, तब वहाँ व्यक्ति का ही महत्त्व होता है। इस दृष्टि से कम-से-कम इलाचन्द्र जोशी को इसलिए दोष नहीं दिया जा सकता कि वह व्यक्ति की रहस्यमयता को इतना महत्त्व देते हैं; वह आलोच्य हैं इसलिए कि वह सामाजिक परिपार्श्व को और उसमें क्रियाशील जानी हुई और पूर्वानुमेय शक्तियों को उचित महत्त्व नहीं देते।

व्यक्ति महान है तो इसलिए नहीं कि वह सर्वथा अनुमेय, स्वच्छन्द और अनियमित है, वरन् इसलिए कि वह एक अनुमेय और नियमित सामाजिक परिपार्श्व में रहता हुआ भी उसे परिवर्तित करता है और नई दिशाएँ तथा नई गति दे सकता है। परिपार्श्व के साथ उसके अन्योन्याश्रय को देखना व्यक्ति को ऐसी आकाश-बेल मानना है जो कि अपने आधार को मार ही सकती है, और कुछ नहीं कर सकती। ऐसी कल्पना का परिणाम सम्पूर्ण पराजय और निराशावाद ही हो सकता है और वास्तव में इलाचन्द्र जी के उपन्यास में यही परिणति हुई भी है। 'संन्यासी' से 'निर्वासित' तक का विकास इसे सूचित करता है।

रचना की दृष्टि से यशपाल का 'देशद्रोही' इन उपन्यासों में सबसे अच्छा है, यद्यपि उसकी कथा भारत से अफ़गानिस्तान जाती है और फिर लौटती है और विदेश का वर्णन उतना सम्यक और जीवन्त नहीं है, जितना कि भारत का। यशपाल एक प्रौढ़, कुशल और अध्यवसायी शिल्पी हैं और इसी शिल्प के सहारे उन्होंने एक रोचक और पठनीय उपन्यास प्रस्तुत किया है। शिल्प और तकनीक पर अपने अधिकार को वह अधिकाधिक राजनीतिक अथवा सैद्धान्तिक प्रतिपत्तियों में लगा रहे हैं, इस पर कुछ पाठकों को खेद हो सकता है, पर अधिसंख्य पाठक, जो उपन्यास में सबसे पहले एक सुघड़ रोचकता चाहते हैं, वे इस बात को अनदेखी भी कर सकते हैं।

रांगेय राघव के उपन्यास 'घरौदे' में प्रतिभा के भी और अपरिपक्वता के भी स्पष्ट लक्षण हैं। लेखक ने अनुभव किया है कि मानवीय उद्योग एक महत्तर परिपार्श्व में होता है जिस पर उसका अधिकार नहीं है और इस अनुभव का आभास पाठक को देने की उसने पूरी चेष्टा की है। किन्तु जहाँ प्रतिभा ग्रहणशक्ति और सूझ देती है, वहाँ परिपक्वता अनावश्यक के परित्याग का निर्ममत्व भी देती है, यह निर्ममत्व रांगेय राघव में नहीं है। कॉलेज के विद्यार्थी-विद्यार्थिनियों के अध-कचरे ज्ञान और वय:सन्धि-काल की अस्पष्ट लालसाओं पर आधारित वाद-विवाद बिलकुल अनावश्यक है और उपन्यास की शक्ति को क्षीण करता है। कुल मिलाकर कहना पड़ता है कि 'घरौंदे' का महत्त्व उसकी उपलब्धि में नहीं, आगमिष्यत उपलब्धियों की सम्भावना में है।

'सागर, सरिता और अकाल' तथा 'महाकाल'-दोनों की वस्तु बंगाल के अकाल से ली गई है। दोनों खरे यथार्थ चित्र हैं। नागर के चित्रण में अधिक बारीकी और शक्ति है। उपकरण और सामग्री का उपयोग करने का उनका ढंग भी अधिक आधुनिक है। तकनीक की दृष्टि से इन दो उपन्यासों की तुलना उपयोगी है। रामचन्द्र तिवारी का तकनीक प्रेमचन्द के निकटतर है, शायद अपने समय के उपन्यासकारों में इस दृष्टि से वही प्रेमचन्द के सबसे निकट माने जाएँगे। 'महाकाल' के लेखक

का चित्रण सर्वथा भिन्न प्रकार का है। तिवारीजी के सामने और प्रेमचन्द के सामने–मानवता का, मानवीय उद्योगों का एक ढाँचा रहता है जिसमें व्यक्ति का उद्योग बाँध दिया जाता है।

फलतः अमुक एक और अमुक दूसरे व्यक्ति की विशेषता और रोचकता इसमें रह जाती है कि दोनों एक साधारण मानव से किस हद तक भिन्न हैं किन्तु नागरजी के सामने वैसा कोई ढाँचा नहीं रहता। वह प्राकृतिक शक्तियों से ताड़ित और प्रताड़ित व्यक्तियों का एक के बाद एक चित्र उपस्थित करते चलते हैं और इन चित्रों से मानवता का सम्पूर्ण चित्र तैयार करने का काम पाठक पर छोड़ देते हैं। उनका प्रकृतिवादी चित्रण तत्काल प्रभाव डालता है लेकिन चित्रों के समूह से मानवता का जो रूप हमारे सामने आता है वह मूलतः एक नकारात्मक रूप है। फलतः व्यक्तियों की बहुलता और रंगीनियाँ ही मानवता के सम्पूण चित्रण में बाधक होती हैं और लेखक के उद्देश्य को असफल कर देती हैं।

पाठक पूछता है, 'अगर यह सच है कि अकाल की दुर्घटना वास्तव में बहुत बड़ी दुर्घटना है किन्तु मानवीय इतिहास में केवल एक घटना है–वास्तव में मानव को इस तरह आमूल पतित कर दे सकती है तो फिर मानव का महत्त्व क्या है और मानवता की रक्षा की चिन्ता हमें क्यों हो?' परिस्थिति मानव को तोड़ती है या बनाती है, यह ठीक है, लेकिन अगर सत्य केवल इतना ही होता तो हम मानवता के लिए अधिक व्यस्त न होते, क्योंकि परिस्थिति ही सब कुछ हो जाती। क्योंकि ऐसे व्यक्ति हैं और होते हैं जो कि बनने और टूटने के नियमों के अधीन होकर भी पूर्णतया परिस्थिति-संचालित नहीं हो जाते, इसलिए हम मानवता के भविष्य के बारे में आशावादी हो सकते हैं। व्यक्ति के महत्त्व के बारे में ऊपर जो कुछ कहा गया, वह यहाँ प्रासंगिक है। इस दृष्टि से तिवारीजी का उपन्यास अधिक सन्तोषप्रद है। उसमें मानवों की वासना, लोलुपता और नीचता की पृष्ठभूमि पर मानव के ही साहस और उद्योग का–भले ही अकिंचन और असफल उद्योग का–चित्र पेश किया गया है।

अपने समय के कुछ-एक उपन्यासों की इस समीक्षा में अति संक्षेप के कारण अलग-अलग उपन्यासों के साथ न्याय नहीं हो सका है और समीक्षा भी एकांगी और अधूरी है। कदाचित अपेक्षा से अधिक बेमुरव्वत भी है। पर समकालीनों की आलोचना में यह स्वाभाविक होने के नाते क्षम्य है, और यों भी दो अतियों में से कम आपज्जनक अति है।

तो हम देखते हैं कि जहाँ तक मानवीय सहानुभूति का–लेखक मानव की विश्व-मानव के साथ एकात्मकता का–प्रश्न है, प्रेमचन्द इस बात में आगे थे। उनकी दृष्टि अधिक उदार थी। इतर मानवों के साथ उनकी संवेदना का सूत्र अधिक सजीव और स्पन्दनशील था। डी. एच. लॉरेंस ने अपने समय तक के नव यथार्थवादी

उपन्यास की भूमिका में उसके लेखक का अनुमोदन करते हुए कहा था : आधुनिक सफाई–सैनिटेशन–की जड़ में यह बात है कि मानव को मानव की बू असह्य हो गई है। बहुधा मानव-जाति की उन्नति और सुधार की प्रचेष्टा में भी मानव से प्रेम नहीं, मानव के प्रति अवहेलना या घृणा की भावना काम करती है। बुद्धिवादी के लिए यह ख़तरा सदा रहता है कि उसकी मानवीय संवेदना का स्रोत कहीं सूख न जाए। मानव के लिए उसका दर्द तक रूखी अनुकम्पा का ही रूप न ले ले। प्रेमचन्द की और हमारी दृष्टि में ऐसा ही अन्तर आता गया है। प्रेमचन्द को मानवता से प्रेम था, हम अधिक-से-अधिक मानवता की प्रगति-मात्र चाहते हैं।

आख्यान-साहित्य को हमने प्रेमचन्द से आगे बढ़ाया है, लेकिन मुख्यतया शिल्प की दिशा में। हम ज्यादा सफाई लाए हैं क्योंकि 'मानव को मानव की बू नापसन्द है।' साहित्यकार की संवेदना को, मानवीय चेतना को हमने अधिक विकसित या प्रसारित नहीं किया है। यह तक कारण है और यह पर्याप्त कारण है कि प्रेमचन्द का आख्यान-साहित्य अब तक भी आदर्श का साथ दे सकता है, मार्गदर्शन कर सकता है। प्रेमचन्द को हम पीछे छोड़ आए, यह दावा सार्थक उसी दिन होगा जिस दिन उससे बड़ी मानवीय संवेदना हमारे बीच प्रकट हो। उसके बाद ही हम कह सकेंगे कि प्रेमचन्द का महत्त्व ऐतिहासिक महत्त्व है। तब तक वह हमारे बीच में हैं, पुराने पड़कर भी समर्थ हैं, साहित्य-संस्कार में गुरु-स्थानीय हैं और उनसे हमें शिक्षा ग्रहण करनी चाहिए।

उपन्यास की भारतीय विधा

साहित्य के 'राष्ट्रीय' रूप में मेरी कोई दिलचस्पी नहीं है। क्यों हो? राष्ट्रीयतापरक साहित्य हो सकता है, विभिन्न समयों पर उसकी जरूरत भी हो सकती है और यह भी हो सकता है कि समूचे देश समाज की मुख्य संवेदना का प्रतिबिम्बन और वहन करते हुए साहित्य राष्ट्रीयता की भावना से अनुप्राणित हो। जिस देश-समाज में राष्ट्रीयता की भावना प्रबल हो, जो राष्ट्रत्व के लिए छटपटा रहा हो, उसका साहित्य इस अकुलाहट को व्यक्त करे, इससे अधिक स्वाभाविक क्या होगा? पर क्या वैसा होने से ही हम कह सकेंगे कि वह राष्ट्रीय साहित्य है?

भारतीय साहित्य-हाँ, क्योंकि वह एक भारतीय संवेदना का वाहक हो सकता है। ऐसी संवेदना, जिसके मूल में वैसे मूल्य हैं जो भारत के सांस्कृतिक इतिहास और अनुभव की उपलब्धियाँ हैं। ऐसी संवेदना' जिसको अभिव्यक्ति मिलने पर हर भारतीय अनुभव करेगा कि उसी को अभिव्यक्ति मिली है।

साहित्य-विधाएँ : क्या उनके साथ भी हम देशवाची विशेषण लगा सकते हैं? इस अर्थ में क्या 'भारतीय उपन्यास' की बात कर सकते हैं?

प्रश्न पूछता हूँ और सोचने के लिए रुक जाता हूँ।

भारतीय भाषाओं के बहुत-से उपन्यासों का अध्ययन-विश्लेषण करके हम कुछ सामान्य धारणाएँ, उनके गुण-दोष या विशिष्ट प्रवृत्तियों के बारे में बना लें और कहें कि अमुक-अमुक बातें भारतीय उपन्यास में पाई जाती हैं या इसी बात को उलटकर कहें कि जिस उपन्यास में अमुक-अमुक हों वह भारतीय उपन्यास है, तो यह कहना संगत हो सकता है। उससे भारतीय उपन्यास के अध्ययन के लिए कुछ प्रकाश भी मिल सकता है।

पर यह कहने में कि 'भारतीय उपन्यास' नाम सार्थक हो सकता है और यह कहने में कि उपन्यास-विधा में एक विशेष रूप-संघटना है जिसे भारतीय उपन्यास-रूप कहा जा सकता है, काफी अन्तर है। विधा और रूप में भेद करना चाहिए। रूपाकार के साथ कोई देश अथवा जाति-वाचक विशेषण लग सकता है या नहीं, यह सोचने की बात है। अगर रूपाकार एक सौन्दर्य-तत्व है तो उसे राष्ट्रीयता का

अतिक्रम करना चाहिए। अतिराष्ट्रीय होना चाहिए। किसी कृति उपन्यास-कृति में या तो रूपाकार है या नहीं, जातिवाचक विशेषण से वह कलावस्तु नहीं बन जाएगी और अगर कला-कृति है तो ऐसे बिल्ले की उसे क्या जरूरत है?

शैलियाँ, पद्धतियाँ, शिल्प, तन्त्र-रूपाकार को रूपायित और रूप-बोध का सम्प्रेषण करने के लिए इनके विभेद हो सकते हैं, पर तन्त्र स्वयं रूपाकार नहीं है।

तन्त्र के साथ भी विशेषण की क्या आवश्यकता है, क्या आत्यन्तिक महत्त्व है? केवल ऐतिहासिक मूल्यांकन की दृष्टि से उसकी सार्थकता या प्रयोजनीयता हो सकती है। कोई विशेष तन्त्र किसी विशेष देश-काल की उपज हो सकता है। किसी युग या समाज-विशेष की संवेदना का वहन करने का विशेष सामर्थ्य रख सकता है।

भारतीय उपन्यास की चर्चा इसी सन्दर्भ में सार्थक हो सकती है।

उपन्यास मूलतः एक कालबद्ध रचना है। काल में घटित का ही रूपयुक्त वृत्तान्त उपन्यास है। इसलिए अगर काल-बोध भिन्न है तो उपन्यास का रूप भी भिन्न होगा। अगर उपन्यास-रूप विशिष्ट है तो काल-बोध भी विशिष्ट होगा।

इस परिप्रेक्ष्य में आख्यान का अगर कोई विशिष्ट रूपाकार है जिसे भारतीय प्रतिभा की अनन्य उपज माना जा सके तो वह **शृंखलाबद्ध कथा या कहानी-के-भीतर-कहानी** ही है। **हितोपदेश-पंचतन्त्र** इसके प्राक्तन रूप हैं। **कथा-सरित्सागर, ईसप की कहानियाँ, अलिफ लैला, बेताल-पचीसी और सिंहासन बत्तीसी, डेकामेरॉन और तोता-मैना** उसी शृंखला की कड़ियाँ हैं। सम्बद्ध वृत्तों-दृष्टान्तों के द्वारा ठोस व्यावहारिक ज्ञान दर्शन की, परम्परा के रक्षण, प्रचार और प्रसार की ऐसी कथाएँ तो सारे संसार में मिलती हैं पर यह मानना संगत है कि एक सुष्ठु और परिपक्व, परिमार्जित साहित्यिक विधा के रूप में इसका विकास विशिष्टतः भारतीय है। मैं समझता हूँ कि आख्यान या उपन्यास-साहित्य में किसी रूपाकार को हम वास्तव में भारतीय कह सकते हैं तो वह यही है।

आधुनिक उपन्यास वास्तव में पश्चिमी उपन्यास है। हर भारतीय भाषा में उपन्यास का आविर्भाव पश्चिम के सम्पर्क का परिणाम है और इस बात को आगे तक बढ़ाकर भी कह सकते हैं। आधुनिक काल भी पश्चिमी काल है। ऐतिहासिक काल के साथ ऐतिहासिक उपन्यास का विकास हुआ, फिर काल-बोध के खंडित, कालाणुपरक, निर्वैयक्तिक होने के साथ-साथ उपन्यास में भी वही चीज़ प्रकट हुई। खंडित बोध के, क्षण-गत जीवन के, निर्वैयक्तिक 'अनुभूति' के उपन्यास अत्याधुनिक (पश्चिमी) काल-बोध के साथ अनिवार्यतः बँधे हैं।

यह दूसरी बात है कि पश्चिम से जो हमने पाया है, उसमें हम दोबारा ऐसे भी तत्व पहचाने जो हमारे अपने थे, जो हमने दिए, पर मूर्ख दाता होने के कारण देने में गँवा दिए, देकर सम्पन्नतर नहीं हुए।

शृंखलित कथा की जड़ें दो हैं।

पहली तो यह कि वह व्यवहार और व्यावहारिक ज्ञान की भूमि लोक-जीवन में खोजती और पाती है। उस ठोस, 'सयाने' सफलतापरक (प्रैग्मैटिक) चलती-का-नाम-गाड़ी कोटि के व्यावहारिक ज्ञान की, जिसके सहारे हमारा दैनन्दिन जीवन चलता है, उस समय की जब हम उच्चतर क्षेत्रों के सपने देख रहे होते हैं या गहनतर विषयों की थाह ले रहे होते हैं।

दूसरी यह कि उसका काल-बोध पश्चिम से न केवल पृथक है, बल्कि अभी कुछ काल पहले तक पश्चिम के लिए दुर्बोध और अगम्य रहा है। पश्चिम नाटकीय सन्दर्भ की **काल की एकता** का भारतीय सन्दर्भ में कोई अर्थ नहीं रहा क्योंकि भारतीय दृष्टि में सब काल सहवर्ती हो सकते थे।

पश्चिमी शॉर्ट-स्टोरी और भारतीय कथा में ये दो अलग-अलग काल-बोध प्रतिबिम्बित और परिलक्षित होते हैं। शार्ट-स्टोरी का लेखक उद्विग्न है, जल्दी में है। विश्लेषण करता चलता है। उसका काल-बोध ऐतिहासिक, ऋजुरेखानुसारी अप्रत्यावर्त्य है। 'हो चुके' पर 'हो रहा' वरीयता पाता है और हर घटना का एक अन्त होता है, परिणति होती है। भारतीय कथाकार या किस्सागो इत्मीनान में है, मजे-मजे चलता है उसकी दृष्टि संग्राहक है। उसका काल-बोध सांस्कृतिक और वृत्तानुसारी है। उसमें आना और जाना तो है, पर अन्त या चुक जाना नहीं है। जो हो चुका है, वह घटित के नाते ही निरन्तर घटमान है। न कोई आदि है न अन्त है।

मैं तो भारतीय लेखक हूँ न? न्यूनाधिक भारतीय, जैसा कि मेरा देश ही न्यूनाधिक भारत है। और मैं न्यूनाधिक आधुनिक लेखक भी हूँ, जिसका अभिप्राय यह है कि मैं उन नाना प्रभावों के प्रति खुला हूँ जो राष्ट्रीय सीमाओं का अतिक्रमण करते हुए आते हैं।

इस प्रकार मैं आधुनिक विधाओं में रचना करता हूँ पर उसी रूप में, जिसमें एक भारतीय वैसा कर सकता है।

तो मैं कह सकता हूँ कि मेरा काल-बोध भी दोहरा है बल्कि दोहरे से कुछ अधिक, क्योंकि मैं दो प्रकार का काल-बोध स्वीकार करके उनका परस्पर विरोध निराकृत करना चाहता हूँ।

इस विशेष परिस्थिति का भी प्रतिबिम्ब आज भारत के उपन्यास में हो सकता है। उसके लिए विशिष्ट तन्त्र का आविष्कार या विकास हो सकता है। होगा, तो जिस सीमा तक होगा या जिस मात्रा में होगा, उसी में या उसी तक हम एक भारतीय रूपाकार की बात कर सकेंगे, पर वैसा करके भी हम उसे किसी दूसरे राष्ट्रीय या जातीय रूपाकार की प्रतिस्पर्द्धा में नहीं रखेंगे। यही कहना होगा कि वह उपन्यास मात्र को एक देन है। उपन्यास मात्र की श्रीवृद्धि उससे होती है।

हिन्दी कहानी का परिवेश

आजादी से लेकर अब तक हिन्दी कहानी में कई तरह के उतार-चढ़ाव और आन्दोलन आए हैं। यह उथल-पुथल किस सीमा तक अपने परिवेशगत दबाव से और लेखक की अन्तश्चेतना की माँग पर थी, और कितनी सिर्फ आन्दोलन मात्र? क्या इन दोनों में कोई गुणात्मक अन्तर था? यदि हाँ, तो किस तरह इनसे विभिन्न कथा-धाराएँ फूटीं?

परिचर्चाओं के लिए इस तरह के प्रश्नों का उत्तर जब-तब दे देता हूँ लेकिन यह शंका सदैव होती है कि उन उत्तरों की उपयोगिता कितनी है। क्योंकि प्रश्न कदाचित ही किसी एक विशेष दृष्टि अथवा पूर्वग्रह से मुक्त होते हैं और इसलिए उत्तर भी उन्हीं लोगों तक पहुँचते हैं जिनकी पहले से बनी-बनाई धारणाएँ हैं और अगर उत्तर में यह प्रयत्न किया जाए कि उन बुनियादी अवधारणाओं पर ही प्रति-प्रश्न किए जाएँ जिन पर प्रश्न आधारित होते हैं, तो लगता है कि शायद एक स्वतन्त्र लेख लिख देना ही अधिक उपयोगी होता।

आन्दोलन और प्रचार के युग में सभी विधाओं में आन्दोलन हुए हैं–काव्य, उपन्यास और नाटक में भी कहानी में भी। आन्दोलन के दौरान या स्वयं आन्दोलनकारियों के लिए उसका महत्त्व रचना की दृष्टि से भी हो सकता है लेकिन वास्तव में आन्दोलन की प्रेरणा **रचयिता और गृहीता के बीच नया सम्बन्ध स्थापित करना होता** है, स्वयं रचना को आमूल बदलना नहीं। और जिस तरह सब साहित्य अपने से पहले रचे गए साहित्य में से निकलता है, उसी तरह सब आन्दोलन पहले हो चुके आन्दोलनों में से निकलते हैं। इस सन्दर्भ में 'परिवेशगत-दबाव' अथवा 'लेखक की अन्तश्चेतना' का अर्थ भी बदल जाता है क्योंकि रचयिता का परिवेश केवल साहित्य से असम्पृक्त समाज नहीं है। उसका पढ़ा हुआ साहित्य, सद्यःघटित रचनाएँ और आन्दोलन भी परिवेश का ही अंग हैं। इसी प्रकार अन्तश्चेतना भी न शून्य में होती है, न साहित्य, साहित्य रचना और साहित्य के पठन-पाठन से असम्पृक्त समाज में। दूसरों के उठाए गए आन्दोलन भी हमारी अन्तश्चेतना का अंग बनते हैं। इसीलिए आन्दोलन के जवाब में

आन्दोलन भी जितने सचेतन तर्कित चिन्तन का परिणाम होते हैं उतने ही अवचेतन दबावों के।

काव्य-क्षेत्र के आन्दोलनों में भी काफी बकवास हुई। पोच तर्क प्रस्तुत किए गए और ग़लत अवधारणाएँ की गईं। मुझे लगता है कि कहानी सम्बन्धी आन्दोलन में यह सब कहीं अधिक मात्रा में हुआ और अभी हो रहा है। अवश्य ही इसका एक कारण यह भी था कि यह सब कविता में पहले हो चुका था यानी काव्य-आन्दोलन का इतिहास, कहानी लेखक के परिवेश और उसकी अन्तश्चेतना का अंग था। 'समान्तर' का आन्दोलन एक ऐसे अर्थ में भी समान्तर है जिसकी पहचान समान्तर लेखकों के लिए असमंजस का कारण बनेगी।

हिन्दी कहानी ने अपने विकास के पिछले सोपान कुछ अधिक तेजी से पार किए हैं लेकिन उसी तेज रफ्तार से उसने अपना पाठक-वर्ग नहीं बनाया है। शायद इसी वजह से उस पर अलोकप्रियता और समाज से कटे होने के आरोप लगते रहे हैं। इन दोनों को एक समान धरातल पर लाने के लिए आज का कहानीकार क्या कर रहा है?

जब आप कहते हैं कि 'हिन्दी कहानी ने अपने विकास के पिछले सोपान अधिक तेजी से पार किए हैं' तो ऐसा जान पड़ता है कि आपके मन में एक सोपान की, विकास की एक निर्दिष्ट दिशा की ओर उसके विभिन्न नपे-नपाए पड़ावों की परिकल्पना पहले से है। यानी कि आप जानते हैं कि कहानी इस समय कहाँ है और उसे किस अन्तिम लक्ष्य तक पहुँचना है। अगर वास्तव में यह अन्तिम लक्ष्य आपके सामने स्पष्ट है, कहानी की अन्तिम परिणति आपकी चेतना का अंग बन चुकी है, तब फिर इस सारी बहस का क्या अर्थ रहता है? तब क्या असल प्रश्न वही नहीं बन जाता जिसकी ओर मैंने पहले संकेत कर दिया है? यानी कि आप तो रचयिता के नाते उस अन्तिम परिणति तक पहुँच चुके हैं। अब बात इतनी है कि पाठक को या गृहीता-समाज को ऐसा कैसे बना दिया जाए कि वह भी इस बात को स्वीकार कर सके। यहीं फिर जब आप कहते हैं कि कहानी ने 'उसी तेज रफ्तार से अपने पाठक नहीं बनाए हैं' तब शायद आप यही कह भी रहे हैं। यदि ऐसा है तो परिणाम भी उतना ही ग़लत है जितना प्रतिज्ञा।

हिन्दी कहानी का विकास जितना इधर हुआ है उसमें **कुछ भी ऐसा नहीं जो अन्य विकसित देशों की कहानियों में न पाया जा सके**। जिस हद तक हिन्दी कहानी एक विधा के रूप में पश्चिम की 'शॉर्ट स्टोरी' से प्रभावित और प्रेरित रही है, उसके अनुरूप विकास करती रही है। उस हद तक स्थिति आज भी वही की वही है कि हिन्दी कहानी वहाँ तक पहुँचने का प्रयत्न कर रही है जहाँ कुछ दूसरे विकसित साहित्य पहुँच चुके हैं। जैसे 'न्यून-विकसित' देश (अंडर डेवलप्ड

नेशंस) प्रयत्न कर रहे हैं कि पूर्ण विकसित देशों के समान्तर चल सकें, वैसे ही साहित्य में एक समान्तरता की प्रेरणा है जिसके मूल में यह बोध है कि वह 'न्यून विकसित' है। हमें पहचानना चाहिए कि यह फिर साहित्य-रचना का आत्यन्तिक प्रश्न नहीं रहा है बल्कि समाज के विकास का एक पहलू बन गया है। यह नहीं कि इस तरह के दबावों का अपना महत्त्व नहीं है लेकिन सामाजिक के नाते समाज को आगे बढ़ाने की कोशिश या ज़िम्मेदारी एक चीज़ है और कृतिकर के नाते रचना-कर्म की आभ्यन्तरिक चुनौतियों का सामना दूसरी चीज़ है।

यों हर प्रतिभाशाली साहित्यिक अपने ढंग के साहित्य के लिए समाज बनाता है या समाज की सीमा का विस्तार करता है। साहित्य के लिए सौभाग्य की स्थिति वह होती है जब कृतिकार के साथ-साथ संवेदनशील आलोचक भी उसी दिशा में काम कर रहा हो। मैथिलीशरण गुप्त ने एक समाज बनाया। महावीरप्रसाद द्विवेदी उनके पैरोकार रहे। इस समय वैसे सौभाग्य की स्थिति नहीं है। एक तरफ कवियों के एक समाज बनाने के प्रयत्न हैं तो दूसरी तरफ विश्वविद्यालयीन अध्यापक-आलोचक वर्ग के प्रयत्न एक दूसरी तरह का समाज बनाने में लगे हैं। आशा होती कि विश्वविद्यालयों से भाषा और साहित्य पढ़कर निकले हुए लोग अच्छे पाठक बने होंगे और बने रहेंगे लेकिन होता यह है कि वे बुरे कवि और बुरे आलोचक बनकर निकलते हैं। बुरे इसलिए नहीं कि वे भिन्न मत के हैं बल्कि इसलिए कि वे पढ़ने के अयोग्य बना दिए गए होते हैं। (अवश्य ही मैं अतिरंजना कर रहा हूँ और ऐसे बहुत से लोग हैं जो विश्वविद्यालयी चक्की में से निकलकर भी संवेदनशील पाठक, अच्छे आलोचक या लेखक भी बन सकते हैं। लेकिन यह अतिरंजना इसी बात पर बल देने के लिए है कि जिन-जिन वर्गों को साहित्य की गाड़ी एक दिशा में खींचनी चाहिए, वे अपना अलग-अलग ज़ोर प्रतिकूल दिशाओं में लगा रहे हैं।)

एक सवाल और भी उठता है। कहानीकार के सामने विकसित मॉडेल थे। इसलिए उसने 'सोपान तेज रफ्तार से' पार कर लिए। अधिसंख्य पाठक हिन्दी के ही पाठक थे, विदेशी विकास से अपेक्षया कम परिचित : उनकी रफ्तार उतनी तेज नहीं रही और वे पिछड़ गए। अब या तो सारे कहानी-पाठक समाज को विदेशी साहित्य पढ़ाया नहीं तो पहचनवाया जाए। पाठक-समाज का सन्देह बदला जाए या फिर कहानी-लेखक ही अपने पाठक के संस्कार को फिर पहचाने। साहित्य-सर्जक समाज से आगे तो जाता है, पर जाकर या जाने में ही समाज के संवेदन को विकसित कर देता है। यह स्थिति आनी ही नहीं चाहिए कि संवाद का सूत्र टूट जाए। उसे टूटने देने की ज़िम्मेदारी दोनों पक्षों की समान रूप से है और लेखक उसे पाठक पर डालकर मुक्त नहीं हो सकता।

सामाजिक परिवर्तन के लिए किसी ख़ास राजनीतिक दर्शन से

लेखक का प्रभावित होना और सत्ता-लोलुप राजनीति का अनुसरण करना दो अलग बातें हैं। आज हिन्दी कहानीकारों की एक पूरी की पूरी जमात दूसरे वर्ग में खड़ी होकर पहले खेमे में होने का दावा कर रही है। इससे हिन्दी कहानी का क्या होना है?

निःसन्देह 'सामाजिक परिवर्तन के लिए किसी राजनीति-दर्शन से प्रभावित होना' अलग चीज़ है 'और सत्ता-लोलुप राजनीति का अनुसरण करना' अलग चीज़ है। लेकिन राजनीति दर्शन की बात आज है कहाँ? जितने दल हैं, सभी के लिए बुनियादी लक्ष्य सत्ता प्राप्त करना है। यानी बहस केवल सत्ता पाने के विभिन्न साधनों पर है। दर्शन में तो यह बात भी उठनी चाहिए कि क्या ऐसी भी राजनीति हो सकती है जिसका लक्ष्य केवल सत्ता हथियाना न हो बल्कि एक सुसंगत और समंजस-युक्त जीवन-परिपाटी तक पहुँचना हो? गांधीजी के बाद कोई डेढ़ नाम और लिया जा सकता है ऐसे व्यक्तियों का जिन्होंने राजनीति-दर्शन पर मौलिक चिन्तन का ऐसा प्रयत्न किया हो, जो उस व्यक्ति के लिए भी उपयोगी हो जिसे राजनीतिक कर्मी भर नहीं बनना है। जब लक्ष्य सत्ता है, तब राजनीति युद्ध है और इसके लिए 'खेमे' अनिवार्य हो जाते हैं। और आप देख भी सकते हैं कि आज की तथाकथित 'साहित्यिक' आलोचना में भी विहित या निहित रूप से मोर्चेबन्दी और रणनीति की चर्चा हो रही है।

इससे 'कहानी का क्या होना है' या कि साहित्य का क्या होना है-यह प्रश्न उन लोगों के लिए अवश्य महत्त्व रखता है जो साहित्य-कर्म को राजनीति-कर्म से अलग देख सकते हैं या देखते हैं, भले ही दोनों प्रकार के कर्म एक-दूसरे को प्रभावित करते हों। लेकिन जिनके लिए साहित्य-कर्म भी (अन्य सभी कर्मों की तरह) सत्ता प्राप्त करने के एकमात्र राजनीतिक इष्ट का केवल एक आनुषंगिक कर्म है, उन्हें इससे क्या?

व्यक्तिपरक और विषयपरक साहित्य के पक्षधर कहानीकारों में एक प्रकार की कट्टरता रहती आई है। इसीलिए एक छोर पर आत्मनिर्वासन में घिरी, समाज से कटी हुई कहानियाँ हैं तो दूसरी ओर सपाटबयानी और नारेबाजी के बियाबान में फँसी प्रतिबद्ध कहानियाँ। क्या इनके बीच का कोई सन्तुलित रास्ता नहीं हो सकता है? क्या आपके विचार से ऐसे कुछ लेखक हैं जो इस प्रकार के लेखन में सक्रिय हैं?

कृति-साहित्य में 'व्यक्तिपरक' और 'विषयपरक' जैसे विशेषण उस घाल-मेल का परिणाम हैं जिसके लिए विश्वविद्यालयीन हिन्दी अध्यापन उत्तरदायी है और जिसे तथाकथित 'प्रगतिशील' आलोचना से बढ़ावा मिला है। कृति-साहित्य व्यक्तिपरक या विषयपरक नहीं होता क्योंकि उसकी मूल प्रवृत्ति पक्षधर भी नहीं

होती। एक तरफ मानव की चर्चा करना, आम आदमी की चर्चा करना, जीवन की चर्चा करना और दूसरी तरफ विषयपरकता का इस ढंग का आग्रह, तो क्या आपका 'आम आदमी' आदमी नहीं केवल आम है? व्यक्ति नहीं, केवल विषय है?

परिस्थिति कैसे आदमी पर हावी होती है, निःसन्देह यह देखने की चीज़ है लेकिन इसे देखने के लिए भी यह पहचानना जरूरी हो जाता है कि जिस पर वह हावी हो रही है वह कौन है और उसकी प्रतिक्रियाएँ क्या हैं। अवश्य ही समूह-मानस भी होता है। लेकिन समूह मानस को केवल सामूहिक सत्ता के रूप में देखना मनोवैज्ञानिक अथवा समाज-शास्त्री का काम है, सर्जक साहित्यकार का नहीं। समूह-मन भी जब साहित्य का विषय होता है तो अपने उस रूप में ही, जिसमें वह व्यक्ति चेतना को प्रभावित करता है, उसका अंग बनता है और व्यक्ति के कर्मों को प्रेरित करता है अथवा कर्मों में लक्षित होता है। बिना इस पहचान के और रचना में उस पहचान के क्रियान्वयन के, साहित्य-सर्जना होती ही नहीं। ऐसा लेखन अवश्य हो सकता है जिसमें आप कुछ साँचे-ढले टाइप-चरित्रों को नाना प्रकार की टाइप-स्थितियों से जोड़ते-बैठाते चलें।

जब आप 'समाज से कटे हुए' व्यक्ति की चर्चा करते हैं तब क्या पहले अपने-आप से यह सवाल नहीं पूछना चाहिए कि क्या समाज से कटा हुआ आदमी हो भी सकता है? अगर आपकी प्रतिज्ञा है कि समाज से कटा हुआ कोई हो ही नहीं सकता, तब फिर इस चर्चा का क्या अर्थ रह जाता है? और अगर आप यह कहना चाहते हैं कि जो अपने को समाज से कटा हुआ समझता है या काटना चाहता है, या जो लेखक अपने पात्र को समाज से कटा हुआ दिखाता अथवा प्रस्तुत करता है, दोनों मनोविकार के शिकार हैं, रोगी हैं तो इस बात को भी आप बिना उनके मानस में प्रवेश किए कैसे सिद्ध कर सकते हैं? यानी बिना 'व्यक्तिपरक' आलोचना के कैसे सिद्ध कर सकते हैं? और अगर आप पिछली पीढ़ी-भर की आलोचना देखें तो आप पाएँगे कि कृति को व्यक्तिपरक कहकर उसकी भर्त्सना करने वाले आलोचकों की दृष्टि घोर व्यक्तिपरक है। यहाँ तक कि तथाकथित व्यक्तिपरक साहित्य के रचयिता की आलोचना-दृष्टि अधिकांशतः विषयपरक होती रही है। तो क्या यह माना जाए कि व्यक्तिपरक रचना तो बुरी चीज़ है और व्यक्तिपरक आलोचना सही है?

वास्तव में व्यक्तिपरकता और विषयपरकता वाली बहस का बहुत बड़ा हिस्सा तो इसलिए दिग्भ्रष्ट है कि वह इस बात को नहीं पहचानता अथवा स्वीकार करता कि यह सवाल शिल्प का और रूप-गठन का है। केवल विषय की और बाहरी परिवेश की चर्चा करते हुए भी व्यक्ति के चरित्र को उसकी अद्वितीयता में प्रस्तुत किया जा सकता है; ठीक उसी प्रकार जैसे व्यक्ति के मनोजगत की प्रक्रिया और प्रतिक्रिया का चित्र खींचते हुए भी सामाजिक शक्तियों के घात-प्रतिघात को

प्रतिबिम्बित किया जा सकता है। एक रास्ता केन्द्र से परिधि की ओर है और केन्द्रापसारी बल के साथ चलता है। दूसरा रास्ता परिधि से केन्द्र की ओर है और केन्द्रोन्मुख बल से चलता है। सर्जना के मूल तनाव के लिए मॉडल चुनें तो एक साइक्लोन है और एक एंटी-साइक्लोन है। स्थिति पर प्रहार दोनों करते हैं।

'बीच के रास्ते' की बात पक्षधरता और प्रतिबद्धता के लिए उठती है। आलोचक के लिए यह प्रश्न महत्त्व का हो सकता है कि वह कौन-सा आग्रह लेकर चले। जहाँ तक कृतिकार का सवाल है, बीच के रास्ते की बात कोई ख़ास महत्त्व नहीं रखती। उसके लिए तो हमेशा वही रास्ता बीच का रास्ता है जिस पर वह है क्योंकि वह हमेशा रचना के ही रास्ते पर चलता है और वही एकमात्र रास्ता है सब कुछ के बीच में!

अन्त में, यह कहूँ कि अगर हम अलग-अलग कहानी आन्दोलनों के आधारभूत नारों का अनुसरण करते हुए चलें तो ऐसा मानना पड़ेगा कि हमारे समाज में पिछले 30-40 वर्षों में कई-एक सामाजिक क्रान्तियाँ हो चुकी हैं। वास्तविक स्थिति यह है कि अभी एक भी सामाजिक क्रान्ति पूरी नहीं हुई है। बाहरी परिवेश में भी और भीतरी अथवा मानसिक परिवेश में भी। परिवर्तन हुए हैं, सामाजिक चेतना का केन्द्र धीरे-धीरे सरकता गया है, कुछ वर्गों का प्रभुत्व अथवा आत्मविश्वास शिथिलतर हुआ है। कुछ दूसरे वर्गों का बढ़ा है लेकिन इतने ही परिवर्तन 'सामाजिक क्रान्ति के नाम के अधिकारी नहीं हैं।

भारतीय समाज बुनियादी तौर पर वही समाज है जो प्रेमचन्द के ज़माने में था बल्कि उस समाज के भीतर हम आज भी उस समाज को भी पहचान सकते हैं जो देवकीनन्दन खत्री के ज़माने में था। उसमें हमें जहाँ-तहाँ उस समाज की झाँकियाँ भी मिल जाएँगी जो लन्दन के ब्लूम्सबरी मुहल्ले का था, या कि जो आज न्यूयॉर्क के ग्रीनिच विलेज में मिल जाएगा या कि जिसकी झाँकियाँ जब-तब अफ्रो-एशियाई संघों अथवा पीस काउंसिल के मेलों में मिल जाएँ। लेकिन इनके लोगों को जरा नजदीक से देखते ही हम पहचान जाएँगे कि ये ही सब न केवल असाधारण, असन्तुलित व्यक्ति हैं बल्कि उस असाधारणत्व से (अलग-अलग ढंग से) त्रस्त भी हैं। जिस समाज में हैं, उस में न जीकर एक दूसरे परिवेश में जीते हैं और रहना चाहते हैं। व्यक्ति वे हैं और 'आम आदमी' वे कदापि नहीं हैं। (मेरा सन्देह तो यही है कि आम आदमी के प्रति एक विशेष अवहेलना का भाव भी उन में पाया जाएगा, पर फिलहाल इस सन्देह की बात छोड़ भी दी जा सकती है।)[1]

1. ये प्रश्न श्री चन्द्रमोहन द्वारा पूछे गए थे।

यथार्थ-सम्प्रेषण : कथा-भाषा की समस्याएँ

कथा-भाषा की चर्चा आरम्भ करने से पहले कुछ बातें स्पष्ट कर लेना आवश्यक है। सबसे पहले परिभाषाएँ स्पष्ट हो जानी चाहिए। 'कथा-भाषा' के बदले 'आख्यान-भाषा', 'वृत्त-भाषा', 'वृत्तान्त-भाषा' आदि की चर्चा भी हो सकती : प्रत्येक शब्द से कुछ सुविधाएँ भी मिल जातीं। लेकिन आख्यान, वृत्त, वृत्तान्त–प्रत्येक शब्द एक सीमित अर्थ में रूढ़ भी हो गया है, इसलिए कुछ कठिनाइयाँ भी खड़ी हो जातीं। मेरे प्रयोजन के लिए ये सभी शब्द या इनमें से कोई भी काम दे सकता है, थोड़े से स्पष्टीकरण के साथ। मुख्य बात किसी घटना का वर्णन करने की है। और **ऐसा वर्णन करने के मूल में सम्प्रेषण की इच्छा है**। यह जोड़ देना इसलिए भी आवश्यक हुआ कि काव्यभाषा के बारे में कुछ लोगों का यह भी मत है कि उसका सम्प्रेषण से कोई अनिवार्य सम्बन्ध नहीं है। मैं स्वयं तो वैसा नहीं मानता। सम्प्रेषण को कविता की रचना-प्रक्रिया का भी अनिवार्य अंग समझता हूँ पर 'कथा', 'आख्यान' आदि के तो नाम में ही दूसरे की विद्यमानता और 'कहानी' की अनिवार्य स्थिति प्रतिज्ञात है। **घटना** को **अनुभव** करने या स्वयं **पहचानने** के लिए शब्दों के बिना भी काम चल सकता है। वर्णन में एक **दूसरा**, एक इतर व्यक्ति अनिवार्य है और **वर्णन** अथवा वृत्तान्त का लक्ष्य घटना को उस दूसरे तक पहुँचाना ही है।

घटना की सम्प्रेष्य रूप में प्रस्तुति की चर्चा के साथ ही यह प्रश्न उठ सकता है कि 'घटना' हम कहते किसे हैं? क्या 'मनगढ़न्त' घटना को भी घटना कहना उचित है? क्या उसके साथ में यथार्थ के सम्प्रेषण का प्रश्न उठ सकता है या उठाना चाहिए? यहाँ से आरम्भ करके बड़ी आसानी से हम लोग खिसकते हुए दार्शनिक बारीकियों में खो जा सकते हैं लेकिन उधर जाना वर्तमान सन्दर्भ में पथ-भ्रष्ट होना ही होगा। इसलिए यहीं स्पष्ट कर दूँ कि मेरे वर्तमान प्रयोजन के लिए 'घटना' **काल्पनिक** भी हो सकती है और **वास्तविक** या प्रसिद्ध भी, **मनगढ़न्त** भी, **स्वप्न** भी और **ऐतिहासिक** भी। सवाल यह नहीं है कि उसकी आत्यन्तिक यथार्थ सत्ता क्या है, सवाल यह है कि 'वर्णन' उसे कैसे यथार्थवत् प्रस्तुत कर सकता है और ऐसा

करने में उसे क्या कठिनाई हो सकती है। **कथा-भाषा की समस्याएँ** इसी अर्थ में और इसी चौखटे के भीतर **यथार्थ के सम्प्रेषण की समस्याएँ** हैं।

अगर हम 'घटना को सम्प्रेष्य रूप में प्रस्तुत करने' की चर्चा कर रहे हैं तो यह प्रक्रिया एक छोर पर काल्पनिक कथा-वस्तु के सम्प्रेषण की बात हो सकती है और दूसरे छोर पर किसी सद्यःघटित 'सत्य' घटना के **अखबारी** वृत्तान्त की भी। मेरे लिए यह सम्भव होता कि अखबारी घटना के वर्णन को अपने विवेचन के क्षेत्र से इस आधार पर बाहर निकाल दूँ कि उसका सम्बन्ध कथा-भाषा से नहीं है। लेकिन मैं वैसा नहीं कर रहा हूँ। इसके दो कारण है। पहला कारण तो यही है कि मैंने जो परिभाषा आपके सामने रखी है, 'अखबारी घटना' भी उसकी परिधि के भीतर आ जाती है। इसलिए या तो मुझे उसे भी चर्चा के अन्तर्गत स्वीकार करना चाहिए या फिर अपनी परिभाषा में आवश्यक संशोधन करना चाहिए।

दूसरा और अधिक महत्त्वपूर्ण कारण यह है कि कथा-भाषा के सामने ही नहीं, कथा के सामने भी आज यह समस्या है कि यथार्थ के सम्प्रेषण का आग्रह क्या हमें उसके वृत्त तक नहीं ले जाता? उपन्यास विधा की नई प्रवृत्तियों में **रिपोर्ताज** अथवा **न्यू जर्नलिज्म** की प्रवृत्ति इसी ओर संकेत करती है और यथार्थ के सम्प्रेषण की चर्चा को वहाँ तक न ले जाना समस्या के एक समकालीन पहलू की उपेक्षा करना होगा।

भाषा-प्रयोग के किसी भी पहलू पर विचार करते समय सबसे पहले उस प्रयोग की परिस्थिति पर विचार करना चाहिए क्योंकि बहुत दूर तक तो वह परिस्थिति ही भाषा का रूप स्थिर कर देती है। कब, कहाँ, किस परिस्थिति में, किस के समक्ष हम भाषा से काम ले रहे हैं या लेना चाहते हैं इसी से इस बात का निर्णय हो जाता है कि कौन सी अथवा कैसी भाषा उपयोज्य है। निरी सूचना की, जानकारी देने या पाने की, प्रयोजनवती भाषा से सर्जनात्मक साहित्य की भाषा इसलिए अलग हो जाती है और उस अलगाव को पहचानने और निरूपित करने के लिए हम भाषा प्रयोग की स्थिति का विचार करते हैं। यहाँ मैंने **सर्जनात्मक साहित्य की भाषा** कहा : पारस्परिक स्थिति में 'काव्यभाषा' कहने से काम चल जाता। परन्तु आज रचना और आलोचना, दोनों की आधुनिक परिस्थितियाँ 'कविता-भाषा' और 'कथा-भाषा' में भेद करना आवश्यक बना देती हैं। इसलिए 'काव्य' की पुरानी व्यापक परिभाषा का आधार लेते हुए 'काव्य-भाषा' कहने से भ्रान्ति ही उत्पन्न हो सकती है। आगे मैं 'काव्य-भाषा' की चर्चा करूँगा भी तो कथा-भाषा से पृथक कविता-भाषा के अर्थ में ही, पुराने और व्यापकतर अर्थ में नहीं।

यथार्थ के सम्प्रेषण की समस्या आज उठती क्यों है, यह कहना तो निरर्थक होगा कि यथार्थ पहले था नहीं। यह भी नहीं कहा जा सकता कि यथार्थ और याथार्थ्य की

जानकारी प्राचीनों को नहीं थी। या कि इन्हें लेकर ऊहापोह उन्होंने नहीं किया। यथार्थ और याथार्थ्य की चर्चा तो हमें ब्राह्मणों में भी मिल जाएगी। वास्तव में **यथार्थ** के **सम्प्रेषण** की और **तदनुरूप भाषा की समस्याओं** की चर्चा करते-करते ही इस प्रश्न का उत्तर हमें मिलता चलेगा। उससे अलग या पहले इस प्रश्न का उत्तर हमें दे देना सम्भव नहीं है क्योंकि वास्तव में प्रश्न ही सार्थक रूप में तभी पूछा जा सकता है।

भाषा-प्रयोग की परिस्थिति की चर्चा कथा-भाषा के सन्दर्भ में, यथार्थ-सम्प्रेषण की स्थिति की चर्चा में लक्ष्य करने की पहली बात यह है कि पारम्परिक स्थिति कथा-वाचन की स्थिति थी और वह वाचन अपेक्षया **सुव्यवस्थित, आश्वस्त और स्थितिशील समाज में होता था**। यहाँ उस समाज को 'स्थितिशील' कहने में उसके प्रति अवज्ञा का भाव नहीं है। आशय यह भी नहीं है कि उस समय काल की गति, परिवर्तन की गति, अपेक्षा धीमी थी और आज बहुत तेज है, यद्यपि यह बात अपनी जगह सच है अवश्य। उस समाज को 'स्थितिशील' कहने में मैं आपका ध्यान विशेष रूप से इस बात की ओर आकर्षित करना चाहता हूँ कि उस समाज की आस्था कुछ ऐसे मूल्यों पर थी जिन्हें वह शाश्वत समझता था कार्यों और कारणों, कर्मों और परिणामों का एक सुनिश्चित सम्बन्ध वह मानता था और जिस संस्थान में वह जीता था उसे स्थायी भी मानता था और न्यायसंगत अथवा धर्मसम्मत भी। वह 'स्थितिशील' समाज सबसे पहले एक स्थायित्वशील समाज था और स्थायी प्रत्यक्ष रूप से भी था और इस समुचित प्रमाण से भी कि वह कुछ आधारभूत मूल्यों पर टिका था।

इस समाज में कथा-वाचन की स्थिति में कथाकार-वाचक और श्रोता-सामाजिक का सम्बन्ध भी विचारणीय है, क्योंकि वह भी प्रयोग की स्थिति का एक महत्त्वपूर्ण अंग है। वाचिक स्थिति के दोनों पक्षों में कुछ चीज़ें समान थीं—समयों का और संस्कारों का एक समूह उनकी साझी सम्पत्ति थी। श्रोता-सामाजिक से **सहृदयता** अपेक्षित थी और **जो सहृदय नहीं था वह सामाजिक नहीं था** इसलिए हेय था। (आज की स्थिति से, जहाँ लेखक नहीं जानता कि उसकी रचना कौन पढ़ेगा और उसके संस्कारों के आग्रह क्या होंगे, कैसे होंगे, उस काल की स्थिति की तुलना करने से बात और भी स्पष्ट हो जाएगी।)

वाचिक स्थिति में दूसरी महत्त्वपूर्ण बात यह थी कि श्रोता-सामाजिक सदैव प्रत्यक्ष था। इस प्रत्यक्ष उपस्थिति का कितना गहरा प्रभाव विधा पर और उसकी भाषा पर पड़ता है, यह क्रमशः स्पष्टतर होता चलेगा। प्रत्यक्ष उपस्थिति का पहला और तात्कालिक परिणाम यह होता है कि एक दूरी अथवा समीपता निर्धारित हो जाती है और दोनों पक्ष पहचान भी सकते हैं कि वह दूरी स्थापित हो गई है। या अगर

नहीं हुई है तो उस असमंजस का तत्काल निराकरण कर सकते हैं। (इसकी फिर आज की स्थिति से तुलना कर लीजिए। छपी हुई पुस्तक के पाठक के साथ लेखक का ऐसा कोई समझौता कब होता है–रचना और पठन के बीच के कितने लम्बे अन्तराल के बाद? और जब समझौता नहीं होता तो पाठक का मन असमंजस की सूचना लेखक को कब, कैसे देता या दे सकता है और लेखक उसका निरसन कब कर सकता है?)

किसी भी घटना को वृत्तान्त रूप में प्रस्तुत करने के लिए **दूरी** का प्रश्न एक बुनियादी प्रश्न होता है। दूरी उस घटना से–दूरी काल की दृष्टि से भी और दिक् की दृष्टि से भी, दूरी राग-सम्बन्ध की दृष्टि से भी, **और दूरी स्वयं श्रोता से भी**। हिन्दी में कथा-साहित्य की शास्त्रीय चर्चा में इस दूरी के प्रश्न का विचार बहुत कम हुआ है। यद्यपि **सम्प्रेषण की किसी भी स्थिति में–हमारी साधारण बातचीत में भी दूरी का विचार होता है** और दूरी के बारे में जो भी निर्णय अथवा समय **(कन्वेंशन)** दोनों पक्षों में स्थिर होता है; वह भाषा को भी निरूपित करता है। उदाहरण के लिए, सामाजिक व्यवहार में अधिकारी से अथवा नौकर से बातचीत करते समय दूरी के निरूपण से ही भाषा-रूप निर्धारित होता है। यह दूरी स्तर की दूरी है और दूरी का एक बहुत मोटा उदाहरण है, पर यहाँ से आगे की गहराई में उतरते जाना कठिन नहीं है।

कथा-वृत्त में किस प्रकार की दूरियाँ विचारणीय होती हैं? घटना का तटस्थ दर्शक और घटना का पात्र एक ही घटना को कितने भिन्न-भिन्न रूप से देखेंगे और कितनी भिन्न भाषा में प्रस्तुत करेंगे, यह उसका केवल एक पहलू है जिसका विचार हम अनन्तर करेंगे। इस समय इतना ही कहना यथेष्ट है कि वाचिक स्थिति में वाचक एक दूरी स्थापित करता था और दूसरा पक्ष अर्थात सामाजिक उसे पहचान कर उसी दूरी से कथावस्तु को ग्रहण करता था। सुविधा के लिए हमने एक दूरी कह दिया है पर वास्तव में उस एक निर्णय में कई प्रकार की दूरियों का निर्धारण हो जाता था, इसका संकेत मैं कर चुका हूँ। आगे चलकर इसका भी सविस्तार विवेचन होगा।

प्रत्यक्ष सम्बन्ध के एक और पहलू पर बल देना आवश्यक है जिसे आज की तकनीकी भाषा में **फीड-बैक** कहा जाता है। सामाजिक की प्रतिक्रिया तुरन्त वाचिक तक पहुँचती थी और **वाचन को तत्काल प्रभावित करती थी**। इस बात का पूरा आशय समझने के लिए यह भी ध्यान में रखना आवश्यक है कि वाचिक स्थिति में ऐसा नहीं होता कि कोई **पहले से निर्धारित** पाठ है जिसे केवल **प्रस्तुत** किया जा रहा है।

वाचिक स्थिति में काव्य अथवा कथा का कोई निर्धारित पाठ नहीं होता।

प्रत्येक वाचन अपने आप में सर्जन होता है और इस सर्जन की प्रक्रिया में सामाजिकों से मिलनेवाले इस प्रतिपोषण अथवा **फीड-बैक** का भी योग होता है। वह सम्प्रेषण को पुष्ट करता है अर्थात वाचिक स्थिति में श्रोता-सामाजिक भी एक सह-सृष्टा होता है। यह स्थिति ही भाषा का स्तर निर्धारित करती है, वाक्य रचना और पद-विन्यास निर्धारित करती है, क्रिया-सर्वनाम-वचन का निर्णय करती है। शब्दों के चयन को प्रभावित करती है, वृत्ति, व्यंजना-लक्षणा, स्वर और काकु तक को निर्दिष्ट करती है।

इसका यह अर्थ नहीं कि छपी हुई कहानी के **पठन** में सामाजिक अथवा श्रोता एकान्त रूप से अनुपस्थित होता है। लेकिन छापे की स्थिति में उपस्थित सामाजिक वास्तव में लेखक का प्रतिरूप होता है अथवा लेखक की समकालीन समाज की पहचान के आधार पर निर्मित एक कल्पित व्यक्ति जिसके साथ वह एक काल्पनिक संवाद अथवा सम्प्रेषण की स्थिति बनाता है। प्रतिक्रिया, प्रतिपोषण अथवा फीड-बैक की यहाँ कोई सम्भावना नहीं है। जिस हद तक सम्भाव्य प्रतिक्रिया रचना को प्रभावित कर सकती है उस हद तक वह पहले ही अपना कल्पित श्रोता गढ़ने में काम आ चुकी है। इसके अलावा पाठक की अथवा आलोचक की प्रतिक्रिया बहुत देर से होती है। रचना के निरूपण में उसका कोई योग नहीं हो सकता। अधिक से अधिक उत्तर संशोधन में अथवा नई रचना में ही उसका योग हो सकता है। और नई रचना में फिर उस काल्पनिक पाठक के निर्माण में ही, जिसके साथ संवाद या सम्प्रेषण की स्थिति लेखक अपने लिए पैदा करता है।

वाचिक कथा-कथा, आख्यान, किस्सा, बात, वार्ता, कहानी-का रूप बहुत कुछ इस परिस्थिति का परिणाम है। उसकी भाषा भी इस स्थिति से निरूपित होती है। उसकी युक्तियाँ और तकनीकी कौशल भी इस स्थिति से उपजता है और यथार्थ के सम्प्रेषण की समकालीन कठिनाई उसमें इसलिए नहीं उठती क्योंकि वाचिक स्थिति तत्काल उस समस्या को हल करने का रास्ता बता देती है। सर्जक और सामाजिक के प्रत्यक्ष आदान-प्रदान में प्रतिष्ठित हो सकनेवाला यथार्थ ही कथा का यथार्थ है। और जब वह **प्रतिष्ठित होने पर** ही यथार्थ है, तो उसके सम्प्रेषण की कोई समस्या नहीं उठती। इस दृष्टि से कह सकते हैं कि यथार्थ के सम्प्रेषण की समस्या आधुनिक समस्या ही है।

2

वाचिक परिस्थिति में कथा-सर्जक जिन तकनीकी साधनों अथवा युक्तियों से काम लेता था, संक्षेप में उनका उल्लेख कर देना भी उपयोगी होगा।

वाचिक कथा, वार्ता अथवा किस्से को प्रभावी बनाने के लिए स्मृति का उपयोग भी महत्त्व रखता था। वाक्य-रचना में अनुप्रास का अथवा पदों की आवृत्ति का उपयोग इसका एक रूप है। वाचिक स्थिति में अभिज्ञात के लिए प्रतीक्षा और अप्रत्याशित के लिए उत्सुकता, दोनों ही स्मृति-शक्ति पर आधारित हैं। इंशा-अल्लाह की रानी केतकी की कहानी, इसका एक उपयोगी उदाहरण है।[1] यों तो

---

1. इसी कहानी से विवाह-पूर्व घाटों की सजावट का वर्णन देखिए :
"कोई क्या कह सके जितने घाट दोनों राज की नदियों में थे, पक्के चाँदी के थक्के से होकर लोगों को हक्का-बक्का कर रहे थे। निवाड़े मौलिए, बजरे, लचके, मोरपंखी, स्यामसुन्दर, रामसुन्दर और जितनी ढब की नावें थीं, सुनहरी, रुपहरी, सजी-सजाई, कसी कसाई और सौ-सौ लचके खातियाँ, आतियाँ, जातियाँ, ठहरातियाँ, फिरातियाँ थीं। उन सभी पर खचाखच कंचनियाँ, रामजनियाँ, डोमिनियाँ, भरी हुई अपने-अपने करतबों में नाचती-गाती, बजाती, कूदती फाँदती, धूमें मचातियाँ, अँगड़ातियाँ, जम्हातियाँ, उँगलियाँ नचातियाँ और ढुली पड़ातियाँ थीं और कोई नाव ऐसी न थी जो सोने-रूपे के पतरों से मढ़ी हुई और सवारी से भरी हुई न हो और बहुत-सी नावों पर हिंडोले भी उसी ढब के थे। उन पर गाने बैठी झूलती हुई सोहनी, केदार, बागेसरी, काम्हड़ों में गा रही थीं। दल बादल ऐसे नेवाड़ों के सब झीलों में छा रहे थे"

(यह वर्णन तो तब का है जब कहानी काफी जम चुकी है। पाठक (अर्थात 'श्रोता') का मन उसमें रम चुका है। लेकिन 'किसी देश में किसी राजा के घर एक बेटा था।' के आरम्भ करने से पहले सैय्यद इंशा जो भूमिका बाँधते हैं वह भी लक्ष्य है,

"डौल डाल एक अनोखी बात का।")

एक दिन बैठे-बैठे यह बात अपने ध्यान में चढ़ी कि कोई कहानी ऐसी कहिए कि जिसमें हिन्दी छूट और किसी बोली का पुट न मिले, तब जाके मेरा जी फूल की कली के रूप में खिले। बाहर की बोली और गँवारी कुछ उसके बीच में न हो। अपने मिलने वालों में से कोई एक बड़े पढ़े-लिखे, पुराने-धुराने डाँग, बूढ़े धाग यह खटराग लाए। सिर हिलाकर मुँह थुथाकर, नाक-भौं चढ़ाकर, आँखें फिराकर लगे कहने-यह बात होते दिखाई नहीं देती। हिन्दवीपन भी न निकले और भाखापन भी न हो। बस जैसे भले लोग अच्छों से अच्छे आपस में बोलते-चालते हैं, ज्यों का त्यों वही सब डौल रहे और छाँह किसी की न हो, यह नहीं होने का। मैंने उनकी ठंडी साँस का टहोका खाकर झुँझलाकर कहा-मैं कुछ ऐसा बड़बोला नहीं जो राई को परबत कर दिखाऊँ और झूठ-सच बोलकर उँगलियाँ नचाऊँ और बे-सिर, बे-ठिकाने की उलझी-सुलझी बातें सुनाऊँ। जो मुझसे न हो सकता तो यह बात मुँह से क्यों निकालता? जिस ढब से होता, इस बखेड़े को टालता।

इस कहानी का कहनेवाला यहाँ आपको जताता है और जैसा कुछ उसे लोग पुकारते हैं, कह सुनाता है। दहना हाथ मुँह पर फेरकर आपको जताता हूँ, जो मेरे दाता ने चाहा तो यह ताव-भाव, राव-चाव और कूद-फाँद, लपट-झपट दिखाऊँ जो देखते ही आपके ध्यान का घोड़ा, जो बिजली से भी बहुत चंचल अचपलाहट में है, हिरण के रूप में अपनी चौकड़ी भूल जाए।

वाचिक परम्परा के सम्पूर्ण साहित्य का और लोक-कथाओं का उदाहरण यहाँ दिया जा सकता है। 'रानी केतकी' की कहानी का ही नाम लेने का विशेष कारण यह है कि उसे हम उस **संक्रान्ति-काल की रचना** मान सकते हैं-जब कथा-सम्प्रेषण की परिस्थिति **वाचिक** से हटकर **चाक्षुष** में परिवर्तित हो रही थी-जब 'श्रव्य' का स्थान 'पठ्य' ले रहा था। इंशा ने कहानी लिखी तो छपे हुए रूप में पढ़े जाने के लिए ही, लेकिन उसकी तकनीकी युक्तियाँ सब वाचिक युग की ही थीं। मुद्रण-यन्त्र के आविर्भाव के बाद देश में जितना भी नव-रचित साहित्य छपा, वह भी मुख्यत: वाचिक विधाओं की रचनाओं का ही लिखित रूप था। यत्किंचित भेद था भी तो वह संक्रमण की समस्याओं का ही संकेत देता था, उनके निराकरण का प्रमाण नहीं।[1]

वाचिक स्थिति में यथार्थ के प्रश्न का समस्या के रूप में न उठने का एक और कारण भी समझ में आता है जिसका अपना महत्त्व है। वाचिक कथा का 'यथार्थ के सम्प्रेषण' का कोई दावा ही नहीं था। कथाकार केवल यह कहता ही नहीं था कि यह कहानी हमारे दैनन्दिन जीवन के घटित अथवा यथार्थ से एक-रूप होगी, बल्कि इसका स्पष्ट संकेत भी देता था कि ऐसा नहीं होगा।

पारम्परिक कथा का आरम्भ ही इस स्पष्ट संकेत से होता है कि कथा का घटना-जगत् हमारे दैनन्दिन यथार्थ का घटना-जगत नहीं है बल्कि एक दूसरा जगत

''टुक घोड़े पर चढ़के अपने आता हूँ मैं।
करतब जो कुछ है, कर दिखाता हूँ मैं।
उस चाहने वाले ने जो चाहा तो अभी।
कहता जो कुछ हूँ, कर दिखाता हूँ मैं।

''अब आप कान रखके, आँखें मिलाके, सन्मुख होके टुक इधर देखिए, किस ढब से बढ़ चलता हूँ और अपने फूल की पंखुड़ी जैसे होंठों से किस-किस रूप के फूल उगलता हूँ।''

वाचिक स्थिति, प्रत्यक्ष उपस्थिति और सीधे सम्बोधन की प्रतिज्ञा कितनी स्पष्ट है- ''अब आप कान रखके, आँखें मिलाके, सन्मुख होके टुक इधर देखिए, किस ढब से बढ़ चलता हूँ...'' पढ़ने के लिए कहानी नहीं है, देखने के लिए करतब है, परफॉरमेंस है।

1. काल की अवधारणा और कथा-रूपों पर उसके प्रभावों का विवेचन मैंने अन्यत्र कई जगह किया है : उसकी यहाँ आवृत्ति अनावश्यक है। सविस्तार चर्चा के लिए देखिए :
   'आलवाल' (नेशनल पब्लिशिंग हाउस, दिल्ली)
   'संवत्सर' (नेशनल पब्लिशिंग हाउस, दिल्ली)
   'ए सेंस ऑफ टाइम (अंग्रेजी में) (ऑक्सफोर्ड यूनिवर्सिटी प्रेस)
   काल की अवधारणा और प्रतीति (कलकत्ता विश्वविद्यालय की बिड़ला व्याख्यान माला, 1975)
   ('संवत्सर' में प्रकाशित लेख बिड़ला व्याख्यान माला का ही संवर्धित रूप है।)

है। यह नहीं कि वह भी **अपने ढंग का यथार्थ** नहीं है। उस यथार्थ का याथार्थ्य तो स्वयंसिद्ध और स्वत:सम्पूर्ण है। हमारे स्थूल दैनन्दिन यथार्थ की कसौटियाँ या मानदंड वहाँ काम नहीं देते।

इतर यथार्थ के, एक दूसरे यथार्थ जगत के संकेत वाचिक कथा किस प्रकार देती है, इसके कुछ उदाहरण देना उपयोगी होगा। लोक-कथा अथवा परी-कथा, 'नानी की कहानी' के प्रारम्भिक **एक राजा** था अथवा **किसी समय जंगल में एक लकड़हारा रहता था**, इसी प्रकार के संकेत हैं। बिना देशकाल के स्पष्ट संकेत के 'एक राजा था' से आरम्भ करना सूचना दे देता है कि आगे आनेवाली कथा का सम्बन्ध हमारे परिचित देश-काल से नहीं है। इसी प्रकार, **किसी समय जंगल में** यद्यपि देश-काल का संकेत देता जान पड़ता है, तथापि ये संकेत ही इन दोनों को धुँधला कर देते हैं और इस प्रकार स्वयं एक दूसरे ही देश-काल में प्रवेश का आमन्त्रण बन जाते हैं। पंजाबी में लोक-कथा आरम्भ होती है केवल 'एक था' से-**इक सी ते राजा सी**। आप देखेंगे कि इसमें 'एक था' से आरम्भ करने से एक स्पष्ट संकेत है कि कथा का देश, काल, पात्र कोई भी ऐसा नहीं होगा जिसे हमारे दैनन्दिन जीवन की कसौटी पर परखा जा सके।

रूस की कुछ भाषाओं में लोक-कथा की एक परिपाटी है जो इससे भी आगे बढ़ जाती है। चाहे था, **चाहे नहीं था पर एक राजा था**। इस आरम्भ में इसके लिए बहुत गुंजाइश छोड़ दी गई है कि आप चाहें तो कथा में जो घटना बखान की जाने वाली है उसके घटित होते हुए होने पर सन्देह भी कर सकते हैं। उससे कहानी झूठी नहीं हो जाएगी क्योंकि ऐसी कहानी का सत्य उसमें वर्णित घटना में नहीं होता बल्कि उसकी परिणति के नैतिक प्रामाण्य में होता है-उस परिणति के द्वारा प्रतिष्ठित होने वाली स्थायी, नैतिक अथवा मानव मूल्य में होता है।

एक दूसरे प्रकार का प्रारम्भ वह होता है जिसमें **घटित** को **घटमान** के रूप में प्रस्तुत किया जाता है **: 'अस्ति गोदावरी-तीरे विशालः शाल्मली तरुः'** गोदावरी के किनारे सेमल का विशाल पेड़ है। पेड़ था नहीं, पेड़ है। यह भी एक संकेत है कि कथा आपको काल के उस आयाम में ले जाएगी तो गुजरता नहीं, जो शाश्वत वर्तमान है क्योंकि जिन मूल्यों तक ऐसी कहानी आपको ले जाती है वे मूल्य बदलने या चुक जाने वाले नहीं हैं, शाश्वत हैं।

एक बार यह पहचान लेने पर, कि ये कथाएँ इस प्रकार के स्पष्ट संकेत से आरम्भ करती हैं, हमें इन कथाओं से **कल्पना, फैंटेसी** और **मिथक** के उपयोग पर न केवल आश्चर्य नहीं होना चाहिए, बल्कि उनका सही महत्त्व भी पहचानना चाहिए। क्योंकि ये संकेत स्पष्ट कर देते हैं कि कथावाचक का उद्देश्य वर्तमान को और उसके यथार्थ को नकारना नहीं है, बल्कि **उसके समान्तर** एक **अधिक**

स्थायी, अधिक महत्त्वपूर्ण, अधिक सच्चे यथार्थ जगत की पहचान कराना है। इसीलिए ऐसी कथा के स्रष्टा को 'कल्पित' और 'असम्भव' घटना और चरित्र गढ़ने में संकोच या दुविधा नहीं होती। लेकिन महत्त्व की बात यह है कि वाचिक कथा के सुननेवाले के मन में भी कथा को लेकर कोई दुविधा या भ्रान्ति नहीं होती क्योंकि वाचिक स्थिति ने पहले ही यह स्पष्ट कर दिया है कि कहानी में कोई धोखा नहीं है। सामाजिक का ध्यान आकृष्ट करने की युक्तियाँ उसमें अपनाई जाएँगी, उसकी रुचि बनाए रखने की युक्तियाँ भी काम में लाई जाएँगी, पर यह सब उसे ठगने के लिए नहीं बल्कि सत्य से सत्यतर की ओर प्रेरित करने के लिए।

इस आधार पर अगर हम कहें कि वाचिक कथा यथार्थ की दो समान्तर दुनियाओं में हमें एक साथ प्रतिष्ठित करती थी, बिना किसी एक को झुठलाए दूसरी तक आने-जाने के लिए एक सेतु का निर्माण करती थी तो इस बात का पूरा आशय समझ में आ सकेगा। लेकिन ध्यान देने की बात यह भी होगी कि ये दोनों समान्तर दुनियाएँ केवल वाचक या किस्सागो के लिए ही नहीं, **श्रोता सामाजिक के लिए भी यथार्थ थीं**। पहले जो 'स्थितिशील समाज' और स्थायी मूल्यों की ओर संकेत किया गया, उसका यही आशय था। ऐसी कहानी के यथार्थ का निर्वाह ऐसे ही समाज में हो सकता है जिसकी संस्थाएँ परम्परा से चली आई हों और टिकाऊ हों, जिसके मूल्य सबके पहचाने, सर्वमान्य, समाज-स्वीकृत हों, जिनके बारे में सामाजिक को कोई शंका न हो।

इसके साथ ही कदाचित एक और जरूरी शर्त का उल्लेख भी कर देना चाहिए। वाचक और सामाजिक, दोनों में दोहरा काल-बोध भी होना चाहिए। और काल की दो (या और अधिक) प्रकार की गतियों के प्रति स्वीकार का भाव भी होना चाहिए। एक तेजी से बदलता हुआ 'ऐतिहासिक' काल, जिसमें हमारे दैनन्दिन जीवन की घटनाएँ घटित होती हैं और जिसमें बीता हुआ अकसर लौटकर नहीं आता; एक दूसरा शाश्वत, आवर्ती महाकाल जिसमें सबकुछ सदैव होता रहता है। अतीत, वर्तमान और भविष्य-तीनों जिसमें एक साथ वर्तमान हैं।

इस आवर्ती काल का प्रतिबिम्ब हमें वाचिक परम्परा के कुछ कथा-रूपों में भी मिल सकता है। **कथा-सरित्सागर** अथवा **अलिफ-लैला, बेताल-पच्चीसी** अथवा **सिंहासन-बत्तीसी, शुक-सप्तति** अथवा **तोता-मैना** इस जाति की कथाएँ हैं जिनमें या तो कथा के छोटे-छोटे वृत्त एक वृहत कथा के बहुत बड़े वृत्त के भीतर घूमते रहते हैं अथवा छोटे वृत्त मानो कई एक छल्ले बनाते हुए बार-बार आरम्भ बिन्दु पर लौटते हैं।

स्पष्ट है कि वाचिक स्थिति में यथार्थ का सम्प्रेषण जिन समयों (कन्वेशन्स) पर आधारित था। जिन समान मूल्यों के सहारे निष्पन्न होता रहा, उनमें से आज कोई

भी स्वीकार्य या उपलब्ध नहीं हैं। आज यथार्थ के सम्प्रेषण की समस्या यहीं से आरम्भ होती है।

सबसे पहली बात सम्प्रेषण के दो पक्षों की परस्पर दूरी है। आज का सामाजिक, वाचक के लिए प्रत्यक्ष नहीं है। आज का कथा-सर्जक पाठक को यह कहकर आमन्त्रित नहीं कर सकता कि '**अब आप कान रख के, आँखें मिला के, सम्मुख होके टुक इधर देखिए**, किस ढब से चलता हूँ।' वह केवल उसे प्रत्यक्ष नहीं पाता, वह यह भी नहीं जानता कि उसकी कहानी कौन, किस स्थिति में पढ़ेगा और उसके स्वीकृत मूल्य कौन-से होंगे। पहचान की बाधा के कारण लेखक के लिए भी यह समस्या होती है कि किसी भी घटना का, यथार्थ का सम्प्रेषण करने के लिए वह कौन-सी दूरी अथवा दूरियाँ निर्धारित करके चले। घटना से अथवा उसके पात्रों से कितनी दूरी देश, काल और राग-सम्बन्ध-तीनों की दृष्टि से कितनी दूरी-और इसी प्रकार पाठक से कितनी दूरी। यह तो स्पष्ट है ही कि भाषा का **स्तर** और **स्वर** भी इस दूरी के विचार के साथ बँधा हुआ है क्योंकि पाठक तक पहुँचने के लिए जो भी अथवा जैसी भी दूरी का सम्बन्ध लेखक चुनता है, भाषा को उसका निर्वाह करना होगा, उसी के अनुरूप ढलना होगा।[1]

छपाई की स्थिति में दूसरी समस्या यह है कि अप्रत्यक्ष पाठक की ओर से ऐसी कोई तात्कालिक प्रतिक्रिया नहीं मिल सकती जिससे रचना-प्रक्रिया ही प्रभावित हो अथवा उसकी गति और दिशा तत्काल बदली जा सके-आधुनिक मुहावरे में कोई फीड-बैक नहीं होता : सर्जना को प्रतिपोषण नहीं मिलता। पाठकों और आलोचकों की प्रतिक्रियाएँ देर से पहुँचती हैं, रचना और प्रेषण की क्रिया पूरी हो चुकने के बाद। ये प्रतिक्रियाएँ बनती हुई चीज़ को प्रभावित नहीं करतीं केवल बन चुकी चीज़ पर अपना प्रभाव डालती हैं अर्थात सम्प्रेषण को प्रभावित नहीं करतीं बल्कि केवल प्रसारण को प्रभावित कर सकती हैं।

---

1. अमेरिकी लेखक विलियम सारोयान की एक कहानी है जिसमें मुख्य चरित्र आप-बीती सुना रहा है। बस के एक खाई में गिरने पर सारे सहयात्री किंकर्तव्यविमूढ़ थे, यह बताकर वह कहता है, 'मैंने अपने-आप से कहा, मैं कलाकार हूँ...' और फिर : 'मैंने कहा, मैं कलाकार हूँ। अब देखो कि मैं क्या करतब दिखाता हूँ...' (आई एम एन आर्टिस्ट, नाउ वाच मी परफॉर्म)। कहानी में इसका तात्पर्य है कि यों वह घटना का अंग मात्र न रहकर एक पर्यवेक्षक हो जाता है, विवश न रहकर वशी हो जाता है और नेतृत्व की अर्हता पा जाता है। उसके निर्देशन में यात्री बस को खींचकर सड़क पर ले आते हैं और यात्रा सकुशल सम्पन्न हो जाती है। पर यहाँ उल्लेख्य कथा की परिणति नहीं, सम्बोधन की यह युक्ति है। इसके द्वारा सारोयान वृत्तान्त सुनानेवाले को वाचिक स्थिति के निकट ले आता है। 'नाउ वाच मी परफॉर्म।'...'टुक इधर देखिए किस ढब से चलता हूँ'...वाचिक स्थिति आज नहीं है, पर युक्ति आज भी सुलभ है, अन्य लेखकों ने भी इसे अपनाया है।

नया और **त्वरित काल-बोध** भी आज एक समस्या है। आज **ऐतिहासिक काल** हम पर हावी है और **आवर्ती महाकाल** की चर्चा हमें कष्ट-कल्पना जान पड़ती हैं। कह सकते हैं कि हमारा काल-बोध इकहरा हुआ जा रहा है। हम केवल साम्प्रतिक काल में जीते हैं। दूसरे शब्दों में, हमारा यथार्थ भी इकहरा होता जा रहा है और उसके दूसरे उतने ही महत्त्वपूर्ण आयामों की चर्चा से पाठक कतराता है, उन्हें सन्देह की दृष्टि से देखता है, उसका संकेत करनेवाले को 'परम्परावादी' मानता है। यहाँ तक कि काल के दूसरे और वृहत्तर आयामों का संकेत मिलने पर उसे घबराहट भी होती है क्योंकि इन संकेतों से काल का वह आयाम आक्रान्त और संकटापन्न जान पड़ने लगता है जिसमें वह जीता है और जिसे वह आत्यन्तिक महत्त्व देता है।[1] यह घबराहट भी आज की स्थिति का एक पहलू है : आज के साहित्य का एक चर्चित विषय है।

विषय से थोड़ा हटकर यह भी कह सकते हैं कि क्रान्ति की भावना को तीव्रता देने के लिए शायद काल का इकहरा बोध उपयोगी होता है। (उस इकहरे बोध को हम 'ऐतिहासिक' स्थिति का प्रभावशाली नाम देते हैं और अपनी वांछित ढंग की क्रान्ति को 'ऐतिहासिक अनिवार्यता' का दर्जा देते हैं।) और साम्प्रतिक काल को काल के वृहत्तर आयाम में रखने से वह भावना कुछ मन्द भी पड़ सकती है, उस अनिवार्यता पर कुछ प्रश्नचिह्न भी लगाया जा सकता है। जो परिवर्तनशील है और जिसमें हम और भी त्वरित परिवर्तन चाहते हैं, उसके आस-पास ऐसा भी कुछ स्वीकार कर लेने पर जो उतनी तेजी से नहीं बदलता और जिसे बदलने में हड़बड़ी भी नहीं करनी चाहिए। स्पष्ट है कि क्रान्ति अथवा तात्कालिक परिवर्तन को एक दूसरे आयाम में रखना होगा जिसमें परिवर्तन बहुत धीमी और लगभग अलक्षित गति से होते हैं। यहाँ तात्पर्य यह नहीं है कि त्वरित परिवर्तन कभी अच्छा नहीं होता या धीरे बढ़ना जरूरी तौर पर सही ढंग से बनता है, तात्पर्य केवल यह है कि यथार्थ के छिछले बोध से एक विशेष प्रकार का लाभ उठाया जा सकता है।

आज का समाज असन्तुलित और अस्थिर (अनस्टेबिल) है, उसमें परिवर्तन बड़ी तेजी से होते हैं और हमें निरन्तर अपने को परिवर्तित स्थितियों के अनुकूल ढालना पड़ता है। आज के समाज का यथार्थ भी स्थिर नहीं है और अनुक्षण न केवल

1. ऐतिहासिक काल के ही आयाम में सीमित रहने के परिणामों के विवेचन के लिए देखिए 'संवत्सर' में 'काल की अवधारणा : इतिहास का क्रम' शीर्षक लेख।

साहित्य में काल के वृहत्तर आयामों के संकेत और निर्वाह के लिए देखिए 'संवत्सर': 'वर्गवृत्त शीर्षक लेख। कहाँ तो पारम्परिक स्थिति के सहृदय सामाजिक के लिए काल के विराट आयाम का स्मरण सुरक्षा और आश्वासन का आधार बनता था और कहाँ उससे आज चिन्ता और व्याकुलता होने लगती है।

बदलता है बल्कि बदलता हुआ दिखता है। फलतः आज यथार्थ की कोई भी अवधारणा सन्दिग्ध हो जाती है।

और यही कारण है कि आज हम यथार्थ और उसकी पहचान पर इतना बल देते हैं।

छपाई के एक और प्रभाव की ओर ध्यान देना यहाँ उचित होगा क्योंकि इसके साथ भी भाषा की समस्या का गहरा सम्बन्ध है। छपाई से जो दूरी आती है, जिसके कारण 'सामाजिक' अप्रत्यक्ष हो जाता है, उससे एक ओर साहित्य में व्यक्ति का उदय होता है और रचना में व्यक्तित्व की पहचान पर बल दिया जाने लगता है। दूसरी ओर एक समूह-सामाजिक प्रगट होता है। सहृदय समाज का स्थान 'ऑडिएंस' ले लेती है। एक **मास ऑडिएंस**, जिसके बारे में यहाँ तक कहा जा सकता है कि उसका कोई चेहरा नहीं है, कोई व्यक्तित्व भी नहीं है, वह केवल एक समष्टिगत 'उपभोक्ता समुदाय' है। वाचिक स्थिति में रचना में रचयिता के व्यक्तित्व की छाप अपेक्षित नहीं थी क्योंकि रचयिता तो प्रत्यक्ष ही होता था बल्कि वाचिक परम्परा में तो रीति का, सामान्य साहित्यिक गुणों का और कवि-समयों का पूरा ध्यान रहता था और व्यक्तित्व की छाप एक तरह अवांछित ही हो जाती थी। छपाई से आनेवाली दूरी में रीति का महत्त्व तत्काल नष्ट हो जाता है और रचयिता का व्यक्तित्व केवल अपेक्षित ही नहीं, वांछनीय भी हो जाता है क्योंकि संवाद और सम्प्रेषण की स्थिति उसी से बनती है।

संवाद व्यक्ति और व्यक्ति के बीच ही होता है। बिना चेहरे की ऑडिएंस और व्यक्तित्व-रहित स्रष्टा के बीच संवाद की स्थिति ही नहीं बनती। जब गृहीता बिना चेहरे का 'उपभोक्ता' हो जाता है और साहित्य उपभोग्य वस्तु अथवा जिन्स बन जाता है, तब साहित्य-स्रष्टा भी **स्रष्टा** न रहकर **'उत्पादक'** हो जाता है जो कि उतना ही व्यक्तित्व-रहित हो सकता है। पश्चिम में जो परिस्थितियाँ आ गई हैं, आ चुकी हैं। वे भारत में अभी स्थापित नहीं हो गई हैं परन्तु हम बड़ी तेजी से उसी दिशा में बढ़ रहे हैं। **मास मीडिया** और **मास-कल्चर** की जो चर्चा है उसे इसी सन्दर्भ में समझ सकते हैं। आज साहित्य की खपत होती है, सहृदय द्वारा **रसास्वादन** नहीं। **समूहगत** पाठक एक उपभोक्ता है जिसके व्यक्तित्व से कोई सरोकार नहीं है। दूसरी तरफ रचयिता एक उत्पादक है जिसके व्यक्तित्व से भी कोई सरोकार नहीं है।

वास्तव में रचयिता अपने व्यक्तित्व की पहचान और प्रतिष्ठा तभी करा सकता है जब वह अपने पाठक के व्यक्तित्व की पहचान और प्रतिष्ठा स्वयं करे, प्रत्येक पाठक को समूहगत ऑडिएंस में से अलग करके उसके साथ संवाद की स्थिति कायम करे। अगर वह ऐसा नहीं करता, अगर वह पाठक को एक समूह मानकर उसे

अपने धनोपार्जन का (अथवा अपनी लोकप्रियता का भी) साधन बनाता है, उससे अपना काम साधता है तो वह यह भी पाएगा कि पाठक भी उसे केवल उत्पादक मानकर उसे अपने मनोरंजन का साधन समझेगा और बनाएगा। मास कल्चर की स्थिति में जैसे इसका कोई महत्त्व नहीं रहता कि पुस्तक कौन पढ़ता है। महत्त्व की बात यह हो जाती है कि वह कितनी बिकती है। उसी प्रकार उस स्थिति में इस बात का भी कोई महत्त्व नहीं रहता कि पुस्तक कैसे व्यक्तित्व को और किन मानव-मूल्यों को प्रतिष्ठित करती है। महत्त्व इस बात का हो जाता है कि वह कितनी जल्दी और किस मात्रा में मनोरंजन प्रस्तुत करती है और आधुनिक जीवन के तनावों को शिथिल करने में कितना योग देती है।

यह बहुत थोड़ा-सा विषयान्तर जान पड़ सकती है, लेकिन वास्तव में है नहीं। क्योंकि यथार्थ और यथार्थ की पहचान के साथ इस बात का गहरा सम्बन्ध है। वाचिक स्थिति में कथाकार दैनन्दिन अथवा स्थूल यथार्थ जगत् से हट जाता था तो इस बात का स्पष्ट संकेत देकर और एक व्यापकतर यथार्थ-जगत् में श्रोता को ले जाने के लिए। लेकिन समूह-संस्कृति में फैंटेसी और दिवास्वप्नों का सहारा इस प्रयोजन से नहीं लिया जाता। वहाँ पर कल्पना केवल वर्तमान के दबाव को हल्का करने के लिए, तनावों को शिथिल करने के लिए काम आती है। यानी समूह-समाज में साहित्य एक वृहत यथार्थ की पहचान कराने वाला नहीं होता बल्कि वर्तमान स्थिति को अधिक सराहनीय बनाने वाला ही होता है। दूसरे शब्दों में, वह एक प्रकार का नशा होता है।

लेकिन हम समूह-साहित्य की बात या कि केवल समूह-साहित्य की बात नहीं कर रहे हैं। हम उस कृति-साहित्य पर बल देना चाहते हैं जो सामूहिक मुग्धावस्था अथवा नशे का निमित्त मात्र नहीं बनना चाहता है बल्कि यथार्थ पर बल देते रहकर अपने युग और काल की सही और गहरी पहचान करता और कराना चाहता है। स्पष्ट है कि ऐसा साहित्य कल्पना के बदले अनुभव पर अधिकाधिक बल देगा। आप लक्ष्य करेंगे कि समकालीन साहित्य में समीक्षकों और साहित्यकारों की बात में ऐसा है भी। 'अनुभव की सच्चाई', 'ईमानदारी' आदि की चर्चा इसी ओर संकेत करती है। यह नहीं कि अच्छा कथाकार आज भी 'कल्पना की सच्चाई' को हीनतर मानता है। केवल यही कि कल्पना आज उस सच्चाई से रहित भी हो सकती है और इसलिए अनुभव की कसौटी पर उसे रखना आवश्यक समझा जाने लगा है।

लेकिन अनुभव पर बदल देने से भी यथार्थ के सम्प्रेषण की समस्या कम कठिन हो जाती हो, ऐसा नहीं है। बल्कि सबसे पहली समस्या तो अनुभव का आग्रह स्वयं उत्पन्न करता है।

हमारे अनुभव में काल ऐतिहासिक क्रम में नहीं आता। कह सकते हैं कि काल की गंगा उलटी बहती है। परिणाम पहले अनुभव-प्रत्यक्ष होता है और कारण बाद में जाना जाता है। फलतः अनुभव की सच्चाई को परखने के लिए हम काल को उलटे क्रम में प्रस्तुत करेंगे। ऐतिहासिक क्रम अथवा शुद्ध अनुक्रम घटना को इस तरह से समझ में आने वाला तो बना सकता है लेकिन अनुभव प्रत्यक्ष नहीं कर सकता। यह घटना-वर्णन अथवा वृत्तान्त की पहली समस्या है। और यह समस्या केवल शिल्प अथवा तकनीकी युक्तियों की समस्या नहीं है, अनुरूप भाषा की समस्या है।

अनुभव-प्रत्यक्ष कथा न तो देश, काल, पात्र आदि के वर्णन से आरम्भ करके पुरानी कथा की तरह चल सकती है, न उस भाषा के सहारे चल सकती है जो घटनाओं को अनुक्रमिक मानकर उनका वर्णन करती है। हम सभी जानते हैं कि छोटी-से-छोटी घटना में भी हमारा अनुभव, हमारी चेतना एकाधिक स्तरों पर एक-साथ काम करती है। हम न केवल कई स्तरों पर प्रभावों को एक साथ ग्रहण कर रहे होते हैं, बल्कि हमारी **स्मृति** और हमारे **संस्कार** इन अनेक स्तरों पर ग्रहण की गई छापों को **साथ ही साथ** एक **नई व्यवस्था** में रख रहे होते हैं जिस व्यवस्था के सहारे ही हम अपने उस अनुभव को **केआस** अथवा अविद्या के अन्धकार से निकालकार '**अर्थवत्ता**' देते हैं।

अनुभव का सम्पूर्ण सम्प्रेषण जहाँ एक ओर उस केआस के तद्वत् सम्प्रेषण की माँग करता है, वहाँ दूसरी ओर एक व्यवस्था देने वाली स्मृति की, व्यवस्था देने की प्रक्रिया की और उस व्यवस्था-दे-दिए-गए रूपाकार की भी, जिसमें कि वह अनुभव यथार्थ के रूप में गृहीत हो गया हो, पहचान की माँग होती है। आपने कभी किसी अत्यन्त वृद्ध महिला से पूछा हो कि कोई पुरानी घटना कब हुई थी तो उसके उत्तर से आपको स्मृति की विलक्षण संरचना का कुछ अनुमान हुआ होगा। एक व्यक्ति की स्मृति में यथार्थ जो रूप लेता है और वही तो 'भोगा हुआ यथार्थ' है! उसे दूसरे के लिए यथार्थ तो क्या, बोधगम्य भी बनाने के लिए पुनः संरचित करना पड़ता है। पुनर्रचना की यह प्रक्रिया कितनी लम्बी होगी, यह इस पर निर्भर है कि कितना काम स्मृति की संयोजिका प्रवृत्ति पहले कर चुकी है।

एक बार फिर कहना होगा कि यह समस्या केवल शिल्प की नहीं, भाषा की भी है। भाषा के स्तर पर एक ओर यह उसे निःसंग 'सपाट-बयानी' का आकर्षण प्रस्तुत करती है जिस पर कुछ आलोचकों और स्वयं लेखकों ने बल दिया है। दूसरी ओर, यह ऐसी बहु-स्तरीय और जटिल भाषा की माँग करती है जिसमें एक वाक्य में एक साथ ही इतनी अधिक क्रियाएँ अपेक्षित होती हैं कि वाक्य लगभग निरर्थक हो जाए। उस निरर्थकता से बचने के लिए रचनाकार को एक रास्ता यह दिख सकता

है कि ऐसे अनेकार्थवाची विशेषण चुने और गढ़े, क्रियाओं में से सांकेतिक धातु निकालकर ऐसी नई क्रियाएँ गढ़े जो अगर पूरे अर्थ का सम्प्रेषण न भी कर सकें तो उन अनेक स्तरों पर कुछ-न-कुछ संकेत तो दे सकें जिन पर समूची क्रिया हो रही है, जिन पर समूचा अनुभव हो रहा है।

यह कहना आवश्यक नहीं होना चाहिए कि भाषा और सम्प्रेषण की यह समस्या एक ओर आधुनिक मनोविश्लेषण और मनोविज्ञान का परिणाम है तो दूसरी ओर मनोविश्लेषण और मनोविज्ञान ही इस समस्या के हल के रास्ते भी सुझाते हैं। आधुनिक यथार्थ के सम्प्रेषण के लिए, यथार्थ के आधुनिक सम्प्रेषण के लिए मनोजगत में प्रवेश अनिवार्य है। यथार्थ को हम अनुभव कैसे करते हैं, यह समझने के लिए मानव मन की प्रक्रियाओं को समझना आवश्यक है। इसीलिए यथार्थ का सम्प्रेषण हम कैसे करें, इस प्रश्न के उत्तर के लिए भी हमें उसी प्रक्रिया की ओर मुड़ना होता है। ग्रहण और सम्प्रेषण की क्रियाएँ परस्पर-संबद्ध हैं, यह स्वाभाविक ही है। यहाँ एक बार फिर हम कल्पना, **फेंटेसी, दिवा-स्वप्न, मुक्त-आसंग, मिथक** आदि की उपयोगिता पहचानते हैं लेकिन सवाल यह है कि **मानस प्रक्रिया में उनकी ओर मुड़ना, वाचिक परम्परा में कल्पना के उपयोग से बिलकुल भिन्न है।**

वाचिक परम्परा में कथाकार हमें दो समान्तर यथार्थों का बोध कराना चाहता था। आज हम एक ही अनेक-स्तरीय यथार्थ का संश्लिष्ट अनुभव कराना चाहते हैं। यह अन्तर एक बुनियादी अन्तर है और इसे अच्छी तरह समझ लेना आवश्यक है। शिल्प की सभी नई युक्तियाँ इस नई परिस्थिति का सामना करने और उसे वश में करने के प्रयत्न का परिणाम हैं। भाषा की सब नई समस्याएँ भी इसी के साथ जुड़ी हैं। हम जानते हैं कि मनोजगत में घटना बड़ी तेजी से, संश्लिष्ट ढंग से, अनेक स्तरों पर, अनेक अनुभूतियों और परस्पर विरोधी स्मृतियों, चिन्ताओं और अनुमानों को एक साथ गड्ड-मड्ड भोग में भोगते हुए, और साथ ही एक व्यवस्थित क्रम में लगाते हुए और उनका विवेचन तथा मूल्यांकन भी करते हुए घटित होती है। फलतः घटना के वर्णन के लिए वृत्तान्त-वार्ता के लिए हमें भाषा भी ऐसी चाहिए जो एक साथ इतनी गड्ड-मड्ड और इतनी विशद, व्यवस्थित, विश्लिष्ट भी हो और जो इतना त्वरित ग्रहण, संश्लेषण और सम्प्रेषण भी कर सके।

चेतना के स्तर केवल चेतना के स्तर नहीं है, यथार्थ के भी स्तर हैं क्योंकि वह अनेक-स्तरीय चेतना ही तो यथार्थ के ग्रहण का हमारा माध्यम है।

और चेतना का एक पक्ष जहाँ हर-एक चीज़ को क्रम और व्यवस्था देता है (जिस क्रम और व्यवस्था और परीक्षण-मूल्यांकन का आधार हमारा अतीत अनुभव और उसकी स्मृति है) वहाँ दूसरा पक्ष आत्यन्तिक रूप से क्रम-विरोधी है

और सभी स्तरों, सभी अनुभूतियों की समकालीनता और सहभोग का सहारा चुनता है।[1]

कथा-भाषा की-कथा में वृत्तान्त प्रस्तुत करने की बुनियादी समस्या यहाँ है। एक साथ ही अनुक्रम और क्रमहीन सहवर्तिता को कैसे सम्प्रेषित किया जा सकता है? भाषा की कौन-सी युक्तियाँ हमें अनुभव के और उसके सम्प्रेषण के बीच की इस खाई के पार ले जा सकती हैं?

आधुनिक कथा-साहित्य इस समस्या के निराकरण की साहस-यात्रा है और उपन्यास का इतिहास प्रधानतः उस यात्रा का वृत्तान्त बन जाता है।

1. चेतना की संरचना का प्रश्न मूलतः काल की संरचना का प्रश्न है, भाषा का प्रश्न उसका आनुषंगिक है। कालानुभूति की संरचना के विवेचन के लिए देखिए संवत्सर : 'काल की अवधारणा और प्रतीति-अनुभव का क्रम'।

समकालीन कविता का संकट[1]

प्रश्न : समकालीन कविता चाहे वह किसी नाम से सम्बोधित की जा रही हो, रचनात्मक स्तर पर एक संकट के बीच से गुजर रही है और वह आधुनिक अनुभव को अभिव्यक्ति नहीं दे पा रही है, आप इस विषय में क्या कहना चाहेंगे?

उत्तर : आपकी बात ठीक होती तब भी शायद 'कविता संकट के बीच से गुजर रही है' ऐसा न कहकर यही कहना उचित होता कि कवि संकट के बीच से गुजर रहा है और अभिव्यक्ति की असमर्थता उसी की है। लेकिन थोड़ा आप अपने प्रश्न पर विचार कीजिए। अगर कवि अभिव्यक्ति नहीं दे पा रहा है तो वह अनुभव क्या है, कहाँ है, क्या वास्तव में है भी? कविता की दृष्टि से यह बात मैं आसानी से नहीं मान लूँगा कि भाषा अथवा शब्द से अलग एक अनुभव है जो कि आत्यन्तिक है। (यह इसके बावजूद कि मैं स्वीकार करता हूँ और कहता हूँ कि कुछ अनुभव शब्दातीत होते हैं। जो शब्दातीत है उसे न कहने या न कह पाने को मैं रचनात्मक संकट नहीं कहता, और जो शब्दातीत नहीं है उसका अनुभव मैं शब्द से कटा हुआ नहीं मानूँगा।)

क्या जिस संकट की बात आप कह रहे हैं वह **अनुभव को व्यक्त करने की असमर्थता का संकट न होकर अनुभव की कमी या अनुपस्थिति का संकट** नहीं है? क्या यह सन्देह उचित नहीं है कि वास्तव में अनुभव ही नहीं है कि एक नकली दर्द है, जिसे लेकर इतना शोर मचाया जा रहा है?

मुझे कभी सन्देह होता है कि नकली दर्द **अनुवाद का दर्द** है, कि वही असली संकट है जिसे कोई केवल स्वीकार करना नहीं चाहता बल्कि जिसका स्वयं अपने भीतर भी सामना करना वह नहीं चाहता। अपने अनुभव के बदले वह दूसरों के अनुभव के अनुवाद से काम चलाना चाहता है और अनिवार्यतया अपने को भीतर-ही-भीतर हीन अनुभव करता है।

सभी नए कवि यह मानते दीखते हैं कि वह आधुनिक है जिसकी अभिव्यक्ति विदेशी भाषाओं में होती है और वही अपनी रचना में लाना या पाना चाहते हैं।

1. एक प्रश्नोत्तरी

कविता कविता में से ही जन्म लेती है। इसलिए इस परिस्थिति में कवि-कर्म में टूट आना स्वाभाविक है। कवि जिस टूट का अनुभव कर रहा है वह बहुत हद तक समाज से टूट न होकर कविता से ही टूट है-कविता से और कविता की भाषा से। मैं समझता हूँ कि यह कहना सही होगा, और पड़ताल से प्रमाणित होगा कि **आज जो कवि अपनी भाषा या कविता से अपने को बेगाना नहीं महसूस करते वे अपने समाज से भी अपने को पराया या कटा हुआ महसूस नहीं करते**, उस समाज से भले ही कितने भी नाराज क्यों न हों।

प्रश्न : समकालीन कविता चाहे वह किसी खोज में संलग्न हो, तथ्य-कथनों, वक्तव्यों, अतिरिक्त सचेष्टता तथा अनावश्यक विस्तार की संवाहक बन गई है। मुक्ति की छटपटाहट इसमें नहीं है और यह निश्चित कर पाना कठिन हो गया है कि कौन-सी रचना कविता है, कौन-सी नहीं।

उत्तर : मैं नहीं मानता कि मुक्ति की छटपटाहट समकालीन कविता में नहीं है। मैं यह भी नहीं मानता कि कविता की पहचान असम्भव हो गई है : मैं समझता हूँ कि पारखी भी हैं और निकष भी हैं। बल्कि ऐसा नहीं होता तो आपने जो प्रश्न पूछा है वह उठता ही नहीं-सभी ऐसी रचनाएँ कविता हो जातीं जिनके कविता होने का दावा किया जाता।

फिर भी परिस्थिति में अवांछनीय कुछ अवश्य है। मैं समझता हूँ कि एक महत्त्व की बात यह है कि **काव्य-सम्पादन नितान्त अनुत्तरदायी** है। यह बात छोटी पत्रिकाओं के बारे में जितनी सच है, बड़ी पत्रिकाओं के बारे में भी उतनी ही सच है। बात को हिन्दी तक सीमित रखें तो यह कहना अत्युक्ति नहीं जान पड़ता कि **हिन्दी में ऐसी कोई भी पत्रिका नहीं है जिसमें कविता का सम्पादन खरा और प्रामाणिक माना जा सके**। मैं सिर्फ मतभेद की बात नहीं कह रहा हूँ, मेरी शिकायत यह है कि कोई भी सम्पादक या सम्पादक-मंडल खुद अपनी कसौटी से पूरा काम नहीं लेता। किसी भी पत्रिका में कविता के छपने से हम यह परिणाम नहीं निकाल सकते कि वह कविता अच्छी होगी, उस पत्रिका के सम्पादक की दृष्टि में भी अच्छी होगी। छोटी पत्रिकाओं के पक्ष में उत्साह की या कच्चेपन की दलील दी जा सकती है लेकिन पुराने प्रतिष्ठित पत्र और स्वयं कवियों द्वारा सम्पादित पत्र भी इस मामले में कम दोषी नहीं हैं और वे अराजकता और विवेकहीनता की स्थिति को बढ़ावा देते रहे हैं।

नई प्रवृत्तियों में विस्तार की बात अवश्य लक्षित होती है। एक हद तक वह अनिवार्य प्रक्रिया है। हम छोटी बिम्बवादी कविता के एक दौर से गुजरे हैं, बिम्बवाद की परिणति अनिवार्यतया अत्यन्त छोटी कविता में होती है। बिम्बवाद का तर्क निविड घनत्व और एकान्तिकता का तर्क है। इति तक पहुँचकर वह बेमानी हो जाता है। उसके

बाद फिर अभिधा और विस्तार का दौर स्वाभाविक है। विस्तार बिम्बवाद के अलावा अमूर्तवाद की भी प्रतिक्रिया है। इसलिए मैं ऐसा तो नहीं समझता कि यह विस्तार और तथ्य-कथन नई काव्य-रचना की स्थायी प्रवृत्ति होगी, लेकिन ऐसा जरूर सोचता हूँ कि यह एक स्वाभाविक प्रवृत्ति है जिसके मूल में एक स्थूल सामाजिकता और अर्थवत्ता की खोज है।

प्रश्न : यह सही है कि साहित्य जीवन के यथार्थ को ग्रहण करता है लेकिन समकालीन कविता के राजनीति पर खड़े होने के कारण उसका मूल स्वर एकांगी होता जा रहा है। क्या यह स्थिति किसी मोहभंग की द्योतक है अथवा जीवन-दृष्टि में समग्रता के अभाव की परिचायक?

उत्तर : एक हद तक इसका उत्तर इस पर निर्भर है कि आपमें आग्रह की मात्रा कितनी है। अगर 'साहित्य जीवन के यथार्थ को ग्रहण करता है' तो हमारे समकालीन जीवन का यथार्थ यह है कि वह दो-एक पीढ़ी पहले की अपेक्षा राजनीति से बहुत अधिक आक्रान्त है। यह भी सही है कि हमसे पहले का लेखक राजनीतिक जीवन की माँगों से कतराता आया है और अब वैसा नहीं कर सकता। कवि राजनीति को भी अपनी अनुभूति के घेरे में ले आए तो यह उसकी जीवन-दृष्टि के विस्तार का ही लक्षण होगा लेकिन राजनीति की बात में उलझकर और सब कुछ भूल जाए तो यह एक नया संकुचन होगा। इसीलिए मैंने आग्रह की बात कही। ऐसा शायद नहीं है कि कविता का मूल स्वर एकांगी हो गया है। बात इतनी ही है कि फिलहाल कवि भी राजनीति के दबाव का तीखा अनुभव कर रहा है। क्यों न करे?

प्रश्न : आज की अधिकांश कविता के पीछे उल्लेखनीय वैचारिकता या काव्य-भाषा नहीं, बल्कि अवसरवादिता और प्रचार-दृष्टि है। आप इस कथन से किस सीमा तक सहमत या असहमत हैं?

उत्तर : 'अधिकांश' की बात कहकर आपने छूट रखी है कि अपवाद भी रहे। मैं अपवादों का ही सहारा लेना चाहता हूँ, नहीं तो आपकी बात मैं नहीं मानता। यह नहीं कि अवसरवादिता और प्रचार-दृष्टि की कमी है (इसकी कमी आज के जीवन के किस क्षेत्र में है?) लेकिन जिस रचना में यह है वह कविता कहाँ है? जो कविता है, उसके पीछे राजनीतिक धारणा या विश्वास जरूर हो सकता है लेकिन उसे प्रचार नहीं कहा जाएगा और अवसरवादिता तो बिलकुल नहीं। और ऐसी कविता के बारे में यह बात भी सही नहीं होगी कि उसमें 'वैचारिकता या काव्य-भाषा की कमी' है। उदाहरण एक से अधिक भी हैं, लेकिन एक ही उदाहरण लीजिए। रघुवीर सहाय के नए कविता-संग्रह 'आत्महत्या के विरुद्ध' में न ही विचार या भाषा दुर्बल हैं, न अवसरवादिता या प्रचार-दृष्टि है। मैं समझता हूँ कि ऐसी रचना हमारी काव्य-भाषा को समृद्धतर और इस योग्य बनाएगी कि वह वैचारिकता का भार वहन कर सके।

प्रश्न : समकालीन कविता की अस्त-व्यस्तता, निषेधात्मक प्रतिक्रिया या उसमें रचनात्मक अनुभव के अभाव का नए परिवेश की चुनौती से क्या सम्बन्ध है?

उत्तर : पहले प्रश्न के उत्तर में मैंने जो कुछ कहा है, फिलहाल वही काफी होना चाहिए।

प्रश्न : समकालीन कविता के रचनात्मक संकट ने आत्मसंघर्ष की स्थिति तो पैदा की है, लेकिन उसकी मनोभूमि के पास अन्तर्राष्ट्रीय स्तर पर प्रतिष्ठित हो जाने के लिए अपेक्षित संघटन नहीं है। हिन्दी के एक प्रतिनिधि कवि के नाते आप क्या कहना चाहेंगे?

उत्तर : प्रतिनिधि की बात छोड़िए। आपका प्रश्न मैं ठीक-ठीक समझ नहीं पा रहा हूँ। जितना समझ पा रहा हूँ उसके उत्तर में यही कहना चाहता हूँ कि अन्तर्राष्ट्रीय स्तर पर प्रतिष्ठा का लोभ ही ग़लत है, बल्कि वही अपने-आप में समकालीन कविता के बहुत से रोगों की जड़ है। आप अन्तर्राष्ट्रीय प्रतिष्ठा की बात कहते हैं, **हमारी कविता में राष्ट्रीय प्रतिष्ठा के लायक ही कितना** है? (बल्कि बहुत-सा ऐसा भी है जिसकी विदेश में चर्चा हो सकती है या हो भी रही है, लेकिन जिसे देश में साहित्यिक कचरा ही मानना होगा।) आजादी के बाद विश्व के क्षितिज एकाएक खुल जाने से हममें से बहुत-से लेखक इस भ्रम के शिकार हो गए हैं कि हमें 'अन्तर्राष्ट्रीय स्तर की प्रतिष्ठा' के लिए ही कुछ करना है और अपने देश या अपने साहित्य में प्रमाणित होना कोई महत्त्व नहीं रखता। मैं कहना चाहता हूँ कि किसी भी साहित्यिक रचना या किसी कृतिकार के लिए **अपने देश में प्रामाणिक होना आवश्यक है**। बिना इसके अन्तर्राष्ट्रीय प्रतिष्ठा हो ही नहीं सकती। **भारत का वही लेखक अन्तर्राष्ट्रीय प्रतिष्ठा पा सकेगा जो प्रामाणिक रूप से भारतीय लेखक हो**। हमारे जो चार-छह ऐसे लेखक हैं जिन्हें 'अन्तर्राष्ट्रीय' कहा जा सकता है लेकिन जिन्हें भारतीय कहना कठिन होगा, वे तब तक वास्तविक अन्तर्राष्ट्रीय प्रतिष्ठा नहीं पा सकेंगे जब तक प्रामाणिक रूप से भारतीय लेखक भी नहीं माने जाएँगे।

जहाँ तक मेरा सवाल है, लेखक के नाते मैं अपने पाठक से सीधा सम्बन्ध रखना चाहता हूँ और मैं ऐसा मानता हूँ कि मेरा यह पाठक विवेकवान भारतीय पाठक ही है। यह नहीं कि विदेशी पाठक की मैं अवहेलना करता हूँ या कि विदेशी पाठक द्वारा पढ़ा जाना नहीं चाहता। लेकिन मेरा पहला पाठक, और मेरे लिखे हुए की सच्चाई और प्रामाणिकता का निर्णायक पाठक मैं उसी को मानता हूँ और बनाए रखना चाहता हूँ जिससे कि मेरा सीधा सम्पर्क हो सकता है। जिस तरह मनुष्य की अपेक्षा करके मनुष्य ईश्वर तक नहीं पहुँच सकता, उसी तरह लेखक अपने समाज के पाठक

की उपेक्षा करके अन्तर्राष्ट्रीय पाठक तक नहीं पहुँच सकता। निस्सन्देह सीधे-सीधे अन्तर्राष्ट्रीय पाठक तक पहुँच सकने का लोभ बहुत बड़ा है और उसमें स्थूल लाभ भी बहुत दीखता है, लेकिन अगर 'मनोभूमि के किसी संघटन' की आवश्यकता है तो इतनी ही कि मन को कड़ा करके इस प्रलोभन से बचते हुए सही परिप्रेक्ष्य बनाए रखा जाए-यानी जो आगे है, उसे आगे और जो आस-पास है उसे आसपास देखा जाए। और मेरे लिए मेरे अपने समाज का पाठक आगे है और अन्तर्राष्ट्रीय पाठक आस-पास।

नई कविता

छायावादी : मैं छायावादी हूँ। यों तो छायावादी के लिए अपने बारे में ऐसा स्पष्ट दावा करना भूल है, लेकिन भौतिकता के उपासकों के बीच में पड़कर किया क्या जाए? 'नई कविता' के बारे में क्या बात की जा सकती है, मेरी कल्पना से बाहर है–मेरी कल्पना के!–वह फिर कहाँ हो सकती है? क्योंकि मैं तो कल्पना के सुकुमार पंखों पर–(रुककर मुग्ध भाव से) अयि कल्पने सुकुमारि!

प्रोफ़ेसर : मैं प्रोफ़ेसर हूँ। हिन्दी का सही, पर प्रोफ़ेसर हूँ। पढ़ाता हूँ, रिसर्च का निर्देशन करता हूँ। पाठ्यक्रम निधारित करता हूँ। मैं किसी विषय पर सहसा कोई राय नहीं देता–मुझे राय कायम करने में तीन सौ वर्ष लगते हैं। निर्णायक का काम जल्दी का नहीं है। कोई नई चीज़ मैं तीन सौ वर्षों तक नहीं पढ़ता क्योंकि वह साहित्य नहीं है, नहीं हो सकता। और जब तीन सौ वर्ष हो जाते हैं, तब मैं वह पढ़ाने लग जाता हूँ–तब मुझे पढ़ने की आवश्यकता नहीं रहती! मेरे प्रत्येक निर्णय के लिए निर्धारित मानदंड होता है।

अध्येता : मैं आप दोनों महानुभावों को प्रणाम करता हूँ। आप गुरुजन हैं। मैं अकिंचन हूँ–केवल रुचि के कारण साहित्य पढ़नेवाला एक साधारण व्यक्ति। मैं नई कविता पढ़ता हूँ।

छायावादी : पढ़ते हैं? तो कविता पढ़ी जाती है?

प्रोफ़ेसर : पढ़ते हैं। यानी नई कविता कुछ है भी–

अध्येता : जी! पढ़ता हूँ। सुन भी लेता हूँ कभी; पर नई कविता अधिकाधिक पढ़ी ही जाती है–पढ़ने के लिए ही लिखी जाती है। और नई कविता कुछ है अवश्य।

प्रोफ़ेसर : *(सव्यंग्य)* और वह पढ़ने के लिए लिखी जाती है–यानी आँखों के लिए। यानी दृश्य काव्य हो गई है–जो परिभाषा से ही श्रव्य थी! इससे आगे और अब क्या कहना है?

अध्येता : तो आप 'श्रव्य' कहकर क्या काव्य को मन से अलग कर देते थे–श्रव्य क्या केवल कान सुनता था और वहीं रसास्वादन की क्रिया पूरी हो जाती थी?

प्रोफ़ेसर : नहीं। पर...

अध्येता : तो फिर विशेष अन्तर नहीं है : आज भी बुद्धि से कविता ग्राह्य होती है, पर पहले स्मृति जो काम देती थी, अब छपा पृष्ठ वह काम देता है। इसलिए केवल कान नहीं, आँखें भी उपकरण हो गई हैं। और कम-से-कम छायावादी कवि को तो इस पर आपत्ति नहीं होनी चाहिए-वह तो सदैव दृश्य उपकरणों का व्यवहार करता रहा है।

छायावादी : कैसे?

अध्येता : जैसे स्वयं अपनी देह का...अपने लघु-लघु गात, सुन्दर नजीले केश, अनेक प्रकार के हस्तों और आंगिक अभिनय का; नई कविता तो इस सबके बदले केवल छपे पृष्ठ का सहारा लेती है...

छायावादी : ओऽ, आप व्यंग्य कर रहे हैं! पर नई कविता आप कहते किसे हैं? प्रगतिवादी तो...

अध्येता : आप लोगों के सामने क्या कहूँगा! पर प्रगतिवादी, प्रयोगवादी आदि बिल्ले नई कविता के सामने ओछे पड़ते हैं-उसके साथ न्याय नहीं करते।

प्रोफ़ेसर : अँय! तो फिर?

अध्येता : जी। तो फिर...यही असल प्रश्न है। हम प्रयोगशील-प्रगतिशील आदि नहीं कहना चाहते, इसलिए कहते हैं 'नई कविता'। क्योंकि वह है ही नई कविता : प्रगतिवाद तो एक राजनीतिक बिल्ला है; और प्रयोगवाद एक गाली!

छायावादी : वाह! यह आप कैसे कहते हैं? बहुत-से आधुनिक कवि अपने प्रयोगों का दावा करते हैं।

अध्येता : मैंने कहा न, मैं केवल अध्येता हूँ, कवि होता तो कुछ और बात होती। और अध्येता के नाते मैं तो मानता हूँ कि कवि चाहे जो कहे-यानी कविता के बाहर जो कहे-हमें अपना मत निर्धारित करना है तो कविता पर ही करना चाहिए-बाकी सब अप्रासंगिक है।

प्रोफ़ेसर : तो स्वयं कविता से आप क्या धारणा बनाते हैं?

अध्येता : यही कि ये नाम-प्रगतिवादी-प्रयोगवादी-नई कविता को समझने में केवल बाधा हैं, ये नाम ग़लत हैं। उतने ही ग़लत जितनी कभी 'छायावादी' नाम ग़लत था-ग़लत और निरर्थक।

प्रोफ़ेसर : मगर हम तो उसका अर्थ समझते हैं...

अध्येता : *(हँसकर)* हालाँकि तीन सौ वर्ष अभी नहीं हुए हैं! बधाई। पर मैं कहूँ कि आपके समझने से भी वह नाम उपयुक्त नहीं हो जाता, आप समझ लेते हैं ऐतिहासिक परिपार्श्व के कारण। भविष्य में, ऐतिहासिक दूरी पा लेने पर-शायद प्रगतिवाद, प्रयोगवाद भी समझे जाने लगेंगे। पर इस समय ये नाम केवल भ्रान्ति पैदा करनेवाले हैं क्योंकि दोनों नामों के पीछे राजनैतिक आग्रह या पूर्वग्रह या विरोध है,

और राजनैतिक सम्मान नई कविता की प्रवृत्ति का एक पहलू है, नई कविता का नयापन दोनों से अधिक व्यापक है, और उसकी प्रवृत्तियाँ केवल राजनीति से कहीं अधिक दिशाएँ रखती हैं।

प्रोफ़ेसर : तो यह भ्रान्ति फैली कैसे? कौन फैलाता है–क्यों?

अध्येता : मेरी समझ में तो पाठक के अलावा सभी इसे फैलाते हैं–चाहे जान-बूझकर, चाहे अनजाने। कवियों का ऐसा करना स्वाभाविक है–कृतिकार में कोई-न-कोई आग्रह होना स्वाभाविक है और जब कृति पर राजनीति का आरोप भी हो तो वह अनिवार्य हो जाता है। इसीलिए मैंने कहा कि हमें कवियों के वक्तव्य पर उतना नहीं जाना चाहिए जितना उनकी कविता पर–वहीं से जो प्रकाश मिले।

छायावादी : मगर वक्तव्य सभी कवियों ने दिए हैं–छायावादी काल के भी–बाद के भी। क्या सब भ्रामक ही हैं?

अध्येता : एक सीमा तक। यह वक्तव्य देने का रोग छायावाद के काल से चला। उससे पहले तो कवि ऐसी बात की कल्पना भी नहीं कर सकता था। दूर क्यों जाएँ, अपने ही समय में शायद राष्ट्रवादी मैथिलीशरण गुप्त ही एक हैं, जिन्होंने अपनी कविता के बारे में वक्तव्य नहीं दिए–पचास साल तक कविता लिखते रहने के बावजूद! और जब ध्यान दिया जाए कि वही एक हैं जिन्हें आप छायावादी आदि कोई बिल्ला नहीं दे सकते, तो यह जिज्ञासा होती ही है कि इन दो बातों में क्या कोई सम्बन्ध नहीं है?

प्रोफ़ेसर : और आलोचक? हमारे साहित्य के विद्वान् अध्यापकगण?

अध्येता : आलोचक भी भ्रान्ति फैलाने में सहायक नहीं हैं? और जब से आलोचना के राजनीतिक शास्त्र का प्रचलन हुआ है तब से तो–

प्रोफ़ेसर : हाँ, आलोचना और राजनीति के मिश्रण के तो हम घोर विरोधी हैं। लेकिन हमारे विद्वान्–शुद्ध साहित्य के पंडित–

अध्येता : वे भी। एक तो वे नया साहित्य पढ़ते नहीं–उसका नया होना ही उनके मत में उसके विरुद्ध जाता है। दूसरे, उनके मानदंड भी दूषित हैं! साहित्य के मान आत्यन्तिक नहीं होते, वे साहित्यिक कृति से भी उद्‌भूत और सिद्ध होते हैं, इस तथ्य को वे भूल जाते हैं। या यों कह लीजिए कि एक सीमा तक तो वे परिवर्तनों को ग्रहण करते हैं, फिर उससे आगे नहीं–ठीक वैसे ही जैसे आचार-नीति के क्षेत्र में एक सीमा तक तो विकास और परिवर्तन मानते हैं पर उससे आगे रुक जाते हैं और परिवर्तन की कल्पना को भी नीति-द्रोह मानते हैं।

प्रोफ़ेसर : मगर पुराने स्मृतिकार तो ऋषि थे–उनके वचन आर्ष वचन थे।

अध्येता : लेकिन यह बताइए, कोई पहले ऋषि हो जाता है, फिर कुछ वचन कहता है, या उसके वचनों से हम उसका ऋषित्व पहचान जाते हैं? इसी प्रकार हम

कविता से कवि पहचानते हैं, या किसी को कवि मानकर उसकी कृति को कविता! ऋषि बनते थे, यह तो आप मानेंगे?

छायावादी : हाँ, यह तो मानेंगे। वसिष्ठ-विश्वामित्र का संघर्ष इसका ज्वलन्त प्रमाण है।

प्रोफ़ेसर : किन्तु उसमें भी एक बात है : विश्वामित्र का इतना आग्रह क्यों था कि वशिष्ठ उन्हें स्वीकार करें? इसका अर्थ यही तो है कि आर्ष पद के लिए भी सनद चाहिए? इतना ही तो हम आज भी कहते हैं कि शास्त्र की सम्मति मिल जाए तो?

अध्येता : प्रोफ़ेसर साहब, आपकी तर्क-पद्धति में जो दोष है वह आप स्वयं नहीं देख रहे, इस पर मुझे आश्चर्य होता है। लेकिन यह भी सोचता हूँ कि वह ऐसा मौलिक दोष है कि स्वयं न दीखे तो शायद दिखाया भी नहीं जा सकता।

प्रोफ़ेसर : *(रुष्ट)* आप क्या कहना चाहते हैं?

अध्येता : कुछ नहीं; जो मैं कह चुका, उससे अधिक कुछ नहीं। पर ऋषियों की जो बात शास्त्र-सम्मत नहीं होती थी उसे क्या 'आर्ष प्रयोग' कहकर टीका से नहीं बचा जाता था?

प्रोफ़ेसर : हाँ, जिसे पहले ऋषि मान लिया, उसके नए प्रयोग-

अध्येता : *(सव्यंग्य)* ओह!

छायावादी : मालूम होता है, गाड़ी यहाँ अटक गई-आपकी बातचीत बन्द कूचे में आ गई।

अध्येता : *(हँसकर)* हाँ, उस कूचे में केवल छायावादी का प्रवेश हो, ऐसा तो नहीं है!

छायावादी : ओह! *(लम्बी साँस के साथ)* 'बहुत बेआबरू होकर तेरे कूचे से हम निकले'!

अध्येता : जी-स्वयं अपने कूचे से!

प्रोफ़ेसर : *(व्यंग्य)* यह विश्रम्भालाप समाप्त हो गया हो तो आगे चलें?

अध्येता : हाँ-हाँ, आप आगे चलने को उत्सुक हों तो और क्या चाहिए!

प्रोफ़ेसर : आप यह बताइए कि आप नई कविता किसे कहते हैं? परिभाषा कीजिए।

अध्येता : एकदम परिभाषा से न शुरू करके जरा परिपार्श्व को देखते हुए बढ़ें तो कैसा रहे? पहली स्थापना मैं यह करना चाहूँगा कि नई कविता सबसे पहले एक नई मन:स्थिति का प्रतिबिम्ब है-एक नए मूड का-एक नए राग-सम्बन्ध का। किसका किससे राग-सम्बन्ध? इसका जवाब देने से पहले मैं कहूँगा, जरा आप छायावाद के आविर्भाव के कारणों का स्मरण कीजिए। वह एक गीति-मूलक विद्रोह या प्रतिवाद या वाद का दावा था-उससे पूर्ववर्ती वर्णनात्मक नैतिक प्रवृत्ति के

विरुद्ध गीतितत्व का आग्रह। वह एक मन:स्थिति के विरुद्ध एक दूसरी मन:स्थितिका विद्रोह था–एक बाह्याग्रही प्रवृत्ति के विरुद्ध एक अन्तराग्रही स्थिति की अवधारणा; और इसमें पश्चिमी रोमांटिकवाद की प्रेरणा का बहुत महत्त्व था। आजकल पश्चिम की देन को अस्वीकार करने का चलन है, इसलिए लोग इस ऋण को स्वीकार करना नहीं चाहते, पर किसी भी सतर्क अध्येता के लिए इसकी अनदेखी करना असम्भव है। यह दूसरी बात है कि हमारे सब कवियों ने वह प्रभाव सीधे पश्चिम से न लिया हो–बांग्ला की मार्फ़त लिया हो या बांग्ला के अनुवाद की मार्फ़त। जैसे कोई बायरन का ऋणी न हो, माइकेल मधुसूदन दत्त का हो, या मधुसूदन का भी न होकर 'मेघनाद-वध' के हिन्दी अनुवाद का हो। इस काव्य पर रोमांटिक प्रभाव इतना स्पष्ट है कि कट्टर-से-कट्टर मताग्रही भी इससे इनकार नहीं कर सकता।

छायावादी : छायावाद के आविर्भाव पर पश्चिमी रोमांटिक काव्य का प्रभाव माना भी जा सकता है–पन्त जी ने 'पल्लव' की भूमिका में जो विचार प्रकट किए हैं उनसे इसके समर्थन में कई दलीलें भी मिल सकती हैं शायद, पर इस सबसे नई कविता का क्या सम्बन्ध है?

अध्येता : यों तो अधिक नहीं। पर जिस तरह छायावाद एक नए 'मूड' का प्रतिबिम्ब था उसी प्रकार नई कविता भी नए 'मूड' का प्रतिबिम्ब है। और यह नया परिवर्तन उस पहले परिवर्तन से गहरा और अधिक व्यापक है।

प्रोफ़ेसर : छायावादी परिवर्तन का मूल सूत्र आपने बताया वर्णनात्मक-नैतिक प्रवृत्ति के विरुद्ध गीति मूलक विद्रोह। क्या इस परिवर्तन का भी ऐसा मूल सूत्र बना सकते हैं?

अध्येता : प्रयत्न कर सकता हूँ। वैसे वह भी एक अति सरलीकृत सूत्र है–यहाँ भी शायद वह दोष आ जाए। पर सूत्र में वह तो होता ही है–अति-संक्षेप में या तो गूढ़ता आ जाती है, या फिर कुछ अति-सरलता। लेकिन उसके बाद मैं अपनी बात की कुछ व्याख्या भी कर दूँगा।

छायावादी : तो यह व्याख्या का रोग आपको भी लगा! *(हँसी)*

अध्येता : महाजनो येन गत:–लेकिन मेरे महाजन राष्ट्रकवि ही हैं। मैं तो गद्य की गद्य व्याख्या करने जा रहा हूँ–वह भी कृति की नहीं, व्याख्या की व्याख्या!

प्रोफ़ेसर : खैर, कहिए तो।

अध्येता : मैं कहूँगा कि नई कविता की मूल विशेषता है मानव और मानव-जाति का नया सम्बन्ध और यह मानव-जाति और सृष्टि-मात्र के सम्बन्ध के परिपार्श्व में।

छायावादी : ज़रा फिर से कहिए।

अध्येता : *(धीरे-धीरे)* सृष्टि और मानव-जाति से सम्बन्ध के परिपार्श्व में मानव-जाति और मानव का नया सम्बन्ध : यही नई कविता की मूल विशेषता है।

प्रोफ़ेसर : *(अनाश्वस्त स्वर से)* यह तो हुआ सूत्र। अब पहले व्याख्या भी सुन लें तो–

अध्येता : व्याख्या ही जब है, तब थोड़ा घुमाव-फिराव अनिवार्य है। आपने छायावाद में एक बात लक्ष्य की थी–की है?

छायावादी : क्या?

अध्येता : कि छायावादी सभी आस्तिक थे।

छायावादी : तो?

प्रोफ़ेसर : और नया कवि आस्तिक है!

अध्येता : नहीं। 'तो' कुछ नहीं। इतना ही कि नई कविता के बारे में यह नहीं कह सकते। वह नास्तिक ही है, ऐसा भी नहीं कह सकते। उसमें आस्तिक ध्वनि भी मिलेगी, नास्तिक ध्वनि भी। पर उसमें किसी भी ध्वनि का कोई महत्त्व नहीं है।

प्रोफ़ेसर : *(सुर से)* 'यह भी नहीं, वह भी नहीं'! न स्वीकार, न अस्वीकार। यह भी कोई स्थिति है?

अध्येता : क्यों? आपके दोनों आक्षेपों में ही उनका उत्तर है–दोनों से क्या कोई प्रतिध्वनि नहीं होती–एक की कविता के क्षेत्र से, एक की राजनीति के क्षेत्र से? *(हँसता है)* पर यह भी बात अप्रासंगिक है। नई कविता में उल्लेख्य बात यह है कि आस्तिकता-नास्तिकता का प्रश्न उसमें कम-से-कम अप्रासंगिक तो हो ही गया है। मैं जब कहता हूँ कि उसमें नए मानव-सम्बन्धों का दावा है, तो यह न समझा जाए कि यह अनिवार्यतः मानव और स्रष्टा के सम्बन्धों का खंडन है; या कि मानव के मानवत्व का आग्रह ईश्वर के ईश्वरत्व का खंडन या उससे इनकार है। इतना ही कि वह प्रसंग की बात नहीं रही, उससे कवि को काव्य के क्षेत्र में सरोकार नहीं है। बाहर दूसरी बात है। वहाँ इनकार भी है और साग्रह है; और स्वीकृति भी है ही, चाहे उतने आग्रह के साथ न हो।

छायावादी : तो नतीजा क्या निकला?

अध्येता : मानव के मानवत्व के आग्रह के दो पहलू हैं। एक में मानव 'व्यक्ति' पर आग्रह है। मानव की जैविक परम्परा का अध्ययन कर, व्यक्तित्व के विकास के आधार पहचान कर, मानव के मन को समझना, उसके राग-विकार आदि को जानना और इस पृष्ठभूमि पर मानव सम्बन्धों का वाहक बनना-यह एक पहलू है। दूसरे में मानवी 'समष्टि' पर आग्रह है। वह सामाजिक संगठन और विकास का अध्ययन करके सामूहिक आचार के आधार ढूँढ़ता है और आर्थिक सम्बन्धों का वाहक और व्याख्याता बनना चाहता है।

प्रोफ़ेसर : तो ये दो विरोधी प्रवृत्तियाँ हैं। इन्हें आप नाम भी देंगे?

अध्येता : *(हँसकर)* लीजिए–आपने तुरन्त लेबल लगाने का आग्रह कर दिया।

लेकिन अभी तो पढ़ाने का प्रश्न है नहीं, तो वर्ग-विभाजन को जल्दी क्या है? वैसे आलोचक वर्ग ने-और मैं कहूँ कि या तो कुंठित प्रोफ़ेसर आलोचक बनता है या कुंठित आलोचक प्रोफ़ेसर-आलोचक-वर्ग ने लेबल लगाना शुरू कर ही रखा है।

प्रोफ़ेसर : अब तक तो सुनता था कि खंडित कवि ही आलोचक बनता है...

अध्येता : *(हँसकर)* न। खंडित कवि तो साधारण पाठक बनता है-जैसे मैं!

प्रोफ़ेसर : *(व्यंग्य से)* असल में साधारणत्व का दावा करने में बड़ी सुविधा है-जो चाहो कह लो, और उत्तरदायित्व से बच भी जाओ।

अध्येता : *(अनाहत)* बिलकुल ठीक पहचाना आपने। उत्तरदायित्व सिर आ पड़े तभी लेना चाहिए-'आ बैल मुझे मार' वाली स्थिति मेरी नहीं है।

छायावादी : *(चोट का स्मरण दिलाता हुआ)* अब इस विश्रम्भालाप के बाद-

अध्येता : हाँ-हाँ। मैं कह रहा था कि दो पहलू हैं। मगर ये विरोधी प्रवृत्तियाँ नहीं हैं, पूरक प्रवृत्तियाँ हैं।

प्रोफ़ेसर : तो आप मानते हैं कि एक में विषयवस्तु पर आग्रह है, एक में रूप-विधान पर?

अध्येता : न। वह अतिसरलीकरण है-बल्कि उसकी भी अति! सूत्रात्मकता के दोष को उस सीमा तक तो मैं भी नहीं ले जाता।

प्रोफ़ेसर : तो?

अध्येता : पहली में भी विषय पर आग्रह है-सजीव विषय पर; विषय पर आग्रह के साथ वह सौन्दर्य के-एस्थेटिक के-प्रतिमानों को और रूप-विधान को स्वीकार करती हुई चलती है। दूसरी का आग्रह विषय पर नहीं, विषय की स्थिति पर है-निर्जीव परिस्थिति पर, और वह सौन्दर्यशास्त्र की कोई परवाह नहीं करता। यहाँ तक कि कोई-कोई उसे एक उलझन या अड़ंगा मात्र समझते हैं। पर यह अतिवाद ही है, क्योंकि यह असम्भव नहीं है कि परिस्थिति पर आग्रह रूप-चेतना के साथ चले।

छायावादी : क्या यह अच्छा न हो कि आप कुछ उदाहरण भी दें-आप अध्येता हैं तो पढ़ा हुआ कुछ तो याद भी होगा?

अध्येता : हाँ, उदाहरण देना अच्छा तो होगा। इतना है कि उसमें बिल्लों को स्वीकृति देकर चलना होगा। पर खैर...यहाँ तक बचे रहकर अब उनसे डर भी नहीं है क्योंकि अब अधिक भ्रान्ति नहीं होनी चाहिए। जिन दो पहलुओं-पूरक प्रवृत्तियों की बात मैंने की, उनमें एक को प्रायः 'प्रयोगवादी' या 'प्रयोगशील' कहा जाता है; दूसरी को 'प्रगतिवादी'। मेरी धारणा है कि दोनों प्रकार की उत्तम रचनाओं में रूप-विधान का आग्रह समान होता है या कह लीजिए कि निर्वाह समान होता है। यों

अतिवादी ऐसे भी हैं जो या तो प्रयोग के नाम पर, या सिद्धान्त के नाम पर कविता का कचूमर निकालते हैं। और प्रयोगवादी तो कचूमर निकालकर ही रह जाता है, प्रगतिवादी फिर उसे रौंदता भी है; क्योंकि अतिवादी प्रगतिवादी बँधे घोड़े की तरह मिट्टी खूँदते रहने को भी प्रगति मानता है–उससे अभ्यास बना रहता है!

प्रोफ़ेसर : आप फ़तवे ही देते जा रहे हैं। उदाहरण दीजिए।

अध्येता : ओह क्षमा कीजिए। हाँ, उदाहरण। प्रयोग की अति का उदाहरण नहीं दूँगा। नई कविता में कोई भी असफल कविता ले लीजिए, आप पाएँगे कि उसकी असफलता का मूल यही है कि कवि ने प्रयोग को इष्ट मान लिया, जबकि काव्य केवल सफल प्रयोग का नाम है। कोई जितनी से जितनी गहरी डुबकी लगाता है, या डुबकी लगाकर मर भी जाता है, इसका मोती के पारखी के लिए कोई मूल्य नहीं है; मूल्य मोती का है। जो मोती लाए, उसी के मुँह से हम यह सुनने को तैयार हो सकते हैं कि वह बड़े परिश्रम से लाया है।

प्रोफ़ेसर : मगर इतना तो है कि डुबकियों के जोखिम के कारण मोती का मूल्य बढ़ता है।

अध्येता : हाँ, और प्रयोग के जोखिम के कारण सफल कविता का भी; पर कविता का ही मूल्य बढ़ता है, प्रयोग का नहीं। तो प्रगतिवादी की अति का एक उदाहरण दूँ : श्री नागार्जुन की एक कविता है–'और माँजो' इसमें–

छायावादी : पहले कविता सुन लें।

अध्येता : लीजिए :

नहीं–नहीं, अभी नहीं
अभी तो सिरिफ़ श्रीगणेश है
अपने पदों को
बार–बार माँजो
माँजो और माँजो, माँजते जाओ
लय करो ठीक फिर–फिर गुनगुनाओ
मत करो परवाह–क्या है कहना
कैसे कहोगे, इस पर ध्यान रहे
चुस्त हो सेंटेंस, दुरुस्त हों कड़ियाँ
पकें इतमीनान से गीत की बड़ियाँ
ऐसी जल्दी भी क्या है?
तल पर, घोल कर, बघार कर कहो
वस्तु है भूसी, रूप है चमत्कार
ध्वनि और व्यंग्य पर मरता है संसार

वाच्य या आशय पर कौन देता ध्यान
तर्ज़ और तरन्नुम है शायरी की जान...

प्रोफ़ेसर : तो इसके बारे में आप क्या कहना चाहते थे?

अध्येता : नागार्जुन में प्रतिभा है। जिन कविताओं में उन्होंने रूप-विधान को स्वीकार किया है, वे सुन्दर भी हैं, प्रभावशाली भी। इससे भी इनकार नहीं कि वे प्रगतिवादी हैं। पर यहाँ उन्होंने क्या किया है? रूप-विधान को अस्वीकार तो किया ही है, उसे लताड़ना भी चाहा है। परिणाम? स्वयं चारों खाने चित गिरे हैं।

छायावादी : यह तथाकथित कविता तो मैंने पढ़ी थी। पर मुझे याद आता है कि जिस पत्रिका में पढ़ी थी, उसी में सम्पादक ने लेखकों को यह परामर्श दिया था कि उन्हें अपनी रचनाओं को बराबर माँजते रहना चाहिए, जब तक कि...

अध्येता : *(हँसकर)* अच्छा-तब तो आप भी अच्छे पाठक हैं। असल में लोगों को यह ध्यान में रखना चाहिए कि अगर काव्य को या साहित्य को हथियार की तरह ही बरतना है, तो भी आखिर उसकी शक्ति को ही बरतना है न? और रोचकता, सुन्दरता उसकी एक बड़ी शक्ति है। अगर सिद्धान्त के नाम पर उसे नितान्त अपठ्य और असुन्दर बना दिया गया, तो उसका उपयोग क्या हुआ, खाक? तलवार को इतना भारी बना दो कि कोई उसे उठा ही न सके, तो वह किस काम की? ऐसी कविता केवल काव्य-माध्यम को नष्ट करती है और पाठक की भावक यन्त्र-प्रणाली को नुकसान पहुँचाती है।

प्रोफ़ेसर : लेकिन प्रयोगवादी कविता पर यह आरोप होता है कि उसमें विचार-वस्तु नहीं होती।

अध्येता : प्रयोगशील कविता में विचार-वस्तु हमेशा महत्त्वपूर्ण होती है, ऐसा नहीं कहा जा सकता-कभी वह बहुत हल्की भी होती है। पर उसका कलात्मक उद्देश्य कभी सन्दिग्ध या अस्पष्ट नहीं होता, घटिया कविता में भी नहीं। घटिया प्रगतिवादी कविता में तो कलात्मक उद्देश्य होता ही नहीं। निकृष्ट तल पर तुलना करें, तो यह अन्तर है। उच्च तल पर तो मैं कह चुका कि ऐसा विरोध नहीं है।

प्रोफ़ेसर : तो यह नई कविता का आन्दोलन शुरू कब से हुआ?

अध्येता : आन्दोलन उसे न कहिए। यों नई कविता का आरम्भ तो छायावाद के युग में ही हो गया था। उसके बीज तो 'प्रसाद' की भी मुक्त वृत्तात्मक कविता में मिल जाएँगे। पन्त और 'निराला' में जो चीज़ शुरू से थी, वही बाद की कविताओं में उभर आई। 'कुकरमुत्ता' या 'खजोहरा' या 'राजे ने दिवाली की' जैसी कविताएँ सहसा नहीं आरम्भ हो गईं-वे कुकरमुत्ते-जैसी उपज नहीं थीं बल्कि उनके सूत्र 'निराला' की कविता में पहले से थे। मैं केवल मुक्त वृत्त की बात नहीं कहता-नई कविता सब मुक्त-वृत्त नहीं है। 'निराला' की परवर्त्ती गज़ल के ढंग की चीज़ों

में भी वह नयापन है। यों तो नएपन के कई लक्षण होंगे जो कविताओं की पड़ताल से उभर आएँगे, पर साधारण बोलचाल की भाषा मुहावरे और पद-विन्यास की ओर आना उसकी एक मुख्य प्रवृत्ति थी। साथ ही, कविता के प्रति एक अवज्ञा-भाव भी : मानो कवि चाहता हो कि यह 'कविर्मनीषी स्वयं-भूः' वाली बात ढकोसला है : वाक् कोई दैवी शक्ति नहीं है, कविता यानी छन्द निरा माध्यम ही तो है। 'निराला' की 'गर्म पकौड़ी' आपने पढ़ी है?

गर्म पकौड़ी
ऐ गर्म पकौड़ी
तेल में भुनी
नमक-मिर्च मिली
ऐ गर्म पकौड़ी
मेरी जीभ जल गई
सिसकियाँ निकल रहीं
लार की बूँद कितनी टपकीं
पर दाढ़ तले तुझे दबा ही रक्खा मैंने
कंजूस ने ज्यों कौड़ी।
पहले तूने मुझको खींचा
दिल से लेकर फिर कपड़े-सा फींचा
अरी, तेरे लिए छोड़ी
बम्हन की पकाई
मैंने घी की कचौड़ी।

इस कविता में वस्तु ही में नयापन हो, ऐसा नहीं है। वस्तु को जो रूप दिया गया है उसमें, और उसके प्रति स्वयं कवि के रवैये में, एक नयापन है। 'निराला' जी का अपना व्यक्तित्व चाहे आतंककारी रहा हो, उन्होंने कविता का आतंक मिटा दिया। "कविता हौआ थोड़े ही है? यह देखो!" कहकर 'राम की शक्ति-पूजा' के लेखक ने 'गर्म पकौड़ी' सामने फैला दी। भाषा को साधारण बोल-चाली गद्य के निकट लाने का जो कार्य उन्होंने आरम्भ किया, उसी को भवानीप्रसाद मिश्र ने दुहराया- "जिस तरह हम बोलते हैं उस तरह तू लिख!" और उसी की परासीमा रघुवीर सहाय में देखिए-उनकी कुछ कविताओं में तो पद-विन्यास में रत्ती-भर भी अन्तर नहीं है, जहाँ भाव-संकुल हो वहाँ भी नहीं।

शक्ति दो, बस दो, हे पिता
जब दुख के भार से मन थकने आय
पैरों में कुली की-सी तुपकती चाल छटपटाय

इतना सौजन्य दो कि दूसरों के बक्स-बिस्तर
घर तक पहुँचा आएँ
कोट की पीठ मैली न हो, ऐसी दो व्यथा-
शक्ति दो।
और यह नहीं दो, तो यही कहो, यही कहो
अपने पुत्रों मेरे छोटे भाइयों के लिए यही कहो
कैसे तुमने अपनी पीढ़ी में किया होगा क्या उपाय
कैसे सहा होगा, पिता, कैसे तुम बचे होगे?
तुम से मिला है जो विक्षत जीवन का दाय
उसे क्या करें?
तुम ने जो दी है अनाहत जिजीविषा
उसे क्या करें? कहो-अपने पुत्रों, मेरे छोटे
भाइयों के लिए यही कहो।

प्रोफ़ेसर : लेकिन भाई साहब, किसी ऐतिहासिक क्रम से तो चलिए? 'निराला' से रघुवीर सहाय-कोई बात हुई भला? और बीच में नरेन्द्र शर्मा से लेकर-अ-जहाँ तक भी हो वहाँ तक-बाक़ी सब कवि क्या हुए? हाँ, केदार और गिरिजाकुमार माथुर और भवानीप्रसाद मिश्र और वह-क्या नाम है उनका?

अध्येता : धर्मवीर भारती?

प्रोफ़ेसर : न-न, ज़रा रहस्यमय-सा नाम है।

छायावादी : कौन-'अश्क' जी?

प्रोफ़ेसर : उहुँक्-हाँ, 'अज्ञेय'!

अध्येता : ओह, 'अज्ञेय'। उन्हें तो मैं कवि नहीं मानता यद्यपि कुछ कविताएँ उन्होंने लिखी हैं और उन्हें पढ़ना भी बुरा नहीं मालूम होता।

छायावादी : यह क्या बात?

अध्येता : वह असल में तरह-तरह की कविता कर देते हैं-इतनी कि सन्देह होने लगता है, क्या वह सचमुच उस सबको सीरियसली लेते हैं, या कि लोगों को बना या चिढ़ा रहे हैं।

प्रोफ़ेसर : कोई अचम्भा नहीं। वह जब-तब नया शगूफ़ा खिलाते रहते हैं और प्रोफ़ेसरों को ख़ास तौर से चिढ़ाते हैं।

अध्येता : मैं नेपथ्य से कहता हूँ-इसमें तो मुझे उनसे हमदर्दी है!

प्रोफ़ेसर : लेकिन हम बहक रहे हैं।

अध्येता : हाँ, हवा ही बहकी है। आपने 'अज्ञेय' की एक हाल की रचना पढ़ी है, 'बहकी हवाओं पर'?

"बह चुकीं बहकी हवाएँ चैत की
कट गईं पूलें हमारे खेत की
कोठरी में लौ जलाकर टीप की
गिन रहा होगा महाजन सेंत की!"

यह अब रामविलास शर्मा ने लिखी होती तो प्रगतिशील गिनी जाती, पर 'अज्ञेय' की है इसलिए प्रयोगशील कहलाएगी। यों इसमें विशेषताएँ दोनों की हैं, यानी यह नई कविता का नमूना हो सकता है। अति-संक्षेप उसका एक गुण है, इसकी दो-दो लाइनों में दो चित्र हैं, दोनों में प्रत्येक कोई सम्बन्ध नहीं है, पर इसी से गहरा सम्बन्ध और नाटकीय प्रभाव के साथ सामने आता है और इसमें महाजनी शोषण का विरोध भी बिना तद्वत् शब्दाभिव्यक्ति के आ गया है-यहीं 'प्रगति' और 'प्रयोग' नामधारी प्रवाहों में अन्तर होता है। जैसे शमशेर बहादुर सिंह कहते हैं, 'बात बोलेगी, हम नहीं' पर यही कहने के लिए बोलते हैं, जनता को बुलवाते हैं :

बात बोलेगी
हम नहीं
भेद खोलेगी
बात ही

सत्य का मुख
झूठ की आँखें
क्या देखें!
सत्य का रुख
समय का रुख है :
अभय जनता को
सत्य ही सुख है,
सत्य का सुख।

सत्य का
क्या रंग?
पूछो
एक संग
एक-जनता का
दुख : एक।
हवा में उड़तीं पताकाएँ
अनेक...

पर शमशेर भी दोनों प्रवृत्तियों के मेल और सन्तुलन के अच्छे उदाहरण हैं। कवियों में सबसे अधिक 'कवि' शायद वही हैं–यद्यपि सबसे सफल वह हैं, यह बहुत सन्दिग्ध है।

छायावादी : इसका अर्थ नहीं समझा। अधिक कवि के अर्थ क्या हैं?

अध्येता : उनमें मौलिकता है। तीव्र और गहरी संवेदना है। भाव-संवेदना के साथ स्वर-संवेदना भी है। और व्यापक और साहसपूर्ण प्रयोगशीलता है–यानी माध्यम की सब शक्तियों से वह प्रयोग करते हैं, इस या उस एक से नहीं। जैसे गिरिजाकुमार माथुर ने छन्द ही के प्रयोग किए हैं–बड़े सफल प्रयोग।

प्रोफ़ेसर : उदाहरण?

अध्येता : जैसे सवैये की गति में लिखी गई कविता–'केसर रंग रँगे वन':

आज हैं केसर रंग रँगे वन
रंजित शाम की फागुन की खिली पीली कली-सी
केसर के वसनों में छिपा तन
सोने की छाँह-सा
बोलती आँखों में
पहले वसन्त के फूल का रंग है।
गोरे कपालों पै हौले-से आ जाती
पहले ही पहले के
रंगीन चुम्बन की-सी ललाई।
आज हैं केसर रंग रँगे–
गृह, द्वार, नगर, वन
जिनके विभिन्न रंगों में है रँग गई
पूनो की चन्दन चाँदनी।

अध्येता : नई कविता के बहुत से प्रयोग छन्द के ही हैं, इसी से कई लोग नई कविता का मतलब केवल छन्द की अनर्गलता ही समझ लेते हैं। पर यह नई कविता के और उसके अनूठे रस के साथ अन्याय है।

प्रोफ़ेसर : रस? आप रस की बात कहते हैं? नई कविता और रस!

अध्येता : जी हाँ, रस। और ऐसा मिश्र-रस कि आप विश्लेषण करते और तालिकाएँ बनाते रह जाएँ। भवानीप्रसाद मिश्र की कविता 'गीत-फ़रोश' आपने पढ़ी या सुनी है?

छायावादी : प्रोफ़ेसर साहब तो पढ़ते-सुनते...

अध्येता : अरे, मैं भूल गया! आप ने न पढ़ी होगी। सुनिए–

जी हाँ, हुजूर, मैं गीत बेचता हूँ।

मैं तरह-तरह के
गीत बेचता हूँ
सभी किसिम के गीत
बेचता हूँ :
जी, माल देखिए, दाम बताऊँगा
बेकाम नहीं है, काम बताऊँगा;
कुछ गीत लिखे हैं मस्ती में मैंने
कुछ गीत लिखे हैं पस्ती में मैंने
यह गीत सख़्त सर-दर्द भुलाएगा
यह गीत पिया को पास बुलाएगा।
जी पहले कुछ दिन शर्म लगी मुझको
पर पीछे-पीछे अक्ल जगी मुझको
जी, लोगों ने तो बेच दिए ईमान।
जी, आप न हों सुनकर ज़्यादा हैरान।
मैं सोच-समझकर आख़िर
        अपने गीत बेचता हूँ;
        जी हाँ, हुज़ूर मैं गीत बेचता हूँ।
जी बहुत ढेर लग गया, हटाता हूँ
गाहक की मर्ज़ी अच्छा जाता हूँ।
मैं बिलकुल अन्तिम और दिखाता हूँ...
या भीतर जाकर पूछ आइए आप-
है गीत बेचना बिलकुल पाप
क्या करूँ मगर लाचार हार कर
गीत बेचता हूँ।
जी हाँ, हुज़ूर, मैं गीत बेचता हूँ।

प्रोफ़ेसर : मिश्रजी का मिश्र रस! खूब! खूब!

अध्येता : अच्छा, यह बताइए, इसकी सबसे बड़ी विशेषता आपको क्या लगी?

प्रोफ़ेसर : *(रुकते हुए)* विशेषता? इसका विषय-नहीं, विषय को प्रस्तुत करने की अदा।

अध्येता : मैं इसी बात को कुछ दूसरे ढंग से कहूँ? नाटकीयता तो खै़र इसमें है, पर असल विशेषता यह है कि इसकी गम्भीर बातों को हल्के ढंग से कहा गया है। नई कविता में यह भी है, और इससे ठीक उलटा भी है; बहुत हल्की बात को गम्भीरता

से कहना–या कम–से–कम चमत्कारपूर्वक कहना–या कह लीजिए कि छोटी–छोटी बात में से चमत्कार खोज लेना। बल्कि उसका एक सिद्धान्त यह हो सकता है कि छोटी बात कोई है ही नहीं; उसे देखने में ही सारा चमत्कार निहित है। इसके कई उदाहरण दिए जा सकते हैं–जैसे नरेन्द्र शर्मा की 'ट्वीड का कोट'। और भी कई उदाहरण हो सकते हैं–प्रभाकर माचवे, गिरिजाकुमार माथुर, रघुवीरसहाय आदि से।

छायावादी : और क्या विशेषता आप बताएँगे?

अध्येता : यों तो कई हैं। पर एक–दो और बता दूँ। एक विशिष्टता है लोक-गीतों या लोक–प्रचलित धुनों की ओर झुकाव–यह उसकी बड़ी महत्त्वपूर्ण प्रवृत्ति है। कारण चाहे राजनीति का जनवाद हो, चाहे अधिक आसान या गहरी प्रतिक्रिया उत्पन्न करनेवाले रूपाकारों की खोज। जहाँ ये प्रयोग सफल हुए हैं, वहाँ बड़ी ही प्यारी चीज़ें लिखी गई हैं–और ऐसे प्रयोग किए हैं बहुत–से कवियों ने। केदारनाथ अग्रवाल और नागार्जुन जैसे शुद्ध जनवादियों ने, गिरिजाकुमार जैसे संगीत–खोजियों ने, नरेश मेहता सरीखे उभय–पन्थियों ने और 'अज्ञेय' जैसे संस्कारियों ने। इसके साथ समवेत गायन की सम्भावनाओं की भी पड़ताल हुई है, ख़ासकर जनवादी कवियों ने ऐसी चीज़ें लिखी हैं जो गाई जा सकती हैं–कभी समवेत, कभी ग्रीक कोरस के स्ट्रोफ़ी और एंटीस्ट्रोफी के ढंग पर–कविता वह हो या न हो। केदार की 'जनयुग' में इसका उपयोगी उदाहरण है।

ये जो दीवारें घेरे हैं
ढह जाएँगी
ये जो सीमाएँ रोके हैं
मिट जाएँगी
ये जो आत्माएँ बन्दी हैं
खुल जाएँगी
धरती की उन्मुक्त दिशाएँ
मुसकाएँगी...

प्रोफ़ेसर : तो इस सबसे परिणाम यह निकला कि नई कविता में पुरानी का कुछ है ही नहीं, सब नया ही नया है। फिर भी नए कवि कहते यही जाते हैं कि परम्परा में...

अध्येता : वाह, यह परिणाम आपने कैसे निकाला? नए के पुरानेपन का एक उदाहरण आपको दूँ? चाहे आपकी तसल्ली के लिए? नरेशकुमार मेहता ने उषस् को लेकर कई कविताएँ लिखी हैं। जैसे–

उदयाचल से किरन–धेनुएँ,
हाँक ला रहा वह प्रभात का ग्वाला!
पूँछ उठाए, चली आ रही

क्षितिज जंगलों से टोली
दिखा रहे पथ, इस भूमि का
सारस सुना-सुना बोली
गिरता जाता फेन मुखों से
नभ में बादन बन तिरता,
किरन-धेनुओं का समूह
यह आया अन्धकार चरता,
नभ की आम्र छाँह में बैठा, बजा रहा वंशी रखवाला!

उषस् वैदिक देवता है। इन कविताओं का मुहावरा वैदिक ढाँचे में ढला है, और उपमाएँ भी वहीं से ली गई हैं। इस प्रकार इसमें नया कुछ नहीं है; फिर भी उसमें ताज़गी है-जैसे कमरे का फ़र्नीचर नई तरतीब से लगा देने पर आती है। इस तरह के कई प्रयोग नई कविता में हुए हैं और उनकी ताज़गी प्रशंसनीय है।

प्रोफेसर : आपकी पर्यवेक्षण-शक्ति तेज़ है। या कि इसे आपकी सूझ कहूँ?

अध्येता : *(सविनोद)* सब आपकी शिक्षा है, वरना मैं अकिंचन...

छायावादी : लेकिन यह बताइए, नरेशकुमार तो प्रगतिवादी हैं न?

अध्येता : आपका बिल्लों का मोह नहीं छूटा? वह क्या है, यह मैं निश्चयपूर्वक नहीं जानता। यह संग्रहीत है प्रयोगशील कविता के संग्रह में-पर दावा शायद उनका उससे भिन्न, या अधिक हो...

छायावादी : मगर इसमें प्रगतिवाद कहाँ आया?

अध्येता : मैं तो यही कहकर सन्तोष कर लूँगा कि नहीं आया-या कि इस क्षेत्र में उसके आने का प्रश्न ही नहीं उठता। क्योंकि अगर उठता तो मानना पड़ता कि पुराने मुहावरे या रूपक को पुनः संजीवित करना या करना चाहना केवल पुनरुत्थानवाद है, जो प्रगतिवादी तर्कना से प्रतिक्रिया का रूप है। मुहावरे के क्षेत्र में प्रगतिशील या नया मुहावरा यन्त्र-युग का मुहावरा होगा, धेनु-सभ्यता का मुहावरा नहीं। किसी बिगड़ैल के सहसा भभक पड़ने पर जिस व्यक्ति ने कहा था, 'अरे, यह करंट मारता है!' उसने आधुनिक अतः प्रगतिशील मुहावरे का प्रयोग किया था।

प्रोफ़ेसर : पहले की 'बालू में से तेल निकालने' की बात स्पष्टतया कोल्हू युग का मुहावरा है; अगर मैं कहूँ कि आप मिट्टी में से तेल निकाल रहे हैं तो यह प्रगतिशील प्रशंसा होगी न? *(हँसता है)*

अध्येता : आप हँसे तो! क्या मैं कहूँ कि यह इस बात का प्रमाण है कि नई कविता में अभी दम है?

छायावादी : नई और कम नई तो सापेक्ष हैं। प्रश्न यह है कि क्या कविता मात्र में अभी दम है? या कि कविता मर गई?

अध्येता : अरे, यह तो धर्मवीर भारती की एक कविता की पंक्ति है। उसी कविता में आपके प्रश्न का उत्तर भी है!

लाद कर ये आज किसका शव चले
और उस छतनार बरगद के तले
किस अभागिन का जनाजा है रुका
बैठ इसके पाँयते गरदन झुका
कौन कहता है कि कविता मर गई?
भूख ने उसकी जवानी तोड़ दी।
यों बड़ी ही नेक थी कविता
मगर धनहीन थी, कमजोर थी;
और बेचारी गरीबन मर गई।
मर गई कविता?
जवानी मर गई
मर गया सूरज, सितारे मर गए
मर गए सौन्दर्य सारे मर गए
सृष्टि के आरम्भ से चलती हुई
प्यार की हर साँस पर पलती हुई
आदमीयत की कहानी मर गई।
झूठ है यह
आदमी इतना नहीं कमज़ोर है...
और कविता सृजन की आवाज
फिर उभरकर कहेगी कविता
"क्या हुआ दुनिया मरघट बनी
अभी मेरी आखिरी आवाज़ बाक़ी है–
हो चुकी हैवानियत की इन्तेहा
आदमीयत का अभी आग़ाज़ बाक़ी है
लो, तुम्हें मैं फिर नया विश्वास देती हूँ,
नया इतिहास देती हूँ,
कौन कहता है कि कविता मर गई?

अध्येता : मैं तो नहीं कहता। आगे आप गुरुजन हैं। मैं आपको प्रणाम करता हूँ।

केशव की कविताई

(एक वार्तालाप)

[बलराज और त्रिपाठी]

बलराज : कहिए, त्रिपाठी जी, किस धुन में हैं आप?

त्रिपाठी : कुछ नहीं भाई, यों ही केशव की बात सोचता चला जा रहा था–

बलराज : कौन केशव? वही जो आई.सी.एस. में–

त्रिपाठी : नहीं भाई, नहीं! मैं सोच रहा था महाकवि केशवदास की बात–

बलराज : अच्छा, वह केशवदास! लेकिन त्रिपाठी जी, उस मनचले रंगीले को आप महाकवि कहते हैं? उसकी कविता तो बिलकुल वाहियात है!

त्रिपाठी : आपकी तो राय पुराने कवियों के बारे में हमेशा प्रेजुडिस्ड रही है।

बलराज : मेरी राय और प्रेजुडिस? अच्छा, आप बताइए, आजकल के ज़माने में राह–चलती औरतों से कोई चुहल करता है, उन पर शे'र कसता है, तो आप उसे क्या कहते हैं? आप कहते हैं कि शोहदा है–हाँ, आप शोहदे को संस्कृत में 'लम्पट' कहना ज्यादा पसन्द करें तो दूसरी बात है। केशव की कविता भी वैसी ही है–उसने राह चलतों पर नहीं कही, दरबारों में राजों के या रईस–उमरा के आगे कही तो इससे क्या कविता का स्वभाव बदल गया? प्रेजुडिस आप में है या मुझ में? बल्कि केशव ने दरबारों में ही क्यों, राज चलतों पर भी कही ज़रूर है।

त्रिपाठी : कब? कोई मिसाल?

बलराज : वह बालोंवाली बात ही लीजिए–बुढ़ापे में भी केशव को यही सूझता था कि किसी भली औरत ने आकर बाबा कहकर पैर छुए तो बोले–

केशव केसनि अस करी, जस अरिहूँ न कराहिं
चन्द्रबदनि मृगलोचनी बाबा कहि–कहि जाहिं!

यह कविता है?

त्रिपाठी : भाई, सुनो! तुम इसका एक ही पक्ष क्यों देखते हो? यह नहीं देखते कि उनकी उक्ति में चमत्कार कितना है, भाषा का भी और अर्थ का भी। हालाँकि

यह बात केशव की नई नहीं है, उससे पहले भी संस्कृत के कोई कवि कह गए थे, पर फिर भी–

बलराज : यह और लीजिए। सड़ी-सी बात, वह भी पुरानी, फिर आप कहते हैं महाकवि। अच्छा, इस बात को जाने दीजिए, और कविता लीजिए। आप केशव पढ़ते ही हैं, तो आपको और भी कई कवित्त उनके याद होंगे–सोचिए तो भला उन्होंने कविता के विषय क्या चुने हैं? वेश्या की चितवन पर सवैया कहा है–'जो चितवै वह वार-वधूटी'। फिर अभिसारिका के वर्णन में क्या नाज़ुकख़याली है–'चालि है क्यों चन्दमुखी कुचन के भार भये कंचन के भार ही लचकि लंक जाति है।' और वह तो आपको याद होगा ही–

तोरि तनी टकटोरि कपोलनि जोरि रहे कर त्यों न रहौंगी।
पानि खवाइ सुधाधर पान कै पाइ गहै तस हौं न गहौंगी।
केसव चूक सबै सहिहौं मुख चूम चलै यह तौ न सहौंगी।
कै मुख चूमन दै फिर मोहि के आपनि धाय सों जाय कहौंगी!

त्रिपाठी : (हँसकर) मैं तो केशव पढ़ता ही हूँ, आपने याद भी कर रखा है। एक तो यही उनके कवित्व का प्रमाण है। दूसरे, जिस नाज़ुकख़याली की निन्दा आप कर रहे हैं, वह कहाँ से आई, यह भी आपने सोचा है?

बलराज : हाँ, मैं जानता ही था कि आप थोड़ी देर में उर्दू-फ़ारसी कविता की बात करेंगे। इसमें शक नहीं कि उर्दू में ये सब बातें थीं और अब भी हैं, और उर्दू भी चमत्कार के पीछे बुरी तरह पड़ी रही है; पर जहाँ उर्दू पली, वहाँ के जीवन से वह मेल तो खाती है। हिन्दी–

(आनन्द का प्रवेश)

आनन्द : ओहो, आज यह अनोखा मेल कैसा? ईस्ट इज़ ईस्ट एंड वेस्ट इज़ वेस्ट, पर आज दोनों मिल गए!

बलराज : तभी तो यह रस्साकशी हो रही है। केशव की कविता पर बहस है।

त्रिपाठी : बलराज केशव की निन्दा कर रहे हैं।

आनन्द : क्या बात है भाई, मैं भी सुनूँ–

बलराज : मैं कह रहा था कि केशव की कविता कुछ नहीं है, चमत्कार के लिए आकाश-पाताल के कुलाबे मिलाए गए हैं।

त्रिपाठी : आप कह रहे थे कि उर्दू में यह दोष इसलिए नहीं है कि वह अपने आस-पास के जीवन से मेल खाती है, जबकि हिन्दी–

बलराज : हाँ।

आनन्द : तो तुम्हारा मतलब यह कि जो अपने युग की उपज हो वह ठीक, जो नहीं वह गलत?

बलराज : ऊँ–हाँ!

आनन्द : भाई, केशव तो मैंने बहुत नहीं पढ़ा पर ऐसी साधारण बातों में मुझे मज़ा आता है। अच्छा, यह बताओ, केशव की कविता क्यों नहीं अपने ज़माने की उपज थी? ज़रा उसके 'बैकग्राउंड' की तरफध्यान दो। राजनैतिक अदल–बदल के कारण वीर–काव्य का रुक जाना स्वाभाविक ही था, उसके बाद हारी हुई हिन्दू जनता के लिए भक्ति की ओर झुकना उतना ही स्वाभाविक था जितना कि आँख फूट जाने पर किसी का सहारे के लिए दीवार या लकड़ी टटोलना। था कि नहीं?

बलराज : हाँ।

आनन्द : इस तरह भक्तिकाव्य शुरू हुआ। साथ ही, सामाजिक कारण भी खड़े हुए–ऊँच–नीच और जात–पाँत के रीति–रस्म पर लोगों का भरोसा कुछ कम होने लगा, वगैरह। इस तरह भक्ति–मार्ग की कई शाखाएँ हो गईं–सबने अपने–अपने आस–पास की जमी हुई रूढ़ियों को अपना लिया जिससे राम–भक्ति, कृष्ण–भक्ति, सूफ़ी–मत वगैरह की अलग ढंग की कविता सामने आई। ये सब ज़माने की उपज थीं, तुम मानते हो?

बलराज : हाँ।

आनन्द : अच्छी बात है। यह भी तुम मानोगे कि भक्तिकाल में प्रेम का बयान भी कवि किसी देवता का आश्रय लेकर ही करेगा–यानी प्रेम की भावना का देवी–देवता पर आरोप करेगा–या उसे भक्त के प्रेम का ही रूप देकर के दिखाएगा?

बलराज : मैं ठीक समझा नहीं।

आनन्द : मैं अभी समझाता हूँ। आज कल व्यक्तिवाद का ज़माना है, आदमी अपनी बात कहता है तो कोई बुरा नहीं मानता क्योंकि वह हर किसी का हक समझा जाता है। इसीलिए आज के कवि अपने प्यार का रोना रोते हैं। भक्तिकाल में यह बात नहीं हो सकती थी; पर प्रेम की भावनाएँ तो सदा होती रही हैं, इसलिए उस ज़माने का कवि अपनी भावनाएँ देवी–देवताओं पर या कृष्ण और गोपियों पर रोप देता था। इसीलिए उस ज़माने में रास–क्रीड़ा की और ऐसी बातों की इतनी चर्चा भक्ति की भी कविता में रही। केशव ने भी ऐसी कविता की, और बहुत अच्छी की। जैसे 'चंचल न हूजे नाथ अंचल ने खैंचो हाथ' वाला जो कवित्त है, उसका भाव तो मानव का ही है, पर राधा–कृष्ण की आड़ में कहा गया है, जिससे शील भी निभ गया है जो आज कल की कविता में कभी–कभी नहीं भी निभता।

बलराज : पर यह केशव की कोई प्रशंसा नहीं हुई, यह तो आज कल की कविता की बुराई हुई बस।

आनन्द : यों ही समझ लीजिए। मैं तो यही कहता हूँ कि आपको कवि को उसके बैकग्राउंड के साथ देखना चाहिए, उससे तोड़कर नहीं। पर आप तो मॉडर्न

हैं न, आप को मॉडर्न शास्त्र से सुबूत चाहिए। अच्छी बात है, आपने एलियट तो पढ़ा है न?

बलराज : ज़रूर!

आनन्द : एलियट ने कहा है कि कवि को इम्पर्सनल (निर्वैयक्तिक) होना चाहिए; और इस मामले में हमारी आज कल की कविता क्या हिन्दी और क्या उर्दू बहुत कच्ची है। है न?

बलराज : हूँ–

आनन्द : वह निर्वैयक्तिक रूप पाने के दो तरीके हैं, एक तो वही है जो एलियट ने बताया है–कि परम्परा के ज्ञान से, ऐतिहासिक चेतना से, कवि अपने छोटे से निजू मन को एक बड़े सामूहिक मन में डुबा देना सीखे, कि उसकी सारी संस्कृति, उसका ट्रैडिशन उसकी कविता में बोले। ठीक?

बलराज : हाँ, यह तो समझ में आता है।

आनन्द : दूसरा तरीका यह है कि आदमी अपनी भावनाओं को परम्परा से माने हुए आदर्श पुरुषों की भावना में डुबा दे–ऐसे भी वह आत्मनिवेदन की बुराई से बच सकता है। वैसे देखें तो यह भी तरीका है पहला ही तरीका, क्योंकि परम्परा से माने हुए आदर्ष पुरुष भी तो ट्रैडिशन की उपज हैं, और अपनी भावनाएँ उन्हें सौंपने का मतलब है ट्रैडिशन को कविता में लाना; पर इस तरह वह कुछ आसान हो जाता है।

बलराज : भाई, बात तो तुम्हारी जी को लगती है। पर इस पर और सोचना ज़रूरी है।

आनन्द : मानता हूँ। हम लोगों के आगे नित नए दृष्टिकोण आ तो जाते हैं, पर जब तक उनके नएपन के साथ पुराने के पुरानेपन का सम्बन्ध न जुड़ जाए, तब तक वे जम नहीं सकते। जब परम्परा जुड़ जाती है, तभी वे जमते हैं।

बलराज : इस पर तो और सोचूँगा। (विचारपूर्ण मुद्रा में) एलियट की बात सोचने लायक होती है।

आनन्द : *(हँसकर)* होती है न! पर केशव के बारे में और कुछ कहना ज़रूरी है। वैसे यह कहना चाहिए था त्रिपाठी जी को–

त्रिपाठी : भाई, बात यह है कि केशव की कविता मुझे अच्छी तो लगती है, और शास्त्रों के अनुसार मैं उसके गुण भी बता सकता हूँ, पर बलराज तो मॉडर्न है न, उसे चाहिए मॉडर्न दलीलें। वे मुझे आतीं नहीं। तुम पुरानी बात को नया जामा पहनाना खूब जानते हो, तुम्हीं समझाओ।

आनन्द : केशव ने अच्छा भी लिखा है, घटिया भी लिखा है। पर जो कुछ लिखा है, चमत्कार से भरा हुआ है। बैकग्राउंड में भक्ति की बात तो तुम जानते ही हो, कुछ और बातें भी सोचनी चाहिए। केशवदास के पीछे संस्कृत के पंडितों की

कम-से-कम तीन पीढ़ियाँ थीं। केशव स्वयं संस्कृत के भारी पंडित थे। इसी पंडिताऊ परम्परा के कारण उनकी कविता कई जगह बहुत जटिल हो गई, और उन्हीं के पन्थ पर चलने वाले ही एक कवि ने उन्हें 'कठिन काव्य का प्रेत' कह डाला, लेकिन उनके पांडित्य ने एक दूसरा फल भी दिया जिसकी ओर ध्यान देना ज़रूरी है।

बलराज, त्रिपाठी : (एक साथ) वह क्या?

आनन्द : केशवदास शेक्सपीयर के समकालीन थे। जैसे एलिज़ाबेथ के ज़माने में अंग्रेज़ी कविता विकास की एक चोटी पर पहुँच चुकी थी, वैसे ही केशव के ज़माने तक हिन्दी कविता ने भी एक गौरव का स्थान पा लिया था। यानी हिन्दी कविता उस जगह पहुँच गई थी, जहाँ उसे एक शास्त्र की ज़रूरत थी। केशव ने इसका अनुभव किया और उसने पहले-पहल हिन्दी काव्य को एक शास्त्र दिया। आप जानते ही हैं कि उसकी रचनाएँ या तो चरित्र हैं या फिर लक्षण-ग्रन्थ-जैसे 'कविप्रिया', 'रसिकप्रिया', 'नख-शिख' वगैरह। और 'रामचन्द्रिका' भी चरित-काव्य उतना नहीं है जितना छन्द:शास्त्र का खजाना-उतनी तरह के छन्द शायद और किसी कवि ने नहीं लिखे होंगे।

बलराज : 'कविप्रिया' तो उसने प्रवीणराय वेश्या के लिए लिखी थी न?

आनन्द : चाहे किसी के लिए लिखी हो। पर प्रवीणराय कवि थी, और केशव की शिष्या भी थी। हो सकता है कि उसे काव्य-शास्त्र पढ़ाने के लिए ही केशव ने वह लिखी हो। मतलब की बात यह है कि केशव ने हिन्दी कविता की एक भारी कमी दूर की, और अगर बाद के कवि भी इतना ही गम्भीर ज्ञान रखनेवाले होते, तो हिन्दी की वह दुर्दशा न होती जो रीतिकाल के अन्त में हुई।

त्रिपाठी : पर रीतिकाल में तो सभी कवियों ने रीति-ग्रन्थ लिखे हैं। क्या उनका भी उतना ही महत्त्व है?

आनन्द : नहीं। एक तो वे पीछे आए, केशव अग्रदूत थे। दूसरे, केशव ने सर्वांगपूर्ण निरूपण करने का प्रयत्न किया, पीछे के कवि एक छोटे-से दायरे में ही चक्कर काटने लगे। कइयों ने तो अधूरे ज्ञान पर ही पंडिताई छाँटनी शुरू की, जिसका नतीजा यह हुआ कि उनकी कविता उस कुत्ते की तरह हो गई जो अपनी पूँछ का पीछा करता है और फिरकी की तरह चक्कर काटता चलता है।

त्रिपाठी : तो आप देव, बिहारी वगैरह को केशव से छोटा मानेंगे?

आनन्द : इसका फ़ैसला करने की ज़रूरत नहीं है। देव, बिहारी, मतिराम अपने ढंग के बहुत अच्छे कवि थे। मैं सिर्फ काव्य-शास्त्र की बात कहता हूँ; और फिर रीतिकाल में इन तीनों के अलावा और भी तो सैकड़ों कवि थे जिन्होंने केवल लक्षण-ग्रन्थ लिखे!

त्रिपाठी : पर देव और बिहारी की कविता दिल को बहुत गहरा छूती है। केशव की–

आनन्द : हो सकता है। पर एक बात ज़रूर है। अगर केशव जैसे कवि और आचार्य लक्षणों की जाँच-पड़ताल न करते, और उनके बाद कई अच्छे-अच्छे कवि, पर कच्चे पंडित रीतिग्रन्थों की भरमार न करते तो बिहारी की कविता भी उतनी तासीर न रखती। आप ध्यान से देखें, बिहारी के बहुत-से दोहे इसीलिए असर करते हैं कि वे पहले बनी हुई रूढ़ि से लाभ उठाते हैं। अगर नायिका-भेद पहले चले हुए न होते, तो बिहारी के बहुत-से दोहे पहेलियों-से ही दीखते, लेकिन चूँकि रीति बनी हुई थी, और पाठक अपने मन से बहुत कुछ जोड़ सकता है, इसलिए बिहारी के संकेत समझ में आ जाते हैं। बिहारी को एक ट्रैडिशन बना-बनाया मिला, केशव ने स्वयं ट्रैडिशन बनाया। अगर बिहारी की फलों की दुकान है जहाँ आपको मेवा तुरन्त मिलता है, तो केशव वह माली है जिसने पौधे बोए थे।

बलराज : *(हँसकर)* और बाद के कवि मेहतर, जो दुकान उठाने पर झाड़ू लगाते हैं?

आनन्द : चाहो तो मज़ाक़ कर लो। हर अंग्रेज़ी में भी एलिज़ाबेथ के पीछे रीति ने ज़ोर पकड़ा था। कांग्रीव और वाइचरली की 'कामेडी ऑफ़ मैनर्स' आपको याद है न? अगर उनके लिए आप बेन जॉनसन को उत्तरदायी ठहरा सकते हैं, तो आप पिछले रीतिकाल की बुराइयाँ भी केशव के सिर पर थोप सकते हैं।

त्रिपाठी : आपने अच्छा किया जो अंग्रेज़ी की मिसाल दे दी–अब बलराज आँख मूँदकर मान लेंगे।

आनन्द : बेन जॉनसन के नाम से एक बात याद आई। जॉनसन दुखान्त नाटक लिखते रहे, पर अगर व्यंग्य लिखते तो बहुत अच्छे रहते; उसी तरह केशवदास ने 'रामचन्द्रिका' लिखी और वार्तालाप में भी सफल रहे, पर अगर व्यंग्य लिखते तो ग़जब कर जाते। खेद यही है कि ज़माना अनुकूल नहीं पड़ा, नहीं तो कहीं-कहीं वे काफ़ी चुभती हुई कह गए–

नाखन-सी जीभ मुख-कंज-सी कोमलता में
काठ-सी कठेठी बात कैसे निकरति है!

वगैरह। और, त्रिपाठी जी, गुस्ताखी माफ़, वह 'ब्राह्मण-जाति अजेय' वाला दोहा भी ज़ोर का है और मैं तो यह भी कहूँगा कि कहीं-कहीं जहाँ चमत्कार की कोई तारीफ़ करता है और कोई निन्दा, वहाँ भी असल में केशवदास थोड़ा-सा व्यंग्य करते रहे होंगे। जैसे–

ऐरी गोरी भोरी तेरी थोरी-थोरी हाँसी मेरी
मोहन की मोहनी की गिरा की गुराई है।

इस पंक्ति को कोई तो मिठास से भरी हुई बताएगा, कोई निरा शब्दाडम्बर कहेगा, पर मुझे तो लगता है कि असल में केशवदास उस गोरी की प्रशंसा करने के साथ-साथ उसे थोड़ा-थोड़ा बना भी रहे थे। क्या राय है बलराज?

बलराज : हूँ!

त्रिपाठी : कहिए, अब मानते हैं आप कि केशव भी कवि थे?

बलराज : हाँ, आनन्द की बात में सच्चाई तो है।

त्रिपाठी : *(हँसकर)* काठ-सी कठेठी बात है न, तभी!

आनन्द : पर जीभ माखन-सी नहीं!

हिन्दी-साहित्य : चौपाई

दुनिया में कभी-कभी ऐसा भी होता है कि एक आदमी का बड़प्पन दूसरों को छोटा बनाने का बायस हो जाता है। साहित्य में तो अकसर यह बात देखने में आई है कि एक कवि या लेखक के काम की महत्ता ने दूसरों के समूचे जीवन के परिश्रम पर पानी फेर दिया।

हिन्दी काव्य में तुलसीदास इस बात का अच्छा उदाहरण हैं। इस पूनो के चाँद ने आकाश में टिमटिमाने वाले सैकड़ों सितारों को मेटकर अपनी अनोखी चाँदनी छिटका दी, जिसका नतीजा आज यह है कि जब हम चौपाई की बात सोचते हैं तो बरबस तुलसीदास का नाम याद आ जाता है। तुलसी की रामायण हिन्दी पढ़े-लिखों के लिए मानो उनकी पोशाक है। पोशाक के भीतर उनकी अपनी त्वचा तो है, पर पोशाक के बिना रहना शिष्टता से गिर जाना है। हिन्दी पढ़े-लिखों के लिए यह बड़े शर्म की बात है कि वे तुलसी की रामायण पढ़े हों। और दोहे-चौपाई में लिखी हुई यह रामायण उन लोगों के जीवन का इतना बड़ा हिस्सा बन गई है कि इन छन्दों का नाम लेने से सिवाय उस रामायण के और किसी पुस्तक की याद नहीं आती।

रामायण की चौपाई-जैसी मँजी हुई और समग्र रचना को पढ़कर अनुमान होता है कि तुलसीदास से पहले भी चौपाई छन्द चालू रहा होगा, पर लोग इसकी जाँच करने की जरूरत कम ही समझते हैं, क्योंकि तुलसी की चौपाइयाँ ही उन्हें काव्य का पूरा रस दे देती हैं और उसके बाद नई चीज़ की माँग ही उनमें नहीं रहती।

यह तो हुई आम पाठक की बात। पर जो पठित हैं, जिनका काम ही है हर-एक चीज़ की जड़ तक पहुँचना, वे भी चौपाई के आरम्भ की खोज में बहुत दूर तक नहीं जाते। पं. रामचन्द्र शुक्ल तक जो हिन्दी के पहली कोटि के पारखी माने जाते हैं, यह कहना काफ़ी समझते हैं कि 'तुलसीदास ने अपनी रामायण मुसलमान कवियों की मसनवी शैली पर लिखी।' इसके सबूत में वह कहते हैं कि 'रामचरितमानस' का वर्णन संस्कृत काव्य में ढंग पर नहीं है, उसमें सर्ग या अध्याय नहीं है और कहानी बराबर चलती रहती है जैसा कि मसनवी में होता है। छन्द के बारे में वह यहाँ कहते हैं कि मसनवी का नियम इतना ही है कि सारा काव्य एक ही मसनवी छन्द में हो,

हालाँकि काव्य में कहानी के अलावा ईश्वर-स्तुति, पैग़म्बर और राजा की प्रशंसा आदि भी होनी चाहिए। तुलसीदास के पहले के मुसलमान काव्य में-जायसी के 'पद्मावत' और नूर मुहम्मद की 'इन्द्रावती' आदि में-ये सब बातें पाई जाती हैं, और इन्हीं को तुलसीदास ने आगे रखा।

और कोई छोटे पाये का लेखक होता-तुलसीदास से छोटा कोई कवि या भक्त होता, तब यह बात मानी जा सकती, पर तुलसीदास एक महान कवि और भक्त से बढ़कर भी एक चीज़ थे-वह एक महान् सुधारक और शुद्धिवादी भी थे। उन्होंने अपने सामने 'पद्मावत' और 'इन्द्रावती' जैसी चीज़ों को नहीं रखा होगा, और अगर रखा होगा तो उनके असर से बचने के लिए ही, इस बात को समझने के लिए तुलसीदास के ज़माने की ओर ध्यान देना होगा।

हिन्दुस्तान के लिए वह ज़माना एक तरह से निराशा और अन्धकार का ज़माना था। जो लोग इस देश के निवासी थे और इसमें राज करते रहे थे, उनकी शान के दिन बीत चुके थे, पर उस शान की याद अभी इतनी ताज़ी थी कि उससे दिन में टीस उठे। दूसरी ओर, बाहर से जो ताक़तवर हमला देश पर हुआ था, जिसके कारण एक नई ज़ाति ने राज-काज हाथ में ले लिया था और शान का एक नया स्टैंडर्ड कायम किया था, वह अभी इतना पुराना नहीं पड़ा था कि नई जाति देश के लोगों से मिलकर एक-जान हो जाए। देश के लोग अपनी हार के इतने आदी नहीं हुए थे कि इस नई जाति की शान में ही अपनी शान समझें और उसी की मार्फ़त जिएँ और बढ़ें। इसलिए देश की ज़्यादातर जनता के दिल में गहरा दर्द था और उस दर्द का इलाज न दीखने के कारण दर्द में बाहरी निराशा भी थी। उनके हौसले पस्त थे।

ऐसी हालत में लोगों को दिलासे की सख़्त ज़रूरत थी-किसी ऐसी चीज़ की, जो उनके दर्द को सहलाए और उनके टूटे अरमानों में एक नई आस और नए हौसले की ताक़त फूँके। यह जानी हुई बात है कि ऐसी हालत में लोग सबसे पहले धर्म या भक्ति के ज़रिए से ही दिलासा और शान्ति पाने की कोशिश करते हैं; और इसीलिए ऐसी गिरी हालत में भक्ति भी ताक़त और कर्म का मन्त्र देने के बजाय शान्ति और सन्तोष की ओर बढ़ने लगती है। वह एक नशीली चीज़ होती है, जिससे लोग अपनी आत्मा में एक ख़ास तरह का ढीलापन, शिथिलता पैदा कर लेते हैं और उसकी पिनक में ऊँघते रहते हैं। एक तो इनसान स्वभाव से ही सगुणपूजक और 'बुतपरस्त' होता है, फिर उसकी पूजा और परस्तिश में शृंगार बढ़ने लगता है-भक्ति प्रेम बनती है और फिर प्रेम निरी विलासिता बन जाता है।

कुछ ऐसी ही हालत तुलसीदास के ज़माने में भक्ति-मार्ग के कवियों की हुई। बल्कि आगे यह शृंगारिक भक्ति विलास और शारीरिक भोग-लिप्सा से ऐसी उलझ गई कि मामूली आदमी के लिए कविता पढ़ना-सुनना मुश्किल हो गया। कविता

दरबार की चीज़ होती थी, जहाँ शोहदे कवित्तबाज़ ऐयाश राजों के सामने अपनी सफ़ाई दिखाकर रुपया ऐंठने का पेशा करने लगे।

ऐसी ही दिशा में भक्ति-काव्य बह रहा था जब तुलसीदास काव्य-जगत् में प्रकटे। इस धारा को और इससे पैदा होने वाले खतरे को उन्होंने अच्छी तरह समझ लिया और इसी का खंडन करने के लिए उन्होंने एक नया आदर्श देश के आगे रखा। राम के भक्त और कवि तो वह थे ही; सुधार का जोश भी उनमें जागा, और उनके रामचन्द्र न केवल वाममार्गियों के जवाब में खड़े हुए बल्कि उन तमाम वृत्तियों के जवाब में भी, जो भारत के पुराने आदर्श से नीची थीं। तुलसी की राम-भक्ति सिर्फ़ भक्ति नहीं थी, उसमें लोक-धर्म का आदर्श भी था। उसमें सनातन रीति और देशी संस्कृति का अभिमान भी था। वह सुधार चाहते थे तो पुराने को मिटाकर नहीं, उसका उद्धार करके, ऊपर जमी हुई मैल की पपड़ी को उतारकर भीतर से शुद्ध पुराना कांचन निकालकर। वह क्रान्ति नहीं चाहते थे, वह संरक्षण चाहते थे।

इन बातों को ध्यान में रखते हुए यह सोचना मुश्किल है कि उन्होंने मुसलमान कवियों का अनुकरण किया होगा; ख़ासकर कि जब वह देखते थे कि मुसलमानों का सामाजिक दृष्टिकोण वैसा है जिसे हिन्दू चिरकाल से विलासिता और भोग-लिप्सा समझकर बुरा समझते आए थे।

इसका यह मतलब नहीं कि तुलसीदास का आदर्श साम्प्रदायिक था, या कि उन्हें मुसलमानों से कोई द्वेष था। हरगिज़ नहीं। उनकी रचना में कहीं इसका निशान भी नहीं है। बल्कि कम-से-कम एक मुसलमान से उनकी बड़ी गहरी दोस्ती थी, और उसका आदर भी वह इतना करते थे कि उसके कहने से उन्होंने रामायण उसकी पसन्द के छन्द में लिखी थी। हमारा इशारा ख़ानख़ाना अब्दुर्रहीम की तरफ़ है, जिनके कहने पर तुलसीदास ने 'बरवै रामायण' रची।

असल बात यह है कि मुस्लिक संस्कृति का दृष्टिकोण सांसारिक है, हिन्दू संस्कृति का पारलौकिक; और तुलसीदास बिना बाहर की संस्कृति से द्वेष किए अपनी संस्कृति में नई जान फूँकना चाहते थे, उसे संसारीपन से बचाना चाहते थे। जो लोग समझते हैं कि तुलसी ने जायसी और दूसरे मुसलमान कथाकारों की नक़ल की, वे ऐसा इसीलिए कहते हैं कि तुलसी के पहले के प्रसिद्ध चौपाई-ग्रन्थ इन्हीं के थे; पर यह भी तो नहीं भूलना चाहिए कि उनका इतना चलन इसीलिए हुआ कि वे संसारी चीज़ें थीं, उनका झुकाव संसारीपन की ओर था, उनके पात्र हम-जैसे आदमी थे, राम और कृष्ण जैसे मानव-शरीर वाले देवता नहीं। यह संसारीपन-ऐहिकतावाद-मुग़लों की ख़ास देन थी। तुलसीदास तो भक्ति को सांसारिकता से परे खींच ले जाना चाहते थे; तब यह कैसे हो सकता है कि उन्होंने उस शैली को या ढंग को अपनाया जो संसारीपन के कारण ही लोगों को इतना रुचा था?

पर यह सब तो कोरी बहस की बात है; इसे माना तो तभी जा सकता है जब जायसी से पहले भी ऐसी ही शैली की चीज़ें मिल सकें। खोज करने पर पता चलता है कि चौपाई छन्द जायसी से बहुत पहले भी चलता था, काफ़ी मँज चुका था, भक्ति-काव्य में ही बरता जाता था और यहाँ तक कि मसनवी शैली की जो ख़ास खूबी बताई जाती है वह भी उसमें थी। उस ज़माने के भक्ति-काव्य में भी छह-सात अर्द्धालियों के बाद-या कह लीजिए कि तीन-साढ़े तीन चौपाइयों के बाद, क्योंकि चौपाई असल में चार पदों की होती है-एक दोहा आता था, जैसा कि 'पद्मावत' और 'इन्द्रावती' में है और जैसा कि मसनवी में भी होता है। यह प्राचीन भक्ति-काव्य अवश्य ही तुलसीदास का जाना हुआ भी रहा होगा।

बल्कि एक और ख़ास बात पर यहाँ ध्यान देना चाहिए। यह पुराना भक्ति काव्य 'सन्ध्या-भाषा' में लिखा जाता था। सन्ध्या-भाषा का अर्थ पहले यह लिया जाता था कि यह वैसी ही धुँधली भाषा थी जैसी साँझ की रोशनी होती है। पर पंडितों ने बताया कि असली नाम 'सन्ध्या भाषा' है-यानी किसी ख़ास मक़सद से लिखी गई भाषा-एक दीक्षागम्य भाषा, जिसे कि जानकार लोग ही समझें। केवल हिन्दी में नहीं, संसार में सभी जगह हिन्दी की भाषा ऐसी ही दीक्षागम्य भाषा हो गई है, जिसे उस संस्कार में दीक्षा पाए हुए लोग और मुरीद ही समझ सकें। तुलसीदास जो खुद भक्त होने के अलावा भक्तों की लम्बी परम्परा के चेले भी थे, अवश्य ही इस भाषा और इसके काव्य को जानते रहे होंगे।

यह पुराना काव्य सहजपन्थी साधुओं का काव्य था। ये सहजपन्थी बौद्ध धर्म की एक शाखा से निकले हुए थे। इनके एक सिद्ध सरोजवज्र के दोहे-चौपाई का एक नमूना लीजिए-

देखहु-सुनहु परीसहु खाहू,
जिघाहु भमहु बयट्ठ उठाहू।
आलपाल व्यवहारे पेल्लइ-
मणच्छड्डु एक्कार म च्चल्लई।
गुरु उवएसो अमिअरसु हवहिं न पीअउ जेहि-
बहु सथ्थथ्थ मरुस्थलहिं तिसिए मरिथउ तेहि॥

सहजपन्थियों के बाद ज़रूर 'पद्मावत' और 'इन्द्रावती' के कवि आते हैं, पर उनकी और इनकी भावना में गहरा भेद है। सहजपन्थी शून्यवादी थे। जायसी आदि प्रेम-कथा कहने वाले। वैसे जायसी भी पहुँचे हुए साधु थे, निज़ामुद्दीन औलिया के चेलों की परम्परा में मोहीउद्दीन के चेले थे। इसके अलावा गोरखपन्थी, सायनी, वेदान्ती आदि अनेक पन्थों के साधुओं का सत्संग करके हठयोग वगैरह भी सीख चुके थे, और इसका सबूत 'पद्मावत' में जगह-जगह मिलता है। फिर भी, प्रवृत्ति की

दृष्टि से उनका काव्य पहले से ही सहजपन्थी और बाद के 'रामचरितमानस' से बहुत भिन्न था।

जायसी से पहले भी कुछ प्रेमगाथाएँ 'पद्मावत' की शैली में लिखी गई थीं। जायसी ने 'पद्मावत' में भी इस बात का जिक्र किया है–उसने 'मुग्धावती', 'प्रेमावती' आदि का नाम लिया है। सन् 1530 में कुतुबन शेख ने 'मृगावती' काव्य लिखा जिसमें चन्द्रनगर के राजकुमार और कंचननगर की राजकुमारी के प्रेम की कथा है।

जायसी के जन्म-कुल का कुछ पता नहीं है। जायस में रहने से उनका नाम जायसी पड़ गया। जनश्रुति है कि वह चेचक से काने हो गए थे और साधु-फ़कीरों के साथ रहते थे। उन्होंने खुद भी कहा है–

एक नयन कवि मुहमद गुनी।

जायसी बड़े भक्त और सिद्ध माने जाते थे। वे थे भी बड़े उदार विचारों के, हालाँकि 'पद्मावत' में उन्होंने रीति निबाहते हुए मुहम्मद का गुण गाया है–

तिनि मँह पन्थ कहौं भल गाई,
जेहि दूनो जग छाज बड़ाई।
सो बड़ पन्थ मुहम्मद केरा,
है निरमल कैलास बसेरा।

मार्के की बात है कि उन्होंने मुहम्मद को 'कैलास-बासी' बताया, जैसा कि हिन्दू लोग बुजुर्गों के सम्मान में कहा करते हैं।

'पद्मावत' और रामायण के कवियों की 'स्पिरिट' में बहुत अन्तर था, यह हम पहले कह चुके हैं। 'पद्मावत' प्रेम की कहानी है; पूरे जीवन की कहानी नहीं। रामायण में प्रेम भी लोक-व्यवहार से अलग नहीं। लंका-दहन प्रेमी का प्रयास नहीं है; फ़रहाद के पहाड़ काट गिरने की तरह नहीं है, वह वीर-धर्म नायक के कर्तव्य के रूप में ही दिखाया गया है। 'पद्मावत' का प्रेम भी मामूली प्रेम नहीं है, वह उससे कहीं बड़ा और आदर्शात्मक है; किन्तु यह भेद तो सिर्फ़ दर्जे का है, वस्तु का नहीं। रामायण का प्रेम तो चीज़ ही दूसरी है। 'पद्मावत' आदर्शात्मक होकर भी है शृंगार-काव्य; रामायण लोक-धर्म को सामने रखकर भी पूरे जीवन का काव्य है।

जायसी की चौपाई के कुछ नमूने लीजिए-विरह-वर्णन करते हुए कवि कहता है–

दहि कोइला भइ कन्त-सनेहा,
तोला मासु रहीं नहिं देहा।
रकत न रहा बिरह तन जरा,
रती-रती होई नैनन्ह ढरा।

मिलन की उत्कंठा का वर्णन–

रति-दिवस बस यह जिउ मोरे,
लगों निहोर कन्त अब तोरे।
यह तन जारों छार कै कहौं कि पवन उड़ाय,
मकु तेहि मारग उड़ि परै कन्त धरै जहँ पाँय।

निष्काम प्रेम का वर्णन भी 'पद्मावत' में मिलेगा। मिसाल के तौर पर, राजा युद्ध के बीच में कहता है–

ना हौं सरग क चाहौं राजू
ना मोंहि नरक सेहि किछ काजू।
चाहौं ओहि कर दरसन पावा,
जेइ मोहि आनि प्रेमपथ लावा!

जायसी के बाद उसमान की 'चित्रावली' और नूर मोहम्मद की 'इन्द्रावती' का नाम आता है। ये भी 'पद्मावती' की तरह प्रेम-कहानियाँ हैं। इन्द्रावती के रूप का वर्णन सुनिए–

है पदुमिनि इन्द्रावति प्यारी,
ताको बदन रूप फुलवारी।
कोमलताई सुन्दरताई,
सै रसना तो बरनि न जाई।
...
ना अति लाँब न छोटी आही,
है तस जस इन्द्रावति चाही।

शेक्सपीयर ने भी एक जगह कहा है–

व्हाट स्टेचर इज़ शी आफ़?
जस्ट ऐज़ हाइ ऐज़ माई हार्ट!

इन्द्रावती के स्नान का वर्णन देखिए–

अब जूरा इन्द्रावति छोरा,
भयेउ घटा मों चाँद अँजोरा।
पैठिहु जब जल भीतर रानी,
पानिय पायेउ तारा पानी।
झुलनी झूलेहु करत नहानु,
लहकि चहेउ चुम्बै अधरानू।
सूरज उना अकास ही चन्द्र उआ जल माँह,
कुमुद तामरस फूले दोउ मित्त के पाँह।

तुलसीदास का जीवन-वृत्तान्त कहने की ज़रूरत नहीं। वह हर हिन्दी-पाठक का जाना हुआ होना चाहिए। उनके काव्य की कुछ खूबियाँ भी हम बता चुके हैं। इस शान्त और गम्भीर सुधारक ने एक निर्मल आदर्श लोगों के आगे रखा। अपने आदर-पात्र वीर राम का चरित्र उन्होंने ऐसे ढंग से पेश किया कि जो सन्देश वह देश को देना चाहते थे वह बिना कहे लोगों पर प्रकट हो गया। इसके लिए खरी-खोटी सुनाने या शास्त्र और शास्त्रियों की निन्दा करने की ज़रूरत तुलसी को नहीं पड़ी, न बदले में मूर्ख कहलाना पड़ा। यहीं पर उनकी सुधारक वृत्ति कबीर से भिन्न थी। कबीर की सीख मानो आँधी की तरह पुराने संस्कारों को तहस-नहस करती हुई चलती थी-समाज के जीवन में एक बवंडर उठा देती थी। वह खरी दो-टूक बात कहते थे और परवाह नहीं करते थे कि किसे चोट पहुँचती है। इसीलिए विद्वानों ने उन्हें अपनाने की बजाय गालियाँ दीं और मूर्ख कहकर कोसा, उनकी बातें भी आम जनता में नहीं मानी गईं। दूसरी ओर, तुलसी ने यही दरशाया कि वह नया कुछ नहीं कहते, जो सनातन है उसी का पवित्र सन्देश उनके पास है। शुद्ध सनातन के नाम पर ही उन्होंने नए विचार दिए, राम को शबरी के जूठे बेर खिलाए और वशिष्ठ को अछूत निषाद के गले मिलाया। लोगों के बिना जाने ही वह उनके दिलों में घर कर गए और उन्हें एक नए रास्ते पर डाल गए। जो संसार के फन्दे में फँसे थे, उन्हें धर्म की ओर खींचा, जो धर्म के चक्कर में जीवन से पल्ला छुड़ा बैठे थे, उन्हें लौकिक कर्तव्य की याद दिलाई; और इस सब उथल-पुथल के बाद भी नम्र बने रहे और अनपढ़ जनता, साधारण गृहस्थ और विद्वान् पंडितों से सम्मान पाते रहे। जैसा कि एक पारखी ने कहा है, 'तुलसीदास गृहस्थों के साधु और साधुओं के गृहस्थ थे।'

तुलसी के ग्रन्थ में से नमूने के लिए पद चुनना कठिन काम है। जगह-जगह उनके कथन का सबूत मिलता है-

अरथ अमित अति आखर थोरे।

जो नमूने पेश किए जा सकते हैं, वे इसलिए कि हिन्दी पढ़नेवाली आम जनता उन्हें जानती है। सखी से राम-लखन के रूप की प्रशंसा सुनकर सीता देखने चलती है –

देखन बाग कुँअर दोउ आये,
बय किसोर सब भाँति सुहाये।
स्याम गौर किमि कहौं बखानी
गिरा अनयन नयन बिनु बानी।
सुनि हरखीं सब सखीं सयानी,
सिय हियँ अति उत्कंठा जानी।
एक कहइ नृप सुत तेइ आली,

सुने जे मुनि सँग आए काली।
जिन्ह निज रूप मोहिनी डारी,
कीन्हे स्व-बस नगर नर नारी।
बरनत छवि जहँ तहँ सब लोगू,
अवसि देखिअहिं देखन जोगू।
तासु बचन अति सियहि सोहाने,
दरस लागि लोचन अकुलाने।
चली अग्र कर प्रिय सखि सोई,
प्रीति पुरातन लखइ न कोई।

उधर सीता के पायलों की आवाज़ सुनकर राम भी चंचल हो उठते हैं-

कंकन-किंकिनि नूपुर धुनि सुनि,
कहत लखन सन राम हृदयँ गुनि।
मानहुँ मदन दुन्दुभी दीन्हीं,
मनसा बिस्व कर कीन्हीं।
अस कहि फिरि चितये तेहि ओरा,
सिय मुख ससि भये नैन चकोरा।
भये बिलोचन चारु अचंचल,
मनहुँ सकुचि निमि तजे दिगंचल।

और कई प्रसंगों का मोह छोड़कर शबरी की कथा पर पहुँचें-

स्याम गौर सुन्दर दोउ भाई,
सबरी परी चरन लपटाई।
पानि जोरि आगे भइ ठाढ़ी,
प्रभुहि बिलोकि प्रीति उर बाढ़ी।
केहि बिधि अस्तुति करौं तुम्हारी,
अधम जाति मैं जड़मति भारी।
अधम ते अधम अधम अति नारी,
तिन महँ मैं मतिमन्द गँवारी।
कह रघुपति सुनु भामिनि बाता,
मानउँ एक भगति कर नाता।
जाति पाँति कुल धर्म बड़ाई
धन बल परिजन गुन चतुराई।
भगतिहीन नर सोहत कैसा,
बिनु जल बारिद देखिअ जैसा।

पंडितों में अकसर जो बहस छिड़ जाती है कि तुलसीदास पहले भक्त थे पीछे कवि, या पहले कवि और पीछे भक्त, वह बिना कारण नहीं है। दोनों रूपों में तुलसी महान् थे, और दोनों रूपों के प्रशंसक अपना-अपना पक्ष सिद्ध कर लेते हैं-'जाकी रही भावना जैसी।'

तुलसी के बाद फिर चौपाई के नाम से किसी ख़ास ग्रन्थ या कवि का नाम सामने नहीं आता। वैसे चौपाई तो लिखी जाती रही होगी; बल्कि तुलसी ने उसका चलन बढ़ाया ही होगा, पर ऐसी मार्के की रचना कोई नहीं है जिसके बारे में कहा जा सके कि तुलसी की (या जायसी की) परम्परा का उसने निर्वाह किया। यों कई-एक सन्तों की बानियाँ और साखियाँ तो हैं; सिखों के कई एक ग्रन्थ और गुरु गोविन्दसिंह की बानी भी हैं; पर ये प्रबन्ध-काव्य के ढंग की चीज़ें तो नहीं हैं। इन्हें जायसी या तुलसी की परम्परा में न मानकर उन प्राचीन कवि-सन्तों की परम्परा में मानना ही ठीक होगा जो उपदेश के लिए चौपाई रचते थे।

सुखमनि से दो-एक चौपाइयाँ देखें-

करन करावन हार स्वामी,
सगल घटा के अन्तरजामी।
अपनी गति-मिति जानहु आपे,
आपन संग आपि प्रभु राते।
तुमरी उसतुति तुमते होए,
नानक अवर न जानसि कोए।

असल चीज़ की बात के बीच नक़ली की चर्चा ठीक नहीं होती, नहीं तो यहाँ बाद की चौपाइयों के और कई उदाहरण दिए जा सकते। तुलसी रामायण में जिन कई छोटे-मोटे कवियों ने बड़ी सफाई से अपनी चौपाइयाँ जोड़कर बिठा दीं, उनकी चातुरी का कायल होना ही पड़ेगा। साधारण पाठक के लिए पहचानना बहुत कठिन हो जाता है कि कौन-सी चौपाइयाँ बाद के क्षेपककारों ने जोड़ी हैं। इस तरह अपने को छिपा लेना ही वह खूबी है जिससे ये लोग सामने आ जाते हैं : 'कला को छिपाने की कला' के ये अच्छे नमूने हैं। पर इस क्षिप्त कला को रचना के नाम से पेश करना ठीक न होगा; उसे याद कर लेना ही काफ़ी है।

कविता : श्रव्य से पठ्य तक

वाक् की, और इसलिए कलाओं में वाङ्मय की, प्राथमिकता भारतीय परम्परा का एक अभिन्न अंग रही है। श्रव्य अथवा वाचिक परम्परा में यह स्वभाविक भी था : पश्चिम की परिभाषा 'सही शब्दों का सही क्रम' (राइट वर्ड्स इन द राइट ऑर्डर) से आगे वह उस शब्द-क्रम के सम्यक् वाचन पर भी बल देती थी। आदिकाव्य में यह बात उस प्रसंग में बड़े सुन्दर ढंग से उदाहृत होती है जहाँ राम-लक्ष्मण किष्किन्धा में प्रवेश करते हैं और इन वल्कल-वेशधारी राजपुत्रों से मिलने के लिए सुग्रीव हनुमान को भेजता है।[1]

हनुमान को अभ्यागतों का परिचय और मनोभाव जानने की उत्कंठा है तो राम-लक्ष्मण भी जानना चाहते हैं कि यह व्यक्ति शत्रु है अथवा मित्र। दोनों भाई चुपचाप हनुमान की बात सुनते हैं, उत्तर नहीं देते (एवं मा परिभाषन्तं कस्माद्वै नाऽभिभाषथ:); अन्त में राम अनुज को आदेश देते हुए कहते हैं :

तमभ्यभाष सौमित्र सुग्रीव-सचिवं कपिम्
वाक्यज्ञं मधुरैर्वाक्यैः स्नेहयुक्तमरिन्दम्॥
नानृग्वेदविनीतस्यं नायजुर्वेदधारिणः
ना सामवेद विदुषः शक्यमेव प्रभाषितुम्॥
नूनं व्याकरणं कृत्स्नमनेन बहुधा श्रुतम्
बहु व्याहरतानेन न किंचिदपशब्दितम्॥
अविस्तरमसन्दिग्धमविलम्बितमद्रुतम्
उरःस्थं कण्ठगं वाक्यं वर्त्तते मध्यमे स्वरे॥
संस्कारक्रमसंपन्नामद्रुतामविलम्बिताम्
उच्चारयति कल्याणीं वाचं हृदयहारिणीम्॥

इस प्रकार आदिष्ट लक्ष्मण **अभ्यभाषत वाक्यज्ञो वाक्यज्ञं पवनात्मजम्**। **'वाक्यज्ञ ने वाक्यज्ञ से'** वार्तालाप किया। आज ऐसी साफ-सुथरी, मँजी-चिकनी बात करनेवाले (फिर कपट-वेषधारी!-भिक्षुरूपं ततो भेजे शठबुद्धितयाकपिः)

1. देखिए 'वाल्मीकि रामायण' किष्किन्धा कांड, तृतीय सर्ग।

अजनबी के प्रति हम सब शंका और सन्देह की दृष्टि रखते; इस विश्वास को निरा भोलापन मानते कि संस्कार-विशुद्ध भाषा बोलनेवाला जन इसीलिए सज्जन भी होगा। किन्तु वाचिक परम्परा की भित्ति ही इस विश्वास पर खड़ी है : वेदों की तेजोमयी वाक् की अपेक्षा रामायण की हृदयहारिणी कल्याणी वाक् ही काव्य का साध्य और साधन रही। भारतीय वाङ्मय की परम्परा में कल्याणी वाक् की यह साधना संस्कृत में ही नहीं, प्राकृतों और अपभ्रंशों में भी होती रही, और आधुनिक भारतीय भाषाओं में भी चली आई : उनके आदि रूपों में नहीं वरन् मुद्रण युग के आरम्भ तक।

कल्याणी वाक् : यह पद मूलत: आदिकाव्य का नहीं, वेद का है; नि:सन्देह आदिकवि का इंगित श्रुति की ओर ही था। श्रव्य को श्रुति का प्रमाण अपेक्षित हो, इससे अधिक स्वाभाविक क्या बात होगी! वाक् के इन दो रूपों या प्रकारों में भेद वैदिक काल में ही न केवल स्पष्ट पहचाना जाने लगा था वरन् पंजीकृत भी होने लगा था। ई.पू. सातवीं से चौथी शती में ही इसका विवेचन होने लगा था कि वैदिक वाङ्मय में किन-किन अलंकारों का उपयोग हुआ था। इससे अगली पन्द्रह शतियों में संस्कृत में न केवल श्रेष्ठ काव्य-रचना हुई (जो मौखिक अथवा वाचिक परम्परा में ही सुरक्षित रही) वरन् काव्य और अलंकार-शास्त्र के अनेक उद्‌भट विद्वान् भी प्रकट हुए। साधारणतया कहा जा सकता है कि इस काल के पूर्वार्द्ध को उसका कृति-साहित्य अधिक विशिष्ट करता है; शास्त्रीय और सैद्धान्तिक विवेचन प्राय: उत्तरार्द्ध की विशेषता है। अर्थात् संस्कृत में भी कवि-कर्म क्रमश: अधिकाधिक आत्मचेतन होता गया है। जहाँ कवि पूरी तरह सफल हुआ वहाँ एक चिर-स्मरणीय और समय काव्य-वस्तु हमारे लिए छोड़ गया है; जहाँ सफलता उससे कुछ कम मिली है वहाँ भी कवि का वाग्वैदग्ध्य हमें अभिभूत किए बिना नहीं छोड़ता। रससिद्ध यदि कवीश्वर थे, तो वाक्‌सिद्ध भी महाकवि तो थे ही; अगर हम कहीं-कहीं चेष्टित पद पहचानते भी हैं तो उसकी चमत्कारिकता पर मुग्ध रह जाते हैं।

हम चाहें तो वाङ्मय के विकास को समाज के विकास के साथ जोड़ सकते हैं। एक छोर पर मौर्य और गुप्त साम्राज्यों की समृद्धि, निरापदता और प्रसारशीलता, उन साम्राज्यों के सुप्रतिष्ठित, स्वत:प्रमाण, 'नैसर्गिक' अभिजात वर्ग (जिनके ही विनोद के लिए काव्य की रचना होती थी और जिनमें ही वह सुरक्षित रहता था); दूसरे छोर पर परवर्ती राज्यों की विभाजित, अनिश्चित और प्राय: युद्धग्रस्त अवस्था, ऐसे राज्यों के दुर्बलतर, बलात् प्रतिष्ठित और साधारणतया स्वरक्षा-निरत अभिजातवर्ग, जिनके सदस्यों के पास अपने संकटापन्न हितों की रक्षा की चिन्ता और थकान मिटाने के दो ही साधन थे : या तो तीसरे पुरुषार्थ की धुरन्धर साधना, या शृंगार-काव्य। परन्तु अभिजात वर्ग के क्रमिक ह्रास के साथ-साथ समाज का मध्य और

निम्नतर स्तर ऊपर भी उठता आ रहा था; वाङ्मय के क्षेत्र में इसका अर्थ था–लौकिक काव्य के विभिन्न रूपों का विकास। इस कथन का यह आशय नहीं है कि कृति साहित्य में गद्य तभी प्रकट हो गया था। आशय इतना ही है कि महाकाव्य भी अपने को पौराणिक कथा के अतिलौकिक चरित की परिधि में न रखकर सामान्यतर मानव नायक की और कल्पना-मूलक परिस्थितियों की बात भी करने लगा था; और मुक्तक में रीतिगत वस्तु या अभिप्रायों से आगे बढ़कर ताज़ा वास्तविक अनुभूति भी ठेठ मगर प्रभावशाली मुहावरे में अभिव्यक्त की जाने लगी थी। निःसन्देह यह 'अनभिजात' सामान्य लौकिक परम्परा भी पहले से चली आ रही थी, और अभिजात वर्ग के काव्य में प्रचलित अनेक विषय और अभिप्राय इस निम्नतर स्तर से ही उठा लिए जाते थे और नए साज-सँवार के साथ अभिजात काव्यरसिक के सम्मुख प्रस्तुत किए जाते थे। क्षेमेन्द्र ने तो कवि को परामर्श ही दिया था कि एक ओर वैयाकरण और तार्किक से बचे तो दूसरी ओर नए अर्थ की खोज में लोक-साहित्य और जन-भाषा की ओर कान लगाए रहे।

यह हमारे काव्य का दुर्भाग्य ही था कि यह मध्यकालीन उन्मेष और अधिक स्थायी अथवा दूरव्यापी नहीं हुआ। देश-भाषाओं के उत्थान की प्रबलता ही इस उन्मेष की पराजय का कारण हुई। 'नई' वस्तु की खोज भाषाओं को फिर पुरातन की ओर ही ले गई : एक नीरस कर्मकांड के बदले भावनात्मक तृप्ति दे सकने वाली श्रद्धा की खोज में काव्य फिर धर्म की ओर मुड़ गया। एक नया द्वैध उत्पन्न हुआ जिसने एक प्रकार से पुरानी परिस्थिति को ठीक उलटकर सामने ला खड़ा किया। अब भाषाओं के जन-काव्य की ही मूल प्रेरणा और प्रवृत्ति धार्मिक हो गई। (लोक-वीर-गाथा एक स्वल्पतर धारा के रूप में रह गई); शुद्ध लौकिक काव्य केवल अभिजात वर्ग तक मर्यादित हो गया और शीघ्र ही उसके वर्ग की भाँति ही निगति की ओर उन्मुख हुआ। जैसे पहले संस्कृत काव्य एक कृत्रिम, अतिमार्जित भाषा में चेष्टित शैली में वर्णित रूढ़ अभिप्रायों और प्रसंगों का एक रीतिबद्ध समूह बन गया था, वैसा ही देश-भाषाओं के काव्य के साथ भी हुआ। संस्कृत की भाँति ही इस काव्य का भी सफल और श्रेष्ठ अंश तो ऐसा था जो अपने मँजाव-कटाव, उक्ति-चमत्कार, वाग्वैदग्ध्य और सघन लघुता ('ज्यों नाविक के तीर') और कभी-कभी श्रृंगारिक उत्तेजकता के कारण आकृष्ट करे; किन्तु यह आकर्षण भी विदग्ध विलासिता का ही एक रूप था। इस प्रकार के काव्य में भी मुक्तक का ही स्थान प्रधान था। ऐसे मुक्तक को गीति मुक्तक (लिरिक) कदाचित् ही कहा जा सकता; उसमें प्रायः सदैव एक सघन नाटकीय स्थिति का ही सूक्ष्म-रेखांकित मार्मिक निदर्शक होता–प्राकृत गाथाओं में भी ऐसे मुक्तकों का स्थान रहा; अन्तर यह था कि प्राकृत में तनाव-भरी स्थितियाँ समकालीन समाज के वास्तविक जीवन से ली

जाती थीं, रीति-काव्य में वे घटना-स्थितियों और भाव-स्थितियों की वर्गीकृत पंजिकाओं से ली जाने लगीं।

रीति से परिचित स्थितियों-अभिप्रायों, नायक-नायिकाओं और भाव-भेदों के कोश में गति रखनेवाले 'सहृदयों' के लिए यह काव्य-समूह अब भी रस दे सकता है; इतना ही नहीं, अपनी वक्रता और मितवाक् व्यंजन-गाम्भीर्य द्वारा चमत्कृत भी कर सकता है। अकथित के इतने अर्थगर्भ प्रयोग के उदाहरण संसार के साहित्य में कहीं-कहीं ही मिलेंगे : कभी-कभी यह सांकेतिकता और परोक्षप्रियता इतनी दूर तक चली गई है कि काव्य की वास्तविक वस्तु मानो अनुल्लिखित ही रह गई है। पठित समाज में वाचिक परम्परा के बने रहने का कारण और आधार यह मुक्तक काव्य ही था : अपनी सुगठित लघुता, सूक्ष्मता और उक्ति-वैचित्र्य के कारण यह काव्य आसानी से स्मृति पर अपनी छाप छोड़ जाता था : अपनी मार्मिक व्यंजना और वैदग्ध्य के कारण उसका निरन्तर प्रचार होता रहता था। और अगर उसकी अतिशय शृंगारिकता उसे मर्यादा तोड़ने की सीमा तक ले जाती थी, तो इसमें ऐसे समाज के लिए एक अतिरिक्त आकर्षण था जिसमें पुरुषों और स्त्रियों के जीवन और आमोद-प्रमोद की लीकें क्रमशः अलग-अलग होती जा रही थीं। दो समान्तर वाचिक परम्पराएँ पहले भी थीं, पर उस समय यह विभाजन स्तरीय था। एक धारा ऊपरी स्तर पर बहती थी, एक निचले स्तर पर; अब फिर दो परम्पराएँ समान्तर पनपने लगीं पर उस विभाजन का आधार वर्गीय था, स्तरीय नहीं। पुरुष-वर्ग क्रमशः ऐसे काव्य की ओर झुक रहा था जिसका आधार कूट व्यंजना और वाग्वैदग्ध्य था; नारी-समाज ऐसे काव्य की ओर, जो भावना और श्रद्धा को सन्तुष्ट करे। (और अगर पहले वर्ग की रुचि का काव्य प्रस्तुत करने में स्त्रियाँ भी पुरुषों की बराबरी करती थीं, तो दूसरे वर्ग का काव्य बहुधा पुरुषों का रचा होता था।)

प्राचीन काल की भाँति अब काव्य-क्षेत्र का सम्बन्ध यज्ञ-भूमि से नहीं रहा था; पर काव्य का आस्वादन श्रोताओं द्वारा समूह में हो, यह न केवल सम्भव था वरन् यही आस्वादन की साधारण और स्वाभाविक स्थिति थी। सम्पन्न वर्ग में काव्यास्वादन किसी सहृदय सामाजिक के घर-आँगन में गोष्ठी में होता था; जनसाधारण के लिए समाज की व्यवस्था चौक-चौपाल में होती थी। कवि-गोष्ठी या कवि-सम्मेलन में काव्य-पाठ केवल कवियों द्वारा ही हो, यह आवश्यक नहीं था; ऐसा भी एक समुदाय था जिसके लिए काव्य का वाचन एक कला नहीं तो एक तोषप्रद (और प्रायः ख्यातिप्रद) व्यसन अवश्य था। काव्य की रचना के बाद काव्य का वाचन ही सबसे वांछनीय गुण था; और श्रोता समाज में अपनी या दूसरे की कविता अच्छी पढ़नेवाले का सम्मान स्वयं कवि से कुछ ही कम था। पेशेवर वाचक भी थे और वाचन की विभिन्न शैलियाँ भी थीं जिनके अपने-अपने अनुयायी थे।

2

इस वृत्तान्त में काव्येतिहास का थोड़ा सरलीकरण हुआ है अवश्य, पर मोटे तौर पर काव्यास्वादन की यही अवस्था थी जब भारत में मुद्रण यन्त्र का आविर्भाव हुआ। छापे के यन्त्र की गहरी छाप पड़ी। उसे लाए तो थे मसीही प्रचारक अपने धर्म-ग्रन्थ के प्रचार के लिए, पर एक पीढ़ी से कम की अवधि में उसने भारतीय साहित्य को अन्तिम और अपरिहार्य रूप से लौकिक बना दिया। साक्षरता का प्रसार उस समय अधिक नहीं था, पर वाचिक अथवा श्रव्य परम्परा के कारण जनसाधारण न केवल काव्य से परिचित था वरन् कुछ रुचि भी रखता था और काव्य-विवेक भी कर सकता था। यहाँ काव्य का अर्थ काव्य ही है, अर्थात् ऐसा वाङ्मय जो कल्पना-प्रसूत था और जिसका लक्ष्य हृदय और बुद्धि को तृप्ति देना था, केवल आध्यात्मिक उन्नति का मार्ग प्रशस्त करना नहीं। छपाई का आविष्कार उपलब्ध होते ही मानो रातों-रात एक साहित्य प्रकट हो गया। कविता, आख्यान, आख्यायिका, किस्से, चुटकुलों-वार्ताओं के संग्रह, कवित्त-सवैयों के संकलन, हज़ारे, सतसइयाँ, बारहमासे, दृष्टान्त और जीवनियाँ-वाचिक परम्परा में प्रचलित सभी प्रकार की कृतियाँ निजी ग्रन्थागारों में सुरक्षित हस्तलिखित प्रतिलिपियों से प्राप्त करके धड़ाधड़ छापी जाने लगीं-कुछ अविकल ज्यों-की-त्यों, कुछ जल्दी में भाषा को यथासम्भव समकालीन संस्कार देकर। सभी कुछ के लिए पाठक-वर्ग सुलभ था। लेकिन ध्यान देने की बात यह है कि यह सारा साहित्य मुद्रित होने पर भी **वाचिक परम्परा का साहित्य** ही था। सारे काव्यरूप श्रवण ग्राह्य ही थे। इस पर आश्चर्य नहीं होना चाहिए कि पढ़े जाने पर ये ग्रन्थ बाँचे जाते थे-सस्वर पढ़े जाते थे, अर्थात् वाचिक-श्रुत परिस्थिति में ढालकर ही सम्प्रेषित या गृहीत होते थे।

क्या मुद्रक को इसका कुछ अनुमान था कि यन्त्र के आविर्भाव से कैसी उथल-पुथल मच जाएगी? नहीं; न उसे इससे कुछ प्रयोजन था। छपाई के परिणामों से-बिक्री को छोड़कर-उसका विशेष सरोकार नहीं था; इसका उसे अनुमान भी नहीं था कि छपाई से अभिव्यक्ति और आस्वादन की ही नहीं, बोध की प्रणालियों में भी कैसे आमूल परिवर्तन अनिवार्य हो जाएँगे। उसे इसका गुमान भी नहीं हो सकता था कि वाचिक-श्रव्य परम्परा के आकर ग्रन्थों को सर्व-सुलभ बनाने में ही वह उसी वाचिक-श्रव्य परम्परा को नष्ट करने में योग दे रहा था। मुद्रक को ही क्यों, कवि को भी यह समझने में अगले सौ वर्ष लग गए कि छपे हुए शब्द की सुलभता के परिणाम में उसे एक नई भाषा की आवश्यकता पड़ जाएगी; कि ज्ञान के इतना सुलभ हो जाने से एक नई ज्ञान-मीमांसा आवश्यक हो जाएगी!

मुद्रण ने भाषा की जो समस्या कवि के लिए उत्पन्न की, वह राजभाषा, राज्य-भाषा या राष्ट्रभाषा की समस्या नहीं थी, न ही वह मानक भाषा की समस्या थी,

यद्यपि ये समस्याएँ भी उसी काल में उतने ही उत्कट रूप में साधारण भारतीय समाज के सम्मुख वर्तमान रहीं। कवि और काव्य के लिए न तो प्रश्न यह था कि कई प्रचलित भाषाओं में से कोई एक चुन ली जाए, न यही कि एक ही भाषा में कई प्रचलित रूपों या बोलियों में से कोई एक चुनकर उसका साधु व्यवहार किया जाए। काव्य के लिए समस्या दूसरे ही स्तर की थी। उसके सम्मुख प्रश्न यह था कि वाचिक अथवा श्रुत भाषा के लिखित अथवा पठित भाषा तक का संक्रमण कैसे हो : श्रव्य भाषा और उसके काव्य को दृश्य भाषा और उसके काव्य में कैसे रूपान्तरित कर दिया जाए।

यों तो छपाई–यान्त्रिक आवृत्ति–की सुविधा ने दूसरी कलाओं पर भी प्रभाव डाला; पर यह प्रभाव किसी कला के लिए इतना गहरा या इतना व्यापक नहीं हुआ जितना कविता के लिए। ऐसा क्यों, इसके कारणों को एक बार गिना जाना उपयोगी होगा, भले ही सतही तौर पर वे प्रत्यक्ष और स्वतःसिद्ध जान पड़ें।

काव्य क्योंकि शब्दप्राण है, और शब्द ही हमारे दैनन्दिन व्यवहार और सम्पर्क के भी साधन हैं, इसलिए काव्य सभी कलाओं में सबसे अधिक वेध्य रूप हो जाता है। पत्थर, धातु, वर्ण अथवा स्वर का मूर्ति, चित्र अथवा संगीत कलावस्तु से अलग और स्वतन्त्र अर्थ नहीं होता जैसा कि शब्द का होता है; इसीलिए दूसरी कलाओं के उपकरणों की अपेक्षा शब्द का सृजनात्मक प्रयोग कहीं अधिक जटिल प्रक्रिया होती है और बहुत अधिक स्तरों पर कठिनतर नियन्त्रण माँगती है। दूसरी ओर यह भी है कि शब्द की स्वायत्त अर्थवत्ता यह सम्भावना भी पैदा करती है कि कवि अनेक स्तरों पर नियन्त्रित शक्ति का प्रयोग कर सके। कविता मूर्ति अथवा चित्र की अपेक्षा कहीं अधिक स्तरों पर अर्थवती हो सकती है और अर्थ का सम्प्रेषण कर सकती है–इसीलिए कि काव्यार्थ, शब्द में पहले से वर्तमान वाच्यार्थों के सुनियन्त्रित संयोजन से रचित और उत्कृष्ट नया अर्थ होता है। कविता पूर्ववर्त्ती अर्थों, क्रमों और कोटियों को नष्ट किए बिना एक नई व्यवस्था में रखकर नए अर्थ, क्रम और कोटि की सृष्टि करती है : पुराने अर्थ मिटते, बदलते या स्थानच्युत नहीं होते, पर कविता रूपी नई सृष्टि में उतना ही, वहीं, तभी और उसी मात्रा में खुलते, ध्वनित और स्वरित होते हैं जितना कवि नई व्यवस्था में चाहता है।

नई असाधारण शक्ति की यह सम्भावना अपने साथ शक्ति के स्वैराचार की सम्भावना की चुनौती भी लाती है जिसका सामना कवि को करना होता है।

कवि की ओर दूसरे कलाकारों की समस्या का अन्तर स्पष्ट करने के लिए पुराने व्याख्याकारों के ढंग का एक दृष्टान्त लिया जा सकता है। एक युवा एक युवती से विवाह करता है, परिवार और समाज में वधू के रूप में उसे परिचित कराता है। वधू के रूप में उसके स्वीकार किए जाने में कोई कठिनाई नहीं होती : समाज में कुछ

लोग उसे कन्या के रूप में जानते भी रहे हों या स्मरण भी कर लें तो भी स्वीकृति में कोई बाधा नहीं आती। किन्तु अब उस व्यक्ति की बात सोचिए जो एक भूतपूर्व वेश्या से विवाह करता है और समाज में उसे बहू की प्रतिष्ठा दिलाना चाहता है। इसके लिए केवल नई परिभाषा से कहीं अधिक प्रयत्न अपेक्षित होगा : नए अर्थ की छाप इतनी प्रबल, इतनी बाध्यकर होनी होगी कि एक नए रूप, नई दृष्टि का सृजन कर सके–यह नया रूप और नई दृष्टि भी अतीत को सम्पूर्णतया मिटाएगी नहीं, पर छाया–प्रकाशमय एक नए परिदृश्य में रखकर, नए सम्बन्धों की सृष्टि करके, उसे एक नया और अभूतपूर्व मूल्य दे देगी। और ऐसा पति यदि अपने प्रयत्न में सफल होगा तो यह भी सम्भावना है कि समाज के लिए यह वधू उस पहली वधू की अपेक्षा कहीं अधिक आकर्षक और कमनीय हो। और यह सत्य है कि सफल काव्य में व्यवहृत शब्द, कविता के बाहर भी शब्द मात्र के रूप में स्थायी रूप से अधिक आकर्षक और अर्थवान् हो जाते हैं, जबकि चित्र, अथवा रागकृति के बाहर उसके वर्णों या स्वरों की ऐसी आत्यन्तिक अर्थवृद्धि कदाचित् ही होती है।

वाचिक परम्परा की कविता कभी एक वस्तु नहीं होती। छपी हुई कविता वस्तु होती है। वाचिक परम्परा में सम्प्रेषण स्वयं सहकर्म है; छपी हुई कविता के साथ पहले सहयोग की स्थिति उत्पन्न करनी होती है जिससे कि सम्प्रेषण हो सके।

वाचित–श्रुत परम्परा में श्रोता इतर व्यक्ति है। सम्प्रेषण एक प्रक्रिया है जो एक सजीव, प्रत्यक्ष, व्यक्तिरूप मूर्त्त इकाई की ओर प्रवहमान होती है, जिस इकाई की सजग चेतना सम्प्रेषण के दौरान निर्व्याघात बनी रहती है।

लिखित–पठित काव्य की परिस्थिति में सजीव इतर सत्ता की उपस्थिति का यह बोध नहीं रहता; कवि को एक आभ्यन्तर श्रोता का उद्‌भावन करना पड़ता है, एक इतर आत्मोपस्थिति की सृष्टि करनी पड़ती है। फलतः मुद्रित कविता किसी हद तक अनिवार्यतया एक आत्मोत्सृष्ट पराएपन की माँग करती है जिसकी वाचित–श्रुत परम्परा में कोई आवश्यकता नहीं होती।

यहाँ आपत्ति की जा सकती है कि श्रुत परम्परा में भी ऐसा आभ्यन्तर श्रोता अवश्य होता है, क्योंकि आत्म–श्रवण तो सृजन–प्रक्रिया का ही अंग है। यह आपत्ति नितान्त अनुचित भी नहीं होगी पर दोनों अवस्थाओं के आभ्यन्तर श्रोता अलग–अलग हैं। श्रुत परम्परा का आभ्यन्तर श्रोता स्वभाव, रुचि, अनुभूति और संस्कार की दृष्टि से कवि से पूर्णतया एकात्म है, वह कवि का ही प्रतिरूप है, आत्म–स्वरूप है। दूसरी अवस्था में स्रष्टा ऐसा मानकर नहीं चल सकता; वह जिस इतर का उद्‌भावन करता है वह वास्तव में इतर व्यक्ति होता है, जिसके स्वभाव, रुचि, अनुभूति और

संस्कारों के बारे में उसे आश्वासन कोई नहीं और परिचय अपर्याप्त है; जिसके बारे में वह केवल आशा या कामना कर सकता है और हमें यह भी पहचानना चाहिए कि आधुनिक समाजों में इस आशा का आधार बहुत ही क्षीण होता है। लोकवादी चिन्तन काव्य-ग्रन्थ तक पहुँचने के लिए किसी योग्यता या अर्हता की माँग नहीं करता-सहृदयता की भी नहीं-कम-से-कम किसी को कविता से दूर रखने के अधिकार का दावा नहीं करता। श्रुत परम्परा का प्राचीन कवि अपने को सहृदय समाज का अधिकारी मानता था, समाज न मिलने पर अकेले एक श्रोता से (वह भी कालान्तर में!) सन्तुष्ट हो सकता था :

उत्पत्स्यते मम तु कोऽपि समानधर्मा
कालोह्ययं निरवधिर्विपुला च पृथ्वी!

पर आज कवि यही चाहेगा कि उसकी कविता-पुस्तक अधिक-से-अधिक व्यक्ति खरीदें, भले ही-पर जाने दीजिए, स्वयं कविता लिखता हूँ तो दुःसम्भावनाएँ क्यों सामने रखूँ! श्रुत परम्परा का कवि तो कह सकता था **अरसिकेषु कवित्वनिवेदनं शिरसि मा लिख मा लिख मा लिख**! पर श्रुत से पठित तक आते-आते परिस्थिति कैसे बदल जाती है, यह स्पष्ट करने के लिए कालिदास की उक्ति के समक्ष बायरन की दो पंक्तियाँ रख देने के बाद और कुछ कहना अनावश्यक हो जाता है :

इट्'स ए वंड्रस थिंग टु सी योर नेम इन प्रिंट :
ए बुक्'स ए बुक्, दो देयर्'स नथिंग इन्'ट।

(छापे में अपना नाम देखना भी बड़ी बात है : किताब किताब ही है; फिर चाहे उसके भीतर कुछ न हो!)

3

इस विवेचन के बाद भी यह बात कुछ असंगत लग सकती है कि जिस संस्कृति के पास ऐसी सम्पन्न, बहुविध और सुस्मृत वाचिक काव्य-परम्परा रही हो, उसे एकाएक नई भाषा की आवश्यकता पड़ने लगे। यह दृश्य-असंगति ही उस समस्या के मूल में थी जिसे कवि अपने समक्ष यों रख सकता था : "मेरे पास एक समृद्ध परम्परा है जिसे न मैं भूला हूँ न मेरा श्रोता, लेकिन जो नई परिस्थिति में न मेरे लिए उपयोज्य रही है न मेरे समाज के लिए व्यवहार्य या यथेष्ट, ऐसी स्थिति में मैं कैसे लिखूँ?" ('कैसे रचना करूँ' नहीं, 'कैसे लिखूँ?') किस भाषा में? किसकी भाषा में?

श्रुत कविता से लिखित कविता तक-श्रवण से चाक्षुष ग्रहण तक-संक्रमण में जो मौलिक समस्याएँ उठती हैं, उसका कुछ संकेत ऊपर दिया गया है। ये

समस्याएँ उस संक्रमण में अन्तर्भुक्त हैं, फिर वह संक्रमण किसी भी देश-काल या संस्कृति में क्यों न हो, अर्थात् दूसरी समस्याओं में भी हम उन्हें तद्वत पहचान सकते हैं अगर हम उनमें भी उस अवस्था को अपने सम्मुख रखें जब श्रव्य से पठ्य में संक्रमण हो रहा था। इन समस्याओं के आगे कुछ ऐसी समस्याओं का भी उल्लेख करना उचित होगा जो इन्हीं के समान व्यापक या सार्वभौम तो नहीं हैं, पर जिनकी आंशिक संगति अन्यत्र भी काव्य-प्रक्रिया के साथ देखी जा सकेगी। भारतीय वाचिक परम्परा का छन्द:शास्त्र की दृष्टि से निरीक्षण करें तो दीखता है कि छन्द का नियन्त्रण क्रमश: अधिक कड़ा होता गया और फिर गेयता की ओर विशेष झुकाव देखा गया; इस वृत्त का एकाधिक आवर्त्तन हम देख सकते हैं। वैदिक छन्दों में संस्कृत छन्दों की अपेक्षा कहीं अधिक लोच और स्वच्छन्दता रही; फिर उत्तर काव्य काल के छन्दों में गेयता बढ़ती गई।[1] यही वृत्त प्राकृतों और अनन्तर आधुनिक देश-भाषाओं में दुहराया गया। क्या इसका कारण यह हो सकता है कि छन्द की कठिनता ने वाचक को क्रमश: गायन की ओर प्रेरित किया-कि छन्द की कड़ाई क्रमश: वाचन से जो स्वतन्त्रता छीनती जा रही थी उसे फिर से प्राप्त करने के लिए वाचक के गान की शरण ली? यह अनुमान ही है, किन्तु इसकी संगति आधुनिक काल में इसी क्रिया की आवृत्ति में देखी जा सकती है : कुछ कवि जिस स्वतन्त्रता के लिए बँधे छन्द छोड़ते हैं, उसी को प्राप्त करने के लिए अन्य कवि संगीत का सहारा लेते हैं। अवश्य ही यह प्रवृत्ति एक पुराने प्रश्न को नया करके सामने ले आती है कि कविता और गीत में क्या अन्तर है? यों इस प्रश्न का उत्तर बहुत कठिन या अस्पष्ट तो भारत में भी नहीं है, पर वाचिक परम्परा में कवि जिन सुविधाओं का शतियों से उपभोग करता रहा, उन्हें एकाएक भूल जाना या छोड़ देना आसान नहीं था।

तो नई भाषा की खोज सबसे पहले कवि और काव्य-रसिक के एक नए सम्बन्ध की पहचान थी क्योंकि सामाजिक नया था और उससे सम्बन्ध दूसरा था, इसलिए कवि-कर्म की भूमि दूसरी हो गई थी : कवि एक नए देश में आ गया था इसलिए एक नई भाषा उसे सीखनी थी। कवि को नई परिस्थिति पहचानने में थोड़ी देर लगी; पहचानने के बाद उसे स्वीकार करने की क्लेशप्रद प्रक्रिया में थोड़ा और समय लगा। उधर सामाजिक ने-रसिक समाज ने-भी कविता के साथ श्रुत-

---

1. काव्य पर नाटक के-श्रव्य काव्य पर दृश्य काव्य के-प्रभाव का भी एक महत्त्वपूर्ण स्थान रहा; भारतीय परम्परा में नाटक स्वयं नृत्य-संगीत से सघन रूप से सम्बद्ध रहा। नाटक में अभिनय (वाचिक और आंशिक) की आवश्कताओं ने सुनिर्दिष्ट यति आदि पर बल देकर छन्द को कसने में योग दिया। साथ ही, नाट्य-रूपों के सहारे प्राकृत और लोक काव्य के गेय छन्दों ने भी संस्कृत काव्यवाचन पर प्रभाव डाला। छन्द की कड़ाई और गेयता के सहविकास की यह एक और शृंखला रही।

सम्बन्ध बनाए रखने का प्रयत्न किया जबकि अन्य साहित्य-विधाओं में उसने श्रुत पद्धति को छोड़ दिया था या कि उसे विलीन हो जाने दिया था। उदाहरण के लिए, किस्से-कहानी, उपन्यास आदि पढ़े जाने लगे थे; किस्सागो और कथक्कड़ का स्थान उपन्यासकार ने ले लिया था और शृंखलित आख्यानों की जगह सघन संरचना अथवा कथानकवाले उपन्यास प्रतिष्ठित हो गए थे। पत्र-पत्रिकाएँ निकलने लगी थीं और बड़ी तेजी से घरेलू संस्थाएँ बनने लगी थीं : जिन घरों में पढ़ने की परम्परा नहीं थी उनमें भी स्त्रियाँ पत्रिकाएँ पढ़ने लगी थीं जबकि पुरुष केवल अखबार देखते थे और वह भी घर में मँगाकर नहीं। बीसवीं शती के आरम्भ की यह स्थिति थी। पर जहाँ तक कविता का प्रश्न था, उसका ग्रहण-आस्वादन अब भी वाचिक-श्रुत पद्धति से और सामूहिक-सामाजिक परिस्थिति में ही होता था। कवि-सम्मेलनों और काव्य-मेलों की धूम शती के चौथे दशक तक रही : श्रोताओं की संख्या हजारों तक होती थी और काव्य-वाचन भी कभी-कभी रात-भर होता रहता था-प्रभाती के साथ ही सभा विसर्जित होती थी। कविता की पुस्तकें बिकती तो थीं, पर ग्राहकों की रुचि पुराने और वाचिक परम्परा के सुपरिचित ग्रन्थों में ही अधिक थी, समकालीन काव्य की ओर नहीं। यह केवल कविता और उसमें भी 'अप्रमाणित' कविता के प्रति शंका के कारण नहीं था। कारण यह भी था कि प्राचीनतर काव्य में वे अब भी मुद्रित रूप की ओट से भी कविता का श्रवण कर सकते थे, जबकि नवतर काव्य उनके लिए अटपटा, अपरिचित और कष्टग्राह्य था-इसके बावजूद कि इस लिखित काव्य की भाषा उनके लिए अधिक परिचित, साधारण-बोलचाल के निकटतर हो सकती थी। बल्कि यह भी कहा जा सकता है कि अपरिचित काव्य-रूप में परिचित भाषा की उपस्थिति केवल और असमंजस ही उत्पन्न करती थी।

मुद्रण के प्रारम्भिक दिनों में वाचिक परम्परा की कविता उसी ढंग से छापी जाती थी जिस ढंग से वह हस्तलिपियों में लिखी जाती थी। काव्य-पंक्तियों का कोई विचार नहीं था, न कोई विराम-चिह्न थे; पृष्ठ की चौड़ाई और अक्षर या टाइप के आकार के अनुसार एक-एक पंक्ति में हाशिये से हाशिये तक अमुक संख्या में अक्षर अँटा दिए जाते थे। विराम-चिह्न केवल एक था-पूर्ण विराम के लिए खड़ी पाई-और वह छन्द के अन्त में आता था जो कि मुक्तक काव्य में कविता का भी अन्त था। और कभी ऐसा भी होता था कि नया मुक्तक भी नई पंक्ति से आरम्भ न करके पहले मुक्तक के पूर्ण विराम के बाद से ही शुरू कर दिया जाता था। अर्थात् वाचिक परम्परा की कविता का लिखित या मुद्रित रूप देखने पर केवल एक ठोस चौखूँटा आकार पृष्ठ पर जमा हुआ दिखाई पड़ता था। काव्य के इस चाक्षुष अनुभव में और

आधुनिक पठ्य कविता के चाक्षुष अनुभव में कितना गहरा अन्तर है, इसे स्पष्ट करने का आसान तरीका है–समस्या को उलटकर अपने सामने रखना। कुछ समकालीन लघु कविताएँ लेकर उन्हें इसी ढंग से लिख या कम्पोज़ करके देखिए : न शीर्षक, न विशिष्ट आद्याक्षर, न विराम-चिह्न, न पंक्ति का विचार, न छन्द-सीमा का संकेत; नई कविता के लिए नई पंक्ति का चाक्षुष संकेत भी नहीं। ऐसे लिख या छापकर कविताओं को 'देखने' का प्रयत्न कीजिए। और भी कठिन प्रयोग करना हो तो देखते हुए 'सुनने' का प्रयत्न कीजिए, जैसा कि वाचिक काव्य के लिखित रूप के साथ करते। इतने ही से सिर न चकरा जाए तो यह भी स्मरण कीजिए कि वाचिक काव्य में बहुधा एकाधिक पात्र का कथोपकथन या प्रश्नोत्तर भी होता था; छापते समय ऐसा काव्य भी उसी पद्धति से कम्पोज़ किया जाता था–वक्ता का कोई संकेत, प्रश्न-सूचक या उक्ति-सूचक कोई चिह्न दिए बिना, क्योंकि वाचिक काव्य में इन सबका कोई स्थान नहीं था; वाचन की स्वर-व्यंजना ही ये सब बातें स्पष्ट कर देती थी।

छपाई की प्रस्तुत नई परिस्थिति में काव्य-पाठक, जिसे हम उसकी स्थिति स्पष्ट करने के लिए यहाँ 'आत्म-श्रोता' कह सकते हैं, वाचिक परम्परा की छपी कविता में ये सब चीज़ें स्वयं स्पष्ट कर ले सकता था। वाचिक काव्य में इसकी पर्याप्त सुविधाएँ थीं। एक तो बँधा हुआ छन्द अपना रूप स्वयं स्पष्ट कर देता था : पंक्ति-सीमा स्वत: प्रकाशित हो जाती थी, यतियाँ और श्वास के विराम तक अपने को घोषित कर देते थे। (वैदिक पाठ-पद्धति में तो सब विराम निर्दिष्ट ही थे, और कड़े अभ्यास द्वारा वाचक उन्हें आत्मसात् कर लेता था।) फिर अभिप्राय और रीतियाँ परिचित होने से और समस्याएँ भी स्वयं निराकृत हो जाती थीं। दूसरे शब्दों में, छपाई के पार भी श्रोता अनुपस्थित वाचक को सुन लेता था। इस बात को ध्यान में रखें तो इस पर आश्चर्य नहीं होना चाहिए कि ग्राहक पुराने परिचित काव्य की ओर ही झुकता था पर कवि के लिए समस्या विकट और सजीव थी। वह एक अपरिचित देश में आ गया था, जहाँ लोग तो बहुत थे पर उनसे सम्पर्क का साधन उसे खोजना था। जन-समाज में से उसे पाठक-समाज खोजना था; इतना ही नहीं, उसे अप्रस्तुत, अनुपस्थिति रहते हुए भी एक परिचित स्वर बनकर अपने सामाजिक तक पहुँचना था।

क्या कवि के लिए यह सम्भव होता अगर उसकी निष्ठा उसे ऐसा प्रयत्न करने की अनुमति दे भी देती कि वह वाचिक परम्परा का ही कवि बना रहे, अनुपस्थित वाचक स्वर बनने का अभ्यास कर ले? किसी कवि ने प्रश्न को इस रूप में अपने सामने रखा होगा या नहीं, यह तो हम नहीं जानते; पर हिन्दी-काव्य के विकास को सामने रखते हुए हम कह सकते हैं कि कुछ कवि अवश्य एक लम्बे रास्ते से या काफी भटककर ठिकाने पर आए। कुछ ने लिखना चाहा और पाया कि वे लिख नहीं

सकते; कुछ ने लिखा और पाया कि वे पढ़ नहीं सकते–पढ़ने से अभिप्राय यहाँ सन्तोषजनक वाचिक प्रस्तुतीकरण से है, एक ऐसे सामाजिक के समक्ष जिसे पूर्व-कल्पित 'आत्म-श्रोता' के मुकाबले 'वाचिक-श्रोता' कहा जा सकता है।

4

कवि और सामाजिक का नया सम्बन्ध मुद्रण का केवल एक परिणाम था। और भी गहरे परिणाम थे। भाषा के भीतर भी परिवर्तन हो रहे थे: चिन्तन की और ज्ञान के ग्रहण की परिपाटियाँ भी बदल रही थीं। यह बात कवि के बारे में विशेष रूप से सच थी। कविता देखने और जानने की एक नई प्रणाली है–और नहीं तो इसीलिए कि वह नए सम्बन्धों को रचती या प्रकाश में लाती है। मौखिक-श्रौत अवस्था से चाक्षुष-पठित अवस्था में संक्रमण, ज्ञान से एक नए प्रकार के सम्बन्ध की अपेक्षा रखता है। इसलिए अनिवार्य था कि कवि की दृष्टि और संवेदना में परिवर्तन हो। नए ज्ञान-सम्बन्ध के साथ नई वाक्य-रचना आई जिसने छन्द ही नहीं, चिन्तन-पद्धतियाँ भी बदल दीं और इसलिए सम्प्रेषण की पद्धतियाँ भी।

बँधे छन्द से, लय और ताल से, तुक या अनुप्रास से और यति से मिलनेवाली सुविधाओं का, और उन सुविधाओं के अलभ्य हो जाने के परिणामों का उल्लेख ऊपर किया जा चुका है। नाना प्रकार के विराम-संकेतों की सम्भावना का भी–जो कि पहचानी जाते ही आवश्यकता बन गई–वाक्य-रचना पर प्रभाव पड़ा : केवल काव्य-भाषा पर नहीं, साधारण प्रयोक्ता के व्यवहार में पदों की पूर्वापरता के बोध पर भी। बल्कि यहाँ तक कहा जा सकता है कि इनके प्रभाव से हमारी श्वास-प्रक्रिया में भी परिवर्तन आ गया। मूलतः तो श्वास-प्रश्वास का सम्बन्ध शरीर की ऑक्सीजन की आवश्यकता से है, किन्तु उसकी प्रक्रिया पर हमारे अभ्यास का गहरा प्रभाव पड़ता है। यह तो सभी लक्ष्य करते हैं कि भावोत्तेजना या अन्य प्रकार के तनाव की स्थितियों में साँस की गति में अल्पकालिक परिवर्तन होते हैं, पर यह भी बात उतनी ही सच है कि वाचिक-श्रौत और चाक्षुष-पठित स्थितियों में काल-बोध का एक बुनियादी अन्तर है जिसका साँस पर अधिक स्थायी प्रभाव पड़ता है।

वाचिक में काल-बोध का कितना महत्त्व है, यह हर वाचक जानता है पर इस सन्दर्भ में काल-बोध केवल तनाव के संचय और अपचय का नियन्त्रण मात्र है; हम जिस काल-बोध की बात कह रहे हैं उसका क्षेत्र कहीं अधिक व्यापक है। भारतीय सन्दर्भ में हमें यह भी स्मरण रखना चाहिए कि काल की चक्र गति की कल्पना का और संघर्ष को केवल एक आभास या अस्थायी अवस्था मानने का एक परिणाम यह था कि हमारा काल-बोध पश्चिम के ऐतिहासिक कालबोध से सर्वथा भिन्न था।

इसी अन्तर का एक परिणाम यह था कि हमारे नाटक में दुःखान्त अथवा ट्रैजेडी का नितान्त अभाव है। प्राचीन भारतीय कविता में संरचना अथवा निर्मिति (स्ट्रक्चर) का एकान्त अभाव था : हम यहाँ तक कह सकते हैं कि वाचिक परम्परा के लिए 'स्ट्रक्चर' की परिकल्पना बिलकुल विदेशी है। वाचिक परम्परा में छोटे मुक्तक काव्य के प्राचुर्य का–या कि यों कहें कि महाकाव्य और मुक्तक के बीच के किसी काव्य–रूप के अभाव का कारण है। मुक्तक एक स्वायत्त काव्य–रूप है, उसके लघु आकार में एक कसाव है जो संरचना की माँग नहीं करता; दूसरी ओर, प्रबन्ध काव्य मूलतः खंडों के जोड़ से बनता है और उसकी संरचना बड़ी शिथिल होती है। उसमें कई 'सर्ग' होते हैं; अनेक छोटे शिखर आते हैं पर ऐसा नहीं होता कि समूची रचना की प्रवृत्ति अनिवार्यतया एक सुनिश्चित चरम–बिन्दु की ओर होती हो। यहाँ तक कि संस्कृत–नाटक भी वहाँ नहीं समाप्त हो जाता जहाँ पश्चिमी दृष्टि से घटना पूरी हो चुकी है क्योंकि तनाव बिखर चुका है। तनाव का अन्त अपने आप में संघर्ष का निराकरण नहीं है : संस्कृत नाटककार का उद्देश्य भावों का रेचन (कैथार्सिस) न होकर एक रस–स्थिति सम्पन्न करना था–एक सहनीय परस्परता लाना नहीं, एक तादात्म्य उत्पन्न करना था।

परिवर्तित काल–बोध से संरचित कविता की अवधारणा सम्भव हुई : कविता के स्थापत्य की आवश्यकता पड़ी। निःसन्देह पश्चिमी अर्थात् ग्रीक–परम्परा से और पश्चिमी काव्य–साहित्य से हमारे बढ़ते हुए परिचय ने भी इस प्रक्रिया में योग दिया; इसका विवेचन यहाँ अप्रासंगिक होगा।

छपाई के आविर्भाव से काव्य के स्वभाव और प्रकार में परिवर्तन के इस सैद्धान्तिक विवेचन की हर कड़ी का उदाहरण विभिन्न भारतीय साहित्यों की पिछले डेढ़ सौ वर्षों की गतिविधि से दिया जा सकता है। प्रत्येक देश–भाषा में इस काल में परिवर्तन देखे गए जिनकी इस विवेचन से सम्भावना की जाती : प्रत्येक में कविता इसी प्रकार **केवल वाचन की स्थिति में आविर्भूत होने वाली एक सत्ता** न रहकर एक **वस्तु–सत्ता** बन गई। सारी प्रक्रिया को एक सूत्र में बाँधकर कहना हो तो कहा जा सकता है कि छपाई ने एक नया काल–बोध उपस्थित करके कविता का स्वभाव बदल दिया। 'नया' काल–बोध न कहकर हम यह भी कह सकते हैं कि निरवधि और आवर्त्ती काल के बदले एक सावधि और ऋजुरेखानुसारी काल की परिकल्पना हमारे सामने उपस्थित हो गई।

'वाचन की स्थिति में आविर्भूत होनेवाली एक सत्ता' होने के नाते वाचिक कविता सम्पूर्णतया कालजीवी होती थी; सम्पूर्णतया कालजीवी होने के नाते वह एक

साथ ही काल के दो आयामों में जी सकती थी : एक वह काल, जो वाचन के सम्प्रेषण की अवस्थिति का था, यानी जिसमें कवि और सामाजिकों का साझा था; दूसरा वह काल, जिसका वृत्त कविता प्रस्तुत करती थी, यानी जिसमें कविता की वर्णित वस्तु घटित हुई थी। दूसरे शब्दों में, वह एक साथ ऐतिहासिक काल और सनातन काल में, आवर्त्ती और रेखानुसारी काल-यामों में, 'उस' और 'इस' काम में, जी सकती थी। कवि और सामाजिक, दोनों के बीच दोनों आयामों का साझा था। कवि द्वारा सनातन काल में अवस्थित **वागर्थाविवसंपृक्तौ जगतः पितरौ पार्वती-परमेश्वरौ** की वन्दना जब ऐतिहासिक काल के वर्तमान में **वागर्थप्रतिपत्तये** होती थी, तब जैसे कवि के लिए, वैसे ही सामाजिक के लिए, देवताओं का सनातन और निरवधि वर्तमान और मानवों का ऐतिहासिक सावधि वर्तमान समान रूप से समवर्ती और सहजीव्य हो जाते थे।

किन्तु मुद्रित कविता के चाक्षुष ग्रहण के लिए निर्मित कविता में यह सम्भव नहीं रहता। दृश्य होकर वह एक स्थूल आयाम पा लेती है; और दिक् (स्पेस) के इस आयाम के बदले काल का एक आयाम खो देती है। यह कदाचित् इस सीमा या हानि की पहचान का ही परिणाम होता है कि चाक्षुष कविता के कुछ कवि स्थूल अथवा दिगायाम का और अधिक उपयोग करने की ओर आकृष्ट होते हैं।[1] 'स्थूल' कविता, 'स्थूल' बिम्ब (कांक्रीट इमेज) का अन्वेषण एक लक्षण है कि काल का एक आयाम न केवल कवि से छिन गया है वरन् कवि ने उस छिन जाने को स्वीकार भी कर लिया है; उस सीमा का अतिक्रमण करने की आशा उसने छोड़ दी है।[2]

---

1. वाचिक परम्परा में भी कविता के लिखे जाने के साथ चित्रकाव्य आता है-एक स्थूल आयाम का अन्वेषण। वाचिक में समस्या-पूर्तियाँ होती हैं, टप्पे और बैतबाजी होती है, कूट और द्वयाश्रयी काव्य-बन्ध होते हैं, सर्वतोभद्र होते हैं, चित्रकाव्य नहीं होता; छपाई के आविष्कार के बाद जैसे-जैसे कविता अपना स्वरूप पहचानती जाती है, ये काव्य-रूप विलय होते जाते हैं।
2. शिकागो विश्वविद्यालय के अंग्रेज़ी विभाग तथा दक्षिण एशिया अनुशीलन केन्द्र की संयुक्त सभा में प्रस्तुत अभिभाषण का किंचित् संक्षिप्त रूप।

नई कविता के गीत : एक प्रश्नोत्तर

प्रश्न : वात्स्यायनजी, जैसा कि आपको पता है हम लोग नई कविता के कवियों द्वारा समय-समय पर लिखे गए गीतों का संकलन 'नई कविता के गीत' के नाम से प्रकाशित कर रहे हैं। हमारे विचार से यह संकलन उन पाठकों और आलोचकों का भ्रम दूर करेगा जो समझते हैं कि नए कवि छन्दबद्ध कविताएँ इसलिए नहीं लिखते कि वे लिखने में असमर्थ हैं। नई कविता में अस्पष्टता और गद्यात्मकता का दोष देखनेवाली आँखों को नई कविता की कोमल और तरल भूमि के भी दर्शन होंगे। गोकि हम मानते हैं कि नई क़विता के ये गीत भी गीतेतर नई कविता के समान आज के गहरे जीवन-सत्यों की अनुभूति और अनुकूल नई-नई अभिव्यक्ति की खोज की आकुलता से ऊष्म होने के कारण बहुत लोकप्रिय नहीं हो सके हैं। सामान्य पाठक और आलोचक इन गीतों से समझ सकेंगे कि समकालीन समाज और जनता में जिस गीत के माध्यम से लोकप्रियता, सम्मान और अर्थ पाना अधिक आसान हो सकता था, उसे छोड़कर ये कवि नई कविता (गीत और गीतेतर, दोनों प्रकार की नई कविता) के कंटकाकीर्ण मार्ग पर क्यों चल रहे हैं? आख़िर उनकी आन्तरिक और सर्जन-सम्बन्धी विवशता क्या है? क्या आप भी इस संकलन की इस उपयोगिता और औचित्य पर ऐसा ही नहीं सोचते?

उत्तर : आप 'लोगों के भ्रम-निवारण के लिए' एक काव्य-संकलन छापना चाहते हैं, इस संकल्प के वीर भाव की प्रशंसा मैं कर सकता हूँ पर इस उद्देश्य से किए गए संकलन की उपयोगिता और औचित्य, दोनों मेरी समझ में सीमित हो जाते हैं। एक तो जिसे आप भ्रम कहते हैं उसे मैं नितान्त भ्रम नहीं मानता। एक हद तक यह बात मेरी समझ में सही है कि नए कवियों में अनेक ऐसे हैं जिन्होंने छन्द का अभ्यास नहीं किया है। बहुत सम्भव है कि वे चाहते तो अभ्यास भी कर सकते और छन्द पर पूरा अधिकार भी कर लेते; यानी उन्हें 'असमर्थ' नहीं कहा जा सकता, केवल इतना कहा जा सकता है कि उन्होंने वैसी सफलता को कोई महत्त्व नहीं दिया। मुझे इस तर्क में भी कुछ अन्तर्विरोध दीखता है कि नई कविता के गीत इसलिए लोकप्रिय नहीं हो सकते हैं कि वे 'आज के गहरे जीवन-सत्यों की खोज की आकुलता लिए' हैं। क्या 'आज

का जीवन' कुछ ही लोगों तक सीमित है? अगर सभी लोग आज का जीवन जी रहे हैं तो कवि के लिए यह सम्भव होना चाहिए कि वह आज के जीवन-सत्यों को सब तक प्रेषित कर सके। मैं नहीं मानता कि आज के कवि का जीवन साधारण लोक-जीवन से अधिक दूर है और रीतिकाल में कवि अपने समय के लोक-जीवन से कम दूर था। सम्पूर्ण लोक-ग्राह्यता कविता को कभी किसी युग में नहीं मिली, पर उसकी ओर प्रवृत्त रहना सर्वदा उचित माना गया। मैं समझता हूँ कि आज भी हमें स्वीकार करना चाहिए कि जो दूरी है, उसे कम करने का प्रयत्न कवि का उत्तरदायित्व है और यह भी मानना चाहिए कि वह दूरी अभूतपूर्व नहीं है-न गुणात्मक दृष्टि से, न मात्रा की दृष्टि से। आज के कवि की परिस्थिति को अद्वितीय मान लेने का अर्थ है कि केवल कवि का ही संवेदन विकसित हुआ है और लोक ज़रा भी आगे नहीं बढ़ा है। लोक की ऐसी अवज्ञा मैं नहीं करता, न करना चाहता हूँ। स्वयं अल्पसंख्यक हो सकता हूँ और उस परिस्थिति को अपना दोष भी नहीं मानता। लोकप्रियता गौण बात है लेकिन सम्प्रेषण के कर्तव्य से मुक्ति नहीं मिल सकती।

प्रश्न : नई कविता में भी गीत की सम्भावना है यह तो नई कविता के कवियों द्वारा लिखे गए गीतों से ही ज्ञात होता है। इससे क्या यह नहीं स्पष्ट होता कि गीत एक ऐसी विधा है जिसकी अनिवार्यता किसी भी युग में चुकी हुई प्रतीत नहीं होती? इस सम्बन्ध में आपकी राय जानना चाहेंगे।

उत्तर : नई कविता में भी गीत की सम्भावना है, यह तो मैं मानता हूँ। किसी भी काल की कविता में इसकी सम्भावना है, पर अनिवार्यता नहीं है। ऐसा नहीं है कि जिसने गीत भी नहीं लिखे वह आज का कवि नहीं हो सकता। इतना ही है कि आज का कवि भी कभी-कभार गीत लिख दे सकता है और वैसा कर देने पर उसे पंक्तिभ्रष्ट नहीं मानना चाहिए।

प्रश्न : हमारी धारणा है कि नई कविता के गीत आज के प्रचलित कवि-सम्मेलनी गीतों, छायावादी गीतों और प्रगतिवादी गीतों से भिन्न हैं-रूप की दृष्टि से भी और भाव-बोध में भी। अर्थात् हम मानते हैं कि इन गीतों में पहले के गीतों-सा ताल-तुक के प्रति मोह नहीं रहा और यह भी आवश्यक नहीं रहा कि इनका चारों खूँट बराबर रहे। अभिप्रेत भाव की प्रकृति के अनुसार पंक्तियों को छोटी-बड़ी कर लेने की प्रवृत्ति इधर अधिक विकसित हुई है और सबसे बड़ी बात तो यह हुई है कि ये गीत आकार-लघु होने लगे हैं। ये एक विशेष प्रकार की अनुभूति से प्रेरित होकर फूटते हैं और उतना ही बड़ा आकार ग्रहण करते हैं जितना उस मूल अनुभूति की अभिव्यक्ति और उसके तीव्र प्रभाव की व्यंजना के लिए अनिवार्य होता है अर्थात् इनमें स्फीति नहीं, क्षिप्ति है। अब गीत दो पंक्तियों के भी हो सकते हैं और दो **बन्दों** के भी। आप हमारी इस धारणा के बारे में क्या सोचते हैं?

उत्तर : मेरे लिए यह मानना कठिन है कि नई कविता में ताल या लय का महत्त्व नहीं रहा। कई कवि ऐसे अवश्य हैं जो उसका न केवल विचार नहीं करते बल्कि लय-ताल को पहचानते भी नहीं। मेरी समझ में वे उस हद तक घटिया कवि हैं। मैं तो यह भी कह सकता हूँ कि तुक को भी कविता ने छोड़ा नहीं है, या कि यों कह लीजिए कि तुक से भी उसने मुक्ति नहीं पाई है। अन्त्यानुप्रास को छोड़ देना ही तुक से मुक्ति पा लेना नहीं है। निःसन्देह बहुत से नए कवि इस भ्रान्ति का शिकार हैं कि लय-ताल को छोड़ देना ही मुक्त हो जाना है। वास्तव में वैसा करना काव्य से मुक्त हो जाना है, काव्य को मुक्त करना नहीं। अच्छा गद्य भी लयमुक्त नहीं होता और ताल तो काव्य की पंक्ति का प्रमाण है। इतना ही दावा मैं सही मानता हूँ कि हम लय और ताल की (और तुक की भी) परिभाषा बदल देना चाहते हैं और नई कविता में जो अच्छी कविता है उसमें इस नए लय-बोध और ताल का उपयोग हम पाते भी हैं। ऐसा नहीं है कि 'चारों खूँट बराबर' न रहने से कविता बेताला हो जाती है।

आकार-लघुता गीत की स्वाभाविक प्रवृत्ति है। पुराने (अर्थात् नए से पहले के सभी) काव्य में भी गीत की आकार-लघुता की ओर प्रवृत्ति थी। गीति-तत्व के लिए यह स्वाभाविक है। बिना इसके उसमें अनुभूति की वह संहति नहीं रहती जो अनिवार्यतया उसमें होनी चाहिए। गीत इतिवृत्तात्मक नहीं हो सकता, न वर्णनात्मक हो सकता है। प्राचीन काव्य में भी जहाँ हम गीत पाते हैं वहाँ स्वभाव का यह भेद स्पष्ट दीखता है। 'श्रीमद्‌भागवत' के विषय में भी यह बात सच है, और 'गीतगोविन्द' के विषय में भी। 'गीतगोविन्द' में तो बहुत ही स्पष्ट रूप से वृत्तात्मक अंश अलग है और गीत अलग; यद्यपि वृत्तात्मक अंश भी बँधे हुए छन्दों में है। यही अन्तर 'साकेत' में भी स्पष्ट लक्षित होता है। 'यशोधरा' में गीतों को प्रधानता दी गई है तो इतिवृत्त बिलकुल दब गया है। 'यशोधरा' उससे पहले के काव्य से इसी अर्थ में भिन्न है, और अपने युग के लिए बिलकुल नई थी, कि उसमें वृत्तान्त बिलकुल नहीं है, कि वह भाव-स्थितियों का अनुक्रम है, जिसके ही द्वारा हम उसके पीछे निहित घटनाक्रम तक पहुँच सकते हैं। 'अज्ञेय' की **चिन्ता** के उत्तरार्द्ध **एकायन** में भी लगभग ऐसा ही है; कहानी सर्वथा निहित है और केवल भाव-स्थितियों का अनुक्रम सामने रखा गया है। यह अलग बात है कि उस अनुक्रम में कुछ अंश बँधे हुए छन्दों में हैं, कुछ मुक्त और कुछ गद्यात्मक। नरेन्द्र शर्मा की 'कामिनी' में भी गीत वृत्तात्मक अंश से अलग हैं। टेनीसन की 'द प्रिंसेस' और 'मॉड' में भी गीतांश और वृत्तान्त अलग-अलग हैं।

आज के गीतकारों के गीतों को कविता की धारा में रखने के लिए मुझे इसीलिए कठिनाई होती है। यों तो कोई भी कवि गीत भी लिख सकता है, लेकिन काव्य में गीत का स्थान गौण ही है। यह भी हो सकता है कि कोई गीत ही गीत लिखे पर उस

दशा में मैं उसे कवियों की पंक्ति में न रखकर संगीतकारों के वर्ग में या अधिक-से-अधिक सन्धि-रेखा पर रखूँगा। लेकिन आज का गीतकार प्राय: दोनों ही कोटियों में से रह जाता है, क्योंकि एक ओर अपने बँधे हुए छन्दों में वृत्तप्रधान या वर्णनप्रधान हो जाने के कारण उसकी रचनाओं में गीतितत्व बहुत क्षीण हो जाता है और दूसरी ओर अतिशय वृत्तात्मकता के कारण वह संगीतकारों की पंक्ति से भी च्युत हो जाता है। वास्तव में आज का गीतकार न तो संगीत की परम्परा में है और न काव्य की परम्परा में। उसकी परम्परा आल्हा गानेवालों की या कथावाचकों की परम्परा है। मैं यह स्पष्ट कर दूँ कि यह मैं उसके प्रति अवज्ञा के भाव से नहीं कह रहा हूँ; केवल इसीलिए कह रहा हूँ कि उनमें से अधिकतर स्वयं अपनी परम्परा को न पहचानने के कारण अपनी प्रतिभा का सही उपयोग नहीं करते हैं। आज की परिस्थिति में 'गाथा-गीत' लिखना चाहने में जो अन्तर्विरोध निहित है उसे अनदेखा करने के कारण ही वे अपदस्थ होते हैं।

लेकिन ऐसा भी नहीं है कि गीत का लघु आकार जटिल अनुभूति की तीव्रता की अभिव्यंजना के लिए अनिवार्य होता है। लघु आकार का सम्बन्ध जटिलता अथवा तीव्रता से नहीं है, भाव की संहति से है। यह भी एक कारण है कि नई कविता में गीत अनुमत होने पर भी गीतों की संख्या बहुत कम ही हो सकती है। संहति के लिए सघनता और इकाई पर बल देना आवश्यक है, जटिलता अथवा सम्पूर्णता पर नहीं। जहाँ अनुभव की सम्पूर्णता पर बल देना अनिवार्य होगा वहाँ आज का कवि स्वभावत: गीत की विधा से अलग हट जाएगा; इस विधा का प्रयोग वहीं करेगा जहाँ भाव को एक संहत इकाई के रूप में प्रेषित किया जा सके।

प्रश्न : आपने तीसरे 'सप्तक' में केदारनाथ सिंह और मदन वात्स्यायन के गीतों को स्थान दिया है। जहाँ तक हम समझते हैं, आपने उन्हें नई कविता मानकर ही लिया है। क्या आप बताने की कृपा करेंगे कि इन कवियों के गीत पिछली परम्परा के तथा समकालीन परम्परावादी गीतों से कहाँ भिन्न हैं और नई कविता के गीत क्यों भिन्न हैं?

उत्तर : इस प्रश्न का उत्तर मेरी समझ में ऊपर के उत्तरों में ही दे दिया गया है। यों यह फिर दुहरा दूँ कि जिन्हें आप 'समकालीन परम्परावादी गीत' कहते हैं वे वास्तव में परम्परावादी नहीं हैं बल्कि अपनी परम्परा से विच्छिन्न हैं। परम्परा उन्हें या तो अपभ्रंश की गाथाओं में या 'गीतगोविन्द' में मिलती, या फिर आल्हा में। पर वे अधिकांशत: दोनों में से किसी एक के अनुगामी न होकर दोनों से टूट गए हैं। नए कवियों में जिन्होंने गीत लिखे हैं उन्होंने इन दोनों में से पहली धारा से प्रेरणा पाई है या उससे आगे बढ़कर लोक-गीतों से और एक सीमा तक अंग्रेज़ी काव्य के गीतांश से। जहाँ उन्होंने ऐसा किया है वहाँ गीत के मूल स्वभाव को पहचानते हुए

और गीत्यात्मकता का निर्वाह करते हुए। इसीलिए उनमें अन्तर्विरोध नहीं है और न वे दो घोड़ों पर सवार होने के प्रयत्न में चारों खाने चित गिरते हैं। अधिक-से-अधिक इतना कहा जा सकता है कि परम्परा का लघु अंश उन्होंने अपनाया है। यह अपने आप में दोष नहीं है जब तक कि कवि यह पहचानता रहता है कि अन्ततोगत्वा गीत काव्य की एक गौण विधा ही है, और उसे काव्य का सम्पूर्ण पर्यायवाची नहीं समझा जा सकता।

प्रश्न : यदि हम भूलते नहीं तो आपने शायद कहा था कि गीत (लिरिक) का अर्थ वह नहीं रहा जो पहले था। यानी आज गेयता के आधार पर किसी रचना को गीत मान लेना सम्भव नहीं है। वैसे पहले भी तो गेयता गीत का निर्णायक तत्व नहीं थी, उसकी एक अनिवार्य शर्त थी, मूल वस्तु तो गीतात्मक अनुभूति ही थी। तब क्या आपके कथन का यह अर्थ लगाया जाना चाहिए कि आज के गीतों में गेयता एक अनिवार्य शर्त के रूप में समाप्त हो गई है, अर्थात् आज के गीत गेय भी हो सकते हैं और अगेय भी?

उत्तर : अंग्रेज़ी के शब्द 'लिरिक' की चर्चा में मैंने उसके व्युत्पत्यर्थ का उल्लेख किया था। 'लिरिक' शब्द का सम्बन्ध एक वाद्य यन्त्र से है। यह इसका संकेत है कि आरम्भ में लिरिक ऐसा गीत था जो किसी वाद्य के साथ गाया जाता था। स्पष्ट है कि आज लिरिक का यह अर्थ नहीं है। अंग्रेज़ी में भी यह अर्थ अट्ठारहवीं सदी तक रहा होगा, उन्नीसवीं सदी में नहीं रहा। पर व्युत्पत्ति शब्द का इतिहास समझने में सहायक होती है, यह आवश्यक नहीं है कि उसका बन्धन हम मानते ही रहें। लिरिक में गीततत्व-गीत्यात्मकता-अनिवार्य और निर्णायक तत्व है और रही; गेयता आरम्भ में अनिवार्य और अनन्तर गौण हो गई। उन्नीसवीं शती के रोमांटिक कवियों ने जब 'सांग' शीर्षक से गीत लिखे, तब उनमें भी निर्णायक तत्व गीत्यात्मकता का था। प्राय: सभी गेय भी थे। छायावाद के गीतों के बारे में भी यही बात कही जा सकती है। प्रगतिवाद के कवियों ने अगर गीत लिखे तो इस अर्थ में कि उन्होंने गेयता पर बल दिया और गीत्यात्मकता को कोई महत्त्व नहीं दिया। लोक-गीतों से या आल्हा आदि की परम्परा से उन्होंने जो प्रेरणा ली वह भी इसीलिए कि उनकी पंक्तियाँ गाई जा सकें। यह कहा जा सकता है कि उन्होंने गीत की गेयता का उपयोग किया और वह भी एक सामाजिक अथवा सामूहिक प्रयोजन के लिए-ऐसे प्रयोजन के लिए, जिसे शुद्ध साहित्यिक प्रयोजन नहीं भी कहा जा सकता है।

आज नया कवि जब गीत लिखता है तब वह फिर गीतितत्व को प्रधानता देता है। उसका गीत गेय भी हो सकता है; पर कसौटी गेयता की नहीं है, गीत्यात्मकता की ही है। इस प्रकार उसका गीत आज के गीतकारों के गीत से भिन्न है और प्रगतिवादी गेय छन्दों से भी भिन्न है; पर छायावाद के गीतों से उनका भेद

गीत्यात्मकता के आधार पर नहीं किया जा सकता क्योंकि उस मामले में दोनों का आग्रह एक था–यानी गीतितत्व को प्राथमिकता देने का। छायावाद से नए कवि के गीतों को अलग करने के लिए रूपाकार की ओर, गठन की, भाषा की विशेषताओं की ओर ध्यान देना होगा।

प्रश्न : इन गीतों के मूल्यांकन का आधार क्या होना चाहिए? इन गीतों में वे भी हैं जिनकी संवेदनाएँ तरल और सहज हैं और भाव-बोध गाँव के या प्रकृति के परिवेश में निर्मित हैं; और वे गीत भी हैं जो जटिल संवेदनों वाले हैं, जिनका बोध नगर-जीवन के परिवेश में निर्मित है तथा जो खंडित बिम्बों से ग्रस्त होने के नाते अपेक्षाकृत दुरूह और जटिल हैं। हमने अनुभव किया है कि प्रायः बोधों की नागरिकता या अनागरिकता के आधार पर कविताओं की श्रेष्ठता-अश्रेष्ठता का आकलन कर दिया जाता है। क्या एक सफल गीत या सफल कविता का मूल्यांकन बोधों की नागरिकता या अनागरिकता के आधार पर ही करना समीचीन है? या कला के कुछ अन्य मूल्य और सौन्दर्य हैं जो संश्लिष्ट रूप से किसी सफल कविता में प्रतिफलित होना चाहते हैं?

उत्तर : ग्राम-जीवन और नगर-जीवन के आधार पर संवेदना को बाँटना चाहना दुराग्रह है। शायद कहानी के क्षेत्र में चले हुए एक दूषित आन्दोलन का आरोप कविता पर किया जा रहा है। आधुनिक परिस्थितियाँ देहाती जीवन में भी जटिलताएँ उत्पन्न करती हैं, न केवल नगर के जीवन में। नगर और देहात का विपर्यय अपने आप में एक जटिलता है, जिसको भी कवि को प्रतिबिम्बित करना चाहिए। गोपगीतों या पश्चिम के 'पेस्टोराल' जैसी सरलता ही आज के गीतों में चाही जाए, इसका कोई कारण नहीं है। न ही यह आवश्यक है कि गीत शहर की गली के परिवेश को प्रतिबिम्बित करे। लेकिन, जैसा मैं अभी ऊपर कह चुका हूँ, आज के सम्पूर्ण जटिल जीवन की सम्पूर्णता और जटिलता को–सम्पूर्णता की जटिलता को और जटिलता की सम्पूर्णता को–अभिव्यक्त या सम्प्रेषित करना चाहने वाले कवि गीत को माध्यम नहीं चुनेंगे। कला में–किसी भी कला में–पहली शर्त होती है माध्यम की मर्यादा को, उसकी शक्ति और उसकी सीमा को पहचानना और दोनों का निर्वाह करते हुए उस माध्यम का प्रयोग करना। आज के जीवन में गीत का महत्त्व अवश्य है लेकिन वह जटिल की जटिलता के सम्प्रेषण में नहीं है, उस जटिलता को एकाएक पहचानने में जो सहजता और तरलता मिलती है उसका सम्प्रेषण करने में है। स्पष्ट है कि यह तरलता और सहजता वहाँ से हर समय उपलभ्य नहीं; जिससे सिद्ध है कि आज के जीवन का हर अनुभव गीत के द्वारा सम्प्रेष्य नहीं है।

ये प्रश्न जिस रूप में पूछे गए थे उसी को सामने रखकर उत्तर दे दिया गया था, पर नई कविता के (या में) गीतों की बात को सही सन्दर्भ में रखने के लिए कविता के स्वभाव को और गहराई से देखना चाहिए। एक ओर काव्य की मौखिक परम्परा है, दूसरी ओर मुद्रित। पठित कविता : परम्परागत चिन्तन में कविता श्रव्यकाव्य रही बल्कि आधुनिक कविता वास्तव में श्रव्य नहीं है। गीत अनिवार्यतया श्रव्य हैं और उसी (मौखिक) परम्परा से बँधे हैं। गीत का ग्रहण-आस्वादन सामाजिक स्थिति में होता है, जबकि आधुनिक कविता मूलतः अकेले पाठक की चीज़ है।

परिणामतः आधुनिक कविता में तथाकथित गीत का गीतत्व केवल उसकी गीत्यात्मकता पर निर्भर करता है, यानी गीत होने का आभास मात्र देता है। या फिर वह पूरी तरह श्रव्य (और सामाजिक) परम्परा में चला जाता है, तब उसकी आधुनिकता निरा आभास रह जाती है।

यह नहीं कि आधुनिक कविता में श्रव्य तत्व है ही नहीं, या कि वह कान की उपेक्षा करती है। पर उसका श्रव्य भी आँख से ग्रहण किया हुआ श्रव्य है-शब्द-ध्वनियों के चाक्षुष बिम्बों के आधार पर सम्प्रेष्य होता है।

समकालीन कविता की दशा

हमारी काव्य संगोष्ठियों में जब काव्य-चर्चा होती है-विशेष रूप से उन संगोष्ठियों में जिनमें मुझे भी बोलना हो!-तब मैं पाता हूँ कि सुनने वाले तुरन्त दो वर्गों में बँट जाते हैं। सुविधा के लिए एक को बायाँ कह लीजिए, एक को दायाँ-या ऐसा समझ लीजिए कि वही अपने को 'बाएँ' और 'दाएँ' के रूप में देखते हैं, बैठे चाहे जहाँ हों। और बीच में रह जाते हैं दो-चार ऐसे व्यक्ति, जो निश्चय ही 'आम आदमी' नहीं कहे जा सकते! यानी कविता की चर्चा करते हुए हमेशा यह परिस्थिति सामने आ जाती है कि जिस चर्चा का लक्ष्य और विषय आम आदमी होना चाहिए उस चर्चा में कहीं आम आदमी नहीं मिलता; मिलते हैं पक्षधर या दूसरे विशिष्ट लोग। यों जो असल़ बात होती, जहाँ से संगोष्ठी को आरम्भ करना संगत होता-वस्तु की, रूप की, शिल्प की, कथित 'आत्मनिष्ठता' और 'वस्तुनिष्ठता' आदि की बात-उस तक पहुँचना ही नहीं हो पाता। उससे भी पहले की और बुनियादी बात उठ खड़ी होती है कि कविता-रूपी जो संवाद या संलाप या सम्प्रेषण है वह किसके और किसके बीच में होता है। वहाँ भी दो पक्ष हैं जरूर, लेकिन ये समाज को दो में बाँटने वाले पक्ष नहीं हैं। पूरा समाज एक पक्ष है और सम्प्रेषण करने वाला कवि दूसरा पक्ष। इन दो पक्षों के बीच संलाप की प्रक्रिया और उसमें आने वाले परिवर्तन, उन परिवर्तनों के अनिवार्य कारण-ये कुछ बुनियादी सवाल हैं जिनके बारे में भ्रान्ति होने से ही हम उस बिन्दु तक पहुँच ही नहीं पाते जो वास्तव में आरम्भ बिन्दु होता।

विपिनजी ने कई-एक अच्छी बातें कही हैं[1], अच्छे सवाल उठाए हैं। वह वैज्ञानिक हैं, विज्ञान पढ़ाते हैं; इस नाते कुछ बातें तो उनसे अपेक्षित थीं; कुछ अपेक्षया नई भी रहीं। उनकी आधारभूत मान्यता यह है कि हिन्दी के कुछ कवि थे-और छायावाद के सब कवियों को उन्होंने इस कोटि में रख दिया-जो 'आत्मनिष्ठ' कवि थे; और कुछ एक दूसरे पक्ष के कवि थे जो 'वस्तुनिष्ठ' कवि थे। मानो यह

1. इलाहाबाद की हिन्दुस्तानी एकेडमी में प्रस्तुत विषय पर जो संगोष्ठी हुई थी (मार्च, 1980), इसके कई वक्ताओं में एक श्री विपिन कुमार अग्रवाल भी थे। संगोष्ठी के अध्यक्ष-पद से दिए गए भाषण का यह लिखित रूप है, औपचारिक बातें यहाँ छोड़ दी गई हैं।

आत्मनिष्ठता और वस्तुनिष्ठता पहले से दी हुई चीज़ें थीं! क्यों एक तरह के कवि विपिन जी के निरूपण में आत्मनिष्ठ थे अगर वे सचमुच वैसे थे, क्यों दूसरे वस्तुनिष्ठ थे अगर वे सचमुच वैसे थे; क्या आवश्यकता थी इस विभाजन की, कहाँ से इस आवश्यकता या अनिवार्यता ने जन्म लिया, किस आधार पर उनकी आत्मनिष्ठता या उनकी वस्तुनिष्ठता की उपयोगिता या सामयिकता या प्रासंगिकता सिद्ध होती है–यह प्रश्न उन्होंने नहीं उठाया जो कि वास्तविक प्रश्न होता। क्यों ऐसा हुआ कि छायावाद के कवियों को दूसरों के सामने आते हुए उस आत्मनिष्ठता की आवश्यकता पड़ी? क्यों उससे पहले की कविता में कुछ था, या कि कुछ नहीं था, जो कि उनके सामने एक अनिवार्य कर्तव्य प्रस्तुत करता था?

मेरे संकट का–जो संकट सिर्फ मेरा नहीं है, आज के कवि मात्र का संकट है–एक महत्त्वपूर्ण अंग यह है कि मुझे और आज के कवि को इस मानव का सीधा जवाब नहीं मिलता कि उसका सामाजिक कौन है। मैंने बार-बार यह सवाल उठाया है कि कवि-कर्म का कुछ अर्थ नहीं होता अगर कविता का ग्रहण करने वाला पक्ष नहीं है; और यह जानना हमारा काम है कि वह पक्ष कौन है; अगर वह कम हो रहा है या मिट रहा है तो उसे फिर से बनाना भी हमारा काम है। इस चर्चा में मैं नहीं पड़ना चाहता कि मेरी अपनी कविता अच्छी है या बुरी है–यह निर्णय विवेकवान पाठक की ज़िम्मेदारी है और इसे मैं उसी पर छोड़कर सन्तुष्ट हूँ। लेकिन आज जो कविता लिखी जा रही है उसके लिए एक ग्रहण करने वाला समाज बनाने में, उसके सामाजिक को दीक्षा और संस्कार देने में मैंने काफी परिश्रम किया है और मैं समझता हूँ कि वह परिश्रम बहुत हद तक सफल भी हुआ है। उसकी सफलता उन लोगों के लिए भी लाभकर रही है जिन को मेरी कही हुई एक भी बात स्वीकार नहीं है; यानी उन्हें भी जो सामाजिक मिला है उसे तैयार करने में मेरे परिश्रम का योग रहा है और वह परिश्रम व्यर्थ नहीं गया है। मैं चाहता हूँ कि इस बात की ओर समुचित ध्यान दिया जाए। मैं चाहता रहा हूँ और लगातार यत्नशील रहा हूँ कि मुझे ही नहीं, मेरे समकालीनों को और आज लिखी जाने वाली समूची कविता को उसका सामाजिक मिलता रहे; लोग कविता पढ़ते-सुनते रहें और कविता पढ़ने-सुनने के लिए आवश्यक संस्कार पाते रहें। अगर हम इस बात की ओर ध्यान देंगे तो इस काम की कठिनाइयों की कुछ पहचान भी हमें होगी–और कठिनाइयों की पहचान समकालीन परिस्थितियों की पहचान होगी।

हम सब लोग कुछ चीज़ों को सहज भाव से स्वीकार कर लेते हैं और अपने को समझा लेते हैं कि ये तो परिस्थिति के तथ्य हैं, इन्हें स्वीकार करना स्वाभाविक है। लेकिन इस स्वीकार के द्वारा हम मानो अपने को उन तथ्यों से अलग कर लेते हैं। उनके साथ हमारा कुछ कर्तव्य भी जुड़ा है, यह नहीं देखते। शायद यह देखने की

लाचारी से बचने के लिए दी हम उन्हें इतनी आसानी से तथ्य रूप में स्वीकार कर लेते हैं। मगर उन्हीं तथ्यों से जुड़े–बल्कि उन्हीं में से निकलने वाले दूसरे तथ्यों से हम विचलित हो उठते हैं। हमारे देश में साक्षरता की कमी एक इसी तरह का तथ्य है। देश में साक्षरों की संख्या बहुत कम है और सदियों से कम रही है, इसे हम तथ्य रूप में इतनी आसानी से स्वीकार कर लेते हैं कि प्राय: इसी की ओर ध्यान ही नहीं देते। कोई इसकी ओर ध्यान दिला कर इस बात की ओर भी संकेत करे कि पहले ही से कम साक्षरों में संस्कारवान् लोग अपेक्षया और भी कम हैं और इसके विपरीत निरक्षरों में ऐसे लोगों की संख्या कहीं अधिक है जिनमें काव्य का संस्कार है, जिनकी कविता में रुचि है और जिनमें कविता की अपने ढंग की समझ भी है, तो इसे भी हम तथ्य के रूप में स्वीकार कर लेते हैं। ये तथ्य कैसे एक–दूसरे से जुड़े हुए हैं और अपने अन्य समाजव्यापी परिणामों का संकेत देते हैं, इस बात की ओर हमारा ध्यान नहीं जाता। ध्यान न जाने से ऐसा तो नहीं है कि वे समाजव्यापी परिणाम हवा में उड़ जाएँगे, लेकिन तथ्यों को आँकड़ों की तालिकाओं में भर देना मानो उन्हें निरस्त कर देना हो, ऐसे ही निरीह भाव से हम इन बातों को तथ्य मान कर छोड़ देते हैं। लेकिन इसी से जुड़ी हुई यह बात जब सामने आती है–जुड़ी हुई क्या, यह तो दूसरे ढंग से कही गई वही बात है कि कविता के सामाजिक, कविता को ग्रहण करने वाले लोग आज घट रहे हैं, तब इस तथ्य से–हमको क्लेश होता है। वास्तव में अगर इस बात से क्लेश होता है तो पहले के दो तथ्यों से भी उतना ही क्लेश होना चाहिए; बल्कि उससे कुछ अधिक होना चाहिए क्योंकि मूल कारण तो वहाँ है। केवल अक्षर–ज्ञान की कमी वाचिक परम्परा वाले समाज में उतनी घातक न होती क्योंकि श्रुति के माध्यम से संस्कार प्रणाली खुली रहती; संस्कारों से कट जाना ही वास्तव में जड़ होना होता। छपाई के संसार में अक्षरहीनता के कारण ही संस्कारों से कटते जाने की सम्भावना बढ़ती जाती है क्योंकि उस संसार में शिक्षण और संस्कार देने की प्रणाली पढ़ाई पर ही आधारित हो जाती है यानी कविता के सामाजिकों की संख्या घटते जाने की जड़ वहीं है जिसे हम केवल परिस्थिति का तथ्य मानकर उदासीन हो जाते हैं।

आज हमको इस बात से क्लेश होता है कि हमारे समाज में कवि का सम्मान नहीं है। कवि का सम्मान हमारे समाज में नहीं है, इसका दुखड़ा रोने के बाद भी परिस्थिति का जवाब हम कवि से चाहते हैं, उसके समाज से नहीं चाहते! क्यों नहीं हम समाज से पूछते कि ऐसी स्थिति क्यों आई? क्यों नहीं समाज में वैसे संस्कार बचे हैं जिनसे वह कवि का और काव्य का सम्मान कर सके? क्या इस खेदजनक स्थिति के लिए केवल कवि उत्तरदायी है? क्यों नहीं पूरा समाज इसे लेकर चिन्तित होता, क्यों नहीं शिक्षा–जगत् में इसे लेकर चिन्ता होती, क्यों नहीं हमारे अध्यापक

और आचार्यगण इसमें अपना उत्तरदायित्व पहचानते? क्यों नहीं हमारा शिक्षित समाज यह देखता कि काव्य की समझ और उसका संस्कार खोकर वह लगातार दरिद्रतर होता जा रहा है और दूसरों को भी दरिद्रतर बना रहा है? मैंने तो बार-बार इस बात पर ज़ोर दिया है कि आप ये सब सवाल सिर्फ कवि से पूछ कर उसी से उनका जवाब चाहें, यह काफी नहीं है। यह सही भी नहीं है क्योंकि इन सवालों का जवाब आपकी तरफ से, शिक्षित समाज की तरफ से भी कुछ होना चाहिए। इन सवालों की चुनौतियाँ केवल कवि के लिए नहीं हैं, आपके लिए भी हैं, पूरे समाज के लिए हैं। बल्कि कवि के लिए तो चुनौतियाँ छोटी हैं, आपके लिए बड़ी हैं।

यह मैं मान लूँगा-यह भी परिस्थिति का एक तथ्य ही है कि वह ज़माना अब नहीं रहा जब कवि सभी से पूछ सकता है कि आपका कविता सुनने का क्या अधिकार है? आपको क्या सहृदयता की कोई दीक्षा मिली है, वैसे संस्कार आपने पाए हैं कि काव्य का आस्वादन कर सकें? और अगर नहीं पाए हैं तो आप कविता सुनने के अधिकारी नहीं हैं। जिस ज़माने में कवि ऐसा कह सकता था उस ज़माने का समाज भी यह मानता था कि काव्य के आस्वादन का संस्कार होना चाहिए और उसके लिए यत्नशील रहता था। आज तो न सिर्फ कवि यह नहीं कहता, सामाजिक भी यह भूल जाता है कि काव्य मात्र के प्रति उसका भी कुछ कर्तव्य है; और अगर उसने उस कर्तव्य को निबाहने का यथाशक्य प्रयत्न नहीं किया है तो उसका कविता सुनने का, कविता की चर्चा करने का कोई अधिकार नहीं है, उसमें सहृदय समाज में बैठने की योग्यता भी नहीं है और उसकी वहाँ बैठने की कोई उपयोगिता भी नहीं है-न उसके लिए, न कवि के लिए। इतना ही है कि अगर वह वहाँ इस आशा में चुपचाप बैठता है कि इस तरह भी वहाँ वह कुछ संस्कार ग्रहण कर सकेगा तब दूसरी बात है यानी उसकी शिक्षार्थी के रूप में बैठने की उपयोगिता हो सकती है जो कि सामाजिक बनकर बैठने के अधिकार से अलग चीज़ है। मैंने इस बात पर पहले भी ज़ोर दिया है, अब भी देता हूँ। और यह बात 'अभिजात्य का अहंकार' कह कर उड़ा देने की नहीं है क्योंकि यह मानवीय संवेदन की बात है, किसी वर्गीय मानसिकता के संस्कार की नहीं।

एक बात और भी है। जब वस्तुनिष्ठता और आत्मनिष्ठता की बात होती है, जो एक चौखटे के भीतर सही और उपयोगी है, तब यह भी समझना चाहिए कि उसकी उपयोगिता एक चौखटे के भीतर ही है; कि उसकी सीमाएँ भी हैं जिन्हें स्पष्ट पहचानना चाहिए। उन सीमाओं की पहचान न होने से या उपेक्षा होने से यह उपयोगी बात अनिष्टकर हो जा सकती है। ख़ास तौर से जब एक वैज्ञानिक यह बात कहता है तब तो इसकी सीमाओं की ओर संकेत और भी आवश्यक होता है क्योंकि वैज्ञानिक की बात को सटीक होना चाहिए और उसके लिए यह जानना आवश्यक

होता है कि बात कितने क्षेत्र में लागू होती है। बात काव्य के बारे में है, इतने ही से वैज्ञानिक को इस दायित्व से छुटकारा नहीं मिल जाता कि उसके तर्क में अतिव्याप्ति, अव्याप्ति, विकृति या निरूपण-शिथिलता आदि के दोष न हों।

हम जिस भी चीज़ की तरफ देखते हैं वह हमारे लिए 'वस्तु' हो जाती है। अगर हम अपने मन की ओर भी देखते हैं तो भी यह बात उतनी ही सच होती है क्योंकि बात **देखने की क्रिया से बनने वाले सम्बन्ध** की है, देखी हुई वस्तु के अपने ठोसपन की नहीं। अगर हम देखते हैं, तो जिस चीज़ को हम देख रहे हैं वह देखने का विषय हो जाती है और हम उसे विषयी भाव से ग्रहण करने वाले, उसका अध्ययन करने वाले। एक देखी जाने वाली चीज़ है और एक देखने वाला है जो उससे अलग है। मन को देखा जा रहा है, इसी आधार पर उस क्रिया को 'आत्मनिष्ठ' कह देने से बात नहीं बनती। अगर हम अपने भीतर भी झाँक रहे हैं तो भीतर एक जगत् है जो कि हमसे अलग है, जिससे हम देखने की प्रक्रिया में ही अपने को अलग करते हैं; जिसे हम यों अलग होकर देखते है। इस सम्बन्ध के कारण और देखने की इस प्रक्रिया के दौरान वह 'हम' से 'बाहर' है और हम उसके बाहर हैं।

यह तो आप कह सकते हैं कि मन के भीतर झाँकना बेकार का परिश्रम है, कि भीतर कुछ नहीं है, जगत् केवल बाहर है। इतना बड़ा झूठ कहने का साहस आपको है तो कहिए। ऐसा कहने के बाद आपके पास इस प्रश्न का कोई उत्तर भी है कि यह बात कहने वाले आप कौन हैं? आपको कैसे इसकी पहचान है कि बाहर जगत् है? अगर 'भीतर' कुछ नहीं है तो यह कहने वाले 'आप' कौन हैं कि एक 'बाहर' है जो 'जगत' है? क्या आप उस जगत् के बाहर हैं जो ऐसा कह सकते हैं? और अगर सचमुच जगत् के बाहर हैं, यानी जो (आप ही के कहे अनुसार) है उसके बाहर, यानी आप हैं ही नहीं, तब आप हैं कौन या क्या; और जिसे आप बाहर कहते हैं वह किसके बाहर है? और इस सवाल के जवाब में आप अगर फिर अपनी ओर देखते हैं तब फिर वही परिस्थिति आ जाती है कि एक देखने वाला है और एक वह है जिसकी तरफ देखा जा रहा है; विषयी है और विषय है। और विषयी जब अपने मन में झाँकता है तब उस मन के साथ सम्बन्ध को बदल रहा होता है और उस दौरान उसे बाहर कहा जा सकता है। यों इस प्रसंग में 'भीतर' और 'बाहर' कोई तथ्यगत या आत्यन्तिक वास्तविकता नहीं रखते; देखने का सम्बन्ध ही उन्हें एक तदर्थ और तत्कालीन सार्थकता देता है।

भीतर और बाहरी जगत् के इस रिश्ते को देखने की क्रिया से ही लगातार होते रहने वाले उलट-फेर को आप आत्मसात् कर सकते हैं और कविता के या काव्य-चिन्तन के सहारे सामने ला सकते हैं तो जरूर वैसा कीजिए; सवाल के आयामों को इसी सापेक्ष रूप में सामने रखिए और उसके बाद ही 'आत्मनिष्ठता' और

'वस्तुनिष्ठता' की बात (उस बात की सीमाएँ पहचानते और स्पष्ट करते हुए) कहिए तो उस बात से कुछ लाभ हो सकता है; काव्य-संसार को देखने की दृष्टि कुछ विशदतर हो सकती है नहीं तो यह एक नकली विभाजन है। विशेष रूप से वैज्ञानिक के लिए तो यह बिलकुल झूठा विभाजन हो जाता है।

वैज्ञानिक ने एक बात और कही। (मैं बार-बार वैज्ञानिक की ओर इशारा कर रहा हूँ तो किसी व्यक्ति पर या वैज्ञानिक दृष्टि पर व्यंग्य करने के लिए; इसलिए जिन वैज्ञानिक की बात है वह स्वयं कवि भी हैं और ऐसे कवि, जो अपनी रचनाओं के द्वारा बार-बार अपने सामाजिक को झकझोरते हैं, उसकी रूढ़ धारणाओं को चुनौती देते हुए फिर से सोचने को बाध्य करते हैं और उनके काव्य के सामाजिकों में मैं भी एक व्यक्ति हूँ। मुझे उनका विद्यार्थी रहने का सौभाग्य तो नहीं मिला, लेकिन समझता हूँ कि विज्ञान पढ़ाते समय तो वह भी वही पढ़ाते होंगे जो विज्ञान के दूसरे अध्यापक पढ़ाते होंगे; यानी विज्ञान के अध्यापक के नाते वह भी वहाँ की सामान्य और विवादातीत दुनिया में रहते होंगे पर उनका काव्य, जिसके पाठकों में मैं एक हूँ, बराबर दूसरों को चौंकाता, झकझोरता है, सामान्य वैचारिक रूढ़ि से अलग हो जाता है और उसे तोड़ता भी है। इसीलिए मैं उस वैज्ञानिक को महत्त्व देता हुआ ही उसकी बात का उल्लेख करता हूँ। कवि-वैज्ञानिक से मैं एक सवाल पूछता हूँ। आप कविता करते हैं; कविता, जैसा मैंने पहले कहा, अनिवार्यतया दूसरे तक पहुँचने के लिए है, अभिव्यक्ति और सम्प्रेषण से अलग कविता नहीं है। विज्ञान से कविता इसी चीज़ में अलग है कि विज्ञान का सत्य दूसरे तक पहुँचे या न पहुँचे, उसे दूसरे तक पहुँचाना वैज्ञानिक का लक्ष्य नहीं होता। संवेदन के स्तर पर प्रेषित न होकर भी विज्ञान का सत्य अपने परिणामों से दूसरों को प्रभावित करता है। काव्य का सत्य ऐसा नहीं होता। वह या तो कविता के सहारे और कविता में ही दूसरे तक पहुँचता है, इसी प्रकार उसे दूसरे तक संप्रेषित करना कवि को अभीष्ट होता है; नहीं तो वह प्रभावित नहीं करता। तो कवि वैज्ञानिक से मेरा सवाल यह है कि ऐसी स्थिति में आपने क्यों अपनी सच्चाई कहने के लिए कविता-रूपी माध्यम चुना है जबकि आप वैज्ञानिक हैं, आज के वैज्ञानिक हैं, जबकि आधुनिक विज्ञान के नाम पर आपके पास बहुत बड़ा सत्य है, इतना बड़ा सत्य कि वह सम्प्रेषित न होकर भी हमारे सारे जीवन को अपने प्रभाव की गिरफ्त में ले रहा है; जिस सत्य के सामने आप अन्य सब सत्यों को और काव्य के सत्य को भी छोटा कर देते हैं। इस वैभव के बावजूद आप क्यों कविता कहते हैं? क्या इसीलिए नहीं कि **कोई ऐसी भी सच्चाई है जो कि कही जाने में ही सच होती है, जिसके सम्प्रेषण और जिसकी सम्प्रेषणीयता में ही उसकी सत्यता का आधार है, लेकिन इसके बावजूद जिसका महत्त्व विज्ञान के सत्य से कम नहीं है।** काव्य का सत्य छोटा नहीं है;

लेकिन उसकी सच्चाई दूसरे तक पहुँचने में है, नहीं तो उसमें कोई सच्चाई नहीं होती। यह एक बुनियादी बात है। दूसरे तक पहुँचने की इस शर्त के कारण ही वह 'मानव सत्य' है।

अगर वैज्ञानिक, साथ ही कवि होने के नाते, इस बात को मानता है, काव्य के सत्य को विज्ञान के सत्य से अलग पहचानता और स्वीकार करता है, तो फिर कुछ दूसरे प्रश्न भी उसके सामने स्वयं आने चाहिए, भले ही वे प्रश्न मैं न उठाऊँ। इनमें से केवल एक प्रश्न मैं और पूछूँगा, क्योंकि यह प्रश्न केवल वैज्ञानिक से नहीं है। जिस भ्रान्ति अथवा पूर्वग्रह की ओर मैं इस प्रश्न के द्वारा संकेत करना चाहता हूँ उसका सम्बन्ध केवल वैज्ञानिक से नहीं है, जो शायद यह सोच भी सकता है कि विज्ञान तो सार्वभौम होता है और उसके सत्य देश अथवा संस्कृति की सीमा से बँधे हुए नहीं होते। लेकिन आज तो देश के सभी आलोचक, केवल काव्य या साहित्य के ही नहीं, कला मात्र के सभी आलोचक अपनी आधुनकिता के नाम पर एक ही पूर्वग्रह पर अड़े हुए हैं। सभी कविता के सन्दर्भ में 'वैज्ञानिक सत्य' का सवाल उठाते हैं और सभी 'आम आदमी' की भी दुहाई देते हैं और सभी हमारे वैज्ञानिक की तरह सेज़ान और ब्राक् और पिकासो का अथवा इनके बदले विट्गेनस्टाइन अथवा चॉम्स्की का, अथवा लुकाच् या बोर्हेज का नाम लेते हैं। भारतीय सन्दर्भ में आम आदमी की–अर्थात् भारतीय आम आदमी की–दुहाई देते हुए आधुनिक विज्ञान की बात किस रूप में और कहाँ तक की जा सकती है, यह सवाल वे अपने से नहीं पूछते। सम्प्रेषण के, दूसरे तक पहुँचने के, सन्दर्भ में विज्ञान के सत्य को कविता के सत्य के साथ किस एक समान हर पर लाकर रखा जा सकता है, यह सर्वथा संगत सवाल उठाना तो दूर की बात! ये सब बड़े-बड़े नाम उछालना, जिनका न केवल भारत के निरक्षर समाज के लिए बल्कि साक्षरों में से भी 90 प्रतिशत के लिए कोई अर्थ नहीं है; और फिर साथ-साथ यह भी दावा करना कि आप कविता के माध्यम से आम आदमी तक पहुँचना चाह रहे हैं–कितना बड़ा अन्तर्विरोध बल्कि कितना बड़ा झूठ हो जाता है यह! लेकिन सभी आलोचक, भारतीय आलोचक, हिन्दी के आलोचक, हिन्दी के साहित्यकार को पीटने के लिए हमेशा इसी प्रकार की कोई-न-कोई विदेशी लाठी लेकर आते हैं। हिन्दी के साहित्यकार को पीटना जरूर सम्भव है, और हो सकता है, उसे सीधे रास्ते पर लाने के लिए जब-तब लाठी दिखाने की उपयोगिता भी होती हो। लेकिन देशी आम आदमी के हित में उसे पीटना है तो स्वदेशी लाठी से पीटिए। तब तो पीटने का कुछ अर्थ भी हो सकता है; उससे वह भी शायद कुछ सीख सकता है और सामाजिक को भी लाभ हो सकता है। लेकिन अगर आपके सारे आलोचना-शास्त्र का और जिसको आप वास्तविकता कह रहे हैं उस वास्तविकता का, इस देश में अस्तित्व ही नहीं है, उसका यहाँ किसी को बोध

भी नहीं है, तो आप किस आधार पर उसको वास्तविकता कह रहे हैं? वह कैसी 'वस्तु' है जिसका इस देश के 95-98 प्रतिशत आदमियों को पता ही नहीं है, जिसकी उन्हें भनक भी नहीं मिली है, लेकिन जिसे फिर भी आप **हमारी** वास्तविकता बता रहे हैं–और इस देश की भूमि पर यह दावा कर रहे हैं? इतना ही नहीं, इस वास्तविकता को आप विज्ञान की ही नहीं (जिसके लिए विज्ञान की सार्वभौमिकता का बहाना आपको मिल सकता), कविता की वास्तविकता बता रहे हैं!

नि:सन्देह भारतीय वास्तविकता के कई अंग हैं जिनकी ओर, हो सकता है, कविता का ध्यान न गया हो; यह भी हो सकता है कि कवियों ने वास्तविकता के कुछ अंगों पर ज़ोर दिया हो और आपकी राय में कुछ दूसरे अंग अधिक महत्त्वपूर्ण हों। आप उनकी ओर ध्यान दिलाएँ, भले ही आग्रह के साथ ध्यान दिलाएँ, तो वह ठीक है। लेकिन आलोचक बन कर आप यह जो सारा थोक में आयातित शास्त्र लिए आ रहे हैं, अन्तर्जगत् पर वैज्ञानिक सत्यों का जो प्रभाव है (या होगा) उसे जब आप **भारतीय** वास्तविकता कह कर पेश कर रहे हैं, तब क्या यह सवाल नहीं उठता कि क्या इसे इतने बड़े देश में आपको उन सत्यों का कोई प्रमाण नहीं मिला कि आप विदेशी चित्रकारों की चर्चा करें? मैं सेज़ान अथवा ब्राक् को छोटा नहीं कहता; वे बहुत बड़े चित्रकार थे और चित्रकला पर उनके विचारों का महत्त्व है। लेकिन जिस समाज में उनकी चर्चा सार्थक और संगत हो सकती वह आम आदमी का समाज नहीं है और भारत के आम आदमी का तो कदापि नहीं है। उनकी बात आपको करनी है तो आपको आम आदमी की बात भी छोड़नी होगी और यह भी मानना होगा कि आप भारत के आम आदमी के यथार्थ की नहीं, उन चित्रकारों के यथार्थ की बात कर रहे हैं। हो सकता है कि उनका यथार्थ सूक्ष्मतर हो, या कि यथार्थ की पहचान करने वाला उनका संवेदन यन्त्र अधिक ग्रहणशील हो; लेकिन इस नाते आप उनके यथार्थ की बात करेंगे तो फिर आपने यथार्थ की कोटियाँ स्वीकार कर ली होंगी, सत्य की भी कोटियाँ स्वीकार कर ली होंगी यानी अपना मुकदमा आप हार चुके होंगे। इस बात को इतने स्पष्ट रूप में आपके सामने रखने में मेरा उद्देश्य वकील की तरह दलील बाजी से केस जीतना नहीं है; उद्देश्य यही दिखाना है कि आपको कविता की या कला की स्थितियों का सामना करने में जरूरी तौर पर सम्प्रेषण की स्थिति की यथार्थता का भी सामना करना पड़ेगा। सर्जना का सत्य विज्ञान के सत्य से अलग है; दोनों में से कोई छोटा या बड़ा नहीं है, लेकिन दो समान्तर यथार्थ हैं और किसी भी काल में काव्य के यथार्थ का निरूपण उस काल में सम्प्रेषण की सम्भावनाओं के साथ जुड़ा हुआ होता है।

विदेशी चित्रकारों और कला-चिन्तकों के नाम के साथ एक और भी प्रश्न जुड़ा

हुआ है। क्या कारण है कि भारतीय साहित्य का, भारतीय काव्य का आलोचक काव्य में वस्तुनिष्ठता चाहता है और अपने समर्थन में हमेशा विदेश का साक्ष्य लाता है; विदेशी चित्रकारों को सामने लाता है और उनमें भी उन्हीं चित्रकारों को सामने लाता है जो सबके सब अपने सन्दर्भ में उसी वस्तु और वास्तविकता को नकारते हैं जिसकी दुहाई भारतीय सन्दर्भ में हमारा आलोचक दे रहा है। हिन्दी के आज के कवि पर वस्तुनिष्ठता के नाम पर सारा का सारा आधुनिक एब्स्ट्रेक्ट आर्ट थोपा जा रहा है जो सब वस्तुनिष्ठता को नकारता है, उसकी खिल्ली उड़ाता है और दावे के साथ कहता है कि वह वास्तविकता से परे जा रहा है क्योंकि वास्तविकता कला की दृष्टि से अर्थहीन है और एक अतिवास्तव जगत् भी है जिसमें कला की वास्तविकता पाई जा सकती है!

पश्चिम का प्रभाव है, वह कोई अचरज की बात तो नहीं है; आखिर जीवन के हर क्षेत्र में पश्चिम का प्रभाव है। लेकिन चिन्तन के स्तर पर आप अगर केवल पराया चिन्तन ओढ़ लेते हैं और उससे जो अन्तर्विरोध पैदा होते हैं, उनका सामना नहीं करते या उन से कतराते हैं या उन्हें पहचानते ही नहीं तब निश्चय ही दुःख की बात है। और अगर विज्ञान की दीक्षा के बावजूद चिन्तन का यह हाल है तब तो दारुण दुःख की बात है! ऐसे चिन्तकों से और ऐसे चिन्तन का प्रचार करने वालों से कोई मुड़कर क्यों नहीं पूछता कि अगर यही वस्तु है जिसे आप स्वयं अतिवास्तव मान रहे हैं–दृश्य, लक्ष्य अथवा बाहरी वास्तविकता से परे बता रहे हैं तो इसका क्या प्रमाण है कि वह है ही? विशेष रूप से इस देश में अगर उसका कोई लक्षण या आधार नहीं दीखता, तब हम कैसे मान लें कि उसका अस्तित्व है ही? फिर भी आपका आग्रह है कि हम उसी को वास्तविक मानें, तब या तो आप पहले यह कहिए कि हम सब के सब जैसे भी हो यूरोपीय हो जाएँ, हमारा चिन्तन, हमारा संवेदन विदेशी हो जाए, हम विदेश के विज्ञान में जिएँ। यदि वैसा हो सकता हो, और हमारे साथ वैसा हो सका, तो जब हम वैसे ही हो जाएँगे तब आपकी ये सब बातें हम सुन लेंगे, मान लेंगे। आपके तर्क सुनना, समझना तब सम्भव होगा क्योंकि तब सम्प्रेषण की स्थिति बदल चुकी होगी। लेकिन तब तक आप जिसको वास्तविकता कह रहे हैं उससे बड़ा कोई झूठ इस देश के लिए नहीं है। और अगर जवाब में आपको यह कहना है कि आपके दावे का प्रमाण अनुभव में है या हो सकता है, यानी अन्तर्जगत् की बात है (वह अन्तर्जगत् चाहे चेतन अथवा अवचेतन मनोजगत् हो), तो फिर उस आत्मनिष्ठ और वस्तुनिष्ठ वाले विभाजन का क्या अर्थ या प्रयोजन रह जाता है?

ये सब बातें कहने की हैं और आज के हिन्दी के आलोचकों को ललकार कर कहने की हैं। मैं कहूँ कि यह हमारे साहित्य का, हमारे काव्य का दुर्भाग्य है कि हमारे कवि ने भी यह सवाल पूछने का साहस खो दिया है। आज हिन्दी साहित्य का,

भारतीय साहित्य का कोई भी आलोचक उस साहित्य को विदेशी कसौटी पर परखे बिना कुछ कह ही नहीं सकता है, इससे बड़ा दुर्भाग्य आज के साहित्यकार का क्या हो सकता है? और यह सिर्फ साहित्यकार का दुर्भाग्य नहीं है, यह हमारे पूरे समाज का दुर्भाग्य है कि आज के भारतीय साहित्य की किसी अच्छी कृति को कोई विदेशी आलोचक अपनी कसौटी पर जाँचता हुआ अगर अच्छा कह देता है तो हम सब आँख मूँदकर उसे अच्छा मानने को तैयार हैं और अगर वह उसे बुरा कह देता है तो हम उसी तरह आँख मूँद कर उस कृति का तिरस्कार करने को तैयार हैं। यानी हम आँखें खोलने को तैयार नहीं हैं; हमें वास्तविकता सिर्फ आँख मूँदकर दीखती है! ऐसा क्यों? इसीलिए तो, कि वह हमारी वास्तविकता नहीं है। हम आँख मूँदकर यह इन्द्र-जाल देखते रहें, इसकी ज़िम्मेदारी केवल विदेशी आलोचक पर हो, ऐसा ही नहीं है। इस मामले में हमारा अंग्रेज़ी में लिखने वाला आलोचक भी विदेशी है। वह भी केवल विदेशी कसौटी जानता है और उसी से परखता है क्योंकि उसे मालूम है कि उसकी कसौटी की कसौटी भी तो विदेशी आधार पर अथवा विदेशियों के द्वारा होगी!

मैं चाहता हूँ कि ये सारे सवाल कवियों के, काव्य के आलोचकों के और उनके साधारण समाज के सामने आएँ और इनका सामना आँख खोल कर किया जाए। ऐसा मेरा कोई आग्रह नहीं है कि आप चीज़ों को उसी रूप में या उसी बिन्दु से देखें जिससे मैंने देखा है या मैं देखता हूँ। लेकिन यह चाहने का तो मेरा अधिकार है कि आपके चिन्तन में जो अन्तर्विरोध हे उनका आप सामना करें। जो कविता मैंने लिखी, अच्छी-बुरी जैसी भी लिखी, उसकी वकालत मुझे नहीं करनी है। मैं जानता हूँ कि कवि स्वयं अपनी रचना की कसौटी नहीं करता, नहीं कर सकता। उसे ऐसा प्रयत्न भी नहीं करना चाहिए। इसे चाहे यों भी कह लीजिए कि उसे जो कुछ करना होता है, प्रकाशन के निर्णय से पूर्व ही कर चुका होता है। प्रकाशन के बाद कसौटी का काम उसी पर छोड़ देना चाहिए जिसका यह काम है। लेकिन अगर आज की कविता के लिए एक पढ़ने वाला, काव्य पढ़ सकने वाला समाज मैंने बनाया है, अगर वैसा समाज बनाने का मैं लगातार प्रयत्न करता रहा हूँ, जो बना-बनाया समाज मुझे मिला था उसे केवल स्वीकार न करता हुआ उसे एक नया संस्कार देने का प्रयत्न मैंने किया है तो उस प्रयत्न की चर्चा करने का मेरा अधिकार है और आपके सामने ये सब सवाल रखने का भी मुझे अधिकार है। और मेरा इस बात पर गर्व करना भी अनुचित नहीं है कि जो समाज मुझे मिला था उसके भीतर ऐसे अनेक सामाजिक भी विकसित हुए हैं जिनके सामने मैं इन प्रश्नों की चर्चा कर सकता हूँ और जो इन पर विचार करने को प्रस्तुत होंगे। (मैं तो यह भी आशा करता हूँ कि इस समय भी मैं जो कुछ कह रहा हूँ वह भी समाज की दीक्षा में, नए काव्य के लिए सामाजिक के निर्माण

में योग दे रहा है।) हम एक बड़ी झूठी आलोचना के बोझ के नीचे दबा दिए गए हैं–न केवल कवि बल्कि कविता पढ़ने वाला पूरा का पूरा समाज भी–और ऊपर से लगातार पंच फैसलों और दलीलों का बोझ हमारे ऊपर लादा जा रहा है। हर-एक चीज़ के सिर्फ़ एक मानदंड है जो विदेश से लाया गया है। उसके पीछे जिस वास्तविकता की दुहाई दी जाती है वह वास्तविकता हमारी नहीं है।

यह बात सही है, और मैं मान लेता हूँ कि विज्ञान की जो उपलब्धियाँ हैं–जिन में सबसे पहली तो आधुनिक वैज्ञानिक चेतना है–उनके प्रति हमें सचेत होना चाहिए और उन्हें हमें स्वीकार करना चाहिए। मेरी बात का यह आशय कदापि नहीं है कि हमें विज्ञान के संसारवादी प्रभाव को नहीं पहचानना चाहिए, या कि हम में वैज्ञानिक चेतना नहीं होनी चाहिए। लेकिन **यह भी विज्ञान की ही एक वास्तविकता है** कि आज विज्ञान का एक पक्ष, विज्ञान पर आधारित एक चीज–टेक्नोलॉजी, यन्त्रविद्या, जो चीज़ें पैदा करती है उनका प्रभाव तो संसार के सभी समाजों पर तुरन्त होने लगता है, लेकिन वैज्ञानिक चेतना दूसरे समाजों में उतनी आसानी से नहीं पहुँचती, दूसरी सभ्यताओं का संवेदन उतनी जल्दी नहीं बदलता। यन्त्रविद्या की निर्मितियाँ एक चीज़ हैं और वैज्ञानिक चेतना दूसरी चीज। उदाहरण के लिए रेडियो से हम तुरन्त प्रभावित होते हैं, लेज़र किरणों से हम तुरन्त प्रभावित होते हैं, अन्तरिक्ष में जो कुछ प्रक्षिप्त किया जाता है उससे हम प्रभावित होते हैं; यन्त्र से मिलने वाली सुविधाएँ और सम्भावनाएँ, उनसे उत्पन्न आतंक और प्रदूषण–सभी हमारे जीवन पर गहरा प्रभाव डालते हैं लेकिन इस गहरे प्रभाव के बावजूद ऐसा नहीं होता कि जिस वैज्ञानिक बुद्धि ने, जिस वैज्ञानिक मन:संस्कार ने ये सब चीज़ें सम्भव बनाईं, हमारा पूरा समाज तत्काल उस संस्कार में भी संस्कृत हो जाता है या उस वैज्ञानिक बुद्धि को ही अपना लेता है। ऐसा संसार में कहीं नहीं होता, पश्चिम के देशों में भी नहीं, जिनकी वैज्ञानिक संस्कार की लम्बी और अविच्छिन्न परम्परा है और वैज्ञानिक आविष्कार जिसकी साधारण परिस्थिति का अंग हैं। उन समाजों और सभ्यताओं में जिन्हें शिष्टाचारवश 'विकासमान' कहा जाता है, आविष्कार की उपयोज्यता और वैज्ञानिक मन:संस्कार के बीच की यह दूरी और भी अधिक होती है।

अर्थात् यह तो एक बात है कि विज्ञान से जो चीज़ें हमें मिलती हैं वे हमें तुरन्त प्रभावित करती हैं और उस प्रभाव से बचने का कोई उपाय नहीं है, बचना चाहने की कोई संगति भी नहीं है। यह भी ठीक है कि इन चीज़ों के प्रभाव से हमारी जीवन परिपाटियाँ बदलती हैं और इस परिवर्तन का जो प्रभाव साहित्य में आता है उससे भी बचने का कोई उपाय नहीं है न उसे नकारने में कोई तुक है। लेकिन यह बात फिर भी सच है–केवल सच ही नहीं, इससे लगातार पैदा होते रहने वाली विसंगति का प्रभाव एक चीज़ है और वैज्ञानिक संस्कार दूसरी चीज। जिन्हें विकासमान देश

कहा जाता है उनकी और उनसे भी एक सीढ़ी नीचे जो पिछड़ा हुआ देश-समूह है, उसकी सामाजिक विसंगतियों और तनावों का एक बहुत कारण यही है कि यन्त्रविद्या की उपलब्धियों और वैज्ञानिक बुद्धि के संस्कारों के बीच की यह खाई सबसे अधिक प्रभाव रखती है और समाज के विघटन और विखंडन में एक बड़ी प्रभावशाली भूमिका निबाहती है।

हमने एक अन्तरिक्ष-यान देख लिया या हमारे राज्य ने कुछ एक प्रक्षेपशास्त्र खरीद लिए और किसी राष्ट्रीय उत्सव दिवस पर दिखा भी दिए तो उसी से आधुनिकतम विज्ञान के सारे संस्कार भी हमारे पूरे समाज को मिल गए, हमारी सोच भी आज के पश्चिमी वैज्ञानिक के ढंग की हो गई, यह मानना बिलकुल ग़लत है, अपने को धोखा देना है और सारी समकालीन सर्जना को इसी प्रतिज्ञा के आधार पर परखना और भी खतरनाक धोखा है। लेकिन आज के हमारे सारे आलोचक हमें धोखा देते चले आ रहे हैं (या कि अपने को ही धोखा दे रहे हैं?)। वे यही मानकर चलते हैं और चाहते हैं कि हम भी यही मान लें कि, क्योंकि विज्ञान से पाई गई एक चीज़ हमारे जीवन में आ गई है, इसलिए हमारा संवेदन भी उसे बचाने वाले वैज्ञानिक की कोटि का संवेदन हो गया है–यद्यपि वास्तव में हमें वैज्ञानिक चिन्तन के उस स्तर का अभी तक पता भी नहीं है–या कि अगर कुछ थोड़े-से लोगों को पता है भी तो उस समाज को तो नहीं है जो आज कविता पढ़ता-सुनता है। यह नहीं कि मैं उसके अज्ञान का समर्थन कर रहा हूँ कि उसे भी पता होना चाहिए; यह भी मान सकता हूँ–मैं भी चाह सकता हूँ कि उसे समाज को इन बातों का पता हो, कह सकता हूँ कि अगर उसे पता नहीं होता या पता होने में देर लगती है तो जितनी देर होती है उतना ही हमारा संकट बढ़ता जाता है–लेकिन तथ्य यही है कि हमारा संवेदन अभी आज के पश्चिम के वैज्ञानिक संसार का संवेदन नहीं है। यह यथार्थ है जिसे कोई कवि अनदेखा नहीं कर सकता–अगर कविता का अर्थ दूसरे तक पहुँचना है। और अगर आलोचकों और वैज्ञानिकों में कोई कहता है कि कविता का प्रयोजन दूसरे तक पहुँचना नहीं है, तो फिर हम उससे जानना चाहेंगे कि वह कविता किस चीज़ को कह रहा है और उसका हमारे जीवन में क्या प्रयोजन हो सकता है।

हमारा संवेदन, उसकी संग्राहक अर्हता की और उसकी सम्प्रेषक शक्ति भी, वस्तुनिष्ठ और आत्मनिष्ठ के इस विभाजन को झूठा सिद्ध करती है। संवेदन लगातार इन दोनों को जोड़ता चलता है। दोनों के अविराम गत्यात्मक परस्पर-भेदन की प्रक्रिया को हम विचार की सुविधा के लिए खंड रूप में देखते हैं; वास्तव में वह एक अविभाज्य समग्र प्रक्रिया है। इस बात को न समझना या पहचानना सभी के लिए खतरनाक है, वैज्ञानिक के लिए भी। कवि के लिए तो वह जड़ हो जाना ही है।

छन्द-बोध : आधुनिक स्थितियाँ

1

छन्द की बात आचार्य या अध्यापक जिस तरह करता है, और तो और, समकालीन कविता का आलोचक भी ठीक उसी ढंग से नहीं करेगा। यह तो कहने की जरूरत ही नहीं कि मैं इन कोटियों में से किसी में अपने को नहीं रखता। लेकिन अनकही और निहित बात से आगे बढ़ कर इस अवसर पर मुझे इस बात पर बल देना उपयोगी जान पड़ता है कि मैं कवि के नाते ही समकालीन कविता और उसके छन्द का विचार करना चाहता हूँ। यानी मेरा यह आग्रह है कि आप बराबर यह स्मरण रखें कि मैं जिन अनुभवों में से गुजरा हूँ और अब भी गुजर रहा हूँ उनके भीतर से ही बात कर रहा हूँ, उनके बाहर खड़ा होकर तटस्थ भाव से नहीं।

मैंने जब लिखना आरम्भ किया तब के सभी सिद्ध कवि छन्द-शास्त्र में निष्णात होते थे। आज वह परिस्थिति नहीं है। मेरी युवावस्था में ही अनेक प्रकार का निरंकुश व्यवहार प्रारम्भ हो गया था और 'छन्द के बन्ध' तोड़कर कविता को मुक्त करने की एक रोमानी भंगिमा बड़े कवियों ने भी अपनाई थी। निःसन्देह ये बड़े कवि एक ओर ऐसी कविता लिखने थे जिसे 'मुक्त छन्द' कहा जा सकता या छन्द-मुक्त माना जाता तो दूसरी ओर ऐसी कविता भी लिखते और सुनाते रहते थे जो कुछ अतिरिक्त बन्धन भी मानती हुई चलती थी जो पिंगल द्वारा निर्धारित नियमों-बन्धनों के अलावा संगीत शास्त्र के बन्धनों का भी स्वेच्छा से निर्वाह करती चलती थी। बाल कृष्ण शर्मा 'नवीन' तो अपने फक्कड़ और अराजक स्वभाव के कारण स्वच्छन्दतावादी भंगिमा अपनाते हुए पद भी लिखते थे और उन्हें राग में बाँधकर सुनाते थे। 'निराला' ने बीच की अवधि में स्वच्छन्दता भी बरती, अराजक विद्रोही मुद्रा भी अपनाई, हिन्दी, उर्दू भाषा, व्यवहार, व्याकरण और छन्द-शास्त्र को चुनौती दी; लेकिन अन्त तक उन्होंने न तो छन्द का साथ छोड़ा और न कविता को राग में बाँधकर सुनाने को हेय समझा। निःसन्देह सुमित्रानन्दन पन्त के साथ 'निराला' की तुलना से यह बात स्पष्ट हो जाएगी कि 'निराला' छन्द की आधार-भित्ति हमेशा संगीत के सुर को ही मानते रहे और 'पन्त' ने भाषा के स्वर को प्रधानता दी। दोनों कवि इस बात को पहचानते भी

थे और इस पहचान की निर्भ्रान्तता ने ही दोनों की कविता को उसका विशेष रसास्वाद दिया है। यह दुःख की बात है कि परवर्ती आलोचकों की तो कौन कहे, कवियों में भी इन दोनों की विशेषताओं की उतनी स्पष्ट पहचान नहीं है जितनी इन कवियों को स्वयं थी। आज बँधे हुए छन्द लिखने वाले भी हैं, गीतकार भी हैं–'नवगीत'-कार-ग़ज़लगो भी हैं और छन्द को, लय को, व्याकरण को अमान्य करके अकविता से लेकर लयगन्धी गद्य और ठेठ गद्य तक सभी तरह के 'पद्य' लिखने वाले कवि भी हैं। लेकिन आज लिखने वाले अधिकतर कवियों से यदि पूछा जाए कि 'आपने अगर छन्द छोड़ा तो वास्तव में क्या छोड़ा?' अथवा प्रश्न को यों रखा जाए कि 'छन्द छोड़ने के बाद भी आप आज जो लिखते हैं वह अगर गद्य नहीं है, कविता है, तो वे कौन-से लक्षण हैं जो उसे गद्य से अलग करते हैं? छन्द छोड़कर भी वह कौन-सी चीज़ है जो आपने नहीं छोड़ी–या जो आपने नई अपनाई?' तो शायद ही कोई कवि इसका स्पष्ट और सुतर्कित उत्तर दे सकेगा जबकि यह स्पष्ट है कि यही एक आधारभूत प्रश्न है, यही कसौटी है जिस पर कविता के कवितापन की परख हो सकती है।

छन्द को छोड़ने या तोड़ने वाले कवि लय की बात करते हैं। लय की बात करना सही और उचित है लेकिन अपनी बात का विस्तार करते हुए वे ऐसी भी बातें कह जाते हैं जो उन्हीं की बातों को काट देती हैं। मैं तो समझता हूँ कि 'अर्थ की लय' भी ऐसी ही एक बात है। यह नहीं कि अर्थ की लय होती नहीं या हो सकती नहीं। जहाँ चिन्तन का सातत्य है, विचार की संरचना है, वहाँ रचना-सौष्ठव के अपने नियम हैं। वहाँ अर्थ की लय की बात संगत है लेकिन वहाँ वह काव्य के विचार से बाहर की, चिन्तन-जगत् की बात है जब कि छन्द का विचार करते समय हम भाषा और शब्द का विचार कर रहे होते हैं। छन्द के विचार में यह कहना कि 'अर्थ की लय होती है' उतना ही सही और सही होते हुए भी अप्रासंगिक है जितना यह कहना कि 'चिन्तन का भी एक छन्द होता है।'

हम लोगों ने–हम लोगों अर्थात् मेरे समकालीन अथवा छायावादोत्तर नए कवियों ने–'नई कविता' के कवियों ने नहीं, सभी नए कवियों ने बोल-चाल की भाषा के प्रति एक नया रुख अपनाया था। साहित्यिक भाषा और बोल-चाल की भाषा के भेद को हम मिटा देना चाहते थे। **और यह बात केवल शब्दावली की नहीं थी**। बोल-चाल में आने वाले कोई भी शब्द त्याज्य नहीं थे तो संस्कृत या अरबी, फ़ारसी मूल के शब्द भी उस कारण से त्याज्य नहीं थे। बोल-चाल की भाषा का आग्रह सरल भाषा का आग्रह नहीं था, सहज भाषा का आग्रह था। सरल भाषा का आग्रह भाषा को कितना असहज और नकली बना दे सकता है, यह हम हिन्दुस्तानी के आन्दोलन की प्रगति और परिणति में देख चुके थे। सरल कही जाने

वाली यह भाषा किसी के भी बोल-चाल की भाषा नहीं थी-उसके पक्ष में अधिक से अधिक यही कहा जा सकता था कि वह सभी के लिए एक-सी असहज हो गई है-सभी के दिलों से एक-सी दूरी पर चलती है। ऐसी 'निर्वैयक्तिक' भाषा राजनीति के काम की भले ही बनाई जा सकती हो, कविता के काम की कभी नहीं हो सकती थी। इतना ही नहीं, वह इस अर्थ में भी एक प्रतिगामी प्रवृत्ति थी कि वह छायावाद की रचनात्मक उपलब्धियों को भी मिटा देना चाहती थी। छायावाद में द्विवेदी युग की जिस ऐतिहासिक अथवा वृत्तात्मक निर्वैयक्तिकता से भाषा का उद्धार किया था, उसे एक नया निजत्व दिया था, निजी भावों के सम्प्रेषण की सम्भावना पैदा की थी, यह कृत्रिम हिन्दुस्तानी उसे एक बार फिर नष्ट किए दे रही थी। हम उस निजता और विशेष सम्प्रेषण की सम्भावना से लाभ उठाते हुए बोल-चाल निकटतर आना चाह रहे थे; दूसरी ओर यह भाषा बोल-चाल की निर्विशेषता से भी नाता तोड़ती हुई उसी निजता को असम्भव बनाए दे रही थी। कोई आश्चर्य नहीं कि हिन्दी के किसी भी सर्जनाशील साहित्यकार के गले से वह भाषा नीचे नहीं उतरी-'प्रेमचंद' के भी नहीं जो सिद्धान्ततः एक लम्बे समय तक हिन्दुस्तानी के हामी रहे थे।

बोल-चाल की भाषा का आधार लेते हुए हम लोगों ने स्वभावतः बलाघात या स्वराघात का महत्त्व पहचाना जो कि लय का एक आधारभूत तत्त्व है। इससे पहले स्वर अथवा बलाघात की ऐसी चेतना नहीं थी, न शास्त्र में उसका विचार हुआ था। यह नहीं कि पहले के कवि स्तर के मामले में गलती करते थे या दोष पहचानते नहीं थे। वाचिक परम्परा में शायद शास्त्रीय विचार का उतना महत्त्व भी नहीं था जितना श्रुति-संस्कार का और इसमें सन्देह नहीं कि द्विवेदी युग के अथवा छायावाद काल के कवियों के कान आज के कवियों की अपेक्षा कहीं अधिक सधे हुए थे। श्रुति-संस्कार की विशेषताओं का उल्लेख मैं 'पन्त' और 'निराला' के सन्दर्भ में कर चुका हूँ। यहाँ शायद यह जोड़ देना भी उचित हो कि छायावाद के कवियों में 'पन्त' ही अंग्रेज़ी रोमांटिक कविता से सबसे अधिक परिचित थे; उसकी विशेषताओं को भी उन्होंने बारीकी से पहचाना था और इससे स्वर की जो नई पहचान बनी थी, उसका उन्होंने अपनी कविता में रचनात्मक उपयोग भी किया था। परवर्ती तो सभी कवि उन्नीसवीं-बीसवीं शती की अंग्रेज़ी कविता से न्यूनाधिक मात्रा में परिचित रहे। स्वर और बालघात के क्षेत्र में अंग्रेज़ी में जो नया चिन्तन और नए प्रयोग हुए उससे भी इन कवियों को कुछ नए संस्कार मिले। जो आलोचक इस नई स्वर-चेतना को नहीं समझते थे, अथवा जो विदेश के प्रभाव से विकसित होने वाली पहचान के भी विरोधी थे, उन्होंने इन सब नई प्रवृत्तियों को 'पश्चिम की नकल' कह कर उसकी खिल्ली उड़ाई। पर नक़ल अपनी जगह थी, दृष्टि का नया उन्मीलन अपनी जगह।

पारम्परिक छन्द–शास्त्र का आग्रह करने वाले नए काव्य के छन्द का विश्लेषण भी नगण–मगण और मात्राएँ गिनकर ही करना चाहते थे। यद्यपि यह बिलकुल स्पष्ट था कि नए काव्य में माप के आधारों में स्वराघात की गिनती का, चल यति का और गतिमान तुकों का बहुत अधिक महत्त्व हो गया है और गणों की कोई गिनती उस माप का आधार अब नहीं बन सकती। न ही मात्राओं की गिनती भर से काम चल सकता है क्योंकि मात्रा का विचार स्वराघात का विचार नहीं करता। एक ही मामूली–सा शब्द ले लीजिए–मटकना। इसे दो तरह पढ़ सकते हैं–मटक–ना और मट्–कना। दोनों रूप हिन्दी में प्रचलित हैं और अलग–अलग अर्थ रखते हैं–यानी वास्तव में दो अलग–अलग शब्द हैं। मात्रा के विचार से दोनों पाँच–पाँच मात्रा के शब्द हैं लेकिन जिस कविता में स्वराघात का विचार रखा गया होगा उसमें यह बात अत्यन्त महत्त्वपूर्ण हो जाएगी कि लय की दृष्टि से पाँच मात्रा का यह टुकड़ा ठीक कहाँ पर आता है–क्योंकि वह स्थान ही इसका निर्णय कर देगा कि आपको यह शब्द किस तरह पढ़ना होगा। यह 'मटकना' से आपका आशय मिट्टी के कसोरे का है लेकिन लय का दबाव आपको उसे बालघात को स्थानान्तरित करके उस रूप में पढ़ने को बाध्य करता है जिससे अर्थ बदल जाता है, तो स्पष्ट ही यहाँ अर्थ और लय की टकराहट होगी या कि और भी स्पष्ट कहें तो यह लय का दोष होगा। यह एक बहुत ही स्थूल उदाहरण मैंने दिया है लेकिन इसकी पड़ताल की जा सकती है कि बलाघात के स्थानान्तरण से कैसे लय बदल जाती है–अर्थात् आधुनिक अर्थ में कैसे छन्द बदल जाता है क्योंकि लय ही तो एक चीज़ थी जिसे 'छन्द' के बन्ध' तोड़ने वाले कवियों ने भी छोड़ा नहीं था।

लय के विचार में बलाघात के अलावा एक और तत्त्व का भी विशेष महत्त्व है जिसकी ओर हम लोगों का ध्यान उस स्थिति में जाना और भी अनिवार्य हो गया था जिसमें हमने लय के सिवा दूसरे सब सहारे छोड़ दिए थे। लय के इस पक्ष की पहचान के लिए शायद थोड़ी देर के लिए साहित्यशास्त्र के क्षेत्र से बाहर जाकर सामान्य जीवन की ओर देखना भी उपयोगी हो।

हम अपने हृदय की धड़कन साधारण स्वस्थ अवस्था में नहीं सुनते। लेकिन उत्तेजना, चिन्ता या तनाव की स्थिति में वह धड़कन हमें सुनाई देने लगती है। जब सुनाई देती है तब यह भी हो सकता है कि धड़कन केवल अधिक ज़ोर से होने लगी हो; यह भी हो सकता है कि उसकी गति भी तीव्रतर हो गई हो; और इससे उलटा यह भी हो सकता है कि गति में अवरोध का अनुभव हो रहा हो अथवा वह असम हो गई हो। इसे यों भी कह सकते हैं कि दिल की धड़कन तभी सुनाई देती है जब उसकी सामान्य सुस्थ लय में कोई व्यतिक्रम हो रहा हो। क्या इस बात को काव्य के क्षेत्र में लाकर यों कहा जा सकता है कि लय का श्रेष्ठ निर्वाह वहाँ है–कि छन्द का

उत्तम रूप वह है–जहाँ लय की गति हठात् हमारा ध्यान अपनी ओर आकृष्ट न करे–इतनी सहज हो कि आलक्षित बहती चले? 'छन्द' का एक अर्थ है ढकना या आवृत्त करना–क्या छन्द वही नहीं है जिसकी ओट में लय अदृश्य गति से बहती है?

शरीर की संरचना से ही एक दूसरा उदाहरण भी ले सकते हैं। हमारे शरीर की कोई भी हरकत मानो एक जुड़वाँ हरकत होती है। चलते समय हम दाहिना पैर आगे बढ़ाते हैं तो बाईं भुजा अपने आप आगे बढ़ती है; बाएँ पैर के साथ दाहिनी भुजा। यह सहज और स्वाभाविक गति है जिसमें हम परिवर्तन तो ला सकते हैं लेकिन वह चेष्टित होगा, कष्ट-साध्य और थकाने वाला होगा। दाहिने पैर के साथ दाहिना हाथ बढ़ाना और बाएँ के साथ बायाँ, इसमें तो श्रम है ही; लेकिन अगर हम चलते समय केवल पैर हिलाना चाहें और बाँहों को बिलकुल निश्चल रखना चाहें तो उसमें भी श्रम है। यानी श्रम न करना भी श्रम-साध्य होता है जब वह लय की सहजता के प्रतिकूल जाता है। हम खड़े-खड़े भी जब शरीर को ढीला छोड़ते हैं तो कमर एक तरफ जाती है, धड़ दूसरी तरफ; मस्तक दूसरी धड़ से विपरीत उसी दिशा में झुकता है जिसमें कमर जाती है। इस प्रकार समभंग विश्रान्ति की एक अवस्था है, त्रिभंग दूसरी; एक से दूसरी स्थिति में जाते हुए शरीर एक सहज लय अपनाता है जिसमें आत्म-चेतना नहीं होती।

निश्चय ही लय की असहजता भी विशेष स्थितियों में काम्य हो सकती है। जहाँ तनाव अथवा उत्तेजना दर्शाना ही अभीष्ट हो, वहाँ कवि जान-बूझ कर वैसी असम लय का प्रयोग कर सकता है और इस प्रकार छन्द की गति को भावों की गति के अनुरूप चला कर भावों के सम्प्रेषण को और प्रभावी बना सकता है। **लेकिन ध्यान में रखने की बात यह है कि कोई भी गति मानो अपनी समतोल एक प्रतिगति का आह्वान करती है।** यह सममात्रिकता अथवा सममिति (Symmetry) का एक साधारण नियम है जो हर वस्तु-संरचना और हर रूप-संरचना और हर गति-संरचना में लागू होता है। जीव-भौतिकी और जीव-रसायन तक में हम देखते हैं कि अणु के बनने में भी यह सिद्धान्त काम करता है–बनते हुए अधूरे अणु में सममिति का यह दवाब ही उसकी शेष संरचना का रूप निर्धारित कर देता है। आनुवंशिकी में भी हम इस सिद्धान्त को काम करते देख सकते हैं। संगीत और काव्य में ही नहीं, गणित और तारा-भौतिकी में ही नहीं, सृष्टि-मात्र में यह शक्ति सहज रूप से काम करती है।

क्या ऐसा सोचा जा सकता है कि छन्द में और सब कुछ छोड़कर हम लय पर आ टिकते हैं; और फिर लय के विचार में छँटनी करते हुए अन्ततोगत्वा इस सममात्रिकता या सममिति के सिद्धान्त तक पहुँचते हैं कि सममात्रिकता ही वह देहरी है जिसके इस पार लय है और काव्य है; उस पार गद्य है और सूचना है? मैं नहीं जानता कि यह बात इस ढंग से पहले सोची या कही गई है या नहीं। लेकिन सोचता

हूँ कि नटराज शिव को जब नृत्य और संगीत का ही नहीं, सभी कलाओं का आदि-देवता माना गया तो उसमें कहीं-न-कहीं इस बात का बोध अवश्य था कि लय के बिना सृष्टि नहीं है और यह सममिति ही लय का आधार है। शिव ही सृष्टि की लय के नियन्ता और अनुशासता हैं; इसलिए वह सर्जनारत मानव के लिए भी सबसे पहले वन्द्य हैं। *'वागर्थप्रतिपत्तये जगतः पितरौ वन्दे पार्वती-परमेश्वरौ।'*

मैंने अभी नटराज को लय का नियन्ता और अनुशासता कहा। यह बात केवल काल के सम्बन्ध में नहीं है जिसके आधार पर उसे महाकाल के साथ जोड़ा जा सकता। निश्चय ही लय का विचार काल तत्त्व के विचार से अलग नहीं हो सकता। लेकिन अनुशासन का विचार भी काल-तत्त्व-चिन्तन के साथ जुड़ा हुआ है और शायद समकालीन कवि को इस बात पर भी विचार करना चाहिए कि कवि-कर्म केवल शब्द के अनुशासन के साथ जुड़ा हुआ नहीं है बल्कि उससे अधिक और गहरे में कल के अनुशासन के साथ भी जुड़ा हुआ है। शायद लय के नए विचार के लिए काल के इस अनुशासन के नए बोध का ही सबसे अधिक महत्त्व है।

मैंने पहले कहा कि समकालीन कवि के नाते हम बोल-चाल की भाषा के निकटतम रहना चाहते हैं। यह भी शायद सममात्रिकता के सिद्धान्त का एक पहलू ही है कि इस आग्रह के साथ-साथ लय के सूक्ष्मतर अनुशासन की आवश्यकता का ही हमें बोध होता है। कविता में अनुशासन क्यों होता है, क्यों आवश्यक है और वह किस चीज़ का अनुशासन है, इस सवाल का भी सीधा जवाब परिभाषा के सहारे न देकर कुछ दूसरे सवाल उठा कर देना कवि के लिए उपयोगी हो सकता है। अपने सामान्य प्रयोजन हम साधारण बोल-चाल में कहते हैं और तब हम यही कोशिश करते हैं हमारी बात जल्दी-से-जल्दी दूसरे तक पहुँच जाए लेकिन कविता में हमारा प्रयत्न मानो इससे ठीक उलटा होता है। कविता स्वरों की गति को ही नहीं, भाव-सम्प्रेषण की गति को भी धीमा करती है। ऐसा क्यों? कवि का उद्देश्य यह नहीं है कि उसकी बात समझने में अधिक समय लगे। क्योंकि कविता के प्रयोजन साधारण बोल-चाल के प्रयोजनों से अलग हैं, भिन्न स्वभाव के हैं, अनिवार्यतया बहुस्तरीय हैं, इसलिए गति का यह नियन्त्रण या अनुशासन आवश्यक होता है। जिस दूसरे तक बात पहुँचाई जाती है, कविता का जो सहृदय है, उस तक जो बात पहुँचती है उसमें भावों के इस अनुशासन का भी एक बोध होता है-वह भी सम्प्रेष्य है। इस सूक्ष्मतर अनुशासन के दोतरफ़ा बोध के कारण ही कविता में ऐसा बहुत कुछ कहा जा सकता है जो साधारण बोल-चाल में नहीं कहा जाता अथवा जिसे कहते संकोच होता है-जिसमें भावातिरेक या अतिरंजना या भावुकता जान पड़ती है बल्कि जो अश्लील भी जान पड़ सकता है। लय का अनुशासन ही इसे सम्भव बनाता है कि कविता ऐसा बहुत कुछ सम्प्रेषित कर सके जो साधारण भाषा-व्यवहार में सम्प्रेष्य नहीं होता।

कविता में यह इसीलिए सम्भव होता है कि उसमें बराबर साथ-साथ यह बोध भी जागता है और जगाया जाता रहता है-सम्प्रेष्य का अंग होता है-कि कहीं भी मर्यादा का उल्लंघन नहीं हो रहा है, बात अनुशासित ढंग से ही कही जा रही है।

क्या ऐसा कहा जा सकता है कि लय वह मर्यादा है जो इस सूक्ष्मतर और अदृश्य अनुशासन की पहचान को सम्प्रेषित करती है-जिस पहचान के कारण हम बोल-चाल की शब्दावली के बावजूद कविता की भाषा को साधारण व्यवहार की भाषा से अलग पहचानते हैं, काव्य की संरचना पहचानते हैं?

तब क्या बात को यों कहा जा सकता है कि छन्द भावों की वह मर्यादा है जिसका बोध प्रकट अथवा अप्रकट रूप से दूसरे तक पहुँच जाता है और जो सम्प्रेषित भावों की व्यवस्था और संरचना का बोध करा देती है?

सहजता और मर्यादा। जिन दो दृष्टियों से मैंने लय के सम्बन्ध में अपने विचार आपके सामने रखने का प्रयत्न किया है उन्हें एक विरोधाभास में जोड़ कर कहूँ कि सबसे सीधी गति वही होती है जो सीधी न होकर सममिति पर आधारित एक गोलाई लिए हुए हो यह गोलाई ही उसकी सहजता है। चलने में भी जिसे हम सीधे चलना कहते हैं उसमें किसी अवयव की कोई गति सीधी नहीं होती बल्कि एक गोलाई लिए हुए होती है-या उसे सीधा रखने के लिए विशेष प्रयास करना पड़ता है अर्थात् वह सहज नहीं रहती-जैसा फ़ौजी मार्च में होता है।

मैंने यह प्रयत्न किया है कि लय और छन्द के विचार में उन चीज़ों को आधार न बनाया जाए जिन्हें हमने छोड़ दिया अथवा जिन्हें छोड़ देने के पक्ष में हम थे जैसे वर्णों, चरणों अथवा मात्राओं की गणना या तुक और तुकान्त पंक्तियाँ। लय के विचार को यति के विचार से अलग नहीं किया जा सकता लेकिन नई संकल्पना में यति स्थिर नहीं रहती; वह श्वास के और अर्थ के स्वाभाविक विश्राम के साथ स्थानान्तरित होती है और इस प्रकार अधिक परोक्ष रूप से स्वराघात और बलाघात के साथ जुड़ जाती है।

एक तीसरी बात का विचार भी हमें करना चाहिए। प्रायः सभी नए कवि लोक-धुनों की ओर मुड़े और सभी ने इन पर आधारित प्रयोग किए। क्यों? क्या इसका कारण यह नहीं था कि एक तरफ़ तो वे लोक-गीतों में वैसी मुक्ति अथवा स्वच्छन्दता का व्यावहारिक रूप देख रहे थे जो उन्हें काम्य थी; और दूसरी तरफ़ इन लोक-धुनों के सहारे ही वे अपने को उन लाभों से वंचित हो जाने से बचा भी सकते थे जो 'छन्द के बन्ध' तोड़ने पर उनसे छिन जाते थे। नई कविता की एक उपधारा के रूप में-अथवा आपका आग्रह हो तो कह लीजिए समान्तर एक धारा के रूप में-'नव गीत' का जो विकास हुआ वह इस दोहरी प्रवृत्ति को उदाहृत करता है। 'छन्द के बन्ध' उसने भी छोड़े, या यों कहें कि उन्हें छोड़ना उसने भी स्वीकार कर

लिया। लेकिन उसके साथ पद की गेयता के सम्पूर्ण परित्याग से होने वाली क्षति की पूर्ति के लिए उसने लोक-धुनें अपनाईं।

हिन्दी के कवि को परम्परा से एक छूट मिली हुई थी लय की आवश्यकता के अनुसार गुरु को लघु कर के पढ़ने की। मात्रिक छन्द में लघु को गुरु नहीं किया जा सकता था, लेकिन गुरु को आवश्यकतानुसार लघु करने का अधिकार ब्रजभाषा के कवि ने भी बराबर बनाए रखा। और वर्ण वृत्तों में तो मात्रा का विचार होता ही नहीं था इसलिए उनमें कहीं-कहीं लघु को गुरु का वजन भी दिया जा सकता था। ये रियायती अधिकार लोक-काव्य में हमेशा बने रहे; लोक-काव्य में तो इस के अलावा भी बहुत-सी छूट रही। उर्दू कविता में भी यह अधिकार बहुत-कुछ बना रहा। लेकिन उत्तर द्विवेदी युग में एकाएक यह माना जाने लगा कि यह हिन्दी कविता के स्वभाव से बाहर की चीज़ है : जहाँ इस अधिकार का उपयोग दीखा वहाँ उसे 'उर्दू का प्रभाव' माना गया। यह एक भ्रान्त और निराधार कल्पना थी : लेकिन ऐसी कल्पना हुई क्यों? द्विवेदी युग के हिन्दी के छन्द-निष्पात कवियों ने-विशेष रूप से श्री नाथूराम 'शंकर' अथवा श्री मैथिलीशरण गुप्त ने-स्वेच्छा से यह अधिकार छोड़ दिया। इतना ही नहीं, उन्होंने स्वेच्छा से ही और भी कई कठिन नियमों का निर्वाह करते हुए रचना कर दिखाई। जिन रचनाओं में ऐसा हुआ वे सब श्रेष्ठ काव्य का प्रमाण थीं, ऐसा नहीं था। लेकिन छन्द, भाषा और मुहावरे पर-और तुक पर-कवि के सम्पूर्ण अधिकार का प्रमाण तो वे प्रस्तुत करती ही थीं। कवि के लिए न सही, काव्य, भाषा और छन्द के अभ्यासों के लिए इनसे अच्छे प्रतिमान और गुरु नहीं हो सकते थे। उनकी इस असाधारण क्षमता का ही परिणाम यह हुआ कि हिन्दी कविता के उन पारम्परिक रियायती अधिकारों और प्रयोगों को हिन्दी से बाहर का मान लिया गया जिन्हें इन आचार्यों ने अपनाया नहीं था। नए काव्य ने इन रियायतों का फिर से उपयोग किया है लेकिन उनसे लाभ उठाने वाले कुछ कवि भी ऐसा समझते हैं कि इसकी सम्भावना उर्दू ने पैदा की; उन्हें मानो यह याद ही नहीं रहा कि हिन्दी की परम्परा में तो यह बराबर थी और लोक-काव्य में अक्षुण्ण चली आई थीं।[1]

---

1. यहाँ प्रस्तुत लेख वास्तव में दो वक्तव्यों का जोड़ है। ऊपर का वक्तव्य बोधगया के लेखक शिविर में दिया गया और टेप से प्रतिटंकित किया गया है; दूसरा भाग वह वक्तव्य है और इसके एक वर्ष बाद बरगीनगर के लेखक शिविर में दिया गया था। परिस्थितिवश कुछ बातों की आवृत्ति हो गई थी और सन्दर्भ के लिए आवश्यक थी। ऐसे अंश आवृत्ति बचाने के लिए काट दिये गये हैं, पर अधिक परिवर्तन वक्तव्यों में नहीं किया गया-उन्हें विवेचनात्मक लेख का रूप न देकर कवियों के आपसी संवाद के रूप में बना रहने देना अधिक उपयोगी जान पड़ा। इस कारण कहीं-कहीं आवृत्ति का आभास पाठकों को मिलेगा जो आशा है, सम्य होगा।
-ले.

2[1]

लेखकों की गोष्ठियों और लेखक शिविरों में जब समकालीन कविता की चर्चा होती है तो आरम्भ में ही यह स्वीकार कर लिया जाता है कि छन्द दूसरी चीज़ है और लय दूसरी; यहाँ से आरम्भ करके ही यह कहा जाता है कि आधुनिक कविता ने छन्द छोड़ दिया अथवा 'छन्द के बन्ध' तोड़ दिए लेकिन लय नहीं छोड़ी। बात निश्चय ही सत्य है; इसे स्वीकार करके चलना सर्वथा उचित है लेकिन इस स्वीकार के बाद भी बात जब आगे बढ़ती है तो प्राय: दोनों को पर्यायवाची मान लिया जाता है। हमारे दो शिविरों में भी ऐसा ही हुआ है और इस भूल का संशोधन अभी तक नहीं हुआ। विद्वज्जन यह भी कह गए कि 'गद्य का भी एक छन्द होता है'। मेरी समझ में यह बात या तो कहनी नहीं चाहिए या जिस विशेष अर्थ में कहीं जा सकती है उसे स्पष्ट करके कहनी चाहिए। गद्य की एक लय होती है, यह मान लेने में तो मुझे कठिनाई नहीं है लेकिन गद्य का एक छन्द होता है, यह मैं बिना पारिभाषिक व्याख्या के स्वीकार नहीं करूँगा।

यहाँ इस आपत्ति से यह तो स्पष्ट ही है कि मैं छन्द और लय को अलग कर रहा हूँ। लेकिन कहाँ अथवा कैसे उन्हें अलग कर रहा हूँ, इसको फिर से स्पष्ट करना उपयोगी होगा बल्कि शायद आवश्यक भी है।

छन्द की चर्चा में प्राय: उन चीज़ों का उल्लेख होता है जिन्हें हमने अर्थात् समकालीन कवियों ने छोड़ दिया। ये चीज़ें पहले छन्द का अंग मानी जाती थीं; एक-एक करके हम पहचानते गए कि इनके बिना भी हमारा काम चलता है। लेकिन लय पर आकर हम लोग अटक गए : हमने माना कि इसके बिना काम नहीं चलता–अर्थात् अगर कविता है तो लय है; अगर लय नहीं है तो काव्य और गद्य में भेद का आधार नहीं रहता। मैंने कहा कि हम लय पर आकर अटक गए, लेकिन आज शायद ऐसे कवि अनेक होंगे जो लय को भी उतना ही फालतू अथवा डिसपेंसेबल मानते हैं जितना और सब चीज़ों को। पता नहीं वे उचित को भी क्यों डिसपेंसेबल नहीं मान लेते हैं! या कम-से-कम यह क्यों नहीं पूछते कविता लिखना ही क्यों आवश्यक है? वे यह तो कह देते हैं कि जिन परिस्थितियों में पहले कविता लिखी जाती थी उनमें से आज कोई नहीं बची है। मान लें कि ऐसा है, तो इससे इतना परिणाम तो निकाला जा सकता है कि उन परिस्थितियों में जैसी कविता लिखी गई आज की कविता वैसी नहीं हो सकती, नहीं होनी चाहिए। लेकिन क्या यह भी सच है कि जिन परिस्थितियों में कविता लिखनी चाहिए या कविता सार्थकता होती है उनमें से आज कोई नहीं बची। और अगर ऐसा है तो क्या कारण है कि आज भी कविता लिखी जाती है? क्यों आज भी कोई कविता

---

1. यह वक्तव्य बरगीनगर के लेखक शिविर में दिया गया। —ले.

लिखना चाहे? दूसरी ओर, अगर दलील यह है कि आज की परिस्थितियाँ विशेष हैं और उसमें विशेष प्रकार की कविता होनी चाहिए, तो उन विशेषताओं की परिगणना होनी चाहिए, उनके लक्षणों का विचार होना चाहिए।

मान लीजिए, हम विचार को यहीं से आरम्भ करना चाहें कि हमारा आज का जीवन बिलकुल अलग ढंग का है कि पहले की कोई बात हमारे लिए संगत या प्रासंगिक नहीं है, तो क्या ऐसा कोई आरम्भ-बिन्दु चुना जा सकता है? अवश्य ही हमारे संवेदन में बहुत-सा परिवर्तन आया। लेकिन क्या ऐसा कहा जा सकता है कि हमारा संवेदन बुनियादी तौर पर वैदिक काल के भारतीय मनुष्य के संवेदन से इतना अलग हो गया है कि दोनों के बीच संवाद की और समवेदना की, सहानुभव की कोई सम्भावना नहीं बची कि एक के लिए दूसरा वास्तव में अप्रासंगिक है? यदि ऐसा है तो या तो हमें अपने लिए 'मनुष्य' से इतर कोई प्रजातीय नाम सोचना चाहिए या फिर वैदिक काल के मनुष्य को ही मनुष्येतर कोई प्रजातीय नाम देना चाहिए। दोनों को ही मनुष्य कहना, मनुष्य मानना और पहचानना ही सिद्ध करता है कि हम देखते और मानते हैं कि उनका संवेदन भी मानवीय था जैसा कि हमारा भी है। परिस्थितियाँ बदलीं लेकिन उन परिवर्तनों को हम एक ऐतिहासिक सन्दर्भ में रख सकते हैं; वह ऐतिहासिक सन्दर्भ ही वैदिक मानव और आधुनिक भारतीय को एक समग्र इकाई में जोड़ता है। ऐसा न होता तो वैदिक मानव के अनुभव हमारे लिए अप्रासंगिक ही नहीं, अर्थहीन हो गए होते।

ऐतिहासिक सन्दर्भों को बिलकुल छोड़कर या एक तरफ़ रख कर हम विचार का आरम्भ यहाँ से भी कर सकते हैं कि हमारी परिस्थिति तो अद्वितीय है, अपूर्व है; ऐसी पहले कभी किसी को हुई नहीं; कि हमारी समस्याएँ भी अद्वितीय और अभूतपूर्व हैं और इसलिए अतीत का विचार करने की हमें कोई जरूरत ही नहीं है। हम जो कविता लिखते हैं उसके प्रेरणा-स्रोत भी दूसरी सब कविता से अलग हैं; उनकी खोज में अतीत की ओर जाने की कोई जरूरत नहीं है और अपने प्रेरणा-स्रोतों की खोज के लिए हमें केवल अपने समकालीन जीवन की ओर ही देखना चाहिए। इस प्रतिज्ञा से आरम्भ करके भी हमें छन्द और लय नाम की चीज़ों के विचार में (दोनों को अलग-अलग रखते हुए भी) इस सवाल का सामना तो करना ही होगा कि इनका विचार तो दूसरी सब कलाओं में भी होता है, और समकालीन अन्य कलाओं में भी होता है; तब वे कौन से तत्त्व हैं जो छन्द और लय के सामान्य विचार में संगत और अनिवार्य होते हैं और कहाँ पर काव्य में छन्द और लय का विचार संगीत अथवा चित्रकला या मूर्तिकला में (या स्थापत्य में भी) छन्द और लय के विचार से अलग हो जाता है? और कला के अन्तर्गत साहित्येतर कलाओं की ही बात क्यों करें, दूसरी साहित्य-विधाओं की भी तो बात हो सकती है। उपन्यास में भी तो छन्द या लय होती है या मानी जाती है : यदि हम इस बात को मानते हैं कि उपन्यास में भी छन्द होता है, लय

होती है, तो वहाँ छन्द और लय से हमारा आशय क्या है? अगर वहाँ छन्द और लय की परिभाषा काव्य में छन्द और लय की परिभाषा से अलग है, तो उस अन्तर का निरूपण हम कैसे करते हैं? और अगर हम नहीं मानते कि उपन्यास में भी लय-छन्द होता है, तो हमें यह सिद्ध करने के लिए युक्तियाँ प्रस्तुत करनी होंगी कि उपन्यास में ये गुण नहीं होते, नहीं हो सकते और जो मानते हैं कि होते हैं वे भूल करते हैं।

उपन्यास को हम साधारणतया दूसरी साहित्य-विधाओं से अलग करते हैं : इस बात पर भी विचार करना होगा कि यह कहाँ तक संगत है अथवा नहीं है। छन्द और लय के विस्तृत विवेचन में ये सभी प्रश्न उठेंगे और समकालीन काव्य सर्जक को उनके बारे में अपनी कोई राय तो बनानी ही होगी, भले ही वह उसकी वकालत करना अनावश्यक समझे।

अभी उन सब प्रश्नों को न उठा कर हम अपने साधारण जीवन से ही आरम्भ करें। हमारी ऐतिहासिक चेतना का भी आधार तो हमारा वर्तमान का बोध ही होता है-वर्तमान का अनुभव और उसकी परख ही तो विवेचन की आधार-भूमि है। लगातार अपना जीवन जीते हुए हम पाते हैं कि हमारा जीवन अनुभवों का एक अन्तहीन क्रम है जिसमें कोई अनुक्रम, कोई तारतम्य, कोई रूप या कोई संरचना हमें नहीं दीखती; कि अपना जीवन जीते हुए हम स्वयं ही लगातार अपने अनुभवों को, अपने जीवन को अर्थवान् बनाने के लिए उनको किसी संरचना में ढालते चलते हैं, उन्हें कोई रूपाकार देते चलते हैं। यहाँ कोई आपत्ति कर सकता है कि आज ऐसे भी लेखक हैं-विशेष रूप से उपन्यास और नाटक के क्षेत्र में, और ये विधाएँ ही हमारे अनुभव का वृत्तान्त प्रस्तुत करती हैं-जिन्होंने एबसर्ड उपन्यास या नाटक लिखे हैं। ऐसे लेखक हैं तो, लेकिन इने-गिने ही और उनकी संख्या बहुत बड़ी कभी नहीं होगी; क्योंकि अन्ततः हम इस बात को अन्तिम रूप से स्वीकार नहीं कर सकेंगे कि हगारा जीवन अर्थहीन है। परिस्थितियाँ लगातार ऐसा रूप लेती रहेंगी कि हमारा जीवन हमें अर्थहीन जान पड़ने लगे-और उन परिस्थितियों में लगातार हमारी स्मृति और हमारी चेतना जीवन के अर्थ की खोज करती चलेगी, जीवन को अर्थ देती चलेगी क्योंकि वही स्मृति और चेतना का स्वभाव है। हम जीवन मात्र को, सत्ता को सदा के लिए अनिवार्य रूप से एबसर्ड नहीं मान सकेंगे, नहीं मानेंगे।

तो हम लगातार अपने जीवन के अनुभवों के एक आकारहीन भंडार को, घटनाओं के एक अव्यवस्थित प्राचुर्य को लगातार किसी क्रम में बैठाते चलेंगे, उसमें किसी व्यवस्था की अवधारणा करते चलेंगे, किसी रूपाकार की सृष्टि करते चलेंगे जिससे हमारा जीवन और अनुभव हमें अर्थवान् जान पड़े-लय युक्त अथवा छन्द-युक्त जान पड़े। हम लगातार अनुभवों के एक छन्दहीन समूह अथवा ढेर से आरम्भ करते हुए उन अनुभवों को एक तरतीब देते हुए, उन्हें एक छन्द में ढालते हुए चलते हैं।

जब हम कहते है कि फूल का भी एक छन्द होता है–मैंने भी लिखा है *'छन्द है यह फूल, पत्ती प्रास'* और हजारीप्रसाद जी भी प्राय: ऐसी बात कहते थे और अपनी बात को पुष्ट करने के लिए रवीन्द्रनाथ ठाकुर का प्रमाण भी देते थे–फूल का भी एक छन्द होता है, ऐसा कहते समय हम जिस छन्द की बात करते हैं वह क्या है? छन्द की एक नई और समकालीन परिभाषा करते हुए हम कह सकते हैं कि जो भी चीज़ ऐसी है, जो भी गुण और लक्षण ऐसे हैं जिनके आधार पर हम रूप की, किसी रूपाकार की पहचान तक पहुँचते हैं वही उस रूपाकार का छन्द है। फूल से हट कर हम अमूर्त रूपाकारों की ओर आएँ : ऐसा हो सकता है कि हमारे सामने वाक्यों का एक समूह हो जिनमें प्रत्येक वाक्य सार्थक हो लेकिन जिनमें आपस में कोई तारतम्य लक्षित न हो। तब वहाँ छन्द नहीं होगा। लेकिन उन्हीं वाक्यों को हम एक अनुक्रम, एक तारतम्य ऐसा दे सकते हैं कि उस अनुक्रम की भी एक संगति हमें दीखे, विचारों के अथवा युक्तियों के प्रवाह में एक दीप्ति, एक शोभा हमें दीखे और एक समग्रता अथवा समग्रता की ओर बढ़ती हुई एक संरचना की पहचान हमें मिले। ऐसी पहचान हमें एक समग्र रूपाकार की उद्‌भावना तक ले जाती है। तब हम कहते हैं कि बात का, वाक्यों के उस समूह का एक छन्द है।

मैं समझता हूँ कि मैं बात को ऐसे ढंग से रख पाया हूँ, और यही मेरा प्रयत्न भी था, कि हम किसी भी कला के सन्दर्भ में इसकी परख कर सकें। चित्रकला में भी यह बात सही पाई जाएगी। वहाँ भी बहुत-सी वस्तुओं या तत्त्वों के जमाव में से चित्रकार हमें एक रूपाकार के पहचान की ओर प्रेरित कर रहा होगा।

यहाँ मैं कुछ आलोचकों को मुँह बिचका कर व्यंग्यपूर्वक यह कहते हुए देख सकता हूँ कि 'हाँ, एक रूपवादी यह नहीं कहेगा तो और क्या कहेगा।' लेकिन आप मेरी युक्ति की ओर न देखकर स्वयं अपने जीवन की ओर देखिए; अपने अनुभवों के प्रति स्वयं अपने रवैए को देखिए। मानवीय चेतना का यह स्वभाव है कि वह केवल छाप को ग्रहण नहीं करती, वह प्रत्येक अनुभव को किसी तारतम्य में रखती या जोड़ती चलती है, अनवरत संरचना करती चलती है, एक समग्रता की, एक रूपाकार की पहचान करती चलती है या करने का प्रयत्न करती चलती है। जब-जब ऐसी कोई संरचना की पहचान हमें होती है। तब-तब उसका एक छन्द हमें मिलता है। इसी अर्थ में जहाँ भी रचना है, जहाँ भी एक रूपाकार की सृष्टि हुई है, हम पा सकते हैं कि वहाँ छन्द है। यह बात हम सभी कलाओं के, प्रत्येक कला कि प्रत्येक विधा के बारे में कह सकते हैं; सर्जनामात्र के बारे में कह सकते हैं। उपन्यास में भी इसीलिए छन्द की चर्चा संगत है। उपन्यास में घटनाओं की एक संरचना होती है। हमारे सामान्य जीवन में जो घटनाएँ होती हैं उन सब में कोई अनुक्रम अथवा तारतम्य हमें नहीं दीखता–यह मानते हुए भी कि हेतु और हेतुमत् का एक अनिवार्य सम्बन्ध हम बहुधा पहचान लेते हैं–कभी-

कभी ही ऐसा होता है कि घटना को उसके कारण के साथ हम नहीं जोड़ पाते। सामान्य जीवन में भी जब हम अपने जीवन की घटनाओं के प्रति सजग होते हैं, उनमें एक अर्थवत्ता पाना चाहते हैं, तब उसमें किसी संरचना की अवधारणा हमारा विवेक ही करता है। उपन्यास में–सर्जनात्मक वृत्तांत में–सर्जक घटनाओं के अन्तहीन विस्तार में से कुछ घटनाएँ चुनता है, उनको क्रम में लगाता है और एक पूरेपन की रचना करता है। उपन्यास वर्णित घटनाओं को एक समग्रता भी देता है और इतर घटनाओं से अलग भी कर देता है जिसके कारण हम एक समग्र रूपाकार की पहचान कर सकते हैं। उपन्यास का आरम्भ होता है, उसका अन्त होता है; घटनाओं की एक उठान हमें दीखती है, तनाव का एक उतार भी, या एक से अधिक उतार–चढ़ाव हम देखते हैं और सभी एक परिणति अथवा निष्पादन की ओर से ले जाते हैं। यह तो नहीं है कि उपन्यास के चरित्र उपन्यास से पहले नहीं थे अथवा औपन्यासिक घटनाएँ पहले की किसी घटना से जुड़ी हुई नहीं रही होंगी, एक वृत्तरहित शून्य से आरम्भ हो रही होंगी, न ही उपन्यास के अन्त में घटना–वृत्त अन्तिम रूप से समाप्त हो जाता है–चरित्रों का जीवन आगे भी चलता रहता है, उनके जीवन में आगे घटनाएँ होती ही रही होंगी जिन्हें हमारी कल्पना अग्राह्य अथवा अमान्य नहीं कर देती। बल्कि ऐसे भी उपन्यास होते हैं जिन्हें 'खुले अन्त वाला' उपन्यास कहा जा सकता है, जिनके अन्त में कई सम्भवानाएँ बनी रह जाती हैं और उपन्यासकार किसी एक सम्भावना का पक्षधर बन कर हमारे सामने नहीं आता–उपन्यास का आगे का क्रम हमारी कल्पना पर छोड़ देता है। इसके बावजूद एक सर्जनात्मक संरचना और रूपाकार की पहचान हमें होती है, और उपन्यास की घटना-वस्तु को आगे–पीछे के सारे घटना-संसार से अलग करके हम उसे देखते–पहचानते हैं। कहानी में तो आदि, मध्य और अन्त का महत्त्व और भी अधिक होता है; कहानी में एक और भी निर्भ्रान्त स्पष्ट रूपाकार की पहचान आवश्यक होती है। इस सन्दर्भ में कविता भी एक घटना होती है और उसका भी एक ऐसा रूपाकार होता है जिसमें अन्त का विशेष महत्त्व होता है; जिसमें कविता उस अन्य की ओर बढ़ती हुई दीखती है। मैं पहले भी वह प्रश्न उठा चुका हूँ कि 'रचना का पूरा हो जाना' क्या होता है, हम कैसे जानते हैं कि कविता 'पूरी' हो गई? जहाँ रचना में रूपाकार की पहचान हमें मिल जाती है, जहाँ उसकी संरचना की हमारा संवेदन आत्मसात् कर लेता है, वहीं पर रचना पूरी होती है। हम जान लेते हैं कि इससे आगे और कुछ कहना आवश्यक नहीं है बल्कि रूपाकार को कुछ विकृत ही करेगा।

कविता हम पढ़ते या सुनते हैं तब हम पहले से यह नहीं जान रहे होते कि कवि हमें किधर या कहाँ तक ले जा रहा है। छपी हुई कविता में तो हमें पन्ने पर अक्षरों की एक आकृति दीखती भी है और हम जानते हैं कि अमुक पंक्ति के साथ अथवा अमुक शब्द के साथ उसकी समाप्ति होती है। लेकिन 'समाप्ति' और 'पूरापन' अलग–अलग

चीज़ें हैं। और वाचिक प्रस्तुति में तो हम उतना भी नहीं देख सकते–संरचना की पहचान संवेदन के जगत् में ही बनती है। श्रोता की सहायता के लिए कवि अथवा काव्य-वाचक इतना जरूर करता है कि श्रोता को बता देता है कि 'यह अन्तिम छन्द है'–कि अगले एक पद के वाचन की कालावधि में आपको एक समग्र रूपाकार की पहचान बना लेनी होगी।

यह पहचान कविता के छन्द की पहचान है। जिस बिन्दु पर आकर समग्र रूपाकार हमारे सामने स्पष्ट हो जाता है और एक स्वायत्त संरचना के रूप में खड़ा हो जाता है, उसी बिन्दु पर रचना पूरी हो गई होती है और उससे आगे उसमें कुछ जोड़ा नहीं जा सकता–कुछ जोड़ना शब्दों का अपव्यय होगा। और इस पहचान के बाद उसमें से कुछ छोड़ा भी नहीं जा सकता–कुछ छोड़ना या काटना उस समग्रता को खण्डित करना होगा।

मैंने कलाओं के जिस सामान्य विचार की बात की है उसके सन्दर्भ में इस कसौटी की भी जाँच हो सकती है। हर कला के क्षेत्र में हम इस निरूपण की सही पाएँगे। एक रूपाकार होता है–एक समग्रता होती है, एक स्वायत्त संरचना होती है। हर रचना में छन्द होता है यह कहना इसी अर्थ में सार्थक है।

कविता के क्षेत्र में रूपाकार की पहचान के लिए, उसकी ओर बढ़ने के लिए जो कई रास्ते हो सकते थे। उन में एक रास्ता यह हो सकता था–एक रास्ता यह था–कि हम वर्ण अथवा मात्राएँ गिनते थे, पंक्तियों की लम्बाई नापते थे, उनकी कुल संख्या निर्धारित करते थे और उनके भीतर तुक अथवा टेक कर विचार करते थे। जो भी आकार कवि को रचना या गढ़ना है, वह इतनी पंक्तियों में पूरा हो जाएगा और प्रत्येक पंक्ति में इतने वर्ण अथवा इतनी मात्राएँ होंगी और अमुक-अमुक स्थल पर विश्राम होगा; चार-चार पंक्तियों के पदों की पाँच बार आवृत्ति में वह आकार पूरा हो जाएगा या चौदह पंक्तियों में पूरा होगा जिनके आठ और छह पंक्तियों के दो भाग होंगे, या छह पंक्तियों में पूरा होगा जिसमें चार और दो का विभाजन होगा, इत्यादि–ये सब व्यवस्थाएँ रूपाकारों की पहचान की व्यवस्थाएँ थीं। वास्तविक परम्परा में, काव्य के श्रुतिगत ग्रहण और आस्वादन की स्थिति में इसका विशेष महत्त्व था क्योंकि इसके सहारे सहृदय में वे पूर्वानुमान और अपेक्षाएँ जगाई जा सकती थीं जिनकी पूर्ति और शमन पूरेपन के उस बोध में योग देता है जिसका उल्लेख मैंने किया है।

हमारे जीवन की परिस्थितियाँ बदलीं, जीवन में तनाव बढ़ गया, ऐसी बातें तो हम कहते हैं और वे सही भी हैं; लेकिन काव्य के क्षेत्र में उनका क्या अगर हुआ, क्यों और कैसे हुआ, काव्य में कैसे समान्तर विकास और परिवर्तन हुआ, इसके ब्यौरे में हम नहीं जाते। हमारी जानकारी का क्षेत्र बहुत बढ़ा है। हमारे अनुभवों का क्षेत्र भी एक तरफ बहुत बढ़ा है तो दूसरी तरफ़ इस अर्थ में संकलित भी हुआ है कि

प्रतिमानीकरण के कारण सम्भाव्य अनुभवों में से कुछ ही हमें उपलब्ध होते हैं। (तनाव का एक कारण यह भी है कि सम्भावनाओं की पहचान के साथ अपेक्षाएँ भी बढ़ी हैं जबकि उपलब्धियों के रास्ते सबके लिए नहीं खुले हैं।) यान्त्रिक जीवन के विकास ने बहुत-सी नई ध्वनियों का भी प्रक्षेप हमारे जीवन में कर दिया है। अनेक नई ध्वनियाँ हमारे सामान्य जीवन का अंग बन गई हैं और एक से एक विरूप और विकृत ध्वनियों के बीच जीने को हम बाध्य हैं। मैंने कहा कि चुनाव करना, व्यवस्था की तलाश करना तथा संरचना की अवधारणा करना हमारी चेतना का स्वभाव है, कि ऐसा करती हुई वह वस्तु-जगत् को अनुभव-जगत् के साथ जोड़ती है, वास्तविकता को ग्राह्य बनाती है। वस्तु-जगत् में आ गई अनेक नई चीज़ों की पहचान के साथ अनिवार्य था कि हम नए रूपाकारों की भी उद्भावना करें। हमारे आस-पास अनन्त संसार बिखरा हुआ है; लेकिन उसमें से हम जब और जहाँ तक रूपों को पहचानते चलते हैं तब और उस हद तक उस संसार को अपना संसार बनाते चलते हैं। वस्तु-जगत् को इस प्रकार आप्त अनुभव-जगत् में परिणत करते चलना हमारे चेतन जीवन की, हमारे संवेदन-यन्त्र के गतिमान होने की एक अनिवार्य शर्त है। हमारा मन भी इसी तरह चलता है तथा अराजक भंडार में सब चीज़ों को तरतीब से लगाता रहता है, व्यवस्था देता है और अर्थवत्ता की सृष्टि करता है। हमारी स्मृति भी लगातार अपने ज़खीरे का व्यवस्थित भंडारण करती है; बिम्बों को क्रम और तारतम्य देती है, उनको संशोधित भी करती चलती है; केवल पूर्वापरता का ही नहीं, वरीयता का भी विचार करती हुई उन्हें एक संरचना देती चलती है। हमारे एक संवेदनशील प्राणी होने का यह एक अनिवार्य परिणाम ही नहीं, उसका एक अनिवार्य तर्क है।

आधुनिक जीवन की परिस्थितियों में हम इसे कैसे अनदेखा कर सकते थे कि ध्वनियों के अनुक्रम, योग मात्रिक चरण और वर्णिक चरण जो हमें पहले से मिले आए थे और जिनके सहारे हम काव्य में समग्र रूपाकार की सृष्टि करते थे, वे अब काफ़ी नहीं रहे? पिंगल ने हमें गणितीय प्रस्तार की बहुत सम्भावनाएँ दी थीं जिसमें से कुछ का ही उपयोग हमारा काव्य अब तक कर पाया था। फिर भी हम यह देखने को बाध्य थे कि छन्द की अवधारणा हम जहाँ तक ले गए हैं उसके बाहर भी छन्द होते हैं और हो सकते हैं, उनके द्वारा भी संरचनाओं की पहचान हो सकती है और उनके माध्यम से रूपाकारों तक पहुँचना भी हमें अपने लिए सम्भव बनाना होगा। ऐसी स्थिति में जो बँधे हुए छन्द हमारे परिचित थे उनसे सन्तुष्ट रहना हमारे लिए असम्भव हो गया था : उससे भिन्न प्रकार के छन्द हमारे लिए आवश्यक हो गए थे। जो उपलब्ध है वह नाकाफ़ी है, इसे पहचानते ही अपने से यह पूछना हमें जरूरी जान पड़ा कि उस भंडार में क्या है जो निष्प्रयोजन हो गया है और जिसे हम छोड़ दे सकते हैं, क्या बचता है जो आज भी हमारे काम का है, जिसे हम आज के सन्दर्भ में धन मानकर उसका न्यास कर सकते

हैं। हमने पाया या मान लिया कि वर्ण या मात्राएँ गिनना अनावश्यक भी हो सकता है; कि तीन-तीन वर्णों के चरण बनाना गति का एक कृत्रिम और कष्टसाध्य ही नहीं बल्कि कष्टदायक नियन्त्रण है। साथ ही, हमने यह भी पाया कि लय को हम नहीं छोड़ सकते-भले ही उसकी परिभाषा में कुछ संशोधन हमें करना पड़े।

लय की व्याप्ति की बात मैं कर चुका हूँ, उसे दोहराना अनावश्यक है। सहज गति की बात भी मैं कर चुका हूँ और उसे ऊर्जा के सहज धर्म के साथ जोड़ चुका हूँ। लेकिन नई परिस्थितियों में हम यह पहचानते को बाध्य हुए-और हमारे जीवन की स्थितियाँ इस बाध्यता की और तीखी धार दे रही थीं कि लय में विषमता का अपना अर्थ और महत्त्व होता है कि आयास और तनाव का भी शब्द, अर्थ और लय के तारतम्य में एक योग होता है।

विश्राम की सम स्थितियों में हम हृद्गति नहीं सुनते, लेकिन तनाव की या उद्वेग की कोई भी स्थिति उसे हमारी पहचान के क्षेत्र में ले आती है। बढ़ी हुई या असम धड़कन का बोध हमें फिर उद्वेग और तनाव की पहचान की ओर ले जाता है, जो हमें फिर तनाव के कारणों पर काबू पाकर विश्राम की सम स्थिति की ओर बढ़ने की प्रेरणा देती है। यह सारी प्रक्रिया हमारे लय-बोध का अंग है। क्या काव्य में इस प्रक्रिया का पर्याय नहीं है, नहीं होना चाहिए? इस सूक्ष्मतर और वृहत्तर लय-बोध को हम काव्य से काट कर अलग कैसे कर सकते हैं और क्यों करें? बल्कि इसके विपरीत क्या यही उचित नहीं है कि एक अधिक विकसित लय-बोध का भरपूर उपयोग करके हम काव्य में अर्थ की एक सघनता की ओर बढ़ सकें?

बोध का कोई भी विस्तार किसी एक क्षेत्र तक सीमित नहीं रहता। लय का नया बोध भी सभी कलाओं में प्रकट हुआ और काव्य के समान्तर प्रभाव सभी में लक्षित हुए। यहाँ तक कि हम आज यह भी कह सकते हैं कि लय का विचार वास्तव में तनाव का और तनाव के पैटर्न का विचार है-जीवन में भी, काव्य में भी, चित्रकला और मूर्तिकला में भी। और हाँ, आधुनिक संगीत में भी।

कविता के पड़ताल में हम एक प्रश्न यह पूछ सकते हैं कि हमारे अनुभव में क्या नया आया, उससे पुराना क्या-क्या अनावश्यक या परिहार्य हो गया और यह नई परिस्थिति कहाँ तक हमारी काव्य-रचना में प्रतिबिम्बित होती है। अगर हम इस परिणाम पर पहुँचते हैं-या इस प्रतिज्ञा से आरम्भ करते हैं कि हमारा अनुभव हमें जो दिखा और सिखा रहा है उसमें, और जो कविता लिखी जाती हम देख रहे हैं उसमें, कहीं जोड़ या सामंजस्य नहीं है, तो हम या तो कविता को अस्वीकार कर सकते हैं या पलट कर यह सवाल भी पूछ सकते हैं कि कहीं हमारा सारा अनुभव ही तो ग़लत नहीं है? यद्यपि यह सम्भावना हम आसानी से स्वीकार नहीं कर सकेंगे-क्योंकि अगर अनुभव ही ग़लत है तो फिर विवेचन का आधार हमारे पास क्या है? इसलिए हमें यह प्रश्न

पूछना होगा कि अगर कोई तारतम्य हमें नहीं दीखता तो क्या इसका मतलब यह है कि हमारी रचना उन चुनौतियों का सामना नहीं कर सकी, नहीं करती रही, जो हमारे अनुभव ने हमारे सामने रखी थीं। मैं समझता हूँ कि आज प्रश्न को हमें इसी रूप में रखना चाहिए। अनुभव को प्रामाणिक मानकर उसी की कसौटी पर रचना की जाँच करनी चाहिए।

और यदि हम अपने अनुभव को प्रमाण मानकर चलते हैं तो इस सन्दर्भ में पश्चिम के उदाहरण प्रस्तुत करना अथवा पश्चिम के कवियों और चित्रकारों की दुहाई देना अनावश्यक हो जाता है। यह तो बिलकुल सम्भव है कि पश्चिम के कवियों और चित्रकारों ने नई परिस्थितियों में कुछ चीज़ों को पहचाना हो और यह पहचान उनकी कलाकृतियों में प्रतिबिम्बित हुई हों–ऐसे प्रभावों की ऐसी पहचान जो हमारे अनुभव का अंग नहीं बनी। जब हम उनकी कलाकृतियों का, उनके साहित्य का अवलोकन और मूल्यांकन करेंगे तो निश्चय ही इस पहचान का विचार हमें करना होगा। लेकिन जब तक यह पहचान हमारे अपने अनुभव का अंग नहीं है और हमारे अनुभव द्वारा प्रमाणित नहीं होती, तब तक उसे केवल जोड़ कर उसके आधार पर रचना करने चलना केवल आत्म-प्रवंचना है या दूसरों को बरगलाना है।

यह तो हो सकता है कि दूसरों के अनुभवों और दूसरों पर उनके प्रभावों का विचार करते-करते हमारे अनुभव-यन्त्र में भी कुछ परिवर्तन आ जाएँ और हम भी उनकी तरह अनुभव करने लगें। यह भी हो सकता है कि दूसरों के अनुभवों का विचार करते हुए हम इस परिणाम पर पहुँचें कि यद्यपि आज हमारी स्थिति ठीक नहीं है जो उनकी है तथापि हम अनिवार्य गति से उसी दिशा में बढ़ रहे हैं और कल वही स्थिति हमारी हो जाएगी। इस पूर्वानुमान और अपेक्षा के कारण भी हमारा अनुभव-यन्त्र प्रभावित हो सकता है। लेकिन जो अनुकरण में किया गया या लाचारी में किया गया, वह सर्जना तो नहीं है और हम यह मान भी लें कि अनुकरण में कोई आत्यन्तिक बुराई नहीं है या कि पूर्वानुमान हितकर भी हो सकता है तो भी यह बात तो बनी रहेगी कि अनुभव ओढ़ा नहीं जा सकता। आचरण की परिपाटियाँ ओढ़ी जा सकती हैं और लाभ भी दे सकती होंगी, लेकिन अनुभव के बारे में यह बात सच नहीं होगी : अनुभव या तो अपना है या नहीं है।

फिर एक प्रश्न और भी है। दूसरों के जो गुण हमें दीखते हैं उनका अनुकरण हम करें, ठीक है। दूसरों को कल जो अच्छाइयाँ प्राप्त होने वाली हैं उनकी हम अपेक्षा रखें, उन्हें पहले ही ओढ़ भी लें, यह भी हो सकता है–क्योंकि यथासमय वे हमारी स्थिति में भी प्रकट हो ही जाएँगी। लेकिन दूसरों की जो गलतियाँ हैं, उनके जो रोग हैं, जो दुर्भाग्य हैं, उनको भी हम ओढ़ लें और ओढ़ कर धीरे-धीरे अपना बनाने का प्रयत्न करें, यह क्यों? अगर अनिवार्य परिस्थितिवश भविष्य में ये रोग और दुर्भाग्य हमारे

भी हो जाने वाले हैं, तो भी जब वे हमारे अनुभव में आ जाएँगे और हम पहचानेंगे कि वे हमारे अनुभव के अंग हैं, तब उनके परिणाम भी हम भुगत लेंगे। लेकिन उनके दुःख को, उनके सन्त्रास को, उनके ऐतिहासिक संगठन को, और उनके आत्म-निर्वासन तथा अजनबीपन को हम इसके बावजूद ओढ़ लें कि वे हमारी परिस्थितियों का अंग नहीं है, और उन्हें ओढ़कर फिर बार-बार उनकी नक़ल करते हुए उनकी बातों को इतनी बार दोहराएँ कि हमें ऐसा आभास होने लगे कि हमारा भी अनुभव ऐसा ही है और हम भी उसी तरह सन्त्रस्त हैं—यह तो बहुत बड़ी मूर्खता होगी। कह सकते हैं कि हमारा दुर्भाग्य है कि हम ऐसी मूर्खता करने को बाध्य हैं, और पश्चिम की ऐसी कोई लाचारी नहीं है वह हमारी मूर्खता का अनुकरण करे। ऐसा भाग्यवाद जिनको स्वीकार है वे अपनी जानें। मुझे तो न यह तर्क स्वीकार है न ऐसी मूर्खता की कोई लाचारी मैं देखता हूँ।

यों तो हम जिस तरह का जीवन जी रहे हैं, यन्त्र का प्रभाव जिस तरह हमारे जीवन में बढ़ रहा है, पश्चिमी यन्त्र-प्रौद्योगिकी से बहुत से यन्त्र और प्रभाव हमारे जीवन में आए हैं, आएँगे, आते रहेंगे; उनके आधार पर यहाँ भी बहुत-सा विकास होता रहेगा जो कि यन्त्र के तर्क से ही होगा। यन्त्र का और यांत्रिक दक्षता का तर्क जो वहाँ है वही यहाँ भी है—वह पूर्व और पश्चिम का भेद नहीं मानता। अगर यहाँ का कोई यन्त्र कुछ पिछड़ा हुआ या परिमाण में छोटा है तो ऐसा नहीं है कि उसका तर्क वहाँ के यन्त्र से भिन्न होगा; इतना ही है कि वह वहाँ के कुछ पिछड़े हुए या छोटे यन्त्र का तर्क होगा।

यन्त्र के प्रभाव की बात हो रही है तो लय के सन्दर्भ में भी उसका उल्लेख करते हुए एक उदाहरण भी प्रस्तुत कर दूँ। यन्त्र के कारण जो परिवर्तन हमारे जीवन में आए, हमारा लय-बोध कहाँ तक उनसे प्रभावित हुआ और वे कहाँ हमारे काव्य में प्रतिबिम्बित हुए? 'मदन वात्स्यायन' की पाँचवें दशक में लिखी गई कविता इसका रोचक और प्रभावशाली उत्तर देती है। 'मदन वात्स्यायन'—श्री लक्ष्मीनिवास सिंह—बिहार के एक बहुत बड़े रासायनिक कारखाने में फ़ोरमैन और निरीक्षक का काम करते रहे थे और लगातार मशीनों की गड़गड़ाहट के बीच रहते रहे थे। इनमें कुछ मशीनें स्वयंचालित भी थीं; उनके साथ निरीक्षक का काम केवल उन घड़ियों और माप-यन्त्रों को देखते रहना था जो बताती थीं कि स्वयंचालित प्रक्रिया में कहाँ किस चीज़ की आवश्यकता है या होने वाली है; इन यन्त्रों से सूचना पाकर कोई-न-कोई बटन दबा-घुमाकर उन्हें उपाय कर देना होता था कि स्वयंचालित व्यवस्था किसी व्याघात के बिना चलती रह सके। घंटों बैठे-बैठे इन घड़ियों को देखते रहने और बटन दबा-घुमा देने के अलावा उनका कोई नहीं था। बाकी सारा समय वह उस गड़गड़ाहट में डूबे रह सकते थे, रहते थे जो कारखाने की प्रक्रियाओं का एक अंग थीं। उसी गड़गड़ाहट के बीच, उसी लय में फोरमैन लक्ष्मीनिवास सिंह अर्थात् कवि 'मदन वात्स्यायन' ने कुछ कविताएँ लिखी

थीं। ये कविताएँ 'प्रतीक' में छपी थीं और 'दूसरा सप्तक' में 'मदन वात्स्यायन' के चयन का अंग भी हैं। लेकिन यहाँ प्रयोजनीय बात यह है कि लय की इस विशेषता को ध्यान में रखते हुए ही हमने उनकी श्रव्य प्रस्तुति का एक प्रयोग किया। कविताओं के वाचन के साथ पृष्ठभूमि में मशीनों की गड़गड़ाहट सुनाई देती थी–विभिन्न कारखानों से मशीनों की विभिन्न लय–गतियों का ध्वन्यंकन इसके लिए किया गया था। कविता की लय के परिवर्तनों के साथ–साथ मशीनों की गड़गड़ाहट की लय भी बदलती थी, लेकिन लय सर्वत्र थी और अपनी असंदिग्ध पहचान बनाती थी–और यह पहचान कविता के शब्दों को एक नई अर्थवत्ता देती थी। इस प्रयोग का श्रोता वर्ग में दूर–दूर तक प्रभाव हुआ। लय के प्रयोगों को समझने में, लय की नई अवधारणा करने में इस प्रयोग ने महत्त्व का काम किया : नई लय का उसने प्रत्यक्ष अनुभव कराया था : और 'प्रत्यक्ष को प्रमाण क्या?'

मैंने कहा कि हम पहचान रहे थे कि हम ज्यादा तनाव की ज़िन्दगी जीते हैं और उससे एक विषम लय का भी बोध होता है। वह पुराने कवियों को नहीं था, इसका अर्थ यह नहीं है कि उनका स्वर–संवेदन कमजोर था, अर्थ यह है कि वे हमसे अधिक भाग्यवान् थे और उन परिस्थितियों में नहीं पड़े थे जो हमारी हैं। ऐसी स्थितियाँ तो उनके जीवन में भी आती थीं जिनमें दिल की धड़कन उन्हें सुनाई देने लगे या उसकी गति असम हो जाए; लेकिन लगातार ऐसे अमानवीय तनावों के बीच रह कर इस तरह की विषम लयों का सामना करते रहना उनकी लाचारी नहीं थी और हमारी है। हमारे सामने यह प्रश्न आता है कि इन नई लयों की पहचान हमें कैसे हो, कैसे हमारी अपनी रचना में उतरे। लेकिन अनुभव के इस साक्ष्य के अलावा एक और बात भी ध्यान में रखने की है। जैसा मैंने पहले भी ज़ोर देकर कहा है, कविता कविता में से ही निकलती है : जीवनानुभव में ही नहीं, कविता के क्षेत्र में भी हमने पहचाना कि भावों का, काव्यगत अनुभवों का भी तनाव घटता–बढ़ता है, कभी संकुल और कभी विरल होता है। जिन अनुभवों से हम गुजरते हैं, जो भाव हमारे भीतर उमड़ते हैं, वे भी कभी बड़ी तेजी से होते हैं और कभी बड़ी धीमी गति से। अतएव अगर हम अपनी लय को अपने भावों के अपने अनुभव के साथ जोड़ना चाहते हैं, तो उस लय के भीतर भी ऐसी सम्भावना होनी चाहिए कि कभी एकाएक उसमें सघनता आए और कभी विरलता। इसका भी कोई उपाय हमारे पारम्परिक वर्णवृत्त या मात्रिक छन्द हमें नहीं देते थे–या बड़े सीमित रूप में देते थे। हम यही कर सकते थे कि छन्द ही ऐसा चुनें जिसकी गति द्रुत अथवा विलम्बित हो; एक बार छन्द चुन लेने के बाद सम्भावनाएँ बहुत सीमित हो जाती थीं। कुछ लोगों ने फिर भी पारम्परिक छन्दों की मर्यादा के भीतर रहते हुए ऐसे उपाय खोजने का प्रयत्न किया; कुछ ने इसके लिए बाहर जाने का जोखिम भी उठाया।

संक्रमण के प्रारम्भिक दशकों के वाद–विवाद में 'रबड़ छन्द' की व्यंग्यपूर्ण चर्चा

स्मरण की जा सकती है। रबड़ छन्द के लिए 'निराला' की भी खिल्ली उड़ाई गई थी लेकिन छन्द में रबड़ का-सा लचकीलापन तो कवि का काम्य था। कवि लय की ऐसी गति की खोज में था जो भावों के घटते-बढ़ते, अटकते, बदलते तनाव के साथ बदल सके। यह दूसरी बात है कि कुछ कवि कुशल थे और उन्हें अपने प्रयोगों में सफलता मिली; कुछ कुशल नहीं थे और अपनी खोज में कहीं भटक गए। महत्त्व की बात यह है कि लय सम्प्रेष्य वस्तु के तनाव के हर परिवर्तन के साथ बदल सकने का लचकीलापन भी चाहती थी, पर निरी अराजकता भी नहीं चाहती थी क्योंकि एक संयमन के बिना तो सृष्टि ही नहीं है। उतने ही महत्त्व की बात यह भी है कि छन्द भी मुक्ति चाहता था, फिर भी वह रूपाकार और उसकी पहचान के साथ जुड़ा हुआ था क्योंकि वही तो छन्द है : 'मुक्त छन्द' इसलिए कि वह 'मुक्त रूपाकार' की पहचान के साथ जुड़ना चाहता है।

मैं जानता हूँ कि मैं छन्द की नई अवधारणा कर रहा हूँ, छन्द के अर्थ का विस्तार कर रहा हूँ। ऐसा इसलिए कि इससे हमें एक ऐसी परिभाषा मिलती है जो सभी कलाओं पर लागू हो सकती है, केवल काव्य तक सीमित नहीं रहती। नई अवधारणा से मेरा आशय यह नहीं है कि पहले की अवधारणाएँ उससे कट जाती हैं। हमारी परम्परा में बराबर यह कोशिश भी रहती है कि हम ऐसे आधारों और सिद्धान्तों को खोजें जो सभी कलाओं पर लागू हों, सभी को समझने में हमारी सहायता करें। भारतीय परम्परा में वरीयता यद्यपि सदैव वाक् को ही दी गई, वाणी की कला को प्राथमिकता देते हुए विचार और विवेचन काव्य से ही आरम्भ हुए, तथापि लगातार रूप-सौष्ठव के ऐसे नियमों की खोज होती रही जो दूसरी कलाओं पर भी लागू हों। ऐसा ही उचित भी है। पश्चिम में भी अठारहवीं शती तक यह स्थिति थी कि रूप-सौष्ठव के, सौन्दर्य के शास्त्र का विचार पहले काव्य को लेकर होता था और काव्य-चिन्तन से मिलने वाले नियमों को दूसरी कलाओं पर जाँचकर देखा जाता था-आवश्यकतानुसार विभिन्न कलाओं के लिए संशोधन अथवा अपवाद की व्यवस्था होती थी। तब से वहाँ नया चिन्तन चित्रकला अथवा मूर्तिकला के क्षेत्र में हुआ, नए नियम भी वहीं बने और फिर धीरे-धीरे कवियों के परिचित हुए, काव्य में स्वीकृत या संशोधित हुए। पश्चिम के सभी नए आन्दोलन मूर्तिकला अथवा चित्रकला में शुरू हुए और वहाँ से कविता के क्षेत्र में आए। हम लोगों ने तो अकारण ही पश्चिम की नक़ल में यह स्थिति ओढ़ ली-जैसा कि हमने और भी अनेक क्षेत्रों में किया था। हम भी दूसरी कलाओं के नियम कविता पर आरोपित करने लगे जब कि हमारी अपनी स्थिति में-कला-चेतना और काव्य-चेतना के क्षेत्र में-ऐसा कोई विकास या परिवर्तन नहीं हुआ था जो इसे आवश्यक बना दे। हो सकता है कि आज यह बात उतनी सच न रही हो। लेकिन यह बात तो आज भी सच है कि छन्द को रूपाकार की पहचान के साथ जोड़ना होगा, और लय का विचार इस प्रकार करना होगा कि उसके दोनों पक्ष हमारे सामने उजागर

हो सकें–वह जो सभी कलाओं के लिए समान महत्त्व रखता है और वह जो काव्य के लिए विशिष्ट है।

मैंने कई कवियों को जो गीत भी लिखते हैं और नए ढंग का मुक्त छन्द या कि छन्द-मुक्त कविता भी लिखते हैं, यह कहते हुए सुना है कि 'जब वे गीत लिखते हैं तब तो छन्द उन्हें आवश्यक जान पड़ता है, लेकिन उसके बाहर कविता में छन्द की उन्हें कोई आवश्यकता नहीं जान पड़ती, न ही लय का विचार वे करते हैं' ऐसा हो कैसे सकता है, मेरी समझ में नहीं आता। जो कुछ मैंने कहा है, उसमें कुछ भी सार है तो यह बात स्पष्ट भी हो जानी चाहिए कि ऐसा हो ही नहीं सकता। अगर आप किसी एक समग्र रूपाकार तक पहुँचना चाहते हैं तो छन्द की आवश्यकता होगी ही होगी। यह जरूर है कि छन्द की परिभाषा में कुछ संशोधन होगा, छन्द का विचार दूसरे ढंग से होगा। लेकिन कवि अगर किसी समग्र आकार तक पहुँचता है, कोई ऐसी चीज़ पाता है जिसके आधार पर यह बोध हो कि 'यहाँ रचना पूरी हो गई', और ऐसी पहचान स्वयं ही नहीं करता बल्कि दूसरे तक सम्प्रेष्य भी बनाता है, तो मानना होगा कि उस रचना में छन्द है और वह छन्द इष्ट था। और यदि वह नहीं है, एक पूरे रूपाकार की सम्प्रेष्य पहचान नहीं बनी, तो वहाँ कविता भी नहीं हुई, भले ही कितनी भी सच्ची या चमत्कारी बात कही गई हो।

एक बात और भी कहना चाहता हूँ यद्यपि वह अन्यत्र कई बार कह चुका हूँ। श्रव्य रूप पर वाचिक सम्प्रेषण पर मैंने बार-बार ज़ोर दिया है और इसका विश्लेषण किया है कि सम्प्रेषण की स्थितियाँ बदलने के साथ-साथ काव्य भी कैसे बदलता है। वाचिक सम्प्रेषण की स्थिति में छन्द एक दृश्य रूप में हमारे सामने नहीं आता था, जैसे कि छपी हुई कविता में आता है। उस स्थिति में कवि के लिए ऐसा संकेत देना उचित अथवा आवश्यक होता था कि जिस समग्रता या सम्पूर्णता की बात मैंने कही है उसकी पहचान अब श्रोता को बना लेनी है। कवि-सम्मेलनों और मुशायरों में समां बँध जाने पर भी कवि या शायर क्यों ऐसी सूचना देना आवश्यक मानता है कि 'यह अन्तिम छन्द है?' क्यों वह उस मुग्ध और विभोर अवस्था में व्याघात उपस्थित करता है? इसीलिए कि यह वास्तव में व्याघात नहीं है; एक इशारा है कि जो समग्रता रचना में है, जिस समग्र रूपाकार की सर्जना कवि ने की है, वह अगले छन्द के बाद पूरी हो जाती है–श्रोता को स्वयं उसे पहचान लेना होगा। उसे एकाएक झटका न लगे, वह अधर में लटका-सा न रह जाए, इसीलिए उसे रूपाकार की स्वतन्त्र पहचान बना लेने के लिए उतनी अवधि दे दी जाती है। श्रव्य सम्प्रेषण की आवश्यकताओं की सही पहचान ही इस प्रथा का आधार है। छपी हुई कविता में ऐसा कोई संकेत आवश्यक नहीं होता क्योंकि एक आकृति तो दृश्य रूप में पाठक के सामने होती है। कविता पढ़ना आरम्भ करने से पहले भी वह अपेक्षाओं की एक संरचना बना चुका होता है। इन बातों का मैंने अन्यत्र विस्तार

से विचार किया है; यहाँ सब बातें न दोहराकर एक महत्त्वपूर्ण बात का उल्लेख कर दूँ कि संरचना का विचार भी नया विचार है जो छपी हुई कविता अथवा कविता के दृश्य रूप के साथ जुड़ा हुआ है। शुद्ध श्रव्य में–वाचिक सम्प्रेषण की स्थितियों में संरचना के विचार की कोई आवश्यकता नहीं थी–कह सकते हैं कि संरचना ही वहाँ नहीं थी। प्रस्तुति के दौरान ही रूप रचा जाता था; उससे अलग कोई संरचना नहीं होती थी।

सम्प्रेषण की नई परिस्थितियाँ काव्य में जो नए परिवर्तन लाती हैं, रूप के, छन्द के, लय के विचार में उनको भी सामने रखना चाहिए क्योंकि इन सबके परिवर्तन उन से जुड़े हुए हैं, उन्हीं के कारण हुए हैं। परिस्थितियों के परिवर्तन और रचना के रूपों और विधाओं के परिवर्तन समान्तर रख कर ही हम परिवर्तन की प्रक्रिया को ठीक-ठीक समझ सकते हैं, नई प्रवृत्तियों की सार्थकता पहचान सकते हैं। ऐसी पहचान न बने और परिवर्तन होते जाएँ, ऐसा तो हो सकता है लेकिन वैसा होने पर जब तक कोई दूसरा ऐसी पहचान करके प्रभाव और परिणाम का, हेतु और हेतुमत् का सम्बन्ध हमें नहीं समझएगा, तब तक परिवर्तन की पूरी सार्थकता भी हम पर प्रकट न होगी।

मैंने कोशिश की है कि समकालीन कविता के छन्द के विचार में किसी तरह के मतवाद का सहारा न लूँ, साथ ही, प्राचीन को न तो अमान्य करते हुए न उसे मानने का आग्रह करते हुए बात आपके सामने रखूँ। एक समग्रता की तलाश की बात मैंने की है। रचना की भी एक समग्रता होती है, पूरे काव्य की भी एक समग्रता होती है और किसी भी युग की कला मात्र की एक समग्रता होती है। सभी कलाओं में जितनी भी रचनाएँ हुईं उनकी भी एक समग्रता होती है–सबमें एक जुड़ाव और अन्तरावलम्बन होता है। हम कोई नियम खोजें, अनुमान करके फिर किसी सामान्य नियम की अवधारणा की ओर बढ़ें, तो लगातार इन दूसरे वृहत्तर सन्दर्भों में भी उन नियमों की जाँच करते हुए ही हमें बढ़ना चाहिए। जिन सिद्धान्तों पर हम पहुँचेंगे, जिन नियमों की अवधारणा करेंगे, वे जहाँ तक इस तरह के विस्तार में भी अपने को प्रमाणित नहीं कर सकेंगे उतने ही वे अच्छे और सार्वभौम नियम होंगे। और जहाँ वे अपने को प्रमाणित नहीं कर सकेंगे वहाँ हमें निर्मम होकर उन्हें छोड़ देने, बदलने या उनमें संशोधन करने के लिए तैयार रहना चाहिए। कवि नियन्ता नहीं है, स्रष्टा है; लेकिन सृष्टि नियम के बाहर नहीं जाती।

परिदृष्टि : प्रतिदृष्टि

तार सप्तक का प्रकाशन सन् 1943 में हुआ था। दूसरे संस्करण की भूमिका सन् 1963 में लिखी जा रही है। बीस वर्ष की एक पीढ़ी मानी जाती है। *वयमेय याता* के अनिवार्य नियम के अधीन *सप्तक* के सहयोगी, जो 1943 के प्रयोगी थे, सन् 1963 के सन्दर्भ हो गए हैं। दिक्कालजीवी को इसे नियति मानकर ग्रहण करना चाहिए, पर प्रयोगशील कवि के बुनियादी पैंतरे में ही कुछ ऐसी बात थी कि अपने को इस नए रूप में स्वीकार करना उसके लिए कठिन हो। बूढ़े सभी होते हैं, लेकिन बुढ़ापा किस पर कैसा बैठता है, यह इस पर निर्भर रहता है कि उसका अपने जीवन से अपने अतीत और वर्तमान से (और अपने भविष्य से भी क्यों नहीं?) कैसा सम्बन्ध रहता है। हमारी धारणा है कि *तार सप्तक* ने जिन विविध नई प्रवृत्तियों को संकेतित किया था उनमें एक यह भी रही कि कवि का युग-सम्बन्ध सदा के लिए बदल गया था। इस बात को ठीक ऐसे ही सब कवियों ने सचेत रूप से अनुभव किया था, यह कहना झूठ होगा; बल्कि अधिक संभव यही है कि एक स्पष्ट, सुचिन्तित विचार के रूप में यह बात किसी भी कवि के सामने न आई हो। लेकिन इतना असन्दिग्ध है कि सभी कवि अपने को अपने समय से एक नए ढंग से बाँध रहे थे। 'उत्पत्स्यते तु मम कोऽपि समानधर्मा' वाला पैंतरा न किसी कवि के लिए सम्भव रहा था, न किसी को स्वीकार्य था। सभी सबसे पहले समाजसेवी मानव प्राणी थे और 'समानधर्मा' का अर्थ उनके लिए 'कवि-धर्मा' से पहले मानवधर्मा था। यह भेद किया जा सकता है कि कुछ के लिए आधुनिकधर्मा होने का आग्रह पहले था और अपनी मानवधर्मिता को वह आधुनिकता से अलग नहीं देख सकते थे, और दूसरे कुछ ऐसे थे जिनके लिए आधुनिकता मानवधर्मिता का एक आनुषंगिक पहलू अथवा परिणाम था।

सप्तक के कवियों का विकास अपनी-अपनी अलग दिशा में हुआ है। सर्जनशील प्रतिभा का धर्म है कि वह व्यक्तित्व ओढ़ती है। सृष्टियाँ जितनी भिन्न होती हैं स्रष्टा उससे कुछ कम विशिष्ट नहीं होते, बल्कि उनके व्यक्तित्व की विशिष्टताएँ ही उनकी रचना में प्रतिबिम्बित होती हैं। यह बात उन पर भी लागू होती

है जिनकी रचना प्रबल वैचारिक आग्रह लिये रहती है जब तक कि वह रचना है; निरा वैचारिक आग्रह नहीं है। कोरे वैचारिक आग्रह में अवश्य ऐसी एकरूपता हो सकती है कि उसमें व्यक्तित्वों को पहचानना कठिन हो जाए। जैसे शिल्पाश्रयी काव्य पर रीति हावी हो सकती है, वैसे ही मताग्रह पर भी रीति हावी हो सकती है। *सप्तक* के कवियों के साथ ऐसा नहीं हुआ, सम्पादक की दृष्टि में यह उनकी अलग-अलग सफलता (या कि स्वस्थता) का प्रमाण है। स्वयं कवियों की राय इससे भिन्न भी हो सकती है-वे जानें।

इन बीस वर्षों में सातों कवियों की परस्पर अवस्थिति में विशेष अन्तर नहीं आया है। तब की सम्भावनाएँ अब की उपलब्धियों में परिणत हो गई हैं-सभी बोधिसत्व अब बुद्ध हो गए हैं। पर इन सात नए ध्यानी बुद्धों के परस्पर सम्बन्धों में विशेष अन्तर नहीं आया है। अब भी उनके बारे में उतनी ही सच्चाई के साथ कहा जा सकता हैं कि उनमें मतैक्य नहीं है, सभी महत्त्वपूर्ण विषयों पर उन की राय अलग-अलग है-जीवन के विषय में, समाज और धर्म, राजनीति के विषय में, काव्य-वस्तु और शैली के, छन्द और तुक के, कवि के दायित्वों के-प्रत्येक विषय में उनका आपस में मतभेद है। और यह बात भी उतनी हो सच है कि वे सब परस्पर एक-दूसरे पर, दूसरे की रुचियों, कृतियों और आशाओं-विश्वासों पर और यहाँ तक कि एक दूसरे के मित्रों और कुत्तों पर भी हँसते हैं। (सिवा इसके कि इन पंक्तियों को लिखते समय सम्पादक को जहाँ तक ज्ञान है, कुत्ता किसी कवि के पास नहीं है और हँसी की पहले की सहजता में कभी कुछ व्यंग्य या विद्रूप का भाव भी आ जाता होगा।)

ऐसी परिस्थिति में ऐसा बहुत कम है जो निरपवाद रूप से सभी कवियों के बारे में कहा जा सकता है। ये मनके इतने भिन्न हैं कि सबको किसी एक सूत्र में गूँथने का प्रयास व्यर्थ ही होगा। कदाचित् एक बात मात्रा-भेद की गुंजाइश रख कर-सबके बारे में कही जा सकती है। सभी चकित हैं कि *तार सप्तक* के समकालीन काव्य-इतिहास में अपना स्थान बना लिया है। प्रायः सभी ने यह स्वीकार भी कर लिया है। अपने कार्य का या प्रगति का, मूल्यांकन जो भी जैसा भी कर रहा हो, जिस की वर्तमान प्रवृत्ति जो हो, सभी ने यह स्थिति लगभग स्वीकार कर ली है कि उन्हें नगर के चौक में खम्भे से, या मील के पत्थर से, बाँधकर नमूना बनाया जाए : यह देखो और इससे शिक्षा ग्रहण करो! कम-से-कम एक कवि का मुखर भाव ऐसा है, और कदाचित् दूसरों के मन में भी अव्यक्त रूप से हो, कि अच्छा होता अगर मान लिया जा सकता कि वह *तार सप्तक* में संग्रहीत था ही नहीं। इतिहास अपने चरित्रों या कठपुतलों को इसकी स्वतन्त्रता नहीं देता कि वे स्वयं अपने को न हुआ मान लें। फिर भी मन को ऐसा भाव लक्ष्य करने लायक और नहीं तो इसलिए भी है कि वह

परवर्ती साहित्य पर एक मन्तव्य भी तो है ही–समूचे साहित्य पर नहीं तो कम-से-कम *सप्तक* के अन्य कवियों की कृतियों पर (और उससे प्रभावित दूसरे लेखन पर) तो अवश्य ही। असम्भव नहीं कि संकलित कवियों को अब इस प्रकार एक-दूसरे से सम्पृक्त होकर लोगों के समाने उपस्थित होना कुछ अजब या असंमजसकारी लगता हो। लेकिन ऐसा है भी, तो उस असमंजस के बावजूद वे इस सम्पर्क को सह लेने को तैयार हो गए हैं इसे सम्पादक अपना सौभाग्य मानता है। अपनी ओर से वह यह भी कहना चाहता है कि स्वयं उसे इस सम्पृक्ति से कोई संकोच नहीं है। परवर्ती कुछ प्रवृत्तियाँ उसे हीन अथवा आपत्तिजनक भी जान पड़ती हैं, और निःसन्देह इनमें से कुछ का सूत्र *तार सप्तक* से जोड़ा जा सकता है या जोड़ दिया जाएगा; तथापि सम्पादक की धारणा है कि *तार सप्तक* ने अपने प्रकाशन का औचित्य प्रमाणित कर लिया। उसका पुनर्मुद्रण केवल एक ऐतिहासिक दस्तावेज को उपलभ्य बनाने के लिए नहीं, बल्कि इसलिए भी संगत है कि परवर्ती काव्य-प्रगति को समझने के लिए इसका पढ़ना आवश्यक है। इन सात कवियों का एकत्रित होना अगर केवल संयोग भी था तो भी वह ऐसा ऐतिहासिक संयोग हुआ जिसका प्रभाव परवर्ती काव्य-विकास में दूर तक व्याप्त है।

इसी समकालीन अर्थवत्ता की पुष्टि के लिए प्रस्तुत संस्करण को केवल पुनर्मुद्रण तक सीमित न रख कर नया संवर्द्धित रूप देने का प्रयत्न किया गया है। *तार सप्तक* के ऐतिहासिक रूप की रक्षा करते हुए जहाँ पहले की सब सामग्री–काव्य और वक्तव्य–अविकल रूप से दी जा रही है, वहाँ प्रत्येक कवि से उसकी परवर्ती प्रवृत्तियों पर भी कुछ विचार प्राप्त किए गए हैं। सम्पादक का विश्वास है कि यह प्रत्यवलोकन प्रत्येक कवि के कृतित्व को समझने के लिए उपयोगी होगा और साथ ही *तार सप्तक* के पहले प्रकाशन से अब तक के काव्य-विकास पर भी नया प्रकाश डालेगा। एक पीढ़ी का अन्तराल पार करने के लिए प्रत्येक कवि की कम-से-कम एक-एक नई रचना भी दे दी गई है। इसी नई सामग्री को प्राप्त करने के प्रयत्न में *सप्तक* इतने वर्षों तक अनुपलभ्य रहा : जिनके देर करने का डर था उनसे सहयोग तुरत मिला; जिनकी अनुकूलता का भरोसा था उन्होंने ही सबसे देर की–आलस्य या उदासीनता के कारण भी, असमंजस के कारण भी, और शायद अनभिव्यक्त आक्रोश के कारण भी : जो पास रहे वे ही तो सबसे दूर रहे। सम्पादक ने वह हठधर्मिता (बल्कि बेहयाई) ! ओढ़ी होती जो पत्रकारिता (और सम्पादन) धर्म का अंग है, तो *सप्तक* का पुनर्मुद्रण कभी न हो पाता : यह जहाँ अपने परिश्रम का दावा है; वहाँ अपनी हीनतर स्थिति का स्वीकार भी है।

पुस्तक के बहिरंग के बारे में अधिक कुछ कहना आवश्यक नहीं है। पहले संस्करण में जो आदर्शवादिता झलकती थी, उसकी छाया कम-से-कम सम्पादक

पर अब भी है, किन्तु काव्य-प्रकाशन के व्यावहारिक पहलू पर नया विचार करने के लिए अनुभव ने सभी को बाध्य किया है। पहले संस्करण से उपलब्धि के नाम पर कवियों को केवल पुस्तक की कुछ प्रतियाँ ही मिलीं; बाकी जो कुछ उपलब्धि हुई वह भौतिक नहीं थी! सम्भाव्य आय को इसी प्रकार के दूसरे संकलन में लगाने का विचार भी उत्तम होते हुए भी उत्तम होते हुए भी वर्तमान परिस्थिति में अनावश्यक हो गया है। रूप-सज्जा के बारे में भी स्वीकार करना होगा कि नए संस्करण पर परवर्ती *सप्तकों* का प्रभाव पड़ा है। जो अतीत की अनुरूपता के प्रति विद्रोह करते हैं, वे प्रायः पाते हैं कि उन्होंने भावी की अनुरूपता पहले से स्वीकार कर ली थी! विद्रोह की ऐसी विडम्बना कर सकना इतिहास के उन बुनियादी अधिकारों में से है जिसका वह बड़े निर्ममत्व से उपयोग करता है। नए संस्करण से उपलब्धि कुछ तो होगी, ऐसी आशा की जा सकती है। उसका उपयोग कौन कैसे करेगा, यह योजनाधीन न होकर कवियों के विकल्प पर छोड़ दिया गया। वे चाहें तो उसे *तार सप्तक* का प्रभाव मिटाने में या उसके संसर्ग की छाप धो डालने में भी लगा सकते हैं!

अर्थ-प्रतिपत्ति और अर्थ-सम्प्रेषण

तार सप्तक का प्रकाशन जब हुआ, तब मन में यह विचार जरूर उठा था कि इसी प्रकार की पुस्तकों का एक अनुक्रम प्रकाशित किया जा सकता है, जिसमें क्रमशः नए आने वाले प्रतिभाशाली कवियों की कविताएँ संगृहीत की जाती रहें–ऐसे कवियों की, जिन में इतनी प्रतिभा तो है कि उनकी संगृहीत रचनाएँ प्रकाशित हों, लेकिन जो इतने प्रतिष्ठापित नहीं हुए हैं कि कोई प्रकाशक सहसा उनके अलग-अलग संग्रह निकाल दे। *तार सप्तक* का आयोजन भी मूलतः इसी भावना से हुआ था, यद्यपि इसमें साथ ही यह आदर्शवादी आरोप भी था कि संग्रह का प्रकाशन सहकार-मूलक हो। (जिन पाठकों ने संग्रह देखा है वे शायद स्मरण करेंगे कि इस आदर्श की रक्षा तब भी नहीं हो सकी थी; *दूसरा सप्तक* में तो उसे निबाहने या यत्न ही व्यर्थ मान लिया गया था।)

तो *तार सप्तक* के कवि ऐसे कवि थे, जिनके बारे में कम-से-कम सम्पादक की यह धारणा थी कि उनमें कुछ है, और वे पाठक के सामने लाए जाने के पात्र है; यद्यपि वे हैं नए ही, केवल कवियशः प्रार्थी ही और इसलिए काव्यक्षेत्र के अन्वेषी ही। यह तो नहीं कहा जा सकता कि उनमें से सभी अनन्तर काव्य-क्षेत्र में आगे बढ़े–कम-से-कम एक ने तो न केवल ऐलान करके कविता छोड़ दी बल्कि क्रमशः कविता के ऐसे आलोचक हो गए कि उसे साहित्य-क्षेत्र से ही खदेड़ देने पर तुल गए; और बाकी में से दो-एक और भी कविता से उपराम-से हैं! फिर भी, हम आज भी समझते हैं कि *तार सप्तक* का प्रकाशन–प्रकाशन ही नहीं, उसका आयोजन, संकलन, सम्पादन न केवल समयोचित और उपयोगी था बल्कि उसे हिन्दी काव्य-जगत् की एक महत्त्वपूर्ण घटना भी कहा जा सकता है। और आलोचकों द्वारा उसकी जितनी चर्चा हुई है उसे *सप्तक* के प्रभाव का सूचक मान लेना कदाचित अनुचित न होगा।

दूसरा सप्तक में फिर सात नए कवियों की संगृहीत रचनाएँ प्रस्तुत की जा रही हैं। सात में से कोई भी हिन्दी-जगत् का अपरिचित हो, ऐसा नहीं है, लेकिन किसी का कोई स्वतन्त्र कविता संग्रह नहीं छपा है, अतः यह कहा जा सकता है कि

प्रकाशित कविता-ग्रन्थों के जगत् में ये कवि इसी पुस्तक के साथ प्रवेश कर रहे हैं। और हमारा विश्वास है कि हिन्दी में सम्प्रति जो काव्य-संग्रह छपते हैं; उनमें कम ऐसे होंगे जिनमें अच्छी कविताओं की इतनी बड़ी संख्या एकत्र मिले जितनी *दूसरा सप्तक* में पाई जाएगी।

क्या ये रचनाएँ प्रयोगवादी हैं? क्या ये कवि किसी एक दल के हैं, किसी मतवाद-राजनीतिक या साहित्यिक-के पोषक हैं? प्रयोगवाद नाम के नए मतवाद के प्रवर्तन का दायित्व क्योंकि अनचाहे और अकारण ही हमारे मत्थे मढ़ दिया गया है, इसलिए हमारा इन प्रश्नों के उत्तर में कुछ कहना आवश्यक है, और नहीं तो इसी लिए कि *दूसरा सप्तक* के संगृहीत कवि आरम्भ से ही किसी पूर्वग्रह के शिकार न बनें, अपने कृतित्व के आधार पर ही परखे जाएँ।

प्रयोग का कोई वाद नहीं है। हम वादी नहीं रहे, नहीं हैं। न प्रयोग अपने-आप में इष्ट या साध्य है। ठीक इसी तरह कविता का भी कोई वाद नहीं है; कविता भी अपने-आप में इष्ट या साध्य नहीं है। अतः हमें प्रयोगवादी कहना उतना ही सार्थक या निरर्थक है जितना हमें कवितावादी कहना। क्योंकि यह आग्रह तो हमारा है कि जिस प्रकार कविता-रूपी माध्यम को बरतते हुए आत्माभिव्यक्ति चाहने वाले कवि को अधिकार है कि उस माध्यम का अपनी आवश्यकता के अनुरूप श्रेष्ठ उपयोग करे, उसी प्रकार आत्म-सत्य के अन्वेषी कवि को, अन्वेषण के प्रयोग-रूपी माध्यम का उपयोग करते समय उस माध्यम की विशेषताओं को परखने का भी अधिकार है। इतना ही नहीं, बिना माध्यम की विशेषता, उसकी शक्ति और उसकी सीमा को परखे और आत्मसात् किए उस माध्यम का श्रेष्ठ उपयोग हो ही नहीं सकता। जो लोग प्रयोग की निन्दा करने के लिए परम्परा की दुहाई देते हैं, वे यह भूल जाते हैं कि परम्परा, कम-से-कम कवि के लिए कोई ऐसी पोटली बाँधकर अलग रखी हुई चीज़ नहीं है जिसे वह उठा कर सिर पर लाद ले और चल निकले। (कुछ आलोचकों के लिए भले ही वैसा हो।) परम्परा का कवि के लिए कोई अर्थ नहीं है जब तक वह उसे ठोक-बजा कर, तोड़-मरोड़कर, देख का आत्मसात् नहीं कर लेता; जब तक वह एक इतना गहरा संस्कार नहीं बन जाती कि उसका चेष्टापूर्वक ध्यान रखकर उसका निर्वाह करना अनावश्यक न हो जाए। अगर कवि की आत्माभिव्यक्ति एक संस्कार-विशेष के वेष्टन में ही सहज सामने आती है, तभी वह संस्कार देने वाली परम्परा कवि की परम्परा है, नहीं तो वह इतिहास है, शास्त्र है, ज्ञान-भंडार है जिससे अपरिचित भी रहा जा सकता है। अपरिचित ही रहा जाए, ऐसा आग्रह हमारा नहीं है-हम पर तो बौद्धिकता का आरोप लगाया जाता है! पर उससे अपरिचित रह कर भी परम्परा से अवगत हुआ जा सकता है और कविता की जा सकती है।

तो प्रयोग अपने-आप में इष्ट नहीं है, वह साधन है। और दोहरा साधन है। क्योंकि एक तो वह उस सत्य को जानने का साधन है जिसे कवि प्रेषित करता है, दूसरे उस प्रेषण की क्रिया को और उसके साधनों को जानने का भी साधन है। अर्थात् प्रयोग द्वारा कवि अपने सत्य को अधिक अच्छी तरह जान सकता है और अधिक अच्छी तरह अभिव्यक्त कर सकता है। वस्तु और शिल्प, दोनों के क्षेत्र में प्रयोग फलप्रद होता है। यह इतनी सरल और सीधी बात है कि इससे इनकार करना चाहना कोरा दुराग्रह है; ऐसे दुराग्रही अनेक हैं और उस वर्ग में हैं जो साहित्य-शिक्षण का दायित्व लिए हैं, इससे हमें आतंकित न होना चाहिए। जिस वर्ग की घोषित नीति यह है कि उसके द्वारा ग्राह्य होने के लिए कोई वस्तु या रचना तीन सौ वर्ष पुरानी तो होनी ही चाहिए, उस वर्ग से आज की कविता पर बहस करके क्या लाभ? उससे तो तीन सौ वर्ष बाद बात करना अलम् होगा-और तब कदाचित् वह अनावश्यक होगा क्योंकि आज का प्रयोग तब की परम्परा हो गई होगी-उनकी परम्परा! छायावाद जब एक जीवित अभिव्यक्ति था, तब वह जिन्हें अग्राह्य था, आज वे उसके समर्थक और प्रतिपादक हैं जब वह मृत हो चुका; आज वे उसे उन से बचाना चाहते हैं जिन में आज का जीवित सत्य अभिव्यक्ति खोज रहा है, भले ही अटपटे शब्दों में।

प्रयोग का हमारा कोई वाद नहीं है, इसको और भी स्पष्ट करने के लिए एक बात हम और कहें। प्रयोग निरन्तर होते आए हैं, और प्रयोगों के द्वारा ही कविता या कोई भी कला, कोई भी रचनात्मक कार्य आगे बढ़ सका है। जो कहता है कि मैंने जीवन-भर कोई प्रयोग नहीं किया, वह वास्तव में यही कहता है कि मैंने जीवनभर कोई रचनात्मक कार्य करना नहीं चाहा; ऐसा व्यक्ति अगर सच कहता है तो यही पाया जाएगा कि उसकी कविता कविता नहीं है, उसमें रचनात्मकता नहीं है; वह कला नहीं, शिल्प है, हस्तलाघव है। जो उसी को कविता मानना चाहते हैं, उनसे हमारा झगड़ा नहीं है। झगड़ा हो ही नहीं सकता। क्योंकि हमारी भाषाएँ भिन्न हैं, और झगड़े के लिए भी साधारणीकरण अनिवार्य है! लेकिन इस आग्रह पर स्थिर रहते हुए भी हमें यह भी कहना चाहिए कि केवल प्रयोगशीलता ही किसी रचना को काव्य नहीं बना देती! हमारे प्रयोग का पाठक या सहृदय के लिए कोई महत्त्व नहीं है, महत्त्व उस सत्य का है जो प्रयोग द्वारा हमें प्राप्त हो। हमने सैकड़ों प्रयोग किए हैं, यह दावा लेकर हम पाठक के सामने नहीं जा सकते, जब तक हम यह न कह सकते हो कि देखिए, हमने प्रयोग द्वारा यह पाया है। प्रयोगों का महत्त्व कर्त्ता के लिए चाहे जितना हो, सत्य की खोज, लगन, उसमें चाहे जितनी उत्कट हो, सहृदय के निकट वह सब अप्रासंगिक है। पारखी मोती परखता है, गोताखोर के असफल उद्योग नहीं। गोताखोर का परिश्रम या प्रयोग अगर प्रासंगिक हो सकता है तो मोती को सामने रख

कर ही—इस मोती को पाने में इतना परिश्रम लगा—बिना मोती पाए उसका कोई महत्त्व नहीं है।

इस प्रकार प्रयोग का वाद और भी बेमानी हो जाता है। जो सत्य को शोध में प्रयोग करता है वह खूब जानता है कि उसके प्रयोग उसके निकट जीवन-मरण का ही प्रश्न क्यों न हों, दूसरों के लिए उनका कोई महत्त्व नहीं। महत्त्व होगा शोध के परिणाम का। और वह यह भी जानता है कि ऐसा ही ठीक है। स्वयं वह भी उस सत्य को अधिक महत्त्व देता है, नहीं तो उस शोध में इतना संलग्न न होता।

हम समझते हैं कि इस भूमिका के बाद उन आक्षेपों का उत्तर देना आवश्यक हो जाता है जो हमें प्रयोगवादी कह कर हम पर किए गए हैं। कुछ आक्षेपों को पढ़कर तो बड़ा क्लेश होता है, इसलिए नहीं कि उनमें कुछ तत्त्व हैं, इसलिए कि उनमें तर्क-परिपाटी की ऐसी अद्‌भुत विकृति दीखती है, जो आलोचक से अपेक्षित नहीं होती। आलोचक में पूर्वग्रह हो सकता है; पर कम-से-कम तर्क-पद्धति का ज्ञान उसे होगा, और उसे वह विकृत नहीं करेगा, ऐसी आशा उससे अवश्य की जाती है। श्री नन्ददुलारे वाजपेयी का 'प्रयोगवादी रचनाएँ' शीर्षक निबन्ध तर्क-विकृति का आश्चर्यजनक उदाहरण है। इस प्रकार के आक्षेपों का उत्तर देना एक निष्फल प्रयोग होगा; और हम कह चुके कि निष्फल प्रयोगों का कोई सार्वजनिक महत्त्व नहीं है। लेकिन साधारणीकरण के प्रश्न पर कुछ विचार कर लेना कदाचित् उचित होगा।

तार सप्तक के कवियों पर यह आक्षेप किया गया कि वे साधारणीकरण का सिद्धान्त नहीं मानते। यह दोहरा अन्याय है। क्योंकि वे न केवल इस सिद्धान्त को मानते हैं बल्कि इसी से प्रयोगों की आवश्यकता भी सिद्ध करते हैं। यह मानना होगा कि सभ्यता के विकास के साथ-साथ हमारी अनुभूतियों का क्षेत्र भी विकसित होता गया है और अनुभूतियों को व्यक्त करने के हमारे उपकरण भी विकसित होते गए हैं। यह कहा जा सकता है कि हमारे मूल राग-विराग नहीं बदले—प्रेम अब भी प्रेम है और घृणा अब भी घृणा, यह साधारणतया स्वीकार किया जा सकता है। पर यह भी ध्यान में रखना होगा कि राग वही रहने पर भी रागात्मक सम्बन्धों की प्रणालियाँ बदल गई हैं; और कवि का क्षेत्र रागात्मक सम्बन्धों का क्षेत्र होने के कारण इस परिवर्तन का कवि-कर्म पर बहुत गहरा असर पड़ा है। निरे तथ्य और सत्य में—या कह लीजिए वस्तु-सत्य और व्यक्ति-सत्य में यह भेद है कि सत्य वह तथ्य है जिसके साथ हमारा रागात्मक सम्बन्ध है; बिना इस सम्बन्ध के वह एक बाह्य वास्तविकता है जो तद्वत् काव्य में स्थान नहीं पा सकती। लेकिन जैसे-जैसे बाह्य वास्तविकता बदलती है—वैसे-वैसे हमारे उससे रागात्मक सम्बन्ध जोड़ने की प्रणलियाँ भी बदलती हैं—और अगर नहीं बदलतीं तो उस वाह्य वास्तविकता से हमारा सम्बन्ध टूट जाता है। कहना होगा कि जो आलोचक इस परिवर्तन को नहीं

समझा पा रहे हैं, वे उस वास्तविकता से टूट गए हैं जो आज की वास्तविकता है। उससे रागात्मक सम्बन्ध जोड़ने में असमर्थ वे उसे केवल वाह्य वास्तविकता मानते हैं जब कि हम उससे वैसा सम्बन्ध स्थापित करके उसे आन्तरिक सत्य बना लेते हैं और इस विपर्यय से साधारणीकरण की नई समस्याएँ आरम्भ होती हैं। प्राचीन काल में, जब ज्ञान का क्षेत्र सीमित था और अधिक संहत था, जब कवि, वैज्ञानिक, साहित्यिक आदि अलग-अलग बिल्ले अनावश्यक थे और जो पठित या शिक्षित था, सभी ज्ञानों का पारंगत नहीं तो परिचित था ही, साधारणीकरण की समस्या दूसरे प्रकार की थी। तब भाषा का केवल एक मुहावरा था। यह कह लीजिए कि शिक्षित वर्ग का एक मुहावरा था, जन का एक और। एक संस्कृत था, एक प्राकृत। लेकिन आज क्या वह स्थिति है? विशेष ज्ञानों के इस युग में भाषा एक रहते हुए भी उसके मुहावरे अनेक हो गए हैं। भाषा आज भी प्रेषण का माध्यम है; यह कोई नहीं कहता कि उसने अपनी सार्वजनिकता की प्रवृत्ति छोड़ दी है या छोड़ दे। लेकिन वह अब प्रवृत्ति है, तथ्य नहीं। ऐसी कोई भाषा नहीं है जो सब समझते हों, सब बोलते हों। अंग्रेज़ी है, अंग्रेज़ी के बड़े-बड़े कोश हैं जो शब्दों के सर्व-सम्मत अर्थ देते हैं, पर गणितज्ञ की अंग्रेज़ी दूसरी है, अर्थशास्त्री की दूसरी और उपन्यासकार की दूसरी। ऐसी स्थिति में जो कवि एक क्षेत्र का सीमित सत्य (तथ्य नहीं, सत्य : अर्थात् उस सीमित क्षेत्र में जिस तथ्य से रागात्मक सम्बन्ध है वह) उसी क्षेत्र में नहीं, उससे बाहर अभिव्यक्त करना चाहता है, उसके सामने बड़ी समस्या है। या तो वह यह प्रयत्न ही छोड़ दे; सीमित सत्य को सीमित क्षेत्र में सीमित मुहावरे के माध्यम से अभिव्यक्त करे-यानी साधारणीकरण तो करे पर साधारण का क्षेत्र संकुचित कर दे-अर्थात् एक अन्तर्विरोध का आश्रय ले; या फिर वह बृहत्तर क्षेत्र तक पहुँचने का आग्रह न छोड़े और इसलिए क्षेत्र के मुहावरे से बँधा न रहकर उससे बाहर जाकर राह खोजने की जोखिम उठाए। इस प्रकार वह साधारणीकरण के लिए हो एक संकुचित क्षेत्र का साधारण मुहावरा छोड़ने को बाध्य होगा-अर्थात् एक दूसरे अन्तर्विरोध की शरण लेगा! यदि यह निरूपण ठीक है, तो प्रश्न इतना ही है कि दोनों अन्तर्विरोधों में से कौन-सा अधिक ग्राह्य या कम अग्राह्य है। हम इतना ही कहेंगे कि जो दूसरा पथ चुनता है उसे कम-से-कम एक अधिक उदार, अधिक व्यापक दृष्टि से देखने या देखना चाहने का श्रेय तो मिलना चाहिए-उसके साहस को आप साहसिकता कह लीजिए पर उसकी नीयत को बुरा आप कैसे कह सकते हैं?

जरा भाषा के मूल प्रश्न पर-शब्द और उसके अर्थ के सम्बन्ध पर-ध्यान दीजिए। शब्द में अर्थ कहाँ से आता है, क्यों और कैसे बदलता है, अधिक या कम व्याप्ति पाता है? शब्दार्थ-विज्ञान का विवेचन यहाँ अनावश्यक है; एक अत्यन्त छोटा उदाहरण लिया जाए। हम कहते हैं गुलाबी, और उससे एक विशेष रंग का बोध

हमें होता है। निस्सन्देह इसका अभिप्राय है गुलाब के फूल के रंग जैसा रंग; यह उपमा उसमें निहित है। आरम्भ में–गुलाबी' शब्द से उसे उस रंग तक पहुँचने के लिए गुलाब के फूल की मध्यस्थता अनिवार्य रही होगी; उपमा के माध्यम से ही अर्थ लाभ होता रहा होगा। उस समय यह प्रयोग चामत्कारिक रहा होगा पर अब वैसा नहीं है। अब हम शब्द में सीधे रंग तक पहुँच जाते हैं; फूल की मध्यस्थता अनावश्यक है। अब उस अर्थ का चमत्कार मर गया है, अब वह अभिधेय हो गया है। और अब इससे भी अर्थ में कोई बाधा नहीं होती कि हम जानते हैं, गुलाब कई रंगों का होता है–सफ़ेद, पीला, लाल, यहाँ तक कि लगभग काला तक। यह क्रिया भाषा में निरन्तर होती रहती है और भाषा के विकास की एक अनिवार्य क्रिया है। चमत्कार मरता रहता है और चामत्कारिक अर्थ अभिधेय बनता रहता है। यों कहें कि कविता की भाषा निरन्तर गद्य की भाषा होती जाती है। इस प्रकार कवि के सामने हमेशा चमत्कार की सृष्टि की समस्या बनी रहती है–वह शब्दों को निरन्तर नया संस्कार देता चलता है और वे संस्कार क्रमश: सार्वजनिक मानस में पैठ कर फिर ऐसे हो जाते हैं कि उस रूप में कवि के काम के नहीं रहते। बासन अधिक घिसने से मुलम्मा छूट जाता है। कालिदास ने जब 'रघुवंश' के आरम्भ में कहा था :

वागर्थाविवसम्पृक्तौ वागर्थप्रतिपत्तये
जगत: पितरौ वन्दे पार्वतीपरमेश्वरौ

तब इस बात को उन्होंने समझा था और इसी लिए वाक् में अर्थ की प्रतिपत्ति की प्रार्थना की थी। जो अभिधेय है, जो अर्थ वाक् में है ही, उसकी प्रतिपत्ति की प्रार्थना कवि नहीं करता! अभिधेयार्थयुक्त शब्द तो वह मिट्टी, वह कच्चा माल है जिससे वह रचना करता है; ऐसी रचना, जिसके द्वारा वह अपना नया अर्थ उसमें भर सके, उसमें जीवन डाल सके। यही वह अर्थ-प्रतिपत्ति है जिसके लिए कवि वागर्थाविवसम्पृक्त पार्वती-परमेश्वर की वन्दना करता है। और इस प्रार्थना को निरा वैचित्र्य या नएपन की खोज कहकर उड़ाना चाहना कवि-कर्म को बिलकुल न समझते हुए उसकी अवहेलना करना है। जब चामत्कारिक अर्थ मर जाता है और अभिधेय बन जाता है तब उस शब्द की रागोत्तेजक शक्ति भी क्षीण हो जाती है। उस अर्थ से रागात्मक सम्बन्ध नहीं स्थापित होता। कवि उस अर्थ की प्रतिपत्ति करता है जिससे पुन: राग का संचार हो, पुन: रागात्मक सम्बन्ध स्थापित हो। साधारणीकरण का अर्थ यही है। नहीं तो, अगर भाव भी वही जाने-पुराने हैं, रस भी, और संचारी-व्यभिचारी सबकी तालिकाएँ बन चुकी हैं तो कवि के लिए नया करने को क्या रह गया है? क्या है जो कविता को आवृत्ति नहीं, सृष्टि का गौरव दे सकता है? कवि नए तथ्यों को उनके साथ नए रागात्मक सम्बन्ध जोड़कर नए सत्यों का रूप दे, उन नए सत्यों को प्रेष्य बना कर उनका साधारणीकरण करे, यही नई रचना है। इसे नई

कविता का कवि नहीं भूलता। साधारणीकरण का आग्रह भी उसका कम नहीं है; बल्कि यह देख कर कि आज साधारणीकरण अधिक कठिन है वह अपने कर्तव्य के प्रति अधिक सजग है और उसकी पूर्ति के लिए अधिक बड़ा जोखिम उठाने को तैयार है। यह किसी हद तक ठीक है कि जहाँ कवि की संवेदनाएँ अधिक उलझी हुई हैं वहाँ ग्राहक या सहृदय में भी उन्हीं परिस्थितियों के कारण वैसा ही परिवर्तन हुआ है और इसलिए कवि को प्रेषण की कुछ सुविधा भी मिलती है। पर ऊपर ज्ञान के विशेष विभाजनों की जो बात कही गई है उसका हल इसमें नहीं है, बल्कि वह प्रश्न और भी जटिल हो जाता है। आधुनिक ज्ञान-विज्ञान की समूची प्रगति और प्रवृत्ति विशेषीकरण की है, इस बात को पूरी तरह समझ कर ही यह अनुभव किया जा सकता है कि साधारणीकरण का काम कितना कठिनतर हो गया है–समूचे ज्ञान-विज्ञान की विशेषीकरण की प्रवृत्ति को उलाँघकर, उससे ऊपर उठकर, कवि को विभाजित सत्य को समूचा देखना और दिखाना है। इस दायित्व को वह नहीं भूलता है। लेकिन यह बात उसकी समझ में नहीं आती कि वह तब तक के लिए कविता ही छोड़ दे जब तक कि सारा ज्ञान फिर एक होकर सबकी पहुँच में न आ जाए–सब अलग-अलग मुहावरे फिर एक होकर 'एक भाषा, एक मुहावरा' के नारे के अधीन न हो जाएँ। उसे अभी कुछ कहना है जिसे वह महत्त्वपूर्ण मानता है, इसलिए वह उसे उनके लिए कहता है जो उसे समझें, जिन्हें वह समझा सके; साधारणीकरण को उसने छोड़ नहीं दिया है पर वह जितनों तक पहुँच सके, उन तक पहुँचता रहकर और आगे जाना चाहता है, उनको छोड़ कर नहीं। असल में देखें तो वही परम्परा को साथ लेकर चलना चाहता है, क्योंकि वह कभी उसे युग से कटकर अलग होने नहीं देता, जब कि उसके विरोधी परिणामतः यह कहते हैं कि कल का सत्य कल सब समझते थे, आज का सत्य अगर आज सब एक साथ नहीं समझते तो हम उसे छोड़कर कल ही का सत्य कहें–बिना यह विचारे कि कल के उस सत्य की आज क्या प्रासंगिकता है, आज कौन उसके साथ तुष्टिकर रागात्मक सम्बन्ध जोड़ सकता है!

2

यहाँ तक हम *तार सप्तक* और उसकी उत्तेजनाप्रसूत आलोचना से उलझते रहे हैं। दूसरा सप्तक की भूमिका को इससे आगे जाना चाहिए। बल्कि यहाँ से उसे आरम्भ करना चाहिए, क्योंकि एक पुस्तक की सफ़ाई दूसरी पुस्तक की भूमिका में देना दोनों के साथ थोड़ा अन्याय करना है। हम यहाँ *तार सप्तक* का उल्लेख करके आलोचकों के तत्सम्बन्धी पूर्वग्रही को इधर न आकृष्ट करते, यदि यह अनुभव न करते कि दोनों

पुस्तकों का नाम-साम्य और दोनों का एक सम्पादकत्व ही इसके लिए काफ़ी होगा। उन पूर्वग्रहों का आरोप अगर होना ही है, तो क्यों न उनका उत्तर देते चला जाए?

दूसरा सप्तक के कवियों में सम्पादक स्वयं एक नहीं है, इससे उसका कार्य कुछ कम कठिन हो गया है। कवियों के बारे में कुछ कहने में एक ओर हमें संकोच कम होगा, दूसरी ओर आप भी हमारी बात को आसानी से एक ओर रख कर कविताओं पर स्वयं अपनी राय कायम कर सकेंगे। इन नए कवियों को भी कदाचित् प्रयोगवादी कह कर उनकी अवहेलना की जाए, या-जैसा कि पहले भी हुआ-अवहेलना के लिए यही पर्याप्त समझा जाए कि इन कवियों ने जो प्रयोग किए हैं वे वास्तव में नए नहीं हैं, प्रयोग नहीं हैं। ऐसा कहना इन कवियों के बारे में उतना ही उचित या अनुचित होगा जितना कि *पहले सप्तक* के; हमारी धारणा है कि उससे भी कम उचित होगा। यद्यपि सब कवियों में भाषा का परिमार्जन और अभिव्यक्ति की सफ़ाई एक-सी नहीं है और अटपटेपन की झाँकी न्यूनाधिक मात्रा में प्रत्येक में मिलेगी, तथापि सभी को ऐसी उपलब्धि हुई है जो प्रयोग को सार्थक करती है। 'प्रयोग के लिए प्रयोग' इनमें से भी किसी ने नहीं किया है पर नई समस्याओं और नए दायित्वों का तकाजा सबने अनुभव किया है और उससे प्रेरणा सभी को मिली है। *दूसरा सप्तक* नए हिन्दी काव्य को निश्चित रूप से एक कदम आगे ले जाता है और कृतित्व की दृष्टि से लगभग सूने आज के हिन्दी क्षेत्र में आशा की नई लौ जगाता है। ये कवि भी विरामस्थल पर नहीं पहुँचे हैं, लेकिन उनके आगे प्रशस्त पथ है और एक आलोकित क्षितिज-रेखा। गुप्त, प्रसाद, निराला, पन्त, महादेवी, बच्चन, दिनकर; इस सूची को हम आगे बढ़ावेंगे तो निस्सन्देह *दूसरा सप्तक* के कुछ कवियों का उल्लेख उसमें होगा। और, फुटकर कविताओं को लें तो, जैसा कि हम ऊपर भी कह आए हैं, एक जिल्द में संख्या में इतनी अच्छी कविताएँ इधर के प्रकाशनों में कम नज़र आएँगी।

यह फिर कहना आवश्यक है कि इन सात कवियों का एकत्र होना किसी दल या गुट के संगठन का सूचक नहीं है। पहली बार हमने कवियों के आपसी मतभेद की बात की थी; नन्ददुलारेजी ने यह परिणाम निकाला कि प्रयोगवादी कविता उन कवियों की कविता होती है जिनमें आपस में मतभेद हो; अब हम कहें कि प्रस्तुत संग्रह में ऐसे भी कवि हैं जिन्हें हमने आज तक देखा ही नहीं, तो कदाचित् उन्हें प्रयोगवाद की एक नई परिभाषा यह भी मिल जाए कि प्रयोगवादी वे होते हैं जो एक-दूसरे का मुँह देखे बिना एक-सी कविता लिखते हैं! उन्हें यह अवसर देने में हमें संकोच नहीं, उनके तर्क पढ़ने में रोचक हैं और उत्तर की अपेक्षा नहीं रखते। लेकिन कहना हम यह चाहते हैं कि ये सात कवि भी विचार-साम्य या समान राजनीतिक या साहित्यिक मतवाद के कारण एकत्र नहीं हुए या किए गए। कुछ से

हमारा व्यक्तिगत परिचय भी हुआ अवश्य, पर उनके यहाँ एकत्र होने का कारण उनकी कविता ही है। उसी की शक्ति ने हमें आकृष्ट किया और उसी का सौन्दर्य इस *सप्तक* की मूल प्रेरणा है। कवियों की ओर से इस संग्रह में भी उतना ही कम, उतना ही अन्यमनस्क और विलम्बित सहयोग मिला, जितना पहले सप्तक में मिला था; बल्कि इस बार कठिनाई कुछ अधिक थी क्योंकि इस बार प्रस्ताव उनका नहीं था कि एक सहकारी प्रकाशन किया जाए, इस बार हमारा आग्रह था कि नए काव्य का एक प्रतिनिधि संग्रह निकाला जाए। जो हो, संग्रह आपके सामने है; आप कविताओं को उन्हीं के गुण-दोष के आधार पर देखें; उन्हीं से कवि की सफलता-असफलता और उसके आदर्शों की परख करें! हमने जो कुछ कहा, इसी आशा से कि आप आलोचकों द्वारा आरोपित पूर्वग्रहों की मैली ओट से इन्हें न देखें, अपनी स्वच्छ सहृदयता से ही देखें; हमारा विश्वास है कि इस संग्रह से आपको तृप्ति मिलेगी।

नई कविता : प्रयोग के आयाम

तार सप्तक की भूमिका प्रस्तुत करते समय इन पंक्तियों के लेखक में जो उत्साह था, उसमें संवेदना की तीव्रता के साथ निःसन्देह अनुभवहीनता का साहस भी रहा होगा। संवेदन की तीव्रता अब कम हो गई है, ऐसा हम नहीं मानना चाहते; किन्तु इस में सन्देह नहीं कि अनुभव ने नए कवियों का संकलन प्रस्तुत करते समय दुविधा में पड़ना सिखा दिया है। यह नहीं कि *तीसरा सप्तक* के कवियों की संगृहीत रचनाओं के बारे में हम उससे कम आश्वस्त, या उनकी सम्भावनाओं के बारे में कम आशामय हैं जितना उस समय *तार सप्तक* के कवियों के बारे में थे। बल्कि एक सीमा तक इससे उलटा ही सच होगा। हम समझते हैं कि *तीसरा सप्तक* के कवि अपने-अपने विकास-क्रम से अधिक परिपक्व और मँजे हुए रूप में ही पाठकों के सम्मुख आ रहे हैं। भविष्य में इनमें से कौन कितना और आगे बढ़ेगा, यह या तो ज्योतिषियों का क्षेत्र है या स्वयं उनके अध्यवसाय का। *तीसरा सप्तक* के कवि भी एक ही मंजिल तक पहुँचे हों, या एक ही दिशा में चले हों, या अपनी अलग दिशा में भी एक-सी गति से चले हों, ऐसा नहीं कहा जा सकता। निःसन्देह *तार सप्तक* में भी यह स्पष्ट कर दिया गया था कि संगृहीत कवि सब अपनी-अपनी अलग राह का अन्वेषण कर रहे हैं।

दुविधा और संकोच का कारण दूसरा है। *तार सप्तक* के कवि अपनी रचना के ही प्रारम्भिक युग में नहीं, एक नई प्रवृत्ति की प्रारम्भिक अवस्था में सामने आए थे। पाठक के सम्मुख उनके कृतित्व की माप-जोख करने के लिए कोई बने-बनाए मापदंड नहीं थे। उनकी तुलना भी पूर्ववर्ती या समवर्ती दिग्गजों से नहीं की जा सकती थी क्योंकि तुलना के कोई आधार ही अभी नहीं बने थे। इसलिए जहाँ उनकी स्थिति झारखंड की झाड़ी पर अप्रत्याशित फूले हुए वन-कुसुम की-सी अकेली थी, वहाँ उन्हें यह भी सुविधा थी कि उनके यत्किंचित् अवदान की माप झारखंड के ही सन्दर्भ में हो सकती थी-दूर के उद्यानों से कोई प्रयोजन नहीं था।

अब वह परिस्थिति नहीं है। *द्विवेदी काल* के श्री मैथिलीशरण गुप्त या छायावादी युग के श्री निराला जैसा कोई शलाका-पुरुष नई कविता ने नहीं दिया है (न उसे अभी इतना समय ही मिला है); फिर भी तुलना के लिए और नहीं तो पहले

दोनों सप्तकों के कवि तो हैं ही, और परम्पराओं की कुछ लीकें भी बन गई हैं। पत्र-पत्रिकाओं में नई कविता ग्राह्य हो गई है, सम्पादक-गण (चाहे आतंकित होकर ही!) उसे अधिकाधिक छापने लगे हैं, और उसकी अपनी भी अनेक पत्रिकाएँ और संकलन-पुस्तिकाएँ निकलने लगी हैं। उधर उसकी आलोचना भी छपने लगी है, और धुरन्धर आलोचकों ने भी उसके अस्तित्व की चर्चा करना गवारा किया है-चाहे अधिकतर भर्त्सना का निमित्त बना कर ही।

और कृतिकारों का अनुधावन करने वाली, स्वल्प पूँजी वाली प्रतिभाएँ भी अनेक हो गई हैं।

कहना न होगा कि इन सब कारणों से *नई कविता* का अपने पाठक के और स्वयं अपने प्रति उत्तरदायित्व बढ़ गया है। यह मानकर भी कि शास्त्रीय आलोचकों से उसे सहानुभूतिपूर्ण तो क्या, पूर्वग्रहरहित अध्ययन भी नहीं मिला है, यह आवश्यक हो गया है कि स्वयं उसके आलोचक तटस्थ और निर्मम भाव से उसका परीक्षण करें। दूसरे शब्दों में, परिस्थिति की माँग यह है कि कविगण स्वयं एक-दूसरे के आलोचक बन कर सामने आवें।

पूर्वग्रह से मुक्त होना हर समय कठिन है। फिर अपने ही समय की उस प्रवृत्ति के विषय में, जिससे आलोचक स्वयं सम्बद्ध है, तटस्थ होना और भी कठिन है। फिर जब समीक्षक एक ओर यह भी अनुभव करे कि यह प्रवृत्ति विरोधी वातावरण से घिरी हुई और सहानुभूति ही नहीं, समर्थन और वकालत भी माँगती है, तब उसकी कठिनाई की कल्पना की जा सकती है।

लेकिन फिर भी नई कविता अगर इस काल की प्रतिनिधि और उत्तरदायी रचना-प्रवृत्ति है, और समकालीन वास्तविकता को ठीक-ठीक प्रतिबिम्बित करना चाहती है, तो उसे स्वयं आगे बढ़ कर यह त्रिगुण दायित्व ओढ़ लेना होगा। कृतिकार के रूप में नए कवि को साथ-साथ वकील और जज, दोनों होना होगा। (और सम्पादक होने पर साथ-साथ अभियोक्ता भी!)

तीसरा सप्तक के सम्पादन की कठिनाई के मूल में यही परिस्थिति है। *तार सप्तक* एक नई प्रवृत्ति का पैरवीकार माँगता था, इससे अधिक विशेष कुछ नहीं। *तीसरा सप्तक* तक पहुँचते न पहुँचते प्रवृत्ति की पैरवी अनावश्यक हो गई है, और कवियों की पैरवी का तो सवाल ही क्या है? इस बात का अधिक महत्त्व हो गया है कि संकलित रचनाओं का मूल्यांकन सम्पादक स्वयं न भी करे तो कम-से-कम पाठक की इसमें सहायता अवश्य करे।

नई कविता की प्रयोगशीलता का पहला आयाम भाषा से सम्बन्ध रखता है। निःसन्देह जिसे अब *नई कविता* की संज्ञा दी जाती है वह भाषा-सम्बन्धी प्रयोगशीलता को वाद की सीमा तक नहीं ले गई है-बल्कि ऐसा करने को अनुचित

भी मानती रही है। यह मार्ग *प्रपद्यवादी* ने अपनाया जिसने घोषणा की कि *चीज़ों का एकमात्र नाम होता है* और वह (प्रपद्यवादी कवि) *प्रयुक्त प्रत्येक शब्द और छन्द का स्वयं निर्माता है।*

नई कविता के कवि को इतना मानने में कोई कठिनाई न होती कि कोई शब्द किसी दूसरे शब्द का सम्पूर्ण पर्याय नहीं हो सकता, क्योंकि प्रत्येक शब्द के अपने वाच्यार्थ के अलावा अगल-अलग लक्षणाएँ और व्यंजनाएँ होती हैं-अलग संस्कार और ध्वनियाँ। किन्तु प्रत्येक वस्तु का अपना एक नाम होता है, इस कथन को उस सीमा तक ले जाया जा सकता है जहाँ कि भाषा का एक नया रहस्यवाद जन्म ले ले और अल्लाह के निन्यानवे नामों से परे उसके अनिर्वचनीय सौवें नाम की तरह प्रत्येक वस्तु के सौवें नाम की खोज में डूब जाएँ। भाषा-सम्बन्धी यह निन्यानवे का फेर प्रेषणीयता का और इसलिए भाषा का ही बहुत बड़ा शत्रु हो सकता है। शब्द अपने-आप में सम्पूर्ण या आत्यान्तिक नहीं है; वह संकेत है जिसमें अर्थ की प्रतिपत्ति की गई है। *एकमात्र उपयुक्त शब्द* की खोज करते समय हमें शब्दों की यह तदर्थता नहीं भूलनी होगी : वह *एकमात्र* इसी अर्थ में है कि हमने (प्रेषण को स्पष्ट, सम्यक् और निर्भ्रम बनाने के लिए) नियत कर दिया है कि शब्द-रूपी अमुक एक संकेत का एकमात्र अभिप्रेत क्या होगा।

यहाँ यह मान लें कि शब्द के प्रति यह नई, और कह लीजिए मानववादी दृष्टि है; क्योंकि जो व्यक्ति शब्द का व्यवहार करके शब्द से यह प्रार्थना कर सकता था कि *अनजाने उसमें बसे देवता के प्रति कोई अपराध हो गया हो तो देवता क्षमा करे* वह इस निरूपण को स्वीकार नहीं कर सकता-नहीं मान सकता कि शब्द में बसने वाला देवता कोई दूसरा नहीं है, स्वयं मानव ही है जिसने उसका अर्थ निश्चित किया है। यह ठीक है कि शब्द को जो संस्कार इतिहास की गति में मिल गए हैं उन्हें *मानव के दिए हुए* कहना इस अर्थ में सही नहीं है कि उनमें मानव का संकल्प नहीं था-फिर भी वे मानव द्वारा व्यवहार के प्रसंग में ही शब्द को मिले हैं और मानव से अलग अस्तित्व नहीं रख या पा सकते थे।

किन्तु *एकमात्र सही नाम* वाली स्थापना को इस तरह मर्यादित करने का यह अर्थ नहीं है कि किसी का सर्वत्र, सर्वदा सभी के द्वारा ठीक एक ही रूप में व्यवहार होता है-बल्कि यह तो तभी होता जब कि वास्तव में **एक चीज़ का एक ही नाम** होता और एक नाम की एक ही चीज़ होती! **प्रत्येक शब्द का प्रत्येक समर्थ उपयोक्ता उसे नया संस्कार देता है**। इसी के द्वारा पुराना शब्द नया होता है-यही उसका कल्प है। इसी प्रकार शब्द **वैयक्तिक प्रयोग** भी होता है और प्रेषण का माध्यम भी बना रहता है, दुरूह भी होता है और बोध गम्य भी, पुराना परिचित भी रहता है और स्फूर्तिप्रद अप्रत्याशित भी।

नए कवि की उपलब्धि और देन की कसौटी इसी आधार पर होनी चाहिए। जिन्होंने शब्द को नया कुछ नहीं दिया है, वे लीक पीटने वाले से अधिक कुछ नहीं हैं–भले ही जो लीक वह पीट रहे हैं वह अधिक पुरानी न हो। और उन्होंने उसे नया कुछ देने के आग्रह में पुराना बिलकुल मिटा दिया है, वे ऐसे देवता हैं जो भक्त को नया रूप दिखाने के लिए अन्तर्धान ही हो गए हैं! कृतित्व का क्षेत्र इन दोनों सीमा-रेखाओं के बीच में है। यह ठीक है कि बीच का क्षेत्र बहुत बड़ा है, और उसमें कोई इस छोर के निकट हो सकता है तो कोई उस छोर के। दुरूहता अपने-आप में कोई दोष नहीं है, न अपने-आप में इष्ट है। इस विषय को लेकर झगड़ा करना वैसा ही है जैसा इस चर्चा में कि सुराही का मुँह छोटा है या बड़ा, यह न देखना कि उसमें पानी भी है या नहीं।

प्रयोक्ता के सम्मुख दूसरी समस्या सम्प्रेष्य वस्तु की है। यह बात कहने की आवश्यकता नहीं होनी चाहिए कि काव्य का विषय और काव्य की वस्तु (कंटेंट) अलग-अलग चीज़ें हैं; पर जान पड़ता है कि इस पर बल देने की आवश्यकता प्रतिदिन बढ़ती जाती है! यह बिलकुल सम्भव है कि हम काव्य के लिए नए से नया विषय चुनें पर वस्तु उसकी पुरानी ही रहे; जैसे यह भी सम्भव है कि विषय पुराना रहे पर वस्तु नई हो...निःसन्देह देश-काल की संक्रमणशील परिस्थितियों में संवेदनशील व्यक्ति बहुत-कुछ नया देखे-सुने और अनुभव करेगा; और इसलिए विषय के नएपन के विचार का भी अपना स्थान है ही; पर विषय केवल नए हो सकते हैं, मौलिक नहीं–मौलिकता वस्तु से ही सम्बन्ध रखती है। विषय सम्प्रेष्य नहीं है, वस्तु सम्प्रेष्य है। नए (या पुराने भी) विषय की, कवि की संवेदना पर प्रतिक्रिया, और उससे उपपन्न सारे प्रभाव जो पाठक-श्रोता-ग्राहक पर पड़ते हैं, और उन प्रभावों को सम्प्रेष्य बनाने में कवि का योग (जो सम्पूर्ण चेतन भी हो सकता है, अंशतः चेतन भी, और सम्पूर्णतया अवचेतन भी) मौलिकता की कसौटी का यही क्षेत्र है। यही कवि की शक्ति और प्रतिभा का भी क्षेत्र है–क्योंकि यही कवि मानस की पहुँच और उसके सामर्थ्य का क्षेत्र है। कहाँ तक कवि नई परिस्थिति को स्वायत्त कर सका है (आयत्त करने में रागात्मक प्रतिक्रिया भी और तज्जन्य बुद्धि-व्यापार भी है जिसके द्वारा कवि संवेदना का पुतला-भर न बना रह कर उसे वश करके, उसी के सहारे उससे ऊपर उठकर उसे सम्प्रेष्य बनाता है), इसी से हम निश्चय करते हैं कि वह कितना बड़ा कवि है। [और फिर सम्प्रेषण के साधनों और तन्त्र (टेकनीक) के उपयोग की पड़ताल करके यह भी देख सकते हैं कि वह कितना सफल कवि है–पर इस पक्ष को अभी छोड़ दिया जाय!]

यहाँ स्वीकार किया जाए कि नए कवियों में ऐसे कवियों की संख्या कम नहीं है जिन्होंने विषय को वस्तु समझने की भूल की है, और इस प्रकार स्वयं भी पथ-

भ्रष्ट हुए हैं और पाठकों में नई कविता के बारे में अनेक भ्रान्तियों के कारण बने हैं।

लेकिन *नक़लचियों से सावधान!* की चेतावनी असली माल वाले प्राय: नहीं देते; या तो वे देते हैं जिन्हें स्वयं अपने माल की असलियत के बारे में कुछ खटका हो, या फिर वे दे सकते हैं जो स्वयं माल लेकर उपस्थित नहीं हैं और केवल पहरा दे रहे हैं। अर्थात् कवि स्वयं चेतावनी नहीं देते; यह काम आलोचकों, अध्यापकों और सम्पादकों का है। यह भी उन्हीं का काम है कि नकली के प्रति सावधान करते हुए असली की साख भी न बिगड़ने दें–ऐसा न हो कि नक़ली से धोखा खाने के डर से सारा कारोबार ही ठप हो जाए!

इस वर्ग ने यह काम नहीं किया है, यह सखेद स्वीकार करना होगा बल्कि कभी तो ऐसा जान पड़ता है कि नक़लची कवियों से कहीं अधिक संख्या और अनुपात नक़ली आलोचकों का है–धातु उतना खोटा नहीं है जितनी कि कसौटियाँ ही झूठी हैं! इतनी अधिक छोटी-मोटी एमेच्योर (और इम्मेच्योर) साहित्य-पत्रिकाओं का निकलना, जब कि जो दो-चार सम्मान्य पत्रिकाएँ हैं वे सामग्री की क़मी से क्षयग्रस्त हो रही हैं, इसी बात का लक्षण है कि यह वर्ग अपने कर्तव्य से कितना च्युत हुआ है। यह ठीक है कि ऐसे छोटे-छोटे प्रयास एक आस्था की घोषणा करते हैं और इस प्रकार एक शक्ति (चाहे कितनी स्वरूप) के लक्षण हैं, पर यह भी उतना ही सच है कि इस प्रकार व्यापक, पुष्ट और दृढ़ आधार वाले मूल्यों की उपलब्धि और प्रतिष्ठा का काम क्रमश: कठिनतर होता जाता है।

पर नक़लची हर प्रवृत्ति के रहे हैं, और जिनका भंडाफोड़ अपने समय में नहीं हुआ उन्हें पहचानने में फिर समय की दूरी अपेक्षित हुई है। अधिक दूर न जावें तो न तो *द्विवेदी युग* में नक़लचियों की कमी रही, न छायावाद युग में! और न ही (यदि इसी सन्दर्भ में उनका उल्लेख भी उचित हो जिनकी उपलब्धि भी *प्रयोगवादी सम्प्रदाय* से विशेष अधिक नहीं रही जान पड़ती) प्रगतिवाद ने कम नक़लची पैदा किए। हमें किसी भी वर्ग में उनका समर्थन या पक्ष-पोषण नहीं करना है–पर यह माँग भी करनी है कि उनके अस्तित्व के कारण मूल्यवान् की उपेक्षा न हो, असली को नक़ली से न मापा जाए।

शिल्प, तन्त्र या टेकनीक के बारे में भी दो शब्द कहना आवश्यक है। इन नामों की इतनी चर्चा पहले नहीं होती थी। पर वह इसीलिए कि इन्हें एक स्थान दे दिया गया था जिसके बारे में बहस नहीं हो सकती थी। यों *साधना* की चर्चा होती थी, और साधना अभ्यास और मार्जन का ही दूसरा नाम था। बड़ा कवि *वाक्‌सिद्ध* होता था, और भी बड़ा कवि *रससिद्ध* होता था। आज *वाक्‌शिल्पी* कहलाना अधिक गौरव की बात समझा जा सकता है–क्योंकि शिल्प आज विवाद का विषय है। यह चर्चा उत्तर

छायावाद काल से ही अधिक बढ़ी, जबकि प्रगति के सम्प्रदाय ने शिल्प, रूप, तन्त्र आदि सबको गौण कह कर एक ओर ठेल दिया, और *शिल्पी* एक प्रकार की गाली समझा जाने लगा। इसी वर्ग ने नई काव्य प्रवृत्ति को यह कह कर उड़ा देना चाहा है कि वह केवल शिल्प का, रूप-विधान का आन्दोलन है, निरा फ़ार्मेलिज़्म है। पर साथ-साथ उसने यह भी पाया है कि शिल्प इतना नगण्य नहीं है कि वस्तु से रूपाकार को बिलकुल अलग किया ही नहीं जा सकता, कि दोनों का सामंजस्य अधिक समर्थ और प्रभावशाली होता है; और इसी अनुभव के कारण धीरे-धीरे वह भी मानो पिछवाड़े से आकर शिल्पाग्रही वर्ग में आ मिला है। बल्कि अब यह भी कहा जाने लगा है कि *प्रयोगवाद के जो विशिष्ट गुण बताए जाते थे (जैसा बताने वाले वे ही थे!) उनका प्रयोगवाद ने ठेका नहीं लिया है-प्रयोगवादी कवियों में भी वे पाए जाते हैं।* इससे उलझी परिस्थिति और भ्रामक हो गई है। वास्तव में नई कविता ने कभी अपने को शिल्प तक सीमित रखना नहीं चाहा, न वैसी सीमा स्वीकार की। उस पर यह आरोप उतना ही निराधार था, जितना दूसरी ओर यह दावा कि केवल प्रगतिवादी काव्य में सामाजिक चेतना है, और कहीं नहीं। यह मानने में कोई कठिनाई न होनी चाहिए कि प्रगतिवाद सबसे अधिक समाजाग्रही रहा है; पर केवल इसी से यह नहीं प्रमाणित हो जाता कि उस वाद के कवियों में गहरी सामाजिक चेतना है या कि जैसी है वही उस का स्वस्थ रूप है-उसकी पड़ताल प्रत्येक कवि में अलग करनी ही होगी।

खैर, यहाँ पुराने झगड़ों को उठाना अभीष्ट नहीं है। कहना यह है कि नया कवि नई वस्तु को ग्रहण और प्रेषित करता हुआ शिल्प के प्रति कभी उदासीन नहीं रहा है, क्योंकि वह उसे प्रेषण से काट कर अलग नहीं करता है। नई शिल्प दृष्टि उसे मिली है; यह दूसरी बात है कि वह सब में एक-सी गहरी न हो, या सब देखे पथ पर एक-सी सम गति से न चल सके हों। यहाँ फिर मूल्यांकन से पहले यह समझना आवश्यक है कि यह नई दृष्टि क्या है, और किधर चलने की प्रेरणा देती है?

संकलित कवियों के विषय में अलग-अलग कुछ कहना कदाचित् उनके और पाठक के बीच व्यर्थ एक पूर्वग्रह की दीवार खड़ी करना होगा। एक बार फिर इतना ही कहना अलम् होगा कि ये कवि किसी एक सम्प्रदाय के नहीं हैं; न सबकी साहित्यिक मान्यताएँ एक हैं, न सामाजिक, न राजनीतिक; न ही उनकी जीवन-दृष्टि में ऐसी एकरूपता है। भाषा, छन्द, विषय, सामाजिक प्रवृत्ति, राजनीतिक आग्रह या कर्म की दृष्टि से प्रत्येक की स्थिति या दिशा अलग हो सकती है; कोई इस छोर के निकट पाया जा सकता है, कोई उस छोर के, कोई बाएँ तो कोई दाहिने, कोई आगे तो कोई पीछे, कोई सशंक तो कोई साहसिक। यह नहीं कि इन बातों का कोई मूल्य न हो पर *तीसरा सप्तक* में न तो ऐसा साम्य कलन का आधार बना है, न ऐसा वैषम्य

बहिष्कार का। संकलनकर्ता ने पहले भी इस बात को महत्त्व नहीं दिया है कि संकलित कवियों के विचार कहाँ तक उसके विचारों से मिलते हैं या विरोधी हैं; न अब वह इसे महत्त्व दे रहा है। क्योंकि उसका आग्रह रहा है कि काव्य के आस्वादन के लिए इससे ऊपर उठ सकना चाहिए और उठना चाहिए। सप्तकों की योजना का यही आधारभूत विश्वास है। प्रयोजनीय यह है कि संकलित कवियों में अपने कवि-कर्म के प्रति गम्भीर उत्तरदायित्व का भाव हो, अपने उद्देश्यों में निष्ठा और उन तक पहुँचने के साधनों के सदुपयोग की लगन हो। जहाँ प्रयोग हो, वहाँ कवि मानता हो कि वह सत्य का ही प्रयोग होना चाहिए। यों काव्य में सत्य क्योंकि वस्तुसत्य का रागाश्रित रूप है इसलिए उसमें व्यक्ति-वैचित्र्य की गुंजाइश तो है ही, बल्कि व्यक्ति की छाप से युक्त होकर ही वह काव्य का सत्य हो सकता है। क्रीड़ा और लीला-भाव भी सत्य हो सकते हैं-जीवन की ऋजुता भी उन्हें जन्म देती है और संस्कारिता भी। देखना यह होता है कि वह सत्य के साथ खिलवाड़ या फ़्लर्टेशन मात्र न हो।

इन कवियों के एकत्र पाए जाने का आधार यही है। ऐसा दावा नहीं है कि जिस काल या पीढ़ी के ये कवि हैं, उसके यही सर्वोत्कृष्ट या सबसे अधिक उल्लेख्य कवि हैं। दो-एक और आमन्त्रित होकर भी इसलिए रह गए कि वे स्वयं इसमें आना नहीं चाहते थे-चाहे इसलिए कि दूसरे कवियों का साथ उन्हें पसन्द नहीं था, चाहे इसलिए कि सम्पादक का सम्पर्क उन्हें अप्रीतिकर या हेय लगा, चाहे इसलिए कि वे अपने को पहले ही इतना प्रसिद्ध और प्रतिष्ठित मानते थे कि नए कवियों के साथ आने में उन्होंने अपनी हेठी या अपना अहित समझा। एक इसलिए रह गए कि उनकी स्वीकृति के बावजूद दो वर्ष के परिश्रम के बाद भी उनकी रचनाएँ न प्राप्त हो सकीं। एक-दो इसलिए भी छोड़ दिए गए कि एकाधिक स्वतन्त्र संग्रह प्रकाशित हो चुकने के कारण उनका ऐसे संकलन में आना अनावश्यक हो गया था-स्मरण रहे कि मूल योजना यही थी कि सप्तक ऐसे कवियों को सामने लाएँगे जिनके स्वतन्त्र संग्रह प्रकाशित नहीं हुए हैं और जो इस प्रकार भी नए हैं। यदि प्रस्तुत संकलन के भी दो-एक कवियों के स्वतन्त्र संग्रह प्रकाशित हो चुके हैं तो वह इसी बात का द्योतक है कि *तीसरा सप्तक* की पाण्डुलिपि बनने और उसके प्रकाशन के बीच एक लम्बा अन्तराल रहा है। यों हम तो चाहते हैं कि सभी कवियों के स्वतन्त्र संग्रह छपें-बल्कि *सप्तक* में उन्हें लाने का कारण ही यह विश्वास है कि उनके अपने-अपने संग्रह छपने चाहिए।

इन शब्दों के साथ हम ओट होते हैं। भूमिका का काम भूमि तैयार करना है; भूमि तैयार वही है जिस पर चलने में उसकी ओर से बेखटके होकर उसे भुला दिया जा सके। पाठक से अनुरोध है कि अब वह आगे बढ़ कर कवियों से साक्षात्कार करे। उपलब्धि वहीं है।

काव्य का सत्य और कवि का वक्तव्य

दूसरी की रचनाओं के लिए भूमिका लिखने का काम मुझे हमेशा कठिन जान पड़ा है। साधारणतया उसका कारण यह होता है कि वह एक औपचारिक काम होता है। प्रस्तुत संकलन की भूमिका औपचारिक काम तो नहीं है; चयन और संकलन स्वयं मैंने अपनी रुचि और योजना के अनुसार किया है और यदि संकलित कवि मुझे महत्त्वपूर्ण लगे हैं, उनकी रचनाएँ मुझे अच्छी लगी हैं तो उनके बारे में कुछ कहने में औपचारिकता अनावश्यक है। इसके बावजूद भूमिका लिखने का काम अत्यन्त दुष्कर जान पड़ रहा है। इसके कुछ कारण व्यक्तिगत हैं। फिर भी उनकी चर्चा से बचना उचित अथवा संगत नहीं होगा क्योंकि उससे सम्पादक के प्रति ही नहीं, संकलित कवियों के प्रति भी अन्याय हो जाएगा।

पहले तीन सप्तकों के बार यह *चौथा सप्तक* अपेक्षया लम्बे अन्तराल से प्रकाशित हो रहा है। इस लम्बी अवधि में हिन्दी में कविता प्रचुर मात्रा में लिखी गई है। सब अच्छी नहीं है, यह कहना किसी रहस्य का उद्‌घाटन करना नहीं है। और शायद अगर यह भी कहूँ कि प्रकाशित कविता का अधिकांश घटिया रहा है तो उसे पाठक एक अनावश्यक स्पष्टोक्ति भले ही मान लें, ग़लत नहीं मानेंगे। किसी भी युग के काव्य के बारे में ऐसा ही कहा जा सकता है–अच्छा काव्य अनुपात की दृष्टि से थोड़ा ही रहता है। लेकिन इस लम्बे अन्तराल की रचना में एक अंश छाँटना–सैकड़ों कवियों में से केवल सात चुनना और फिर उनकी रचनाओं में से चयन करना–केवल इसलिए कठिन नहीं है कि कवियों की बहुत बड़ी संख्या में से सात कवि चुनने हैं। कठिनाई जितनी बाहर प्रस्तुत सामग्री में है **उतनी ही चयन करने वाले के आभ्यन्तर परिवर्तनों में और उनके कारण कवियों के बदले हुए सम्बन्धों में भी है**। निःसन्देह प्रत्येक सप्तक के साथ यह कठिनाई कुछ बढ़ती गई। *'तार सप्तक'* का जब प्रकाशन हुआ तो उसमें संकलित अन्य कवि सभी प्रायः मेरे समवयसी और साथी थे और उनकी रचनाओं के चयन में एक सहजता थी। उनके बारे में कुछ कहना भी इसी कारण कम कठिन था। जब *'दूसरा सप्तक'* प्रकाशित हुआ तब भी परिस्थिति में कुछ परिवर्तन आ गया था, और *'तीसरा सप्तक'* में तो

परिस्थिति स्पष्टतया बदली हुई थी। *'तार सप्तक'* एक हद तक सहयोगी प्रकाशन था जिसे सहयोगियों ने एक-न-एक दिशा देने के लिए संयोजित किया था; *'तीसरा सप्तक'* स्पष्टतया एक सम्पादक की काव्य-दृष्टि और उसके काव्य-विवेक का प्रतिफलन था।

इतनी बात तो *'चौथा सप्तक'* के बारे में भी सच है। और भी स्पष्ट करके कहूँ कि यह घोषित रूप से, एक सम्पादक की काव्य-दृष्टि, साहित्यिक रुचि और साहित्यिक विवेक का प्रतिफलन है। लेकिन *'तीसरा सप्तक'* के समय की अपेक्षा आज यह काम कितना कठिनतर हो गया इसकी ओर पाठक का ध्यान दिलाना आवश्यक है। शायद उस कठिनाई को स्पष्ट कर देने का सबसे अच्छा तरीका यही हो कि मैं यह स्वीकार करूँ कि पहले तीन सप्तकों का सम्पादन करते हुए मैं यह अनुभव करता रहा था कि मैं काव्य में कुछ ऐसी नई प्रवृत्तियों का व्याख्याता और वकील हूँ, जिनके साथ मेरी पूरी सहानुभूति है। अर्थात् पहले तीन सप्तक मेरी दृष्टि में एक तरह के साहित्यिक आन्दोलन और युग-परिवर्तन के अंग थे। तीसरा सप्तक के बाद मुझे ऐसा जान पड़ा कि वे नई प्रवृत्तियाँ काव्यप्रेमी समाज में पूरी तरह स्वीकृति पा गई हैं। ऐसी स्थिति में उनके लिए और आन्दोलन अथवा वकालत की कोई आवश्यकता नहीं रही। और मन-ही-मन मैं इस परिणाम पर भी पहुँच चुका था कि अब सप्तकों के क्रम में और कोई संकलन जोड़ना अनावश्यक हो गया है। बल्कि उसके बाद के कुछ वर्षों में तो ऐसा अनुभव हुआ कि स्वीकार की प्रक्रिया इतनी आगे बढ़ गई है कि नई रचनाओं का दोष देखना भी कठिन हो गया है : उस धारा में बहकर आने वाला सभी कुछ स्वीकार कर लिया जाता है और यहाँ तक कि पत्र-पत्रिकाओं के सम्पादकों को अपने विवेक से काम लेते डर लगता है! मैंने कहा कि किसी भी युग का समूचा काव्य-साहित्य समान रूप से अच्छा नहीं होता; कुछ अच्छी रचनाओं के साथ बहुत ही साधारण कोटि की या उससे भी निचले स्तर की रचनाएँ प्रकाश में आती रहती हैं। जिस स्थिति में पत्रिकाओं की बाढ़ हो और उसके साथ-साथ प्रतिमान सामने रखने वाली कोई सर्वमान्य पत्रिका न हो, साधारण और घटिया रचनाओं का प्रसार और भी बढ़ जाता है। लेकिन यह मान लेने के साथ इस बात का उल्लेख भी आवश्यक है कि *'तार सप्तक'* के सम्पादक को *'तीसरा सप्तक'* के बाद के युग की स्थिति से कुछ अतिरिक्त क्लेश इसलिए भी होने लगा कि वय के अन्तर के साथ संवेदन का अन्तर भी स्वभावतः बढ़ने लगा। मैं नहीं जानता कि *'तार सप्तक'* के जो कवि आज जीवित हैं वे सभी इस बात को स्वीकार करेंगे या नहीं; लेकिन उनके स्वीकार न करने पर भी मैं तो यही मानूँगा कि यह बात उनके बारे में भी उतनी ही सच होगी।

ऐसी बढ़ती हुई दूरी अनिवार्य है और उसके साथ-साथ इच्छा रहते भी समानता

का कठिनतर होते जाना भी स्वाभाविक है। इससे एक परिणाम तो यह निकलता ही है कि आज जो कविता लिखी जा रही है उसे अगर एक मुकदमे के रूप में प्रस्तुत करना है तो उसका वकील उसी में से निकलना चाहिए–आज जो लिखा जा रहा है उसका सच्चा वकील आज का लिखने वाला ही होना चाहिए। वैसे संकलन प्रकाशित होते भी रहे हैं, अभी हाल में दो-तीन हुए हैं। मुकदमे का विचार जिन्हें करना हो उन्हें अवश्य ही वे संग्रह देखने चाहिए और उनकी भूमिकाओं में अथवा कवियों के वक्तव्यों में दी गई दलीलों का विचार करना ही चाहिए। लेकिन अगर मैं उस दरजे का वकील नहीं हो सकता तो इसमें एक अनिवार्यता है जिसे मैं न केवल स्वीकार करना चाहता हूँ बल्कि जिस की ओर पाठक का ध्यान भी दिला देना चाहता हूँ। क्योंकि यह बात स्पष्ट हो जानी चाहिए कि *'चौथा सप्तक'* में जिन कवियों की रचनाएँ मैं चुन कर प्रस्तुत कर रहा हूँ उनका मैं प्रशंसक तो अवश्य हूँ, लेकिन उन्हें पाठक के सामने प्रस्तुत करते हुए उनके साथ एक दूरी, एक तटस्थता का भी बोध मुझमें है। मैं उनका प्रशंसक हूँ, मैं उनमें से एक नहीं हूँ–या हूँ तो उसी अर्थ में, जिस अर्थ में किसी भी युग का कोई भी कवि किसी दूसरे युग के कवि के साथ होता है। कवियों की बिरादरी में भी किसी भी दूसरी बिरादरी की तरह एक बन्धन समकालीनता का होता है तो एक अनुक्रमिकता का। मैं नहीं चाहूँगा कि मेरी इस लाचारी का दंड संकलित कवियों को मिले। इस मामले में मेरी सतर्कता और बढ़ जाती है क्योंकि मैं जानता हूँ कि उनका जोखिम अधिक है। *'तीसरा सप्तक'* के बाद के लम्बे अन्तराल का एक परिणाम यह भी हुआ है कि *'चौथा सप्तक'* में रखे गए कवियों के बीच वयस की दृष्टि से काफी अन्तर है। यह तो सम्भव था कि इससे बचने के लिए सभी कवि युवतर वर्ग में से चुने जाते; लेकिन उससे भी एक दूसरे प्रकार का अन्याय हो जाता–केवल बीच की पीढ़ी के छूट जाने वाले कवियों के प्रति नहीं बल्कि संकलित कवियों के प्रति भी, इसलिए कि पाठक उनकी रचनाओं का मूल्यांकन करते हुए उन कवियों को भी सामने रखता जो बीच के अन्तराल के प्रमुख कवि थे। यों तो अब भी यह सम्भावना बनी ही रहेगी क्योंकि सात की संख्या को सीमा बना लेने से कई कवि छूट जाते हैं। लेकिन यह बात तो पाठक बहुत आसानी से समझ सकेंगे।

पाठक को एक और बात याद दिला देना उचित होगा। कवियों का चयन करते समय एक बात यह भी मेरे ध्यान में थी कि जिन कवियों के एक से अधिक स्वतन्त्र संग्रह प्रकाशित हो चुके हैं उन्हें छोड़ भी दिया जा सकता है क्योंकि वे तो पाठक के सामने मौजूद हैं। मुझे यह प्रयत्न करना चाहिए कि जो अच्छे रचनाकार अभी अपेक्षया कम प्रसिद्ध हुए हैं उन्हें सामने लाया जाए। *'चौथा सप्तक'* के संकलित कवियों में से दो-तीन की रचनाएँ पुस्तकाकार छप चुकी थीं, लेकिन कारण चाहे

जो रहा हो, काव्यप्रेमी जनता के सामने नहीं आ सकी थीं। यह भी सम्भव है कि चयन की प्रक्रिया आरम्भ होने से लेकर इस पुस्तक के प्रकाशन तक की अवधि में संग्रहीत और दो-एक कवियों के एकल संग्रह प्रकाशित हो जाएँ। मैं नहीं समझता कि उससे मेरा प्रयत्न दूषित होगा। मुझे तो प्रसन्नता होगी कि जिन कवियों को मैं उल्लेख्य मानता हूँ उनके नए स्वतन्त्र संग्रह सामने आ रहे हैं।

2

मैं कह आया कि तीन सप्तकों के प्रकाशन से मुझे वह प्रक्रिया पूरी हो गई जान पड़ी थी जो नई काव्य-प्रवृत्तियों की प्रतिष्ठा के लिए आवश्यक थी। मैंने यह भी कहा कि उसके बाद कभी-कभी ऐसा भी अनुभव हुआ कि गुण-दोष-विवेक अपना आधार खो बैठा है। ऐसा लगने लगा कि एक पक्ष की वकालत कर चुकने के बाद अब प्रतिपक्ष की ओर से भी कुछ कहना आवश्यक हो गया है। लेकिन कविता के प्रतिपक्ष का मेरे लिए तो कुछ अर्थ नहीं है–मैं सदैव सत्काव्य का समर्थक हूँ और बना रहना चाहूँगा। समकालीन काव्य के दोषी अथवा उसकी त्रुटियों का उल्लेख करूँगा तो प्रतिपक्षी भाव से नहीं, वरन् उसके श्रेष्ठ कर्तृत्व को सामने लाने के लिए ही। और उसमें यह भी कहना उचित होगा कि काव्य के गुण-दोष की ओर ध्यान दिलाते हुए समकालीन आलोचना की त्रुटियों और उसकी एकांगिता को भी अनदेखा न करना होगा। इस एकांगिता ने नई रचना का बहुत अहित किया है। उसने नए रचनाकार को दिग्भ्रमित किया है और पाठक को भी इसलिए पथभ्रष्ट किया है कि उसने पाठ के सामने जो कसौटियाँ दी हैं वे स्वयं झूठी हैं। नई कविता ने एक बार फिर रचयिता और गृहीता समाज का सम्बन्ध स्थापित किया था, संचार की प्रणालियाँ बनाई थीं और खोली थीं। संकीर्ण और मताग्रही आलोचना ने फिर उन्हें अवरुद्ध कर दिया है। कवियों की संख्या कम नहीं हुई है–हो सकता है कि कुछ बढ़ हो गई हो-लेक़िन कवि समुदाय पाठक अथवा श्रोता समाज के न केवल निकटतर नहीं आया है बल्कि उस समाज में उसने फिर एक उदासीनता का भाव पैदा कर दिया है। इसके कारणों की कुछ पड़ताल अपेक्षित है।

यह तो कहा जा सकता है कि आज की कविता में जो प्रवृत्तियाँ मुखर हुई हैं उनके बीज उससे पहले की कविता में मौजूद थे–उस कविता में भी, जिसे प्रयोगवादी कहा जाता है और उसमें भी जिसे प्रगतिवादी नाम दिया जाता है। (दोनों ही नाम ग़लत हैं, लेकिन उस बहस में अभी न पड़ा जाए।) यह बात वैसे ही सही होगी जैसे यह बात कि प्रयोगवादी अथवा प्रगतिवादी प्रवृत्तियों के बीज छायावादियों में थे और छायावाद के बाद उससे पहले के इतिवृत्तात्मक काव्य में इत्यादि। ऐसा

तो होता ही है क्योंकि कविता कविता में से ही निकलती है, लेकिन इसके कारण हम किसी एक युग अथवा धारा अथवा आन्दोलन की प्रवृत्तियों के गुण-दोष का विवेचन करते समय सारी ज़िम्मेदारी उसके पूर्ववर्तियों पर नहीं थोप देते। किसी भी युग के आग्रह उसी युग के होते हैं और उनकी ज़िम्मेदारी उसी पर होती है।

आज की कविता में वक्तव्य का प्राधान्य हो गया है। उसके भीतर जो आन्दोलन हुए हैं और हो रहे हैं वे सभी इस बात को न केवल स्वीकार करते हैं बल्कि बहुधा इसी को अपने दावे का आधार बनाते हैं। कविता में वक्तव्य तो हो सकता है और वक्तव्य होने से ही वह अग्राह्य हो जाए, ऐसा भी नहीं है। लेकिन वक्तव्य के भी नियम होते हैं और उनकी अपेक्षा काव्य के लिए खतरनाक होती है। यह बात उतनी ही सच है जितनी यह कि काव्य में कवि वक्ता के रूप में भी आ सकता है, लेकिन उत्तम पुरुष के प्रयोग की जो मर्यादाएँ हैं उनकी अपेक्षा करने से कविता का **मैं** कवि न होकर एक अनधिकारी आक्रान्ता ही हो जाता है। आज कविता पर एक दावे करने वाला **मैं** बुरी तरह छा गया है। कविता में मैं भी निषिद्ध नहीं है, दावे भी निषिद्ध नहीं हैं, कविता प्रतिश्रुत और प्रतिबद्ध भी हो सकती है, लेकिन कहाँ अथवा कहाँ तक, इन सबका काव्य में निर्वाह हो सकता है और कहाँ ये काव्य के शत्रु बन जाते हैं, यह समझना आवश्यक है।

मंच पर हम नाटक देखते हैं तो उसमें आने वाला प्रत्येक चरित्र वक्ता होता है, उत्तम पुरुष में अपना वक्तव्य देता है, प्रतिश्रुत और प्रतिबद्ध होता है; हमारे सामने अभिनेता होता है, लेकिन हम देखते हैं तो अभिनेता को नहीं, उसके माध्यम से प्रस्तुत होते हुए चरित्र को। हम यह कभी नहीं भूलते कि हमारे सामने एक अभिनेता है, लेकिन फिर भी देखते हैं हम चरित्र को ही। अभिनेता कहता है **मैं** लेकिन वह **मैं** हमारे लिए चरित्र के वक्तव्य का स्वर होता है। ऐसी स्थिति में नाटक के डायलॉग अत्यन्त काव्यमय भी हो सकते हैं। लेकिन उन्हीं शब्दों में वही वक्तव्य यदि अभिनेता द्वारा प्रस्तुत किए गए चरित्र का न होकर स्वयं अभिनेता का होता, मंच पर बोलने वाला मैं यदि वह चरित्र न होता जो होकर भी वहाँ नहीं है, उसके बदले में स्वयं अभिनेता होता तो बिलकुल जरूरी नहीं है कि वहीं वक्तव्य उस स्थिति में भी हमें काव्यमय जान पड़ता या हमें सहन भी होता। अभिनेता द्वारा प्रस्तुत किए गए चरित्र को हम अपना वक्तव्य उत्तम पुरुष एक वचन में देने का अधिकार देते हैं; अभिनेता को वह अधिकार हम नहीं देते, यानी एक चेहरा, **मास्क** अथवा **पर्सोना** हमें स्वीकार है, स्वयं नट हमें स्वीकार नहीं है।

काव्य में इस बात का महत्त्व है। संस्कृत में काव्य का एक दृश्य रूप था और एक श्रव्य; काव्य, दोनों ही थे। और **पर्सोना** अथवा अभिनेय चरित्र के साथ सम्बन्ध दृश्य काव्य में ही नहीं, श्रव्य काव्य में भी अपना महत्त्व रखता है। काव्य में बोलने

वाला हर 'मैं' **पर्सोना** होता है, अभिनेय चरित्र होता है। जब कवि स्वयं अपनी बात भी कहता है तो वह हमें तभी स्वीकार होती है–मैं कह सकत हूँ कि तभी सह्य भी होती है–**जब वह कथ्य अथवा वक्तव्य प्रत्यक्ष रूप से कवि का न होकर एक पर्सोना अथवा अभिनेय चरित्र के रूप में उसका हो।**

और इस अत्यन्त महत्त्वपूर्ण बात को आज की कविता के अधिसंख्य कवि भूल गए हैं और विस्मृति में आज के आलोचक ने उनकी सहायता की है। मास्क अथवा चेहरे अथवा मुखौटे के प्रति जिस अवज्ञा भाव को इतना बढ़ावा दिया गया है उसने यह भी भुला देने में हमारी मदद की है कि **मुखौटे केवल धोखा देने के लिए नहीं बल्कि सच्चाई को प्रस्तुत करने के लिए भी लगाए जाते हैं।** साधारण जीवन में मुखौटा फ़रेब है, लेकिन नाटक में वही मुखौटा एक वृहत्तर यथार्थ में हमें लौटा लाने में सहायक हो सकता है–ऐसे वृहत्तर यथार्थ में, जिसका सामना शायद हम बिना मुखौटे के कर ही न सकें। सारे संसार के नाट्य में हम इस बात का प्रमाण पा सकते हैं–जहाँ भी साधारण सच्चाइयों से आगे बढ़कर विराट् को स्थापित करने का प्रयत्न होता है, वहाँ मुखौटे आते हैं।

कविता के लिए-काव्य के श्रव्य रूप के लिए–इस बात का क्या महत्त्व है? यही कि वक्तव्य वक्तव्य होने के नाते अग्राह्य नहीं है, तब अग्राह्य हो जाता है जब उसमें केवल कवि–रूपी इकाई का **मैं** अथवा अहम् बोलता है। अग्राह्य नहीं तो महत्त्वहीन तो वह हो ही जाता है क्योंकि हमारा प्रयोजन कविता से है, कवि से नहीं, या कवि से है तो बिलकुल साधारण–सा।

और हर युग के महान् कवि इस बात को पहचानते रहे हैं। यह नहीं है कि कवियों ने अपनी भावनाएँ, अपने राग-विराग, अपनी लालसाएँ और आकांक्षाएँ व्यक्त नहीं कीं, लेकिन जब की हैं और काव्य रूप में की हैं तो किसी दूसरे चरित्र पर उनका आरोप करके। भक्त कवियों ने प्रेम अथवा विरह की जिन अवस्थाओं का वर्णन कृष्ण और राधा अथवा गोपियों के माध्यम से इतने मार्मिक ढंग से किया है, ऐसा नहीं है कि उन भावनाओं से वे अपने जीवन में अपरिचित रहे होंगे, लेकिन उन्हीं भावनाओं को वे अपनी, कवि की निजी, भावनाओं के रूप में प्रस्तुत करते तो वे न केवल श्रेष्ठ काव्य की कोटि में न आतीं वरन् असमंजस का कारण भी बनतीं–लगभग अश्लील जान पड़ने लगतीं। और भक्त कवियों तक ही क्यों सीमित रहें–कोई कह सकता है कि भक्ति की बात तो लौकिक और अलौकिक के बीच के सम्बन्ध की है–शुद्ध लौकिक स्तर पर रह कर हम रीति के कवियों का भी उदाहरण लें : वहाँ भी **मैं** कभी नहीं आता, नायक अथवा नायिका आती है, यद्यपि उन पर आरोपित भावनाएँ बिलकुल मानवीय हैं और माना जा सकता है कि कवि अथवा कवयित्री के निजी जीवनानुभव से सम्बद्ध रही हैं। वक्तव्य वहाँ हैं

निजी और अन्तरंग, ऐसे भावों की अभिव्यक्ति भी हैं जो साधारण जीवन में सामने आने पर असमंजस का, अस्वस्ति भाव पैदा कर सकते हैं, लेकिन रीति काव्य के छन्दों में क्यों वे इतने ग्राह्य, इतने आकर्षक, इतने मार्मिक हो जाते हैं? क्योंकि वहाँ कवि **मैं** के रूप में आपके सामने नहीं आता। वह यह दावा नहीं करता कि यह मेरा भोगा हुआ यथार्थ है। भोगा हुआ तो वह अवश्य है, लेकिन जिसका भोगा हुआ है वह दावेदार बनकर आपके सामने नहीं आता, वह उसे एक दूसरे को सौंप देता है।

इस सौंप देने का एक विशेष महत्त्व है। यह सौंप दे सकना अपने-आप में साधारणीकरण की एक कसौटी है। कवि जहाँ **मैं** के रूप में पाठक अथवा श्रोता के समक्ष होकर अपना वक्तव्य देता है वहाँ इस बात की कोई गारंटी नहीं है कि वह वक्तव्य या उसमें प्रकट किए गए भाव अथवा विचार एक सार्वभौम सत्ता पा चुके हैं। दूसरे शब्दों में, यह सिद्ध नहीं हुआ है कि वे बहुजन-संवेद्य हो गए हैं, सम्प्रेष्य हो गए हैं। उन्हीं को जब हम दूसरे चरित्र के माध्यम से-नायक अथवा नायिका अथवा **पर्सोना** के माध्यम से-प्रस्तुत करते हैं, तब इस कसौटी पर हम अपनी परीक्षा करवा चुके होते हैं।

तो एक बार अपनी बात मैं दोहरा दूँ। आज की कविता का बहुत बड़ा और शायद सबसे बड़ा दोष यह है कि उस पर एक 'मैं' छा गया है, वह भी एक अपरीक्षित और अविसर्जित मैं। **आज की कविता बहुत बोलती** है, जब कि कविता का काम बोलना है ही नहीं।

3

यदि यह कहा जाए कि आज कवि के पास सामान्यतया पिछली पीढ़ी के कवि से अधिक जानकारी होती है और वह साधारण जीवन की व्यावहारिक परिस्थितियों और आवश्यकताओं के बारे में अधिक सजग और सतर्क होता है तो इसे कोई आश्चर्यजनक स्थापना नहीं समझा जाएगा क्योंकि यह समूचे समाज के विकास की दिशा के अनुरूप ही है, और यदि इस व्यापकतर व्यावहारिक जागरूकता का एक पहलू राजनीतिक जागरूकता है तो वह भी स्वाभाविक है क्योंकि व्यावहारिक जीवन में राजनीति का स्थान और महत्त्व लगातार बढ़ता गया है। लेकिन जो बात चिन्त्य है वह यह कि कवि की राजनीतिक चेतना के साथ राजीतिक मतवाद का आरोप कहाँ तक उचित है? क्या कविता को अनिवार्यता किसी राजनीतिक सन्देश की वाहिका होना चाहिए? और जो कविता संकल्पपूर्वक किसी राजनीतिक मत का प्रतिपादन करने नहीं चलती वह क्या इसीलिए अनिवार्यतया घटिया हो जाएगी? क्या काव्य केवल एक साधन है?

सप्तकों की परम्परा में कभी इस बात को आवश्यकता से अधिक महत्त्व नहीं दिया गया कि संकलित कवियों के राजनीतिक विचार क्या हैं। राजनीतिक पक्षधरता को कभी कसौटी नहीं बनाया गया। *'चौथा सप्तक'* में भी उस कसौटी से काम नहीं लिया गया है और पाठक जानेंगे–जैसा कि सम्पादक भी जानता है–कि संकलित कवियों के राजनीतिक विचार और उनके राजनीतिक सम्पर्क अथवा आस्थाएँ बिलकुल अलग-अलग हैं। लेकिन इस बात पर बल देकर इस ओर भी ध्यान देना चाहिए कि आज का राजनीतिक और साहित्यिक वातावरण पहले से बहुत बदला हुआ है और राजनीति में मतवादों के साथ-साथ साहित्य में मतवादी चिन्तन का दावा बढ़ता गया है। शायद राजनीति में भी उसके कुछ दुष्परिणाम हुए हैं, लेकिन उनकी चर्चा को विषयान्तर मानकर छोड़ दें तो यह कहना होगा कि मतवादी साहित्य-चिन्तन ने काव्य का अहित ही किया है। साहित्य और राजनीति के सम्बन्धों की चर्चा तो पचास वर्ष पहले शुरू की गई थी, लेकिन अपने प्रारम्भिक दिनों में प्रगतिशीलता का आन्दोलन उन सभी लोगों के साथ लेकर चलने का प्रयत्न कर रहा था जिनके विचारों को साधारण तौर पर प्रगतिशील कहा जा सके। उस दौर के कवियों को भी नए चिन्तन से प्रेरणा मिली और उनकी काव्य-रचना ने भी राजनीतिक आन्दोलन को बल दिया। उसके बाद कैसे बढ़ती हुई वैचारिक संकीर्णता और असहिष्णुता के कारण प्रायः सभी बड़े साहित्यकार एक-एक करके निकाल दिए गए या स्वयं अलग हट गए और इससे कैसे आन्दोलन ही मृतप्राय हो गया, ये बातें समकालीन साहित्य के इतिहास का अंग हो गई हैं। जिस काल की रचनाओं से *'चौथा सप्तक'* के कवि और उनकी कविताएँ ली गई हैं उसमें फिर राजनीतिक पक्षधरता के आन्दोलन एक से अधिक दिशाओं में आरम्भ हुए और ध्रुवीकरण के नाम पर फिर एक व्यापक असहिष्णुता का वातावरण बन गया। आपातकाल ने एक लगभग देशव्यापी आतंक की सृष्टि की तो उसकी परिधि के भीतर विभिन्न प्रकार की असहिष्णुताएँ आतंक के छोटे-छोटे मंडल बनाती रहीं। आपातकाल की समाप्ति से आतंक का तो अन्त हो गया, लेकिन मतवादी असहिष्णुताओं के ये वृत्त अभी कायम हैं। *'चौथा सप्तक'* के सभी कवि इस परिस्थिति से न केवल परिचित रहे हैं बल्कि उसके दबाव का तीखा अनुभव भी करते रहे हैं और कुछ ने उसके कारण कष्ट भी सहा है। इसलिए अगर मैं कहूँ कि संकलित कवियों के राजनीतिक विचारों के अलग होते हुए भी एक स्तर पर वे एक सामान्य अनुभव की बिरादरी में आ जाते हैं तो यह कथन अनुचित न होगा और वह सामान्य अनुभव है **एक स्वातंत्र्य का अनुभव**। कवि के संसार की स्वायत्तता का एक बोध संकलित सभी कवियों की रचनाओं में मिलता है–कुछ में अधिक परिपक्व तो कुछ में कम, लेकिन सर्वत्र काव्य के स्वर में अपनी एक विशेष गूँज मिलाए हुए। यह कदाचित् *'चौथा सप्तक'*

के कवियों का–और उनके युग की अच्छी कविता का–विशेष गुण है। और आशा की जा सकती है कि एक सार्वभौम मौलिक मूल्य के इस आग्रह के कारण 'चौथा सप्तक' की कविताएँ न केवल स्वयं लोकप्रिय हो सकेंगी वरन् कविता के प्रति जिस उदासीनता की बात मैंने पहले की है उसे भी कुछ कम कर सकेंगी।

4

मैं नहीं जानता कि संकलित सातों कवियों के बारे में अलग-अलग कोई समीक्षात्मक टिप्पणी अथवा संस्तुति मुझ से अपेक्षित है या नहीं। लेकिन अपेक्षित हो भी तो वह काम मैं अभी नहीं करने जा रहा हूँ। यों भी यही उचित है कि पाठक इन कवियों से साक्षात्कार करते समय और उनके काव्य-संसार में प्रवेश करते समय मेरे पूर्वग्रहों का बोझ न लेकर चले, मेरे चश्मे से न देखे। इसके अलावा मैं यह भी नहीं चाहता कि मेरी संस्तुतियों की प्रतिकूल प्रतिक्रिया का दंड इन कवियों को मिले–और मैं कटु अनुभव से जानता हूँ कि ऐसा प्रायः होता आया है! निश्चय ही जिस पीढ़ी या जिन दशकों से ये कवि चुने गए हैं उनमें और भी अच्छी रचनाएँ हुई हैं, पर उनका अथवा उनके कवियों का यहाँ न पाया जाना इस बात का द्योतक नहीं है कि मैं उनकी अवमानना करना चाहता हूँ। मेरा दावा इतना ही होगा कि संकलित कवि इस अवधि की अच्छी कविता का प्रतिनिधित्व करते हैं, कि उनकी रचनाएँ किसी बिन्दु पर आकर ठहर नहीं गई हैं, बल्कि उनकी काव्य-प्रतिभा का अभी और विकास हो रहा है, कि इसीलिए मेरा विश्वास है कि निकट भविष्य में इन कवियों के कृतित्व की छाप समकालीन हिन्दी काव्य पर और गहरी पड़ेगी।

और यह बात संकलित कवियों के प्रति मेरी शुभाशंसा भी है, 'चौथा सप्तक' के पाठक को मेरा आश्वासन भी।

साहित्यकार और सामाजिक प्रतिबद्धता

साहित्यकार की सामाजिक प्रतिबद्धता का सवाल, मुझे लगता है, पुराना पड़ गया है। मैं सोचना चाहता कि यह उन सनातन प्रश्नों में से एक है जो कभी पुराने नहीं पड़ते और जिसका जवाब हर साहित्यकार को अपने जीवनानुभव में बल्कि अपने-आप में और अपने ज्ञान के आधार पर खोजना पड़ता है, लेकिन जिस रूप में और जिस अर्थ में यह प्रश्न सनातन होता, वह रूप और वह अर्थ आज इस प्रश्न का नहीं रहा है। आज अधिकतर लोग इस सवाल के दो अधूरे उत्तर पा चुके हैं, जो दोनों ही अपने अधूरेपन के कारण और उस अधूरेपन से मिल जाने वाले निर्भ्रान्तता के आभास के कारण खतरनाक है।

एक उत्तर यह है कि क्योंकि मेरी निष्ठा अपने प्रति है और साहित्य के प्रति है, और यह निष्ठा साधना का एक रूप होने के कारण दूसरे किसी का उसमें दखल देने का कोई अधिकार नहीं है, इसलिए सामाजिक प्रतिबद्धता का कोई मतलब नहीं है, कोई प्रासंगिकता नहीं है। निःसन्देह एक अर्थ में और एक परिधि में (या यों भी कह सकते हैं कि एक परिधि के बाहर व्यापक क्षेत्र में) यह बात सही है; लेकिन कहाँ सही है, इस की ठीक पहचान न होने से यह निष्कर्ष साहित्यकार को एक अन्धेरी सुरंग के मुँह पर लाकर खड़ा कर देता है जिसके आगे केवल बढ़ता हुआ अँधेरा है। उस अँधेर में हाथ-पैर पटकने का (या चीखने का भी) एक उपयोग हो सकता है और व्यक्ति के विकास में योग भी हो सकता है। लेकिन वह रास्ता साहित्यकार का रास्ता नहीं है। जो लेखक इस उत्तर से सन्तुष्ट है उसने सम्प्रेषण के अनिवार्य लक्ष्य से अपने को काट लिया है। साहित्यकार के लिए दूसरे तक पहुँचना जरूरी है, बल्कि दूसरे तक पहुँचना ही उसका लक्ष्य है और वही उसके कर्म को अर्थ और संगति देता है; और वह दूसरा उस सुरंग के भीतर नहीं है।

दूसरा उत्तर यह है कि साहित्यकार समाज की उपज है, समाज में जीता है और इस अर्थ में समाज का देनदार है; उसे समाज के लक्ष्यों में योग देना चाहिए और समाज की प्रगति के साथ प्रतिबद्ध होना चाहिए। यह उत्तर भी अपनी सीमा में ठीक है; लेकिन इस में विकृति वहाँ है जहाँ यह मान लिया जाता है कि जो सामाजिक

लक्ष्य है और प्रगति की जो दिशा है उसका निर्धारण साहित्यकार को अपने विवेक से नहीं करना है बल्कि उसका संकेत, उसका आदेश उसको दूसरों से मिलने वाला है–ऐसे दूसरों से जो अपने को ही समाज मानते हैं, कम–से–कम इस अर्थ में कि सामाजिक प्रगति का निर्धारण करने का अधिकार वह अपना मानते हैं और साहित्यकार के विवेक को इस मामले में स्वतन्त्र मानने को तैयार नहीं हैं। अर्थात् सामाजिक प्रतिबद्धता यहाँ उन निर्धारकों के लक्ष्यों के साथ प्रतिबद्ध हो जाती है। अँधेरी गुफा का रूपक यहाँ लागू नहीं होता। लेकिन दूसरों के लक्ष्यों के साथ प्रतिबद्धता साहित्यकार के लिए एक मानसिक गुलामी का स्वीकरण है जो इसलिए और भी घातक है कि लक्ष्य–निर्धारण करने वाले इन दूसरों का उद्देश्य साहित्यिक नहीं है, सांस्कृतिक भी नहीं है, आर्थिक अथवा प्रशासनिक व्यवस्था को छोड़कर किसी दूसरे अर्थ में 'सामाजिक' भी नहीं है। यह हो सकता है कि उनके आर्थिक लक्ष्य अच्छे हों और देश की आर्थिक समृद्धि के लिए उपयुक्त हों; यह भी हो सकता है कि उनके प्रशासनिक उद्देश्य देश में शान्ति–व्यवस्था और स्थायित्व लाने वाले अथवा अन्तर्राष्ट्रीय सम्बन्धों को सुधारने वाले हों। लेकिन दो सच्चाइयों को किसी तरह अनदेखा नहीं किया जा सकता : पहली यह कि जो प्रतिबद्धता चाही गई है वह सामाजिक नहीं है बल्कि चाहने वाले दल अथवा समुदाय अथवा समाज के साथ बँधी हुई है (यानी इसी अत्यन्त सीमित अर्थ में 'सामाजिक' है), और उसी की सत्ता को बनाए रखने के लिए है। यानी अगर वह दल या समाज सत्तासीन है तो यह प्रतिबद्धता यथास्थिति के पक्ष में है, और अगर वह बाहर है और सत्ताकामी है तो यह प्रतिबद्धता यथास्थिति के विरुद्ध है और 'क्रान्तिकारी' है। लेकिन दोनों स्थितियों में है वह सत्ता के लक्ष्य की अधीनता ही।

दूसरी सच्चाई यह है कि प्रतिबद्धता की इस अवधारणा में साहित्यकार के विवेक के लिए कोई गुंजाइश नहीं रखी गई है। साधारण नागरिक के, अथवा नागरिक होने के नाते साहित्यकार के लिए यह अनिवार्य हो कि वह सत्ता से अपने सम्बन्ध के बारे में निर्णय करे, लेकिन क्या साहित्यकार की हैसियत से साहित्यकार के लिए ऐसी प्रतिबद्धता अनिवार्य है? और अगर है भी तो इस परिणाम पर साहित्यकार को अपने स्वाधीन विवेक से पहुँचना है या कि कोई दूसरा (चाहे अपने को समाज कह कर ही) उससे यह माँग करने का अधिकार रखता है कि तुम्हें हमारे साथ प्रतिबद्ध होना होगा?

मैं जब साहित्यकार हूँ तब सम्प्रेषण का तो एक व्रत ही मैंने ले लिया है। यह मेरा उत्तरदायित्व है कि मैं दूसरे तक पहुँचूँ, दूसरे तक वह मूल्यबोध पहुँचाऊँ जिनके बारे में मेरा सहज विवेक मुझे आश्वस्त करता है कि ये मूल्य उस पूरे समाज के जीवन को अधिक गहरा, समर्थ, समृद्ध और अर्थवान् बना सकते हैं। इन मूल्यों के

सम्प्रेषण का, उनकी चेतना जगाने का, मेरा अक्षुण्ण अधिकार और अपरिहार्य कर्तव्य ही मेरी सामाजिक प्रतिबद्धता है; और यह प्रतिबद्धता किसी भी वर्ग, दल, समूह अथवा प्रतिष्ठान के हित अथवा सत्ता से निरपेक्ष है।

इस बात को मैं यों भी कह सकता हूँ कि साहित्यकार के नाते मेरी सामाजिक प्रतिबद्धता जिस समाज के साथ है वह मुझ में है और मेरी अपेक्षा में ही अस्तित्व रखता है, ठीक वैसे ही जैसे कि मैं उस समाज में हूँ और उसकी अपेक्षा मैं ही बना रह सकता हूँ।

इस बात का सन्दर्भ शायद स्पष्ट करने की आवश्यकता हो। साहित्य एक सम्प्रेषण है तो वह सम्प्रेषण की प्रक्रिया का एक माध्यम भी है। इस वाक्य को लोग आसानी से इसलिए स्वीकार कर लेंगे कि वे सोचेंगे कि भाषा की बात हो रही है, क्योंकि वही तो सम्प्रेषण का माध्यम है। लेकिन असल में बात भाषा तक सीमित नहीं है, बल्कि साहित्यिक सम्प्रेषण की बात मुख्यतया भाषा के बारे में है ही नहीं। **साहित्यिक सम्प्रेषण का माध्यम वह समाज है जिसमें सम्प्रेषण की यह प्रक्रिया सम्पन्न होती है।**

इस माध्यम की ओर मानो आज किसी का ध्यान नहीं है। समाज, सामजिक परिवेश, सामाजिक परिवर्तन और सामाजिक प्रतिबद्धता की इतनी चर्चा के बीच यह बात अनदेखी रह जाती है कि समाज सम्प्रेषण का माध्यम है और समाज को इस माध्यम के रूप में देखे–समझे बिना न साहित्य को समझा जा सकता है, न साहित्यिक रचना–प्रक्रिया को, न समाज में साहित्यकार की स्थिति को। स्वयं भाषा का और साहित्य विधाओं का विकास भी बहुत दूर तक इस पर निर्भर करता है कि सम्प्रेषण के माध्यम के रूप में समाज कहाँ और कैसे बदल रहा है। समाज केवल आर्थिक सम्बन्धों के एक जाल का नाम नहीं है। आर्थिक सम्बन्ध जितना महत्त्व रखते हैं, कम–से–कम उतना ही महत्त्व संवेदनों के जाल का भी है और इस बात का भी महत्त्व है कि विभिन्न परिस्थितियों में विभिन्न संवेदन अतिरिक्त सजग हो उठते हैं या कि उनकी सजगता सीमित हो जाती है। हिन्दी का आलोचक ही नहीं, प्रतिबद्धता की बहस में लगा साहित्यकार भी मानो इस बात को भूल जाता है कि रचना क्योंकि सम्प्रेषण से अलग नहीं है, इसलिए लगातार इस सम्प्रेषण माध्यम (अर्थात् समाज) की स्थिति के बारे में सजग रहना और उसी के अनुरूप अपनी भाषा को ढालना, विधाओं के अपने उपयोग को परिवर्तित करना और इस या उस संवेदन या संवेदन–पुंज को उभारना या अधिक संयमित करना साहित्यकार का सहज और स्वाभाविक कर्म है। रचना परिस्थिति में से उपजती है; और परिस्थिति सबसे पहले उस सम्प्रेषण माध्यम की स्थिति है जिसमें रचना हुई है और जिसके बीच तथा जिसके द्वारा वह दूसरे तक पहुँचेगी। सम्प्रेषण का यह देश–कालगत

सन्दर्भ समाज का संवेद्य रूप है। अगर इस अर्थ में समाज साहित्यकार में और साहित्यकार समाज में नहीं है तो उसके चिन्तन के आर्थिक अथवा ऐतिहासिक आधार अर्थशास्त्री अथवा इतिहासकार की दृष्टि में कितने भी सही हों, वह समाज के साथ जुड़ा नहीं है।

यह तो हो सकता है कि उस समाज की मेरी अर्थात् किसी भी लेखक की पहचान अचूक न हो या अधूरी हो। जिस हद तक ऐसा होगा उस हद तक मेरा (अर्थात् किसी भी लेखक का) साहित्य भी निर्बल, कम प्रभावशाली और कम टिकाऊ होगा। यह भी हो सकता है कि मेरी प्रत्यभिज्ञा को आधिक विशद करने में दूसरों का सहयोग भी हो सके, दूसरों के मार्ग-निर्देश में मैं अपना रास्ता अधिक अच्छी तरह पहचान सकूँ। लेकिन वह मेरा रास्ता तभी होगा जब मेरी पहचान में वह मेरा रास्ता हो। अगर वह मुझे स्वयं अपना रास्ता नहीं दीखता तो केवल प्रतिबद्धता के नाम पर उस पर बढ़े चलना, जहाँ तक सर्जना का प्रश्न है, **अन्धेन नीयमाना इव अन्धाः** वाली स्थिति स्वीकार करना होगा। और मैं समझता हूँ कि इस मामले में उपनिषद् की बात एकदम सही है कि अविद्या जिस अन्धकार-लोक में गिराती है, विद्या उससे भी अधिक दुर्भेद्य अन्धकार में गिरा सकती है। समाज की सही पहचान के बिना, और अपने विवेक की आग में उसे शोधे बिना तो तथाकथित सामाजिक प्रतिबद्धता होगी वह साहित्यकार के साथ समाज को भी अँधेरे गर्त की ओर खींच ले जाएगी। सारे संसार का और स्वयं हमारे देश का भी, अधिक लम्बा नहीं, पिछले दशक का ही इतिहास इस बात का ज्वलन्त प्रमाण है कि प्रतिबद्धता सत्तासीन दल के साथ हो अथवा सत्ताकामी दल के साथ, वह एक विशेष प्रकार की अवसरवादिता का ही दूसरा नाम है; वह 'सामाजिक' प्रतिबद्धता तो नहीं ही है। और साहित्यकार अवसरवादी नहीं है, वह मूल्यनिष्ठ होकर समाज के साथ प्रगाढ़ रूप से प्रतिबद्ध है।

रचनात्मक भाषा और सम्प्रेषण की समस्याएँ

सबसे पहले मैं आपको एक रहस्य की बात बता दूँ। मैंने अपने लिए विषय तो चुन लिया 'रचनात्मक भाषा और सम्प्रेषण की समस्याएँ', लेकिन सच बात यह है कि मैं जानता ही नहीं कि रचनात्मक भाषा क्या होती है और न मैं सम्प्रेषण की ही सही परिभाषा कर सकता हूँ। इस प्रकार जानकारी के नाम पर किसी बात का दावा मैं कर सकता हूँ तो शीर्षक के केवल अन्तिम शब्द की जानकारी का। समस्याएँ क्या होती हैं यह मैं बहुत अच्छी तरह जानता हूँ। अब उदाहरण के लिए यही लीजिए कि इस विषय पर कुछ कहने के लिए आपके सामने प्रस्तुत हूँ!

यों शायद अपनी ही बात में थोड़ा-सा संशोधन मुझे करना चाहिए। रचनात्मक भाषा क्या होती है, मैं बिलकुल न जानता होऊँ, ऐसी बात नहीं है। शायद मुझे यह कहना चाहिए कि रचनाकार जिस समय रचना करता है उस समय उसे न तो भाषा की चिन्ता होती है या कि न तो भाषा के मामले में किसी चिन्ता का बोध होता है और न ही वह इस बात को लेकर व्यस्त होता है कि उसकी भाषा में रचनात्मकता हो। जो वह लिखता है और जिस भाषा में लिखता है उसमें रचनात्मकता है या नहीं, इसका विचार दूसरे करते हैं और रचना हो जाने के बाद करते हैं। दूसरे शब्दों में 'मैं रचनात्मक भाषा का प्रयोग कर रहा हूँ' यह विचार या भावना रचयिता के मन में नहीं आती, न रचना के दौरान यह उस का मूल प्रयोजन होता है। 'भाषा का यह प्रयोग रचनात्मक हुआ था' यह निर्णय कोई करता है तो दूसरा पक्ष यानी ग्रहण करने वाला, सामाजिक, पाठक या आलोचक करता है और रचना की घटना घटित हो जाने के बाद करता है। कवि के लिए रचना-प्रक्रिया एक पूर्वोन्मुख प्रक्रिया है, वह आगे की ओर देखता है-और सामाजिक अथवा गृहीता के लिए रचना-प्रक्रिया से सरोकार एक पश्चदर्शी प्रक्रिया है-अतीत में घटित हो चुकी घटना का मूल्यांकन करने की प्रक्रिया है।

सूत्र रूप से मैं यहाँ और भी कुछ एक बातें कह दे सकता हूँ और वे सत्य भी होंगी। उदाहरण के लिए, मैं कह सकता हूँ कि सर्जक कवि का सरोकार भाषा से नहीं, शब्दों से होता है; और रचनात्मक प्रयोग वास्तव में भाषा का नहीं, शब्द का प्रयोग

है। मैं यह भी कह सकता हूँ कि सम्प्रेषण रचना में निहित है, उसका अनिवार्य अंग है। इसलिए वास्तव में सम्प्रेषण की समस्या तो वहाँ है ही नहीं। इसी बात को थोड़ा और व्याख्यायित करते हुए यों भी कह सकता हूँ कि सम्प्रेषण की समस्या रचनात्मक शब्द की समस्या ही नहीं है और इसलिए रचना की ही समस्या नहीं है; समस्या हम अपने लिए खुद पैदा कर लेते हैं जब हम शब्द से ध्यान हटा कर भाषा की चर्चा करने लगते हैं। भाषा सबसे पहले और मूलतः हमारे प्रयोजनों की वाहिका है बल्कि हमारे सामाजिक प्रयोजनों की वाहिका हैं (क्योंकि हमारे निजी प्रयोजन तो बिना भाषा के भी सिद्ध हो सकते हैं और भाषा वहीं आवश्यक होती है जब प्रयोजन किसी दूसरे से होता है, सामाजिक होता है)। लेकिन इन सूत्रों से आरम्भ करने से बात कुछ और उलझ ही सकती है। व्याख्यान भी एक सामाजिक प्रयोजन है-भाषा में होता है और दूसरों तक पहुँचने के लिए ही होता है। वह रचना-कर्म नहीं है। उस में सम्प्रेषण की समस्या, काव्य की सम्प्रेषण की समस्या से बिल्कुल अलग प्रकार की है। इसलिए शायद प्रयोजनों की बात से आरम्भ करना ही अधिक उपयोगी होगा।

साधारण सामाजिक प्रयोजनों के सन्दर्भ में भाषा का प्रयोग करते समय हमारा पहला अभीष्ट यह होता है कि कुछ जानकारी दूसरे पक्ष तक स्पष्ट, निर्भ्रान्त और सहज ग्राह्य रूप में पहुँचे। यह जानकारी केवल तथ्यों की भी हो सकती है; जैसे आँकड़ों की जानकारी या घटनाओं का अखबारी ब्यौरा वगैरह। यह जानकारी कर्ण-निर्देश-सम्बन्धी भी हो सकती है, जैसे सड़क या रेल की पटरी पार करने या न करने के निर्देश, कच्चा पानी न पीने के निर्देश, नाना प्रकार के सरकारी कागज़ात भरने के सम्बन्ध में निर्देश, इत्यादि। इन सबमें हमारा सम्प्रेषण जितना इकहरा और एकस्तरीय हो, उतना ही हमारा सम्प्रेषण स्पष्ट और निर्भ्रान्त होता है। और **रचनात्मक भाषा कभी इकहरी नहीं होती**। कभी ऐसा भी हो सकता है कि वह इकहरी बात कहती जान पड़ती है; और जब ऐसा होता है तब हम जान लेते हैं कि रचना के स्तर पर वह वास्तव में यह बात कह ही नहीं रही है तो कि वह कह रही है। यानी जान लेते हैं कि वह बात इकहरी नहीं है और असल में एक-दूसरे स्तर पर कुछ और कहा जा रहा है; यह भी जान लेते हैं कि वह दूसरा स्तर क्या है; यह भी भाँप लेते हैं कि उस दूसरे स्तर पर क्या कहा जा रहा है। यह हम कैसे जान लेते हैं? इतनी सारी बातें बिना बताए कैसे जान लेते हैं? और जब जान लेते हैं तो उस जानकारी के सम्प्रेषण का पूरा श्रेय क्या जानकारी देने वाले पक्ष का है? या कि हमको, ग्रहण करने वाले दूसरे पक्ष को भी कुछ श्रेय मिलना चाहिए? इस प्रकार फिर हम सम्प्रेषण की स्थिति और समस्या की ओर लौट आते हैं; और मैंने शुरू में ही आपको यह रहस्य बता दिया कि इस स्तर पर सम्प्रेषण की परिभाषा मैं नहीं कर सकता।

लेकिन एक बार फिर प्रयोजनों की भाषा की ओर ही लौटें या उसी तक अपने को सीमित रखें? मैंने अभी कहा कि भाषा के प्रयोग के पहले स्तर पर वे प्रयोजन आते हैं जिनमें सूचना अथवा तथ्य-सम्बन्धी जानकारी देना अथवा निर्भ्रान्त कर्म-निर्देश करना अभीष्ट होता है; और ऐसी भाषा जितनी इकहरी होती है उतनी ही सफल होती है। लेकिन हमारे साधारण सामाजिक व्यवहार में भी ऐसा बहुत कुछ होता है जिसमें हमारा प्रयोजन इतना इकहरा नहीं होता। भाषा वहाँ भी काम देती है। उदाहरण के लिए, शिष्टाचार की भाषा ले लीजिए। अंग्रेज़ी में तो '**सिट डाउन**' और '**प्लीज सिट डाउन**' अथवा '**प्लीज बी सीटेड**' में '**प्लीज**' जोड़ने से एक स्तर-भेद होता है, लेकिन हिन्दी में जब हम कहते हैं '**बैठो**' या '**बैठिए**' तब हम केवल एक शब्द, केवल एक क्रिया-रूप से केवल एक स्पष्ट कर्म-निर्देश प्रस्तुत करते हुए भी एक से अधिक प्रकार की सूचना दे देते हैं—यानी निर्देश देने वाले और निर्दिष्ट, दो पक्षों के आपसी सामाजिक सम्बन्ध का भी संकेत दे देते हैं। यानी कह सकते हैं कि एक ही शब्द में हम दो स्तरों पर सम्प्रेषण कर रहे हैं—जो जानकारी दी जा रही है वह इकहरी नहीं है। इसी प्रकार हम क्रमशः और सूक्ष्मतर भेद और संकेत भी प्रस्तुत कर सकते हैं।

लेकिन क्या भाषा इकहरी नहीं रही, यह कहने का अर्थ यह हो जाएगा कि यहाँ भाषा का रचनात्मक प्रयोग हो रहा है—कि यह भाषा रचनात्मक भाषा है? इस प्रश्न का उत्तर खोजते हुए हमें यह बात लक्ष्य करनी होगी कि इस तरह के अनेक-स्तरीय सम्प्रेषण के लिए भी बने-बनाए सामाजिक नियम अथवा 'समय' हैं, **कन्वेंशन** हैं। क्योंकि एकाधिक स्तर पर किया गया यह सम्प्रेषण भी समय के अधीन है, कन्वेंशन के चौखटे से बाहर नहीं जाता, इसलिए वह रचनात्मक प्रयोग नहीं है। कन्वेंशन अथवा समय-दो पक्षों के बीच एक समान प्रतिज्ञा है। इसलिए उस पर आधारित भाषा-प्रयोग अनेक स्तरीय होकर भी स्पष्ट और निर्भ्रान्त सम्प्रेषण की परिधि से बाहर नहीं जाते—समय प्रत्येक स्तर पर प्रयोजन के आदान-प्रादान के लिए नियम बनाए हुए है। इसी बात को यों भी कह सकते हैं कि ऐसे व्यवहार में भी हम भाषा के ही क्षेत्र में रहते हैं और उस रेखा के पार नहीं जाते जहाँ भाषा पीछे छूट जाती है और केवल शब्द रह जाता है—शब्द, जो कि समय से, कन्वेंशन से परे भी जा सकता है और जो रचनाकार की मूल पूँजी है।

अब इस स्तर की प्रयोजनवती भाषा से एक कदम आगे बढ़ कर साहित्य की भाषा में प्रवेश करें, लेकिन काव्य भाषा की बात अभी छोड़ दें—अब भी छोड़े रहें। यह कहना तो कठिन है कि उपन्यास और नाटक भी सर्जनात्मक रूपाकार नहीं हैं; लेकिन साधारणतया इनमें और कविता में रचनात्मक भाषा के रूप और उनकी समस्याएँ अलग-अलग होती हैं। एक बीच का भी क्षेत्र है जिसमें दोनों का मेल होता

है–उदाहरण के लिए, प्रबन्ध काव्य में कविता कथा के क्षेत्र में प्रवेश करती है और पद्य नाटक में नाटक काव्य के क्षेत्र में प्रवेश करता है। उपन्यासों में भी कभी–कभी ऐसे स्थल होते हैं जहाँ गीतमय भाषा संगत होती है। लेकिन अभी द्वाभा के क्षेत्र की बात न उठा कर गद्य रूपाकारों और कविता को अलग–अलग रहने दें।

साधारण तौर पर कहें कि उपन्यास और नाटक की भाषा काव्य की भाषा की अपेक्षा अधिक सामाजिक होती है तो यह बात आसानी से समझी जा सकती है। इन विधाओं का सम्बन्ध समाज से अपेक्षया अधिक है और भाषा–व्यवहार के समयों को मानकर चलना अधिक आवश्यक है। लेकिन ऐसा भी हो सकता है कि यह बात ज़्यादा आसानी से इसीलिए समझी जाए कि वह ग़लत समझी जा रही है। क्योंकि कथा के सम्प्रेषण का सवाल सिर्फ़ भाषा के मुहावरे और व्याकरण–सम्मत प्रयोग के साथ ही नहीं जुड़ा है बल्कि घटना की और अनुभूति की संरचना के साथ भी जुड़ा है। ज्यों ही हम भाषा के मुहावरे से, भाषा की सतह से नीचे जाकर अनुभूति की संरचना और घटना की हमारी पहचान की संरचना पर ध्यान देने लगते हैं, त्यों ही बात जटिल हो जाती है। हमारे अनुभव में घटना एक तरह से उलटे क्रम में होती है। घटित या परिणाम हमारे अनुभव में पहले आता है और उसका कारण बाद में, जब कि व्याकरण की दृष्टि मुख्यतया ऐतिहासिक क्रम पर रहती है। अब घटना प्रस्तुत करते समय हम तर्क–संगत ऐतिहासिक क्रम को निबाहने का ध्यान रखें या कि अनुभव की संरचना के यथातथ्य प्रस्तुतीकरण पर? दोनों दो प्रकार की सच्चाइयों को सामने लाते हैं, और दोनों का अपना महत्त्व है। लेकिन इतिहास को हम रचनात्मक साहित्य के अन्तर्गत नहीं रखते; रचना अनुभव पक्ष पर बल देती है और कल्पना के सहारे उसी सत्य को मूर्त करने का प्रयत्न करती है। उपन्यास के क्षेत्र में रचनात्मक भाषा के प्रश्न का यह केवल एक पहलू है। लेकिन इस बात को हम प्रश्नों के एक बहुत बड़े वृत्त की धुरी मान सकते हैं। कथा काल के प्रवाह में जुड़े हुए घटना–तथ्यों को जीवन्त रूप में प्रस्तुत करती है। उस जीवन्तता का आधर हमारा भाषा का समय नहीं है–व्यवहार के समय यानी **कन्वेंशन** उसे अनुभव–प्रत्यक्ष नहीं करते। अनुभव–प्रत्यक्ष वह तब होता है, और इसीलिए होता है कि कथा की प्रस्तुति हमारे अपने अनुभव–यन्त्र की संरचना से मेल खाती है। उपन्यास की विधा में जितने नए प्रयोग हुए उन सबके मूल में इसी समस्या की पहचान रही है। लॉरेंस स्टर्न के उपन्यास 'ट्रिस्ट्रम शैंडी' से लेकर जेम्स जॉएस के 'यूलीसीज़' तक हम यह विकास देख सकते हैं। प्रूस्त, वर्जीनिया वुल्फ, आन्द्रे ज़ीद, टोमास मान् आदि सभी के प्रयोगों को इसके साथ जोड़ा जा सकता है। 'यूलीसीज़' में हम शायद यह भी स्पष्ट देख सकते हैं कि अनुभव के सम्प्रेषण के लिए उपयुक्त भाषा की खोज करते–करते उपन्यासकार कैसे उस चरम स्थिति तक पहुँच जाता है जहाँ भाषा स्वयं

एक समस्या बनकर खड़ी हो जाती है–उसके सम्प्रेषणकत्व पर एक बहुत बड़ा प्रश्नचिह्न लग जाता है।

ये सभी बातें आवश्यक परिवर्तन के साथ नाटक के बारे में भी कहीं जा सकती है। नाटक में घटना का दृश्य होना–या यों कहें कि घटना के एक स्तर का प्रत्यक्ष होना–समस्या को एक हद तक आसान भी बना देता है, दूसरी तरफ़ थोड़ा कठिनतर भी कर देता है। किताब में से पढ़ी हुई भाषा में हम भाषा की कुछ शक्तियों तक ही सीमित रहते हैं। अवश्य ही उस भाषा में कुछ और भी कहने की सम्भावना होती है, लेकिन उसे पहचानना या न पहचानना पूरी तरह हम पर यानी पाठक पर निर्भर रहता है। पढ़े हुए नाटक में भी यह बात होगी, लेकिन मंच पर प्रस्तुत नाटक देखते समय भाषा द्वारा जो सम्प्रेषण होता है उसमें काकु के साथ–साथ भंगिमाओं और मुद्राओं के प्रयोग से भी बहुत कुछ सम्प्रेषित होता है। भाषा की चर्चा करते समय हम प्रायः इस पक्ष की उपेक्षा कर जाते हैं। यह भूल जाते हैं कि सम्प्रेषण का कितना बड़ा भाग शब्दों से परे अध्वनित क्रियाओं के द्वारा होता है। मंच पर कभी–कभी मूक अभिनय अलग से इस पहलू को उजागर करता है और हम उससे प्रभावित भी होते हैं, लेकिन तब हम यह भूल जाते हैं कि हमारे साधारण व्यवहार में भी सम्प्रेषण का कितना बड़ा भाग मूक क्रियाओं के सहारे होता है और कितना कम बोले हुए शब्द या भाषा के सहारे।

शब्दों के बीच विराम का, शब्द की अनुपस्थिति का और शुद्ध मौन का भी प्रयोग उपन्यास की अपेक्षा नाटक में कहीं अधिक होता है लेकिन कविता में यह अपनी चरमावस्था प्राप्त कर लेता है। इसलिए मैंने कहा भी है कि 'कविता शब्दों में उतनी नहीं होती जितनी शब्दों के बीच के विरामों में होती है।' लेकिन जब हम शब्द के साथ–साथ विराम की सम्भावनाओं का भरपूर उपयोग करने लगते हैं, तब जहाँ एक ओर हमारा सम्प्रेषण अधिक गहरा और घना हो जाता है वहाँ दूसरी ओर बहुत–सी समस्याएँ भी सामने आ जाती हैं। भाषा का प्रयोग इकहरा नहीं रहता, दोहरा, तिहरा बल्कि अनेक–स्तरीय हो जाता है। इसलिए जहाँ हम अनुभूति की समग्रता के निकटतर आ जाते हैं वहाँ निर्भ्रान्त जानकारी से परे भी चले जाते हैं। भाषा की व्यंजनाएँ बढ़ जाती हैं, वह अनेकार्थ हो जाती हैं, और हम कह सकते हैं कि कवि और गृहीता के बीच एक साथ कई स्तरों पर संलाप सम्भव हो जाता है और होता है। लेकिन इस समृद्धतर आदान–प्रदान में कठिनाई यह होती है कि संलाप के इन विभिन्न स्तरों पर सम्प्रेषण में एकरूपता नहीं आती। वैसी एकरूपता विधीत भी नहीं होती, वांछित भी नहीं होती, सम्भव भी नहीं होती। एक स्तर पर निश्चित और निर्भ्रान्त जानकारी का सम्प्रेषण हो रहा होता है और दूसरे स्तरों पर क्रमशः अधिकाधिक द्व्यर्थक और सन्दिग्ध सूचनाओं का। एक मिश्र रूपक का सहारा लें

तो कह सकते हैं कि साधारण व्यवहार में आदमी ठोस धरती पर चल रहा होता है, उपन्यास में ठोस धरती पर चलते-चलते यह हवा में उछलता भी रहता है, लेकिन कविता में आकर वह एक साथ ही नभचर, जलचर और थलचर हो जाता है-ठोस धरती पर चलते हुए वह साथ-साथ समुद्र में तैरता भी चलता है बल्कि कभी-कभी अथाह सागर में गोते भी लगाता चलता है।

और ठोस धरती पर चलने के सिवा दूसरी सब गतियाँ सन्देह और अनेकार्थकता और दुविधा के क्षेत्र में ले जाती हैं। इतना ही नहीं, वे एक वैकल्पिक क्षेत्र में भी ले जाती हैं जहाँ किसी को यह कहने का अधिकार नहीं रहता-स्वयं कवि को भी नहीं!-कि अमुक अर्थ या अमुक-अमुक अर्थ ही यहाँ से ग्रहण किए जा सकते हैं और दूसरे अर्थ अग्राह्य हैं। इस बात पर थोड़ी देर ध्यान दीजिए-सोचिए कि भाषा के साथ कितनी बड़ी उलझन जोड़ दी गई है। साधारण लोक-व्यवहार की भाषा के साथ तुलना करके देखिए-बल्कि अभी-अभी मेरे-आपके संलाप की भाषा-स्थिति के साथ ही इसकी तुलना करके देखिए। मैं आप से कुछ बात कहूँ और साथ-साथ यह भी मानने को बाध्य होऊँ कि अपनी बात का जो अर्थ मैं लगा रहा हूँ या समझ रहा हूँ, जरूरी नहीं कि उसका अर्थ वही हो, या उतना ही हो! कि आपको अधिकार है कि आप उसका दूसरा भी अर्थ लगा लें!

लेकिन कविता की भाषा यह अधिकार चाहती है और देती है। ज्ञात और अज्ञात संसारों की झाँकियाँ एक साथ दिखला सकने की अपनी क्षमता उसे अभीष्ट है; वही तो उसकी रचनात्मकता है। अवश्य ही अज्ञात संसार की धुँधली झाँकी दिखाने में एक बड़ा जोखिम है। लेकिन अनदेखे संसार का अस्तित्व ही नकार देने में, एक संकेत दे सकने की क्षमता त्याग देने में कहीं बड़ा जोखिम है। एक तरफ यह संकट है कि सम्प्रेषण अनिश्चित या संदिग्ध या कठिन हो जाएगा, लेकिन दूसरी तरफ यह संकट है कि सम्प्रेषण के लिए कुछ रहेगा ही नहीं। हम कुछ कहना चाहें और कह न पाएँ, यह एक कष्टकर स्थिति है; लेकिन हमारे पास कहने को कुछ हो ही नहीं, यह कितनी बड़ी दरिद्रता है!

लेकिन रचना में सम्प्रेषण की समस्या हो जाती है, इतना भर कह देना तो एक साधारण स्थापना-भर कर देना है। यहाँ से तो हम बात आरम्भ भी कर सकते थे-इसे मानकर ही चले सकते थे। रचना की भाषा इस समस्या का सामना कैसे करती है? कौन-सी वे युक्तियाँ हैं जिनसे लोक-व्यवहार की भाषा रचना की भाषा हो जाती है? कैसे हम भाषा के पहले स्तर को नकारे बिना दूसरे स्तरों का आविष्कार और उपयोग करने लगते हैं, ख़ास कर उस स्थिति में, जब कवि का यह आग्रह भी होता है कि उसकी भाषा साधारण बोल-चाल की भाषा के निकटतर आ रही है और निकटतम रहनी चाहिए? शब्द बोल-चाल के ही हो; अर्थ भी बोल-चाल की

अभिधा के नकारे न जाएँ, फिर भी उन्हीं शब्दों से व्यंजनाएँ और अर्थच्छटाएँ मिलती रहें, यह कवि कैसे करता है?

यों तो कवि से यह प्रश्न पूछना एक तरह का अन्याय करना है। हम जादूगर का खेल देखने जाते हैं तो उसके जादू से चमत्कृत होकर यह तो सोचते रह सकते हैं कि उसका रहस्य क्या है, कौन-सा हस्तलाघव है जिसके सहारे उसने हमें चकमा दिया, लेकिन स्वयं जादूगर से यह नहीं चाहते कि वह इस रहस्य का उद्घाटन हमारे सामने करें। लेकिन यहाँ पर मैं आपके सामने कवि के रूप में नहीं खड़ा हूँ, या कि यों कहूँ कि अगर कवि के रूप में भी खड़ा हूँ तो स्वयं अपनी कविता की बखिया उधेड़कर आप को नहीं दिखाऊँगा-वह काम आप पर और आलोचक बन्धुओं पर छोड़ देता हूँ! लेकिन क्योंकि कविता का पाठक भी हूँ और आलोचक भी, और कभी-कभी पथभ्रष्ट होकर थोड़ा-सा अध्यापन भी कर लेता हूँ-इसलिए आपके साथ इस खोज में प्रवृत्त हो सकता हूँ कि भाषा में यह चमत्कारी शक्ति कहाँ से आती है। और शायद आप पाएँगे कि जादूगर के जिस जादू से आप इतने अधिक प्रभावित थे, उसका रहस्य जान लेने पर वह आपको बहुत साधारण बात लगेगी जो कि केवल अभ्यास के सहारे महत्त्व पा जाती हैं। वैसे ही आप कविता के बारे में भी पाएँगे कि बहुत-सी साधारण बातें समग्र रूप में और एक ऐसे अभ्यास के बल पर जिससे वे निरायास और सहज हो जाती है, चमत्कार का आधार बन जाती हैं। मेरी इस बात का अर्थ यह न लगाएँ कि जिसे हम सर्जना कहते हैं वास्तव में वह केवल युक्ति है या हाथ की सफ़ाई है। ऐसा आप मान लेंगे तो बहुत बड़ा अन्याय करेंगे और बहुत बड़ी भूल भी करेंगे। सर्जना का एक क्षेत्र है जो युक्तियों से परे है। लेकिन उस प्रतिभा और उस सामर्थ्य के मूल में एक अभ्यास और साधना है। यह भी कह सकते हैं कि सर्जना का क्षेत्र भाषा के क्षेत्र से आगे है और युक्तियों का क्षेत्र भाषा का क्षेत्र ही है जिसे पार करके ही हम सर्जना के क्षेत्र तक पहुँचते हैं। अनिर्वचनीय से पहले निर्वचन का एक बहुत बड़ा विस्तार है जिसे हम सभी पार कर सकते हैं और जिसे कवि भी अनिवार्यतया पार करता है।

प्रयोजनवती भाषा की बात मैंने शुरू में ही कही थी। वही भाषा की बुनियाद है और उसके निर्भ्रान्त अर्थों से ही हम आरम्भ करते हैं। हम उससे आरम्भ करते हैं, इस का यह मतलब भी नहीं है कि आगे बढ़ कर हम उसे छोड़ दें। उसे हम कभी नहीं छोड़ते, लेकिन रचना के क्षेत्र में उसकी सीमा का अतिक्रमण करके बार-बार साहस-यात्राओं पर जाते हैं और अपेक्षा करते हैं कि पाठक या श्रोता भी साथ-साथ या पीछे-पीछे उस यात्रा में भाग लेगा। स्वाभाविक है कि ऐसी यात्रा में कुछ समान दृश्य सबको दीखेंगे, लेकिन यह भी उतना ही स्वाभाविक है कि रुचि-भेद, संस्कार-भेद और अवधान-भेद के कारण अलग-अलग लोगों को कुछ अलग-

अलग चीजें भी दीखेंगी या उनका ध्यान आकृष्ट करेंगी या उन पर अपनी छाप छोड़ेंगी। लेकिन इस यात्रा का निमित्त कवि की रचना ही रही होगी–उसी के नेतृत्व में या उसी से अभिप्रेत कविता के गृहीता इस यात्रा पर गए होंगे जो एक साथ ही सबकी समान यात्रा भी रही होगी और सबकी निजी, अद्वितीय, अ–पूर्वकल्पित यात्रा भी रही होगी। यात्रा के बाद सभी फिर उस समान भाषा–भूमि पर लौट आए होंगे जिस पर हमारे प्रयोजनों का आदान–प्रदान होता है–सामाजिक भाषा की निर्भ्रान्त भूमि पर।

भाषा के इस पक्ष के और ऐसी यात्राओं के दो–एक उदाहरण देना चाहता हूँ। मैं जान–बूझकर ये उदाहरण कविता में से न चुनकर साधारण जीवन में से चुनता हूँ क्योंकि उससे यह बात और भी स्पष्ट हो सकेगी कि कैसे हम साधारण भाषा पर आधारित रहते हुए भी एक साथ–जैसा मैंने अभी कहा था, जलचारी, थलचारी और नभचारी हो सकते हैं–हम सभी हो सकते हैं, यह कवि के एकाधिकार की बात नहीं है। आप यों कह लें कि हम सभी में कवित्त्व की अर्हता है, बल्कि उसी के सहारे तो कविता हम तक पहुँच सकती है। अन्तर यह है कि साधारण पाठक या गृहीता समाज में यह अर्हता या प्रतिभा कभी–कभी और दूसरे की अभिप्रेरणा से जागती है जब कि कवि अपने ही आभ्यतन्र जगत् की उत्तेजनाओं के कारण उस प्रतिभा से काम लेता है और एक अनुशासन के साथ काम लेता है जो सूक्ष्म पहचान और लम्बी साधना से प्रभावित होता है।

पहला उदाहरण अपनी एक भूल का देता हूँ। मेरी एक भूल उसकी जड़ में थी। आरम्भ में ही यह बता देना इसलिए भी उपयोगी है कि आप देखें कि कैसे एक भूल से भी उस क्षेत्र का द्वार खुल सकता है जिसमें कवि की साहस–यात्राएँ होती हैं। कुछ दिन पहले मैं अनमने ढंग से अखबार के पन्ने उलट रहा था कि एक सचित्र विज्ञापन पर मेरी नज़र अटक गई। विज्ञापन किसी कपड़ा मिल का था–किसका, यह देखने की मुझे तब भी आवश्यकता नहीं हुई और अब तो उसका उल्लेख बिलकुल ही अनावश्यक है। चित्र एक सुप्रसिद्ध ग्रीक मूर्ति का था जिससे शायद आप सब भी परिचित होंगे–उस खण्डित भुजारहित मूर्ति का, जो **मीलो की वीनस** के नाम से प्रसिद्ध है। विज्ञापन में एक तरफ इस मूर्ति का चित्र और उसके बराबर तीन–चार पंक्तियों में बँटा एक पद था जिसे मैंने पढ़ा 'The love lines a statue'। इसी पर मेरी नज़र और मेरा मन अटका था। 'प्रतिमा की प्रेम रेखाएँ'–लव लाइन्स क्या होती हैं? सौन्दर्य–रेखाएँ तो शायद कह सकते हैं, यद्यपि अगर प्रतिमा सुन्दर है तो उसकी सभी आकार–रेखाओं को सुन्दर या सुन्दरता की आनुषंगिक मानना होगा। इसी दिशा में सोचते हुए ध्यान आया कि पुरानी कला की आलोचना में '**लाइन ऑफ़ ब्यूटी**'–सौन्दर्य–रेखा नाम की एक रेखा का उल्लेख

होता था और यह रेखा कंधे से पीठ और कमर को छूती हुई या आकार देती हुई नितम्ब तक जाती थी। इसे 'लाइन ऑफ़ ब्यूटी' का नाम इसीलिए दिया गया था कि यह माना गया था कि इसी रेखा का बाँकपन निर्धारित करता है कि पूरा स्त्री-शरीर–क्योंकि सन्दर्भ नारी–प्रतिमा का ही होता था–कितना सुन्दर होगा। इसी रेखा की बात सोचते हुए कई ग्रीक और रोमिक प्रतिमाएँ स्मृति का आँखों के सामने से गुजर गईं। फिर भारतीय देवी और नदी–प्रतिमाएँ भी सामने आईं और समभंग से लेकर अतिभंग तक इस रेखा के कई बंकिम रूप भी सामने से गुजर गए। लेकिन बात तो सौन्दर्य–रेखा की थी ही नहीं, बात **लव लाइन्स** यानी प्रेम-रेखाओं की थी। प्रतिमा की प्रेम–रेखा क्या होती है या हो सकती है? आशय शायद सौन्दर्य रेखा से आगे के विस्तार का था? सौन्दर्य–रेखा नितम्ब तक जा कर समाप्त हो जाती है : शायद विज्ञापन लिखने वाला उससे आगे के क्षेत्र की ओर हमारा ध्यान ले जाना चाहता था, लेकिन केवल संकेत के द्वारा क्योंकि स्पष्टतर शब्दों में बात कहने में अश्लीलता का जोखिम होता और बात विज्ञापन के योग्य न रहती। अगर ऐसा ही कुछ आशय था तो भी लव लाइन या प्रेम रेखा क्या हो सकती है? अवश्य ही आज प्रेम की चर्चा करते समय हम उसके आध्यात्मिक या अशरीरी पक्ष को बहुत कम महत्त्व देते हैं और स्थूल शारीरिक अभिव्यक्ति ही प्रधान हो जाती है–यानी बात हम लव की करते हैं और आशय हमारा सेक्स होता है। क्या लव लाइन्स में निहित संकेत भी ऐसा ही कुछ है? एक बार फिर देशी और विदेशी कई प्राचीन मूर्तियाँ मेरी स्मृति के सामने से गुजर गईं। इनके साथ–साथ काव्य की बहुत सी पंक्तियाँ भी मन में गूँज गईं। **कुमारसम्भव** के कुछ श्लोक, **गीतगोविन्द** के कुछ पद, अमरु और भर्तृहरि के कुछ मुक्तक, **चौरपंचशिका** के कुछ श्लोक, जिनमें नायक बार–बार अपनी प्रिया के अंगों और उसकी क्रियाओं, भंगिमाओं का स्मरण करता है...इनके पीछे–पीछे विदेशी कवियों की पंक्तियाँ भी आईं–अंग्रेजी और फ्रांसीसी कवि, विशेष रूप से फ्रांसीसी कवि जिनकी भाषा में शृंगारिक सांकेतिकता की अद्‌भुत क्षमता है और जो बड़े सहज शब्दों में शृंगारिक बिम्ब प्रस्तुत कर दे सकते हैं। फिर रीति–काल के कुछ हिन्दी कवि भी आए, और फिर आधुनिक हिन्दी से भी कुछ बिम्ब उभरे। इस प्रकार एक लम्बी–चौड़ी आकाश-यात्रा उतनी ही विस्तृत सागर–यात्रा के बाद भी जब 'प्रेम–रेखा' के रहस्य का उद्‌घाटन न कर पाया तो मैंने सोचा, क्यों न एक बार फिर विज्ञापन को ही देखूँ और आगे भी पढ़ूँ–शायद वहीं से इस रहस्य की कुंजी मिल सके कि 'लव लाइन्स' होती क्या है। मैंने फिर विज्ञापन उठाया और मीलो की वीनस के बराबर लिखे हुए शब्दों की ओर देखा। अब की बार मैंने झेंपते हुए पहचाना कि मुझ से एक छोटी–सी भूल हो गई थी–एक अन्तिम 'एस' अक्षर कुछ धुँधला छपा था

और मैंने उसे वजन नहीं दिया था। जिसे मैंने **'द लव लाइन्स ऑफ ए स्टेच्यू'** पढ़ा था, वह वास्तव में **'द लवलीनेस ऑफ ए स्टेच्यू'** था। एक सीधी-सपाट बात, जिसमें वैसी यात्राओं का आमन्त्रण या उनकी कोई गुंजाइश भी नहीं है जिन पर मैं एक भूल के सहारे निकल गया था।

अब आप देखिए कि अपनी इन सारी यात्राओं में कहीं भी मैंने उस भाषा को नहीं छोड़ा जो हमारे साधारण प्रयोजनों की भी भाषा होती है; या कहीं किसी शब्द का कोई ऐसा अर्थ नहीं नकारा जो हमें साधारण कोशों में मिल जाएगा। लेकिन एक भूल ने कल्पना के द्वार खोल दिए और मैं स्वयं एक ऐसे संसार की रचना कर सका जिससे मुझे कुतूहल भी हुआ, नाना प्रकार का भावोत्तेजन भी मिला और उनके शमन से प्राप्त होने वाला सुख और तृप्ति भी मिली। और यह भी ध्यान में रखने की बात है कि यह सब-का-सब अकल्पित और अकल्पनीय था। अवश्य ही यह भी ध्यान में रखना चाहिए कि ठीक यही भूल किसी दूसरे व्यक्ति ने की होती तब उसकी प्रतिक्रियाएँ बिलकुल दूसरी भी हो सकती थीं। अगर वह मेरी तरह चित्रकला और साहित्य के क्षेत्र में एक कल्पना-यात्रा पर जाता तो यह सम्भव ही नहीं बल्कि अनिवार्य भी माना जा सकता है कि उसने एक भिन्न संसार रचा होता-अंशतः या पूर्णतः भिन्न क्योंकि रुचि, संस्कार, शिक्षा और अनुभव के भेद के कारण कोई दूसरी ही मूर्तियाँ, दूसरी ही कविताएँ, दूसरे ही बिम्ब, दूसरे ही क्रम में उसके सामने आए होते। यह भी सम्भव है कि मूर्तियों, चित्रों और काव्य-पंक्तियों के साथ-या उनके बदले-उसकी स्मृति ने मित्रों की बातचीत या बाल्यकाल के अनुभव या ऐसी ही और चीज़ों का आवाहन किया होता-उत्तेजनों-शमनों की बिलकुल दूसरी शृंखला गढ़ी होती!

मैंने एक भूल का उदाहरण लेकर शब्दों की उस क्षमता की ओर आपका ध्यान आकृष्ट करना चाहा जिसके कारण एक सुपरिचित साधारण शब्द अपना सर्वसम्मत अर्थ छोड़े बिना असंख्य अर्थों, अर्थच्छटाओं और अभिप्रायों का आधार बन सकता है। मेरे उदाहरण में एक भूल ने इन सम्भावनाओं का उद्‌घाटन किया; कवि जब शब्द का व्यवहार करता है तो भूल नहीं करता बल्कि इन सम्भावनाओं का एक अनुशासित और सुनियोजित उपयोग करता है। इस अनुशासन और नियोजन का कुछ अंश वह सचेत रूप से करता है, लेकिन अधिकांशतः वह सहज और अवचेतन रूप से ही होता है। प्रतिभा के साथ-साथ गहरे संस्कार और लम्बी साधना से ही वह सहजता प्राप्त होती है जिससे यह अनुशासन और नियोजन स्वभाव का ही अंग बन जाता है। वह बिजली की त्वरित गति से होता है, लेकिन बिजली की गड़गड़ाहट उसके साथ नहीं होती। ऊर्जा का प्रवाह अदृश्य और अश्रुत ही रहता है। जिस भाषा में यह सहज नियोजन और अनुशासन होता है, और जो इसके सहारे एक अज्ञात

जगत् का द्वार खोल सकती है और खोलती है, वही रचनात्मक भाषा होती है। मैंने कहा 'एक अज्ञात जगत् का द्वार'–मैं यह भी कह सकता हूँ कि दो अज्ञात संसारों के द्वार या कि और आगे बढ़कर दो प्रकार के असंख्य अज्ञात संसारों के द्वार; क्योंकि उत्तम काव्य से खुलने वाले एक प्रकार के अज्ञात संसार ऐसे होते हैं जिनमें सभी समान रूप से प्रवेश कर सकते हैं और एक दूसरे प्रकार के अज्ञात संसार ऐसे होते हैं जो प्रत्येक व्यक्ति के लिए अद्वितीय होते हैं और जिनमें कोई दूसरा प्रवेश नहीं कर सकता। वयस्क होने के साथ–साथ हम प्रायः यह भूल जाते हैं कि हम सभी के आस–पास ऐसे संसार होते हैं और हमेशा बने रहते हैं, प्रयोजनवती भाषा इस बात को भूलने में हमारी सहायता करती है, यहाँ तक कि हम मानने लगते हैं कि ऐसे संस्कारों को अनदेखा करना वयस्कता का एक लक्षण है और तब केवल हमारे स्वप्न ही हमें याद दिलाते रहते हैं कि नहीं, ऐसे संसार भी हैं, हमारे भी हैं और हमारे आस–पास भी हैं, अब भी उतने ही यथार्थ और उतने ही सत्तासम्पन्न, उतने ही सत्त्वसम्पन्न हैं जितने हमारे प्रयोजनों के बाह्य संस्कार। लेकिन बच्चों की ओर अगर हम ध्यान दें तो हम देख सकते हैं कि वे लगातार भाषा की इस शक्ति का प्रयोग करते रहते हैं, भले ही अधिकतर यह प्रयोग उनके द्वारा अकस्मात् सध जाता है और उसके बाद ही वे स्वयं पहचानते हैं कि अकस्मात् एक सत्ता की कुंजी उनके हाथ लग गई है और स्वयं उससे चमत्कृत हो जाते हैं।

भाषा–सम्बन्धी एक भूल की सर्जनात्मक सम्भावनाओं का एक उदाहरण मैंने आप को दिया। आवृत्ति की भी ऐसी अद्भुत सम्भावनाएँ होती हैं। कोई बात आप एक बार कहिए तो वह साधारण प्रयोजनों की सीमा के भीतर रहती है। उसी को दोहराइए–और उसको दोहराना ही उसे प्रतीकार्थों के एक दूसरे संसार में ले जाता है। कोई अभिधा कोश इस रहस्य को हमें समझा नहीं सकता क्योंकि यह बात अभिधा से परे की जादुई सत्ता के क्षेत्र की है। इसका एक मार्मिक उदाहरण हमें शेक्सपियर के 'मैकबेथ' में मिलता है : **'पुट आउट द लाइट एण्ड देन–पुट आउट द लाइट।'** हम जानते हैं कि पहली बार 'बत्ती गुल कर दो' का अर्थ अभिधा का अर्थ है, सचमुच बत्ती बुझा कर अँधेरा कर देने की बात कही जा रही है। लेकिन दूसरी बार एक हत्या का संकेत है–जो 'बत्ती' 'गुल' की जाने वाली है, वह एक जीवन की बाती है। कैसे जानते हैं? और एक साधारण प्रयोजन–वाक्य की आवृत्ति के द्वारा न कही जाकर यह बात किन्हीं दूसरे शब्दों में कही गई होती तो क्या उतना ही गहरा प्रभाव छोड़ती? क्या प्रभाव इसीलिए अधिक गहरा और रोमांचकारी नहीं हो जाता कि साधारण प्रयोजन की एक बात साधारण प्रयोजन को ठोस भूमि छोड़े बिना हमें एकाएक दूसरे संसार में भी ले गई है। और वह कैसे? बिना नया कुछ भी जोड़े–केवल पद को दोहरा देकर!

शब्दों की अर्थ-व्यंजकता के और प्रकार भी हैं। एक और उदाहरण मैं कालिदास की 'शकुन्तला' से देना चाहता हूँ जिसकी कथा से आप सभी परिचित होंगे। आश्रम में जब दोबारा शकुन्तला और दुष्यन्त का साक्षात्कार बेटे की उपस्थिति में होता है तब बेटा चकित होकर माँ से पूछता है कि 'यह अजनबी कौन है?' शकुन्तला यह उत्तर भी दे सकती कि 'यह तेरा पिता है'; और 'पिता' संज्ञा के साथ कोई आक्रोश-भरा विश्लेषण भी जोड़ सकती जिसमें उसका मानसिक क्लेश झलक जाता। वह यह भी यह कह सकती थी कि 'बेटा, यह तो विधाता से ही पूछना कि ये कौन हैं!' वह भी उसकी मानसिक यातना को प्रगट करता ही। लेकिन कालिदास ने ये दोनों रास्ते नहीं अपनाए। उसने एक शब्द और एक-मात्र शब्द से जो बात शकुन्तला से कहला दी वह इन सब सम्भावनाओं से अधिक समर्थ और प्रभावशाली है। उस शब्द का हिन्दी अनुवाद किसी साधारण-प्रचलित शब्द में नहीं हो सकता, लेकिन बात समझाई जा सकती है। शकुन्तला कहती है, **'ते भागधेयानि पृच्छः'**-उनसे पूछ जो निश्चय करेंगे कि तेरा भाग क्या है। अब 'भागधेय' विधाता या भाग्य भी है, जो हर किसी को उसका हिस्सा बाँटता है, और उस नाटकीय स्थिति में भागधेय पिता भी है क्योंकि उसी पर यह निर्भर है कि वह बेटे की पहचान कर उसका भाग और उत्तराधिकार उसे दे या न पहचान कर उसे इससे वंचित कर दे। इस प्रकार शकुन्तला को जो कुछ भी कहना हो सकता था, सब एक शब्द में संचित होकर प्रगट हुआ है और बड़ी भव्य शालीनता के साथ-ऐसे रूप में, जो उस नाटकीय क्षण की सान्द्रता को अक्षुण्ण रखता हुआ शकुन्तला के चरित्र को और ऊँचा उठा देता है। यही शब्द की रचनात्मक सम्भावनाओं का भरपूर उपयोग होता है; और यह भाषा की नहीं, शब्द की सही पहचान से सम्भव होता है।

एक और उदाहरण-एक और जाति का उदाहरण देना चाहता हूँ। हम सभी जानते हैं कि उपमा और रूपक-**सिमिली** और **मेटाफर**-से कवि निरन्तर सहारा लेता रहता है और हम मानते हैं कि काव्य-भाषा की शक्ति बहुत कुछ उसके रूपक तत्त्व पर निर्भर करती है, लेकिन इन रूपकों का प्रयोग हम कैसे करते हैं, उनमें असर कहाँ से आता है, इसका विश्लेषण हम प्रायः नहीं करते क्योंकि वह हमारे लिए आवश्यक नहीं होता। इतना-भर जान कर हम सन्तुष्ट रहते हैं कि उपमा और रूपक में समानता का कोई तत्त्व या गुण आधारभूत होता है जिसके सहारे हम दो बिम्बों को जोड़ सकते हैं या एक के बदले दूसरा रख सकते हैं। लेकिन यह सूचना कैसे काम करती है, और हमारे विचार और भावना के प्रवाह को किस तरह एक और एक ही दिशा देती है, इसकी खोज भी बड़ी रोचक हो सकती है। हम कहते हैं 'चाँद-सा मुखड़ा' या 'मोती जैसे दाँत'। चाँद और चेहरे की अथवा मोती और दाँतों की तुलना करते समय दोनों में कान्ति का समान गुण तुलना का आधार होता है। अब अगर समान गुण के कारण

इसे रेखाचित्र द्वारा यों निर्देशित कर सकते हैं :

चाँद चेहरा

कान्ति

(समान गुण)

हम दो चीज़ों को जोड़ सकते हैं तो जहाँ 'चाँद-सा मुखड़ा' कह सकते हैं वहाँ 'मुखड़े-सा चाँद' भी कह सकना चाहिए। चाँद के मामले में तो यह सम्भव है और कवियों ने कहा भी है-प्रिया के मुखड़े-सा चाँद। लेकिन क्या हम मोती जैसे दाँत को उलटकर दाँतों जैसे मोती भी कह सकते हैं? थोड़ी झिझक आएगी। यही बात अंग्रेज़ी पद के सहारे और स्पष्ट हो जाएगी। हम कहते हैं, 'पर्ली टीथ'। क्या हम कह सकते हैं 'टुथी पर्ल'? कदापि नहीं कह सकते। क्यों नहीं कह सकते जब कि तुलना का आधार कान्ति का समान गुण है? बात यह है कि जब हम पर्ली, टीथ इस क्रम में रखते हैं, मोती का बिम्ब पहले और दाँतों का बिम्ब बाद में सामने लाते हैं, तभी कान्ति का गुण हमारे सामने मुख्य रूप से आता है। जब हम दाँत का बिम्ब पहले और मोती का बाद में उघारते हैं, तब कान्ति का गुण प्रधान हो कर सामने नहीं आता बल्कि दाँत के तीखेपन का गुण समाने आता है जो समान रूप से मोती में नहीं है और उसका हम मोती पर आरोप करते हैं तो मोती का बिम्ब विकृत हो जाता है। अर्थात् कई गुणों में से कौन-सा गुण प्रमुख होकर हमारे सामने आ जाएगा, यह तुलना के दो पक्षों पर ही नहीं, इस पर भी निर्भर है कि ये पक्ष किस क्रम से हमारे सामने आते हैं। पहचान के प्रवाह की एक दिशा भी है जो पहचान के आधार भी निरूपित करती है। ऊर्जा के प्रवाह की दिशा को ध्यान में न रखने से कविता में भी वैसा ही अनर्थ हो सकता है जैसा यन्त्र के साथ बिजली के तार जोड़ते समय उन्हें उलटा लगा देना। ऊर्जा के प्रवाह की सही दिशा की पहचान भी रचनात्मक भाषा का एक महत्त्वपूर्ण अंग है।

यानी रूपक का रेखाचित्र यो बनता है :

मोती दाँत

कान्ति

(समान गुण)

और समानता की पहचान की दिशा हम उलट नहीं सकते

उलटने पर चित्र यों होगा

दाँत ?

नुकीलापन

लेकिन मैंने पहले भी कहा था, और इस बात को बार-बार दोहरा कर उस पर बदल देना भी अनुचित नहीं है, कि रचनात्मक भाषा की सबसे बड़ी समस्या सम्प्रेषण की समस्या है। शब्द की शक्तियों की पहचान आवश्यक है, लेकिन कौन-सा शब्द किस परिस्थिति में सम्प्रेषण की क्षमता रखता है, इसका विवेचन भी शब्द की शक्ति की पहचान का ही एक अंग है। और यहाँ पर मैं स्वीकार करता हूँ-स्वीकार ही नहीं, आप सबका ध्यान भी इस ओर दिलाऊँ-कि यह पहचान या कि इस शक्ति की पहचान हमारे समाज में दिन-ब-दिन कठिनतर होती जा रही है। वास्तव में आज गृहीता समाज एक नहीं है, बल्कि अनेक समाजों में बँटा हुआ है। प्राचीन काल में भी ठीक एक समाज तो नहीं था; मान सकते हैं कि कम-से-कम दो समाज थे। लेकिन दोनों के स्पष्ट और सुनिश्चित भाषा समय थे। अभिजात अथवा अधीत समाज का संस्कार और समय एक था, और लोक-समाज का संस्कार और समय दूसरा, लेकिन इस या उस समाज में ये संस्कार और समय समान और व्यापक रूप से जाने हुए थे। आज अधीत समाज में दो संस्कारों की चर्चा तो होती है-एक 'विज्ञान की संस्कृति' का और एक 'कला की संस्कृति' का-लेकिन मानस और संवेदन का विभाजन केवल दो संस्कारों तक ही सीमित नहीं है बल्कि कई अलग-अलग खंड हैं जिनके बीच सम्प्रेषण की भाषा नहीं है। हमारे समाज में सबसे पहले तो साक्षर और निरक्षर का भेद है-समाज का तीन-चौथाई नहीं तो दो-तिहाई निरक्षर है ही। फिर निरक्षरों में एक बड़ा भाग है जो निरक्षर होकर भी साहित्यिक संस्कार से रहित नहीं है क्योंकि वाचिक परम्परा के सहारे साहित्य और संस्कृति की बहुत-सी उपलब्धियों से न केवल परिचित है बल्कि उसकी कुछ परख भी रखता है। दूसरी ओर, जो साक्षर समाज है वह भी एक नहीं है बल्कि वही कदाचित् अधिक विभाजित है। उसमें भी एक बड़ा अंश है जो साक्षर तो है लेकिन पढ़ता-लिखता नहीं है। कभी-कभार सोचता हूँ कि यह वर्ग अगर एक ओर साक्षर है और दूसरी ओर पढ़ता-लिखता नहीं है, तो यह माना जा सकता है कि इसके अन्दर एक बुनियादी क्षमता तो है और उसे अभी विकृत नहीं कर दिया गया है! इससे अधिक चिन्ता तो उस तथाकथित 'पढ़ने-लिखने वाले' समाज को लेकर होती है जो पढ़-लिखकर अधिक असमर्थ बना है क्योंकि उसकी पढ़ाई-लिखाई ने उसे न तो 'टू कल्चर्स' में से कोई एक संस्कृति दी है, न 'टू-लैंग्वेज फ़ॉर्म्युला' या 'थ्री-लैंग्वेज फ़ॉर्म्युला' के आधार पर कोई एक भी भाषा। इस वर्ग का अधिकांश न तो किसी एक भाषा में बोल सकता है, न किसी एक भाषा में सोच सकता है। संस्कारविहीन खिचड़ी भाषा बोलता हुआ और संस्कार-रहित खिचड़ी चिन्तन करता हुआ वह यह भी नहीं जान सकता कि वह जो सोच रहा है क्या सचमुच वही सोच रहा है या कि अर्ध-पहचाने शब्दों की खिचड़ी में कहीं वह भी खो गया है! ऐसे बहुत-से शब्द हैं

और प्रतिदिन बढ़ते जा रहे हैं जिनका हम धड़ाधड़ इस्तेमाल करते हैं और जिनके अर्थ की कोई सही जानकारी हमें नहीं है। ऐसी स्थिति आ गई है कि दो व्यक्ति जब किसी एक बात पर सहमत होते हैं तब यह भी निश्चयपूर्वक नहीं कहा जा सकता कि जिस बात पर वे सहमत हो रहे हैं क्या दोनों में से किसी ने भी वह बात समझी है? आजकल प्रदूषण की बहुत चर्चा होती है, लेकिन वायुमंडल के प्रदूषण की बातें करते हुए हम प्रायः यह भूल जाते हैं कि हमारा वायुमंडल जितना धुएँ के कारण प्रदूषित है उससे कहीं अधिक सिर्फ़ शोर के कारण प्रदूषित हैं जबकि इस शोर का नियन्त्रण कहीं कम कठिन है। इस प्रकार आज के सामाजिक जीवन में हम भाषा के प्रदूषण की ओर ध्यान नहीं देते और जब देते भी हैं तो इस बात की ओर हमारा ध्यान देर से जाता है। शब्दों की सम्प्रेषण शक्ति को विक्षत करके हम भाषा-संसार को ही नहीं, अपने चिन्तन-संसार को भी विदूषित करते हैं, अपनी विचार-शक्ति को पंगु करते हैं, और दिन-ब-दिन अधिक गूँगे होते जाते हैं। किसी एक भाषा में मुखर न हो सकने पर दो या तीन भाषाओं में अन्धे-गूँगे हो जाना कोई उपलब्धि नहीं है!

काल का डमरू-नाद

परोक्षप्रिया हि देवाः प्रत्यक्षद्विषः—मनुष्य भी परोक्षप्रिय है या नहीं, इस पर विवाद हो सकता है, प्रत्यक्षद्विष तो वह नहीं ही है। पर किसी भी कला-क्षेत्र का कृतिकार प्रतीकों का आकर्षण पहचाने या न पहचाने, उनका उपयोग अवश्य करता है : हम चाहें तो इससे यह भी परिणाम निकाल सकते हैं कि कलाकार वैसा चाहे या न चाहे, कला हमें देवों के कुछ निकटतर ले जाती है!

प्रतीक अनिवार्यतया अनेकार्थसूचक होते हैं। एक अर्थ दूसरे अर्थ या अर्थों के बदले नहीं आता-प्रतीक रूपक नहीं होते-एकाधिक अर्थ साथ-साथ झलकते हैं। दोनों के बीच एक तनाव का सूत्र रहता है और अर्थ उसी की प्रणाली से बहता रहता है, कभी इधर अधिक, कभी उधर अधिक। अर्थ के जितने अधिक स्तर एक साथ झलकें, प्रतीक उतना ही अधिक प्रभविष्णु होता है। पर स्तर बहुत-से हों या केवल कुछ-एक, आवश्यक यह है कि सारे अर्थ प्रतीक में ही होने चाहिए, प्रतीक में ही सम्पूर्ण होने और झलकने चाहिए। मिथक की भाँति प्रतीकों में भी सायुज्य, सारूप्य और सादृश्य की एक स्वायत्त, स्वयंसिद्ध, स्वयंप्रकाश व्यवस्था होनी चाहिए : प्रतीक अपने-आप में एक स्वतः प्रमाण दुनिया होता है।

आवर्त्ती काल की परिकल्पना पश्चिम के लिए अत्यन्त कठिन रही है। नृतत्त्व के क्षेत्र में वह स्वीकार करता है कि सभी प्राचीन संस्कृतियों में आवर्त्तन और पुनरारम्भ के मिथक पाए जाते हैं और प्राचीन अथवा आदिम जातियों की कलाओं को प्रभावित भी करते हैं। पर यह मानने में उसे हिचक होती है कि यह परिकल्पना उसके लिए न ऐसी पराई है, न ऐसी दुर्बोध; बल्कि इस मिथक का संस्कार उसकी चेतना में इतना गहरा पैठा है कि इसके प्रतीक आज भी उसके दैनन्दिन जीवन के अभिन्न अंग हैं। यह ठीक है कि ऐतिहासिक काल के बोझ के नीचे बहुत अधिक दबे होने के कारण यह प्राचीनतर स्मृति उसके चेतन मन में कुछ धुँधली पड़ गई है; फलतः कुछ 'अंध-विश्वास' उसके चिन्तन में अस्वीकार्य होकर व्यवहार में प्रभावी बने रह सकते हैं।

विवाह में प्रयुक्त जड़ाऊ छल्ला ले लीजिए : 'इटर्निटी रिंग' में कल की

चित्र 1

अनन्तता उसके आवर्त्तन को मानकर ही तो चलती है। साधारण जीवन में प्रचलित दूसरे प्रतीक भी आवर्त्ती काल को मानकर चलते हैं। नैरन्तर्य अथवा अमरत्त्व का प्रतीक अपनी पूँछ को निगलता हुआ सर्प (चित्र 1): 'अन्त' नया 'आरम्भ' बन जाता है और काल-चक्र ही अमरत्त्व का चक्र बन जाता है। चिर-जीवन के और भी प्रतीक हैं, जैसे बिना छोर की ग्रन्थियाँ : इनमें भी मूल परिकल्पना एक **अन्तहीन रेखा** की है-और जिस रेखा का कोई छोर नहीं है। वह वृत्त ही होती है। भले ही उसके आवर्त्तन को कितनी भी सफाई से छिपाया या तोड़ा-मरोड़ा जाए। (चित्र 2 क, ख)। दूसरे शब्दों में नित्यता, नैरन्तर्य, अमरत्त्व, सभी का मूल आधार वृत्त है। यह भी कहा जा सकता है कि वही बुद्धि,

क

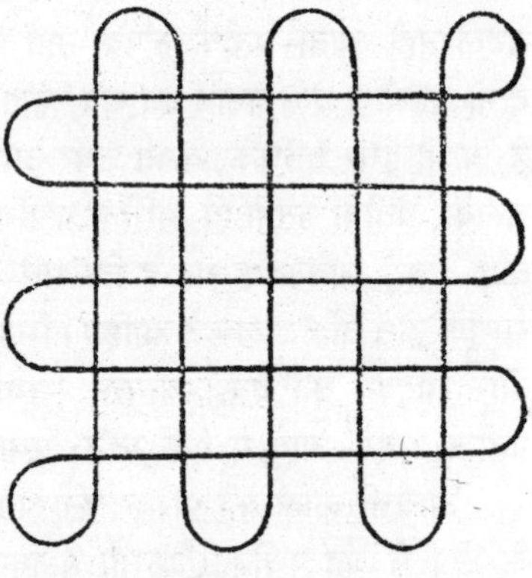

ख

चित्र 2

जो काल की चक्रगति मानने में हिचकती है, माँगने लगती है कि सान्त आयामों से परे काल की गति वृत्ताकार हो ही सकती है। सनातन इसके बिना नित्य हो ही नहीं सकता कि रेखा के दोनों छोर मिलें। इसीलिए गणितज्ञ को भी ऋजुरेखा की यह परिभाषा स्वीकार होगी कि वह 'अनन्त व्यास के वृत्त का खंड' है। गणित में भी असीम का प्रतीक एक अन्तहीन ग्रन्थि या दोहरा छल्ला ही है।

आधुनिक पश्चिमी जीवन के व्यवहार में एक और वस्तु भी हमारी परिचित है जिसका आकार इस चिह्न से मिलता है। वह है बालूघड़ी, जिसे हम निरन्तर उलटते-

पलटते चलते हैं। काल की यह नाप, जिसमें प्रत्यावर्त्तन की गुंजाइश है, प्रकारान्तर से आवर्त्ती काल को स्वीकार करती हुई चलती है : उसका आकार अगर गणित के चिह्न से मिलता-जुलता है तो क्या आश्चर्य!

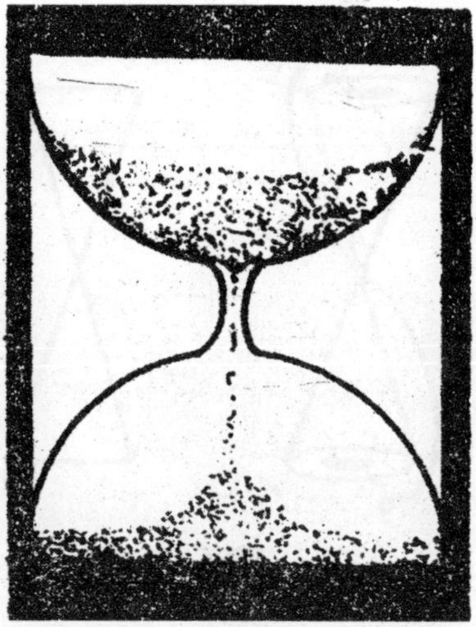

चित्र 3

इस आकार पर थोड़ी देर अटकने का कारण था। पश्चिम से लौटकर हम अपने देश में इसी आकार की एक वस्तु पर आपका ध्यान केन्द्रित करना चाहते हैं–एक ऐसी वस्तु पर जो गहरा प्रतीकार्य रखती है। मदारी के हाथ में डमरू देखकर आपको नहीं सूझा होगा कि यह कितना सार्थक प्रतीक है, पर नटराज मूर्ति के हाथ के डमरू को काल-प्रतीक पहचानने में भी आप न चूके होंगे। लेकिन डमरू सृष्टि का और अग्नि विलय का प्रतीक क्यों, जबकि इससे ठीक उलटा भी उतने ही औचित्य के साथ माना जा सकता था; और जब 'काल-डमरू' हमें मृत्यु की ही याद दिलाता है, जीवन की नहीं? डमरू नाद का-नाद ब्रह्म का-भी संकेत दे सकता है और इसीलिए सृष्टि का प्रतीक हो सकता है; पर यों तो नटराज की सम्पूर्ण प्रतिमा ही लययुक्त स्वर का प्रतीक है...तब डमरू में क्या प्रतीक की आवृत्ति-भर हो रही है-नटराज मूर्ति में क्या प्रतीकार्थ की आवृत्ति का कलादोष पाया जाएगा?

चित्र 4

डमरू की मूल रेखाकृति एक दोहरे शंकु की है, या शीर्ष से शीर्ष जोड़ते हुए दो शंकुओं की।

अंग्रेजीदाँ पाठकों के लिए यहाँ येट्स की पुस्तक 'ए विजन' के दोहरे शंकुओं का स्मरण कर लेना

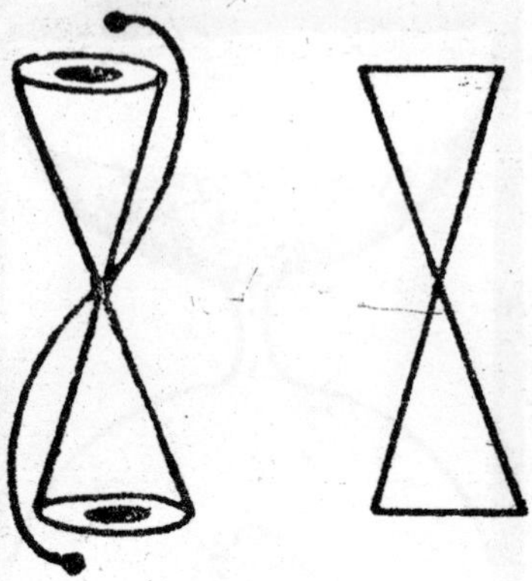

चित्र 5

उपयोगी होगा। लेकिन एट्स के घूर्णित-शंकु-'प्रत्येक की नोक दूसरे की आधार-रेखा के मध्य में टिकी हुई' काल का सम्पूर्ण प्रतीक नहीं बनते, न येट्स ने उन्हें ऐसा सिद्ध ही किया है। यह कहना भी कदाचित् सम्मत होगा कि असम्पूर्ण होने के नाते ये घूर्णित शंकु-युग्स किसी स्वायत्त, स्वतः प्रमाण अर्थ का सम्प्रेषण नहीं करते, अतः प्रतीकत्व को ही प्राप्त नहीं होते; केवल येट्स के उत्तर पक्ष के एक पहलू का रेखाचित्रण करते हैं। येट्स ने स्वयं इस आकृति को अपने 'आचार्यों' का 'मूल प्रतीक' कहा है; उनके कथन की अर्थवत्ता यहीं तक हो सकती है कि वह एंपेडॉक्लीज़ की उस संवादी-विवादी उभयचारिता का प्रतीकात्मक रूप-चित्रण है जिसकी व्याख्या येट्स ने हेराक्लाइट्स के सूत्र के सन्दर्भ में की है : 'एक-दूसरे का जीवन मरते हुए, एक-दूसरे की मृत्यु जीते हुए।'

किन्तु येट्स के परस्पर नद्ध शंकुओं से डमरू की ओर लौटें। डमरू की कटि, जहाँ से उसे पकड़ा जाता है, वह बिन्दु है जहाँ से उसकी जीभें निकलती हैं और डमरू घुमाए जाने पर दोनों ओर आघात करती हैं। डमरू सृष्टि का प्रतीक है जिसे **काल के आयाम में** सत्ता के रूप में परिभाषित किया जा सकता है; काल-जीवी सत्ता के प्रतीक के रूप में डमरू केवल नटराज-मूर्ति के पूरे प्रतीकार्थ की आवृत्ति नहीं करता वरन् सार्थक रूप से उसका अंग बन जाता है।

काल-प्रतीक के रूप में डमरू की कटि वर्तमान है-वर्तमान का क्षण-क्योंकि वर्तमान इससे अधिक कुछ हो ही नहीं सकता; दोनों ओर के त्रिकोण अथवा शंकु अतीत और भविष्यत् हैं। कालजीवी हम सदैव वर्तमान के बिन्दु पर स्थित रहते हैं : अस्ति उसी स्थिति का नाम है या हो सकता है। और जब-जब डमरू की जीभ इस या उस ताँत पर-अतीत या भविष्यत् पर-आघात करती है, तब-तब हमें काल का 'स्रोत' के रूप में बोध होता है। काल-चेतना अनु-या प्रति-गति की ही चेतना है-भविष्य की ओर गति या अतीत से परे गति है : स्मृति है अथवा प्रतीक्षा है।

डमरू के प्रतीक की और विस्तृत व्याख्या करने से पहले थोड़ा पुनरवलोकन कर लें। प्राचीन काल-गणना में सदैव चतुर्युग की आवृत्ति की चर्चा होती थी। जिस युग में हम हैं, वह कलि है अर्थात् 'चालू' युग है। पर 'चक्रावर्तन के आरम्भ से चलें तो लक्ष्य करते हैं कि पहला, सबसे दूर का युग कृत युग है जो सबसे लम्बा

है (17-28,000 वर्ष); दूसरा त्रेता, उससे छोटा (12,96,000 वर्ष); तीसरा द्वापर, और छोटा (8,64,000 वर्ष) और वर्तमान, कलि, सबसे छोटा (4,32,000 वर्ष)। युगों के नामों और प्रत्येक की लम्बाई पर ध्यान दें। कालारम्भ कृदन्त से क्यों? त्रेता में तिगुना होने का भाव है, किससे तिगुना? द्वापर की अवधि कलि से दुगुनी है, त्रेता की तिगुनी, कृत की चौगुनी : हमारी ओर जाते हुए काल संकुचित क्यों होता चलता है? इन प्रश्नों का उत्तर स्पष्ट है और हमारे प्रतीक में निहित है। गणना हम आवर्त्तन के आरम्भ-बिन्दु से नहीं करते, वर्तमान से करते हैं, वर्तमान के क्षण से करते हैं-डमरू की कटि से करते हैं। काल 'हमारी ओर आते हुए संकुचित होता' नहीं चलता; हम से दूर हटते हुए विस्तीर्ण होता चलता है। कृत आरम्भ नहीं है, दूरतम निष्पत्ति है। त्रिकोणमिति के तर्क से यह भी तत्काल समझ में आ जाएगा कि कलि से द्वापर की अवधि दुगुनी, त्रेता की तिगुनी और कृत की चौगुनी क्यों है। क्योंकि हम वर्तमान के अत्यन्त लघु क्षण के आरम्भ करते हुए शंकु के आकार का विचार करें तो स्पष्ट देखेंगे कि हमारा आकार निरन्तर फैलते हुए वृत्त प्रस्तुत करता है,[1] जबकि येट्स के शंकु 'निरन्तर सिमटते हुए वृत्त' बनाते थे। युग जितनी ही दूर का है, उतना ही उसका काल-विस्तार अधिक है। चतुर्युग के बाद हम फिर बिन्दु से आरम्भ करते हैं। कलि की अवधि को हम काल की इकाई मान लें, तो चतुर्युग की माप 1क + 2 + 3क + 4क = 10क होती है, जिसके बाद हम पुनरारम्भ की स्थिति 1 पर आ जाते हैं और चक्र का नया आवर्तन शुरू हो जाता है। इस प्रकार शून्य (0) नैरन्तर्य अथवा सनातन का द्वार बन जाता है; शून्य के वृत्त से सनातन आवर्त्तन का सिद्धान्त उद्भूत होता है-जिससे अधिक युक्तिसंगत और क्या बात होगी?

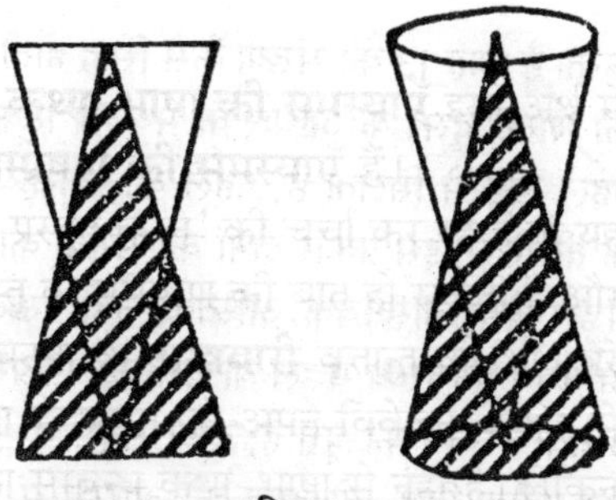

चित्र 6

येट्स ने (या कि हम भी क्या उसका अनुसरण करते हुए कहें 'उसके आचार्यों' ने?) प्रत्येक शंकु को 12 राशियों में बाँटा है, और इस प्रकार वह '13वें मंडल' की बात

1. नटराज के साथ हम चतुर्भुज विष्णु का भी ध्यान कर सकते हैं : सूर्य के पर्याय विष्णु के चारों लक्ष्य भी काल के चिह्न हैं। चक्र आवर्तीकाल का द्योतन करता है। शंख-वलय निरन्तर प्रसृत काल का प्रतीकत्व करता हुआ हमारे काल-प्रत्यय के एक और पहलू को सामने लाता है। शंकु की सतह पर घूमती हुई चेतना (अथवा येट्स की परिकल्पना के घूर्णित शंकु पर सीधी बढ़ती हुई चेतना) शंख-वलय ही बनाएगी। हम केन्द्र से आरम्भ करते हैं अतः हमारा शंख-वलय प्रसारशील होगा, येट्स परिधि से आरम्भ करता है अत: उसका शंख-वलय संकुचनशील होगा। हमारा 'कालोह्ययंनिरवधि:,' येट्स का 'टाइम मस्ट हैव ए स्टॉप'।

करता है। यह 13 की संख्या कैसे सिद्ध होती है? उसके मानचित्र में, जिसमें प्रत्येक शंकु का शिखर दूसरे के आधार के मध्य में टिका है, पहले शंकु का बारहवाँ खंड दूसरे के पहले खंड से मिलता है, पहले का ग्यारहवाँ दूसरे के दूसरे से, पहले का दसवाँ दूसरे के तीसरे से; इस प्रकार दोनों की संख्या का जोड़ हमेशा 13 होता है। अर्थात् यह 13वाँ मंडल वैसा वास्तविक अस्तित्व नहीं रखता जैसा कि अन्य 12 मंडलों का है; यह अविराम पुनरारब्ध मंडल या वृत्त कल्पनाप्रसूत या अनुमानित ही रहता है। यह अनन्तता अथवा नैरन्तर्य का वृत्त है; दूसरे शब्दों में, यह हमारी काल-गणना का शून्य बिन्दु है–वह प्रतीक चिह्न, जो अन्त को आरम्भ में परिणत कर देता है।

अपने काल-डमरू की आकृति की ओर लौट कर हम डमरू के उस कटि-बिन्दु पर खड़े हों जहाँ से हमारी चेतना अतीत अथवा भविष्यत् की ओर उन्मुख हो सके–परन्तु क्या वर्तमान के उस केवल रूप को पा सकना सम्भव भी है?

वह केवल क्षण, अत्यन्त वर्तमान है क्या? यदि काल-स्रोत अनिवार्यतया अतीत का अनुप्रवाही अथवा भविष्यत् का प्रतिप्रवाही है, यदि हमारी काल-चेतना अनिवार्यतया अभिमुख या प्रतिमुख है, यदि वह अनिवार्यतया स्मरण पर अथवा प्रतीक्षा पर आधारित है[1], तो उस **केवल वर्तमान** का बोध कैसे हो? स्पष्ट है कि वर्तमान काल भूतकाल और भविष्यत्काल के बीच में है। तब अत्यन्त वर्तमान वह क्षण अथवा बिन्दु है जहाँ स्मृत काल और प्रतीक्षित काल का आत्यन्तिक संक्रमण होता है : वह क्षण जिसकी न स्मृति है, न प्रतीक्षा अथवा कामना। कोई ऐसा क्षण पाया जा सके–ऐसे क्षण को कोई पा सके, आत्म-चेतन होकर स्मृति और आकांक्षा से परे जी सके, तो वह ऐसा व्यक्ति हो जाएगा जिसकी छाया नहीं होती–उसकी ऐसी शुद्ध काल-चेतना होगी कि वह काल-मुक्त हो जाएगी क्योंकि जो अत्यन्त वर्तमान में, शुद्ध सत्ता में जी सकता है, उसके लिए दोनों शंकु सिमटकर शीर्ष बिन्दु में लय हो जाएँगे। स्रोत थम जाएगा, सत्ता रह जाएगी। डमरू केवल बिन्दु में लय हो जाएगा, शुद्ध नाद रह जाएगा। ऐसे जी सकने वाला कालजित् होगा, जीवन्मुक्त होगाः उसे चिरन्तन वर्तमान में अमरत्व प्राप्त हो गया होगा।

काल-डमरू के इस निरूपण में काल की जो परिकल्पना प्रस्तुत की गई है, वह क्या आधुनिक मानस को नितान्त अग्राह्य होगी? हम ऐसा नहीं समझते। यह आपत्ति उसे हो सकती है कि अत्यन्त वर्तमान में जीना केवल एक काल्पनिक स्थिति है; फिर भी इतना वह स्वीकार करेगा कि इस प्रतिज्ञा से आरम्भ करें तो उत्तर पक्ष अवश्य सिद्ध होता है–दूसरे शब्दों में, वह प्रतीक की अर्थवत्ता स्वीकार कर लेगा। बल्कि 'जीरो ऑवर' के समकालीन मुहावरे में यह स्वीकृति निहित है : काल का ऋणात्मक (–) आयाम और धनात्मक (+) आयाम जहाँ मिलते हैं, जहाँ न

1. सेन्ट ऑगस्टीन।

'आगमिष्यत' की प्रतीक्षा है न 'विगत' की स्मृति, यह निश्छाय केवल क्षण ही तो शून्य का क्षण है : जीरो टाइम हमारे काल-डमरू का कटि-बिन्दु।

टी. एस. एलियट को ऐसे वर्तमान का यत्किंचित् आभास तो हुआ था। इसका संकेत उसकी उन पंक्तियों में मिलता है जिनमें वह चेतना होने की बात कहता है :

अतीत काल और भविष्यत् काल
चेतना का थोड़ा ही अवकाश देते हैं।
चेतन होना काल में जीना नहीं है।[1]

क्योंकि 'चेतन होना' सत्ता में जीना है। किन्तु चेतना होने की यों परिभाषित करते ही वह इस कालातीत अर्थ में चेतना हीने की सम्भावना को नकार भी देता है :

किन्तु काल में ही गुलाब बाड़ी का क्षण
ठिठुरते गिरजाघर की धूमिल बेला का क्षण
स्मरण किया जा सकता है, अतीत और भविष्यत् से गुँथा हुआ।
काल के द्वारा ही काल को जीता जा सकता है।[2]

स्पष्ट है कि जब वह (सेंट ऑगस्टीन द्वारा निर्धारित परिधि के कारण?) 'स्मरण किए गए क्षण' की बात करता है तब उसका सारा तर्क दूषित हो जाता है, क्योंकि स्मरण तो काल के-अतीत काल के-साथ बँधा है ही। काल पर विजय यदि सम्भव है तो स्मरण के द्वारा नहीं है। (आकांक्षा के द्वारा भी नहीं है), वह अत्यन्त वर्तमान में एक आत्मचेतन अस्ति के द्वारा ही सम्भव है। हो सकता है कि **'गुलाब बाड़ी का क्षण'** ऐसा एक क्षण रहा हो; किन्तु अगर वह वैसा था तो उस क्षण में प्राप्त काल-विजय उसी क्षण की थी, उसी अत्यन्त वर्तमान क्षण में क्रियमाण चेतना के अस्तिबोध की विजय थी। उस क्षण का 'स्मरण' किया जाएगा तो 'काल में' ही होगा; 'प्रतीक्षा' या 'आकांक्षा' की जाएगी तो वह भी 'काल में' ही होगा; पर उसको जिया गया 'सत्ता' में ही जो नित्य है, सनातन है। एलियट विजय की बात करता है : अतीत विजय की स्मृति स्वयं विजय नहीं हो सकती।

किन्तु क्या भारत में या भारतीय साहित्य में काल की इस परिकल्पना का प्रभाव

---

1. Time past and time future
Allow but a little consciousness
To be conscious is not to be in time

-टी.एस. एलियट, क्वार्टेट्स

2. But only in Time can the moment in the rose-garden
The moment in the draughty church at smokefall
Be remembered, involved in past and futrue.
Only through Time is Time conquered.

-वही

परिलक्षित होता है? और अगर ऐसी परिकल्पनाएँ 'साहित्यिक संस्कार वाले दर्शनशास्त्र' का अंग हों भी तो प्रश्न उठ सकता है कि क्या समकालीन भारतीय लेखन पर उनका कुछ भी असर है–क्या समकालीन लेखक उनसे परिचित भी है?

ऐसा तो नहीं कहा जा सकता–न उसकी कोई आवश्यकता होनी चाहिए–कि लेखक सचेत होकर ऐसे प्रतीकों को गढ़ता है अथवा परम्परा के सन्दर्भ में उनका अध्ययन-विवेचन करता है। यह भी आवश्यक नहीं है कि उसने **उपनिषदों** अथवा **गीता** का पारायण करके जाना हो कि वहाँ कालजित् अथवा जीवन्मुक्त की क्या परिभाषा की गई है। लेखन पर इस काल-दर्शन का प्रभाव होने के लिए इतना पर्याप्त है कि लेखक के संस्कार में उसका योग हो–और इतना दावा अवश्य किया जा सकता है। यों तो गीता और **उपनिषद्** सीधे भी समकालीन परिवेश के अंग हैं।

यह सम्भावना की जा सकती है कि धर्म-चेतना का ह्रास अनिवार्यतया जो निराशावाद पैदा करता है (क्योंकि सावधिकाल की गति एकोन्मुख है और मृत्यु की ओर है) उसका आंशिक परिमार्जन दर्शन की 'साहित्यिक प्रवृत्ति' से हो सकता है–सौन्दर्यतत्त्व के चिन्तन से हो सकता है। आवर्त्ती काल की परिकल्पना धार्मिक सन्दर्भ से रहित होकर भी तोषप्रद हो सकती है। पश्चिमी साहित्य के एक दार्शनिक विवेचक ने कहा है कि "आवर्त्ती काल की चर्चा प्राय: मिथकीय वस्तु के साथ की जाती है" : हमेशा तो ऐसा नहीं होता–कम-से-कम भारत में तो नहीं; यद्यपि उस विवेचक का एक प्रस्ताव सर्वथा संगत है कि **'समकालीन साहित्य में जब मिथक का प्रयोग होता है तब अवश्य उसे ऐसे मानववादी सन्दर्भ में देखना चाहिए।'**[1]

भारतीय आख्यान-साहित्य मूलत: आवर्ती रहा है। आवर्ती कथा ही विश्व के आख्यान-साहित्य को भारत की विशिष्ट देन है। बल्कि संसार में प्रचलित प्राय: सभी आवर्त्ती कथाओं के प्रारूप अथवा मूल अभिप्रायों का उत्स भारत ही रहा है। ईसप के **दृष्टांत, अलिफ लैला, डेकामेरॉन**, सभी के प्रारूप भारतीय हैं। इसके विपरीत, पश्चिम की काल परिकल्पना मूलत: ऋजु रेखानुसारी है; उसके उत्तम उदाहरण हमें उस साहित्य में मिलते हैं जिसमें इस सीधी गति की अप्रतिवर्तनीयता बिजली की कौंध-सी हमें चौंका जाती है–अर्थात् शॉर्ट स्टोरी में।

काल-गति के इन दो प्रकारों का रेखाचित्रण किया जा सकता है। पश्चिमी जगत् और उपन्यास में काल प्रवाह को (और उसके विषयान्तरों तथा प्रत्यवलोकनों को) यों चित्रित किया जा सकता है।

कथा सरित्सागर अथवा **पंचतन्त्र** आदि जैसी शृंखलित कथाओं में काल की गति यों दिखाई जा सकेगी।

---

1. मायरहॉफ : टाइम इन लिटरेचर।

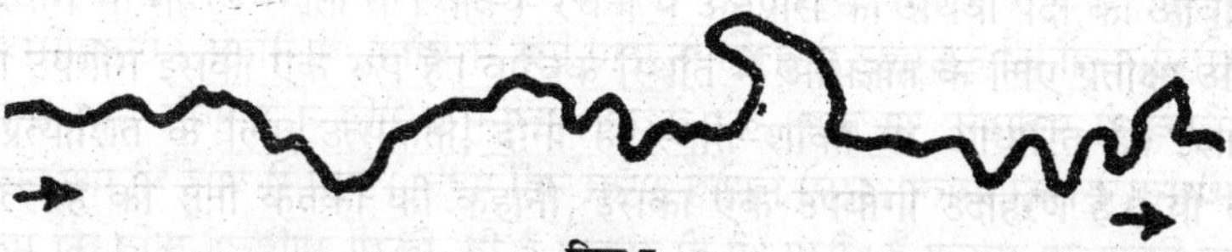

चित्र 7

यहाँ आवर्त्तन होता है, कथा वहीं लौट आती है जहाँ से आरम्भ हुई थी; बीच में और आवर्त्तन भी हो सकते हैं और एक वृत्त के भीतर फिर और वृत्त भी हो सकते हैं।[1]

निःसन्देह यह सत्य भी स्वीकार करना होगा कि आधुनिक भारतीय उपन्यास-कथा साहित्य भी अधिकांशतः पश्चिमी साहित्य की भाँति विषयी भक्त और सावधि रेखानुसारी काल का ही अनुसरण करता है : पूर्व-पश्चिम संवाद का यह भी एक पहलू। परन्तु भारतीय लेखक ने यद्यपि काल की इस (पश्चिमी) अवधारणा को चरित्र-रूपण और मनोजगत् के तनाव तथा घात-प्रतिघात के चित्रण के लिए यथेष्ट पाया है, फिर भी काल की चक्रगति उसके मानसिक संस्कार का अंग बनी रही है। ऐसा भी आधुनिक भारतीय साहित्य मिलेगा जिसमें काल-गति का द्विविध बोध क्रियाशील दीखता है : एक ओर आवर्त्ती काल का बोध है, दूसरी ओर एकान्त ऐतिहासिकता का भी। ऐसे साहित्य में चक्रगति और निरन्तर पुनरागमन-प्रत्यावर्त्तन की पहचान भी है और अत्यन्त वर्तमान, छायारहित जीवन्त क्षण की खोज भी। कह सकते हैं कि यह भी एक ऐसी जीवन-परिपाटी की खोज है जिसमें परम्परा, सनातन अथवा नित्यता, विविक्त केवल क्षणों की एक शृंखला है–जैसे निश्छाय क्षणों की शृंखला, जो स्मरण और

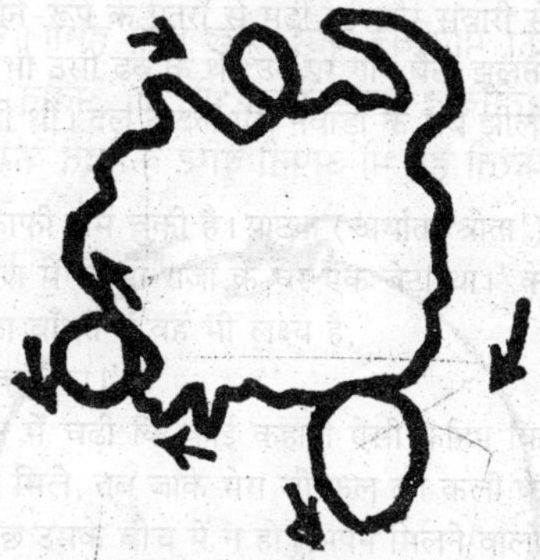

चित्र 8

1. अंग्रेजी में औपन्यासिक-काल की चर्चा पहले-पहल लॉरेन्स स्टर्न के 'ट्रिस्ट्रम शैंडी' में मिलती है, जहाँ काल-स्रोत के रेखाचित्र भी प्रस्तुत किए गए हैं। (देखिए उक्त उपन्यास का खंड 6, अध्याय 40) अनन्तर मार्सेल प्रूस्त के उपन्यासों में काल चेतना का विस्तृत विवेचन है; बल्कि कहा जा सकता है कि वह उनका मुख्य विषय है। 'खोये हुए काल की खोज में' जैसा सामूहिक शीर्षक इसे स्पष्ट स्वीकार भी करता है। किन्तु इनका, अथवा टॉमस मान, स्कॉट फिट्ज़जेराल्ड, आन्द्रे जीद, रोब-ग्रिये आदि के उपन्यासों में काल-प्रत्यय का परीक्षण अपने-आपमें अत्यन्त महत्त्वपूर्ण और रोचक होते हुए भी वर्तमान सन्दर्भ में अप्रासंगिक होगा।

प्रतीक्षा, दोनों से परे और मुक्त है। ऐसा दोहरा बोध चेतना का विस्तार है, या दो विरोधी तत्त्वों की टकराहट से बचने के लिए एक समझौता, या नैतिक (ऐतिहासिक) दायित्व से पलायन, या काल को केवल मृत्यून्मुख गति न मानकर एक धनतर अर्थवत्ता देने का प्रयत्न–इससे विशेष अन्तर नहीं पड़ता। इनमें से कोई भी पक्ष लेकर तर्क किया जा सकता है। ऐसा भी हो सकता है कि किसी साहित्य–कृति का मूल्य अन्ततोगत्वा इसी आधार पर निर्धारित हो कि इन सब सम्भावनाओं में से कौन–सी उस पर लागू होती है। पर वह जो कुछ भी हो, यह तो मानना होगा कि जिस कृति में ऐसी काल–चेतना लक्षित होगी उसे न केवल मानवीय नियति के प्रति दृष्टिकोण के लिहाज से नई अर्थवत्ता रखने वाला मानना होगा, वरन् साहित्यिक अथवा औपन्यासिक रूपाकार की दृष्टि से भी नई उपलब्धि मानना होगा।

ऐसी रचना में, जिसमें काल की वृहत्तर, चक्राकार गति की साधारण पहचान भी हो, पर साथ ही अत्यन्त वर्तमान क्षण के प्रति गहरा लगाव भी, काल की गति का मानचित्र कुछ–कुछ ऐसा होगा। काल का वृत्त भी, और उस पर डमरू द्वारा प्रतीकित क्षण–चेतना भी, जो अतीत–वर्तमान भविष्यत् की नित्य शृंखला स्वीकार करती हुई भी अपनी दृष्टि केन्द्रित कर रही है उस क्षण पर जो यथाशक्य छायारहित क्षण है–स्मृति और आकांक्षा, दोनों के संस्पर्श से यथासम्भव मुक्त है। यह एक निरवधि, प्रवहमान अस्ति है–प्रत्यावर्त्ती सनातन काल के चक्र पर अविखंडनीय कालाणुओं का अजस्र क्रम।

चित्र 9

पश्चिम में आधुनिक उपन्यास के विकास में क्रमशः जो आन्दोलन आए हैं, उनमें इसके समान्तर काल–चिन्तन मिल सकता है–समान्तर किन्तु समान नहीं। स्रोतवह उपन्यास (रोमान फ्लव) ये खंडवृत्त उपन्यास (रोमानद द्युरे) तक की प्रगति एक स्पष्ट तथा नए और नए प्रकार के काल–संवेदन को प्रतिबिम्बित करती है; पर काल के वृहत्तर आयाम की चेतना लगातार बनी न रहने के कारण पश्चिम के 'जीवित क्षण' की कहानी की मूल्यदृष्टि बिलकुल दूसरी हो जाती है। जीवित क्षण के पकड़ने के प्रयत्न में 'पश्चिमी उपन्यासकार' मूल्यवाही सभी शब्दों का बहिष्कार कर देता है और अपने को केवल गोचर अनुभवों तक सीमित कर लेता है। उसका तर्क यह है कि जीवित क्षण के केवल गोचर अनुभव ही हो सकते हैं–उससे अधिक कुछ भी होगा तो स्मरण

का आधार अवश्य चाहेगा–अर्थात् कालगत दूरी अपेक्षित होगी। निःसन्देह ऐसा लेखन बड़े कठोर अनुशासन की अपेक्षा रखता है; परन्तु किसी उपन्यास अथवा कलाकृति में आख्यान–काल और घटना–काल, दोनों की माँग जीवित क्षण के आदर्श तक पहुँचने में बाधक होती है। समकालिकता (जिसका अर्थ यहाँ तात्कालिकता हो जाता है) प्राप्त करने के तन्त्रगत उपाय के रूप में इस पद्धति की अर्हता उस दूसरी पद्धति से अधिक नहीं मानी जा सकती जिसमें क्षण को पकड़ने के लिए उसे काल–प्रवाह से विविक्त नहीं किया जाता बल्कि प्रवाह के भीतर उसके वर्तमानत्व का विशिष्ट गुणा उभारने का प्रयत्न किया जाता है। यहाँ तक कहा जा सकता है कि सम्पूर्ण वर्तमान को प्रस्तुत कर सकने की सम्भावना दूसरी पद्धति में ही अधिक है। वृत्तान्त से प्रस्तोता की कालगत दूरी का स्पष्ट संकेत और निर्वाह, तात्कालिक वस्तु–सत्ता प्रस्तुत करने में केवल बाधक नहीं होता, वरन् सहायक भी हो सकता है। 'जीवित क्षण', 'वर्तमान क्षण' की कथा की खोज में ही मूल्य सम्बन्धी एक प्रतिज्ञा निहित है :

वह खोज केवल **काल–जीवी मानव की पहचान** पर आधारित नहीं है बल्कि **काल–जीवी मानव की सार्थकता की पहचान** पर बल देती है। सार्थकता का प्रश्न मूल्य का प्रश्न है। अतएव मूलतः मूल्याग्राही यह खोज जब मूल्यवाही शब्दों का बहिष्कार अपना सिद्धान्त बना लेती है तब ऐसे विरोधाभास का आश्रय ले लेती है जिसका परिणाम कुंठा हो ही सकता है : क्योंकि काल का अर्थ तब केवल **मृत्यून्मुख** गति रह जाता है।

यह कदाचित् लक्ष्य करने की बात है कि काल–प्रतीक के रूप में डमरू–मृत्यून्मुखता का प्रतीकत्व नहीं करता। काल की जिस गति को वह संकेतित करता है, वह पश्चिम की एकदिक् अप्रत्यावर्त्तनीय काल–गति नहीं है : पश्चिमी अवधारणा की समस्या को वह बिलकुल बचा जाता है। काल एक सुदूर आरम्भ–बिन्दु से आरम्भ करके एक अन्त तक नहीं जाता; वह वर्तमान की चेतना से आरम्भ होता है–वर्तमान के अद्यतन क्षण से; और उसकी गति दोनों ओर हो सकती है–अतीत की ओर अथवा भविष्य की ओर।[1] फलतः काल के सभी क्षण सर्वदा वर्तमान हैं, सहकालिक हैं; अतीत अथवा भविष्य का परिप्रेक्ष्य किसी घटना के आत्यान्तिक रूप से 'हो गई' या 'होने वाली' होने पर निर्भर नहीं करता; इस पर निर्भर करता है कि हमारी वर्तमान की चेतना किस बिन्दु को अद्यतन वर्तमान मानकर चलती है। अनेक भारतीय भाषाओं में आगामी कल और गत कल, दोनों 'कल' हैं–दोनों आज से, वर्तमान चेतना के क्षण से, एक दिन की दूरी पर के दिन हैं, चाहे इधर चाहे उधर।

---

1. त्वं जातो भवसि विश्वतौमुखः।

–अथर्ववेद. 10.8.27

इस पर अचरज हो सकता है कि जिस संस्कृति में मृत्यु का स्वीकार इतना गहरा है, उसका काल-प्रतीक मृत्यु की प्रतिज्ञा लेकर न चले; और दूसरी ओर आधुनिक पाश्चात्य सभ्यता, जिसमें मृत्यु को नकारने का इतना प्रबल आग्रह है। काल की कोई ऐसी अवधारणा न कर सके जिसमें वह मृत्यून्मुख गति से ही इतर कुछ हो सकता है। कदाचित् इसका कारण यही हो कि मृत्यु का स्वीकार ही इसे सम्भव बना देता है कि उसे हम एक पृथक तत्त्व मानकर एक ओर रख सकें, और हमारा सारा काल-चिन्तन उसकी गहरी छाया से ग्रसित न हो जाए।

साँस का पुतला हूँ मैं :
जरा से बँधा हूँ और
मरण को दे दिया गया हूँ;

यह तो तथ्य है ही; इसे स्वीकार करके हम अलग रख दे सकते हैं। तभी तो हम मानव अस्ति के उस चिरन्तन वर्तमान में जी सकेंगे जिसमें जागना जीवमुक्त होना है।[1]

'फिर मैं सपने से जाग गया।
हाँ, जाग गया।
पर क्या यह जगा हुआ मैं
अब से युग-युग
उसी सन्धि रेखा पर वैसा
किरण-विद्ध ही बँधा रहेगा?

1. कैलिफ़ोर्निया विश्वविद्यालय, बर्कले (कैलिफ़ोर्निया) में दी गई एक सार्वजनिक व्याख्यान-माला में से एक व्याख्यान से संक्षिप्त।

प्रासंगिकता का प्रश्न

प्रस्तुत समाज के समक्ष[1] कुछ कहने का निमंत्रण मैंने स्वीकार किया तो स्वभावतः प्रश्न उठा कि विषय क्या हो? मेरे यह कहने पर कि मैं 'प्रासंगिकता' की ही बात करना चाहूँगा, दूसरे पक्ष के आचार्य महोदय ने कुछ अचरज से पूछा, 'प्रासंगिकता? आपका मतलब है साहित्य में प्रासंगिकता?' मैंने हँसकर कहा, 'नहीं, सिर्फ़ साहित्य में नहीं, इसमें साहित्य की भी प्रासंगिकता का विचार हो सकता है।' उन्होंने मान तो लिया, पर स्पष्ट था कि मेरी बात से आश्वस्त नहीं हुए हैं। और कहीं मैंने यह भी जोड़ दिया होता–जो मेरे मन में था!–कि 'मैं तो प्रासंगिकता की भी प्रासंगिकता की बात सोच रहा हूँ'–तब वह न जाने क्या करते!

प्रासंगिकता की बात हम प्रायः दो अलग-अलग अर्थों में करते हैं। साधारणतया तो चर्चा के प्रसंग से जुड़ी हुई कोई भी बात–प्रसंगवश सामने आई हुई बात–ही प्रासंगिकता होती है–'यहाँ यह भी प्रासंगिक है' अथवा 'इसी प्रसंग में यह भी कहा जा सकता है' इत्यादि। ऐसे सन्दर्भ में 'प्रासंगिक' का अर्थ अंग्रेज़ी के 'इंसिडेंटल' अथवा 'टॉपिकल' के आसपास का होता है। दूसरे अर्थ में, हम प्रासंगिकता की चर्चा तब करते हैं जब 'रेलेवैंस' की बात सोच रहे होते हैं–और अधिकतर अंग्रेज़ी शब्द ही हमारे मन में होता है, मुखर रूप से सामने न भी आए तो भी। यहाँ केवल संयोगजन्य से अधिक गहरे सम्बन्ध की बात होती है, यद्यपि काल का विचार उसमें फिर भी निहित रहता है–प्रासंगिक अथवा 'रेलेवैंस' या 'रेलेवैंट' वह जो विषय के सन्दर्भ में अमुक कालावधि में भी एक अर्थवत्ता रखता हो।

हमारा प्रयोजन इस दूसरे, अधिक गहरे अर्थ से है–उस अर्थवत्ता से, जो कालसापेक्ष तो है पर ऐसा भी आयाम रखती है जिससे हम काल की भी पहचान करते हैं।

1. भारतीय भाषा परिषद्, कलकत्ता में दिए गए भाषण का लिखित रूप। इससे पहले इसी विषय का एक भाषण दिल्ली विश्वविद्यालय के हिन्दी विभाग में भी हुआ था जिसका आलेख न बन सका। दोनों भाषणों में उपर्युक्त आधार पर साहित्य, परम्परा और पुराण की प्रासंगिकता की परख के बारे में भी कुछ कहा गया था, जिसे स्वतंत्र विषय मानकर यहाँ छोड़ दिया गया है।

'रेलेवैंस' के नए अर्थ में प्रासंगिकता की चर्चा आजकल बहुत होती है। क्या केवल इसलिए कि हमारा काल का बोध इतना तीखा हो गया है कि हर वस्तु और विषय को हम कालसापेक्ष से ही देखते या देख सकते हैं? या कि इसलिए भी कि काल का ही नहीं, सापेक्षता का भी हमारा बोध आज इतना प्रबल है कि किसी भी वस्तु को कोई-न-कोई सापेक्ष मूल्य दिए बिना हम किसी मूल्य की ही कल्पना नहीं कर सकते? यह प्रश्न इस रूप में सामने ले आना उपयोगी जान पड़ता है, क्योंकि हम समझते हैं कि हमारा यह अनुमान ग़लत नहीं होगा कि इस चर्चा के इतना व्यापक हो गए होने का एक कारण अस्तित्ववाद की व्यापक चर्चा भी है। 'रेलेवैंस' का प्रश्न 'नया' प्रश्न है और अस्तित्ववादी मुहावरे से आया है-वह एक ओर अस्तित्व की मूल्यवत्ता से जुड़ा है-जिस बात को हम उलटकर यों भी कह सकते हैं कि एक ओर वह इस भावना से जुड़ा है कि अस्तित्व की कदाचित् कोई अर्थवत्ता नहीं है-और दूसरी ओर वह अनिवार्यतया काल सन्दर्भ से जुड़ा रहता है, मूल्यवत्ता हमेशा एक कालावधि के सन्दर्भ में विचारित होती है।

मुहावरे को जन्म और प्रचलन देनेवाले इस परिमंडल को ध्यान में बनाए रखना उपयोगी होगा। जिस घटना का उल्लेख करने जा रहा हूँ, उसे भी ठीक-ठीक समझने और आँकने में इससे सहायता मिलेगी।

अभी कुछ दिन पहले की बात है, एक सम्मेलन के दौरान उसके अधिवेशन से अलग कुछ विचार-विनिमय का संयोग हुआ था। कुछ एक शिक्षित नौजवानों ने अलग से मुझसे बात करनी चाही थी और हम लोग चाय के साथ अनौपचारिक ढंग से प्रश्नोत्तर कर रहे थे। दूसरे पक्ष के सभी सदस्य सुशिक्षित थे, अधिसंख्य लिखनेवाले थे, कुछ प्रतिभाशाली भी थे, कुछ वर्तमान जीवन की विसंगतियों को लेकर उद्विग्न भी थे। उनके प्रश्नों या उनकी चिन्ताओं के प्रति कोई अवज्ञा या उपेक्षा भाव मेरे मन में नहीं था; मैं न उन्हें कोई उपदेश दे रहा था, न मेरा कोई ऐसा दावा था कि उनके किसी भी प्रश्न का उत्तर मेरे पास तैयार है। इतना मैं अवश्य कर रहा था और इसे आवश्यक और उपयोगी, दोनों समझ रहा था कि उनके प्रश्नों को दूसरे-दूसरे सन्दर्भों में भी रखकर फिर उनके सामने प्रस्तुत करूँ, जिससे यह संकेत मिले कि और भी दिशाओं में विचार करने की आवश्यकता हो सकती है।

पर मैंने देखा कि चर्चा में कोई भी संज्ञावाचक या गुणवाचक शब्द आते ही उनमें एक या दूसरा बौखलाया-सा प्रश्न उछाल देता-'इसकी प्रासंगिकता क्या है?', 'परम्परा की प्रासंगिकता क्या है?', 'धर्म की प्रासंगिकता क्या है?', 'रामायण-महाभारत की प्रासंगिकता क्या है?', 'आदर्शों की प्रासंगिकता क्या है?', 'मूल्यों की प्रासंगिकता क्या है?'-प्रश्न तीखे होते पर गम्भीर जिज्ञासा या बौद्धिक लगाव से प्रेरित होते तो कोई बात नहीं थी। पर ऐसा लगा कि कोई एक ऐसा प्रश्न

उछाल देता है और उसके बाद अकेला वही नहीं, सभी मानो चिन्ताओं से नहीं, चिन्तन से ही छुट्टी पा लेते हैं–जिस विषय के बारे में एक बार यह पूछ लिया गया कि उसकी 'प्रासंगिकता क्या है', उस विषय पर मानो आगे सोचना ही उन सबने अपने लिए अनावश्यक बना लिया! यानी प्रश्न कुछ जानने की इच्छा से प्रेरित नहीं था, केवल एक मनःस्थिति की सूचना देता था–एक व्याप्त नकार भाव की, जो मैं देखता हूँ कि आजकल का एक फ़ैशन है। ऐसे कई एक प्रश्न सामने आ चुके–बल्कि सामने आने पर इस प्रकार ओट कर दिए जा चुके–तब मैंने कहा, "एक प्रश्न मैं भी पूछना चाहता हूँ। यह जो प्रासंगिकता का प्रश्न आप बार-बार उठा रहे हैं, क्या आपने कभी सोचा कि इस 'प्रासंगिकता' की प्रासंगिकता क्या है?"

उन्होंने एक साथ पूछा, "क्या मतलब?"

मैंने कहा, "प्रासंगिकता किसी चीज़ के साथ होती है–शून्य में नहीं होती। जब आप प्रासंगिकता की बात उठाते हैं, तब आपने कुछ पहले से मान लिया होता है जिसकी अपेक्षा में ही वह प्रश्न अर्थ रखता है। तो वह 'पहले से माना हुआ' क्या है? अब मैं ही आपसे पूछूँ कि आप ही की प्रासंगिकता क्या है? तो क्या आपके पास इसका कोई जवाब है?"

सब अचकचाकर थोड़ी देर चुप रहे, एक-दूसरे की ओर देखते रहे। यह उन्होंने नहीं सोचा था कि वे जो हर चीज़ की प्रासंगिकता का प्रश्न उठा सकते हैं, स्वयं उनकी भी प्रासंगिकता प्रश्नाधीन हो सकती है! वे तो स्वयंसिद्ध हैं, स्वतःप्रमाण हैं–उनकी क्या प्रासंगिकता!

मैं कहता गया, "हाँ, आपकी प्रासंगिकता क्या है? यही कि आप जन्मे हैं, जैविक धर्म के कुछ एक सोपान पार करेंगे और मर जाएँगे? जो कि स्वयं जैविक धर्म का एक सोपान है? या दो-चार परीक्षाएँ पास कर लेंगे, नौकरी कर लेंगे, गाड़ी-वाड़ी जुटा लेंगे, जीवन बीमा कराकर बाल-बच्चों के लिए कुछ व्यवस्था कर जाएँगे–बस? क्या यही आपके जीवन की प्रासंगिकता है?"

इसे मैं उनकी शिक्षा, उनकी प्रतिभा और उनके संस्कार का प्रमाण ही मानता हूँ कि उनमें से कोई भी इसी को अपने जीवन की प्रासंगिकता मानने को तैयार नहीं था। यह तो नहीं; पर यह सब नहीं तो और क्या? इसका उत्तर उनके पास नहीं था–उन्होंने सोचा नहीं था। उन्होंने, और जिस परिमंडल में वे रहते थे उसने उन्हें कभी यह सोचने की प्रेरणा या चुनौती नहीं दी थी; और इस दिशा में न सोचने की सब सुविधाएँ दे रखी थीं!

प्रासंगिकता का प्रश्न मैं भी पूछता हूँ। आपके सामने भी क़दम-क़दम पर ऐसे अवसर आएँगे जब आप यह प्रश्न पूछने को बाध्य होंगे–या जब आपके सामने यह प्रश्न उछाल दिया जाएगा। अवश्य ही यह मानना होगा कि प्रश्न उछाल देना ही

काफ़ी नहीं है। उत्तर न भी मिले—या कभी यह भी मानना पड़े कि अभी प्रश्न का उत्तर किसी का जाना नहीं है—तो भी देखना होगा कि प्रासंगिकता का प्रश्न उछालते समय और कुछ नहीं तो यही विचार करना होगा कि उसे किस दिशा में उछाला जाएगा—और किस ठोस धरती पर खड़े होकर उछाला जाएगा? क्योंकि बिना ठोस धरती के प्रश्न उछालने का धक्का प्रश्न को ही नहीं, हमीं को शून्य में उछाल देगा!

वह ठोस धरती क्या है? क्या हो सकती है?—जिस पर खड़े होकर हम सही प्रश्न सही दिशा में उछाल सकते हैं—और प्रश्न पूछने के साहस से अपने जीवन को और अधिक अरक्षित या निराधार बनाते हुए भी समर्थतर और समृद्धतर बना सकते हैं?

ऐसे स्थल पर उपदेश देना बहुत आसान होता है, और उसके लोभ से मुक्त होना उतना ही कठिन। पर ये प्रश्न क्योंकि केवल बुद्धि की सतह के नहीं होते, इसलिए उपदेश द्वारा सुझाए हुए उत्तर भी कारगर नहीं होते—ऐसा प्रश्न जब सच्चा होता है तो गहरे में उन्मथित करता है—उत्तर की पहुँच वहाँ तक तभी हो सकती है जब वह भी गहराइयों को मथता हुआ उभरे। मैं भी नहीं जानता कि मुझे जो हल सूझता है वह इस दृष्टि से कहाँ तक काम का होगा; इतना ही कह सकता हूँ कि मेरी बातें एक प्रकार का आत्मस्वीकार ही होंगी—उद्वेलन के क्षणों में स्वयं मुझे कहाँ से बल मिलता रहा है, उसका संकेत कदाचित् दूसरों को कुछ छू सके—शायद यहाँ एकान्त 'अप्रासंगिक' न जान पड़े।

मेरे लिए वह ठोस आधारभित्ति मेरा मानवत्व है। मानव होकर मैं जैविक वृत्त से बाहर निकल गया होऊँ, ऐसा नहीं है; जीव मात्र के धर्म से मैं अब भी बँधा हूँ। पर एक चीज़ है जो मुझे पशु जीवन से अलग कर देती है। **मानव पहला स्वाधीन पशु है**—और स्वाधीन होने के नाते पशु नहीं है। मानवेतर सभी प्राणियों के जीवन की चरम सम्भावनाएँ उनकी शरीर-संरचना से मर्यादित हैं; मानव पहला ऐसा प्राणी है जो भाषा पाकर, अवधारणा की शक्ति पाकर, प्रतीकों का स्रष्टा होकर, पूर्व कल्पना से परे चला गया है, अकल्पनीय और असीम सम्भावनाओं से सम्पन्न हो गया है—**एक परोक्ष सत्ता से जुड़ गया है**, स्वाधीन हो गया है। वह मूल्यों की अवधारणा करता है, उनकी सृष्टि करता है—और स्वाधीनता उसका सबसे पहला, सबसे आधारभूत मूल्य है—क्योंकि यही उसके मानवत्व की कसौटी है, इसके बिना वह पशु है।

और यही, मेरी समझ में, वह आधारभूमि है जिस पर खड़े होकर हम प्रासंगिकता का प्रश्न पूछ सकते हैं। सब प्रासंगिकताओं के मूल में एक प्रासंगिकता है—क्योंकि सब मूल्यों के मूल में एक अभिमूल्य है—**स्वाधीनता**। जो कुछ स्वाधीनता को बढ़ाता है, पुष्ट करता है, उसे स्थायित्व और सुरक्षा देता है, वह सब मूल्यवान है और प्रासंगिक है; जो वैसा नहीं करता, वह प्रासंगिक नहीं है।

आप देखेंगे कि उन युवकों से जो प्रश्न मैंने पूछा था, उसके उत्तर का संकेत भी इससे मिल सकता है। हमें मानव-जीवन मिला है तो उसके साथ यह स्वाधीनता भी मिली है-इसलिए उसकी रक्षा का उत्तरदायित्व भी मिला है, उसके विस्तार का सुयोग भी मिला है, उसे दृढ़तर बनाने की चुनौती भी मिली है, और इन्हीं को हम अपने जीवन की प्रासंगिकता कह सकते हैं क्योंकि ये ही उसके भीतर से आती हैं-और सब बातें सन्दर्भजन्य होंगी-बाहरी होंगी।

काल सन्दर्भ में प्रासंगिकता का निर्णय भी इस कसौटी पर हो जाता है-विभिन्न युगों में विभिन्न शक्तियाँ स्वाधीनता को बढ़ानेवाली (या उसे सीमित करनेवाली) रही हैं, इसी के अनुसार उनकी तद्‌युगीन प्रासंगिकता का निर्णय होता रहा है।

मैंने कहा कि मानव मूल्यों का स्रष्टा है। अवश्य ही यह सर्जकत्व मानव की स्वाधीनता का एक पक्ष है। यहाँ हम यह न भूलें कि मूल्यों के-आदर्शों के-नाम पर मनुष्य ने बड़े-से-बड़े अत्याचार किए हैं। कोई भी बड़ा मूल्य ऐसा नहीं है जिसके नाम पर अत्याचार न हुआ हो; और शायद यह भी कह सकते हैं कि कोई भी अत्याचार ऐसा नहीं है जिसके साथ कोई मूल्य नहीं जोड़ा गया! मूल्य के, आदर्श के, धर्म के, देश के, समाज के, परम्परा के नाम पर मनुष्य मारे गए हैं, सूली चढ़ाए गए हैं, जलाए गए हैं, हाथियों से रौंदवाए गए हैं, भूखे-प्यासे तड़पाए गए हैं, कुत्तों या दूसरे वन पशुओं से नुचवाए गए हैं-लम्बी सूची है। मूल्यों के नाम पर घर फूँके गए हैं, युद्ध लड़े गए हैं, पुस्तकालय जलाए गए हैं, धर्मस्थान ध्वस्त किए गए हैं, सामूहिक बलात्कार हुए हैं, जातियों को निर्मूल किया गया है। यह सब हुआ है-पर इस सबके बावजूद मानव की मूल्यों का सर्जन करने की प्रतिभा बनी रही है और विकसित होती रही है। और उस विकास के आधार पर ही वह देख सका है कि परसों के मूल्य कल की विसंगतियाँ और आज के अत्याचार हो गए-कि आज वे अप्रासंगिक हो गए, क्योंकि नए मूल्यों के सन्दर्भ में उन्होंने अपनी पुरानी प्रासंगिकता खो दी। इसी प्रकार निरन्तर बदलता हुआ, निरन्तर नए प्रश्न उछालता हुआ मानव फिर भी स्वाधीन बना रह सकता है, अपने से बड़े कुछ का निर्माण करने की क्षमता बनाए रख सकता है, मूल्यों का स्रष्टा बना रह सकता है।

'अपने से बड़ा' यह 'कुछ' मानव ही बनाता है; उसे अपना बनाया हुआ जानते हुए भी इतना बड़ा भी बना देता है कि उसके लिए प्राण भी देने को तैयार हो जाता है। प्रासंगिकता के कालसापेक्ष रहते हुए भी यहाँ हम प्रश्न और उसके उत्तर के ऐसे निरूपण तक पहुँच जाते हैं जो एक तरह से कालसापेक्षता के बन्धन से मुक्त हो जाता है-कालसापेक्षता को ही ऐसे चौखटे में रख देता है जो कालातीत माना जा सकता है। 'हमारे जीवन की प्रासंगिकता क्या है?' **यही कि उसमें हम ऐसा कुछ**

पहचानते हैं जिसके लिए हम मर भी सकते हैं। जो हम पहचानते रहेंगे उसका रूप और महत्त्व बदलता रहेगा, पर यह सम्बन्ध फिर भी बना रहेगा कि वह ऐसा हो कि उसके लिए प्राण भी देने को हम तैयार हो जाएँ। जिसने जीवन में ऐसा कुछ नहीं पहचाना जिसके लिए मरा भी जा सकता है, प्राण भी दिए जा सकते हैं, उसने वास्तव में ऐसा भी कुछ नहीं पहचाना जिसके लिए जिया जा सकता है। उसका जीना मानव जीवन नहीं है, केवल एक जैविक संयोग है। मानव स्वाधीन इसीलिए है, इसी में है कि वह स्वेच्छा से जीवनदान कर सकता है।

मानव अपने से बड़ा कुछ बनाता है, मानव मूल्यों का स्रष्टा है–इससे एक और मानव मूल्य निरूपित हो जाता है। स्वाधीनता के बाद दूसरा मानव मूल्य है यही सर्जकत्व–मानव **स्वाधीन** है और मानव **सर्जनधर्मा** है। और प्रासंगिकता की कसौटी में इसलिए हम एक बात और जोड़ दे सकते हैं–जो इस सर्जनधर्मिता के लिए अवकाश दे, इसे मार्ग दे या बढ़ावा दे, वह प्रासंगिक है, जो वैसा न करे या इसके प्रतिकूल हो वह अप्रासंगिक है। कर्मों, स्थितियों, प्रथाओं, मनोवृत्तियों, पद्धतियों, सभाओं और प्रतिष्ठानों–सभी के बारे में हम यह प्रश्न पूछ सकते हैं कि क्या इनसे मानव की सर्जनशीलता के लिए अवकाश मिलता है? यदि नहीं मिलता, यदि ये सर्जना के मार्ग में बाधक हैं, तो वे अप्रासंगिक हो गए हैं।

हमने कहा कि मूल्यों के नाम पर अत्याचार हुए हैं, पर मानव की मूल्य दृष्टि निरन्तर विकसित होगी गई है। यह भी स्पष्ट है कि मानव की सर्जक प्रतिभा भी निरन्तर विकसित होती गई है। दूसरे शब्दों में, मानव स्वाधीनतर होता गया है और अधिक सर्जनशील होता गया है। दो कसौटियाँ खरे और खोटे की निरन्तर विशदतर पहचान हमें देती रही हैं। क्या है जो स्वाधीनता को बढ़ाता है? क्या है जो सर्जनशीलता के लिए अवकाश देता है? और यह खरे–खोटे की परख किसी इतर तत्व की परख नहीं है, यह स्वयं अपनी ही अविराम कसौटी है। इसके सहारे की गई पहचान हमें निरन्तर एक वृहत्तर सत्ता से जोड़ती रहती है।

और यह बात, यह कसौटी, यह बुनियादी स्वाधीनता, ऐसी नहीं है कि जीवन की परिस्थितियों, सामाजिक व्यवहारों, आर्थिक सुविधाओं, राजनीतिक पदों पर निर्भर करे। इसे इनमें से किसी भी चीज़ की अपेक्षा नहीं है, केवल मानवत्व की है।

यहाँ यह भी कहना प्रासंगिक हो सकता है कि इस निरूपण में ऐसा कुछ नहीं है जो विज्ञानों की आधुनिक उपलब्धियों और अवधारणाओं से मेल न खाता हो या उनके प्रतिकूल पड़ता हो, न ऐसा कुछ है जो पारम्परिक धर्मचिन्तन को अस्वीकार्य हो। यह निरूपण मूल्यों की अवमानना नहीं करता, उन्हें एक नई आधारभूमि पर प्रतिष्ठित करता है जिसे हम पहचानते हैं और जो हमारी गतिधर्मिता में बाधा नहीं बनती, बल्कि उसके लिए मार्ग खोलती है।

सही पहचान प्रासंगिकता के प्रश्न की सही दिशा है। 'उपनिषद' में ऋषि पत्नी ने पूछा था, 'यह धन-धान्य, ये बरतन-भाँड़े, ये पशु, ये घर-बार आप मुझे क्यों देते हैं? क्या इनसे मुझे अमरत्व मिलेगा? यदि नहीं, तो ये सब मेरे लिए निष्प्रयोजन हैं, अप्रासंगिक हैं-मुझे ये न देकर वह विद्या दीजिए जिससे मैं मृत्यु पर विजय पा सकूँ-**येनाहं अमृता स्याम**।' यह उपनिषदकाल की बात थी; हमारे जीवनकाल में ऐसा भी हुआ कि दीक्षान्त पर स्नातकों ने पूछा, 'ये प्रमाणपत्र आप हमें क्यों देते हैं? क्या इनसे हमारा पेट भरेगा? हमें यह विद्या न देकर नौकरी दीजिए।' हम चाहें तो इन दोनों माँगों को एक-दूसरे के विरुद्ध रख सकते हैं। एक में स्थूल की उपयोगिता पर प्रश्नचिह्न लगाकर सूक्ष्म की प्रतिष्ठा की जाती है और दूसरे में, जान पड़ता है, सूक्ष्म का तिरस्कार और स्थूल भौतिक की प्रतिष्ठा है। पर क्या सचमुच? क्या दोनों ही के मूल में असल माँग स्वाधीनता की नहीं है, मानवीय स्वाधीनता को बनाए रखने की नहीं है? बल्कि क्या स्वाधीनता के साथ सर्जनशीलता के अवकाश की माँग भी उनमें स्पष्ट नहीं है-बल्कि दूसरी में पहली की अपेक्षा अधिक स्पष्ट? यह हो सकता है कि उस स्वाधीनता की पहचान अधूरी हो, कि उसका बोध एकांगी हो, कि सर्जनशीलता भी एक अवचेतन प्रेरणा ही रह गई हो, पहचान में न आई हो; पर प्रासंगिकता की कसौटी वही है-**क्या इससे हमारी स्वाधीनता बढ़ेगी? क्या हमें सर्जन का अवकाश मिलेगा?**

और यही प्रश्न की सही दिशा है। एक दिशा वह है जिसमें हम क्रमशः सब कुछ को नकारते हुए अन्ततोगत्वा अपने जीवन को भी नकारने को बाध्य होते हैं-जिस दिशा में अन्त में हमें एक सम्पूर्ण, सर्वव्यापी अर्थहीनता का ही दर्शन मिलता है। और यह केवल अनुमान नहीं है-वास्तव में यही दिशा आज के फ़ैशन द्वारा अनुमोदित मानसिकता की दिशा है जिसके लिए जीवन अर्थहीन, लक्ष्यहीन, **एब्सर्ड** है। इस प्रकार की नवनास्तिकता को बहुत से लोग 'आधुनिकता' समझने लगे हैं, यद्यपि वास्तव में यह आधुनिकता का ठीक उलटा है, क्योंकि आधुनिकता गम्भीर चिन्तन और विवेचन की माँग करती है जबकि यह नवनास्तिकता निरे नकार की ओट में चिन्तन से पलायन है।

दूसरी दिशा वह है जिसमें हम प्रश्नों के अन्तिम उत्तर न पाते हुए भी निरन्तर एक विशदतर अर्थवत्ता को पहचानते चलते हैं, अपने जीवन को अधिक अर्थवान बनाते हैं, मानव जीवन को समृद्धतर बनाते हैं, मानव की स्वाधीनता और सर्जनशीलता का विकास करते हैं-यानी मानव को अधिक मानव बनाते हैं। यह मार्ग आज फ़ैशन द्वारा अनुमोदित नहीं है, कठिनतर भी है, क्योंकि दूसरों से जितनी अपेक्षा रखता है स्वयं अपने से उससे अधिक की माँग करता है। पर स्वाधीन और सर्जनरत मानव में आस्था का यह मार्ग जीवन पर, जीवन मूल्यों पर, जीवन से बड़े

मूल्यों पर, हमारी पकड़ कभी छूटने नहीं देता; हमें निरन्तर वृहत्तर सत्ता से जोड़ता रहता है और अपने भीतर उस वृहत्तर सत्ता की पहचान कराता रहता है। इस दिशा की यात्रा का यात्रान्त कभी अर्थहीन और '**एब्सर्ड**' हो ही नहीं सकता–यह यात्रा सदैव अपनी प्रासंगिकता का नवीकरण करती चलती है।

और यदि ऐसा है, तो यह निश्चय करने में कोई कठिनाई नहीं होनी चाहिए कि प्रश्नों की कौन–सी दिशा उन्नति की दिशा है, श्लाघ्य है।

जो बातें मैं आपके समक्ष रखना चाहता था, मैं कह चुका। यह मैं अनुभव करता हूँ कि जिस स्तर पर प्रासंगिकता का आधारभूत प्रश्न उठता है–जब उठता है–उस स्तर का उपदेश काम नहीं देते–मैं जानता हूँ कि स्वयं मेरे काम भी किसी के उपदेश न आते–इसीलिए मैंने पहले भी कहा कि उस ढंग की कोई बात मैं आपके सामने करना नहीं चाहता था। जीवन को जिस दृष्टि से देखने से मुझे बल मिला है, जिस दृष्टि से काम करता हुआ और कठिन सन्धि स्थलों पर निर्णय करता हुआ मैं अपने जीवन में प्रासंगिकता और अर्थवत्ता का बोध बनाए रख सका हूँ, उसी को मैंने आपके समक्ष विचारार्थ रखने का प्रयत्न किया है। आचार्यों के पद का कोई दावा किए बिना, लेकिन उनकी विमल विवेक पद्धति को आदर्श मान उसका अनुसरण करता हुआ, मैं कहूँ कि मेरी बात में जो आपको अपने अनुभव और अपने विवेक के आधार पर अनवद्य जान पड़े, उसे आप ग्रहण करें, जो वैसा न जान पड़े उसे नहीं।

काल को जितना कुछ मैं समझ पाया हूँ, मुझे लगता है कि हम भाषा और मुहावरे में पड़कर बहुत–सी बातों के बारे में सोचना छोड़–सा देते हैं–यानी अपने सोच को बँधी लीकों में डालकर चलते जाते हैं। भविष्य के निर्माण की बात भी, मुझे लगता है, केवल मुहावरा है। हम भविष्य की देहरी पर नहीं, अनुक्षण वर्तमान की देहरी पर हैं और सदैव रहते हैं; हम भविष्य के निर्माण नहीं, अनुक्षण वर्तमान के निर्माता हैं। और इसीलिए हमारे हर निर्णय पर सारे मानव संसार का भाग्य निर्भर करता है। जिस देहरी पर हम हैं उसके पास प्रश्न हैं, सन्देह हैं, प्रलोभन हैं, आश्वासन हैं; पर सबके बीच सबसे ऊपर जो एक अविस्मरणीय बात है वह यह कि हम स्वाधीन हैं, सर्जन श्रम हैं, मूल्यों के स्रोत हैं; और इससे बड़ी कोई प्रासंगिकता नहीं हो सकती कि हम पहचानते रहें कि क्या है जो हम रच रहे हैं या रच सकते हैं जो कि हमसे बड़ा है या हमसे बड़ा हो–इतना बड़ा कि उसके संस्पर्श मात्र से हम स्वयं धन्य हो जाएँ।

●●●